# Beaumarchais

# Du même auteur

*La Fiction narrative en prose au xvii<sup>e</sup> siècle. Répertoire bibliographique du genre romanesque en France (1600-1700).* Paris, Éd. du CNRS, 1976.

*Le Monde à l'envers* (en collaboration avec Frédérick Tristan). Paris, Hachette-Massin, 1980.

*Élise.* Roman inédit du xvii<sup>e</sup> siècle. Édition critique. Paris, Éd. du CNRS, 1981.

*Le Sceptre et la Marotte. Histoire des fous de cour.* Paris, Fayard, 1983 ; coll. « Pluriel », 1985 (ouvrage couronné par l'Académie française).

Pierre de Marbeuf, *Le Miracle d'amour.* Introduction, édition du texte. Paris, Obsidiane, 1983.

*Les Bûchers de Sodome. Histoire des « infâmes »,* Paris, Fayard, 1985 ; « Bibliothèque 10/18 », 1996.

« La Conquête du silence. Histoire du mime » dans : *Le Théâtre du geste* (ouvrage collectif), Paris, Bordas, 1987.

*Donatien Alphonse François, marquis de Sade.* Paris, Fayard, 1991 (grand prix de la Ville de Paris).

*Bibliothèque Sade. Papiers de famille.* T. I : *Le Règne du père (1721-1760).* Paris, Fayard, 1993. T. II : *Le Marquis de Sade et les siens (1761-1815).* Paris, Fayard, 1995.

*Canards sanglants. Naissance du fait divers.* Paris, Fayard, 1993.

Sade, *Le Voyage d'Italie,* édition établie et présentée par Maurice Lever. Paris, Fayard, 1995, 2 vol.

*Romanciers du Grand Siècle.* Paris, Fayard, 1996.

*Sade et la Révolution.* Paris, Bartillat, 1998.

*Pierre-Augustin Caron de Beaumarchais.* T. I : *L'Irrésistible Ascension, 1732-1774.* Paris, Fayard, 1999. T. II : *Le Citoyen d'Amérique, 1775-1784.* Paris, Fayard, 2003.

*Isadora Duncan. Roman d'une vie.* Paris, Perrin, 2000.

*Louis XV, libertin malgré lui.* Paris, Payot, 2001.

*Théâtre et Lumières. Les spectacles de Paris au xviii<sup>e</sup> siècle.* Paris, Fayard, 2001.

*Anthologie érotique. Le xviii<sup>e</sup> siècle.* Paris, Robert Laffont, coll. « Bouquins », 2004.

Beaumarchais, *Lettres galantes à M<sup>me</sup> de Godeville 1777-1779.* Paris, Fayard, 2004.

Maurice Lever

# Pierre-Augustin Caron de Beaumarchais

## Tome troisième

## Dans la tourmente
(1785-1799)

Fayard

*À Évelyne*

## Chapitre premier

# Histoire d'eaux

« Quiconque est heureux, ou le paraît, doit être sans cesse à genoux pour en demander pardon, et même ne l'obtient pas toujours à ce prix, surtout s'il est parti de loin pour arriver où il est. »
(La Harpe, *Lycée*).

## Pour un « régiment de marmots »

À aucun moment de son histoire le Théâtre-Français n'avait enregistré de succès comparable à celui du *Mariage de Figaro*. Au moins pour ce qui regarde les recettes ; et l'on sait que les comédiens n'y sont pas insensibles. Quant au reste, la polémique suscitée par les implications morales et politiques de l'œuvre allait bon train. Les épigrammes envahissaient gazettes et nouvelles à la main. On en vit même tomber des troisièmes loges du théâtre le soir de la quatrième représentation, provoquant un joyeux brouhaha dans la salle et les sifflets du parterre[1]. Excité sans doute par la cabale à laquelle, dit-on, Beaumarchais prêtait la main en secret, le public ne cessait d'affluer et la trésorerie de s'arrondir. Loin de nuire à la pièce, on eût dit que le scandale alimentait son triomphe. En l'espace de huit mois, du 27 avril 1784 au 10 janvier 1785, elle ne connut pas moins de soixante-huit représentations et produisit une recette globale de 346 197 livres, sur lesquelles, tous frais déduits, il revenait aux comédiens un bénéfice net de 293 755 livres, sauf la part de l'auteur, estimée à 41 499 livres, 19 sols[2].

Pour la cinquantième, ledit auteur, constatant quelque fléchissement dans les recettes, imagina de se lancer dans une vaste croisade où son génie publicitaire allait trouver à s'employer une fois de plus, et avec quel éclat ! Persuadé, non sans raison, que rien ne flatte la bonne conscience populaire comme une initiative charitable envers les plus défavorisés, il choisit pour thème de sa campagne le secours aux mères nourricières sans ressources. Pour la première fois, l'humanitaire allait servir l'auto-promotion d'un homme public. La leçon ne sera pas oubliée ! Dans une lettre au *Journal de Paris* datée du 12 août 1784, il s'engageait à verser une partie de ses bénéfices à la création d'une œuvre de bienfaisance destinée à secourir les mères nécessiteuses qui consentiraient à nourrir leur enfant au sein : « Quand je devrais être traité d'homme vain, j'y mettrais tout mon *Figaro* ; c'est de l'argent qui m'appartient, que j'ai gagné par mon labeur, à travers des torrents d'injures imprimées ou épistolaires. Or, quand les comédiens auront 200 mille francs, mes nourrices en auront 28 mille ; avec les 30 mille francs de mes amis, voilà un régiment de marmots empâtés du lait maternel ; tout cela paie bien des outrages[3]. » Mieux encore : il invitait les spectateurs à l'imiter, en versant leur obole à la caisse de la Comédie-Française, laquelle se chargerait ensuite de la répartition. Son offre avait d'autant plus de chances d'attendrir les cœurs sensibles qu'elle rejoignait une large majorité de Français favorable à l'allaitement maternel. Les philosophes des Lumières, Rousseau en tête, militaient depuis des années contre la pratique de la mise en nourrice. Tous les arguments leur étaient bons pour inciter les femmes à donner elles-mêmes le sein à leur nouveau-né. Ils en appelaient à l'exemple des Anciens, à l'idée de Nature, à des considérations pseudo-médicales. Moyennant quoi, ils avaient fini par convaincre les jeunes mères du bien-fondé de leur combat. Les plus aisées d'entre elles ayant déjà repris l'usage d'allaiter, c'est donc aux plus démunies que Beaumarchais destinait le produit de sa souscription.

Les lecteurs du *Journal de Paris* ne furent pas tous les dupes du généreux bienfaiteur. Beaucoup dénoncèrent les vrais mobiles de son opération, en condamnant ce qu'elle décelait de ruse et de cynisme. On ne s'étonnera pas de trouver parmi ceux-là le rédacteur des *Mémoires secrets*, qui ne manque jamais une occasion d'épingler notre auteur. « On conçoit facilement, écrit-il, que le but du sieur de Beaumarchais, qui au fond s'embarrasse fort peu des pauvres mères nourrices, de leurs marmots et de l'humanité souffrante entière, a regardé ce moyen comme un véhicule pour ramener le public à sa pièce qui commence à faiblir un peu du côté de la recette[4]. »

Les comédiens-français ne pouvaient naturellement faire moins. Sollicités par Beaumarchais, ils acceptèrent « avec empressement » de consacrer la recette entière de la cinquantième représentation à ses bonnes œuvres. C'est ainsi que les 6 397 livres 2 sols que rapporta la soirée du 2 octobre furent intégralement affectés à l'institution des « pauvres mères nourrices », tandis que l'auteur du *Mariage* remplaçait les derniers vers du vaudeville final par des couplets de circonstance :

SUZANNE

Pour les jeux de notre scène
Ce beau jour n'est point fêté.
Le motif qui nous ramène
C'est la douce humanité.
Mais quand notre cinquantaine
Au bienfait sert de moyen,
Le plaisir ne gâte rien.

FIGARO

Nous, heureux cinquantenaires,
D'un hymen si fortuné,
Rapprochons du sein des mères
L'enfant presque abandonné.
Faut-il un exemple aux pères ?
Tout autant qu'il m'en naîtra
Ma Suzon les nourrira.

SUZANNE

Mon ami, je ne sais guère
Quel devoir sera plus doux,
Comme épouse et comme mère,
Mon cœur les remplira tous.
Entre l'enfant et le père
Je partagerai l'amour ;
Et chacun aura son tour.

Se tournant ensuite vers Brid'oison, Figaro lui disait :
« À vous, monsieur le juge !

BRID'OISON. – E... est-ce qu'on peut chanter quand on est attendri ?... D'a... ailleurs on ne m'a rien fait.

FIGARO. – Vous avez tant de facilité !

BRID'OISON. – C'est... est vrai, oui, pour qu'on vienne me dire après : "Plu... us bête encore que l'auteur."

FIGARO. – Pourquoi pas ?

BRID'OISON. – Au... au bout du compte, je m'en moque, moi, et... et je m'en vais vous dire sur tout ceci ma façon de penser. (*Il chante en se frottant la tête, comme s'il composait.*)

> Que d'plaisir on trouve à rire
> Quand on n'voit du mal à rien !
> Que de bonheur on trouve à s'dire :
> L'on m'amuse, et j'fais du bien !
> Que d'bel' chos' on peut écrire
> Contre tant d'joyeux ébats !
> Nos cri... itics n'y manqueront pas (*bis*)[5]. »

Ils n'y manquèrent pas en effet ! Dès le lendemain, circulait cette épigramme :

> De Beaumarchais admirez la souplesse.
> En bien, en mal, son triomphe est complet :
>   À l'enfance il donne du lait
>   Et du poison à la jeunesse[6].

De son côté, le rédacteur des *Mémoires secrets*, toujours aussi malveillant, note à la date du 4 octobre que, « malgré leur platitude », ces couplets « servent de preuve combien ce poète au cœur aride, aux entrailles sèches est incapable d'exprimer le moindre sentiment[7]. » Plus compréhensive, la *Correspondance littéraire* applaudit à l'initiative de Beaumarchais, quel que soit le motif qui l'a guidé, et la justifie par le récit d'un fait divers des plus édifiants, bien propre à toucher les âmes sensibles : « Une femme que sa situation condamnait à ignorer toute sa vie et l'existence de *Figaro*, et son succès, et l'emploi de la cinquantième représentation de cette comédie, devra uniquement au hasard la portion que lui en destine M. de Beaumarchais. Cette femme, habitant un hameau à soixante-dix lieues de Paris, avait reçu, pour le nourrir, l'enfant d'un chanteur des chœurs de l'Opéra, il y a cinq ans. Elle en avait été payée avec assez d'exactitude pendant les deux premières années ; mais, n'en recevant depuis ni nouvelles ni argent, elle a pris enfin le parti d'en venir chercher elle-même à Paris avec son nourrisson. Le père et la mère avaient quitté cette ville depuis trois ans. Ceux qui ont su l'objet des recherches de cette pauvre femme l'ont adressée à l'Opéra : elle y est arrivée au moment où l'on faisait une répétition ; elle a demandé M. et Mme Le Grand. On lui a répondu que l'un et l'autre, noyés de dettes, avaient été forcés de quitter ce pays, et qu'on ignorait le lieu de leur retraite. "Eh bien ! a dit cette femme, je m'en doutais ; sans mon mari, je n'aurais pas fait cette course. Viens, mon ami, a-t-elle ajouté à l'enfant qu'elle tenait par la main, retournons chez nous, c'est comme si nous n'avions rien fait." On a interrogé cette femme ; elle a dit qu'elle nourrissait depuis cinq ans l'enfant dont elle était venue réclamer les parents à l'Opéra ; mais que, puisqu'on ne savait pas ce qu'ils étaient devenus, elle allait retourner chez elle avec son nourrisson, qui n'en pâtirait pas plus que s'il avait père et mère, et si elle-même n'avait pas encore huit autres enfants à nourrir. Ce peu de mots, dits avec cette simplicité d'une vertu qui croit ne faire que l'action la plus naturelle et n'en soupçonne pas même la générosité, ont ému vivement tous ceux qui l'entouraient. Il n'y a pas jusqu'aux acteurs subalternes du chant et de la danse qui n'aient oublié dans ce moment leurs propres besoins pour s'empresser de verser dans les mains de cette bonne femme le peu d'argent qu'ils pouvaient avoir. Quelques-uns d'entre eux, instruits de la représentation qu'on allait donner du *Mariage de Figaro* au profit des mères nourrices, ont cru remplir les vues de M. de Beaumarchais en lui adressant cette digne femme, et ils ne se sont point trompés. Elle retourne dans son pays avec une somme qui la dédommagera de ses soins, qui lui prouvera toujours que son mari n'a pas eu tant de tort de lui faire entreprendre le voyage de Paris, mais qui ne récompensera jamais assez l'espèce d'insouciance généreuse avec laquelle, en apprenant l'impossibilité de retrouver le père et la mère de son nourrisson, elle le ramenait si tranquillement dans son village, sans plainte et presque sans regret[8]. »

On raconte qu'à la cinquantième représentation du *Mariage de Figaro*, dont la recette entière devait aller aux mères nourricières, l'assistance fut aussi nombreuse qu'à la première. Le

prince Henri de Prusse, frère de Frédéric II, qui voyageait incognito sous le nom de comte d'Oëls, remit à la caisse un don de
300 livres, mais son exemple ne fut guère suivi, et l'appel lancé
par Beaumarchais resta pratiquement sans effet. Le public venait
au spectacle pour se divertir, non pour soulager la misère du
monde.

Combattue par les uns, encensée par les autres, la fondation
des mères nourrices ne réussit pas à s'imposer durablement à
Paris, comme le souhaitait son créateur. Cependant, l'idée faisait
son chemin, notamment en province, où les adversités étaient
moins tranchées que dans la capitale. C'est ainsi que l'archevêque de Lyon, Mgr de Montazet, bravant les préjugés, créa
dans sa bonne ville l'*Institut de bienfaisance maternelle*, n'hésitant pas, pour ce faire, à recevoir le concours et l'argent de
M. de Beaumarchais, qui demeura pendant des années son plus
fidèle et plus généreux donateur[9].

*<br>* *

L'action humanitaire de Beaumarchais ne se limite pas aux
mères nourrices ; elle s'étend à toutes sortes de particuliers en
détresse qui en appellent à son bon cœur. Qui sont-ils, ces infortunés ? Il importe peu de le savoir. L'essentiel est de donner aux
libéralités du bienfaiteur la plus large publicité possible. Ne va-
t-on pas jusqu'à l'accuser d'imaginer de toutes pièces des situations désespérées pour s'attribuer le mérite de les avoir sauvées ?
Il en serait, ma foi, bien capable ! Gageons pourtant qu'il s'agit
là de pures inventions de ses ennemis – et Dieu sait qu'il n'en
manque pas ! – pour le déconsidérer aux yeux de l'opinion.
Témoin l'histoire de ce jeune littérateur famélique, nommé Feydel, réduit aux dernières extrémités de la misère, et sur le point
de se donner la mort, qui lance à Beaumarchais un appel au
secours[10]. Sa lettre existe, et son cas n'offre aucune prise à la
calomnie. Sans travail depuis des mois, réduit à vendre sa chemise pour subsister, le malheureux avait vainement cherché à
s'engager comme précepteur ou correcteur d'imprimerie.
Comme toutes les portes se fermaient devant lui, il ne vit plus
comme dernier recours que d'écrire à Beaumarchais :

« Je songeais ce matin à faire mes préparatifs pour l'autre

monde lorsque je me suis souvenu qu'il y avait près de deux mois que je n'avais lu les papiers publics. J'ai porté mes quatre sous sur le pont Notre-Dame, j'ai lu dans le *Journal de Paris* du 4 août une lettre signée Caron de Beaumarchais, et j'ai senti mes yeux se mouiller. Aujourd'hui, monsieur, j'ai l'honneur de vous écrire. Ce n'est pas de l'argent que je vous demande, c'est de l'occupation, une occupation quelconque. Si vous exigez de moi des témoignages d'honnêteté, je peux vous en produire de non équivoques. Supposé que vous ne souscriviez pas à ma demande, je vous prie de me renvoyer ma lettre sous enveloppe, pour toute réponse. Mais je vous prie aussi d'y joindre un billet d'entrée pour *Le Mariage de Figaro*, afin que j'aie au moins la satisfaction de rire encore une bonne fois avant de faire le saut du pont Royal[11]. »

Le dernier trait paraîtra sans doute un peu gros. Il n'en est pas moins parfaitement exact. Beaumarchais partit sur l'heure chercher le jeune homme dans son grenier, lui remit une bourse bien garnie, et lui trouva un emploi dans ses papeteries d'Arches[12]. Sans oublier, bien sûr, d'en informer la presse.


LE SEPT DE PIQUE


On se souvient que Jean-Baptiste Suard, en sa qualité de censeur royal, avait obstinément refusé naguère son approbation au *Mariage de Figaro*[13]. Depuis lors, la pièce avait triomphé à la Comédie-Française, au grand dépit de l'académicien, qui ne digérait pas sa défaite et poursuivait son trop heureux rival d'une rancœur tenace. Chargé depuis peu de la surveillance du *Journal de Paris*, le seul quotidien de l'époque, il se répandait en toute liberté contre la pièce et son auteur. Beaumarchais, de son côté, prenait ces attaques avec son ironie coutumière, traitant M. Suard d'« homme de bien auquel il n'a manqué qu'un peu d'esprit pour être un écrivain médiocre[14] ».

Sa campagne ostentatoire en faveur des mères nourrices, qui faisait sourire même ses amis, déchaîna les sarcasmes de ses adversaires. Le 30 janvier 1785, le *Journal de Paris* insérait une lettre, assez anodine d'apparence, qui relançait la polémique engagée depuis des mois autour du *Mariage de Figaro*. Le correspondant anonyme, qui selon toute vraisemblance n'était autre que M. Suard en personne, commençait sur un ton ironiquement solennel : « L'origine des grandes maisons, leurs branches, leurs alliances sont des points de discussion dignes de fixer l'attention des savants, et c'est rendre service à la société que d'écarter les nuages qui les enveloppent. » Partant de ces majestueuses généralités, il demandait ce qu'était devenue la « petite Figaro » à laquelle Rosine prétend, au deuxième acte du *Barbier* (scène XI) avoir envoyé des bonbons, et qui disparaît mystérieusement dans le *Mariage*. « Jamais Figaro ne parle, parmi ses trente-six infortunes, d'avoir subi le joug d'un hymen, et même d'avoir eu des enfants. » Pourtant, « il y avait à Séville une petite Figaro, qui ne pouvait donc être que la fille de M. Figaro le barbier, puisqu'il n'y avait que lui dans toutes les Espagnes qui portait ce nom. Enfin, Messieurs, est-ce une fille adoptive ? Quelle était sa mère ? »

Trouvant là l'occasion d'une réponse spirituelle et d'une de ces charités tapageuses dont il s'était fait une spécialité, Beaumarchais répondit le plus sérieusement du monde que cette fillette nommée Geneviève Valois, adoptée jadis par le barbier andalou, avait émigré en France où elle avait épousé un honnête garçon, gagne-denier au port Saint-Nicolas, nommé Lécluse, lequel venait d'être victime d'un accident mortel. Âgée de vingt-cinq ans, elle restait veuve et sans ressource, avec un enfant de treize ans et un autre de huit jours qu'elle allaitait elle-même. Il avait pourvu à ses premiers besoins en lui faisant parvenir la somme de trois louis, donnant ainsi l'exemple à d'autres personnes charitables, qui ne souhaitaient pas se faire connaître. Il terminait en invitant son questionneur anonyme, derrière lequel il avait sans hésiter deviné M. Suard, d'apporter son écot à la malheureuse mère « affligée, souffrante et nourrice ». Si l'histoire de la petite Figaro était inventée de toutes pièces, celle de la femme Lécluse, en revanche, était dramatiquement vraie.

Les jours suivants, le journal enregistrait une série de dons accompagnés parfois de mentions touchantes. L'auteur dramatique Antoine Bret, l'un des censeurs du *Mariage*, envoie six livres ; puis deux petites filles de huit ans et demi et six ans adressent leur obole, bien qu'elles déclarent n'être « pas bien riches ». « Et puis, il y a tant de malheureux, ajoutent-elles, que nous ne pouvons pas donner à chacun. Nous avons trouvé dans la bourse des personnes qui ont dîné hier à la maison de quoi augmenter notre don. Nous vous envoyons cinquante-quatre livres pour la pauvre veuve l'Écluse. » Enfin, des abonnés se cotisent et réunissent cent vingt livres qu'ils font parvenir au journal avec ce mot : « Nous applaudissons de grand cœur à la prestesse avec laquelle le grand-papa de cette petite fille a invité les bonnes gens à la secourir. Jamais curiosité ne fut plus heureusement servie. »

Comme on peut s'en douter, cette charité forcée n'était pas du tout du goût de M. Suard, qui ne sut d'abord quoi répondre. Il prit son temps pour réagir, et le fit assez mollement. Là-dessus, Beaumarchais redoubla de verve, mettant comme toujours les rieurs de son côté. Excédé, le pauvre Suard fait insérer dans le *Journal de Paris* une lettre anonyme dont il est l'auteur, mais qu'il laisse attribuer à son frère, l'abbé Suard [15]. On la dit inspirée par Monsieur, frère du roi, et rédigée sous ses yeux. Visiblement en panne d'arguments, Suard s'en prend avec un suprême dédain au succès populaire, voire populacier de *La Folle Journée*, dont le pseudo-ecclésiastique s'essaye laborieusement à brocarder la bassesse et la vulgarité : « Il n'y a pas un gagnedenier, ni une blanchisseuse un peu renforcée qui n'ait vu au moins une fois *Le Mariage de Figaro*, et qui n'en ait retenu quelques traits facétieux qui égayent à chaque instant leurs conversations. Vous leur avez appris à rajeunir ingénieusement des proverbes qu'ils commençaient à trouver usés. *Tant va la cruche à l'eau qu'enfin elle s'emplit* se répète dix fois de suite dans leurs joyeux propos, et dix fois de suite excite des éclats de rire sans fin. [...] Le nom de Figaro est devenu immortel dans la bouche du peuple, comme celui de Tartuffe dans la bouche des gens du monde. Mais celui-ci est borné à désigner un hypocrite, au lieu que l'autre s'applique à toute espèce de mauvais sujets : on le donne même aux chiens, aux chats, aux chevaux de fiacre. J'entendis l'autre jour un porteur de chaise dire, en voyant un chien des rues qui aboyait à tous les passants : *Assommons ce vilain Figaro* [16] ! »

Tant de bouffissure dans la niaiserie, tant de morgue dans la mauvaise foi !... Il y avait vraiment là de quoi lever le cœur... et faire sortir Beaumarchais de ses gonds. Jusqu'à ce moment, il avait encaissé les injures sans se départir de sa bonne humeur habituelle. Mais cette fois, c'en était trop. C'est donc sous l'effet d'une juste colère qu'il proteste auprès des directeurs du *Journal de Paris*. Leur privilège, déclare-t-il, ne les autorise pas à publier des « grossièretés anonymes ». Il précise, par une allusion à peine voilée aux personnages haut placés qui protègent Suard : « Cela vous est si peu permis, que vous seriez à peine excusable, quand on vous l'aurait ordonné. » Aussi s'engage-t-il à ne plus répondre dorénavant qu'aux lettres dûment signées. Répliquant aux lourdes plaisanteries de l'« abbé » sur ses bonnes œuvres, il y manifeste plus d'irritation qu'à l'accoutumée ; visiblement les railleries sur ce sujet le blessent : « Il convient bien à un soi-disant prêtre de critiquer ma charité quand il ne la fait pas lui-même. Et la main gauche est aisément discrète, quand la main droite n'a rien à divulguer. Mes trois louis envoyés sans mystère en ont valu près de vingt à une pauvre mère nourrice, sans même y comprendre l'écu du frère aîné de votre abbé : voilà de quoi je me vante avec joie. Qu'ils envoient chacun autant et qu'ils se nomment : ils auront un moindre mérite, mais au moins le don sera sûr. »

Emporté par la passion, Beaumarchais perd le contrôle de sa plume et se laisse aller à des sous-entendus qui vont lui coûter cher : « Pourtant, Messieurs, quel est votre objet en publiant de telles sottises ? Quand j'ai dû vaincre lions et tigres pour faire jouer une comédie, pensez-vous, après son succès, me réduire, ainsi qu'une servante hollandaise, à battre l'osier tous les matins sur l'insecte vil de la nuit ?[17] » Par *lions* et *tigres*, il entendait naturellement les chefs de cabales qui l'avaient persécuté pendant trois années, usant de toutes les calomnies dont la haine et l'envie sont capables, pour l'empêcher de faire jouer sa pièce, tous ceux enfin qui déchiraient à belles dents son œuvre et sa personne[18]. Quant à l'*insecte vil de la nuit*, il désignait claire-ment le sieur Jean-Baptiste Suard, en personne. De taille fluette et toujours vêtu de noir, il avait plus de raisons qu'aucun autre de se reconnaître sous cette périphrase. La réplique de Pierre-Augustin avait paru si injurieuse que Guidi, censeur royal du journal, refusait de la laisser passer ; un ordre supérieur le força de la publier : « Beaumarchais s'enferre de lui-même, lui dit-on, il faut le laisser aller[19]. »

Le matin même de sa parution, 6 mars 1785, le *Journal de Paris* contenant la réponse de Beaumarchais est remis au comte de Provence, frère du roi, fort lié avec Suard, et comme lui farouche adversaire du *Mariage de Figaro*. Il aurait même, dit-on, rédigé avec l'académicien la lettre de l'ecclésiastique supposé[20]. Beaumarchais ne s'en doutait certainement pas, sinon il n'aurait jamais commis pareille imprudence. Suard, dans son ressentiment, imagina de faire retomber sur Son Altesse la moitié de l'injure : « Cet homme est-il assez effronté ! s'écria-t-il. Traiter ainsi les plus augustes personnes ! » Point mécontent de voir Beaumarchais tomber dans le piège, Monsieur se rend aussitôt chez le roi, où se trouvait déjà le comte d'Artois, fort ami de Beaumarchais, et qui n'avait aucune part à cette basse intrigue. « Y a-t-il du nouveau ? demande Louis XVI à son frère. Oui, Sire, il y a du nouveau dans le *Journal de Paris*. L'impudent Beaumarchais vous y insulte dans une lettre signée de lui-même. Tenez, lisez... ces mots *tigres*, *lions...* ! » Déjà dépité par le triomphe d'une comédie qu'on avait jouée contre son gré, scandalisé par les tirades de Figaro contre la noblesse, inquiet des possibles retombées politiques d'une œuvre jugée subversive, prévenu enfin de toutes parts contre son auteur, Louis XVI ne doute pas un instant que ces injures ne le visent en particulier. Sortant alors de son flegme habituel, ce n'est pas en *lion*, ni en *tigre*, qu'il réagit, mais en mouton enragé. Il ordonne que Beaumarchais soit arrêté sur-le-champ et conduit non pas dans quelque noble forteresse comme la Bastille, où il aurait rencontré le marquis de Sade, ni au donjon de Vincennes, que Diderot avait honoré de son séjour, mais qui venait de fermer ses portes, ni même au For-l'Évêque, réservé aux gens de théâtre, et que notre auteur avait fréquenté naguère, ni dans aucune autre prison d'État, mais à Saint-Lazare, maison de correction pour fils de famille dépravés[21]. Il ajoutait ainsi l'affront à la sévérité. Comme Louis XVI jouait aux cartes au moment où son frère entra chez lui, il inscrivit ces mots rageurs au dos d'un sept de pique : « Beaumarchais à Saint-Lazare[22] ».

Le lieutenant général de police Le Noir reçoit la carte à deux heures de l'après-midi. Tout en reconnaissant l'écriture du roi, il s'étonne de cette procédure, pour le moins inhabituelle, craint quelque méprise et vole à Versailles pour obtenir un ordre officiel. Entre-temps, le roi confirme sa décision au baron de Breteuil à peu près dans ces termes : « Aussitôt cette lettre reçue, vous donnerez l'ordre de conduire le sieur de Beaumarchais à

Saint-Lazare. Cet homme devient aussi par trop insolent ; c'est un garçon mal élevé dont il faut soigner l'éducation[23]. » De retour à Paris sur les neuf heures du soir, Le Noir charge le commissaire Chénon, dont il connaît les liens avec Beaumarchais, d'exécuter l'ordre de Sa Majesté. Une heure plus tard, l'honnête fonctionnaire, flanqué de M. du Tronchet, inspecteur de police, se présente chez son ami, rue Vieille-du-Temple. Beaumarchais dînait en famille, avec sa femme, son éditeur le fidèle Nicolas Ruault, la femme de celui-ci, Gudin de La Brenellerie, M. de Serionne et l'abbé Sabatier de Cabre, conseiller au Parlement. Il étaient tous encore à table, lorsque Chénon, dont on devine l'embarras, demande à Beaumarchais un entretien tête à tête. Celui-ci l'emmène alors dans son cabinet, où ils passent ensemble un long moment pendant lequel Chénon lui donne lecture de la lettre de cachet ; après quoi, il s'apprête à mettre les scellés sur sa caisse, mais Beaumarchais se récrie : une telle mesure l'empêcherait d'honorer ses échéances et causerait de graves préjudices à ses créanciers. Consulté sur-le-champ, M. Le Noir dispense le commissaire de cette formalité. Au bout d'une heure environ, les deux hommes reparaissent enfin. Le maître de maison s'excuse auprès de ses invités, prie sa « ménagère » de lui préparer son bonnet de nuit, deux chemises et une robe de chambre, et part avec son visiteur en lançant : « Je ne coucherai pas chez moi cette nuit, par ordre du roi[24]. »

Conduit sous bonne escorte à Saint-Lazare, Beaumarchais fit la connaissance de cette maison si redoutée des adolescents dévergondés qu'il suffisait de les en menacer pour les faire rentrer dans le droit chemin. Selon le rédacteur anonyme du *Politique errant*, il n'aurait pas été logé dans une chambre particulière, mais dans la salle commune, au milieu des « enfants perdus », obligé de prendre ses repas au réfectoire avec eux, de faire comme eux des lectures pieuses, de servir la messe, de se confesser, de faire ses Pâques, etc.[25] Le témoignage de Gudin de La Brenellerie, sans doute informé par son frère, Gudin de La Ferlière, homme de confiance du prisonnier, contredit radicalement celui du journaliste : « En nous informant du lieu où Beaumarchais était détenu, on nous apprit qu'on avait pour lui des égards inouïs dans ce séjour de la désolation. Il avait trouvé un grand feu et un bon lit dans la chambre qui lui était destinée, un domestique pour le servir, une antichambre dont il avait la jouissance. M. Le Noir, lieutenant de police, était venu moins pour l'interroger que pour le consoler, car il ne lui avait fait aucune question. Il avait même daigné se charger de trois lettres que le prisonnier avait écrites, l'une au ministre, l'autre au marquis de La Fayette, et la troisième à madame de Beaumarchais[26]. »

## LA FESSÉE LÉGENDAIRE

Le mardi 8 mars 1785, aux premières heures de la matinée, lorsque la rumeur de son arrestation se répandit dans Paris, on refusa d'abord d'y croire. On l'avait tant de fois annoncée, puis démentie[27] ! Mais à mesure que la journée avançait, il fallut se rendre à l'évidence : Beaumarchais était bel et bien détenu à Saint-Lazare. Ce fut comme une traînée de poudre. En quelques heures, la nouvelle avait fait le tour de la capitale, provoquant tour à tour l'incrédulité, la stupeur, l'indignation, enfin la colère, une colère froide, chargée de menaces comme un ciel d'orage. Dans tous les lieux publics, au Palais-Royal, sur les boulevards, dans les faubourgs, des groupes se formaient pour commenter l'événement, comme s'il se fût agi d'une bataille navale ou de la disgrâce d'un ministre. Dans les maisons bourgeoises, les logis d'artisans, les salons aristocratiques, il n'était question que de cela. À Versailles, on commença par en rire. Beaumarchais à Saint Lazare, comme un polisson ? Mon Dieu, que c'est drôle ! Recevra-t-il la fessée deux fois par jour, comme c'est l'usage ? Il semble que le pouvoir ait finalement renoncé à cette infamie[28].

Dès le lendemain, les chansonniers en faisaient des gorges chaudes ; c'était à qui dauberait le plus sec sur les infortunes de Monsieur Figaro, et surtout sur la fessée, cette fessée qu'il n'a jamais reçue, et qui entrait ainsi dans la légende ! Tout cela, sous le regard bienveillant et avec la bénédiction du comte de Provence, sous le patronage de la coterie Suard, et sous les quolibets de ses nombreux ennemis, envieux et jaloux, mis en joie par ses malheurs. Parmi les innombrables vaudevilles fêtant l'événement, qu'il nous suffise de citer les couplets suivants, calqués d'ailleurs (*granum salis !*) sur ceux du *Mariage de Figaro* :

Tout finit par des chansons

Cœurs sensibles, cœurs fidèles,
Par Beaumarchais offensés,
Calmez vos frayeurs cruelles,
Les vices sont terrassés :
Cet auteur n'a plus les ailes
Qui le faisaient voltiger ;
Son succès fut passager.

Oui, ce docteur admirable
Qui faisait hier l'important,
Devient aujourd'hui traitable,
Il a l'air d'un pénitent.
C'est une amende honorable
Qu'il devait à l'univers
Pour sa prose et pour ses vers.

Le public, qui toujours glose,
Dit qu'il n'est plus insolent,
Depuis qu'il reçoit sa dose
D'un vigoureux flagellant.
De cette métamorphose
Il nous apprit le pourquoi :
Les plus forts lui font la loi.

Un lazariste inflexible,
Ennemi de tout repos,
Prend un instrument terrible
Et l'exerce sur son dos.
Par ce châtiment horrible
Caron est anéanti ;
*Paveant male nanti* [...] [29].

Il n'y pas que les chansons et les épigrammes ; il y a aussi les estampes satiriques, d'une verve plus féroce encore, car elles représentent presque toutes la scène (fictive) de la flagellation. Sur l'une d'elles, on peut voir le commissaire de police présentant l'ordre du roi au supérieur des Lazaristes, tandis que le condamné paraît dans l'humble attitude de Beaumarchais lui-même, « vêtu modestement et courbé », tel qu'il s'est peint dans sa préface du *Barbier de Séville*. Il est escorté de trois frères du couvent armés de fouets et de verges. On lit sur une banderole : « Monsieur, le général a dit que nous vous *fessissions*, et que si vous *résistissiez*, que nous *redoublissions*. » Ses culottes tombent sur les talons, et son derrière à nu reçoit les étrivières. Une autre caricature présente Beaumarchais le cul à l'air, la tête cachée entre les jambes d'un jeune lazariste aux traits d'angelot, qui s'apprête à le fouetter avec une poignée de verges. Sur la droite, la belle comtesse Almaviva assiste à la scène, les yeux fixés sur le derrière du patient ; à ses côtés, Chérubin se voile la face d'une main, et dresse l'autre vers le ciel. Dans le fond, sur le mur de Saint-Lazare, on peut lire, gravé dans la pierre, le fameux proverbe modifié par Figaro : « Tant va la cruche à l'eau qu'enfin elle s'emplit[30]. »

Ces estampes n'étant pas signées, on fut longtemps avant d'en découvrir l'auteur. Aujourd'hui, le nom du coupable n'est plus ignoré. L'inventeur de ces piètres pochades s'appelait Vincenzio Vangelisti. Né à Florence vers 1740, il avait passé la plus grande partie de sa vie à Paris, où il aurait péri de manière tragique en 1798. En 1784, il avait gravé d'après Callet le portrait de Vergennes, ministre des Affaires étrangères, et avait échangé à cette occasion quelques lettres avec le premier commis du ministère, Pierre-Michel Hennin, amateur éclairé, collectionneur et protecteur des arts. Lorsqu'il apprit l'arrestation de Beaumarchais, Vangelisti crut se faire bien voir de la Cour en ridiculisant le prisonnier. De là les deux caricatures décrites plus haut, dont il confia la vente à une marchande d'estampes, Mme La Gardette. Mais il avait compté sans un de ces revirements subits, si fréquents sous tous les pouvoirs. À peine Beaumarchais fut-il rendu à la liberté qu'on chercha, par toutes sortes de prévenances, à lui faire oublier l'offense commise à son endroit. L'une des premières mesures fut d'interdire la vente des estampes. La marchande, craignant d'être inquiétée, alla se dénoncer elle-même au lieutenant général de police Le Noir. Mal lui en prit : sans autre forme de procès, celui-ci l'expédia à la Force. Voulant la tirer du mauvais pas où il l'avait mise, Vangelisti eut recours à M. Hennin, qui la fit libérer[31].

Une chose aujourd'hui paraît assurée : Beaumarchais n'a jamais reçu le fouet, ni à Saint-Lazare ni ailleurs. Mais le public l'a cru, la chanson et l'image ont popularisé la scène de la fessée, qui lui colle désormais à la peau comme la plus cuisante blessure d'amour-propre qu'il ait jamais subie. Loin d'inspirer la compassion, ce châtiment eut ce triste effet de mettre les rieurs du côté de ses ennemis. Il ne l'oubliera pas. Nulle réparation ne pourra effacer Saint-Lazare. Un séjour à la Bastille ou dans telle autre prison d'État eût été moins infamant, et même plutôt flatteur. Tant d'homme de lettres – et non des moindres – ont fréquenté leurs geôles (Bussy-Rabutin, Voltaire, Diderot, Marmontel... ) qu'il y aurait eu quelque chose de vexatoire à ne point figurer sur la liste [32]. Mais ce pénitencier pour mineurs délinquants avec ses pères fouettards ! Pouvait-on imaginer plus sensible outrage ! Celui-ci laissera des traces plus profondes qu'on ne le croit dans le cœur de sa victime. « Dès lors, il ne rit plus, notera Michelet dans son *Histoire de France*. Le coup de Louis XVI lui ôta pour jamais le rire. »

Quant à ses adversaires, M. Suard en tête et sa cohorte de plumitifs aigris, ils savourent leur triomphe avec une sorte de jubilation vengeresse, exultant sans pudeur à la revanche des médiocres sur la fortune et le talent. « Ce n'est pas une légère consolation pour ceux qu'il a tant bafoués, de le voir à son tour culotte bas, recevoir la correction des cuistres auxquels il est soumis [33]. » Ils ne voient pas plus loin...

Quel crime avait donc commis Pierre-Augustin pour se voir infliger un châtiment si sévère ? On convient aujourd'hui que la lettre au *Journal de Paris* n'était qu'un prétexte, et l'on invoque d'autres raisons jugées plus sérieuses, comme ses vers satiriques décochés contre l'archevêque de Paris, Mgr de Juigné, qui interdisait à ses diocésains d'aller voir *Le Mariage de Figaro*, mais les autorisait à manger des œufs pendant le carême [34]. Ce badinage, pourtant bien innocent, avait profondément choqué Sa Majesté. Louis le pieux reçut donc la plainte de l'archevêque en fils soumis de l'Église, mais Louis le débonnaire ne se résolut pas à sévir. L'insolence de Beaumarchais, sa personne même, lui avaient toujours inspiré une espèce d'irritation sourde, jusque-là non suivie d'effets, mais que l'affaire du *Journal de Paris*, somme toute assez mince, ne fit qu'exaspérer : c'était la goutte d'eau qui fait déborder le vase. Il y avait trop longtemps que cet « amuseur » narguait le pouvoir et semait la zizanie au sein de la Cour, entre ses partisans et ses adversaires ; trop longtemps qu'il persiflait l'ordre établi ; trop longtemps qu'il occupait l'opinion de ses malheurs et dénonçait publiquement l'arbitraire. N'avait-il pas poussé l'audace jusqu'à conspuer la noblesse, bafouer les institutions, vilipender les privilèges, offenser la religion, apostropher le gouvernement ? Et cela en plein théâtre ! Il fallait bien un jour lui donner une leçon dont il se souvînt. Il ne l'a pas volée, pensèrent certains[35]. Non sans raison d'ailleurs, car Beaumarchais cultivait plus souvent l'art aristocratique de déplaire que la discrétion et le bon goût. Étalant complaisamment ses richesses, affichant son fastueux train de vie, claironnant ses succès, faisant parade de ses bonnes œuvres, il passait au mieux pour un provocateur, au pis pour un insupportable parvenu. Un journaliste anonyme, plus clairvoyant que ses confrères, écrivait à sa sortie de Saint-Lazare : « Son plus grand tort est de posséder deux à trois millions et de chercher, malgré ses trésors, à s'enfumer des vapeurs de la gloriole. Il faut donc qu'il vive paisible, et qu'il n'oublie jamais que la célébrité et les grands talents ont toujours attiré à ceux qui les possèdent les pièges de l'envie, les cris assourdissants de la cabale, et les angoisses des persécutions. On pardonne tout au vicieux, mais on est intolérant envers quiconque frappe victorieusement le vice avec l'arme du ridicule. Enfin, la fatale passion de Pierre-Augustin a été, est, et sera probablement toujours celle de faire beaucoup de bruit parmi ses contemporains. Il n'a vu jusqu'ici que le succès éclatant qui le couronne ; sans doute il aperçoit en ce moment le charme dangereux qui l'a séduit[36]. » Prêcher une vie « paisible » à Beaumarchais ! ! !...

## LA GAFFE

Traiter en gamin malappris un homme de son âge, dont la renommée s'étend sur toutes les capitales d'Europe, admiré en France comme l'un des plus brillants écrivains de sa génération, jouissant des plus hautes relations dans le monde de la finance, de la politique, de la diplomatie, chargé de missions internationales : voilà ce qui s'appelle déshonorer son propre pouvoir. Jeter à Saint-Lazare l'auteur du *Mariage de Figaro*, l'éditeur de Voltaire, l'agent secret du roi de France, le fondateur de la Société des auteurs, le défenseur de l'Indépendance américaine, c'est pire qu'une injustice : c'est une gaffe.

Une grande partie de l'opinion voit dans cette atteinte à la liberté individuelle quelque chose de plus grave qu'une simple matière à caricatures et à chansons satiriques. On s'indigne devant la mesquinerie de la réaction royale, on dénonce les effets pervers d'un pouvoir que les lois ne contrôlent plus, et l'on commence à prendre peur. Chacun se dit qu'il pourrait être sacrifié au bon plaisir du prince, puisque Beaumarchais lui-même venait d'en subir la rigueur, en dépit de sa célébrité, de ses talents et de ses services. « La seule chose qui fût en mon pouvoir était de ne point mériter ce malheur, écrira-t-il plus tard à Laurent Nicolas Joubert. Mais qui peut se flatter de ne point l'éprouver? Il ne faut que deux choses très communes en ce pays : un homme qui trompe le roi, et un homme qui ne peut le détromper[37]. » Un journaliste anonyme se montrait plus pessimiste encore : « On se demande si quelqu'un peut répondre de coucher ce soir dans son lit[38]. » Crainte parfaitement injustifiée d'ailleurs, car nul monarque ne fut moins que Louis XVI tenté par le despotisme. Mais comme tous les êtres faibles, il était parfois saisi de brusques accès d'autorité; il s'emportait alors sans raison, et se vengeait sur les autres de sa propre impuissance. Quoique très passagère, sa mauvaise humeur pouvait entraîner de fâcheuses conséquences pour la victime désignée. Dans le cas de Beaumarchais, elle se révéla surtout désastreuse pour le souverain. C'est ce que l'on nomme l'effet boomerang.

Très vite, en effet, l'affaire prit un caractère politique dont les contemporains, pour la plupart, soulignèrent la gravité. Antoine Vincent Arnauld, quoiqu'il fût alors au service du comte de Provence, sentait encore son cœur se révolter, en l'évoquant trente ans plus tard : « Je ne fus pas, comme on l'imagine, médiocrement indigné de l'outrageant abus d'autorité dont Beaumarchais fut frappé au fort de son succès. Aujourd'hui, toute mon indignation se réveille encore à ce souvenir. Cet acte arbitraire, le seul peut-être qu'on soit fondé à reprocher au plus modéré des princes, fut provoqué par une bien perfide insinuation. [...] Cet acte, si léger et si cruel, fut bientôt blâmé des personnes mêmes qu'il avait fait sourire au premier moment; chacun se sentit menacé par là, non seulement dans sa liberté, mais encore dans sa considération. Je me sais gré d'en avoir jugé ainsi de prime abord, et d'y avoir vu surtout une révoltante injustice dans un âge où, plus porté à sentir qu'à réfléchir, j'étais habitué à tenir pour légale toute volonté royale[39]. » Nicolas Ruault allait plus loin encore, et prophétisait dans une lettre à son frère : « L'abus du pouvoir souverain entraîne avec lui des conséquences incalculables. Cette action du roi envers un simple particulier qui ne l'a point outragé prouve son non-sens, son incapacité de jouir du pouvoir absolu, et quand on n'est pas digne de le tenir, de s'en servir dignement, on doit le perdre tôt ou tard[40]. »

À peine rendu à la liberté, Beaumarchais faisait tenir au roi, par l'entremise de Calonne, un *Mémoire justificatif*[41] sous forme de lettre, où il se lavait sans trop de peine de l'accusation de lèse-majesté : « Grièvement insulté dans *Le Journal de Paris* par un anonyme, sous le nom d'un prêtre, j'ai cru devoir reprocher aux journalistes l'abus qu'ils faisaient de leur permission d'imprimer ; puis, voulant comparer les grands obstacles que j'ai dû vaincre, pour faire jouer une comédie, aux attaques multipliées qu'on dédaigne après le succès, de même que j'aurais dit : *Après avoir combattu des géants, dois-je marcher sur des pygmées ?* ou bien : *Après avoir lutté quatre ans contre une armée à découvert, dois-je user ma force aujourd'hui contre un écrivain qui se cache ?* Si j'ai préféré d'imiter la métaphore du Psalmiste : *Super aspidem et basiliscum ambulabis, et conculcabis leonem et draconem*[42], c'est que répondant à un prêtre, elle s'est présentée la première à mon esprit. Dans le rapprochement figuré de ces deux genres d'ennemis, j'ai nommé ceux-là *lions* et *tigres*, parce qu'ils m'ont fait beaucoup de mal ; ceux-ci *insectes de la nuit*, parce qu'en effet, c'est l'abus des presses nocturnes qui fait naître tous les matins ces viles insultes anonymes qu'il serait bien à désirer qu'un sage règlement réprimât. Par quelle horrible méchanceté s'est-on permis, Sire, de tordre le sens d'une phrase indifférente, écrite au sujet d'une comédie, de façon à irriter Votre Majesté contre moi ? Par quelle fatalité plus grande encore sont-ils parvenus à y réussir ? Voilà, Sire, ce qui confond ma raison et me pénètre de douleur[43]. »

ÉCHEC AU ROI

Eh, quoi ! Tout ce bruit pour une malheureuse métaphore ? Voilà qui confond la raison, en effet, et qui en dit long sur la fragilité de l'édifice monarchique, s'il suffit d'une chiquenaude pour l'ébranler sur ses bases. Après tout, ce n'est pas la première fois qu'un souverain assouvit sa vengeance personnelle sur un particulier. D'où vient que cet incident qu'on eût qualifié autrefois de ridicule paraisse tout d'un coup insupportable ? D'où vient que Louis XVI, dont on vantait à l'envi la douceur et la modération, fasse aujourd'hui figure de tyran ? On ne saurait attribuer ce phénomène à la seule personnalité de notre héros, sauf à surestimer son action politique, et à négliger les décennies de lutte antiabsolutiste qui ont précédé sa propre expérience. Celle-ci ne marque donc pas un point de départ, mais une simple étape dans le long processus révolutionnaire engagé depuis plus d'un demisiècle, et qui se poursuivra jusqu'à la fin de la monarchie.

En expédiant Beaumarchais à Saint-Lazare avec des chenapans, Louis XVI entendait mettre les rieurs de son côté ; au début, il semble avoir réussi. La flagellation connut d'abord un énorme succès comique ; l'estampe se vendait comme des petits pains. L'amuseur public fouetté comme un galopin, n'était-ce pas déjà l'arroseur arrosé ? le redresseur de torts recevant à son tour une bonne raclée ? Mais deux jours après son élargissement, la police en interdit la vente. D'abord amusée, l'opinion avait pris conscience que c'est d'elle-même qu'on se moquait, que ce polisson, le cul offert aux verges d'un prêtre, c'était sa propre image, et que Figaro incarnait le peuple. Alors, elle cessa de rire, et prit le parti de la victime ; elle se sentit à travers elle humiliée, trahie, menacée dans ses libertés fondamentales. Nous étions en mars 1785. Cinq mois plus tard éclatait l'affaire du Collier, autre farce, plus tragique cependant, qui résonnera comme un écho amplifié de celle-ci. Figaro à Saint-Lazare annonce déjà le cardinal de Rohan à la Bastille. Beaumarchais apprendra l'incarcération du prélat par ces mots : « Votre ridicule aventure vient d'être ensevelie sous un chapeau rouge. » Si les deux affaires ne se situent pas à la même hauteur, elles soulèvent néanmoins les mêmes enjeux, posent les mêmes questions, conduiront aux mêmes conséquences.

Sa colère une fois retombée, Louis XVI, qui n'avait rien d'un Tibère ou d'un Caligula, songea que son geste impulsif risquait de redoubler la popularité d'un homme dont la plume ne cessait de remuer l'opinion publique. Il se reprochait d'avoir agi sur un mouvement d'humeur, sans nulle raison véritable, agacé au fond de sa propre lâcheté qui lui avait fait épargner Beaumarchais pendant des années. En le faisant jeter à Saint-Lazare, il l'avait traité en ennemi personnel, comme on traite un égal, ce qu'un monarque absolu devrait toujours s'interdire de faire, car il n'est pire aveu de faiblesse que d'exercer son autorité sur un sujet désarmé. Croyant se racheter, il promit que l'illustre prisonnier serait libéré sous peu, reconnaissant ainsi son erreur[44].

Le dimanche 13 mars à minuit, sur ordre du roi, Beaumarchais sortait donc de Saint-Lazare après cinq jours de détention. D'après le rédacteur des *Mémoires secrets*, qui le déteste, il était resté « dans un état fort inculte et fort malpropre », et s'était laissé pousser la barbe : manière d'exciter un peu plus la compassion de ses amis[45]. C'est le commissaire Chénon, accompagné du fidèle Gudin, qui vint le délivrer. Non sans difficulté, car il refusait la clémence d'Auguste, et prétendait demeurer avec la canaille de Saint-Lazare tant qu'il n'aurait pas obtenu justice d'un tribunal régulier : « Je ne dois sortir d'ici que jugé et justifié[46] », protestait-il. Il fallut toute la persuasion du commissaire, qui l'exhortait à jouir de la grâce royale sans demander son reste, pour qu'il consentît enfin à regagner son domicile. Sa petite Eugénie et sa maman se jetèrent à ses genoux, les yeux baignés de larmes, « ainsi que tous ses domestiques, dans le même attendrissement, enchantés du retour d'un si bon maître[47] ». Scène touchante, bien digne du pinceau de M. Greuze ! Rentré chez lui, il résolut de s'y constituer prisonnier volontaire, attendant de pied ferme qu'on le traduisît devant ses juges. Si on lui refusait ce qu'il considérait comme un droit, il menaçait de liquider toutes ses affaires en France, et d'émigrer à l'étranger jusqu'à la fin de ses jours.

« Je me suis examiné, Sire, avec plus de sévérité que ne le pourraient faire vos magistrats les plus exercés, écrit-il au roi dans son *Mémoire justificatif*. Dans ces jours de douleur, mais non d'avilissement (qui ne peut naître que du sentiment du crime), auxquels m'a livré l'ordre de Votre Majesté, j'ose dire avec vérité que je n'ai rien trouvé en moi qui m'ait attiré ma disgrâce. Mais comme il n'est point de coupable qui ne pût tenir ce langage, le Roi a un moyen de s'assurer si je le suis ou non. Qu'il daigne, et je l'en supplie ardemment, m'accorder l'accusateur établi par la loi, et des juges très rigoureux pour examiner ma conduite, et me punir si j'ai commis un crime. Je bénirai toute ma vie cet acte de justice, sans lequel je suis comme rayé de la liste des citoyens[48]. » Tant qu'il était prisonnier d'« ordre du roi », c'est-à-dire en vertu d'une lettre de cachet, Beaumarchais échappait à la justice ordinaire et dépendait uniquement du bon vouloir du prince. En exigeant de comparaître devant des juges, il entendait se soustraire à l'autorité royale pour se soumettre à la loi commune. Les dernières pages de son *Mémoire* constituent d'ailleurs un courageux réquisitoire contre l'arbitraire des lettres de cachet : « On souillerait, on détruirait les vraies notions de l'honneur, y écrivait-il notamment, si l'on supposait qu'un acte émané de l'autorité pût y porter la moindre atteinte. L'honneur ne peut être affaibli que par un jugement des tribunaux, parce qu'alors, on est censé avoir pu et dû se défendre, ce que l'autorité ne permet pas[49]. » Quel tribunal condamnerait un prévenu en l'absence de tout chef d'accusation ? Et que pouvait-on reprocher à Beaumarchais ? La lettre de cachet ne se fondait que sur de vagues présomptions, à peine un prétexte, encore moins un soupçon. Quelle valeur auraient les « lions », les « tigres », et toute la ménagerie, aux yeux d'un tribunal normalement constitué ? Aussi, le *Mémoire justificatif,* que l'on peut d'ailleurs considérer comme l'un des principaux écrits politiques de Beaumarchais, jetait-il Louis XVI dans un extrême embarras.

Que faire, en effet ? Convoquer un tribunal qui ne pourra conclure que sur un acquittement ? Ne le point convoquer, et se reconnaître ainsi coupable d'arbitraire ? Dilemme d'autant plus cruel qu'une grande partie de l'opinion suivait avec passion ce duel inédit entre le souverain et l'un de ses sujets. Non seulement la levée d'écrou n'avait pas suffi à calmer les esprits, mais Beaumarchais l'avait proprement détournée de son objet, en se proclamant *urbi et orbi* prisonnier volontaire du monarque, et en réclamant un jugement. Chacun prenait conscience que l'affaire de Saint-Lazare dépassait largement le cas de son principal intéressé, de ses partisans et adversaires, voire du roi lui-même. Au-delà de la querelle de personnes dans laquelle s'était commis le souverain, ce sont les principes mêmes de la monarchie absolue qui se voyaient remis en cause. Son retentissement fut particulièrement vif dans les milieux antiroyalistes, où elle souleva maintes discussions[50]. Une caricature anonyme de 1785 représente Beaumarchais conduit à Saint-Lazare entre deux gardes-françaises, avec cette légende : « Voilà où nous réduit l'aristo-cratie[51]. » Tout un programme !

Beaumarchais pouvait savourer sa victoire. Obstinément bar-ricadé chez lui, travaillant d'arrache-pied au *Mémoire justificatif* qu'il destinait au roi (« il écrit dans son lit, dans son fauteuil, sur sa table », note Ruault), il trouvait néanmoins le temps de rece-voir une foule de visiteurs : amis, confrères, admirateurs, simples particuliers, qui se pressaient rue Vieille-du-Temple pour l'encourager et le féliciter. On n'était certes pas encore en fin de partie – loin de là ! Mais le triomphe de Figaro résonnait déjà comme un avertissement : le premier *échec au roi* avant le *mat* final.

## LA RÉPARATION

Un jour, le comte d'Artois, s'entretenant avec le roi, lui dit : « Sire, vos sujets seront toujours prêts à faire à Votre Majesté le sacrifice de leurs biens et de leurs vies ; vous avez sur eux la puissance que vous donne le rang suprême. Mais elle ne s'étend point sur leur honneur, et vous avez flétri celui de Beaumar-chais. – Eh ! que veut-on que je fasse ? reprit vivement Louis XVI. Ne faudrait-il pas que j'allasse lui demander des excuses ? »

Des excuses, certes non ; Beaumarchais n'en demandait pas tant. En revanche, il était parfaitement en droit d'attendre des réparations, et il en reçut. Louis XVI ne les prodigua pas de bon cœur (c'est le moins qu'on puisse dire), mais il le fit somme toute assez généreusement ; le souci de faire oublier son inconsé-quence l'emporta cette fois sur ses préventions personnelles. Ces réparations furent de deux sortes : financières et symboliques. Si les premières tardèrent quelque peu à venir, c'est qu'elles coû-taient plus cher que les secondes : on mit plus de zèle à flatter l'amour-propre de l'offensé qu'à lui rembourser ses créances.

Son séjour forcé chez les Lazaristes n'avait pas seulement humilié le citoyen et l'homme privé ; elle faillit également porter le coup de grâce au crédit de l'homme d'affaires. Sans prétendre qu'elle fut à l'origine de ses difficultés d'argent, on peut néanmoins estimer qu'elle contribua grandement à les aggraver. Au lendemain de sa libération, le 19 mars 1785, Beaumarchais suppliait Calonne, contrôleur général des Finances, de lui avancer 50 000 écus (soit 150 000 livres) sur les indemnités qu'on lui devait depuis la réquisition de sa flotte marchande en 1778 et 1779 [52]. « Je suis prêt à périr, lui écrivait-il, parce que tout ce qui dans l'Europe est en compte courant avec moi, ayant appris ma détention, tire à vue sur moi sans pitié. [...] Je vous assure, Monsieur, que Sa Majesté, une fois bien instruite de tout ce qui s'est passé, et j'ai un moyen de l'en instruire, ne vous saura pas mauvais gré de m'avoir empêché de périr pendant les jours de son erreur sur mon compte, au contraire. Et cette justice, si nécessaire à ma conservation, je vous la demande comme une grâce, sans laquelle toutes les autres peuvent me devenir inutiles [53]. » Il revient à la charge le 1er septembre, puis le 30 décembre, en constatant avec amertume : « Depuis que le courroux du roi a frappé ma personne et mon crédit, enseveli dans la retraite, j'ai dévoré mes pertes, et n'ai vécu que de chagrins. L'un des plus sensibles pour moi est l'ingratitude horrible de ces Américains que j'ai si bien servis. » Dans la même lettre, il fait part au ministre de son intention de se rendre lui-même aux États-Unis afin d'y plaider sa cause. « Ainsi, ajoute-t-il, ma fortune et le fruit de tous mes travaux réduit à des créances interminables sur l'Amérique et à des dettes exigibles en Europe, me forcent de m'expatrier pour un temps, et de faire un douloureux voyage à l'autre continent. » Et il conclut sur ces mots désabusés : « Ma mauvaise santé me laisse peu d'espoir de revoir ma patrie en m'embarquant, le mal de mer m'ayant toujours mis à deux doigts de la mort dans le très court trajet de France en Angleterre [54]. » Rassurons-nous : Beaumarchais n'a jamais eu l'intention de traverser l'Atlantique (deux mois de navigation auraient eu raison de moins océanophobes que lui) ; cet innocent chantage au mal de mer n'avait d'autre objet que d'apitoyer son correspondant. Sans succès. Douze jours plus tard, nouvel appel au secours : « J'ai trop éprouvé vos bontés pour douter de votre justice ; mais elle m'est presque inutile, si je péris avant de l'obtenir, et c'est le point où je me trouve.[...] C'est votre bon cœur, Monsieur, que je sollicite en ce moment. Ne souffrez pas que je périsse [55]. » Toujours rien ! Pierre-Augustin décide alors de s'adresser directement au roi. Après tout, c'est à cause de lui qu'il se trouve aujourd'hui dans cet horrible pétrin ! Voici sa lettre :

« Sire,

« Trop malheureux pour solliciter des grâces, au fond de la retraite où je vis, depuis que le courroux du roi m'a frappé, je ne demande à Votre Majesté que la justice rigoureuse qu'elle ne refuse à personne.

« Créancier du roi depuis huit années, après avoir tout sacrifié pour son service, je vais périr déshonoré, s'il n'ordonne pas mon remboursement légitime.

« Sire, que tout ce qui ne m'est pas sévèrement dû, suivant les lois du commerce et de l'honneur, me soit durement refusé ; je ne m'en plaindrai pas, car les commissaires qui ont scruté pendant deux ans la justice de mes réclamations ont déclaré dans leur rapport que, quelles que soient les décisions de Votre Majesté, les pertes immenses de cette affaire ne seront jamais réparées.

« Oserai-je ajouter, Sire, que par l'instigation de mes ennemis, au seul soupçon d'une faute que j'étais bien loin de commettre, en m'ôtant un moment ma liberté, vous avez détruit mon repos, ma considération et mon crédit. Depuis ce moment, renfermé chez moi, je n'ai vécu que de pertes et de douleurs. Les perfides Américains, que j'ai si chaudement servis, apprenant ma disgrâce et me croyant perdu dans ma patrie, ont cru pouvoir impunément me dénier justice. Ils viennent de m'envoyer 5 000 livres à compte de 9 millions qu'ils me doivent. Il faudra donc que je périsse !

« Mais si, faute de secours, je manque aux engagements sacrés d'un négociant, forcé d'en montrer publiquement les motifs à toutes les villes de commerce de l'Europe, mes travaux depuis quinze années, les lettres des ministres, des généraux, des premiers hommes de l'État qui m'ont soutenu dans mes efforts, attesteront à mon pays que j'étais digne d'un meilleur sort. Et le roi, mieux instruit alors, regrettera peut-être en sa bonté d'avoir réduit au désespoir un homme d'honneur qui a toujours encouragé le patriotisme, le commerce et les arts par son exemple ; qui n'a jamais cessé d'être un bon Français, laborieux, citoyen, créancier très patient, et sujet fidèle de Votre Majesté.

« Caron de Beaumarchais[56]. »

Silence. Pas un mot de réponse. Pas le moindre signe d'encouragement. Entre-temps, Baudard de Sainte-James, l'un des banquiers les plus riches de l'époque, a bien voulu le dépanner de 350 000 livres, mais pour très peu de temps ; il doit les rembourser dans les plus brefs délais. D'où cet appel de détresse à Calonne le 27 janvier 1786 : « C'est un malade à l'agonie qui demande au roi justice, en vous criant miséricorde ! » Quinze jours plus tard, le 12 février exactement, Beaumarchais reçoit enfin l'indemnité tant attendue, fixée à 800 000 livres « pour solde de tout compte ». Si on ajoute cette somme aux deux premiers versements effectués : celui de 905 400 livres, et le second de 570 627 livres, payé trois mois avant la première représentation du *Mariage de Figaro*, on arrive au total de 2 276 027 livres[57]. Quarante-huit heures plus tard, c'était la banqueroute. En prime, il reçoit de Calonne « une lettre infiniment honorable, par laquelle ce ministre lui mande que les services qu'il avait rendus à l'État dans la dernière guerre, ayant été mis sous les yeux du roi, Sa Majesté l'a chargé de lui en témoigner sa satisfaction, et de l'assurer qu'elle saisirait avec plaisir les occasions de lui donner des marques de sa bienveillance. En lui remettant cette lettre, le ministre ajouta, dit-on, verbalement, qu'il avait lu lui-même au roi son dernier *Mémoire justificatif*, et que Sa Majesté avait été fort contente de la justesse et de la modération avec lesquelles ce *Mémoire* était écrit, et qu'il lui en savait gré. On lui a offert de plus, s'il faut en croire au moins ses meilleurs amis, une pension, sur la cassette, de cent pistoles ou de douze cents francs ; mais la modestie ou la fierté, le désintéressement ou la justice rigoureuse de M. de Beaumarchais a cru devoir la réduire à la somme de cent livres[58] ». Si ce ne sont pas des excuses, cela y ressemble fort.

\*

\* \*

Parmi les réparations morales, il en est une qui dut aller droit au cœur de l'offensé, car elle émanait spontanément du public. À la Comédie-Française, où *Le Mariage de Figaro* poursuivait sa brillante carrière, le parterre applaudissait à tout rompre ces mots fameux du monologue : « Ne pouvant avilir l'esprit, on se venge en le maltraitant. » La soixante-douzième représentation n'attira pas moins de monde que la première. On crut même y remarquer la présence de plusieurs ministres. Excuses ou repentance ?...

Sachant l'offensé particulièrement sensible du côté de l'amour-propre, la Cour n'hésita pas à déployer le tapis rouge sous ses pas : le vendredi 19 août 1785, *Le Barbier de Séville* était représenté sur le petit théâtre de la reine à Trianon. Marie-Antoinette y tenait elle-même le rôle de Rosine, le comte d'Artois celui de Figaro, le comte de Vaudreuil celui d'Almaviva ; le duc de Guiche interprétait Bartholo et le bailli de Crussol Bazile. Honneur insigne : l'auteur y fut invité parmi le petit cercle d'intimes. À coup sûr, on ne pouvait lui accorder réparation plus délicate ni plus flatteuse de l'affront qu'il avait subi. Pour cette occasion, il consentit à sortir de sa réclusion volontaire, qui embarrassait si fort le roi et le baron de Breteuil. Le prisonnier cessait de bouder : plus question de tout vendre et de s'exiler. L'opération de charme de la reine avait réussi. Au dire de la *Correspondance littéraire*, « le petit nombre de spectateurs admis à cette représentation y a trouvé un accord, un ensemble qu'il est bien rare de voir dans les pièces jouées par des acteurs de société. On a remarqué surtout que la reine avait répandu dans la scène du quatrième acte une grâce et une vérité qui n'auraient pu manquer de faire applaudir avec transport l'actrice même la plus obscure. Nous tenons ces détails d'un juge sévère et délicat qu'aucune prévention de cour n'aveugla jamais sur rien », mais dont on omet, hélas de citer le nom[59]. Dazincourt, sociétaire de la Comédie-Française, avait réglé la mise en scène et conseillé les acteurs.

Dix jours plus tard, Théveneau de Morande complimentait son vieux compère sur sa réhabilitation : « Permettez que je vous félicite du plus profond de mon cœur de l'heureuse révolution qui s'est faite à Versailles. Les choses n'en demeureront pas là : c'est une espèce d'amende honorable qui doit autant vous élever que vos ennemis ont cherché à vous abattre ; il y a des gens dans ce pays-là [la Cour] qui ont dû faire une vilaine grimace quand ils ont vu Figaro courtisan[60]. »

Si Beaumarchais répondit fort galamment à l'invitation de la reine, il refusa cependant avec hauteur le cordon de Saint-Michel que lui offrait deux mois plus tôt le baron de Breteuil, « en disant qu'il avait des charges donnant la noblesse, et que cette décoration, trop commune et réservée aux artistes, ne servirait qu'à lui attirer de mauvaises plaisanteries[61] ». En revanche, il eût sans doute accepté avec joie l'ordre de Cincinnatus, institué par Washington en 1783 pour récompenser les héros de la guerre de l'Indépendance. Malheureusement, on ne songea pas à le lui décerner. Le 10 mai 1785, au cours d'une assemblée générale des Cincinnati en vue de désigner les futurs membres, onze Français furent choisis, parmi lesquels le maréchal-prince de Beauvau et sa femme, le duc d'Harcourt, le duc de La Rochefoucauld-Liancourt, la comtesse d'Houdetot, le comte de Jarnac, le marquis de Condorcet, etc., ce qui provoqua ce commentaire désabusé d'un journaliste de Newhaven : « Le ridicule de cette agrégation, c'est qu'il n'y a aucune de ces personnes qui nous soit connue autrement que de nom, et que tous ces titres de maréchal, de prince, de duc, de marquis, de comte, loin d'être des titres d'adoption, en devraient l'être d'exclusion, à moins que les personnages n'y joignissent des services bien réels. Mais ce qui est d'une ingratitude énorme, c'est d'avoir préféré ces titres fastueux à nos vrais bienfaiteurs, à MM. de Chaumont, de Monthieu, de Beaumarchais, et autres principaux négociants de Bordeaux, Nantes, et autres ports de France, qui ont été les premiers et vrais auteurs de notre gloire et de notre liberté, en nous fournissant des secours et des armes pour combattre les Anglais et nous arracher à leur tyrannie[62]. »

Déçu, assurément Beaumarchais le fut-il, plus qu'on ne le croit, et plus qu'on ne l'a dit. Déçu, et blessé. Il n'en coûtait pourtant rien aux autorités américaines de le recevoir dans la glorieuse légion. Ne l'avait-il pas mérité plus que d'autres ? Craignaient-elles, en reconnaissant ses services, de reconnaître aussi sa créance de plusieurs millions ? Il pouvait néanmoins se consoler en se disant qu'il sortait une fois de plus vainqueur d'un rude combat – et contre quels ennemis ! Décidément, l'âge ne semblait pas avoir prise sur lui. À cinquante-trois ans, il ferraillait encore comme un jeune homme.

C'est alors qu'un autre bretteur – plume redoutable et mercenaire, homme de sac et de corde – lui lance un nouveau défi. Il se nomme Honoré Gabriel Riqueti, comte de Mirabeau, il a trente-cinq ans, et en a déjà passé sept dans les prisons du royaume.

## LES *MIRABELLES* DU COMTE DE MIRABEAU

Mirabeau n'était encore connu que par ses amours, ses procès, ses dettes et son *Essai sur le despotisme*[63] lorsqu'il vint trouver Beaumarchais. La conversation fut telle qu'on peut l'imaginer : vive, animée, spirituelle. Au moment de prendre congé, Mirabeau, avec cette légèreté qui n'appartient qu'aux « tapeurs » de qualité, prie son hôte de lui avancer douze mille francs. Beaumarchais refuse tout net avec un large sourire. « Mais il vous serait aisé de me prêter cette somme.- Sans doute. Mais comme il faudrait me brouiller avec vous au jour de l'échéance, j'aime autant que ce soit aujourd'hui. C'est douze mille francs que j'y gagne. » Mirabeau ne tardera pas à se venger. Une pompe à feu va lui en fournir l'occasion.

En 1769, le chevalier d'Auxiron avait proposé au gouvernement d'approvisionner Paris en eau, grâce à l'établissement d'une pompe à feu, autrement dit d'une machine à vapeur, d'après le modèle qu'il avait vu fonctionner en Angleterre. Sa proposition ne fut pas retenue. Ce sont deux habiles mécaniciens de Vizille, les frères Périer, qui obtiendront en 1777 l'autorisation de construire une pompe à feu refoulant l'eau de la Seine dans un réservoir construit sur la colline de Chaillot, afin de distribuer de l'eau courante dans les divers quartiers de la capitale[64]. Techniquement, l'entreprise était si bien conçue que la pompe fonctionnera jusqu'au Second Empire[65]. Comme ils ne disposaient pas des fonds nécessaires à la réalisation d'un tel projet, les frères Périer fondèrent l'année suivante une société qui prit le nom de Compagnie des eaux de Paris.

L'ancien horloger Caron a toujours eu un faible pour les nouvelles technologies ; c'est d'abord cette passion qui l'amène à financer la machine à vapeur des frères Périer, de même qu'il s'intéressera plus tard au « navire aéroambulant » de Scott, et au percement d'un canal au Nicaragua. Mais comme l'homme d'affaires sommeille toujours sous le mécanicien (ne vont-ils pas de pair, en ces débuts de l'ère industrielle ?), Beaumarchais est aussi à l'affût d'opérations juteuses. Il devient donc très vite l'un des principaux commanditaires et administrateurs de l'entreprise. En cette qualité, il rédige le prospectus de souscription, dans lequel il insiste sur l'intérêt public d'un tel projet : « L'entreprise des machines à feu, écrit-il notamment, pour donner à la ville de Paris autant d'eau qu'elle en peut consommer dans tous les cas possibles, a moins été, dans le principe, une spéculation d'intérêt qu'un grand acte de courage et de patriotisme. » Patrie, Progrès, Profit : telle pourrait être sa devise. La première pompe, fournie en 1779 par le célèbre mécanicien anglais James Watt, fut installée en 1781 sur la colline de Chaillot ; la seconde sera inaugurée en 1788 au Gros-Caillou [66].

La Compagnie des eaux connut un démarrage fulgurant : d'un nominal de deux mille livres, l'action grimpait bientôt à quatre mille, en attirant de plus en plus d'investisseurs, quoiqu'elle ne rapportât que dix-huit livres de dividende par an. Encore ce dividende était-il prélevé sur les fonds mêmes de l'entreprise, et non sur le produit net des bénéfices. Sur sa lancée, elle décide la création d'un établissement d'assurance-incendie, à l'imitation de ceux qui existent déjà en Angleterre. Elle obtient pour ce faire l'autorisation du Conseil d'État du roi, et enregistre aussitôt 300 souscriptions. C'est au moment où elle connaît son plein essor et semble disposer de tous les atouts, à commencer par la confiance du marché, que l'entreprise va se heurter à l'un des plus puissants groupes bancaires de l'époque, dirigé par le financier Clavière.

D'origine suisse, lié au parti démocratique de Genève, Étienne Clavière avait été contraint à l'exil en 1782, quand les troupes de Berne rétablirent l'ordre dans la petite république. Réfugié d'abord à Neuchâtel, il y fait la connaissance de Mirabeau, dont il apprécie les talents d'écrivain et de polémiste. Après deux années à Londres, patrie du libéralisme, où les théories de l'économiste Adam Smith commencent à porter leurs fruits, il assimile rapidement les principes de l'assurance-vie telle que la propose l'Équitable, mais aussi ceux des autres branches, incendie et commerce maritime. Décidé à les imposer en France, Clavière débarque à Paris en 1784. Cet homme d'une cinquantaine d'années dispose alors de capitaux et d'appuis politico-financiers qui font de lui l'un des trois ou quatre principaux acteurs de la vie économique. Autour de lui, les personnages les plus influents se nomment le duc de Lauzun, le comte de Narbonne-Lara, futur ministre de la Guerre, qui passe pour le fils naturel de Louis XV à cause d'une étonnante ressemblance physique avec le feu roi, et surtout Talleyrand. Cet aréopage se réunit d'ordinaire chez le banquier genevois Isaac Panchaud, émule de Clavière, et fondateur en 1776, à la fin du règne de Turgot aux Finances, de la Caisse d'escompte.

Cet établissement auquel on se garde bien de donner le nom de « banque » (celle de Law éveillait de trop mauvais souvenirs), et dont Beaumarchais fut l'un des premiers actionnaires, avait son siège rue Vivienne, « la poche de Paris », comme l'appelle Louis Sébastien Mercier. Sa mission consistait à soutenir le commerce par l'escompte des lettres de change et de tous autres effets négociables, faire le commerce des métaux précieux, fournir de l'argent à bon marché sur n'importe quel papier, selon la faveur de ses administrateurs. Elle reçut également l'autorisation d'émettre des billets en contrepartie d'opérations de réescompte. La faveur dont l'État n'avait cessé d'entourer la Caisse d'escompte, la protection qu'il lui accordait ouvertement laissaient soupçonner entre eux des connivences et causaient de vives inquiétudes dans le public. Le gouvernement, il est vrai, ne faisait pas d'emprunts à la Caisse d'escompte ; au contraire, il lui remettait constamment les fonds de caisse, lui demandant en échange des billets à l'aide desquels il effectuait ses propres paiements. Mais on craignait qu'un jour il ne contraignît les populations à faire comme lui. En septembre 1783, la Caisse avait en circulation 43 millions de billets ; les bénéfices de ses actionnaires avaient été portés à 8 %. Cette prospérité allait entraîner de nombreux revers. Aucune réserve métallique n'étant alors exigée par les statuts, les prêts se multiplièrent à tel point que le capital fut absorbé presque tout entier. Le contrôleur général d'Ormesson, qui avait choisi ce moment pour faire à la Caisse un emprunt secret de 6 millions, fut victime de fuites au sein de son ministère, et l'information se répandit du jour au lendemain. Il n'en fallut pas davantage pour provoquer un mouvement de panique. Les porteurs de billets se présentèrent en masse pour se faire rembourser en numéraire, et la Caisse réclama vainement les 6 millions. Le gouvernement lui répondit par un arrêt du Conseil du 27 septembre 1783 qui suspendait les remboursements en espèces jusqu'au 1er janvier 1784. La mesure fit scandale. Les modistes inventèrent pour les dames des chapeaux à la Caisse d'escompte, ainsi nommés parce qu'ils n'avaient pas de fonds. D'Ormesson tomba sous les brocards ; son successeur Calonne fit rétablir les paiements en espèces par arrêt du 10 décembre 1783, et mit Panchaud à l'écart.

Décidé à se venger, ce dernier fournit alors à Mirabeau tous les documents nécessaires à la rédaction de pamphlets, dans lesquels seront flétris, entre autres, les basses manœuvres de la Caisse d'escompte pour faire monter ses actions[67]. Ces brochures, largement diffusées dans le public, entraînèrent des différences de cours, sur lesquelles Clavière et Panchaud réalisèrent de substantiels bénéfices. Encouragés par ce succès, ils tournent ensuite leur machine de guerre vers leur principal concurrent dans le secteur des assurances, à savoir la Compagnie des eaux des frères Périer, contre laquelle ils spéculent à la baisse. Afin de soutenir leur action, ils s'assurent une fois de plus le concours de Mirabeau, toujours prêt à vendre sa plume au plus offrant. Il en résulte une brochure-torpille d'une force explosive inouïe, intitulée simplement *Sur les actions de la Compagnie des eaux de Paris*[68], dans laquelle Mirabeau dénonce pêle-mêle les ignorances, les intrigues, les mensonges, le charlatanisme des dirigeants de l'entreprise, fustige l'agiotage des frères Périer, le prix excessif de l'abonnement, l'insalubrité de l'eau... « On retrouve dans cet ouvrage tout ce qui caractérise le talent de cet écrivain : de la chaleur, mais beaucoup d'exagération et un ton déclamatoire qui fatigue encore plus qu'il n'éblouit[69]. » En quelques jours, les actions de la Compagnie tombent de 3 600 à 2 000 francs. Tandis que Panchaud se frotte les mains, le contrôleur général Calonne assiste impuissant à l'effondrement de ses valeurs boursières. Poussé par les spéculateurs à la hausse, il tâche par tous les moyens d'arrêter l'hémorragie, et confie à Beaumarchais le soin de répondre aux attaques de leur ennemi commun, ne doutant pas qu'il l'écrasera d'une chiquenaude.

Pierre-Augustin relève le défi d'autant plus volontiers qu'il possède lui aussi un gros paquet d'actions, et que les hâbleries de ce m'as-tu-vu de province commencent à lui échauffer les oreilles. Il est temps de lui donner une leçon. Un duel entre ces deux jouteurs ne pouvait que piquer la curiosité du public, encore que le combat fût fort inégal. Il y avait loin, en effet, de la fortune, de la célébrité, des succès de l'un, à l'existence pénible et rebutée d'un homme dont les aventures formaient un contraste fort peu avantageux avec sa naissance et son nom, et dont quelques productions clandestines et d'un goût discutable ne rachetaient nullement la mauvaise réputation. On s'attendait à trouver dans la prose de Beaumarchais un feu d'artifice de bons mots, de traits, de pointes, de ces bottes assassines et spirituelles dont il avait le secret. Au lieu de quoi l'on se trouve devant un catalogue d'arguments sagement alignés, agrémenté de considérations comptables, mécaniques, hydrologiques dignes enfin d'un quelconque employé au ministère de l'Équipement. Bref, sa lettre *Aux administrateurs de la Compagnie des eaux*[70] nous apprend tout ce qu'il convient de savoir sur le prix du muid d'eau par jour et le tarif de l'abonnement annuel, le décompte exact des conduites principales en fer et en bois, le nombre de bouches d'eau pour laver les rues, de tuyaux de secours gratuits pour les incendies, de fontaines de distribution, du temps que prennent les porteurs d'eau pour remplir leurs récipients, etc., etc. Le tout solidement étayé par des colonnes de chiffres. Il faut dire que le comte de Mirabeau semblait moins averti de ces problèmes que son contradicteur. Pourtant, l'écrivain ne s'efface pas tout à fait derrière le technocrate. L'avenir de la ville surtout l'inspire, et sa vision des temps futurs a de quoi faire sourire le Parisien d'aujourd'hui. « Quand toutes les maisons de Paris seront fournies d'eau nécessaire, écrit-il, est-il déraisonnable de penser que de nouveaux besoins croissant avec la facilité de les satisfaire, avec le temps, avec le bon marché, l'usage des bains deviendra plus fréquent, qu'on multipliera les lavages, que les boulangers se lasseront de faire le pain à l'eau de puits, presque toujours empoisonnée par l'infiltration des latrines, qu'on sentira la différence extrême d'abreuver ses chevaux d'eau de rivière, à ces eaux crues, séléniteuses, qui les accablent de coliques et les font périr presque tous ? Enfin, que l'eau deviendra pour les gens riches un objet d'aisance, de luxe et de plaisir, comme l'étendue des logements, le chauffage, les voitures ; et que les particuliers qui d'abord ont souscrit pour une quantité d'eau bien stricte en voudront bientôt davantage ? »

Beaumarchais ne manque pas de vanter les talents de Mirabeau dans le genre oratoire, fait état de sa verve, prétend admirer l'éclat de sa plume et son éloquence enflammée. Le tout ressemble pas mal à ce que l'on appelle « estime de complaisance ». Puis, sa nature reprenant le dessus, il glisse en passant un calembour un peu facile, certes, et point du meilleur goût, mais qui n'outrepasse pas, croyons-nous, les libertés qu'autorise le style pamphlétaire. Après avoir évoqué la ridicule manie de priser qui s'était répandue sous la Régence, et les moqueries qu'elle suscitait, il ajoute ceci : « Dans trente ans, chacun rira des critiques de ce temps-ci, comme on rit aujourd'hui des critiques de ce temps-là. Quand elles étaient bien amères, on les appelait les *Philippiques*. Peut-être un jour, quelque mauvais plaisant coiffera-t-il celles-ci du joli nom de *Mirabelles*, venant du comte de Mirabeau, *qui mirabilia fecit*[71]. »

Cette innocente plaisanterie n'aurait guère attiré les foudres de l'intéressé, si Beaumarchais ne l'avait fait suivre de vérités autrement plus dures sur sa vénalité et sa collusion avec les banquiers dont il s'était fait le servile instrument : « On doit profondément gémir de voir un homme d'un aussi grand talent soumettre sa plume énergique à des intérêts de parti qui ne sont même pas les siens. [...] L'homme éloquent a trop à perdre en cessant de se respecter ; et cet écrivain l'est beaucoup[72]. »

Écumant de rage, Mirabeau répond sur-le-champ par un tir de mortier chargé jusqu'à la gueule d'éloquence meurtrière ; son ironie pèse lourd, mais elle ne rate pas sa cible. La *Mirabelle* se fait rafale, giclée d'injures, bordées de haine. Terrasser l'adversaire ne suffit pas : il faut le mettre à mort. Rappelant que son premier mémoire sur les eaux de Paris répondait à son double devoir de citoyen et d'ami de Clavière, il poursuit par un feu roulant de sarcasmes, tous dirigés contre une seule et même cible, Beaumarchais : « Tels furent mes motifs, et peut-être ne sont-ils pas dignes de ce siècle, où tout se fait pour l'honneur, pour la gloire, et rien pour l'argent ; où les chevaliers d'industrie, les charlatans, les baladins, les proxénètes n'eurent jamais d'autre ambition que la gloire, sans la moindre considération de profit ; où le trafic à la ville, l'agiotage à la cour, l'intrigue, qui vit d'exactions et de prodigalités n'ont d'autre but que l'honneur, sans aucune vue d'intérêt ; où l'on arme pour l'Amérique trente vaisseaux chargés de fournitures avariées, de munitions éventées, de vieux fusils que l'on revend pour neufs [...] ; où l'on court en Angleterre négocier l'enlèvement d'un malheureux libelliste, et quand on n'y peut réussir, l'achat de son libelle, pour devenir ensuite son correspondant, son agent, son ami [...] ; où l'on profane les chefs-d'œuvre d'un grand homme, en leur associant tous les *juvenilia*, tous les *senilia*, toutes les rêveries qui, dans sa longue carrière, lui sont échappées ; le tout pour la

gloire et nullement pour le profit d'être éditeur de cette collection monstrueuse; où pour faire un peu de bruit, et par
conséquent par amour de la gloire et haine du profit, on change
le Théâtre-Français en tréteaux, et la scène comique en école de
mauvaises mœurs; on déchire, on insulte, on outrage tous les
ordres de l'État, toutes les classes des citoyens, toutes les lois,
toutes les règles, toutes les bienséances, dût-on recevoir enfin de
la main exécrable du despotisme la palme du martyre, qui
devrait être réservée aux grands talents, aux grandes vertus, mais
que rencontre quelquefois même l'impudence. » Mirabeau,
défenseur de la morale et de l'ordre public ! L'auteur d'*Erotika
Biblion* reprochant à Beaumarchais la licence de ses écrits ! On
croit rêver ! Mais ce n'est là qu'un aimable hors-d'œuvre; la
péroraison est foudroyante :

« Pour vous, monsieur, qui, en calomniant mes intentions et
mes motifs, m'avez forcé de vous traiter avec une dureté que la
nature n'a mise ni dans mon esprit, ni dans mon cœur; vous que
je ne provoquai jamais, avec qui la guerre ne pouvait être ni utile
ni honorable; vous que je plains sincèrement d'avoir pu descendre jusqu'à prostituer votre plume, déjà trop avilie, à servir la
cupidité de ceux-là mêmes peut-être dont les lâches manœuvres
vous eussent imprimé la double flétrissure du ridicule et de
l'infamie, si l'opinion publique pouvait jamais obéir à un coup
d'autorité dirigé par l'intrigue..., croyez-moi, profitez de l'amère
leçon que vous m'avez contraint de vous donner. Souvenez-vous
qu'il ne suffit pas de l'impudence et des suggestions de la cour
pour terrasser celui qui a ses forces en lui-même et dans un
amour de la vérité. Souvenez-vous que, s'il est des hommes dont
il est aisé d'endormir les ressentiments à l'aide de leur amour-
propre, et qui, au prix de quelques éloges, laissent patiemment
insulter leur morale, je ne suis pas un de ces hommes. La critique la plus mordante de mes ouvrages et de mes talents m'eût
laissé calme et sans humeur. Vingt lignes de plates exagérations
sur mon style et mon éloquence, en me dévoilant mieux votre
bassesse, ne m'ont rendu que plus sévère pour vos perfides insinuations. Retirez vos éloges bien gratuits; car sous aucun rapport je ne saurais vous les rendre; retirez le pitoyable pardon que
vous m'avez demandé; reprenez jusqu'à l'insolente estime que
vous osez me témoigner; allez porter vos hommages à vos semblables, à ceux qui pour tout sens moral, ont de la vanité. Pour

moi, qui ne connais d'autre mérite qu'un zèle ardent à servir la raison et la justice, qui ne trouvai jamais de talent que dans une forte persuasion [...], je laisse à jamais vous, vos injures, vos outrages, et je finis cette fatigante polémique, qui vous laissera de longs souvenirs, en vous donnant à vous-même un conseil vraiment utile : *Ne songez désormais qu'à mériter d'être oublié*[73]. »

Sous la violence de la charge, l'auteur du *Mariage de Figaro* resta sans voix. Pour la première fois de sa vie, il refusa de répondre. Lassitude ? Effet de l'âge ? Retraite prudente ? On s'interroge encore sur la raison de ce silence qui allait nuire si gravement à sa réputation. Ce qui est sûr, c'est qu'il surprit tout le monde, à commencer par ses ennemis, peu habitués à le voir s'incliner sous l'offense, tandis que ses partisans se posaient tous la même question : pourquoi ? Reculait-il devant un adversaire qu'il estimait plus fort que lui ? Croyait-il sa popularité entamée depuis l'aventure de Saint-Lazare ? Craignait-il d'offenser Calonne, bien disposé à son égard ? A-t-il redouté d'autres attaques sur un autre front, et répugnait-il à mener plusieurs batailles à la fois ? Aspirait-il à vivre en repos ? Voulait-il consacrer les années qui lui restaient à boucler son édition de Voltaire, à faire jouer *Tarare*, l'opéra qu'il venait d'achever, à donner une suite au *Mariage de Figaro* ? La Harpe, de son côté, fournit une explication qui, à défaut de vraisemblance, prête à Beaumarchais une grandeur d'âme qui transforme en sacrifice héroïque ce que ses ennemis (ou ses amis d'hier) n'hésitèrent pas à qualifier de lâcheté : « Beaumarchais, au grand étonnement de tout le monde, refusa le combat pour la première fois ; il garda le plus profond silence, et je crois qu'il fit bien. Mirabeau était alors dans un état de dépression, et même de danger ; il fuyait ou se cachait devant l'autorité compromise dans les procès qu'il soutenait depuis longtemps contre sa famille ; et quels que fussent ses torts, l'ennemi qui l'eût traité alors sans ménagement aurait paru se prévaloir du malheur de sa situation, et aurait appelé sur lui l'intérêt qu'il n'inspirait pas. Beaumarchais, au contraire, était depuis longtemps un objet d'envie ; tout lui avait réussi ; il était au milieu des jouissances ; et l'usage qu'il faisait de sa fortune, ses libéralités, qui ne se répandaient pas seulement sur les siens, mais sur tous ceux qui les imploraient ; son empressement à obliger, à faire le bien public autant que le sien ; tout cela ne pouvait pas désarmer tous ceux qu'il avait blessés, tous ceux qu'il pouvait offusquer ou alarmer, soit dans le monde, soit au théâtre, d'autant plus qu'il ne faisait rien pour les apaiser, et que dans ses ouvrages et ses préfaces, il se jouait de tout et de tout le monde. Quiconque est heureux, ou le paraît, doit être sans cesse à genoux pour en demander pardon, et même ne l'obtient pas toujours à ce prix, surtout s'il est parti de loin pour arriver où il est. Je ne vois guère que ces considérations qui aient pu arrêter un homme très irascible si grièvement insulté. Il crut devoir à l'envie le sacrifice d'un outrage, comme Polycrate faisait à la fortune le sacrifice de son plus beau diamant jeté dans la mer [74]. »

Quelle qu'en soit la raison, le silence de Beaumarchais fut interprété comme un signe de faiblesse ; on le crut désormais vulnérable, à tort ou à raison, et cela suffit pour encourager de nouveaux adversaires à l'affronter.

## « LE MEILLEUR DE TOUS LES MÉCHANTS HOMMES »

Le premier mémoire de Mirabeau contre les frères Périer a déjà causé d'irréparables torts à la Compagnie. Le second lui porte le coup de grâce : les abonnements se révèlent vite insuffisants au regard des investissements engagés. Outre le prix des tuyaux, le fonctionnement des machines nécessite une énorme quantité de charbon. Surtout, les fontaines marchandes, établies principalement pour apaiser la remuante corporation des porteurs d'eau, dissuadent beaucoup de Parisiens d'installer l'eau courante chez eux. Quand ils s'abonnent, il est très rare qu'ils investissent pour faire monter l'eau à l'étage. Les domestiques alors obligés de porter les seaux sont également hostiles à cette innovation. D'autre part, les deux pompes étant situées en aval du débouché d'un égout, la qualité de l'eau fait l'objet de critiques acerbes (« c'est verser son pot de chambre dans sa carafe », résumera Mirabeau). En 1788, l'entreprise en faillite sera reprise par la ville.

Quant aux deux belligérants, ils finirent par se réconcilier à l'occasion d'une vente aux enchères où ils convoitaient le même lot. La chose ne manque pas de sel. Au plus fort de leur polémique, on était à la veille de la Révolution. Cinq ans plus tard, en 1790, Mirabeau devenu le grand homme de la Constituante, avait jeté les yeux sur le couvent des Minimes de Vincennes, devenu bien national, où Beaumarchais enfant avait préparé sa première communion, et dont il n'avait pas oublié le grand tableau du *Jugement dernier* qui ornait la sacristie[75]. Ayant appris que le principal enchérisseur n'était autre que son ancien adversaire, Mirabeau osa rompre le silence : « On dit que vous avez couvert l'enchère. Il n'est pas douteux que si vous désirez ce joli séjour, vous le paierez beaucoup plus cher que moi, parce que vous êtes beaucoup plus en état de le faire ; et cela posé, je trouverais très désobligeant de hausser à votre désavantage le prix d'un objet auquel je ne pourrais plus atteindre. Veuillez donc me dire si l'on m'a bien instruit, si vous tenez à cette acquisition, et de ce moment je retire mes offres ; si au contraire, vous n'avez qu'une velléité légère, ou seulement le désir civique de concourir à ce que les ventes s'effectuent, sauf à vous défaire ensuite d'un bien probablement trop voisin de votre belle habitation pour que vous comptiez en faire votre maison de campagne, je suis persuadé que vous aurez le même procédé pour moi que moi pour vous, et que votre concurrence n'exagérera pas le prix de cette acquisition.

« J'ai l'honneur d'être parfaitement, Monsieur, etc.

« MIRABEAU (l'aîné.) »

Beaumarchais saisit la balle au bond :

« Vous avez envie de mon clos, je vous le cède et me dépars de toutes mes prétentions sur lui, trop heureux d'avoir mis enfin *mon ennemi entre quatre murailles !* Il n'y a plus que moi qui le puisse après la chute des bastilles. Si dans votre colère vous êtes assez généreux pour ne pas au moins vous opposer au salut de mon âme, réservez-moi, Monsieur, le grand tableau du *Jugement dernier*. Mon dernier jugement sur lui est que c'est un fort beau morceau et fait pour honorer ma chapelle. Vous vous serez vengé de moi comme je me venge de vous. Si vous avez besoin de bons renseignements ou même de mon concours pour la facilité de votre acquisition, parlez, je ferai là-dessus tout ce que vous voudrez, car si je suis, Monsieur, le plus implacable de tous vos ennemis, mes amis disent en riant que je suis le meilleur de tous les méchants hommes.

« BEAUMARCHAIS. »

Les remerciements de Mirabeau ne se font pas attendre :

« Il faut que j'aie été ravi à moi-même hier, comme en effet je le fus, Monsieur, pour n'avoir pas répondu aussitôt à votre aimable lettre. [...] Oui, certes, le tableau qui vous est resté si vivement empreint dans l'imagination, dans le cours d'une vie qui vous a nécessairement distrait un peu du *Jugement dernier*, est à vous, si je deviens propriétaire de ce clos, et mon ambition à cet égard s'augmente d'un vœu : c'est de vous y voir venir chercher les vestiges de la sacristie et avouer qu'il n'est point de fautes inexpiables ni de colères éternelles.

MIRABEAU (l'aîné). »

Et tout cela finit par une invitation à dîner. Mais c'est Beaumarchais qui la sollicite :

« Puisque mon badinage ne vous a pas déplu, recevez l'assurance la plus sincère d'un oubli total du passé. Faites une salle à manger de mon antique sacristie, j'y accepterai avec joie un repas civique et frugal. Grâce à la révolution, personne n'est plus humilié de n'en offrir que de ce genre, et nous sommes tous enrichis de ce qu'elle a retranché aux dépenses de vanité qui nous appauvrissaient sans véritable jouissance. Messieurs les bons faiseurs, devenez bienfaisants en mettant fin à votre ouvrage ; il sera toujours excellent, pourvu que vous l'acheviez vite.

« Agréez les salutations du cultivateur,

« BEAUMARCHAIS [76]. »

Six mois plus tard, le 2 avril 1791, Mirabeau rendait le dernier soupir sans avoir acquis le couvent des Minimes de Vincennes. Il avait quarante-deux ans [77].

## LE (TROISIÈME) MARIAGE DE FIGARO

Décidément quelque chose a changé chez Pierre-Augustin. Contrairement à ce que disait la chanson, il n'est plus tout à fait le même. Ces dernières années lui auraient-elles enfin enseigné la sagesse ? Il est vrai qu'elles ne l'ont guère épargné. En plus des soucis d'affaires et des luttes harassantes, il a été durement éprouvé dans ses affections. En peu de temps, il a vu disparaître quelques-uns de ses amis les plus chers. En 1782, c'est le marquis d'Argenson, chez lequel il faisait étape au château des Ormes lorsqu'il se rendait dans les ports de l'Atlantique. Deux ans plus tard, c'est au tour de son jeune fondé de pouvoir, Théveneau de Francy, mort poitrinaire le 27 mai 1784[78]. Vers la même époque, il perdait deux de ses neveux, fils de sa sœur d'Espagne, à la fleur de l'âge : perte cruelle, comme on peut s'en douter, lorsqu'on connaît son attachement aux siens.

Son autre sœur, Julie, sa préférée, la *Bécasse* d'autrefois, toujours célibataire et de plus en plus tournée vers la religion, le suppliait depuis longtemps de régulariser sa situation avec Marie-Thérèse et de donner un père à la petite Eugénie, qui allait maintenant sur sa dixième année. Pierre-Augustin y avait maintes fois songé. Un jour qu'il crut en avoir le temps, au mois d'août 1782, il assembla les membres de sa famille au grand complet, et d'un air pénétré se livra devant eux à une confession de toutes ses frasques, ajoutant qu'il se repentait sincèrement de la vie scandaleuse qu'il avait menée. Il voulait faire une fin, disait-il pour conclure, et se racheter de ses torts par une conduite honnête et réglée. En conséquence, il avait décidé d'épouser sa maîtresse, Mlle de Willermaulaz, avec laquelle il vivait en concubinage depuis douze ans. Après quoi, il prit soin de rassurer ses futurs héritiers. Si ce mariage les frustrait de leur succession, il s'engageait à donner à chacun des marques de son attachement ; sa fortune y suppléerait largement. « Ils sont partis très édifiés des aveux et du repentir de ce fameux libertin », rapporte pour finir le journaliste auquel nous devons l'information[79]. Cette scène qu'on croirait sortie de la plume de Diderot ou du pinceau de Greuze ne connut cependant aucune suite. Pierre-Augustin s'était-il simplement donné le plaisir de la jouer, sans intention de lui donner corps ? Allait-on la retrouver un jour sur le théâtre ? Toujours est-il que le lendemain, il n'y pensait plus ; les affaires l'avaient repris, et dès lors, adieu le sacrement !

Ce n'est que quatre ans plus tard qu'il envisagera sérieusement de se marier avec celle qu'il appelle ordinairement sa « ménagère », et qui mérite mieux que cet humiliant qualificatif. Sans doute, l'image de la jeune femme a-t-elle souffert de la renommée de Pierre-Augustin. Sans doute le génie de ce dernier l'a-t-elle rejetée dans l'ombre, et ses conquêtes amoureuses l'ont-elles reléguée au second plan. Rien pourtant ne justifie cet oubli. Au moment de son mariage, en 1786, Marie-Thérèse de Willermaulaz n'a que trente-cinq ans, soit vingt ans de moins que son époux. De taille élancée, les cheveux châtains, les cils et sourcils de même nuance ombrageant de beaux yeux d'un bleu profond, elle passe pour une fort belle femme. Gudin de La Brenellerie, qui assistait à sa première entrevue avec l'auteur du *Barbier de Séville*, avoue « qu'il était difficile de résister au charme attaché à ses regards, à sa voix, à son maintien, à ses discours ». Et lorsqu'il la verra bientôt faire les honneurs de la magnifique demeure que Beaumarchais fera construire faubourg Saint-Antoine, le même Gudin ajoutera : « Sa maison était embellie par les charmes d'une épouse dont je hasarderais peut-être d'esquisser ici le portrait, si l'esprit et les grâces ne se dérobaient pas plus facilement à la plume de l'écrivain que la beauté au pinceau et au ciseau de l'artiste, et si l'historien n'était pas plus suspect que le peintre, quand il trace ce qui sort de l'ordre commun. D'ailleurs, elle vit encore, occupée du bonheur de sa famille ; et par conséquent, elle n'appartient pas encore au domaine de l'histoire. Je dirai seulement que ceux qui la connaissaient n'étaient pas surpris qu'elle eût captivé le cœur de l'homme qui savait le mieux apprécier le mérite[80]. »

« UNE NOUVELLE SÉVIGNÉ »

La nombreuse correspondance de Marie-Thérèse nous révèle une personnalité beaucoup moins attendue que ne le donnerait à penser sa réputation de femme d'intérieur, d'excellente mère, d'épouse docile, souffrant avec patience les infidélités de son mari. On découvre à travers ses lettres une femme qui, sans donner dans la coquetterie, qu'elle a en horreur, aime néanmoins à plaire et ne joue pas les fausses prudes. Elle préfère la société des hommes à celle de ses semblables, ne s'en cache pas, mais sait aussi merveilleusement garder ses distances : « Ma vivacité, ma gaieté, confie-t-elle un jour à son amie Mme Dujard, se prêtent à tout ce que l'on en veut faire. Avec les jeunes gens, je m'évertue ; avec les penseurs, je médite ; avec les fous, je ris aux larmes ; avec les ennuyeux, je m'occupe, afin de les oublier, si je puis [81]. » Nous avons analysé ailleurs assez au long le caractère de Marie-Thérèse de Willermaulaz pour qu'il soit nécessaire d'y revenir [82]. On se contentera d'ajouter ici que l'épistolière nous réserve autant de surprises que d'enchantement : une telle variété d'impressions et de nuances, une si prodigieuse richesse de coloris, une vivacité aussi primesautière ne se rencontrent pas sous toutes les plumes. Tant s'en faut ! Il est certaines pages que Pierre-Augustin n'aurait certainement pas désavouées. « Si j'avais à ma disposition un de ces vélocifères aériens, écrit-elle encore à son amie, le temps, la saison, ne m'arrêteraient pas, et vous me verriez dans votre chambre, tout comme vous voyez M... Après vous avoir rassurée, embrassée et bien cajolée, je me placerais entre vous deux, devant votre foyer, et là je taillerais des bavettes tout à mon aise !... La langue est le seul outil qui les façonne, la plume n'y réussit pas. Si elle est émoussée, ce n'est plus qu'un plat bavardage, bien insuffisant ; si, au contraire, elle est aiguë, toute fraîche ajustée, elle va, elle va, elle galope, égratignant celui-ci, dénigrant celui-là [83]. » Ce qui apparaît comme une évidence, à la lecture de ses lettres, c'est l'intense plaisir qu'elle prend à les écrire. La plupart d'entre elles étant composées après la mort de son mari, Marie-Thérèse donne l'impression de jouir d'une liberté toute neuve, qu'elle n'eût jamais osé s'octroyer de son vivant. Visiblement, elle s'enchante, et nous enchante, de se découvrir écrivain de talent ; elle s'étourdit de ce flot de pensées qui se pressent sous sa plume, pour venir se mouler sans rature dans une prose élégante et facile. On ne compte pas les bonheurs de langage, les mots badins ou tendres, les idées fantasques, le ton persifleur aussi, bref toutes les marques d'une femme intelligente, sensible, aimante et sceptique, soucieuse avant tout de n'être jamais dupe. Pouvait-elle ignorer que ses amis l'avaient surnommée « une nouvelle Sévigné », que des critiques louaient publiquement son style, que ses lettres circulaient dans les salons ? Elle savait en tout cas que La Harpe avait naguère consacré un « paragraphe » aux grâces de sa prose. « Vingt femmes, à ma place, se seraient bien rengorgées de se trouver tout de son long dans l'ouvrage d'un homme célèbre, lequel ouvrage est bien fait pour aller à la postérité. Eh bien, ma mignonne, je l'ai si bien oublié que j'ai été tout ébahie quand vous m'en avez parlé, et que je ne sais pas plus ce qu'il a dit de moi que ce qu'on dit maintenant chez vous. Ce n'est pas trop là de l'amour-propre féminin [84]. » Avec ses intimes, elle se livrait sans réserve et sans contrainte, et tâchait de « traduire son âme à leurs yeux, les y faire lire comme elle-même. » Mais pour cela, ajoute-t-elle, « il faut de la tranquillité, du recueillement, de la solitude, j'oserais dire même du mystère [85]. »

Gageons que cette âme si riche, si délicate, demeura toujours ignorée de Pierre-Augustin. A-t-il seulement décelé ce qu'il y avait en elle de fantaisie, d'humour, de caprice, de sens critique ? A-t-il jamais su à quel point elle méprisait les conventions, jusqu'où allait sa liberté de penser, son aversion des faux dévots, des vrais aussi dans certains cas ? Enfin, comment a-t-il pu s'abuser sur tant de traits qui devaient la rendre si proche de lui ? Comment n'a-t-il pas considéré comme une âme sœur cette nature pleine de sève, d'enthousiasme, de ressources, de gaieté ? Comme Figaro, elle regardait l'ennui comme son principal ennemi. Toutes les armes lui paraissaient bonnes pour le combattre : « Ce n'est pas votre état qui vous ennuie, écrit-elle un jour à Mme Dujard, c'est votre esprit et votre imagination qui l'alanguissent faute de pâture. Faites-vous joueuse, dévote même si vous pouvez. Il n'y a rien de plus fâcheux que l'ennui [86]. » Ajoutons – *last but not least !* – que Marie-Thérèse vouait à l'unique homme de sa vie une tendresse qui ne s'est jamais démentie, et qui survécut à la mort de Pierre-Augustin. Les souffrances et les humiliations qu'elle eut à subir pendant toutes ces années n'y changèrent rien ; son amour demeurait intact comme au premier jour.

Telle est la femme, la « ménagère », que Pierre-Augustin consentait à prendre pour épouse après douze ans de vie commune. Probablement ne s'y serait-il jamais résolu sans sa fille

Eugénie, qu'il adorait; elle venait d'avoir neuf ans et il était temps de lui donner un père. Le 8 mars 1786, le curé de Saint-Paul bénissait donc son union avec Marie-Thérèse de Willer-maulaz. Celle-ci avait souhaité une cérémonie aussi discrète que possible, étant donné qu'il s'agissait pour elle d'une simple régularisation, et pour lui d'un troisième mariage. C'était compter sans le goût immodéré de Pierre-Augustin pour la publicité. Comme il lui fallait crier sur les toits qu'il venait de se marier secrètement, il fit paraître dans la presse une lettre prétendument écrite à son épouse avant de partir pour Kehl, le 24 avril 1786. Les *Mémoires secrets* la publient le 10 juin, tout en soulignant son « impudence », tandis que des copies manuscrites circulent déjà dans tout Paris. Ce singulier document témoigne d'une véritable obsession de la réclame; on parlerait aujourd'hui de délire médiatique. Gageons, en tout cas, que cette muflerie (car c'en est une, à n'en pas douter) blessa cruellement la délicatesse de la nouvelle épouse, sans rehausser le moins du monde l'image de son auteur :

« Je ne veux pas, ma chère amie, vous priver plus longtemps de la jouissance de l'état qui vous appartient. Vous êtes ma femme; vous n'étiez que la mère de ma fille. Il n'y a rien de changé à votre état antérieur, mais je désire que dès ce moment qui est le premier de mon absence, vous me représentiez honorablement dans ma maison et que vous preniez mon nom qui est devenu le vôtre.

« Embrassez notre fille tendrement, et faites-lui comprendre, si vous le pouvez, la cause de votre joie. J'ai rempli tous mes devoirs envers elle, envers vous. Mon absence est sans l'amertume qui m'a suivi dans mes autres voyages. Il me semblait toujours qu'un accident pouvait nous tuer tous les trois d'un seul coup; je suis tranquille, en paix avec moi-même, et je puis mourir sans remords.

« Ne rassemblez point nos amis pour les fêter à ce sujet, mais que chacun apprenne par vous la justice que je vous ai rendue. Conservez, je vous prie, l'air et le ton modestes que je vous ai demandés pour toute récompense, afin que vos ennemis et les miens ne trouvent point de matière à censurer l'acte le plus sérieux et le plus réfléchi que j'aie fait de ma vie.

« Allez voir mes deux sœurs; demandez-leur bonne et franche amitié. Elles me doivent cette douce et honorable déférence;

elles doivent leur attachement à ma fille, à sa mère ; et mes bien-faits autour de moi seront désormais proportionnés aux égards qu'on vous montrera. Je ne recommande rien à mon neveu Eugène qui vous est attaché. Ma nièce de Miron vous rendra toujours ce qu'elle vous doit.

« Prenez ouvertement les rênes de votre maison ; que M. Gudin, mon caissier, traite avec vous comme avec moi-même. Habillez nos gens pour mon retour avec modestie, mais comme il vous plaira. Menez votre fille à ce bon curé de Saint-Paul qui vous a montré un si tendre respect lorsqu'il nous a mariés.

« Soyez toujours ce que vous êtes, ma chère amie ; honorez le nom que vous allez porter ; c'est celui d'un homme qui vous aime et qui le signe avec joie, votre ami et mari.

« Caron de Beaumarchais »

« P. S. Je vous fais remettre exprès cette lettre par M. l'abbé Sabatier de Castres [87], mon bon ami et le vôtre. Sachez-lui gré, ma chère, du doux empressement avec lequel il me demande la préférence de cette commission.

« Si quelqu'un s'amusait à vous donner quelque désagrément au sujet de cette nouvelle, pardonnez tout en ma faveur. Je me suis toujours bien trouvé de ne conserver aucun ressentiment des injures. Adieu pour un mois [88]. »

Certes, on ne peut que blâmer l'impudeur de sa démarche, son perpétuel besoin de faire parler de lui à tout propos, d'étaler sur la place publique les actes les plus intimes de sa vie ; et son mariage s'accommodait moins que tout autre d'une telle publi-cité. Pourtant, il est un mot dans sa lettre qui retient notre atten-tion, parce qu'il traduit une prise de conscience tout à fait inat-tendue de sa part : « Embrassez notre fille tendrement, et faites-lui comprendre, *si vous le pouvez*, la cause de votre joie. » C'est la première fois que la naissance hors mariage de leur enfant lui apparaît comme un sujet de scrupule ; il mesure seule-ment alors l'embarras de Marie-Thérèse vis-à-vis d'Eugénie et se préoccupe de ses effets.

CHAPITRE II

# « Un monstre lyrique »

> « Si vous voulez savoir ce que c'est qu'un opéra,
> je vous dirai que c'est un travail bizarre de poésie
> et de musique, où le poète et le musicien, égale-
> ment gênés l'un par l'autre, se donnent bien de la
> peine à faire un méchant ouvrage. »
> (Saint-Évremond.)

> « Mon travail produisit de différents effets : il
> m'attira la défaveur des uns, et fut peu goûté par
> les autres. Les moins malveillants s'écriaient : *De*
> *la philosophie jusques dans l'Opéra! cette auteur*
> *se moque de nous!* On me riait au nez ; et moi, je
> disais : *Espérons*. Dans mon dépit, je pris cette
> épigraphe... *Barbarus at ego sum...* On rit de moi
> encore plus fort. »
> (*Tarare*. Préface de 1790.)

## « *SE VUOL BALLARE* ... »

Le 1ᵉʳ mai 1786, se produisait à Vienne un événement qui n'eut à peu près aucun écho en France, que Beaumarchais lui-même semble avoir ignoré, mais dont le retentissement allait porter son œuvre et son nom jusqu'aux confins de l'univers. Ce jour-là, en effet, se donnait au Burgtheater la première représentation des *Nozze di Figaro*, opéra-bouffe de Mozart, sur le livret de Lorenzo Da Ponte.

Avant même que n'en parût la traduction allemande, la pièce de Beaumarchais circulait en copies manuscrites dans les milieux intellectuels viennois, notamment dans les loges maçonniques de tendance *Aufklärung*, où d'illustres « frères » se chargeaient de la répandre autour d'eux, tel le minéralogiste Ignaz von Born ou Josef von Sonnenfels, ami de Mozart et inspirateur des « Jacobins viennois ». Comme tous ses concitoyens de la bonne société, Mozart lui-même connaissait suffisamment le français pour lire le *Mariage* dans le texte original.

Le 2 février 1785, une gazette de Vienne (*Wienerblättchen*) révèle que le sieur Johann Rautenstrauch vient de traduire la comédie de Beaumarchais « avec la plus extrême rapidité » (deux mois avant l'édition française !) [1], et annonce pour le lendemain sa création en allemand par la troupe d'Emmanuel Schikaneder au Kärntnertortheater. Malheureusement, ce tour de force tournera court, car Joseph II, qui avait pourtant autorisé la publication, s'opposera formellement à toute représentation publique [2]. C'est alors que Mozart s'empare du *Mariage* pour en faire un opéra.

Ce n'était pas la première fois qu'il mettait Beaumarchais en musique. En 1778 déjà, il avait composé douze variations pour piano en *mi* bémol majeur, sur l'air « Je suis Lindor » (K. 354) qu'Antoine Laurent Baudron avait écrit pour accompagner les paroles d'Almaviva dans *Le Barbier de Séville*, quand il se fait passer pour un jeune roturier aux yeux de Rosine [3]. Les deux hommes se sont-ils connus à cette époque ou plus tard ? Rien ne permet de le savoir. On dira seulement que les occasions de se rencontrer ne manquèrent pas. Nul doute, en tout cas, que Mozart entendit souvent parler de Beaumarchais, soit à l'occasion de ses séjours à Paris, en 1764, 1766, 1778, soit à propos du *Clavigo* de Goethe, représenté avec succès en 1774, et dans lequel Beaumarchais figurait sous son propre nom, soit encore au cours de cette même année, lorsque l'ancien agent du roi de France fut prisonnier de l'impératrice Marie-Thérèse, et que ses démêlés avec la cour de Vienne défrayèrent la chronique. Nul doute enfin que le scandale causé par le *Mariage* à Paris, et son triomphe sur la scène du Théâtre-Français n'aient fixé l'attention de Mozart sur cette œuvre, sinon sur son auteur. À cela s'ajoutent des raisons plus personnelles, qui expliquent l'espèce de fascination qu'il ressentit à sa lecture. Certaines lettres à son père, antérieures à la comédie de Beaumarchais, nous font découvrir en effet d'étranges analogies entre ses réactions et celles de Figaro. « Nous ne sommes pas de haute extraction, ni gentilshommes, ni riches, mais bien plutôt de basse naissance, vils et pauvres. [...] Notre richesse meurt avec nous, puisque nous l'avons dans la tête, et cela personne ne peut nous le prendre, à moins qu'on ne nous coupe la tête – et alors, nous n'avons plus besoin de rien[4]. » Sept ans plus tard, Figaro lance en écho : « Parce que vous êtes un grand seigneur, vous vous croyez un grand génie ! ... Vous vous êtes donné la peine de naître, et rien de plus ! » Mozart, qui n'a jamais oublié les humiliations subies au service du prince-archevêque de Salzbourg, le trop fameux comte Colloredo, qui le traitait en domestique (« je ne savais pas que je n'étais qu'un valet, écrivait-il en 1781, et c'est ce qui m'a cassé le cou[5] »), retrouve dans le personnage de Figaro toute la rancœur et l'esprit de revanche accumulés contre son ancien maître. Quel réconfort de rencontrer sa propre révolte sous la plume d'un autre, et quelle joie de la reprendre à son compte ! On comprend mieux alors la sympathie profonde qu'il éprouva sur-le-champ pour l'œuvre de Beaumarchais, et l'on ne s'étonne pas qu'il ait lui-même commandé le livret à Lorenzo Da Ponte.

Dans ses *Mémoires*, celui-ci évoque les débuts de leur collaboration : « Je compris facilement que l'immensité du génie de Mozart exigeait un sujet de drame vaste, multiforme, sublime. Causant un jour avec lui, il me demanda si je pourrais mettre en opéra la comédie de Beaumarchais intitulée *Le Mariage de Figaro*. La proposition me plut beaucoup, et je le lui promis. Mais il y avait une difficulté très grande à vaincre. Peu auparavant, l'empereur avait interdit à la troupe du Théâtre allemand de représenter cette comédie qui était, disait-il, écrite trop librement pour un auditoire ordinaire ; or comment le lui proposer pour un opéra[6] ? » Le témoignage de Da Ponte ne saurait être mis en doute, car si l'idée des *Noces* venait de lui, il était bien trop vaniteux pour ne pas en tirer gloire. C'est donc bien Mozart, et lui seul, qui proposa la pièce à son librettiste.

Les deux hommes s'étaient rencontrés pour la première fois en 1783 chez le baron Wezlar. Ils s'entendirent tout de suite comme larrons en foire, et se promirent de travailler ensemble. Vénitien, prêtre défroqué, libertin et aventurier comme Casanova dont il était l'ami, chassé de Venise en 1779 pour adultère, nommé poète officiel des théâtres impériaux de Vienne, grâce à la protection de Métastase et de Salieri, Emanuele Conegliano, dit Lorenzo Da Ponte, était l'un des rares auteurs de cette ville capables d'adapter la comédie de Beaumarchais en italien. Si Mozart avait fait le choix de cette langue, c'est que les amateurs d'art lyrique n'en voulaient pas d'autre, la diction de l'allemand leur paraissant trop dure aux oreilles musicales[7]. D'autre part, le *Barbiere di Siviglia* de son ami Paisiello ayant triomphé à Vienne l'année précédente, il pouvait escompter pour les *Noces,* qui en formaient la suite, un accueil au moins aussi enthousiaste[8]. L'accord une fois conclu entre nos deux compères, ils se mirent à l'ouvrage dans une espèce d'effervescence que traduit à merveille le *tempo* enfiévré de l'ouverture. « Au fur et à mesure que j'écrivais les paroles, il en faisait la musique, se souvient Da Ponte. En six semaines, tout était terminé[9]. » Commencé en octobre 1785, l'opéra totalement achevé fut daté par Mozart du 29 avril 1786. La première eut lieu quarante-huit heures plus tard.

La première mention des *Noces* apparaît dans une lettre de Leopold Mozart à sa fille Nannerl, datée du 3 novembre 1785 : « Il a aussi parlé d'un nouvel opéra. Basta ! nous en en entendrons bien parler[10]. » Le titre de l'ouvrage est donné dans la lettre suivante, du 11 novembre : « Il me demande pardon [de ne pas écrire davantage], car il doit terminer en toute hâte l'opéra, *Le Nozze di Figaro* [...] Je connais la pièce ; elle est très laborieuse, et la traduction du français a sûrement dû être réalisée de façon libre pour un livret d'opéra, si elle veut faire de l'effet. Dieu fasse que l'action plaise. Je ne doute pas de la musique. Cela lui coûtera de nombreuses allées et venues et bien des discussions avant que le livret soit aménagé selon son goût et comme il souhaite l'obtenir[11]. » Quant à Da Ponte, il s'est amplement expliqué sur son travail dans la préface du livret : « Le temps imposé par l'usage pour les représentations dramatiques, le nombre déterminé d'acteurs disponibles et certaines autres sages constatations concernant les bonnes mœurs [...] constituent les raisons pour lesquelles je n'ai pas traduit cette comédie, mais je l'ai adaptée, ou plutôt, j'en ai fait un résumé. » Ailleurs, il s'explique sur les transformations apportées au texte original : « Comme j'ai écrit un opéra [*dramma per musica*] et non une comédie, j'ai dû laisser de côté plusieurs scènes dans leur entier et en abréger d'autres. J'ai donc abandonné tout ce qui choquait la décence et les bonnes mœurs, ou ce qui serait inconvenant dans un théâtre honoré de la présence de Sa Majesté en personne. » Ce que le censeur officiel du théâtre, Franz Carl Hägelin, alors en fonction à Vienne, résumera plus tard de la manière suivante : « Les souverains, les autorités, les classes sociales, plus particulièrement de haut rang, ne devaient en aucun cas être attaqués, satirisés ou rendus ridicules. » On admire les ingénieuses transformations que Da Ponte fera subir à la pièce afin de la plier aux exigences de la censure, sans édulcorer pour autant sa portée politique. Certes, il supprime un acte et réduit le nombre de personnages qui de seize passe à onze, élimine les passages les plus sulfureux (le procès, le monologue de Figaro ...), mais conserve l'esprit de l'œuvre, que la musique viendra confirmer, et plus encore amplifier.

Il fallait néanmoins beaucoup d'audace pour composer au nez et à la barbe de l'empereur un opéra tiré d'une pièce qu'il venait d'interdire. Heureusement, Mozart ne manquait pas d'appuis. Le baron Wezlar s'intéressait de si près au projet qu'il lui promit, en cas d'interdiction à Vienne, de faire jouer son opéra à Londres ou Paris. Une conspiration amicale se forme bientôt autour du librettiste et du compositeur, qui les incite à travailler dans le plus grand secret, et confie à Da Ponte la mission, combien délicate, de solliciter l'autorisation de Joseph II. Vers la fin de l'année 1785, la composition lui paraît assez avancée pour entreprendre cette démarche. Le moment était particulièrement bien choisi, car le Burgtheater manquait de partitions pour assurer la saison à venir.

« Je saisis l'occasion pour aller voir l'empereur, sans en parler à personne et lui offrir *Les Noces de Figaro*, raconte Da Ponte.

"Comment, me dit-il, vous savez que Mozart, remarquable pour la musique instrumentale, n'a jamais écrit pour la scène, une seule fois exceptée, et cette exception ne vaut pas grand-chose.

– Moi-même, répliquai-je timidement, sans la bonté de l'empereur, je n'eusse jamais écrit qu'un drame à Vienne.

– C'est vrai ; mais cette pièce de *Figaro*, je l'ai interdite à la troupe allemande.

– Je le sais ; mais, ayant transformé cette comédie en opéra, j'en ai retranché des scènes entières, j'en ai abrégé d'autres, et je me suis appliqué surtout à faire disparaître tout ce qui pouvait choquer les convenances et le bon goût. En un mot, j'en ai fait une œuvre digne d'un théâtre que Sa Majesté honore de sa protection. Quant à la musique, autant que je puis en juger, elle me semble un chef-d'œuvre.

– Bien, pour la musique, je m'en remets à votre bon goût, et pour la morale à votre prudence. Remettez la partition aux copistes."

« L'instant d'après, j'étais chez Mozart. Je ne lui avais pas encore fait part de cette bonne nouvelle qu'une dépêche lui apportait l'ordre de se rendre au Palais avec sa partition. Il obéit et fit entendre à l'empereur divers morceaux qui l'enchantèrent et, sans exagération, l'étourdirent. Joseph II avait le goût très sûr en musique, et généralement pour tout ce qui se rattachait aux beaux-arts. Le succès prodigieux qu'a eu dans le monde entier cette œuvre merveilleuse est une preuve qu'il ne s'était pas trompé dans son jugement [12]. »

Pour désarmer la censure de Versailles, Beaumarchais, on s'en souvient, avait dû consentir un certain nombre de coupures. Il en fallait davantage encore pour désarmer celle de Vienne. Mozart et Da Ponte s'y plièrent d'autant plus volontiers que la musique ne pouvait traduire les traits d'esprit, pointes et mots d'auteur qui parsèment le dialogue ; ils n'en laissèrent subsister que quelques-uns, ici et là, mais seulement dans le *recitativo secco*. Sacrifices mineurs, dérisoires même au regard de ce qui fut préservé, c'est-à-dire l'essentiel. Mozart se sentait trop d'affinités avec Beaumarchais pour trahir ses intentions ; n'était-ce pas se trahir soi-même ? Ne pouvant rivaliser avec les mots, c'est par les divines équivalences de la musique et du chant qu'il restituera le sens premier de l'œuvre. S'il supprime le long monologue de Figaro (acte V), il en conserve néanmoins toute la force subversive dans la cavatine : *Se vuol ballare, signor Contino, il chitarrino le suonerò. Se vuol venire nella mia scola, la capriola le insegnerò* [13]... Empruntant la cadence du menuet, danse aristocratique par excellence, Figaro l'alourdit rageusement, tandis que les pizzicati des cordes, imitant la guitare, aiguisent le tranchant du sarcasme. À cette cavatine, Mozart fournit la réplique exacte dans l'aria du troisième acte, entièrement inventée par Da Ponte, où Almaviva furieux s'aperçoit que Suzanne et Figaro lui apprennent une cabriole de leur façon : *Vedrò, mentr'io sospiro, felice un servo mio ! E un ben, ch' invan desio, ei posseder dovrà*[14]? L'écriture musicale, avec les trilles moqueurs de l'orchestre, et le chant décharné du comte – sous forme de grands arpèges simplement parcourus –, auquel succède le rythme endiablé de la vengeance, enrichissent de mille nuances et sous-entendus expressifs ce duel entre le maître et son serviteur, entre l'ancien monde et le nouveau. Plus encore que la comédie de Beaumarchais, l'opéra de Mozart annonce les grandes fractures à venir.

Mais il n'y a pas que la lutte des classes. Il y a aussi – surtout – la rivalité des cœurs, l'ambiguïté des sens, les jeux de l'amour et ses premiers émois. Là non plus, le grand Amadeus n'aura pas trahi les intentions de son modèle. Sa musique en exprime si bien toutes les nuances, et jusqu'aux plus délicats frémissements, qu'il semble parfois les transcender, comme si le musicien, prenant le relais du poète au moment où celui-ci atteint les frontières de la communication verbale, s'emparait de son intention pour la conduire au-delà du dicible, dans ces régions de l'âme où le langage perd tout pouvoir, où le chant se révèle seul capable d'exprimer. Pour Stendhal, la cause est entendue : la musique de Mozart pénètre plus avant dans les âmes que la prose de Beaumarchais. « La première réflexion qui se présente sur *Figaro*, écrit-il, c'est que le musicien, dominé par sa sensibilité, a changé en véritables passions les goûts assez légers qui, dans Beaumarchais, amusent les aimables habitants du château d'Aguas-Frescas. » Et quelques lignes plus bas : « On sent, dans la comédie, que le goût de Rosine pour le petit page pourrait devenir plus sérieux : la situation de son âme, cette douce mélancolie, ces réflexions sur la portion de bonheur que le destin nous accorde, tout ce trouble qui précède la naissance des grandes passions, est infiniment plus développé chez Mozart que dans le comique français. Cette situation de l'âme n'a presque pas de terme pour l'exprimer, et est peut-être une de celles que la musique peut beaucoup mieux peindre que la parole[15]. »

LE RENDEZ-VOUS MANQUÉ

*Les Noces de Figaro* ne seront données à l'Opéra de Paris qu'en 1793, en pleine Révolution, pour cinq représentations seulement, du 20 mars au 24 avril, la première sous le titre de *Figaro*, et les suivantes sous celui de *Mariage de Figaro*. À cette occasion, un certain François Notaris traduit en vers français le texte des airs, duos, trios et ensembles, mais Francœur, un des administrateurs de l'Opéra, prend la malheureuse initiative d'y ajouter presque toute la comédie de Beaumarchais, obligeant ainsi les artistes lyriques, peu habitués au dialogue de théâtre, à se partager entre des scènes chantées et des scènes parlées[16]. Résultat : un spectacle d'une longueur démesurée, éprouvante pour le public, mais qui ne semble pas avoir découragé la critique, plutôt favorable, dans l'ensemble[17]. En fait, l'événement ne paraît pas assez important, ni le nom de Mozart assez connu pour attirer les foules. Deux ans après la mort du compositeur, il semble bien que personne à Paris ne se souvienne plus de lui. Il suffit, pour s'en convaincre, de parcourir les *Affiches, annonces et avis divers* ; on y trouve, à la date du 18 mars 1793, la note suivante : « Mercredi 20, la 1ère représentation de *Figaro*, op. en 5 actes, musique du cit. Mansard [*sic*]. En attendant le *Siège de Thionville*. » Le lendemain, Mansard est corrigé en Mozard ; le 20, le titre devient *Le Mariage de Figaro*. Un mois plus tard, le 15 avril, l'annonce est ainsi modifiée : « Auj. 15, par extraordinaire, *Le Mariage de Figaro*, comédie réduite en 4 actes, musique de Mozzard [*resic*]. » Le 19, libellé identique, mais Mozzard est changé en Mozzart...

*Mansard*, *Mozard* ou *Mozzart*, M. de Beaumarchais n'en a cure ! Invité à la première, il néglige de s'y rendre, estimant peu prudent de se montrer au théâtre en cette période. Le lendemain, Cellerier, codirecteur de l'Opéra avec Francœur, lui adresse un compte rendu circonstancié de la soirée :

« *Figaro* a eu du succès ; il a été vivement applaudi, mais ce n'est pas à son auteur que je cacherai l'impression qu'il a faite sur les habitués de notre spectacle.

« On a trouvé l'ouvrage infiniment trop long, les morceaux de musique un peu rares et le débit des acteurs lent et froid ; tout cela se conçoit aisément. Les spectateurs des loges connaissaient l'ouvrage et ne voulaient que la musique ; un morceau en faisait désirer un autre et il eût fallu supprimer tout le dialogue pour satisfaire à l'impatience de ces amateurs. L'amour de la nouveauté produit ces inconséquences. Le plus bel opéra de Gluck ou de Sacchini n'est souffert qu'avec humeur lorsqu'il est suivi d'un nouveau ballet. Il faudra donc rapprocher les morceaux de musique et faire quelques retranchements qui ne nuisent point à la marche de l'ouvrage, ce que je crois très possible. Quant au jeu des acteurs, il est l'effet d'un début dans un genre absolument nouveau pour eux. On a cependant remarqué qu'ils n'ont été qu'embarrassés et qu'ils sont en état de mieux faire aux représentations suivantes. On a trouvé qu'ils avaient joué de bon sens et beaucoup trop bien pour les théâtres qui se sont emparés depuis longtemps de ce genre de pièces. On a bien remarqué que le chant avait été mieux exécuté que partout ailleurs et qu'avec les ressources que présente l'opéra, ce nouveau genre sera une nouvelle mine de richesse pour ce spectacle.

« Je suis désolé que vous ne soyez pas venu vous-même juger de ces observations. Je vous demande un moment de révision sur votre ouvrage. Voyez, je vous prie, s'il n'y aurait pas moyen d'élaguer dans le troisième acte qui a paru froid, ainsi qu'une partie du quatrième. Je sais bien que vous n'avez pas le temps de rien changer pour demain ; mais si vous voulez préparer vos intentions, M. Notaris s'y conformera. Je l'engage à vous aller trouver. En une demi-heure vous en ferez plus ensemble qu'en une journée isolément.

« Mille et mille pardons de vous être aussi importun, mais vous m'avez témoigné tant d'amitié que je ne crains pas d'abuser de votre complaisance. J'aurais eu le plaisir de vous voir ce matin sans un rendez-vous que j'ai pour notre grande affaire avec les commissaires de la ... [deux mots illisibles]. Si vous désirez une loge pour demain, ayez la complaisance de le dire à mon homme ; on vous la retiendra. Nous vous cacherons dans un coin si vous l'exigez.

« Je vous salue de toute mon âme.

« Ce 21 mars 1793

« CELLERIER [18]. »

Beaumarchais finit par accéder au vœu de Cellerier ; il assiste à la deuxième représentation du 22 mars, mais « à muche-pot » (incognito), et dissimulé au fond d'une loge. Il livre ses impressions le 3 avril, dans une lettre *Aux acteurs de l'Opéra assemblés*, qui ne fait guère honneur à son goût musical – c'est le moins qu'on puisse dire ! S'il donne à chaque acteur de précieux conseils, s'il demande à Bartholo de « fouetter davantage sa scène avec Marceline », s'il veut à Suzanne « une ironie légère et fine », et au comte Almaviva plus de vraie noblesse, s'il voit en Figaro « un mauvais sujet, mais fin, léger, éduqué et non pas faraud », s'il préconise enfin un « beau ballet » pour les noces finales, dans « le genre vif et grenadin des Maures », en revanche, il ne souffle mot de la musique de Mozart[19] ! N'aurait-il pas cédé à son enchantement ? Ou, plus simplement, ne l'aurait-il pas entendue ? Il faut se rappeler qu'il souffrait dès cette époque d'une surdité à peu près totale, au point de se doter d'un cornet acoustique. Dans une lettre du 27 août 1797, il plaisantera lui-même de son infirmité : « Je suis sourd, moi, *comme une urne sépulcrale* ; ce que les gens du peuple nomment *sourd comme un pot*[20]. » Mais comment expliquer alors qu'il ait entendu les voix des comédiens – et fort distinctement, à en juger par ses remarques sur leur débit et leurs intonations ? Qu'est-ce que cette oreille sélective qui percevrait les sons parlés, mais resterait inaccessible au chant et à la musique, pourtant plus riches en décibels ?

Pourquoi ne pas convenir tout bonnement que s'il n'a pas cru devoir évoquer la partition de Mozart, c'est qu'elle ne méritait à ses yeux aucun commentaire ? Après tout, la musique n'ayant jamais été pour lui qu'un gracieux ornement au service du livret, son indifférence envers le compositeur des *Noces* ne doit pas surprendre. Sans doute n'a-t-il vu en lui qu'un vulgaire croquenotes, un de ces musicastres à la commande comme il y en avait tant ; rien de plus, en somme, qu'un Baudron ou un Dezède à la viennoise.

Qu'importe, après tout, que Beaumarchais n'ait pas reconnu le génie de Mozart ! Qu'importe encore que l'Autrichien ait perverti la légèreté de l'auteur français, en lui imprimant ce supplément d'âme où Stendhal voulait voir « un mélange sublime d'esprit et de mélancolie » ! Au-delà des hommes et des préjugés, seule compte en définitive la secrète connivence des œuvres.

### La passion de la musique

De toutes les activités qu'il exerça dans le cours de son existence – et Dieu sait qu'elles furent nombreuses! –, Beaumarchais regardait la musique comme la plus précoce et la plus durable. La seule, en tout cas dont il ne se fût jamais lassé : « J'ai toujours chéri la musique sans inconstance et même sans infidélité », proclame-t-il dans sa *Lettre modérée sur la chute et la critique du Barbier de Séville*, et son théâtre est là pour en témoigner. Point de drame ou de comédie sans chansons. Point de mise en scène sans clavecin. Point de Figaro sans guitare. Point de Chérubin sans romance. Point d'entracte sans orchestre.

Ses premières années se déroulent dans un flot d'harmonies ; son père compose « des petits vers et des chansons », et malgré son austérité religieuse, fréquente assidûment l'Opéra ; ses sœurs jouent du violoncelle et du clavecin, tandis que lui-même reçoit d'un flûtiste de l'Opéra les premières notions de l'harmonie, pince d'abord la guitare, se met ensuite à la viole, puis à la flûte, et finalement à la harpe, qu'il affectionne tout particulièrement ; ses brillants arpèges, sa sonorité pénétrante et aérienne l'enchantent. On dit même qu'il aurait perfectionné son mécanisme, mais cela reste à prouver. Si la harpe ne doit donc rien à Beaumarchais, Beaumarchais, en revanche, lui doit beaucoup. À commencer par ses débuts à la Cour, puisqu'il enseigne cet instrument aux filles de Louis XV. Non content de disposer leurs doigts sur les cordes, ou de les initier aux secrets de la pédale, il devient leur intendant de musique, organise toutes les semaines des concerts devant le roi, la reine, le dauphin, la dauphine, et quelques intimes ; lui-même y tient sa partie, soit à la flûte, soit à la harpe. On y joue les sonates pour violon seul et basse continue de Francesco Chabran, ou les airs de Jean-Benjamin de La Borde, ou encore ses propres compositions[21]. Loin de réserver ses talents au public des princes, Beaumarchais jouait ses œuvres dans les salons de la capitale. Non sans succès, si l'on en croit un certain chevalier R... qui vivait dans l'entourage du duc d'Orléans, petit-fils du Régent, et dont la correspondance mentionne un concert au cours duquel le musicien de Mesdames exécuta quelques-uns de ses impromptus : « Aux accents langoureux du signor Alberti et du petit orchestre italien qu'il conduisait avec le plus amusant brio du monde, succédait l'applaudissement, lorsque l'enjouée Mme de Tessé, s'approchant de M. de Beaumarchais, le pria de vouloir bien à son tour offrir à l'assemblée le régal d'un morceau de sa composition. M. de Beaumarchais ne résistant point à une prière aussi flatteuse pour son amour-propre, embrassa une harpe et d'emblée exécuta plusieurs œuvres gracieuses : un rondeau curieux, accompagné de chant, dont la partie de harpe semblait courir après celle du chanteur, puis un tambourin dans le genre espagnol, enfin un menuet qu'il dut jouer deux fois tellement il plut. Mme de Gouy-d'Arcy, qui se pique d'un certain goût pour la musique, s'écria qu'elle n'en avait jamais ouï d'aussi vive, qui lui ait fait autant de plaisir et l'ait surprise davantage[22]. »

Rappelons encore que Beaumarchais truffait d'ariettes et de couplets les parades poissardes qu'il faisait représenter au château d'Étiolles[23]. Prestement enlevées, de style populaire, elles témoignent d'une verve heureuse, et d'un indéniable sens du rythme. Certaines sont même aussi gracieuses que simples : elles reflètent une sensibilité ingénue, certes un peu bourgeoise, mais point larmoyante, qui s'élève parfois jusqu'à l'émotion. Le plus souvent, elles se contentent d'être gaies, alertes et spirituelles. On se souvient aussi que, pendant son séjour à Madrid, Beaumarchais avait découvert avec enchantement la musique espagnole, et qu'il était revenu en France les malles bourrées de séguedilles[24]. On ne saurait oublier enfin que *Le Barbier de Séville* fut d'abord un opéra-comique avant de devenir la comédie que l'on sait. Il en reste d'ailleurs quelque chose, puisque Beaumarchais a conservé de son projet initial quelques ariettes, ritournelles et couplets – mais point trop, afin de ne pas tomber dans l'excès qu'il dénonce lui-même dans sa préface. Son génie poétique souffrant d'une regrettable inégalité (pour ne pas dire plus), il n'y a pas lieu de déplorer sa modération. Et comme son talent de compositeur n'a jamais dépassé celui d'un honnête amateur, d'un « musicien par occasion », on l'approuve d'avoir commandé ce travail à un professionnel. Reste à savoir lequel. Jusqu'à ce jour, le doute subsiste. La *Correspondance littéraire* cite un certain Nicolas (ou Alexandre) Dezède, que certains prétendent fils illégitime de Frédéric II de Prusse, auteur d'une vingtaine d'opéras et d'opéras-comiques, donnés pour la plupart à la Comédie-Italienne avec des fortunes diverses[25]. De son côté, l'*Almanach musical* de 1776 signale la « Musique du *Barbier de Séville* et partition du morceau qui représente un orage, par M. Baudron, premier violon de la Comédie-Française[26] ». Attribution confirmée par deux notes manuscrites sur une des deux partitions conservées à la Bibliothèque nationale de France. Artiste estimable, Antoine Laurent Baudron, qui vécut jusqu'à l'âge de quatre-vingt-douze ans, composa de 1770 à 1792 environ 120 musiques de scène destinées aux pièces du répertoire. Il fut également le premier auteur français de quatuors (*Sei quartetti*, 1768). C'est lui enfin qui composera les airs du *Mariage de Figaro*, ce qui rend plus probable encore sa collaboration au *Barbier*. D'après certains, cependant, Baudron n'aurait écrit qu'un seul air du *Mariage*, tous les autres étant de Beaumarchais lui-même.

Ajoutons, pour la petite histoire, qu'en 1784 le mystérieux Dezède, dont il vient d'être question, signait la musique d'un opéra-comique en trois actes, intitulé *Le Véritable Figaro*, dont les paroles étaient d'un certain Billardon de Sauvigny, censeur de police de son métier et auteur dramatique à ses heures[27]. En l'absence de M. Suard, censeur ordinaire des spectacles, le lieutenant général de police Le Noir, avait justement chargé ledit Sauvigny d'examiner l'ouvrage. Celui-ci donna naturellement son approbation des deux mains, tout en jurant ses grands dieux qu'il ignorait le nom de l'auteur, et non sans avoir, au préalable, consulté un docteur en théologie. Intrigué par cette intervention cléricale, tout à fait insolite en pareil cas, M. Le Noir jugea plus prudent de lire lui-même la comédie. C'était, nous apprend la *Correspondance littéraire*, « un tissu de personnalités très mordantes contre l'innocent auteur du *Mariage de Figaro*; on prétend que M. de Sauvigny y avait rassemblé les anecdotes les plus saillantes de la vie privée et publique de M. de Beaumarchais[28] ». Tremblant de voir l'un de ses agents traîné devant la justice, le lieutenant décida d'interdire la pièce, et sermonna d'importance le censeur-auteur. Bien lui en prit, car Beaumarchais se proposait, dit-on, « si on le traduisait sur le Théâtre-Italien, de traduire à son tour M. le censeur sur le théâtre du Parlement. On se rappelle ses succès sur cette scène, conclut la *Correspondance littéraire*, et ses *Mémoires* contre le pauvre

Goëzman font regretter avec raison que la représentation du *Véritable Figaro* ne l'ait pas ramené sur le premier théâtre de sa célébrité[29] ». Quant à la collaboration du fameux Dezède à cette charge contre Beaumarchais, elle peut s'expliquer comme la vengeance d'un artiste évincé par un rival, et confirmer ainsi l'attribution des couplets du *Barbier de Séville* à Baudron.

*<br>* *

En 1782, Giovanni Paisiello, alors établi en Russie, faisait jouer à Saint-Pétersbourg une *opera buffa* inspirée du *Barbier de Séville*, sur un *libretto* de Giuseppe Petrosellini. Cette partition parvint en France un an plus tard ; on désira l'entendre à la Cour, et comme on manquait de chanteurs italiens, on chargea Framery[30] de traduire en français le texte des airs et des morceaux d'ensemble, le récitatif italien devant faire place à la prose de Beaumarchais. Selon certains, c'est la reine Marie-Antoinette elle-même, décidément fort éprise de cette comédie, qui le lui aurait commandé. Framery se mit au travail et fut prêt dès le mois d'août 1783. L'ouvrage était programmé pour l'automne, mais des circonstances particulières empêchèrent sa représentation.

Vers cette époque, l'auteur dramatique Pierre Louis Moline, qui avait naguère traduit *Le Duel comique* du même Paisiello, entreprit, de son côté, une version française d'*Il Barbiere di Siviglia*, mais cette fois avec récitatifs, car il la destinait à l'Opéra. La Comédie-Française, jugeant cette concurrence déloyale, réussit à s'y opposer, et le livret de Moline rentra dans ses cartons pour n'en plus jamais sortir[31]. Plus heureux, Framery vit représenter son *Barbier* à Trianon, le 14 septembre 1784, devant le roi, la reine, et toute la Cour réunie, à l'occasion d'une fête en l'honneur du prince Henri de Prusse, frère de Frédéric II[32]. Il fut repris le 28 octobre suivant à l'Opéra de Versailles, toujours devant le couple royal. L'exécution était confiée aux artistes de la Comédie-Italienne ; les répétitions se déroulèrent sous la direction de Beaumarchais pour le dialogue et la mise en scène, tandis que Framery veillait à la partition. Le rédacteur des *Mémoire secrets*, faisant comme toujours cause commune avec les ennemis de Beaumarchais, laisse entendre que le *Barbier* de

Paisiello n'aurait remporté qu'un succès d'estime : « Le sieur de Beaumarchais, désespéré que son *Barbier de Séville*, mis en musique par le fameux Paisiello, n'ait pas été mieux accueilli à la cour, et n'ait pu depuis six mois être joué soit à l'Opéra, soit à la Comédie-Italienne, comme il l'aurait désiré, propose aujourd'hui la tournure de le faire exécuter sur le théâtre des Menus, et d'en abandonner le profit pour un don de bienfaisance. Quelle générosité ! Quelle belle âme ! Le moyen de lui résister[33] ! »

Lorsque Framery fera graver par souscription la partition française du *Barbier* de Paisiello, il en offrira la dédicace à la reine Marie-Antoinette, véritable *supporter* de cette pièce, dont elle avait interprété le rôle principal devant l'auteur, moins d'un mois avant d'applaudir deux fois de suite l'opéra-bouffe de Paisiello. Quant à ce dernier, d'ailleurs peu fidèle à l'esprit et à la lettre de la comédie de Beaumarchais, il tombera dans l'oubli après le chef-d'œuvre de Rossini, donné pour la première fois en 1816, sur un livret de Cesare Sterbini[34].

## « MA DOCTRINE »

Musicien jusqu'au bout des ongles, Beaumarchais n'a cependant pratiqué jusqu'ici que le genre léger : vaudevilles, ariettes, romances, opéra-comique... Ce qui ne l'empêche pas d'avoir sur le genre noble par excellence, à savoir l'opéra, des idées bien arrêtées qu'il va s'employer à mettre en théorie et en pratique. En pratique dans son drame lyrique de *Tarare* ; en théorie dans la préface de *Tarare*, qu'il intitule ironiquement : *Aux abonnés de l'Opéra qui voudraient aimer l'Opéra*.

Lorsque paraît cette lettre « aux abonnés », l'opéra français connaît une des crises les plus graves de son histoire : le livret n'est plus qu'un mauvais canevas sans valeur, dont on se moque allègrement, et qu'on oublie le plus souvent au profit de la musique. Celle-ci ne compte plus désormais que pour elle-même, tout lien étant désormais rompu entre la partition musicale et le livret, dont on ne veut plus rien entendre, et dont on ne comprend plus rien. Pour l'amateur d'art lyrique des années 1750-1760, c'est la danse qui passe au premier rang (la galanterie des choryphées n'est certes pas étrangère à cet état de choses)[35], puis vient la musique, ensuite le chant, et en dernier l'argument. Or c'est cet ordre même que Beaumarchais entend inverser. Il se représente l'opéra comme un art total, qui peut et doit réunir tous les autres : « La véritable hiérarchie de ces arts, écrit-il, devrait, ce me semble, ainsi marcher dans l'esprit des spectateurs. Premièrement, la pièce ou l'invention du sujet, qui embrasse et comporte la masse de l'intérêt; puis la beauté du poème ou la manière aisée d'en narrer les événements; puis le charme de la musique, qui n'est qu'une expression nouvelle ajoutée au charme des vers. Enfin, l'agrément de la danse, dont la gaieté, la gentillesse, embellit quelques froides situations. Tel est, dans l'ordre du plaisir, le rang marqué par tous ces arts[36]. »

Cette conception ne fait que développer et prolonger ses réflexions sur la musique déjà contenues dans la préface du *Barbier de Séville*. Que disait-il alors ? « Notre musique dramatique ressemble trop encore à notre musique chansonnière pour en attendre un véritable intérêt ou de la gaieté franche. Il faudra commencer à l'employer sérieusement au théâtre, quand on sentira bien qu'on ne doit y chanter que pour parler; quand nos musiciens se rapprocheront de la nature, et surtout cesseront de s'imposer l'absurde loi de toujours revenir à la première partie d'un air après qu'ils en ont dit la seconde. Est-ce qu'il y a des reprises et des rondeaux dans un drame ? » Comme on voit, il se montrait dès cette époque défenseur déterminé des préceptes de l'école française sur la musique dramatique. Rameau ne pensait pas autrement quand il regardait Lulli pour son maître, « tâchant de l'imiter, non en copiste servile, mais en prenant comme lui la simple et belle nature pour modèle[37] ». Plus loin, l'auteur du *Barbier* s'exprimait sur les qualités de rythme, d'expression et de variété que devrait acquérir notre musique dramatique pour qu'« au lieu d'opéras, on eût des mélodrames ». Les mêmes principes se rencontreront un siècle plus tard dans les écrits théoriques de Richard Wagner, et trouveront avec le maître de Bayreuth leur interprète idéal, à la fois poète et musicien. Malheureusement, Beaumarchais n'était pas assez musicien et point du tout poète.

Ces mêmes arguments seront réutilisés et théorisés dans la préface de *Tarare*, que Beaumarchais appelle d'ailleurs sa

« doctrine », et dans laquelle il dispense de très judicieuses remarques, malheureusement gâtées par quelques outrances. Peut-on proclamer sans sourire qu'il y a « trop de musique dans la musique », et faire dire à Gluck que l'opéra pue de la musique (*puzza di musica*), sans réduire à la caricature les théories musicales de l'illustre chevalier ? Il n'en demeure pas moins que la dédicace d'*Alceste* au grand-duc de Toscane (1767), qui demeure l'un des textes fondateurs de la réforme gluckiste, annonce à bien des égards les idées développées une vingtaine d'années plus tard dans la préface de *Tarare*. « Si mon musicien possède un vrai talent, écrit Beaumarchais, s'il réfléchit avant d'écrire, il sentira que son devoir, que son succès consiste à rendre mes pensées dans une langue seulement plus harmonieuse, à leur donner une expression plus forte, et non à faire une œuvre à part. [...] Je ne puis assez le redire, et je prie qu'on y réfléchisse : trop de musique dans la musique est le défaut de nos grands opéras. » En s'opposant à l'opéra italien et en reconnaissant l'importance du texte, Gluck rejoint très exactement les principes défendus par Beaumarchais : « Je me suis efforcé de limiter la musique à sa véritable fonction, qui est de servir la poésie par l'expression et par les situations de la fable, sans interrompre l'action, ou la refroidir par des ornements inutiles. Je crus que la musique devait ajouter à la poésie ce qu'ajoutent à un dessin correct et bien composé la vivacité des couleurs et l'accord heureux des lumières et des ombres[38]. »

Rien de plus contraire à ces idées que les propos de Mozart dans une lettre à son père d'octobre 1781. Le futur auteur des *Noces* y déclare notamment : « Dans un opéra, la poésie doit en fin de compte être fille obéissante de la musique. Pourquoi les opéras comiques italiens plaisent-ils partout, malgré leurs livrets misérables ? Même à Paris, j'en ai été témoin. Parce que la musique y domine, et qu'on oublie tout le reste. Un opéra plaira d'autant plus que le plan de la pièce est bien élaboré, que les mots sont écrits pour la musique, et non pas pour le plaisir d'une misérable rime, lorsque des strophes entières gâtent toute *idée* du compositeur[39]. » À bien des égards pourtant, c'est Mozart, et non Gluck, qui nous paraît le mieux représenter l'opéra des temps nouveaux, débarrassé des conventions et des artifices ; il atténue le spectaculaire, réclame moins d'arias, ou des arias plus brèves, plus en accord avec la psychologie des caractères et la marche de l'action. À la simplification monumentale de Gluck, Mozart répond par la complexité et la mobilité des êtres vivants, toujours avec concision et sans emphase. Au frisson sacré de son aîné, il répond par les variations et les intermittences du cœur. Le premier tendait à l'épopée, lui tend à l'expression lyrique de la sensibilité moderne.

L'auteur de *Tarare*, au contraire, avec toute l'école française depuis Lulli, admet comme un postulat que « le poème et son amalgame » sont destinés à se soutenir l'un l'autre, que le pouvoir de la musique se limite à plonger l'auditeur dans un climat sonore adapté aux sentiments exprimés par le poète, à le mettre en condition. Pour lui, la musique est à l'opéra ce que les vers sont à la tragédie : « une expression plus figurée, une manière seulement plus forte de présenter le sentiment et la pensée[40]. » Mais l'opéra n'est ni tragédie, ni comédie : « il participe de chacune et peut embrasser tous les genres. » Doit-il traiter des sujets de pure féerie ? « L'expérience a prouvé que tout ce qu'on dénoue par un coup de baguette ou par l'intervention des dieux nous laisse toujours le cœur vide, et les sujets mythologiques ont tous un peu ce défaut-là. » Beaumarchais prônera donc le « drame chanté », ou le « mélodrame », comme il disait dans la préface du *Barbier*, à mi-chemin entre le merveilleux et le genre historique. C'est à cette catégorie qu'appartient indiscutablement son opéra *de Tarare*, tant par les lieux et les caractères que par les situations. Quant au choix d'un Orient imaginaire, il s'en justifie dans sa préface : « J'ai cru m'apercevoir aussi que les mœurs très civilisées étaient trop méthodiques pour y paraître théâtrales. Les mœurs orientales, plus disparates et moins connues, laissent à l'esprit un champ plus libre, et me semblent très propres à remplir cet objet. Partout où règne le despotisme, on conçoit des mœurs bien tranchantes. Là, l'esclavage est près de la grandeur ; l'amour y touche à la férocité ; les passions des grands sont sans frein[41]. » Au reste, Beaumarchais ne fait que suivre la mode des turqueries, encore très goûtées du public. Cinq ans plus tôt, Mozart avait fait représenter à Vienne *L'Enlèvement au sérail*. Dans cet Orient de fantaisie, *Tarare* met en scène des personnages que l'on croirait tirés d'un drame bourgeois ; on découvre en Astasie, femme du héros, « une épouse aussi tendre que pieuse », en Atar, roi d'Ormus, un « homme féroce et sans frein », en Calpigi, chef des eunuques, un vil *castrato* « sorti des chapelles d'Italie », en Spinette, une « esclave européenne, femme de Calpigi, cantatrice napolitaine, intrigante et coquette. » Avec Arthénée, « grand-prêtre de Brama, mécréant dévoré d'orgueil et d'ambition », mais qui finira par se convertir (la censure veille !) Beaumarchais se laisse aller à son anti-cléricalisme viscéral.

## Un opéra sans musique

Quoi de plus assommant que les théories esthétiques appli-quées à la scène ! Quoi de plus contraire à la liberté créatrice que le théâtre dit « militant » ! Quoi de plus ennuyeux qu'un opéra au service d'une thèse idéologique ou politique ! Telles sont pourtant les infirmités les plus graves (il en est d'autres, hélas !...), qui font de *Tarare* cette masse informe, à peine identi-fiable, que d'aucuns ont qualifiée, non sans raison, de « monstre dramatique et lyrique ». Comment la croire sortie de la même plume que *Le Barbier de Séville* et *Le Mariage de Figaro* !

Très librement adapté d'un conte d'Antoine Hamilton, *Fleur d'épine*, doublé d'un vieux conte persan intitulé *Sadak et Kalas-rade* [42], l'opéra de Beaumarchais met en scène une sorte de Spartacus de foire, mâtiné de philosophe à la Pangloss, libre-penseur, encyclopédiste, physicien, grand hâbleur mais peu chantant, lourdement planté au milieu d'un spectacle qui se veut total, et dans lequel on trouve effectivement un peu de tout : rhé-torique, science, politique, féerie, métaphysique... tout sauf de la musique ! – ou si discrète, si transparente, si évanescente, si impalpable, si insipide qu'elle semble à peine exister. Pour ne laisser perdre aucun mot de son texte, l'auteur exigeait « une musique qui n'en fût pas une ». Antonio Salieri était l'un des rares compositeurs capables de le satisfaire. Le choix se porta donc sur lui. Il ne reste de sa partition qu'un timbre de vaude-ville : l'air des couplets de l'eunuque Calpigi au troisième acte : *Ahi povero Calpigi* [43] !

Il y avait plus de vingt ans que Beaumarchais rêvait d'écrire un opéra. Exactement, depuis la première représentation d'*Iphi-génie en Aulide* de Gluck en 1774, qui l'avait enthousiasmé. La musique surtout l'avait frappé. « En écoutant le premier ouvrage de ce grand musicien, il s'était écrié : *Voilà un homme qui entend la scène ! Voilà un talent vraiment dramatique !* Dans la conversation qu'il eut immédiatement après avec le compositeur, il lui parla de son art avec une telle connaissance et des idées si nettes de l'application de la musique à la manière d'exprimer les passions sans nuire à l'intérêt de la scène, et sans arrêter l'action dramatique, que Gluck, qui ne l'avait jamais vu, le devina, et lui dit : *Vous êtes sûrement Monsieur de Beaumarchais.* Dès ce moment, ils eurent le désir de faire ensemble un opéra. Il ne s'agissait pas pour eux d'assembler des vers ou des notes, mais de donner à la musique et à la poésie toute l'expression dont ces deux arts sont susceptibles, en se fortifiant l'un par l'autre, et en concourant au même but[44]. »

Vingt ans plus tard, dans la préface du *Mariage de Figaro*, Beaumarchais trace l'esquisse de ce qui deviendra le héros de *Tarare*. Curieusement, il l'imagine sous les traits d'un Figaro lavant son honneur dans le sang du doux Almaviva, lui-même métamorphosé en tyran cruel : « Oh ! que j'ai de regret de n'avoir pas fait de ce sujet moral une tragédie bien sanguinaire ! Mettant un poignard à la main de l'époux outragé, que je n'aurais pas nommé Figaro, dans sa jalouse fureur je lui aurais fait noblement poignarder le puissant vicieux ; et comme il aurait vengé son honneur dans des vers carrés, bien ronflants, et que mon jaloux, tout au moins général d'armée, aurait eu pour rival quelque tyran bien horrible et régnant au plus mal sur un peuple désolé, tout cela, très loin de nos mœurs, n'aurait, je crois, blessé personne, on eût crié : *Bravo ! ouvrage bien moral !* Nous étions sauvés, moi et mon Figaro sauvage[45]. »

Dans sa lettre *Aux abonnés de l'Opéra*, Beaumarchais demande au public « trois heures d'une franche attention » pour un « travail de trois années », ce qui voudrait dire que *Tarare* fut composé en 1784. Mais, à en croire Eugène Lintilhac, l'œuvre aurait été conçue, écrite en prose et à moitié versifiée dix ans plus tôt. Le célèbre érudit aurait en effet retrouvé des feuilles manuscrites, au nombre de six, toutes de la main de Beaumarchais et de la même encre, sauf quelques surcharges beaucoup plus noires, sur lesquelles on pouvait lire des morceaux de *Tarare*, alternant avec les brouillons de la préface du *Barbier*, ce qui ferait remonter l'écriture du livret aux années 1774-1775.

Ces fragments contenaient l'ébauche en prose du prologue, sous forme de *Dissertation philosophique à ce sujet*, puis la distribution des rôles, et enfin une page du prologue dialogué en prose. Celle-ci précédait certains passages de la préface du *Barbier*, notamment la danse de Vestris (« Voyez le superbe Vestris ou le fier d'Auberval engager un pas de caractère »), et la comparaison des pensées de Beaumarchais avec un « léger volant », laquelle était immédiatement suivies de la critique de notre musique dramatique. Après quoi, sur la même feuille, Beaumarchais revenait à *Tarare*. Troublant, en effet. D'autant plus troublant que l'on trouve, dans la même liasse, de nombreux fragments de *Tarare* en prose[46]. Rien, cependant ne permet de supposer que Beaumarchais eut d'abord l'idée d'en faire un drame, car il écrit en 1775 : « J'ai fait des vers fort courts, parce que la musique est toujours fort longue. J'ai serré les événements, parce que la musique, qui délaye tout, perd beaucoup de temps. J'ai rendu mon style fort simple, parce que le rythme de la musique, qui n'est déjà que trop fleuri pour l'intérêt, vicie à force d'abonder en ornements superflus. J'ai appelé cet opéra *Tarare*, etc.[47] »

Dans cette première version, Beaumarchais retrouvait la verve bouffonne de ses débuts, et ces métaphores improbables qu'il étirait drolatiquement, mais sans mesure (le manque de mesure fut l'un de ses défauts constants dans le traitement du comique) : « Écrivains, gardez-vous bien de forger à froid. Tant que le fourneau du génie fait étinceler la matière, forgez sans relâche, entassez, ébauchez les masses en les dégageant des scories avec le soufflet des poumons qui se gonflent et le marteau du cœur qui bat toujours fortement quand le cerveau est allumé. Vous polirez les formes à la lime, quand le temps nécessaire aura refroidi la composition. Laissez au ferblantier qui ne fait qu'étendre des surfaces sans profondeur, mais nous qui travaillons solidement en barres, etc.[48] » À la suite, on ne trouve que lazzi essoufflés, plaisanteries laborieuses, « mots » éculés. Les dialogues entre l'Eunuque et le Sultan tombent piteusement à plat.

Encore tout cela n'est-il que de la prose. Il s'agit à présent de mettre en vers ces lambeaux de répliques où l'emphase le dispute au ridicule. C'est alors que les difficultés commencent pour notre auteur, dont les talents de poète n'ont jamais dépassé ceux d'un malhabile amateur. Comment n'en serait-il pas conscient, lui qui déclarait un jour : « Celui qui ne pense pas en vers ne fera jamais de la poésie. Il peut être bon orateur, jamais bon poète, s'il est obligé de penser en prose et de traduire après en vers. [...] C'est le sculpteur dont la terre cuite est toujours de génie, quoique moins achevée que le marbre fait d'après, et qui se ressent toujours du froid de la traduction[49] » ? Comme il se défiait beaucoup (et avec raison) de sa veine poétique, il sollicita les avis et conseils de ses proches, et d'abord de Gudin, son censeur en titre, mais aussi d'un ami inconnu, qui ne lui fit pas moins de cent huit observations critiques, généralement courtes, étalées sur quinze feuillets, portant surtout sur la versification et sur le goût (les points faibles de Beaumarchais)[50]. Les remarques de Gudin ne furent guère plus encourageantes. Malgré son admiration et son amitié pour l'auteur, il fut bien obligé de convenir que *Tarare* était « trop inégalement écrit ». « Plus cette conception était vaste, note-t-il, plus il devenait nécessaire que le dialogue y répondît ; il aurait demandé le style éclatant de Voltaire et la mélodie toujours harmonieuse de Racine. Beaumarchais, qui n'avait jamais écrit une seule pièce en grands vers, ne possédait point assez le mécanisme de la versification pour rendre d'une manière heureuse des idées si fortes et si élevées, qu'il serait même assez difficile de les exprimer en prose avec élégance. Je ne lui dissimulai pas qu'il me semblait impossible de mettre son prologue en musique. Salieri, sorti d'une école à surmonter les difficultés, en vint à bout. [...] Cet opéra eût certainement triomphé de la critique, si les vers eussent égalé la grandeur du sujet[51]. »

*
* *

Le 10 mai 1784, treize jours seulement après la première du *Mariage*, Nicolas Ruault annonçait à son frère : « L'autre soir avant de souper, Beaumarchais nous a lu un opéra de sa façon en quatre actes, précédé d'un prologue d'un genre extraordinaire, et qui ne ressemble en rien à ceux de Quinault. Cette tragi-comédie est intitulée *Tarare*. Salieri, élève de Gluck, en fera la musique. » Et il ajoute : « Je ne vous dirai rien aujourd'hui de ce *Tarare* ; une seule lecture ne suffit pas pour le bien concevoir et pour en rendre compte, mais je puis vous dire d'avance que s'il doit briller ou intéresser par l'invention de la fable, il ne brillera ni n'intéressera jamais par la poésie. Ces rimes-là m'ont paru en dessous du médiocre[52]. » Nous savons aujourd'hui que Beaumarchais avait d'abord demandé la musique à Gluck lui-même, auquel il avait fait lire son livret. Jugeant sans doute insuffisante la place réservée à la musique, le vieux maître s'excusa sur son grand âge et sur son état de santé (presque septuagénaire, il se remettait mal d'une attaque cérébrale avec paralysie partielle dont il avait été victime en 1781), et lui recommanda l'un de ses anciens disciples âgé de quarante-cinq ans, Antonio Salieri, compositeur officiel à la cour de Joseph II, avec lequel il venait d'écrire *Les Danaïdes*, représentées à l'Opéra le 26 avril 1784, veille du triomphe du *Mariage* à la Comédie-Française.

Beaumarchais fit donc venir ledit Salieri à Paris, et lui offrit l'hospitalité avec son domestique allemand au deuxième étage de son hôtel. En même temps, il obtint de l'Académie royale de musique qu'elle lui versera une rétribution de mille livres par mois, jusqu'à l'achèvement de l'ouvrage, « ce qui est le vrai moyen d'exciter les directeurs à se débarrasser au plus tôt de cette charge en mettant en lumière ce chef-d'œuvre[53] ». Une lettre à l'intendant de Lorraine, M. de La Porte de Meslay, auquel il avait fait lire le livret de *Tarare*, contient d'intéressants détails sur ses séances de travail avec le compositeur italien : « Je tiens à Paris, chez moi, mon musicien Salieri, mandé de Vienne exprès par notre cour, pour finir cet étrange ouvrage. Nous essayons de traduire en musique un événement imaginaire, déjà traduit en vers français, des rêveries de mon cerveau. Laissant fort loin de nous le chant bavard et le ton chansonnier qui dégrada longtemps nos compositions dramatiques, nous essayons un style qui puisse arriver jusqu'au cœur. Mais peut-être il faudra des oreilles nouvelles pour entendre un langage nouveau ! Eh ! que diront alors Messieurs *Suard* le journaliste, et l'afficheur *Bazile-Aubert*[54] ? Priez Dieu qu'il nous soit en aide. Berné si je manque mon coup, déchiré si je réussis, je suis réellement fort à plaindre de préférer ce triste amusement au doux loto que chacun sait, et que je n'ai jamais pu apprendre[55]. »

Comme il se débattait alors en pleine affaire Kornman, rédigeant mémoire sur mémoire contre ses adversaires, les relations avec Salieri, lui-même aux prises avec sa partition, n'allaient pas sans frictions. Il raconte à ce sujet l'anecdote suivante, retrouvée dans ses papiers : « Pendant que je travaillais à repousser un outrage publié, M. Salieri est venu me prier d'ajouter deux vers à un endroit qui demandait un renforcement musical ; c'est celui où dans le I^er acte, le roi dit à Tarare :

"Puisse de ton bonheur l'envieux s'irriter..."

« Ici, la phrase était coupée par l'observation d'Altamort. Je dis à M. Salieri : *Eh! mon ami, je suis bien en état de faire des vers pendant que je m'occupe à fouetter des chiens enragés!* J'étais en colère ; il s'en retournait. Je le rappelle. *Pardon, mon ami, lui dis-je, mon ouvrage même vient de me fournir à l'instant vos deux vers. Mettez en musique après*

"Puisse de ton bonheur l'envieux s'irriter !
Puisse l'infâme calomnie
Pour te perdre en vain s'agiter..."

« Et mon Salieri court en riant, achever son morceau[56]. »

En dépit de ces menus énervements, d'ailleurs sans gravité, Salieri conservera de son séjour parisien un souvenir enchanté qu'il évoquera vingt ans plus tard pour Eugénie de Beaumarchais, devenue entre-temps Mme Delarue, dans un français truffé de délicieux italianismes : « Vous êtes encore devant mes yeux, Madame, cette aimable enfant, cette jolie Eugénie, pleine d'esprit et de grâces. Je suis logé chez votre célèbre papa et votre adorable *mamma*, qui m'ont comblé de tant de faveurs et de gentillesses ; nous deux, nous sommes après-midi au piano à jouer des sonates à quatre mains. À deux heures, M. ou Mme de Beaumarchais entre dans le cabinet et nous dit : *Allons dîner, mes enfants.* Nous dînons. Je vais un peu à me promener, à lire les gazettes au Palais-Royal ou à quelque théâtre. Je rentre de bonne heure. Quand M. de Beaumarchais n'est pas chez lui, je monte au second, dans mon appartement ; je *mette* au lit quelquefois mon domestique, Allemand ivrogne ; je me couche dans une chambre où je vois de mon lit, en travaillant tous les jours, l'aurore avec un céleste plaisir. Vers dix heures, M. de Beaumarchais vient chez moi, je lui chante ce que j'ai fait de notre grand opéra ; il m'applaudit, il m'encourage, il m'instruit avec une manière paternelle. Tout semblait si tranquille[57]... » Même effusion de sympathie de la part du librettiste, pour qui les séances de travail avec le musicien deviendront, dit-il, « le délassement de mes soirées, souvent un plaisir délectable ».

Pour faire accepter ses exigences au compositeur, Beaumarchais déploya des trésors de diplomatie et de séduction. Il n'avait pas son pareil pour enjôler celui (ou celle) dont il voulait tirer avantage. Adulé, flatté, cajolé par la petite famille de son hôte, grassement payé par l'Opéra, Salieri accède à tout ce qu'on voudra. « Faites-moi une musique qui obéisse et ne commande pas, qui subordonne tous ses effets à la marche de mon dialogue et à l'intérêt de mon drame », lui demande Pierre-Augustin. Autrement dit : « Faites-moi une musique sans musique. » Et Salieri de s'exécuter, réduisant les notes au minimum, se bornant à souligner un effet dramatique ici ou là, évitant surtout de se mettre en avant, et laissant toujours la place d'honneur aux dialogues. Privé de la ressource du chant et des morceaux d'ensemble, que Beaumarchais lui avait interdits, de crainte que les retours obligés ne ralentissent la marche de l'action, il se trouvait presque réduit au récitatif, qui avait l'inconvénient, bien plus grave, de la monotonie. Pour varier sa partition, il multiplia les chœurs, marches et airs de danse. Cette abnégation, que d'aucuns trouveront excessive, lui vaudra néanmoins des flots de dithyrambes de la part du poète commanditaire : « Ce grand compositeur, proclamera celui-ci, l'honneur de l'école de Gluck, ayant le style du grand maître, avait reçu de la nature un sens exquis, un esprit juste, le talent le plus dramatique avec une fécondité presque unique. Il a eu la vertu de renoncer, pour me complaire, à une foule de beautés musicales dont son opéra scintillait, uniquement parce qu'elles allongeaient la scène, qu'elles alanguissaient l'action ; mais la couleur mâle, énergique, le ton rapide et fier de l'ouvrage le dédommageront bien de tant de sacrifices[58]. »

La critique en jugea tout autrement : « La musique de *Tarare*, écrit un contemporain, n'ajoutera rien à la réputation de l'auteur ; on l'a trouvée très inférieure à celle des *Danaïdes*. Le peu de chant qu'on y rencontre est du genre le plus facile et le plus commun ; le récitatif, presque toujours insipide et d'une monotonie fatigante. Quelques chœurs sont d'un bel effet, et offrent même quelquefois une mélodie qu'on regrette de ne pas retrouver dans le chant et dans les airs de danse. Deux ou trois morceaux, tels que celui de Calpigi au troisième acte, sont les seules choses vraiment agréables dans la musique de cet opéra. Peut-être M. Salieri a-t-il été forcé, en la composant sous les yeux de M. de Beaumarchais, de s'abstenir des moyens les plus puissants de son art pour s'accommoder aux idées si neuves et si étranges que l'auteur du *Barbier de Séville* avait annoncées dans la préface de cette comédie, et qu'il a développées encore plus dans celle de l'opéra de *Tarare*. Ce qu'il désirait, *c'est une musique qui n'en fût pas*. M. Salieri ne l'a que trop bien servi[59]. »

*
* *

Les conceptions musicales de Beaumarchais ne se limitent pas aux relations, si souvent conflictuelles, entre le musicien et le librettiste. Homme de théâtre accompli, il ne néglige aucun aspect de la représentation dramatique : mise en scène, décors, costumes, jeu des acteurs, etc. Il intervient aussi dans l'éternelle querelle de l'orchestre et de la scène pour dénoncer notamment ce que l'on appellera plus tard l'*école du cri*. Dès 1772, il écrit à Papillon de La Ferté, intendant des Menus-Plaisirs : « J'ai fort recommandé à Mlle Méliancourt de ne pas gâter son superbe organe en le forçant, comme on ne fait que trop au Théâtre-Italien de Paris. Il n'y a pas dans toute l'Italie une cantatrice qui donne la moitié de la voix de Mlle Méliancourt ; mais comme elles sont musiciennes, elles se rendent maîtresses de l'orchestre et ne souffrent pas que l'accompagnement les couvre. C'est ce qu'elle doit obtenir de l'orchestre de Paris[60]. » Il exprime la même préoccupation dans sa *Lettre aux abonnés de l'Opéra* : « Le meilleur orchestre possible, eût-il à rendre les plus grands effets, dès qu'il couvre la voix, détruit tout le plaisir. Il en est alors du spectacle comme d'un beau visage éteint par des monceaux de diamants : c'est éblouir, et non intéresser. » Rousseau avait déjà raillé la fâcheuse tendance des chanteurs français à rivaliser avec l'orchestre : « Ce dont vous ne sauriez avoir l'idée, ce sont les cris affreux, les longs mugissements dont retentit le théâtre durant la représentation. On voit les actrices, presque en convulsion, arracher avec violence ces glapissements de leurs poumons, les poings fermés contre la poitrine, la tête en arrière, le visage enflammé, les vaisseaux gonflés, l'estomac pantelant; on ne sait lequel est le plus désagréablement affecté de l'œil ou de l'oreille; leurs efforts font autant souffrir ceux qui les regardent que ceux qui les écoutent; et ce qu'il y a de plus inconcevable est que ces hurlements sont presque la seule chose qu'applaudissent les spectateurs[61]. » Ces lignes datent de 1757. On pouvait penser que les choses auraient changé trente ans plus tard, notamment grâce à la « révolution » gluckiste. Il n'en était rien. À la veille de *Tarare*, Louis Sébastien Mercier dénonçait encore ces « misérables filles de chœur, espèces d'automates dont tout le savoir consiste à pousser en commun d'harmonieux hurlements au signal, non de la mesure, mais du bâton. [...] On n'a jamais connu parmi nous le charme inexprimable des sons filés, c'est-à-dire l'art de renforcer et d'adoucir la voix, de la conduire par toutes les nuances, non du grave à l'aigu, mais du son le plus rémisse [62] au plus intense, sur chacun des degrés dont la voix est susceptible. Il est vrai que nos chanteurs ne pour-raient mettre leurs talents en usage, quand ils auraient perfec-tionné l'art en ce point, car nos orchestres sont incapables de les seconder. Nous n'en avons aucun qui ait l'intelligence et le sen-timent du *forte-piano*. Celui de l'Opéra, toujours rebelle aux efforts de l'auteur d'*Iphigénie*, ressemble encore à un vieux coche traîné par des chevaux étiques et conduit par un sourd de naissance. Jusqu'ici, il a été impossible de communiquer à cette lourde masse aucune sorte de flexibilité[63] ». Beaumarchais y parviendra-t-il? En tout cas, il y dépensera beaucoup d'énergie. Les *Mémoires secrets* nous apprennent combien il eut à se démener pour se faire obéir.

Très attentif à l'intonation des comédiens, et surtout des chan-teurs, Beaumarchais prend soin de la noter très précisément en marge de son manuscrit: « Récit ferme et très vif, largement appuyé », « noble et chaud, légèrement ironique », « Réponse d'Altamort, chantée d'un ton brusque et colérique », « cliquetis d'armes imité par des cymbales », « chant très vif et syllabique sur le mouvement de 6/8 », « ton lent et profond. Marche », « ton brillant et fougueux », « vers parlés mais très vite », « ton terrible », « récit parlé, coupé par l'excès du trouble », « animé par degrés. Imitez le ton d'Astasie au désespoir. Plus de chant du tout, l'accent de la fureur », « air violent, chanté avec égare-ment », « La première [*sic*] hémistiche avec fureur. Le reste d'une ironie amère, un peu chantée », « récit scandé comme un homme au bout de ses forces »[64]...


## LES PETITS SAVOYARDS


Tout ce qui touche Beaumarchais, de près ou de loin, intéresse le public. Quoi qu'il fasse, quoi qu'il dise, tout le monde en parle ; en bien, en mal, qu'importe : on en parle. Aussi, lorsqu'on apprend qu'il s'apprête à faire jouer un opéra de sa composition, la curiosité ne connaît plus de bornes, la vie de la nation s'arrête ; renvois de ministres, assemblées provinciales, politique intérieure ou étrangère... tout disparaît devant cette grande nouvelle : *Tarare* entre en répétitions. Dès lors, *Tarare* devient l'unique sujet de conversation. On ne vit plus que pour *Tarare*. On ne jure plus que par *Tarare*. *Tarare* fait déjà diversion aux affaires publiques : on ne parle plus des notables et du déficit. Ce drôle de nom intrigue et amuse à la fois, car *Tarare* dans le langage populaire signifie *Taratata*. On dit aussi *Tarare pon-pon*[65] ! Serait-ce donc une farce ? une parade en vaudeville ? une *opera buffa* ? Des bruits courent : « Depuis quelque temps, on commence à parler de *Tarare*, cet opéra du sieur de Beaumarchais que sur le titre on croyait une bouffonnerie, et qu'on dit aujourd'hui être un sujet héroïque, une tragédie des plus noires ; mais que suivant la nature de son génie, il a entremêlée de plaisanteries. C'est une intrigue de sérail très compliquée, ce dont il résulte un poème fort long[66]. »

Selon sa bonne habitude, Beaumarchais fit précéder la représentation publique de son opéra de nombreuses lectures privées. « Le sieur Caron qui, dans les plus grandes affaires, ne ménagea jamais les petits moyens, a cru devoir employer la ressource des lectures particulières pour réveiller, pour préparer l'intérêt et le bruit auxquels ses succès l'ont si bien accoutumé. Pendant trois ans, il a lu *Tarare* à la cour, à la ville ; il n'était, comme nous disions, fils de bonne mère qui n'ambitionnât d'assister à ces lectures, dont il diminuait la fréquence à mesure qu'elles produisaient l'effet qu'il en voulait obtenir[67]. » Quand *Tarare* commença de tourner toutes les têtes, son auteur jugea à propos de refuser les nouvelles invitations. Il n'accepta celle du comte d'Artois qu'à la condition expresse d'avoir dans son auditoire plusieurs personnalités auxquelles il n'avait pas cédé jusqu'ici. Il lui était naturellement impossible de refuser celle de Gustave III de Suède, l'un de ses plus illustres admirateurs, qui séjournait en France incognito sous le nom de comte de Haga. La lecture eut lieu le vendredi 16 juillet 1784 chez la comtesse de Boufflers, dans sa maison d'Auteuil. L'événement était rapporté dix jours plus tard dans le *Courrier de l'Europe* : « Le comte de Haga a voulu entendre la lecture du nouvel opéra de M. de Beaumarchais. Ce prince a paru charmé de l'ouvrage, et a comblé l'auteur d'éloges. On a ouï dire à cet auguste voyageur qu'il n'avait jamais rien lu qui lui eût fait autant de plaisir, et l'eût surpris davantage. Cet ouvrage, le plus extraordinaire qui soit sorti de la plume de M. de Beaumarchais, se nomme *Tarare* ; il est fait dans la vue de réformer le mauvais genre de spectacle appelé aujourd'hui opéra[68]. » Le surlendemain de cette soirée, Beaumarchais faisait part de ses impressions à M. von Rosenstein, secrétaire à l'ambassade de Suède à Paris : « J'ai un grand besoin de retrouver quelqu'un à qui je puisse ouvrir mon cœur sur l'homme étonnant qui est votre maître, et que j'ai profondément contemplé dans la soirée de vendredi. On voulait, après le souper, me faire jouer de la harpe et chanter pour l'amuser. Mais, pour l'empire des Gaules, on ne l'eût pas obtenu de moi ; j'avais trop d'avidité de l'entendre parler de tout, et juger tout avec une supériorité qui rendrait célèbre un homme ordinaire et qui, dans mon esprit, le met à la tête de son auguste état. [...] Heureux les Suédois qu'il gouverne[69] ! »

Des lectures agrémentées de musique et de chant avaient également lieu en divers endroits de la capitale. On pouvait alors voir Beaumarchais et Salieri côte à côte, précédés d'un pianoforte « et de tout l'attirail nécessaire » se transporter chez les grands seigneurs et dans les sociétés bourgeoises, afin d'y exécuter des morceaux choisis de leur opéra ; ils ressemblaient, dit la chronique, aux petits Savoyards qui vont de logis en logis montrer la lanterne magique[70].

« UNE TUILE SUR LA TÊTE »

Le 26 mars 1786, Beaumarchais expédie au censeur Antoine Bret le manuscrit de *Tarare*, accompagné d'une lettre-avertissement, dans laquelle il justifie par avance les passages les plus audacieux, en particulier ceux qui pouvaient passer pour contraires à la religion :

« Je vous envoie, brave censeur, mon étrange opéra pour l'approuver. Je vous demande en grâce qu'il ne sorte pas de vos mains. Si j'avais mis le véritable titre, il s'appellerait *Le Libre Arbitre*, ou *Le Pouvoir de la Vertu*[71] ; mais on m'eût accusé d'une prétention ridicule.

« Sous cet aspect pourtant, j'espère que les choses fortes, sortant de caractères tranchants, trouveront grâce devant vous.

« Pour opposer la confiante piété de Tarare et d'Astasie aux fureurs du despote, à l'ambition du grand prêtre, et faire sortir de cet ensemble une profonde moralité, j'ai dû faire parler à chacun son langage ; mais l'impie pontife est puni par la mort de son fils, le tyran par la sienne ; et le grand mot que ce prêtre dit en couronnant Tarare : *Il est des dieux suprêmes,* etc., aveu qui lui est arraché par la force des événements, est le correctif puissant de son incrédulité. Ainsi, quoique nous ne croyions point en Brama, il n'en résulte pas moins qu'à l'aspect d'une justice inattendue sur de grands criminels, les hommes les plus impies sont ramenés malgré eux à reconnaître une Providence ; et c'est ce que j'ai voulu dire. Il est consolant, mon ami, que la conclusion de mon drame soit si vraie :

> *Mortel, qui que tu sois, brame, prince ou soldat,*
> *Homme ! ta grandeur sur la terre*
> *N'appartient point à ton état :*
> *Elle est toute à ton caractère.*

« Au reste, mon ami, j'aimerais mieux que cette pièce ne fût jamais jouée que si elle était aplatie.

« Je vous salue, vous honore et vous aime.

« LE RECLUS BEAUMARCHAIS[72]. »

« Gardez mon manuscrit le moins que vous pourrez ; votre ami n'en a pas d'autre. »

Quarante-huit heures plus tard, le 28 mars, Bret renvoyait ledit manuscrit avec son approbation, moyennant quelques légers remaniements, en confessant toutefois qu'il l'avait paraphé « d'une main un peu tremblante[73] ». Beaumarchais, au contraire, assumait crânement ses audaces, non sans s'inquiéter toutefois de la conception de l'ouvrage. Ses innovations ne risquaient-elles pas de déconcerter le public de l'Opéra, particulièrement conservateur en matière d'art lyrique ? Afin de prévenir ses réactions, il fit imprimer quelques semaines avant la première sa *Lettre aux abonnés*, dans laquelle il exposait l'ensemble de sa « doctrine ». À peine sortie des presses (à cinquante exemplaires seulement), elle devint la proie de ses adversaires qui la déchirèrent aussitôt à belles dents[74].

Enfin, les principaux rôles étant attribués[75], *Tarare* est mis en répétitions, sous l'œil vigilant de Beaumarchais, toujours flanqué de l'inséparable Salieri, qui le suit, l'écoute, acquiesce à tout, ne dit mot. « C'est le sieur de Beaumarchais qui fait toutes les observations, même sur la musique ; il prétend que celle-ci ne doit que servir à faire mieux valoir et ressortir les beautés du poème de toute espèce. Il crie souvent : *Pianissimo, Messieurs ! Je veux que ce soient les paroles qui dominent, qu'on n'en perde rien*[76] *!* » Lui-même résume en deux formules lapidaires ses conseils aux interprètes : « À nos acteurs pleins de bonne volonté, je n'ai proposé qu'un précepte : PRONONCEZ BIEN. Au premier orchestre du monde, j'ai dit seulement : APAISEZ-VOUS. » L'Académie royale de musique, de son côté, ne lésine pas sur les frais. Elle tient visiblement à ce que le spectacle soit grandiose. Le baron de Breteuil, ministre de la Maison du roi, n'épargne rien pour sa magnificence. Il a déjà fait débloquer 30 000 livres pour les décors et 20 000 livres pour les costumes, ce qui porte à 50 000 livres l'investissement provisoire. Beaumarchais est aux anges ; on ne l'a jamais vu aussi rayonnant. Il répète un peu partout que le comte d'Artois lui a promis d'assister à la première ; rien ne saurait l'en empêcher, se rengorge-t-il, même pas l'assemblée des notables, dont il reportera la séance, si elle devait se tenir le même soir.

Euphorie ô combien passagère, car elle va brusquement laisser place au plus cruel embarras. Rappelons que Beaumarchais est alors engagé jusqu'au cou dans l'affaire Kornman, l'une des plus redoutables qu'il eut à connaître depuis Goëzman et La Blache. Nous l'avons rapidement évoquée plus haut, et la développerons en détail dans le chapitre suivant. Disons seulement ici que ce procès en adultère avait débouché sur une véritable guerre de libelles contre des adversaires nullement disposés à lâcher prise. Or voici qu'en plein milieu des préparatifs de *Tarare*, à quelques jours seulement de la générale, un pamphlet odieusement diffamatoire du sieur Bergasse, avocat de Kornman, force Beaumarchais à porter plainte sur l'heure, donc à suspendre les répétitions. La première est fixée au mardi 5 juin. Nous sommes le 19 mai. Que faire ? Il n'y a qu'une solution : supplier le baron de Breteuil, ministre de la Maison du roi, dont dépend l'Opéra, d'ajourner la représentation :

« Monsieur le baron,

« Je suis désolé que ma misérable étoile me contrarie aujourd'hui dans une chose qui semblait vous être agréable : la mise au théâtre de mon opéra, et mon plan d'amélioration de ce spectacle. Mais il me tombe une tuile sur la tête ; je suis blessé, je dois, je crois, me faire panser avant de m'amuser à faire danser les nymphes. J'ai l'honneur de vous adresser ma lettre préliminaire écrite au public. Un Mémoire plus clair que le jour va pulvériser mes lâches adversaires. Mais puis-je, Monsieur le baron, m'amuser d'amuser les autres, pendant qu'on dit du mal de moi ? Ne dois-je pas commencer par me remettre sévèrement à ma place d'honnête homme que des brigands veulent me ravir, avant de m'occuper des rêveries de mon bonnet ? Je sens le mal que ceci fait à l'Opéra. Je voudrais bien tout arranger, mais l'objet d'une plainte en diffamation et des répétitions d'opéra sont des choses trop opposées pour espérer de les allier ensemble

« Je vous supplie de ne point me savoir mauvais gré, si je retire mon ouvrage en ce moment. Conservez vos précieuses bontés à celui qui est avec le plus profond respect, Monsieur le baron, votre etc.

« Beaumarchais.
« Paris, ce 19 mai 1787[77]. »

Le lendemain matin, le baron de Breteuil convoque Beaumarchais pour lui signifier son refus et lui en donner les raisons.

Nous les connaissons par la lettre que le ministre adresse le
même jour à Papillon de La Ferté, intendant des Menus-Plaisirs :

« Ce 20 mai 1787.

« J'ai reçu, Monsieur, votre lettre du 19 de ce mois, et celle de
M. de Beaumarchais. Je ne puis me persuader que les circonstances si imprévues dans lesquelles il se trouve doivent être
un obstacle à ce qu'on donne l'opéra de *Tarare*. Le public
l'attend avec impatience et son succès, que nous sommes fondés
à regarder comme certain, ne peut qu'ajouter à l'éclat de sa
réputation littéraire ; ce sera un premier triomphe sur ses adversaires. D'ailleurs le roi, voulant bien suppléer aux dépenses de
l'Opéra, lorsque les recettes sont insuffisantes, on ne pourrait,
sans compromettre les intérêts de Sa Majesté, différer de jouer
un ouvrage dont on s'occupe depuis longtemps, et pour lequel
on a fait des frais très considérables qui seraient en pure perte.
Ce qui ajouterait encore au préjudice que l'Opéra en souffrirait,
c'est qu'il serait impossible de servir le public. J'ai fait ce matin
ces observations à M. de Beaumarchais. Je vous prie de le voir,
de les lui faire de nouveau, et même de lui communiquer ma
lettre. Je ne doute point qu'après toutes ces réflexions et ce que
vous pourrez y ajouter, il ne se détermine à penser lui-même
qu'il est indispensable de laisser aller son ouvrage, et dans cette
opinion vous voudrez bien continuer toutes les mesures pour
qu'il soit donné le 5 juin, ainsi que le public s'y attend. Je suis
très parfaitement, Monsieur, etc.

« LE BARON DE BRETEUIL[78]. »

« Je n'ai donc pu que m'affliger, sans avoir le droit de me
plaindre », soupira Beaumarchais avant de répondre à M. de La
Ferté, non sans quelque aigreur :
« J'ai eu l'honneur, Monsieur, d'entretenir hier matin M. le
baron de Breteuil. Mes réflexions de cette nuit m'ont rendu
encore plus austère que je ne l'étais hier. Je n'ai pu tomber
d'accord du principe avec ce ministre, quelque désir que j'eusse
d'être de son avis. Il prétend que ma répugnance est puérile, et
moi je dis que le public blâmera la violence qu'on veut me faire.
Le ministre pense que non. Je prends, lui ai-je dit, le cri public
pour juge. Dans cet état de choses, je vous supplie, Monsieur, de

décommander la répétition de demain. Quand vous aurez des ordres et qu'ils me seront communiqués, je prendrai le parti que l'honneur peut avouer, sans blesser l'obéissance due aux ordres du roi. Vous connaissez les sentiments inviolables de votre dévoué serviteur.

« CARON DE BEAUMARCHAIS [79]. »

*

\* \*

La première représentation sera finalement déplacée, mais de trois jours seulement; elle aura lieu le 8 juin 1787 ou lieu du 5 initialement prévu, mais une répétition générale sera donnée le 4 à l'Opéra, en présence de l'auteur. Exceptionnellement, l'administration de l'Opéra avait décidé de faire payer le public, ce qui était contraire aux usages, mais ne découragea point les amateurs, qui se pressèrent plus nombreux qu'à aucune générale, mais beaucoup moins passifs. Ayant acquis avec le droit d'entrée celui de manifester leur mauvaise humeur, il ne se privèrent pas de siffler certains passages, et surtout le cinquième acte, qui fit l'objet d'une réprobation aussi bruyante qu'unanime. En homme habitué à la foudre, et qui au fond ne la déteste pas, Beaumarchais laissa passer l'orage puis, debout dans sa loge, il demanda le silence et harangua la foule, disant que c'était bien malgré lui qu'on avait fait payer l'entrée, qu'il s'était opposé à cette innovation, qu'on avait eu bien raison de siffler son cinquième acte, car il n'était pas achevé, et qu'il allait s'employer à le rendre plus digne du reste [80]. Les spectateurs se retirèrent en silence, apparemment rassurés par ces bonnes paroles, hormis certains connaisseurs bien persuadés qu'il ne changerait strictement rien. – Ils ne se trompaient pas.

C'est également vers le 4 ou 5 juin que le poème de *Tarare* commença de paraître en librairie. Cette édition, imprimée en quarante-huit heures pour être présentée à la famille royale le soir de la première, et de ce fait « très fautive », fut mise en vente 48 sols, au lieu des 30 que ces brochures coûtaient ordinairement. On dut forcer l'auteur à ramener son prix à 36 sols. Le rédacteur des *Mémoires secrets* se fit un malin plaisir de dénoncer sa cupidité; puis, sans attendre la seconde édition, beaucoup plus soignée, il dénigra le style de l'ouvrage, tout en reconnaissant sa richesse d'invention : « Ce poème lyrique a cent pages ; il est écrit avec une barbarie sans exemple. Cependant, à travers la bourre dont il est rempli, on découvre beaucoup d'idées, une imagination forte ; on voit un grand spectacle, un mouvement extraordinaire, et un intérêt noble et touchant qui doit le faire réussir. Le rôle de Tarare est superbe d'un bout à l'autre[81]. »

## DEMI-SUCCÈS OU DEMI-ÉCHEC ?

Depuis *Le Mariage de Figaro*, on n'avait jamais vu cela : les abords de l'Opéra en état de siège, la foule qui s'écrase contre les barrières, quatre cents gardes mobilisés pour la contenir, des cris, des syncopes, des rires, des lazzi, et quelques horions[82]. Lorsque les portes s'ouvrent enfin, l'excitation est à son comble. Le comte de Provence et le comte d'Artois occupent la loge royale. On assure que la reine brûlait d'envie de venir, « mais qu'on a fait entendre à Sa Majesté que cet ouvrage, comme la plupart des productions de l'auteur, malgré la gravité du sujet, était infecté de gravelures qu'il ne lui convenait pas d'autoriser par sa présence[83] ». Le rideau se lève sur le *Prologue*, laissant voir un ciel traversé d'éclairs, des éléments déchaînés, des vents furieux, que figurent les tourbillonnements des danseurs. Au milieu de cet ouragan s'avance La Nature (Mlle Joinville), une baguette à la main, parée de tous ses attributs :

> C'est assez troubler l'univers ;
> Vents furieux, cessez d'agiter l'air et l'onde.
> C'est assez, reprenez vos fers :
> Que le seul zéphyr règne au monde.

> Chœur des vents,
> Ne tourmentons plus l'univers ;
> Cessons d'agiter l'air et l'onde.
> Malheureux ! reprenons nos fers ;
> L'heureux zéphyr seul règne au monde.

On voit alors le zéphyr s'élever lentement dans les airs ; le fracas s'évanouit peu à peu, les nuages se dissipent, tout devient harmonie et sérénité, tandis qu'apparaît un tendre paysage, et que le Génie du Feu descend dans un nuage irisé, du côté de l'orient.

Dans la salle aussi, tout semble apaisé ; un silence inhabituel règne au parterre comme dans les loges ; le public paraît abasourdi par tout ce qu'il voit et par tout ce qu'il entend ; à chaque réplique, il se trouble un peu plus, ne sachant quelle contenance adopter devant cette œuvre singulière. Jamais de telles audaces n'avaient résonné dans ce haut lieu de l'art lyrique. Jamais la condamnation de l'arbitraire ne s'était fait entendre avec une telle violence derrière le voile de la fiction asiatique. À côté de ce roi d'Ormus, qui n'hésite pas à enlever l'épouse de son rival et à menacer celui-ci de mort, le comte Almaviva fait figure d'aimable libertin dépité de voir son valet plus heureux que lui, mais impuissant à contrarier ses amours. Ceux qui avaient assisté trois ans plus tôt à la première du *Mariage* reconnaissaient ici la même situation, mais sur un tout autre registre. En passant de la sphère privée à la scène publique, de la chambre de Suzanne au palais d'Atar, l'action prenait un tour délibérément séditieux, en même temps que le ton changeait ; ce n'était plus celui de la comédie, ni même celui du drame : c'était celui d'un peuple en révolte, avec ici et là des éclairs prophétiques, annonciateurs de lendemains radieux.

Le public de la première écouta l'œuvre dans un recueillement quasi religieux, mais se garda de rien manifester une fois le rideau tombé. Point de sifflets, peu d'applaudissements : une sorte de stupeur collective, derrière laquelle se laissait aisément percevoir un profond sentiment de malaise[84]. Cela n'empêcha pas le parterre de réclamer l'auteur à grands cris, ce qui ne se faisait jamais à l'Opéra. Les acteurs désemparés se demandaient s'il fallait faire une annonce, et se disputaient à qui se dévouerait, lorsque Salieri, qui traînait par là, se sentit soudain soulevé dans les airs, porté sur la scène et déposé délicatement devant la salle en délire. Mais c'était le poète que celle-ci exigeait. On ne sait pour quelle raison, Beaumarchais refusa obstinément de se montrer. Colère ? Déception ? En tout cas, il put vite se rassurer, car les trois représentations suivantes attirèrent autant de monde que la première, quoique toujours avec la même réaction de gêne et de perplexité. Il n'y avait rien d'hostile dans cet accueil, mais au contraire une espèce d'adhésion craintive, de sympathie profonde qui n'osait s'afficher. « L'auteur de *Tarare*, écrit Louis Guillaume Pitra, aura toujours le mérite d'avoir présenté dans cet opéra une action dont la conception et la marche ne ressemblent à celles d'aucun autre ; d'avoir eu le talent d'y donner assez adroitement une grande leçon aux souverains qui abusent de leur pouvoir, et de consoler les victimes du despotisme, en leur rappelant cette grande vérité, que le hasard seul fait les rois et le caractère les hommes. Cette leçon honore le siècle où l'on a permis de la donner sur le théâtre et le pays où la plus douce administration l'empêche d'être dangereuse. Après avoir dit leur fait aux ministres, aux grands seigneurs, dans sa comédie du *Mariage de Figaro*, il lui manquait encore de le dire de même aux prêtres et aux rois. Il n'y avait que le sieur de Beaumarchais qui pût l'oser, et peut-être n'est-ce aussi qu'à lui qu'on pouvait le permettre[85]. »

Le 18 septembre 1787, jour de la dix-huitième représentation, Beaumarchais adressait à Salieri rentré chez lui les exemplaires imprimés de sa partition, accompagnés d'un billet des plus adulateurs qui commençait ainsi : « Enfin, mon cher Salieri, vous recevez votre superbe partition. Je puis bien la nommer superbe, puisque nous sommes à la dix-huitième séance, sans que le public ait cessé un moment de s'y porter en foule. Le 8 de ce mois, grand jour de Saint-Cloud, vous avez fait 4 200 livres ; et l'an passé, un excellent ouvrage n'a donné que 600 livres de recette. Ah ! Bravo caro Salieri[86] ! »

Mais ce que Beaumarchais ignorait alors, c'est qu'à peine de retour à Vienne, « caro Salieri », terriblement frustré au fond par les exigences de son hôte, n'eut rien de plus pressé que de confier le poème de *Tarare* à Lorenzo Da Ponte, afin qu'il en tire un vrai livret d'opéra comme les aiment les amateurs de bel canto, sur lequel il pourrait s'abandonner à son naturel et composer une musique selon son cœur[87]. Da Ponte débarrasse donc le poème original de son fatras philosophico-politique, transforme le héros en amoureux de roman, adoucit les traits visant le trône et l'autel, introduit au quatrième acte des personnages de la commedia dell'arte, bref le transforme en drame tragi-comique dans la grande tradition, tandis que son compère Salieri, libéré de toute contrainte, revient au style italien qui fait les délices de la cour de Vienne et rehausse les performances vocales des chanteurs : il privilégie les arias sur les récitatifs, insère quelques morceaux de bravoure, remplace le ballet par une arlequinade en trio, bref rompt résolument avec l'esprit gluckiste que lui avait imposé Beaumarchais. Ainsi remanié, pour ne pas dire travesti, *Tarare* fut rebaptisé *Assur, roi d'Ormus*, titre éponyme du tyran et non plus de sa victime, tandis que celle-ci troquait son nom contre celui d'Atar que portait le roi d'Ormus dans la version française. *Assur* fut présenté pour la première fois devant la cour de Vienne le 8 janvier 1788, soit sept mois seulement après *Tarare*, à l'occasion du mariage de l'archiduc François II avec Élisabeth de Wurtemberg, et en présence de l'empereur[88].

*<br>* *

À défaut de susciter l'enthousiasme général, l'opéra de Beaumarchais fit couler beaucoup d'encre. C'est *Le Courrier de l'Europe* qui ouvrit le feu dans son numéro du 22 juin, avec une longue, verbeuse et dithyrambique analyse de l'œuvre, due à son rédacteur en chef, Théveneau de Morande, tout acquis à l'auteur, qui définissait la philosophie de la pièce par ses derniers vers : « L'homme est plus grand par son caractère que par sa naissance[89]. » En France, les éloges de ses amis et les éreintements de ses rivaux remplissaient les gazettes ; les parodies, libelles et chansons fleurissaient[90]. Les *Mémoires secrets* résument en quelques mots l'impression générale des contemporains : « *Tarare* est un monstre dramatique et lyrique, tel qu'on n'en a jamais vu, et tel qu'on n'en verra peut-être plus. » Le 27 juillet 1787, soit un mois presque jour pour jour après la première, les Italiens donnaient une parodie de *Tarare* en un acte en prose, accompagnée de vaudevilles, intitulée *Lanlaire ou le Chaos*, et attribuée à l'abbé Bonnefoy de Bouyon[91].

L'OPÉRA DES LUMIÈRES

*Tarare* fait partie de ces œuvres qui valent moins par leurs qualités propres que par leur adéquation à l'air du temps. En dépit de sa médiocrité, l'opéra de Beaumarchais pose les problèmes que se pose toute la société française en cette fin du XVIIIᵉ siècle : sur la liberté politique, sur l'inégalité sociale, sur le pouvoir absolu et les moyens de s'en affranchir. « La dignité de l'homme est le point moral que j'ai voulu traiter, le thème que je me suis donné », annonce l'auteur, soucieux de rattacher son œuvre à la philosophie des Lumières. « L'esprit de la nation semble être dans une crise heureuse, écrit-il. Une lumière vive et répandue fait sentir à chacun que tout peut être mieux. On s'inquiète, on s'agite, on invente, on réforme. [...] Je vois dans toutes les classes un désir de valoir, de prévaloir, d'étendre ses idées, ses connaissances, ses jouissances, qui ne peut que tourner à l'avantage universel. » C'est cette « crise » de la société que *Tarare* entend traduire ; c'est à ce mouvement général vers plus de bonheur et plus d'équité qu'il veut participer à sa manière et avec ses moyens. L'argument lui-même, grâce à son exotisme de fantaisie, lui permet de dénoncer les tares de la monarchie française en les transposant sur le golfe Persique.

Rien de plus simple que l'intrigue. L'empereur Atar, roi d'Ormus, fait enlever la femme d'un de ses soldats nommé Tarare, lequel a sauvé son souverain au péril de sa vie. Comme Figaro, mais avec cent fois plus de vertu, beaucoup moins de gaieté, un turban sur la tête et un cimeterre au côté, il défendra son honneur contre les entreprises d'Atar, « homme féroce et sans frein ». Mieux récompensé que son homologue sévillan, Tarare se verra forcé par le peuple de monter sur le trône à la place d'Atar, qui finira par se poignarder. Le tout pour illustrer la morale du poème, à savoir que la grandeur de l'homme n'est pas dans son état, mais dans sa nature. L'auteur ayant eu dessein de mêler tous les genres et tous les tons, son opéra relève à la fois de la tragédie, de la parodie, de la satire et de la philosophie. À côté du héros principal, son épouse Astasie, enfermée dans le sérail du despote, paraît effacée jusqu'à perdre tout semblant d'existence. La partie bouffonne est assurée par le chef des eunuques, un castrat italien nommé Calpigi, dévoué corps et âme à Tarare auquel il doit la vie sauve et sa place auprès du tyran. Curieux personnage que ce Calpigi, le plus fantasque, il est vrai, mais aussi le plus attachant de ce conte féerique par ailleurs assez superficiel. A-t-on jamais vu un soprano du conservatoire de Naples, exilé dans un sérail d'Asie, se signaler par son héroïsme, et multiplier les facéties au moment de se faire empaler ? La distribution s'agrémente encore d'un grand prêtre de Brama, ambitieux et hypocrite, qui veut faire nommer son fils Altamort général de l'armée d'Ormus contre les chrétiens qui menacent de l'assiéger. Cette invasion des chrétiens n'aura d'ailleurs aucune suite, et il n'en sera plus question passé le second acte. Mais elle donne lieu à une cérémonie spectaculaire dans le temple de Brama. C'est ce dieu qui, par la voix d'un de ses ministres, doit nommer le général, et le pontife fait choix d'un jeune enfant nommé Élamir, auquel il impose de prononcer le nom d'Altamort comme lui étant dicté par l'inspiration divine. L'enfant, avant d'en venir à ce choix, commence par dire au peuple qu'il lui reste des chefs assez renommés pour dissiper toutes ses craintes. Il nomme entre autres Tarare. À peine a-t-il prononcé ce nom que tout le peuple le reprend en chœur, acclamant Tarare comme celui que le ciel a choisi. Aux reproches que lui adresse le pontife, l'enfant répond :

« Le ciel m'inspirait Altamort ;
Tarare est sorti de ma bouche[92]. »

*
* *

En septembre 1789, Beaumarchais devra faire face aux événements qu'à certains égards il annonçait dans son opéra. Traité d'accapareur et de traître, accusé de stocker des armes et du blé, menacé dans ses biens comme dans sa vie, suspecté d'avoir partie liée avec les ennemis de la Révolution, il se servira de *Tarare* comme d'un bouclier pour repousser ces attaques et démontrer sa fidélité aux idées nouvelles. « N'est-ce pas moi qui, pendant le règne despotique d'un prêtre, lequel voulait tout asservir, eus le courage de faire chanter, avec quelque risque, au théâtre, ces vers trop difficiles à dire à Paris sans musique :

*Pontifes, pontifes adroits!*
*Remuez le cœur de vos rois.*
*Quand les rois craignent,*
*Les brames règnent;*
*La tiare agrandit ses droits.*

« N'est-ce pas moi qui, dans le même ouvrage, osai donner les éléments de la *Déclaration des droits de l'homme*, en faisant dire à la *Nature*, par le peuple qui l'invoque :

*Ô bienfaisante déité,*
*Ne souffrez pas que rien altère*
*Notre touchante égalité;*
*Qu'un homme commande à son frère.*

« Et cette leçon terrible à tout despote qui voudrait abuser d'un pouvoir usurpé par la force :

*Roi féroce! as-tu donc compté*
*Parmi les droits de ta couronne,*
*Celui du crime et de l'impunité?*
*Ta fureur ne peut se contraindre,*
*Et tu veux n'être pas haï!*
*Tremble d'ordonner...*
ATAR.
*Qu'ai-je à craindre?*
TARARE.
*De te voir toujours obéi;*
*Jusqu'à l'instant où l'effrayante somme*
*De tes forfaits déchaînant leur courroux...*
*Tu pouvais tout contre un seul homme,*
*Tu ne pourras rien contre tous.*

« Et ce tableau prophétique et *prévu* du roi chéri d'un peuple libre, qui le couronne avec transport :

*Enfants, vous l'ordonnez, je garderai ces fers;*
*Ils seront à jamais ma royale ceinture.*
*De tous mes ornements devenus les plus chers,*
*Puissent-ils attester à la race future*
*Que, du grand nom de roi si j'acceptai l'éclat,*
*Ce fut pour m'enchaîner au bonheur de l'état*[93]*!*

La défense dut paraître convaincante, puisque le 15 septembre, Beaumarchais était invité à reprendre sa place à l'assemblée des représentants de la Commune de Paris dont il avait été exclu. Mieux encore, le maire de Paris, Jean Sylvain Bailly, autorisait la reprise de *Tarare*, moyennant la promesse d'adoucir les deux vers suivants :

« Nous avons le meilleur des rois :
Jurons de mourir sous ses lois. »

En vue de cette reprise, Beaumarchais modifie le cinquième acte [94], et ajoute un épilogue intitulé « Couronnement de Tarare », dont la musique sera composée en toute hâte par Salieri que ses occupations retiennent à Vienne. Le tout en vue de la fête de la Fédération prévue pour le 14 juillet 1790 sur le Champ-de-Mars, à laquelle il rêve de participer. Le comité de l'Opéra lui ayant fait savoir qu'il se contenterait de son opéra dans sa forme première, Beaumarchais répondit, avec toute la fougue du patriote néophyte : « Il ne peut devenir un peu digne de la solennité du 14 juillet qu'avec les changements que nous y avons faits... Je ne désire point d'occuper de moi le public, si ce n'est par des actes d'un vrai patriotisme : mes amusements littéraires n'en sont point. Le temps de leur importance est passé ; et l'on a pu juger, dans les jours même de la frivolité, que je rapprochais mes œuvres dramatiques autant que je le pouvais, des grandes idées patriotiques qui nous occupent aujourd'hui[95]. » Malheureusement, la partition n'arrivera de Vienne que le 7 juillet 1790, trop tard pour la cérémonie. La mort dans l'âme, notre nouveau converti devra donc se résoudre à reporter la représentation au 3 août.

Quel fut, ce soir-là, l'accueil du public ? D'après une lettre de Beaumarchais à Salieri, datée du 15 août, il semble que le succès fut aussi franc et chaleureux qu'il était indécis en 1787 :

« C'est maintenant, mon cher Salieri, que je vous dois le compte de votre grand succès : *Tarare* n'a été joué que le 3 de ce mois. L'Opéra l'a remis avec un soin prodigieux ; le public l'a goûté comme une œuvre sublime de la part du musicien. Vous voilà donc chez nous à la tête de votre état ! L'Opéra qui, depuis un an faisait cinq-cents à six-cents livres, a fait six mille cinq-cent quarante livres le premier jour de *Tarare*, cinq mille quatre-cents le second, etc. Les acteurs, revenus sévèrement à mon principe de regarder le chant comme accessoire du jeu, ont été, pour la première fois, rangés parmi les plus grands talents du théâtre ; et le public criait : *Voilà de la musique ! pas une note radotée ; tout marche aux grands effets de l'action dramatique !* Quel plaisir pour moi, mon ami, de voir que l'on vous rende enfin cette grande justice, et que l'on vous nomme en chorus *le digne successeur de Gluck !*

« J'ai fait remarquer au Comité que le travail du *Couronnement* exigeait qu'on ne regardât pas cette reprise de *Tarare* comme une seconde mise, mais comme la première continuée, et que vos deux cents livres par représentation vous fussent allouées, et non pas cent vingt livres, comme ils disent que c'est l'usage ; je n'ai pas encore leur réponse.

« Mon ami, est-ce que vous désespérez de revenir ici, travailler pour notre théâtre ? Parlez-moi net sur cet objet, car bien des gens m'interrogent là-dessus ; chacun veut vous donner son poème. Si vous devez finir *Castor*, c'est chez moi qu'il faut le finir ; et votre appartement vous attendra toujours. Bonjour, mon bon ami ; aimez toujours votre dévoué, etc.

« Ma femme se recommande à votre bonne amitié, et ma fille à vos grandes leçons[96]. »

Cette lettre ne fait aucune allusion aux incidents qui émaillèrent la représentation du 3 août. Il faut dire que les changements apportés par Beaumarchais à son opéra, et surtout l'adjonction du *Couronnement de Tarare*, n'étaient pas du goût de tout le monde. Les uns y virent une parodie des décrets de l'Assemblée, les autres un hommage aux décisions de la Constituante. À la cérémonie finale, on apportait sur la scène l'autel de la patrie, sur lequel on posait le grand livre de la loi. Là-dessus, des bonzes et des vierges brahmines, s'avançant vers le trône, suppliaient Tarare d'être relevés de leurs vœux et autorisés à se marier :

> « Du culte de Brama, prêtres infortunés,
> À vivre sans bonheur sommes-nous condamnés ? »

Tarare consent et proclame :

> « De tant de retraites forcées
> Que les barrières soient brisées !
> Que l'hymen, par ses doux liens,
> Leur donne à tous des jours prospères !

Peuple heureux ! les vrais citoyens,
Ce sont les époux et les pères. »

Suit un ballet exécuté par un père, une épouse et un enfant heureux. Après quoi, le chef des eunuques paraît avec sa Spinette. Cordialement dégoûtés l'un de l'autre, ils gambadent sur scène en réclamant le divorce à grands cris : « Rompez des nœuds insupportables ! » – « L'amour nous avait égarés. » – « Nous brûlons d'être séparés. » – « Vous le voulez tous deux ? répond Tarare. Eh bien, vous le serez. » Après quoi, une troupe d'esclaves noirs enchaînés, « l'air consterné », se jette aux pieds de Tarare. Celui-ci, « avec majesté » leur rend la liberté : « Plus d'infortunés parmi nous. Soyez tous heureux, levez-vous. » Tous se lèvent alors, et l'un d'eux se met à chanter :

> « Holà ! doux esclavage
> Pour Congo, noir visage.
> Bon blanc, pour nègre il est humain ;
> Nous, bon nègre, a cœur sur la main.
> Nous, pour blanc
> Sacrifie,
> Donner sang,
> Donner vie,
> Priant grand fétiche Ourbala !
> Pour grand bon peuple qu'il est là.
> Ourbala ! l'y voilà.
> Ourbala ! l'y voilà[97]. »

Pour exprimer leur joie, les nouveaux affranchis se lancent dans une farandole endiablée. Mais bientôt la liberté dégénère en licence, une insurrection éclate, « un peuple en désordre, effréné, court et remplit la place ». La justice et l'armée envahissent alors la scène en portant des bannières sur lesquelles on peut lire : « La liberté n'est pas d'abuser de ses droits. » Ou encore : « La liberté consiste à n'obéir qu'aux lois. » Une autre bannière, portée par un groupe de jeunes cultivateurs des deux sexes, couronnés de fleurs, porte cette inscription : « De la liberté sans la licence, naît le bonheur, naît l'abondance. » Fermant le cortège, un groupe de prêtres de la Mort, « précédé d'un tam-tam ou cloche de l'Inde », porte une bannière noire avec des lettres d'argent et cette légende : « Licence, abus de liberté, sont les sources du crime et de la pauvreté. » Beaumarchais entendait ainsi prêter main-forte à La Fayette et à Bailly, dont la vigilance était sans cesse mise à l'épreuve par des émeutes spontanées. « Cette marche imposante, dit le livret, *fait doucement reculer le peuple* ; il reparaît *modeste* à la fin de la marche générale, et Tarare lance un appel à la sagesse populaire :

> "Mes amis, plaignons leur erreur ;
> Victime de quelque barbare,
> Quand ce bon peuple est en rumeur,
> C'est toujours quelqu'un qui l'égare[98]." »

L'opéra s'achevait sur un grand coup de tonnerre, suivi de l'apparition de la Nature et du génie du Feu descendant du ciel sur le char du Soleil.

Le croira-t-on ? Cette pantalonnade fut accueillie non par des fous rires, mais par de véhémentes protestations. Aristocrates et patriotes, esclavagistes et amis des Noirs, monarchistes et républicains, chacun y trouva de quoi s'échauffer la bile. Les uns sifflèrent à outrance la scène du divorce et celle du mariage des prêtres ; d'autres l'applaudirent à tout rompre ; partisans et adversaires s'empoignaient sans ménagement, tandis que les prunes pleuvaient en rafales sur les malheureux brahmanes et les flots d'injures sur les porteurs de bannières ; le coup de tonnerre final déchaîna la tempête au milieu du parterre. Du début à la fin, ce fut un hourvari général et assourdissant. La Fayette et Bailly durent avoir recours à la garde nationale pour rétablir l'ordre. On conçoit que les rares partisans de l'opéra eurent quelque difficulté à se faire entendre. L'un d'eux s'en plaignit dès le lendemain auprès de l'auteur : « Monsieur, écrivait-il, sans avoir l'honneur d'être connu de vous, j'ose prendre la liberté de vous dire que j'ai été on ne peut plus scandalisé hier, à la première représentation de la reprise de l'opéra de *Tarare*, du train abominable, des hurlements, des sifflements que se sont permis de faire un tas de bandits échappés des prisons du Châtelet, payés pour jeter leur venin jusque dans les spectacles, ou bien un reste empesté d'aristocrates déchaînés contre tout ce qui peut contribuer au bien de l'État et à celui du peuple. De quelque classe qu'ils soient, j'aurais voulu les voir jeter par les fenêtres[99]. »

Le lendemain, le rédacteur de la *Correspondance littéraire*, particulièrement discret sur le tohu-bohu qui avait perturbé la représentation, livrait ainsi son point de vue (assez partisan) sur la nouvelle mouture de *Tarare* :

« Tout l'appareil de ce spectacle, quelque civique qu'en puisse être l'intention, a paru plus digne des tréteaux de Nicolet que du théâtre de l'Académie royale de musique ; il n'en a pas moins attiré beaucoup de monde. L'opéra même a été jugé à peu près comme dans la nouveauté. Il n'y a qu'un trait qui n'a jamais manqué d'exciter une lutte violente entre les partisans outrés de la démocratie et ceux de l'autorité royale, vulgairement dits aristocrates, c'est ce que dit Tarare dans l'avant-dernière scène :

> "Oubliez-vous, soldats, usurpant le pouvoir,
> Que le respect des rois est le premier devoir ?"

Il faut que l'aristocratie, puisque aristocratie il y a, il faut, dis-je, qu'elle soit plus en force à l'Opéra qu'à l'Assemblée nationale, car ce vers a toujours été couvert d'applaudissements si vifs et si bruyants que les murmures de l'opposition n'ont jamais pu parvenir à les surmonter [100]. »

## TARARE À TOUTES LES SAUCES...

Les représentations des jours suivants furent aussi mouvementées que la première. Au point que le comité de l'Opéra fit distribuer gratuitement à l'entrée de la salle une petite brochure contenant une lettre à l'auteur, le priant de faire cesser ces manifestations hostiles, en expliquant au public le sens de son œuvre, accompagné de la réponse de Beaumarchais, qui constitue l'un des meilleurs commentaires du *Couronnement de Tarare*. On le voit d'une part célébrer les conquêtes de la Révolution (suppression des vœux monastiques, libération des Noirs, institution du divorce, etc.) et d'autre part exhorter le peuple au « respect des rois ». D'un côté, le discours démagogique ; de l'autre le rappel à l'ordre. Aux colons français d'Amérique, particulièrement ulcérés de le voir prendre parti pour l'abolition de l'esclavage, il répond avec une évidente mauvaise foi : « Quelques très jeunes Américains, croyant que je prêchais la liberté des nègres, ont

résolu, dans le Palais-Royal, de venir siffler cette scène. Eh !
Messieurs les jeunes planteurs ! ne savez-vous rien écouter ? Ou
pour vous forcer à nous lire, faut-il tout imprimer sur du papier à
sucre et l'envoyer au raffineur ? Si des considérations politiques
ont arrêté les délibérations de l'Assemblée nationale sur cet
article des *Droits de l'homme*, de quelque couleur qu'il soit
né[101], au moins est-on universellement d'accord que l'on doit
alléger les chaînes de son esclavage, quand même il a le poil
crépu ; et c'est là tout ce que j'ai dit. Le mot *liberté* n'y est
même pas prononcé, tant j'eus peur d'offenser la politique et la
cupidité. Mais plus vous les traiterez bien, moins ils voudront
sortir d'un esclavage qu'on croit si important au commerce des
colonies[102]. »

Tant bien que mal, Beaumarchais réussit cependant à maintenir *Tarare* au répertoire de l'Opéra jusqu'à l'effondrement de la
monarchie, le 10 août 1792. Après la Terreur, en 1795, l'œuvre
fut à nouveau reprise, mais contre la volonté de l'auteur. Réfugié
à Hambourg, celui-ci ne put ni s'y opposer ni empêcher le tripa-
touillage qu'on fit subir à son poème lyrique, notamment la suppression du fameux prologue. En tâchant de le consoler, sa
douce épouse montrait surtout à quel point l'amour est aveugle :
« Ce prologue, lui écrit-elle en septembre 1795, est d'une philosophie trop supérieure aux facultés des individus composant
maintenant l'auditoire ; le goût public a changé, l'esprit des
spectateurs n'est plus le même, le sublime est en pure perte[103]. »
Le « sublime » ! Mais il y eut d'autres changements, plus importants que le prologue, dus à l'évolution politique de l'opinion. Il
va de soi qu'on ne pouvait plus conclure un opéra par l'apologie
de la monarchie constitutionnelle. Il fallait impérativement
mettre *Tarare* à la sauce républicaine. En l'absence de Beaumarchais, c'est son ami et homme de confiance Framery qui va s'en
charger. Ainsi, après le suicide du sultan, lorsque le peuple offre
le trône au héros, celui se récrie en bon républicain :

> « Le trône ! Amis, qu'osez-vous dire ?
> Quand pour votre bonheur la tyrannie expire,
> Vous voudriez encore un roi ! »

De même, les vers dirigés contre la Convention, que Framery
avait ajoutés à la fin de l'opéra, furent-ils plutôt bien accueillis
d'un public lassé d'un pouvoir déjà vieilli, qui se résignait mal à

céder la place à de nouveaux dirigeants. « Les applaudissements, écrit Mme de Beaumarchais, ont été prodigués aux changements de la fin ; mais ce n'est pas tout à fait dans ce sens que nous les voulions, car tout ce qui est dit au tyran d'Ormus a été appliqué net à la Convention. On a joué trois fois la pièce, et il y a eu une affluence prodigieuse[104]. » Cette reprise ne connaîtra qu'une brève carrière : inaugurée le 26 septembre 1795 au Théâtre des Arts (nouvelle dénomination de l'Opéra), dans la salle du Théâtre national, rue de la Loi (aujourd'hui square Louvois, rue de Richelieu), elle prit fin au bout de huit représentations[105].

Une quatrième reprise de *Tarare* eut lieu sous le Consulat, en novembre 1802, après un nouveau rhabillage, dont nous ignorons le détail. Enfin, il reparut une cinquième fois sous la Restauration, en février 1819, vingt ans après la mort de l'auteur. Après avoir été successivement monarchiste, constitutionnel, républicain, son opéra subit un nouvel avatar : il devint légitimiste de tendance ultra ! Réduit de cinq actes à trois, caviardé, mutilé, défiguré, dépaysé, amputé de ses meilleurs dialogues, il sortait méconnaissable des mains de la censure. Un exemple : au lieu de se poignarder et de laisser le trône à Tarare, le tyran d'Ormus pardonnait à ce dernier tout le mal qu'il lui avait fait et tout le bien qu'il en avait reçu ; il lui confiait le commandement de son armée et lui restituait sa femme. Tarare se prosternait à ses pieds, lui jurait fidélité ; le peuple l'imitait, et le rideau tombait sur cet invraisemblable *happy end*. Malgré cela, l'échec fut cuisant et sans appel.

*
*  *

Mais aussi, quelle idée d'exhumer cette vieille nippe antiroyaliste en plein règne de Louis XVIII ! L'Opéra espérait-il renouveler le miracle de 1787 ? C'était oublier que même à cette époque l'opéra de Beaumarchais ne devait son succès qu'à la faveur des circonstances, non à ses mérites littéraires et lyriques. L'autorité luttait alors avec violence contre les idées révolutionnaires, qui cherchaient par tous les moyens à se frayer un passage. La liberté, comprimée de toutes parts, jaillissait de la moindre brèche. Et le théâtre en offrait de bien séduisantes. Le public se montrait d'autant plus avide d'allusions, d'autant plus ingénieux à les débusquer et empressé à les applaudir, que le pouvoir se donnait plus de mouvement et de peine pour le priver de ce plaisir. Avec quel enthousiasme, le parterre saisissait les traits hardis que l'auteur parvenait à dérober à l'hydre de la censure ! Si *Tarare* avait été représenté pendant la session des états généraux ou de l'Assemblée constituante, on ne se fût pas écrasé à la porte de l'Opéra pour y assister ; la nation disposait alors d'autres armes pour lutter contre l'oppression, et l'on eût préféré les harangues de Mirabeau aux bouffonneries de Calpigi ou aux incantations des brahmanes.

Non, certes, *Tarare* n'avait aucune chance de réussir en 1819. La censure en avait supprimé tout ce qui pouvait blesser les convenances ministérielles, et l'arrangeur anonyme accommodé les vers au goût du jour. On en avait même retranché la plupart des traits baroques, originaux ou bizarres qui du moins l'empêchaient de sombrer dans l'insignifiance et arrachaient le spectateur à l'ennui. Ainsi émasculé, le pauvre Tarare n'avait plus qu'à soupirer, comme le chef des eunuques :

*« Ahi ! povero Calpigi ! »*

## CHAPITRE III

# La femme adultère

« Cette affaire, bien que particulière, suffirait pour vous convaincre que vous avez tout à réformer dans le système immense de vos lois. »
(Bergasse)

L'an 1774, le sieur Guillaume Kornman, descendant de banquiers alsaciens et magistrat à Strasbourg, prenait pour femme une riche héritière du canton de Bâle, Camille Faesch. Âgée de quinze ans, orpheline de père et de mère et de confession protestante comme son futur, elle apportait à ce dernier une dot de 360 000 livres. Peu après leur mariage, l'oncle de Guillaume, qui dirigeait à Paris la banque familiale fondée depuis plus d'un siècle, l'invitait à passer quelques jours chez lui avec sa jeune épouse. Séduit par la capitale, le couple décida de s'y fixer. Six années s'écoulèrent pendant lesquelles la jeune femme donna le jour à deux enfants dont elle s'occupait avec la plus tendre assiduité. Le ménage connaissait un bonheur sans nuage, que rien ni personne ne semblait devoir troubler ; leur parfaite entente faisait l'admiration de tous. Au reste, M. Kornman ne voulait rien devoir à l'autorité que la loi lui accordait sur sa femme. Si un jour elle devait le tromper, il en serait meurtri, certes, mais il la priait surtout d'éviter le scandale et de conserver l'estime de ses enfants. Pour ses dépenses, il mettait à sa disposition, sur simple reçu, tout l'argent dont elle avait besoin, sans exiger d'elle aucun compte. La libéralité de son comportement, pensait-il, devait le mettre à l'abri de toute infortune.

Parmi les personnes qui fréquentaient chez les Kornman, figurait un certain baron de Spon, premier président de Colmar. Un soir, celui-ci se fit accompagner de M. Daudet de Jossan, qu'il présenta comme l'homme de confiance du prince de Montbarey, ministre de la Guerre. Originaire de Strasbourg, agent des princes de Nassau et de Hesse-Darmstadt à Paris, Daudet de Jossan était surtout connu comme critique d'art. Ses essais sur la peinture faisaient autorité, et Diderot lui-même ne se privait pas de lui emprunter çà et là, dans ses propres *Salons*, telle réflexion ou telle formule particulièrement heureuse, mais sans jamais le citer[1]. Grâce à la protection du prince, M. Daudet venait d'être nommé syndic adjoint de la ville de Strasbourg, ce qui le mettait à la tête de la magistrature dont dépendait le sieur Kornman. Il était donc tout naturel qu'il fût reçu chez son confrère avec tous les égards dus à son rang. Mais ce dernier n'allait pas tarder à concevoir quelques doutes sur la moralité de son édile. À peine admis chez lui, en effet, Daudet lui fit une proposition d'argent « assez indiscrète » sur laquelle il ne donne pas de détail, mais qu'il crut bon de rapporter au premier président de Colmar, en lui demandant ce qu'il fallait en penser. Le baron de Spon ne dissimula point que le sieur Daudet était un personnage dangereux, parvenu par toutes sortes de voies à surprendre la bienveillance de la princesse de Montbarey et de sa fille, et à gagner un grand crédit auprès du prince lui-même[2].

Kornman fit aussitôt part de sa découverte à son épouse, en l'invitant à n'accorder aucune confiance à cet homme qui, certainement, chercherait à mettre à profit son inexpérience et ne négligerait aucun moyen pour l'entraîner dans des intrigues fatales à la tranquillité de leur ménage.

« Ne vous inquiétez pas, mon ami, lui répondit-elle. M. Daudet me déplaît trop pour obtenir quoi que ce soit de moi. D'ailleurs, je déteste la couleur de ses cheveux : c'est rédhibitoire. Puisqu'il nous a été présenté, je continuerai pourtant de le recevoir. Mais avec tant de réserve et une politesse si froide qu'il perdra tout espoir de gagner mon amitié. »

Parfaitement rassuré, M. Kornman ne chercha pas à éloigner le sieur Daudet de chez lui. Mieux encore : il lui rendit quelques services, en considération de la protection dont le prince de Montbarey daignait l'honorer. Mal lui en prit. « J'aurais dû mieux juger le sieur Daudet, reconnaîtra-t-il plus tard, et me faire une idée plus réfléchie de son adresse et de ses ressources. Ses visites ne furent pas longtemps infructueuses ; je m'en aperçus au changement très remarquable qui s'opéra dans le caractère de la dame Kornman : elle eut besoin de dissimuler, et sa confiance en moi s'éteignit. Ses enfants cessèrent d'être la première et la plus douce de ses occupations ; ses maximes de conduite changèrent absolument, et son ton, pour toutes les personnes qui la servaient ou qui l'approchaient, ne fut plus le même[3]. »

Profondément affecté par l'infidélité de sa femme, inquiet des fâcheuses conséquences qu'elle allait entraîner pour elle comme pour lui, en proie aux pires tourments de la jalousie, saisi d'angoisse en pensant à son avenir et à celui de ses enfants, atteint enfin jusque dans ses fonctions vitales, sentant sa santé se délabrer, il décida d'aller se reposer quelques jours aux eaux de Spa. Avant son départ, « saisi de pressentiments sinistres », il supplia sa femme d'ouvrir les yeux sur l'abîme qui se creusait sous ses pas ; il l'adjura de prendre en considération tout ce qu'elle se devait à elle-même, et surtout ce qu'elle devait à ses enfants, et de ne plus se livrer davantage à cet homme sans morale, dont la séduction était d'autant plus perverse qu'elle ne reposait que sur l'intérêt ; il lui assena crûment que Daudet ne l'aimait pas pour elle, mais pour son argent.

Vaine remontrance ! À son retour de Spa, le malheureux apprit que sa femme n'avait rien changé à sa conduite. Non seulement, elle continuait de voir son amant, mais elle se rendait à des rendez-vous chez lui, qui donnaient lieu à d'étranges scènes, au grand scandale du voisinage. Loin de garder leur liaison secrète, Daudet s'employait à lui donner un maximum d'éclat : seul moyen, pensait-il, de se rendre indispensable à sa maîtresse, et de la tenir à sa merci.

À quelque temps de là, il se vit obligé de la quitter pour se rendre à Strasbourg, où l'appelaient ses fonctions de syndic adjoint. Mme Kornman, qui ne pouvait se séparer de lui, pria son mari de la conduire à Bâle avec ses enfants, soi-disant pour rendre visite à sa famille, mais en réalité pour faire étape à Strasbourg, qui se trouvait sur la route. Point dupe de sa ruse, M. Kornman accepta néanmoins, se disant qu'une fois au milieu des siens, de ses frères, de son beau-père, tous calvinistes aux mœurs austères, elle ferait peut-être un retour sur elle-même, que le spectacle de leur vertu l'engagerait à rompre une liaison qui jetait l'opprobre sur son ménage. Son mari exigea seulement qu'au cours de leur passage à Strasbourg elle se conduisît décemment, eu égard aux personnes qu'elle serait amenée à fréquenter.

Tout au long du voyage, inspiré sans doute par la douceur des paysages qui défilaient sous ses yeux, il entreprit sa femme sur la paix des champs, sur le bonheur et l'innocence de la vie à la campagne, sur les consolations que la nature prodigue aux hommes, toujours insatisfaits de leur sort; puis, insensiblement, tout en dissertant sur la brièveté des plaisirs d'ici-bas, il tenta de lui faire prendre conscience de son devoir : « Songez que les habitudes qui nous attachent au monde ne cessent de se resserrer avant de s'éteindre à jamais, lui dit-il. Songez comme il est doux d'avancer sans inquiétude vers le terme où toutes les illusions s'effacent, où subsiste la vérité seule, avec le souvenir du bien qu'on a fait. » Ces paroles arrachèrent à sa femme des aveux mêlés de larmes qu'il prit pour du repentir.

Las ! À peine arrivée à Strasbourg, elle oublie tout, retombe sous l'empire de sa passion et s'affiche avec Daudet de la manière la moins équivoque. Aux reproches de son mari, elle répond par l'aigreur et la provocation. À bout de patience, Kornman abrège le séjour et la conduit à Bâle. Lui-même doit s'éloigner pour quelques semaines, le comte de Maurepas l'ayant chargé de recueillir des fonds pour la construction du canal de Bourgogne, auquel s'intéresse également le prince de Montbarey. À son retour, à peine descendu à l'auberge où elle a pris pension, il apprend qu'en son absence le sieur Daudet est venu passer plusieurs nuits avec sa femme, au grand scandale des clients et de la ville entière, où l'on ne parle que des débordements de ce couple infernal. Comprenant que rien désormais ne pouvait ramener sa femme de son égarement, et que le temps seul y mettrait fin, il la ramena à Paris sans le moindre sermon.

En décembre 1780, le prince de Montbarey quittait le ministère de la Guerre, entraînant dans sa retraite le sieur Daudet de Jossan, qui perdait ainsi sa place de syndic de Strasbourg avec le traitement attaché à sa charge, et se voyait réduit, pour toute ressource, à la bourse de sa maîtresse. Les seuls renseignements que Kornman avait obtenus jusque-là sur cet individu venaient du baron de Spon. Mais vers cette époque, le hasard fit tomber entre ses mains un volume des *Mémoires secrets*, dans lequel il put lire ce portrait au vitriol de son rival :

« Un sieur Daudet de Jossan, connu dans la littérature par quelques opuscules, surtout par des critiques sur le Salon très ingénieuses, s'imaginant que ce n'était pas le meilleur parti à tirer de son esprit, et que cette faculté était particulièrement accordée par la nature pour faire des dupes, s'est jeté dans les intrigues de toute espèce, et a escroqué tant qu'il a pu. Abîmé de dettes, mis en prison, châtié par la police, il ne s'est rebuté de rien; il est sorti de la sphère des courtisanes dans laquelle il s'était concentré d'abord, il s'est faufilé chez les grands, chez le prince Louis [le cardinal de Rohan], chez la baronne de Neu-kerque [*sic* pour Nieukerk], chez le duc de Chartres, chez le duc d'Aiguillon, etc. Chassé de ces divers endroits, il s'est relevé de nouveau, et tout récemment a gagné la confiance du prince de Montbarey. Comme il est allemand et parle la langue de cette nation, il lui a servi d'agent pour négocier à l'occasion des diffi-cultés élevées sur le mariage projeté du prince de Nassau avec la fille de ce ministre[4]; et pour récompense, celui-ci vient de le faire nommer syndic de la ville de Strasbourg, par adjonction avec M. Gérard, et en ayant l'exercice. Cette place, la plus belle après celle de prêteur[5], le met à la tête du corps municipal de cette ville, composé de la plus haute noblesse. On ne sait com-ment elle souffrira d'être présidée par un polisson de cette espèce, petit-fils de Mlle Le Couvreur[6], ci-devant abbé et pré-cepteur du fils de M. de Lucé, ancien intendant de la province. En un mot, c'est le second tome du marquis de Pezay; mais ayant plus d'esprit, d'adresse et de fourberie, d'imprudence, de figure et de jeunesse, il peut aller encore plus loin[7]. »

Poursuivant son enquête, Kornman interroge alors « plusieurs personnes respectables et bien instruites » qui ne se contentent pas de confirmer les propos de l'article, mais y ajoutent des détails propres à lui inspirer les plus vives inquiétudes. À peu près fixé sur ce qu'il voulait savoir, il explique à sa femme qu'en tant que père de famille il se considère non comme le proprié-taire, mais comme le dépositaire de sa fortune et de la sienne; l'une et l'autre seront bientôt dissipées, s'il faut les prodiguer à ce personnage sans foi ni loi, qui n'a vécu jusqu'ici que d'intrigues. En conséquence, il se voit contraint de lui retirer la libre disposition de sa caisse. Sans mettre encore de frein à son budget personnel, il entend néanmoins veiller aux dépenses de sa maison. Et pour lui prouver qu'il agissait ainsi par nécessité, et non par esprit de vengeance, il acquitta sans différer une facture de 10 000 livres pour des diamants qu'elle avait acquis à son insu.

Il va sans dire que ce nouvel ordre de choses n'était pas pour plaire au sieur Daudet. À en croire Kornman, celui-ci aurait conçu à partir de ce jour le projet de se débarrasser de lui. Voici en effet ce qu'il rapporte à ce sujet, ou plutôt ce qu'il fait rapporter par son avocat Bergasse, auteur du mémoire dont nous nous inspirons : « Je n'ai nulle envie de lui créer des crimes imaginaires. Mais je suis persuadé que, dès cet instant, il s'occupa de mettre à exécution un projet qui n'était peut-être encore que confusément éclos dans sa tête. Ma santé était visiblement altérée. Si je succombais à mes peines, il pouvait épouser la dame Kornman, et tenir ainsi toute ma fortune à sa disposition. Il lui convenait donc de m'environner dans mon intérieur de circonstances assez cruelles et assez prolongées pour que je ne pusse longtemps y résister. D'après cette idée, il détermina la dame Kornman à mettre avec moi plus d'audace dans sa conduite, à me fatiguer par des querelles domestiques sans cesse renaissantes, à troubler par des discussions de toute espèce la paix dont au moins j'avais joui jusqu'alors. Lui-même affecta des airs de maître à ma table, sous les yeux de mes gens, et en présence des personnes qui étaient dans l'habitude de fréquenter ma maison[8]. »

Un jour que Daudet s'était montré particulièrement odieux, Kornman perdit son sang-froid, lui lâcha ses quatre vérités en présence de sa femme, et termina sur ces mots : « Si je m'écoutais, je vous ferais immédiatement jeter par la fenêtre. Mais je crois devoir un reste de respect à mon épouse ; sa réputation n'est déjà que trop compromise. Sans faire d'éclat, je vous prie donc de ne plus mettre les pieds ici sans y être invité. »

Cette fermeté semblait en avoir imposé aux amants ; tous deux promirent une conduite plus réservée à l'avenir. *Tarare ponpon !* Quarante-huit heures plus tard, ils reprenaient leur train habituel. Malgré les ordres donnés aux domestiques, Daudet s'introduisit à nouveau dans la chambre de sa maîtresse ; il y venait tous les jours, à toute heure, tandis que la dame Kornman, transformée en furie, accablait son mari d'injures, le traitait de tous les noms devant leurs gens, dans les promenades, au spectacle, provoquant le scandale et violant partout les bienséances. Bref, c'était la guerre.

Il était temps de prendre un parti. Celui que prit M. Kornamn se conformait aux principes de douceur et de modération qui l'avaient guidé jusqu'ici. Sa femme ayant à Bâle un frère aîné qui avait sur elle une certaine influence, il le supplia d'intervenir. Celui-ci vint tout exprès la voir à Paris. Pendant les sept semaines que dura son séjour, il tâcha de la raisonner, lui prédisant que tout cela finirait mal, que cette liaison ferait son malheur et celui de ses enfants. Rien n'y fit. Au contraire. Son frère à peine reparti pour la Suisse, ses accès de folie ne firent que redoubler; prise d'une espèce de rage incontrôlable, elle multiplia les scènes, poursuivant son mari de sa vindicte et de ses menaces. Au point que certains amis de ce dernier commencèrent à s'inquiéter sérieusement. M. d'Erville notamment, intendant des armées du roi et chef des bureaux de la Guerre, jugea la situation si grave qu'il prit sur lui d'en instruire M. Le Noir, lieutenant général de police.

Celui-ci convoque le sieur Kornman et lui demande un exposé détaillé de ses déboires conjugaux. Il l'écoute attentivement, puis reprenant la parole : « Ça ne m'étonne pas, dit-il. Je connais ce Daudet de Jossan; il est capable de tout. » Il lui conseille alors de demander une lettre de cachet contre sa femme, afin de la soustraire à l'influence de cet aventurier, mais Kornman répugne à cette mesure; la pauvre petite vient de tomber enceinte, et ne supporterait pas un pareil choc. Là-dessus, Le Noir lui propose de la faire suivre par un de ses agents, l'inspecteur Surbois, spécialiste en filature. Il se laisse convaincre, et au bout de quelques jours reçoit un rapport selon lequel la dame Kornman continue de voir son amant tous les jours, soit chez elle, soit chez lui, soit au bois de Boulogne ou de Vincennes. L'enquête révèle aussi qu'elle vient d'engager ses diamants au Mont-de-Piété, en les faisant passer pour ceux de la jeune princesse de Nassau, qui aurait eu besoin d'argent. En fait, c'est Daudet de Jossan qui avait retiré la somme pour payer un voyage en Hollande, où le prince de Nassau-Siegen l'envoyait en mission.

Kornman profita de son absence pour tenter une ultime démarche auprès de sa femme. Sans plus de succès que les précédentes. Entre-temps, on découvrit une correspondance entre les deux amants, dont on nous dit qu'il y régnait « un affreux cynisme », que s'y faisaient remarquer « le ton du libertinage le plus grossier » et les « expressions les plus obscènes ». On peut en lire des extraits parmi les pièces justificatives qui suivent le *Mémoire sur une question d'adultère* de Nicolas Bergasse (p. 145-153), dûment expurgés des passages les plus érotiques, dont on signale seulement l'absence par des lignes de points accompagnées de la mention : *Phrases obscènes* ou *Le reste ne se peut transcrire*. On y apprend néanmoins que le couple adultère avait coutume de partouzer avec une certaine Mme de B*** et son amant. Voici, en effet, ce que Daudet de Jossan écrit à sa maîtresse de La Haye, le 17 juillet 1781 : « Mille tendres compliments à madame de B... Quand reviendra son cher amant ? Je me réjouis bien de nos quatuors. » Évoquant ailleurs le sexe de sa maîtresse qu'il désigne sous la métaphore du *port de La Rochelle*, et l'enfant qui doit en naître (le *petit matelot*), il écrit : « Quand reverrons-nous en quatuor *le port de La Rochelle* ? Mais ne voilà-t-il pas qu'il sortira un *petit matelot* de ce port ? Il me tarde bien de savoir à quoi m'en tenir sur cet objet. » Mais il y avait plus grave. Cette correspondance recelait en effet des considérations peu rassurantes sur la santé de Kornman, et des propos moins sibyllins encore sur « le jour des vengeances », où le sieur Daudet viendrait délivrer sa maîtresse du joug de son « tyran », et frapper « les grands coups[9] ». Persuadé, à cette lecture, que les deux misérables ne songent plus désormais qu'à l'expédier dans l'autre monde, Kornman se rend aussitôt chez Le Noir. « Il n'y a plus une minute à perdre, lui dit ce dernier. Il faut faire arrêter votre femme le plus tôt possible. Si vous hésitez encore, non seulement vous mettez votre vie en danger, mais vous l'exposez, elle-même, à se rendre complice d'un crime. »

Convaincu enfin qu'il n'y pas d'autre solution, il obtient sans peine une lettre de cachet, et la possibilité de choisir le lieu de détention. « Il n'importe, répond-il, pourvu qu'il soit décent, et qu'elle n'y puisse avoir aucune relation avec Daudet de Jossan. Toutefois, mieux vaut éviter le couvent : étant protestante, comme moi-même, on croirait que je veux la convertir de force. » Le lendemain, Le Noir chargeait l'inspecteur Surbois d'arrêter la dame Kornman. Tout cela s'accomplit dans le plus grand secret. Pour les familiers de la maison comme pour les domestiques, Mme Kornman partait se reposer à la campagne ; après quoi, elle allait faire un petit voyage dans sa famille, en

Suisse. Rien de plus vraisemblable d'ailleurs : elle était alors enceinte de quatre mois, et pouvait fort bien avoir exprimé le vœu d'accoucher parmi les siens.

C'est ainsi que, dans la nuit du 3 au 4 août 1781, deux hommes se présentent chez les Kornman, et demandent à parler à la maîtresse de maison. Introduits dans son appartement, ils lui déclarent que le lieutenant général de police désire lui parler sur-le-champ. Quoi, à cette heure ? Elle obéit cependant, passe une robe en hâte, et suit les deux inconnus. Dehors, elle s'inquiète de ne voir ni sa voiture, ni ses gens. « Ne vous en faites pas, lui dit-on, vous serez bientôt de retour. Il s'agit d'une simple confrontation avec votre mari. » Là-dessus, on la fait monter dans un fiacre où l'attend un troisième larron. En route, elle s'aperçoit que le cocher ne prend pas la direction de l'hôtel de police. « Où m'emmenez-vous ? s'écrie-t-elle, persuadée cette fois qu'il s'agit d'un enlèvement. – Par mesure de discrétion, M. Le Noir ne souhaite pas vous recevoir dans son bureau ; il préfère un endroit neutre. » Au bout d'un quart d'heure environ, la voiture s'immobilise dans une cour. On fait descendre Mme Kornman et on la conduit dans une salle du rez-de-chaussée, où l'un des inconnus lui déclare qu'il est exempt de police, et qu'elle doit se considérer comme prisonnière « par ordre du roi ». À ces mots, elle tombe sans connaissance.

Les jours suivants, elle demeure comme hébétée, prostrée, dans une demi-conscience. À deux reprises, le commissaire Vanglenne est venu l'interroger ; dès la première visite, elle est passée aux aveux : oui, elle était bien la maîtresse de M. Daudet de Jossan ; oui, elle entretenait avec lui une correspondance amoureuse ; oui, l'enfant qu'elle attend est bien de lui. Mais à la seconde, probablement conseillée en secret par des proches, elle se rétracte sur quelques points, prétend ne pas se souvenir de certains autres... Tout est si confus dans sa tête ! Enfin, au bout du troisième jour, le lieutenant général de police consent à la voir et lui indique le lieu de sa détention. Elle apprend ainsi qu'elle est enfermée dans la maison disciplinaire des dames Douai, rue de Bellefond, mi-prison mi asile, bien connue pour héberger des femmes perdues : épouses adultères, filles publiques, mais aussi une cinquantaine d'aliénées mentales, dont les cris retentissent à toute heure du jour et de la nuit[10]. Les pensionnaires y sont entassées, parfois jusqu'à sept dans une chambre. Mais Mme Kornman jouit d'un traitement de faveur, sans doute grâce à la recommandation de M. Le Noir ; elle dispose d'une chambre pour elle seule, d'une nourriture convenable, et même d'une femme de chambre. Cependant, on lui refuse tout contact avec son avocat.

Pendant ce temps, Daudet de Jossan, à peine rentré de Hollande, se démène comme un beau diable pour obtenir sa libération. Entre autres démarches, il écrit au jeune frère de sa maîtresse, qui achève ses études à l'université de Göttingen : lui seul, insiste-t-il, peut soustraire la malheureuse à la tyrannie de son époux. Le jeune homme, alors âgé de vingt ans, débarque à Paris, et se rend tout droit chez Kornman. Ignorant tout de ses relations avec Daudet, celui-ci le loge dans son hôtel, lui raconte par le menu l'aventure de sa sœur, et le supplie de lui ouvrir les yeux sur les dangers de toutes sortes qui la guettent en persistant dans son attitude. Au contraire, si elle consent à se retirer dans sa famille à Bâle, elle se retrouvera entièrement libre. Enfin, il obtient pour lui un laissez-passer lui permettant de la visiter autant qu'il voudra. Après quoi, il part pour les eaux de Spa. À son retour, quinze jours plus tard, il constate que rien n'a changé, sinon que son beau-frère a pris délibérément le parti de sa sœur. Non content de faire passer des lettres de la prisonnière à son avocat pour l'instruire de son sort, il avait remis au ministre Amelot une lettre dans laquelle elle peignait son mari sous les traits les plus noirs. Kornman lui fit une scène horrible, l'accusant d'avoir trahi les lois de l'honneur et de l'hospitalité. Rentré en Allemagne, le jeune homme s'empressa d'alerter sa famille sur la détresse de l'infortunée, victime d'un scélérat.

## « INTRIGUE DU DIABLE !... »

Un certain jour d'octobre 1781, Beaumarchais déjeunait chez la princesse de Nassau-Siegen, en compagnie de nombreux convives, lorsque la conversation tomba sur la détention de Mme Kornman. Qui n'a entendu parler de cette affaire qui défraie la chronique depuis des semaines ! Tout le monde, autour de la table, compatit au sort de cette malheureuse, enfermée avec des prostituées dans des conditions inhumaines. Le prince et la princesse paraissent particulièrement touchés ; ils vont s'employer, disent-ils, à lui faire recouvrer la liberté. Ému lui-même par l'histoire de cette jeune femme, qui n'avait péché que par excès d'amour, Pierre-Augustin les encourage à la soutenir. Ils le prient alors de joindre ses efforts aux leurs, ajoutant qu'un tel service était digne de son courage et de sa sensibilité. Comme il résiste, alléguant qu'il n'a jamais entrepris d'action généreuse qui ne lui eût attiré des ennuis, un magistrat du Parlement qui était présent sort de sa poche le mémoire que la dame Kornman vient de composer seule, au fond de sa prison, et qu'elle a trouvé le moyen de faire passer au président de Bochart de Saron, et le donne à lire à Beaumarchais[11]. Après un rapide coup d'œil sur la requête, le père de Figaro se lève et déclare à l'assemblée : « Messieurs, je pense comme vous ; ce n'est point là l'ouvrage d'une méchante femme, et le mari qui la tourmente est bien trompé sur elle, ou bien méchant lui-même, s'il n'y a pas ici des choses qu'on ignore. Mais malgré l'intérêt qu'elle inspire, il serait imprudent de faire des démarches pour elle avant d'être mieux informé. »

À ce moment, l'un de ses plus zélés défenseurs (on ignore son nom), se lève à son tour, et lui tend un paquet de lettres du mari de la dame, datées des mois de juillet, août, septembre 1780, adressées de Spa ou de Paris à son pire ennemi, le sieur Daudet de Jossan. Beaumarchais se retire sur la terrasse, les parcourt avidement et découvre – ô stupeur ! – que le sieur Kornman traite son rival avec les marques de la plus sincère amitié, de la plus chaleureuse confiance, ne lui ménageant ni les « compliments affectueux », ni les « sincères attachements », ni les « sentiments inviolables. » « Je vous embrasse », écrit-il à cet homme qu'il soupçonne par ailleurs de desseins criminels... Mais ce qui saute aux yeux de Pierre-Augustin, ce sont ces phrases incroyables à propos de Mme Kornman : « Comme elle n'a pas d'expérience pour se conduire, écrit-il de Spa, empêchez-la, mon cher, de faire quelque sottise majeure. » Le mari priant l'amant de sa femme de veiller sur sa vertu ! On se croirait en plein vaudeville ! À moins qu'il ne s'agisse d'un ménage à trois, avec toutes les ambiguïtés que cela suppose[12]. Et dans cette autre, toujours de Spa, cinq jours après la précédente : « Si nous pouvions faire le voyage de l'Alsace ensemble, cela serait plus gai.

[...] Vous ne devez pas douter du plaisir que j'aurais de me trouver en Alsace avec vous. Il ne dépendra que de ma femme d'être de la partie. Mais pour lors, il ne faudra pas que je fasse le voyage avec un désagrément continuel ; ma santé ne le supporterait plus. Je crois avoir fait tout ce qui était raisonnable, mais tout a ses bornes ; je ne puis plus rien lui dire. Elle n'est plus une enfant, et c'est à elle à se faire estimer du public ct de son mari. Pour le reste, elle sera la maîtresse de faire ce qu'elle veut ; je n'aurai jamais la sotte manie de gêner le goût et l'inclination de personne, trouvant que de toutes les tyrannies, la plus absurde est celle de vouloir être aimé par devoir. Outre que c'est une impossibilité, on ne mande pas au sentiment le plus doux. Partant de ce principe, on peut très bien vivre ensemble, ne pas s'aimer, mais s'estimer, avoir de bons procédés qui prouvent toujours la réciprocité de la part d'une âme honnête. Je crois que ce que j'exige n'est pas injuste, ni difficile, et je le soumets à votre réflexion. » Toutes ces lettres sont signées « Guillaume Kornman », revêtues du cachet de la poste et adressées à « M. Daudet de Jossan, syndic-royal de la ville de Strasbourg, à la Chaussée d'Antin, à Paris[13] ».

Sa lecture achevée, Pierre-Augustin rejoint la compagnie et lance, de ce ton bravache que nous lui connaissons lorsqu'il prend la pose : « Vous pouvez disposer de moi, messieurs ; et vous, princesse, me voilà prêt à vous accompagner chez M. Le Noir, à plaider partout vivement la cause d'une infortunée punie pour le crime d'autrui. Disposez entièrement de moi. Je ne connais du mari que le désordre de ses affaires, et je vous apprendrai comment. Je n'ai jamais vu sa malheureuse femme ; mais après ce que je viens de lire, je me croirais aussi lâche que l'auteur de ces lettres, si je ne concourais pas de tout mon pouvoir à l'action généreuse que vous voulez entreprendre. » Là-dessus, il se rend avec la princesse de Nassau chez M. Le Noir, plaide avec chaleur la cause de « notre prisonnière », comme il l'appellera désormais, puis il prend la route de Versailles, visite les ministres concernés par l'affaire, leur met sous les yeux les lettres de Kornman à Daudet, que par chance on ne lui a pas encore reprises, et réclame justice pour sa protégée. Il obtient du moins que « l'infortunée n'accoucherait pas, ne périrait pas dans la maison de force où l'intrigue l'avait jetée[14] ». Dans la foulée, il écrit à Mᵉ Turpin, avocat-conseil de Kornman, sur le ton le plus pressant et le plus impérieux, lui signifiant qu'il prend désormais Mme Kornman sous sa protection, qu'on s'est permis de l'arrêter par ordre du roi pour la placer en lieu sûr, « que cet ordre lui déplaît », et que si l'on ne souscrit pas à ses conditions, il emploiera sa plume et son crédit à perdre son mari.

Il faut assurément un aplomb peu commun pour s'opposer à la volonté royale, et s'ériger en justicier dans une affaire publique, sans aucun titre ni mandat. De quel droit menace-t-il un citoyen de sa plume ? Au nom de quelle autorité ose-t-il brandir son crédit comme une puissance devant laquelle il faudrait s'incliner ? Mais tel est Beaumarchais. On le connaît assez pour ne s'étonner ni de son audace ni de ses coups d'éclat. Quant à son talent pour ameuter l'opinion publique et la tourner à son avantage, on l'a déjà vu maintes fois à l'œuvre, notamment dans les procès Goëzman et La Blache. Encore défendait-il alors ses propres intérêts. Mais qu'a-t-il à voir dans l'affaire Kornman ? Ses adversaires imagineront une liaison coupable avec la charmante épouse du banquier. Pure calomnie ! proteste-t-il. Lorsqu'il part en croisade pour sa défense, il ne l'a jamais vue. Il ne la rencontrera qu'à sa sortie de prison, et leur correspondance n'offrira jamais la moindre prise à la médisance ; il l'aidera de ses conseils en ami, rien de plus. Au reste, elle ne l'appelle jamais dans ses lettres que « mon cher papa » : est-ce ainsi qu'on traite un amant ?

Bergasse dément : « Le sieur de Beaumarchais voyait fréquemment la dame Kornman avant sa détention, déclare-t-il au nom de son client. Je sais même qu'il y a des témoins nouvellement entendus qui déposent que le sieur de Beaumarchais, toujours avant la détention de la dame Kornman, est venue la chercher une fois dans mon domicile, rue Carême-Prenant, à deux heures du matin, et qu'il l'a conduite de là, dans sa voiture, à la Nouvelle-France, dans une maison où le sieur Daudet les attendait. D'ailleurs, tout le monde sait que le sieur de Beaumarchais et le sieur Daudet vivaient habituellement chez le prince de Nassau, et beaucoup de gens savent encore que la dame Kornman y était fréquemment admise. Or comment, après de tels faits, le sieur de Beaumarchais ose-t-il dire qu'il ne connaissait pas, même de vue, la dame Kornman, jusqu'à l'instant de sa délivrance, et quelle opinion faut-il se former sur sa bonne foi[15] ? »

Ce témoignage paraît confirmé par un autre, beaucoup plus probant, car il émane de Gudin de La Brenellerie, à condition de le déchiffrer entre les lignes. Le 17 août 1782, Gudin écrit à Mme de Willermaulaz (qui ne sera Mme de Beaumarchais que quatre ans plus tard) : « Vous avez vu, par ce que je vous ai mandé, que le prince de Nassau a fait ici un éloge complet du sieur Dod [Daudet de Jossan], et qu'il vous a bien servie. Je vous en crois débarrassée pour la vie ; mais il faut qu'il vous ait grièvement blessée pour vous avoir inspiré une colère aussi vive et aussi constante. Il me paraît qu'il a offensé tous ses amis, tous ses protecteurs ; qu'il est criblé de dettes, et qu'il ne peut éviter de pourrir dans une prison. Je crois qu'il faut l'y laisser aller sans s'occuper de lui davantage. Je plains un peu plus que vous la malheureuse femme qu'il a perdue [Mme Kornman] et qu'il entraînera dans tous ses revers. C'est une sotte, qui fut, qui est, et qui sera l'instrument de ce fripon ; je ne désespère pas qu'il ne cherche bientôt à s'en faire une ressource. C'est trop longtemps en parler, et renouveler la misanthropie qu'il vous causera.

> "Mais, belle Agnès, quelle erreur est la vôtre,
> De vous punir pour les péchés d'un autre !"

« Bannissez-moi vite cette mélancolie et cette méfiance qui vous assiège. Ne faites pas comme Orgon qui, pour avoir été trahi par Tartuffe, ne veut plus croire aux honnêtes gens, et faites plutôt comme une certaine dame qui disait naïvement : *J'aime mieux être trompée toute ma vie que de passer un seul jour sans aimer* [16]. »

Pourquoi tant de rancune à l'égard de Daudet de Jossan ? Pourquoi Gudin plaint-il *un peu plus* que Marie-Thérèse le sort de l'infortunée Camille ? Pourquoi pousse-t-il sa correspondante à privilégier l'amour sur la jalousie ? La chose paraît simple. Apprenant que Camille est devenue la maîtresse de Beaumarchais, Daudet s'est vengé en révélant la chose à Marie-Thérèse. Non point tant pour la faire souffrir un peu plus (la malheureuse n'en est pas à une infidélité près) que pour jeter son rival dans l'embarras. Si notre interprétation peut paraître hasardeuse, une chose au moins est sûre : Beaumarchais fut bel et bien l'amant de la belle Camille Kornman. Nous le savons par l'un de ses amis les plus proches, un homme qu'il estime au point d'en avoir fait le confident de ses amours, et dont il admire de surcroît le génie littéraire. J'ai nommé Restif de La Bretonne[17]. Celui-ci raconte en effet que, lors de la procédure de divorce engagée par sa femme Agnès Lebègue, en 1785, le juge de paix, un nommé Hue, venu poser les scellés chez lui, « visitait révolutionnairement, pendant que son greffier écrivait le procès-verbal. Il lut entre autres toutes les lettres, oubliées dans un tiroir, du citoyen Beaumarchais relatives à une certaine Camille; j'en fus très fâché ! Je les ai détruites depuis, en écrivant dessus l'histoire de mon divorce[18] ». De toute évidence, il ne s'agissait pas d'une simple passade, puisque le même Restif note dans son *Journal*, à la date du 28 février 1789 (sept ans plus tard! ) : « Été chez Beaumarchais à midi : m'a proposé d'écrire deux lettres, comme à sa femme, pour faire entendre que ses lettres érotiques à la Cornman [*sic*] sont supposées; on les lui a volées. Intrigue du diable[19] !... »

Ainsi, ce n'est pas sans raison que certains accuseront Beaumarchais de n'avoir pris la défense de Mme Kornman qu'en raison de son sexe, parce qu'il a toujours aimé les femmes. À ceux-là, il aura beau jeu de répondre : « Eh! pourquoi rougirais-je de les avoir aimées? Je les chéris encore. Je les aimai jadis pour moi, pour leur délicieux commerce; je les aime aujourd'hui pour elles, par une juste reconnaissance. Des hommes affreux ont bien troublé ma vie ! Quelques bons cœurs de femmes en ont fait les délices. Et je serais ingrat au point de refuser, dans ma vieillesse, mes secours à ce sexe aimé, qui rendit ma jeunesse heureuse? Jamais une femme ne pleure que je n'aie le cœur serré. Elles sont hélas si maltraitées et par les lois et par les hommes! J'ai une fille qui m'est bien chère; elle deviendra femme un jour; mais puissé-je à l'instant mourir si elle ne doit pas être heureuse ! Oui, je sens que j'étoufferais l'homme qui la rendrait infortunée ! Je verse ici mon cœur sur le papier[20]. » Soit. Mais trêve d'hypocrisie. S'il plaide aujourd'hui la cause de Mme Kornman, ce n'est pas seulement parce qu'elle est sa maîtresse, mais pour le plaisir de jouer sur la scène publique le rôle du preux chevalier, pourfendeur de l'injustice et défenseur de l'opprimé, qu'il affectionne tout particulièrement, dans lequel il excelle d'ailleurs, et dont il sait admirablement tirer parti, en terme de popularité. Même s'il lui arrive parfois, comme aux meilleurs comédiens, d'« en faire » un peu trop.

## M. Le Noir joue double-jeu

Apprenant que Beaumarchais prend la défense de sa femme, Kornman bondit chez M. Le Noir, exige des explications. De quoi se mêle-t-il, cet intrigant? Le lieutenant de police paraît d'abord interdit, puis s'approchant de lui : « Je regarde Beaumarchais comme un scélérat, glisse-t-il à mi-voix, mais comme un scélérat d'une espèce dangereuse. D'autant plus qu'avec de l'esprit, l'art d'amuser et de séduire, il a trouvé le moyen de se faire partout des créatures, de monter au besoin des conjurations contre quiconque a le malheur de lui déplaire, et de se rendre ainsi redoutable à tous les hommes en place. En plus, il est lié avec deux magistrats du Parlement qui exercent la plus grande influence au sein de leur compagnie ; il les a déjà prévenus en faveur de votre épouse. » En conclusion, il conjure M. Kornman d'oublier son insolence, et de ne plus se préoccuper que de ses intérêts, avec Mᵉ Turpin. « Il est d'autant plus essentiel d'éviter tout éclat que votre femme est enceinte, que vous n'êtes pas le père, et que cet enfant risque d'entrer dans votre famille. Il est facile de l'éliminer ; j'en ai fait disparaître plus de deux cents dans les mêmes circonstances ; laissez-moi faire : M. de Maurepas est au courant[21]. »

Kornman voulait bien mettre en veilleuse son ressentiment contre Beaumarchais, mais contre Daudet, ça jamais ! D'autant que celui-ci continuait à travailler dans l'ombre à ses projets funestes. Il pria donc Maurepas de le recevoir. Introduit auprès du vieux ministre, il lui exposa sa situation : menacé par les menées homicides de son adversaire, il l'aurait déjà traîné devant les tribunaux s'il ne craignait de compromettre ainsi sa femme et ses enfants. Condamné au silence, il demandait au moins qu'on mît le sieur Daudet hors d'état de nuire. M. de Maurepas entra dans ses raisons, et l'assura qu'il donnerait incessamment des ordres pour le faire arrêter. « D'ailleurs, ajouta-t-il, M. de Vergennes auquel j'en ai référé pense comme moi, et compte en parler à M. Le Noir. »

Ce dernier déclara tout net son hostilité à cette procédure : il expliqua que M. Kornman était sur le point de trouver un terrain d'entente avec sa femme et que l'arrestation de Daudet risquait de tout faire capoter. Certes, l'individu méritait largement cette sanction, fût-ce par un abus d'autorité. Mais aujourd'hui on aurait l'air de le punir de sa liaison avec Mme Kornman, et ce genre de sévérité n'était plus d'usage dans le royaume. S'il fallait arrêter tous les hommes qui couchent avec la femme d'un autre, il n'y aurait bientôt plus de place dans les prisons ! D'ailleurs, ajouta le policier, on pouvait s'en rapporter à sa prudence : sous peu il aurait tout arrangé à la grande satisfaction de M. Kornman. On se sépara sur cette promesse ; M. de Maurepas montra plus d'indulgence, et Daudet conserva sa liberté.

Cependant, le temps passait, M. de Maurepas s'éteignait à quatre-vingts ans, et rien ne semblait annoncer une trêve entre les époux. Il faut dire que l'infidèle, malgré sa retraite, continuait d'entretenir des relations avec son amant, et par son intermédiaire avec Beaumarchais. Kornman s'en plaignit à Le Noir, exigeant une fois encore que sa femme fût renvoyée dans sa famille. Celui-ci lui opposa qu'on ne pouvait transporter une future mère sans son consentement, et que d'ailleurs on n'obtiendrait rien par la violence.

Kornman commençait à se demander si le policier ne le payait pas de bonnes raisons, lorsqu'il reçut un avertissement qui allait changer en certitude ce qui n'était encore qu'un vague soupçon. Une femme, parmi celles « que les mœurs publiques ont proscrites », bien connue pour son intimité avec M. Le Noir, le fit avertir qu'il ne devait point trop compter sur la probité du lieutenant général, que celui-ci était fort épris de la dame Kornman, et qu'il ferait tout pour la retenir à Paris. Alors, Kornman repassa dans son esprit tous les détails de sa conduite : ses atermoiements, ses hésitations, ses fausses raisons, l'art avec lequel il avait esquivé ses instances et rendu vaines ses réclamations auprès des ministres... Tout s'éclairait à la lumière de la révélation qu'on venait de lui faire. Il s'adresse alors directement à M. Amelot de Chaillou, ministre de la Maison du roi, le suppliant de faire expédier sa femme auprès des siens. Le ministre lui répond que l'intention du roi n'a pas varié : Sa Majesté souhaite qu'elle demeure chez les dames Douai jusqu'à la fin de sa grossesse. Comme si Louis XVI n'avait en tête que les couches de Mme Kornman !

À peu près assurée de son impunité, surtout depuis la mort de Maurepas, celle-ci décide alors de se pourvoir au Châtelet pour obtenir la séparation de corps et de biens, arguant pour ce faire de son injuste détention. En même temps, sur les conseils de Daudet et Beaumarchais, elle annonce son intention de se pour-voir à Bâle pour faire casser son mariage et prononcer son divorce. Démarche audacieuse, car son mariage, bien que contracté en Suisse, avait été ratifié à Strasbourg, et relevait donc de la législation française, en vertu de laquelle la demoi-selle Faesch, épouse Kornman, renonçait à ses droits de citoyenne bâloise pour ne plus reconnaître que les lois du royaume, lesquelles n'admettaient pas le divorce. Daudet et Beaumarchais avaient bien tenté de faire prévaloir les lois de Bâle sur celles de France, mais sans succès. Au demeurant, leur démarche n'était pas dénuée de toute arrière-pensée. En obtenant le divorce des époux Kornman, Daudet se rendait maître absolu de la femme et de sa fortune. Comme sa dot avait été investie par son mari dans les établissements bancaires qu'il gérait avec son frère, les bruits les plus alarmistes couraient dans la ville, assurant que Mme Kornman, en cas de divorce, rentrerait en possession de ses biens, au risque de déranger gravement l'équi-libre financier de la banque. Une requête fut même lancée dans le public, réclamant l'inventaire des bien propres des frères Kornman, qui sema la panique dans les milieux d'affaires.

Quel était l'enjeu réel de Beaumarchais dans cette opération ? Quel profit espérait-il en tirer ? À l'en croire, il s'agissait de voler au secours d'une femme persécutée, rien de plus. Mais on n'est pas tenu de le croire... En plus du « coup » publicitaire évoqué plus haut, n'attendait-il pas autre chose que de la reconnaissance ?

« C'EST VOUS ! C'EST VOUS, MONSIEUR ! »

Au reste l'entreprise du couple adultère paraissait en très bonne voie. Quant au couple Le Noir-Beaumarchais, également clandestin, il fonctionnait à merveille, ainsi qu'en témoigne la confrontation inopinée entre l'auteur du *Barbier* et son adver-saire dans les bureaux du lieutenant général de police. Laissons

M. Kornman (ou plutôt son porte-parole Bergasse) nous raconter la scène :

« Le 29 décembre 1781, c'est-à-dire six semaines après que M. Amelot et M. Lenoir [*sic*] m'ont positivement refusé la permission de retirer la dame Kornman de la maison où elle était détenue, je me rends sur la fin de la journée à l'hôtel de police, pour faire part à M. Le Noir de quelques inquiétudes nouvelles qui m'ont été données. Arrivé dans le salon, j'y remarque un homme qui m'examine avec une sorte de curiosité insultante ; son air d'impudence me frappe, et je ne sais pourquoi je conjecture que c'est le sieur de Beaumarchais. M. Le Noir étant sorti plusieurs fois pour accompagner diverses personnes qui avaient affaire à lui, jette les yeux sur moi et, comme on le pense, n'a pas de peine à me reconnaître. Au bout d'un quart d'heure, se trouvant seul, il sort de son cabinet, et me regardant sans rien dire, il rentre en prenant par la main le sieur de Beaumarchais (car je ne m'étais pas trompé). Celui-ci entraîne après lui un autre homme habillé de noir. En ce moment, j'ai des pressentiments sinistres. Environ une demi-heure après, je vois sortir le sieur de Beaumarchais avec un air de triomphe ; il passe devant moi, et me toisant insolemment de la tête aux pieds, il disparaît, toujours suivi de l'homme qui l'avait accompagné[22]. »

Introduit à son tour dans le cabinet de M. Le Noir, Kornman s'enquiert du sort finalement réservé à sa femme. Le policier prend l'air attristé, lève les yeux et les mains au ciel dans un geste d'impuissance, et lui apprend qu'il vient de remettre « bien malgré lui » au sieur de Beaumarchais un ordre du roi pour retirer la dame Kornman de la maison de Mmes Douai, et la conduire chez le sieur Le Page, médecin-accoucheur. Cette nouvelle fait l'effet d'une décharge électrique sur l'irascible banquier. Il se redresse d'un bond, les lèvres tremblantes, n'osant croire ce qu'il vient d'entendre, peinant à se contenir face au chef de la police : « Monsieur, je ne me retiens qu'en considération de la charge dont vous êtes revêtu ; mais quoique vous fassiez, vous ne me ferez jamais croire que la reine ait pu laisser commettre une telle atrocité. Non, ce que vous m'apprenez est impossible. Et si on a pu surprendre sa religion à force de calomnies, est-ce à vous, qui êtes magistrat, d'exécuter un ordre inique ? N'avez-vous point de conscience ? N'êtes-vous qu'un esclave du pouvoir ? Ne connaissez-vous que le silence ? Je respecte plus que personne la mémoire de M. de Maurepas, mais je ne pense pas que toute justice ait disparu en France avec lui. Nous vivons sous le règne d'un prince équitable, qui ne permettra pas qu'on viole impunément les premières et plus saintes lois de la nature. »

Ce qu'il ne sait pas, c'est que sa femme a été libérée la veille, 28 décembre, par ce même Beaumarchais qu'il vient de croiser dans le couloir. Belle victoire ! À l'arraché, aurait-on le droit de dire, car dix jours plus tôt cette heureuse issue paraissait encore bien improbable. Le 18 décembre, en effet, Pierre-Augustin adressait au lieutenant général de police une longue supplique d'où nous extrayons ce passage :

« J'ai envoyé hier dans le jour deux fois chez M. Turpin (alors conseil de Kornman). Point de réponse. Pendant ce temps, Monsieur, on ne cesse d'effrayer la malheureuse détenue, en lui disant qu'on lui arrachera son enfant à l'instant de sa couche. Il y a de quoi la faire mourir. Vous pouvez juger à votre tour si toute la compassion que vous a inspirée cette infortunée a passé dans le cœur d'un autre ! Quant à moi, qui ne l'ai jamais vue, qui ne la connais que par le tableau très touchant que votre sensibilité vous en a fait faire en ma présence (à Mme la princesse de Nassau), je la vois si cruellement abandonnée après une détention de cinq mois, pendant que le mari court à Spa, fait bombance, et séduit tout ce qui l'approche, que je viens d'écrire à M. Turpin que si les intérêts de son client l'empêchent de me voir comme conciliateur, je vais franchement offrir à cette jeune dame et mes conseils, et mes secours, mes moyens personnels et ma bourse et ma plume. Oui, je l'ai dit et je l'ai fait, car elle était seule en France, et n'avait même à Bâle, en Suisse, que des oncles trop vieux et des frères trop jeunes pour qu'elle en pût rien espérer[23]. »

Les jours suivants, il les passe entre Paris et Versailles, courant d'un ministère à l'autre, répétant inlassablement à chacun le même plaidoyer. Enfin, le 27 décembre 1781, arrive l'ordre tant attendu de libérer Mme Kornman, et de la conduire chez le sieur Le Page, accoucheur et docteur en médecine, enjoignant toutefois à ladite dame de ne point sortir de cette maison, et de n'y recevoir que son avocat et son procureur[24]. Pierre-Augustin vole chez Le Noir, qui l'accueille par ces mots : « Les gens que vous aimez sont certains d'être bien servis. En cette occasion, je ne

puis qu'applaudir personnellement à votre zèle. – Eh ! bien,
Monsieur, j'en demande la récompense. Permettez-moi
d'accompagner ceux qui porteront l'ordre à cette infortunée.
Que je puisse me vanter d'avoir fait connaissance avec elle sous
les heureux auspices d'une bonne lettre de cachet ! » Le Noir
sourit et consentit.

Et voici la grande scène ! Telle que l'a rêvée, sinon vécue,
notre Amadis venu arracher la malheureuse victime aux mains
de ses bourreaux. Greuze, n'était point là pour la peindre ; c'est
dommage. Mais le pinceau de Beaumarchais réussit aussi bien
dans le pathétique et le larmoyant. Que l'on en juge plutôt :

« Rentrons dans notre maison de force, où notre infortunée
m'attend. Quand elle paraît au guichet où je l'attendais moi-
même, elle s'écrie avec transport : "Ah ! si l'on ne m'a pas trompée, je vois M. de Beaumarchais !... – Oui, Madame, c'est lui
que le hasard rend assez heureux pour contribuer à vous tirer
d'ici." Elle est à mes genoux, sanglote, lève les bras au ciel :
*C'est vous ! C'est vous, Monsieur !* tombe à terre et se trouve
mal. Et moi, presque aussi troublé qu'elle, à peine pouvais-je
aider à lui donner quelques secours, pleurant de compassion, de
joie et de douleur. Je l'ai vu, ce tableau ! J'en étais, j'en étais
moi-même : il ne sortira pas de ma mémoire. Je lui disais, en la
remettant au médecin qui devait l'accoucher, à qui le magistrat
la confiait : "Ce service, Madame, n'a pas le mérite de vous être
même personnel. Ah ! je ne vous connaissais pas. Mais à l'aspect
de votre reconnaissance, je jure que jamais un malheureux ne
m'implorera en vain dans des circonstances pareilles !" » Et il
conclut par cet enfantillage, bien dans sa manière : « Je la quit-
tais, content de moi. » Rideau !

Selon certains, ce n'est pas une victime éplorée qui serait sortie de prison, mais une jeune femme épanouie, fière de sa faute,
et ne méprisant pas les plaisirs de la chair, bien au contraire !
C'est du moins ce qui ressort d'une lettre ouverte qu'elle aurait
adressée à son sauveur au lendemain de sa libération : « Sans
vous, j'étais perdue, lui avouait-elle, honnie, méprisée, et quoi !
pour une peccadille qui honore tant de femmes et donne du relief
à tant de maris [...]. On m'a reproché d'avoir pris pour amant un
Daudet. J'aurais sans doute pu choisir mieux pour le public,
mais pour le tête à tête... Ah ! ma rougeur dit le reste [...]. Je pardonne donc gaiement à Bergasse de m'avoir exposée au grand

jour dans une posture indécente ; il conduit vers moi tous les
regards et, me peignant dans les écarts d'une femme infidèle à
son mari, il n'a que multiplié et mes adorateurs et mes
esclaves. » Il va de soi que la chère Camille n'aurait jamais eu
l'audace de publier de tels propos, et qu'il faut plutôt attribuer ce
libelle épistolaire aux « avocats anonymes » de son mari [25].

*
* *

Nous passerons rapidement sur les cinq années qui suivirent
ce coup de théâtre. On ne saurait, en effet, entrer dans le détail
de ces événements sans lasser la patience du lecteur. Cent fois,
Kornman tenta des accommodements avec sa femme, moins par
sentiment que par intérêt. Cent fois ses tentatives échouèrent.
Tandis que la belle Camille tâchait de faire aboutir son procès en
séparation de biens, les affaires de son mari ne cessaient de se
dégrader. Au point que d'échéances non honorées en déchéance
peu honorable, sa banque se vit bientôt en cessation de paiements. Soucieuse de sauver sa dot de la débâcle, Mme Kornman
eut recours à son sauveur, qui, ne pouvant lui refuser ses
conseils en raison du premier service rendu, se vit forcé d'entamer des procédures contre le banquier. À ce moment précis, ce
dernier fit la connaissance d'un jeune avocat, encore inconnu,
qui allait en peu de temps, grâce à l'affaire Kornman, accéder au
faîte de la notoriété littéraire et monter sur la scène politique où
il ambitionnait de jouer un rôle. Il s'appelait Nicolas Bergasse.

## LA POLITIQUE DU BAQUET

Il ne faisait pas partie de ces privilégiés auxquels les caprices
de l'Histoire préparent la première place. L'occasion, qui aide
ou supplée le mérite, ne vint jamais à lui, et il ne courut point
après elle. Au cours de sa longue existence, il vit se succéder les
régimes les plus opposés, mais ne rencontra pas celui qu'il eût
aimé servir. Né à Lyon le 24 janvier 1750, au sein d'une famille
où les traditions religieuses et morales avaient résisté à
l'influence des idées nouvelles, il reçut l'éducation réservée aux

riches bourgeois de l'époque : commencée par les Jésuites, elle s'acheva sous les Oratoriens. Outre d'heureuses dispositions pour la parole et l'écriture, le jeune Nicolas posséda très tôt une étonnante facilité dans le maniement des concepts et un goût prononcé pour la philosophie. Dès qu'il eut fini de l'apprendre comme élève, les Oratoriens l'engagèrent pour l'enseigner dans leurs collèges. Il n'avait pas encore vingt ans. Dans l'intervalle de ses cours, il se mit à dévorer tous les auteurs interdits au programme : Montesquieu, Voltaire, Helvétius, d'Holbach, Rousseau... Mais s'il retint beaucoup de leurs observations, il ne se laissa pas complètement séduire par leurs idées, s'essayant même à réfuter le système de Locke et de Condillac sur l'origine de la connaissance. Alors, dans ce vaste mouvement qui tendait à transformer les opinions, les mœurs et les lois, Bergasse rêva de se faire une place auprès de ses grands aînés. Mais il n'avait aucune chance d'y parvenir en restant professeur de rhétorique et de philosophie dans de petites villes de province. Il lui fallait une carrière plus digne de ses talents, et plus à même de le propulser dans la sphère du pouvoir.

Dans les dernières années du règne de Louis XV, les questions judiciaires passionnaient au plus haut point l'opinion publique. Une série de procès retentissants avait mis en lumière les dysfonctionnements du système dans ce domaine particulièrement sensible : ceux des Jésuites (1762), de Calas (1762), de Sirven (1763), du chevalier de La Barre (1765), de Lally-Tollendal (1766), de Montbailly (1770). Sans oublier naturellement l'affaire Goëzman (1774). Voltaire mit le comble à sa renommée en faisant réviser certains de ces procès. Beccaria, dans son fameux *Traité des délits et des peines*, préconisa des réformes destinées à rendre plus équitable et plus humaine la procédure criminelle. Ces questions d'une actualité brûlante enfiévraient le jeune Bergasse, impatient de joindre sa voix au débat public. Aussitôt après la mort de son père, survenue le 23 février 1771, il revint à Lyon, y fit son droit et y prit ses grades. C'est de cette période que datent ses débuts littéraires. Après quelques discours académiques rédigés pour le lieutenant général de la sénéchaussée de Lyon, auquel il servait de secrétaire, il fit paraître sous son nom un *Discours ou Réflexions sur les préjugés*, qui attira sur lui l'attention des milieux intellectuels. Loin de suivre les courants de l'époque, le jeune juriste y prenait ses distance avec les Encyclopédistes. Pour lui, le préjugé répondait à une nécessité sociale : « Les vérités religieuses, écrivait-il, assurent et maintiennent bien mieux les mœurs et les habitudes d'une nation que les vérités politiques. Il n'appartient qu'à des législateurs imbéciles de séparer les vérités religieuses des vérités politiques. » Selon lui, plus une nation est libre, et plus on remarque dans les préjugés qui la dirigent « une certaine sévérité de principes, une certaine tendance vers tout ce qui est juste et généreux ». L'idée directrice de Bergasse, qui sera comme la clef de voûte de son système politique, tient en quelques mots : la liberté véritable d'un peuple est en raison directe de sa conscience morale et de la conformité des lois qui le régissent avec les lois de la morale. « Je ne connais pas de sottise plus grande en législation, déclare-t-il, que de relâcher ou de rendre incertaine la morale d'un peuple qu'on appelle à la liberté ; c'est lui ôter d'une main ce qu'on prétend lui donner de l'autre. » Constatant que la France, depuis quelque temps déjà, n'avait plus les « préjugés » de son gouvernement, il se demandait dès 1775, non sans angoisse : « Qui sait ce qui pourra résulter d'un pareil état de choses[26] ? »

Tous les ans, à la date du 21 décembre, la ville de Lyon célébrait la fête de l'Éloquence. Un jeune orateur, choisi sur sa réputation par les échevins, débitait son discours en grande pompe devant les autorités. Après quoi, le lauréat se voyait attribuer pour quelques heures un pouvoir discrétionnaire sur la cité. Il présidait le banquet donné en son honneur, entre l'archevêque et le gouverneur, distribuait des consignes et des mots d'ordre, puis assistait au théâtre au spectacle de son choix, où se jouait le dernier acte de son éphémère empire. Désigné en 1774, Bergasse avait pris pour sujet « Les progrès de l'industrie et du commerce », dont il se demandait s'ils étaient utiles à l'humanité. Troublé par le fameux paradoxe de Rousseau, il n'osait trop préférer l'état de civilisation à l'état de nature.

Son droit achevé, ses diplômes dans la poche, Nicolas quitte Lyon pour se fixer à Paris. À peine débarqué, il publie son fameux discours, qu'il dédie à Voltaire comme « au premier génie de l'Europe », espérant un de ces mots d'encouragement que le patriarche de Ferney prodigue généreusement à tous les débutants habiles à manier l'encensoir : à défaut de recommandation ou d'assurance sur l'avenir, l'auguste griffonnage leur sert de porte-bonheur. Le vieillard a-t-il flairé dans la prose du novice quelque relent rousseauiste ? Il ne lui enverra pas le précieux talisman. Point découragé, celui-ci rend visite à Rousseau, « le plus intéressant des auteurs », pour en recevoir l'onction sacrée. Las ! Il découvre le moins curieux des hommes, s'exprimant sans esprit, sans force, sans rien enfin qui décèle le grand écrivain : seulement des mots qui rappellent ses anciennes idées, des ébauches de pensées vastes, des propos qui pourraient être fins, mais qui ne le sont pas, parce qu'il dédaigne de les achever. « Ne cherchez chez lui ni le peintre d'*Émile*, ni l'apôtre éloquent des mœurs : ce n'est qu'un bonhomme dans toute la force du terme. J'ai voulu lui parler de ses ouvrages ; il ne s'en souvient plus : *Tout cela est déjà bien loin de moi*, m'a-t-il dit, et il l'a dit d'un ton si vrai qu'il a bien fallu le croire. » « Nous touchons à quelque grande révolution, aurait ajouté le philosophe. Le calme dont nous jouissons est le calme terrible qui précède les tempêtes, et je voudrais que la Providence reportât au-delà des années orageuses qui vont éclore le peu de jours qui me restent, pour être témoin du nouveau spectacle qui se prépare [27]. »

Heureusement, l'Opéra, la Comédie-française, l'Académie, les hôtels du faubourg Saint-Germain lui offrent des spectacles moins désenchantés que celui du vieux misanthrope ruminant son noir chagrin, et Bergasse en savoure les plaisirs avec une insatiable avidité. Plutôt que de se constituer une clientèle, il préfère élargir ses relations parmi les beaux esprits. Le seul procès auquel il s'intéresse pour le moment est celui qui s'instruit contre les abus du pouvoir dans plusieurs salons de la capitale. De ce point de vue, il ne saurait être mieux placé, puisqu'il habite chez le sieur Kornman, banquier des frères Bergasse, qui lui a offert l'hospitalité dès son arrivée à Paris, et chez qui fréquente le gratin contestataire de l'époque. On y rencontre des hommes venus d'horizons divers, mais tous appelés à jouer un rôle dans un avenir très proche : Pétion (dit de Villeneuve), Brissot (dit de Warville), Robespierre, et combien d'autres encore qui tout à la fois prétendent à la noblesse et aspirent à l'égalité. La Fayette y promène sa jeune gloire auréolée de lauriers américains, Duval d'Éprémesnil rêve de *débourbonnailler* la France (c'est son mot) pour y faire régner le Parlement ; les journalistes Jean-Louis Carra et Gorsas épient, observent, notent et affûtent leur chronique du lendemain. Quant à Bergasse, partisan d'un roi et de deux chambres, il profère d'un ton pédant et grave des vérités échafaudées sur le sol ferme des principes : ses idées sont de celles qui s'enseignent, mais ne se discutent pas. Les esprits spontanés s'en méfient, mais les disciples s'en délectent. Il jouit d'une incontestable autorité. Surtout sur les femmes, qui trouvent auprès de lui ce qu'elles recherchent toutes sans se l'avouer : la sécurité de la pensée dans une conviction sans faille. Au nombre de ses admiratrices, une jeune fille noble de sentiments comme de naissance, Mlle du Petit-Thouars, est la plus fidèle et la plus enthousiaste. D'abord éprise de son discours, elle le devient bientôt de sa personne ; l'amour se glisse au sein de la politique, et l'alchimie produit le mariage. À défaut de faire le bonheur des peuples, l'apprenti démagogue aura fait le sien.

Pas complètement toutefois, car les réformateurs de son espèce ont la fâcheuse impression de s'agiter dans une chausse-trape. Le roi les laisse dire, les grands seigneurs se font philosophes, les francs-maçons s'enivrent de parlotes, les journaux vitupèrent, les pamphlets courent les rues, de partout ça rouspète, ça grogne, ça ronchonne, ça menace et ça gronde : le chaudron semble à deux doigts d'exploser... et rien ne se passe. Tout paraît verrouillé, cadenassé. Quant à la turbulente noblesse, elle joue à se faire peur, applaudit au *Mariage de Figaro*, se moque de ses propres privilèges, à condition de les conserver. Elle joint sa voix à ceux qui dénoncent les abus, mais feint de ne les point entendre. Entre ceux-ci et l'opinion, elle interpose une obstruction douce, impénétrable, qui endort les énergies. Elle condamne l'état des choses, mais se garde bien de le changer. Les intellectuels, comme d'habitude, lancent les modes et font semblant d'agir ; ils ressemblent à ces poètes que Platon couronnait de fleurs et tenait hors de sa république. Encore ces fleurs ne couronnent-elles que les chefs de file de la pensée ; les autres, les beaux parleurs sans tribune, devront se contenter d'une gloriole de salon. Bergasse fait partie de ceux-là. Fier de ne rien mendier, il souffre de trop peu recevoir : « Vous aurez lu sans doute quel degré d'intérêt et d'activité j'ai mis dans les affaires publiques dont le hasard, plus qu'une volonté déterminée m'a chargé ; mon repos, ma santé, mes espérances, j'ai tout sacrifié. Et soupçonnez-vous quelle est la récompense de ce sacrifice ? Un oubli profond. » Il a vingt-huit ans, désespère de son destin, et connaît les premiers effets d'un mal-être qui le poursuivra tout au long de son existence.

*
* *

C'est précisément la neurasthénie qui l'amène à s'intéresser aux théories du médecin allemand Franz Anton Mesmer, qui vient de s'installer à Paris, où il connaît un énorme succès de curiosité. Ses méthodes thérapeutiques, en totale rupture avec la médecine traditionnelle, attirent des foules de malades, réels ou imaginaires, venus chercher la guérison par le magnétisme. Mesmer prétend en effet que tout corps humain possède un fluide universellement répandu, qu'il nomme *magnétisme animal*, lequel se communique à l'intérieur de l'organisme dans un mouvement de flux et de reflux qui entretient les fonctions vitales. Toutes nos affections proviennent, selon lui, d'un blocage de cette circulation dans le corps. Il se propose donc de concentrer cette substance, de l'appliquer sur les parties malades, et de restaurer ce mouvement, grâce au fameux baquet rempli de limaille de fer et d'eau magnétisée, autour duquel viendront s'asseoir, des années durant, les désespérés des deux sexes, les névropathes en tout genre, les gogos de toute espèce, et même d'authentiques savants flairant la supercherie. Un véritable culte s'organise autour de sa personne ; on l'encense comme le Grand Lama et les belles dames se pâment à sa seule présence. Bergasse pousse l'idolâtrie encore plus loin. Non content de soutenir son gourou par la parole et par la plume, il fonde avec Kornman la Société de l'Harmonie universelle, qui aura pour principale vocation d'entretenir le sieur Mesmer sur un pied de grand seigneur. S'il cherche d'abord sa propre guérison, et ajoute sincèrement foi aux élucubrations du charlatan, Bergasse ne tarde pas cependant à comprendre tout le parti qu'il peut en tirer sur le plan politique. En élevant un autel au magnétisme, il n'aura bientôt plus en vue que d'en élever un à la liberté : « Le temps est arrivé où la France a besoin d'une révolution, confiait-il à son ami Brissot. Mais vouloir l'opérer ouvertement, c'est vouloir échouer. Il faut, pour réussir, s'envelopper du mystère ; il faut réunir les hommes sous prétexte d'expériences physiques, mais dans la vérité pour renverser le despotisme[28]. » Il voit d'ailleurs dans le mesmérisme un modèle de l'ordre social auquel il aspire. L'intelligence, le pouvoir, la fortune sont, comme la santé, inégalement répartis entre les hommes, et de cette inégalité naît aussi la souffrance. À l'imitation de ce qui se passe dans l'univers physique, le remède se trouvera dans un juste équilibre entre ceux qui possèdent tout et ceux qui n'ont rien. C'est par l'échange et l'assistance que se rétablira l'ordre du monde, aujourd'hui si profondément dérangé ; c'est de la solidarité des corps et des êtres que naîtra l'harmonie universelle. C'est à dessein de réaliser cet idéal que Bergasse forme, dans la maison de Kornman, où il logera jusqu'à la Révolution, une société composée d'hommes bien résolus à réformer les institutions de la France. Au sein de ce groupe, il développe de plus en plus les aspects sociaux et politiques de la théorie de Mesmer, n'hésitant pas à dénoncer la cupidité de ce dernier qu'il accuse d'exploiter ses secrets à des fins financières, au lieu de les consacrer au seul bien de l'humanité. Reniant les principes de son ancien maître, il va jusqu'à déclarer ceci : « J'ai renversé toutes les bases de son système et j'ai élevé sur les ruines de ce système un édifice, je crois beaucoup plus vaste et plus solidement construit [29]. » Libérés de l'organisation et des dogmes contraignants de la Société de l'Harmonie, Bergasse et ses amis, Kornman, d'Éprémesnil, La Fayette, Duport, renversent le temple de l'idole, recrutent de nouveaux membres non mesmériens, comme Étienne Clavière, et entreprennent une lutte sans merci contre le despotisme politique. On ne peut disconvenir que les efforts de Bergasse, et ceux de la société qui se rassemblait autour de lui, n'aient eu pour effet d'accélérer le mouvement révolutionnaire. C'est de ce foyer schismatique, et plus particulièrement de la plume des Gorsas, Carra, Brissot, que partirent presque tous les écrits publiés en 1787 et 1788 contre le gouvernement. Comme tous ses amis, Bergasse se comporte alors en « libéral ». Mais rien n'est plus ambigu que ce libéralisme prérévolutionnaire. Beaucoup de ceux qui réclament des réformes hardies restent foncièrement attachés à la tradition, et alimenteront bientôt le vivier de la contre-Révolution, Bergasse en tête. Celui-ci comptait pourtant parmi les cinq ou six personnages, comme Beaumarchais, Mirabeau, Mounier, d'Éprémesnil et Sieyès, sur qui la France avait les yeux fixés.

« MALHEUREUX ! TU SUES LE CRIME ! »

Tout ce que touche Bergasse se transforme aussitôt, comme par magie, en objet politique. Après avoir politisé le baquet de Mesmer, il entreprend de politiser les coucheries de Camille Kornman. Ainsi le veut cette époque, l'une des plus singulières de notre histoire, où tous les actes de la vie privée, fût-ce le caprice d'une femme infidèle, engagent la nation tout entière. Avec son idéologie rampante et ses haines figées, l'avant-1789 fait décidément penser à une veillée d'armes ; l'oreille aux aguets, le canon chargé jusqu'à la gueule, les nerfs tendus à se rompre : l'attente interminable avant l'assaut. Drôle de révolution ! a-t-on envie de dire, comme on disait jadis « drôle de guerre ».

Mais revenons à notre épouse adultère : misérable pécheresse pour les uns, martyre de la tyrannie conjugale selon les autres – et pour Bergasse, l'occasion rêvée de se faire un nom en se donnant l'air de servir un ami. Mais a-t-il jamais eu d'ami, ce Lycurgue de fin de banquet, clamant son amour de la liberté devant des auditoires acquis d'avance, et ne cherchant chez les autres que des raisons de s'admirer un peu plus lui-même ? « Tout me force maintenant de confesser qu'un profond égoïsme était le mobile de toutes ses actions, se souviendra Brissot, qui l'avait cru son ami avant de lui arracher son masque. Il ne voyait que lui, que sa gloire, dans le magnétisme, dans nos sociétés particulières, dans nos tentatives pour renverser le despotisme, dans l'Assemblée nationale. Quelquefois, il paraissait tenté de se croire un dieu, et il était tout étonné qu'on ne le crût pas comme lui. Diverses circonstances l'avaient amené à ce comble de l'extravagance. Quelques femmes d'esprit, plus amoureuses de sa réputation que de lui, l'idolâtraient[30]. » Tel n'était pas le cas de Mme Kornman, dont il était tombé éperdument amoureux, et qui l'avait éconduit sans ménagement. Fou de rage, il se rangea dès lors du côté du mari, dont il consentit à prendre la défense[31].

Sa soif de vengeance redoubla lorsqu'il apprit que Beaumarchais, son rival heureux dans le cœur de la belle, avait libéré celle-ci pour la conduire chez un médecin-accoucheur. L'avocat pensa tout d'abord que le plus simple serait d'obtenir une seconde lettre de cachet : celle-ci défendrait son ami et client sans scandale contre les dangers du présent, tout en réservant la possibilité de réconciliation dans l'avenir. Eh, quoi ! Réparer l'arbitraire par l'arbitraire ? C'était aller à l'encontre des principes qu'il ne cessait de propager par la parole et par l'écrit. Non, décidément, il fallait trouver autre chose. Surtout, ne pas recourir à la police, abandonner l'usage de la force aux défenseurs du crime, mais demander justice à la loi, en portant contre Mme Kornman une accusation publique d'adultère. Outre l'approbation à peu près assurée du public, cette procédure offrait l'avantage de compromettre tous les protecteurs de l'épouse infidèle, qui se verraient dès lors transformés en complices. Et quels complices ! Le prince de Nassau-Siegen, aristocrate corrompu et criblé de dettes, qui se croit tout permis et se joue de la vertu des femmes. Daudet de Jossan, intrigant, escroc, sans foi ni loi, néanmoins homme de confiance du prince et vivant à ses crochets. Beaumarchais, « l'affreux, le scélérat » Beaumarchais, alors dans tout l'éclat de sa gloire, incarnation de l'intelligence dévoyée, habile à flatter les vices, entremetteur de génie entre ceux qui ont besoin de licence et ceux qui la permettent, dénoncé comme la cheville ouvrière du plus abominable complot contre les lois divines et humaines. Enfin, Le Noir, expert en double jeu et trafic d'influences, toujours prompt à confondre autorité et arbitraire, soupçonné, qui plus est, d'être l'amant de l'infidèle.

Sur les conseils de Bergasse, Kornman se décide donc à déposer deux plaintes au Châtelet : l'une en adultère contre son épouse, l'autre en diffamation et complicité d'adultère contre Daudet de Jossan, Beaumarchais et Le Noir. Il ne le fait certes pas de gaieté de cœur : porter sa mésaventure conjugale devant les tribunaux, c'est renoncer au secret dont il l'avait entourée jusqu'ici, et s'exposer à jouer publiquement *Le Cocu magnifique*. Mais qu'importe, si la victoire est à ce prix ! Naturellement, il demande à Bergasse d'assurer sa défense. Celui-ci accepte avec enthousiasme. Compte tenu des personnalités impliquées, ce procès devrait lui valoir tout à la fois la renommée qui s'obstine à lui tourner le dos, et la tribune qui lui a toujours manqué pour diffuser ses idées. « Je pars dans deux jours pour Fontainebleau avec Kornman, écrit-il à son frère Henri le 28 septembre 1786. On ne s'était pas contenté de l'empoisonner, de l'assassiner : on voulait lui enlever ses enfants avec sa liberté ; on a cherché aussi par des manœuvres infâmes à envahir toute sa fortune. Rien n'est horrible, rien n'est compliqué, rien n'est prodigieusement affreux comme cette affaire, à laquelle je vais donner le plus épouvantable éclat, et qui me mettra dans le cas d'attaquer les premiers personnages, et de développer des maximes de morale et de liberté encore inconnues[32]. » Nous voilà bien au cœur de la démarche de Bergasse : se servir d'une vulgaire histoire de cocuage pour imposer ses vues politiques à l'opinion. À suivre le débat qui s'engage à partir de ce moment, les malheurs conjugaux du ménage Kornman finiront par devenir accessoires, presque secondaires.

S'attaquer aux puissants représente pour un jeune avocat un certain péril et témoigne d'un réel courage. Quoi que l'on pense de Bergasse par ailleurs et de ses mobiles en se lançant dans cette aventure, on ne peut du moins lui refuser le goût du risque, ni même un certain panache. C'est en vain qu'autour de lui et de Kornman on s'agitait, dans leur intérêt, en vue d'étouffer l'affaire : l'abbé Sabatier de Cabre, conseiller au Parlement, Mme de Genlis, son frère, le marquis Ducrest, entreprirent sans succès des démarches dans ce sens. La moins surprenante ne fut certes pas celle de la propre sœur de Beaumarchais, Julie, dite Bécasse, qui tenta de rapprocher Pierre-Augustin de Bergasse, dix-huit mois avant l'ouverture du procès. Flairant le piège, l'avocat répondit par un refus poli mais net. Comme elle revenait à la charge, il lui fit parvenir ce billet relativement civil, malgré les piques dirigées contre son frère : « Votre lettre, Mademoiselle, est une insulte réfléchie. Je n'ai encore accoutumé personne à douter de ce que je dis. Sans doute que la société dans laquelle vous avez passé votre vie ne vous a pas mise dans le cas, jusqu'à présent, de croire aux démarches simples et aux procédés nobles. Alors, il faut vous plaindre, et regretter qu'avec beaucoup d'esprit et une âme naturellement saine, vous ayez acquis une expérience si funeste aux gens de bien que le hasard approche de vous, ou qui ont l'imprudence de chercher à vous connaître. Je suis, etc.[33] » À Mme de Genlis, qui avait pris la défense du prince de Nassau, il répondit qu'il ne pouvait le considérer comme un homme d'honneur : « Je ne fais pas consister l'honneur à tuer un homme avec lequel on a tort ou raison. L'honneur n'est pour moi que cette disposition d'âme qui nous porte à supporter l'adversité, l'exil, la prison, la mort, même l'infamie, plutôt que de ne pas remplir envers qui que ce soit la tâche plus ou moins difficile que la Providence nous impose. » Les conseils de prudence de la comtesse ne l'impressionnaient pas davantage : « Si j'étais ambitieux de gloire ou de fortune, je dirais comme les autres : *il ne faut pas se compromettre*, et calculant tout d'après mon intérêt personnel, je n'aurais de l'humanité que juste ce qu'il en faut pour obtenir la réputation d'homme sensible. Mais je ne crois pas à la gloire, et je n'ai nulle envie de parvenir[34]. » Nous avons toutes les raisons de penser le contraire !

*
* *

L'affaire une fois engagée, les libelles se mirent à pleuvoir avec une fureur inaccoutumée, du moins de la part de Bergasse qui, en matière d'offenses, laissait loin derrière lui les excès de langage de Mirabeau, et réservait à Beaumarchais ses allégations les plus injurieuses, le traitant d'« imposteur », de « monstre », de « corrupteur », de « compilateur insipide de libelles obscurs », d'« excrément de la littérature et du goût ». Dans une de ses véhémentes prosopopées, il lançait à son adversaire : « Je sais ta vie tout entière ; elle est exécrable, ta vie ! Ambitieux de toute espèce de succès, ne trouvant en toi-même, dans la conscience naturelle de tes forces, aucune ressource pour parvenir ; mais audacieux, mais vain, mais indifférent sur les moyens qu'il te fallait employer, parce que tu ne connais pas la pitié, et les sentiments profonds de justice qu'elle enfante. Intrigue, bassesse, mensonges, calomnies, attentats : tour à tour, tu as mis tout en œuvre pour t'élever au degré de réputation, de richesse, de puissance où tu es arrivé, et dont il faudra bien que tu descendes. » Emporté par sa véhémence, il pousse l'emphase jusqu'au galimatias, grossit l'anathème jusqu'à la bouffissure. Non content de voir en Beaumarchais « un homme dont la sacrilège existence atteste avec un éclat si honteux le degré de dépravation profonde où nous sommes parvenus », l'avocat fulmine contre l'infâme l'un de ces pétards de carnaval qu'il prend pour les grondements célestes : « Malheureux ! Tu sues le crime ! »

« Jamais boxeur anglais donna-t-il un plus furieux coup de poing », ironise Louis Sébastien Mercier[35].

Sans doute le silence de Beaumarchais, lors de sa polémique avec Mirabeau, a-t-il encouragé Bergasse à redoubler de virulence à son égard. Il l'avoue d'ailleurs ingénument dans l'un de ses mémoires, en faisant de l'auteur du *Mariage de Figaro* « un homme qui, traîné publiquement dans la boue par un écrivain fameux qu'il a eu l'impudence d'insulter, n'a pas osé lever le front devant lui et qui, par son silence coupable, a justifié l'opprobre dont il a été couvert ». Mais sa prose n'épargne pas davantage les autres acteurs du drame, notamment l'ancien lieutenant général de police Le Noir [36], dont le portrait fait irrésistiblement penser au Javert des *Misérables* : « Combien de malheureux, qui gémissent aujourd'hui dans l'obscurité, victimes des nombreux abus d'autorité qu'il s'est permis ! Combien qui, dans les horreurs d'une captivité cruelle, expient encore, à l'instant où je parle, le crime d'avoir opposé une résistance d'un moment au mouvement des passions qui l'agitaient ! Combien qu'il a dévoués sans remords, sans pitié, à la vengeance des hommes puissants dont il lui importait d'obtenir ou de conserver la faveur ! Ah ! quand la voix de l'ambition se fait entendre, qu'importe l'humanité ? Qu'importent les éternelles lois de la morale ? Qu'importent les cris déchirants de l'innocence qu'on opprime[37] ? » Enfin, pour discret qu'il fût, le rôle du prince de Nassau dans cette affaire n'était pas des moins équivoques au dire de Bergasse, qui n'hésite pas à le dénoncer comme « un des principaux corrupteurs » de Camille Kornman, et l'un des premiers persécuteurs de son mari.

## « Cette cause à jamais mémorable... »

Si la violente polémique engagée contre un grand seigneur, un écrivain célèbre et un ancien magistrat avait déjà de quoi tenir le public en haleine, elle redoublait d'intérêt par les questions de morale et de politique sous lesquelles Bergasse finit par noyer cette histoire d'adultère. Au fil des semaines, en effet, ce minable conflit d'ordre privé devient une arme contre le despotisme; l'avocat se fait militant, ses mémoires ressemblent de plus en plus à des manifestes. Les abus d'autorité de Le Noir lui fournissent un bon prétexte pour critiquer le fonctionnement de la police, auquel il reproche de dépraver les mœurs en distillant un climat de terreur et de soupçon : « Que faut-il penser de notre police ? s'exclame-t-il. Que faut-il penser de cet espionnage affreux qui sème le soupçon, le mensonge et la crainte jusque dans l'intérieur de nos maisons ? [...] Que faut-il penser de cet espionnage nécessairement exercé par les hommes les plus vils et les plus corrompus, délateurs par état, vendus à l'intrigue, au crédit, à la puissance[38] ? » Ailleurs, il plaide vigoureusement en faveur d'une presse libre : « J'espère quelque jour traiter ce grand et important sujet de la liberté de la presse dans tous ses détails, et il me semble que je prouverai, en m'appuyant spécialement sur les maximes de tolérance de l'Évangile, [...] que cette liberté de la presse, si conforme à la loi naturelle, s'accorde encore en tout point avec les intérêts de la religion, de la morale, et de la véritable politique, et celle qui a le bonheur individuel comme le bonheur public pour objet[39]. »

Tandis que s'échangent mémoires et libelles pour et contre Kornman, un autre bras de fer s'engage, à l'échelon national, entre la Cour et le Parlement. Les édits destinés à créer de nouvelles ressources fiscales se heurtent tous à la résistance obstinée de ce dernier qui, d'accord avec l'opinion publique, soutient que seuls les états généraux pourraient consentir de nouveaux impôts. En avril 1788, le garde des Sceaux, Lamoignon, bien résolu à briser l'opposition, fait accepter par Louis XVI une série d'ordonnances qui décapitent les parlements. La riposte ne se fait pas attendre : un arrêt du 3 mai proclame « les lois fondamentales du royaume ». Du coup, Louis XVI casse cet arrêt et fait arrêter deux des meneurs : Duval d'Éprémesnil et Goislard de Montsabert (5 mai). Le 8 mai, un édit supprime les treize cours souveraines du royaume, défère leurs pouvoirs judiciaires à quarante-sept tribunaux de grands bailliages, et confie l'enregistrement des édits à une cour plénière, nommée à vie par le roi.

Le parlement de Paris étant exilé à Troyes, c'est au tour des parlements de province de brandir l'étendard de la révolte. En Roussillon, en Bretagne, en Dauphiné, l'émeute casse l'édit royal et les parlements continuent de tenir séance. Mais sur presque toute l'étendue du royaume, et à Paris notamment, le cours de la justice se trouve suspendu[40]. Bergasse, qui devait se présenter devant les juges à la rentrée de Pâques, se voit brusquement privé de magistrats. Occasion rêvée de se répandre en invectives contre le pouvoir arbitraire, d'exalter la résistance des parlements, de réclamer la convocation des états généraux et la réforme des lois criminelles, de critiquer comme entachée d'arbitraire l'organisation des nouveaux tribunaux, qui auraient à juger « en premier et en dernier ressort » au criminel comme au civil, et qui seraient en outre sous la dépendance du pouvoir : « De tels tribunaux seront nécessairement oppresseurs pour les peuples, proteste-t-il. Il n'est pas possible qu'ils fassent le bien pour lequel on les suppose institués. Par la nature seule de leur composition, ils portent en eux des causes de corruption et de tyrannie, dont le développement sera aussi rapide que funeste, et les effets malheureusement irréparables ! [...] Quoi qu'en aient pu dire des écrivains sans pudeur, publiquement soudoyés par le ministère ; quoi qu'on affecte de publier dans des libelles autorisés et dignes en tout de la cause méprisable qu'ils défendent, cette législation fausse et pleine de l'esprit de perfidie et de mensonges qui l'a conçue, n'a été évidemment imaginée que pour préparer les voies au plus affreux despotisme[41]. » Il flétrit d'avance ceux qui seraient tentés d'accepter de nouvelles fonctions judiciaires comme « des esclaves sans mœurs, [...], des lâches qui ne craindraient pas de commencer leur redoutable ministère par fouler aux pieds les droits les plus saints de l'humanité, les droits de l'humanité réclamés universellement par une nation de vingt-quatre millions d'hommes, lasse enfin de son oppression et de sa servitude[42] ». « Je ne puis reconnaître, écrit-il encore, que des juges avoués par la nation. Tout ordre judiciaire qu'on substituerait à l'ancien, fût-il dépouillé de tous les abus qu'on lui reproche si justement, ne peut exercer sur les citoyens de pouvoir légitime qu'autant qu'il aura été consenti par les États généraux, délibérant librement, c'est-à-dire délibérant sans avoir aucunement à redouter l'exercice de l'autorité arbitraire[43]. »

Toutes les grandes questions qui agitent alors l'opinion trouvent un écho dans l'affaire Kornman, et Bergasse peut écrire : « Ainsi, cette cause à jamais mémorable sera pour vous comme un monument solennel du vice ou de l'insuffisance de la

part des institutions qui nous régissent. [...] Cette affaire, bien
que particulière, suffirait donc pour vous convaincre que vous
avez tout à réformer dans le système immense de vos lois[44]. »
On ne peut qu'admirer l'habileté avec laquelle notre avocat uti-
lise la défense de son client pour assurer son propre avenir politique. Manœuvre d'ailleurs parfaitement réussie, puisque, moins
d'un an plus tard, il sera élu député du tiers aux états généraux.
En attendant, il remporte un premier succès personnel en faisant
du procès Kornman la grande affaire du moment. Tout le monde
en parle et elle divise tout le monde : la presse, les salons, les
cercles, les cafés, les loges maçonniques. Comme on peut le
penser, c'est surtout à la Cour et dans les ministères que se
recrutent les détracteurs de Bergasse. Rien n'y paraît plus ridicule que cette histoire de cocuage transformée en affaire d'État.
Que dire d'un avocat qui en appelle aux grands principes de
moralité publique à propos d'une bourgeoise adultère ? On se
gausse de sa suffisance, on parodie ses harangues emphatiques,
ses effets de manche et ses amplifications de collège. « Bergasse
prêche la morale monté sur les cornes de son client[45] », écrit
plaisamment Nicolas Ruault, éditeur et ami de Beaumarchais.

Aux yeux de l'opinion, cependant, c'est Bergasse qui
l'emporte. Non sans mérite, il faut en convenir, car ameuter les
foules en faveur d'un mari trompé, en quelque circonstance que
ce soit, relève du pari impossible ! S'il y parvient cependant,
c'est qu'avec la cause des mœurs il défend aussi celle de la
liberté publique ; et il le fait avec une fougue, une conviction,
une véhémence que sont loin d'égaler ses contradicteurs, et qui
entraînent une adhésion massive. Toute l'opposition de l'époque
applaudit à ses philippiques, et sa popularité connaît alors une
sorte d'apogée[46]. « [Les *Mémoires* de Bergasse] ont fait depuis
peu une sensation étonnante, écrit Mercier dans son *Tableau de
Paris*. On dirait de l'ange flagellateur qui chasse devant lui les
pécheurs honteux, nus, démasqués, et non contrits, hélas[47] ! »
« Le *Mémoire* de Bergasse[48], déclare de son côté maître Falconet, ancien avocat de Beaumarchais dans l'affaire Goëzman, a
excité un enthousiasme universel. Il a forcé la haine à se taire et
l'envie à lui donner des éloges. Tout le monde a voulu l'avoir :
on l'a dévoré, on l'a appris, on se l'arrache encore. Comme chacun garde son exemplaire avec autant de soin que sa bourse, qui
veut bien le prêter est sûr de s'acquérir un ami. Les garçons de

café du Palais-Royal ont fait fortune en donnant à le lire ; les exemplaires qui leur ont été remis tombent en loques, et j'ai vu quinze personnes chez un Suisse, tenant chacune avec avidité un feuillet de ce *Mémoire* qu'elles s'étaient distribué, et qui passait de main en main à mesure qu'on l'avait parcouru[49]. » Bergasse lui-même se vantait auprès de Mlle du Petit-Thouars d'avoir reçu plus de vingt mille lettres d'encouragement, tandis que Rœderer, conseiller au parlement de Metz, esprit profond et cultivé, grand lecteur des philosophes, le félicitait en ces termes, qui rendent plutôt hommage au militant qu'à l'avocat : « Votre philosophie, Monsieur, soutenue de votre logique et de votre éloquence, votre dévouement patriotique, viennent de donner une terrible leçon au despotisme et aux esclaves, de nouvelles forces aux bons esprits, un nouveau courage aux âmes honnêtes. Vous avez rendu l'opinion publique invincible et incorruptible, et assuré la liberté nationale. Votre *Mémoire*, Monsieur, est tout à la fois un grand ouvrage et une grande action ; il sera éternellement l'honneur de votre talent et de votre caractère[50]. »

*<br>* *

Le 25 août 1788, Louis XVI acceptait la démission de Loménie de Brienne et rappelait Necker au gouvernement. Un mois plus tard, le 24 septembre, il annonçait le retour des parlements et les rétablissait dans leurs fonctions traditionnelles, provoquant une explosion de liesse dans la capitale. L'affaire Kornman allait enfin passer pour la première fois devant un tribunal. Les audiences commencèrent le 13 décembre, et se poursuivirent tous les samedis. La chambre de la Tournelle criminelle était présidée par Le Peletier de Saint-Fargeau, futur député de la noblesse aux états généraux, qui embrassera plus tard les opinions les plus avancées, se fera élire à la Convention et votera la mort du roi, avant de se faire assassiner par un garde du corps. Le vicomte Dambray, jeune magistrat de vingt-neuf ans, qui deviendra chancelier de France sous la Restauration, faisait ses débuts en qualité d'avocat général. Me Duveyrier assistait Bergasse et Kornman. La partie adverse n'avait pas moins de quatre avocats : Me Bonnet pour la dame Kornman, Me La Malle pour Daudet de Jossan, Me Rimbert pour Beaumarchais, Me Martineau pour le prince de Nassau. Les débats de déroulèrent dans une atmosphère généralement houleuse, marquée de nombreuses manifestations d'hostilité à l'adresse de Beaumarchais. Ainsi, le samedi 21 février 1789, lors de la plaidoirie de son avocat, Me Rimbert, « l'animosité du public contre le client a occasionné beaucoup de désagréments au défenseur : murmures, sifflets, huées se firent entendre. On épluche chaque phrase de l'orateur, on les critique sévèrement, les plaisanteries circulent ; et malgré l'attention des huissiers à crier *Paix-là ! Silence !* le silence fut rompu sans cesse, et l'on alla même jusqu'à crier, à la fin du plaidoyer : *La cour, faisant droit sur les conclusions du public, condamne la partie de Rimbert aux frais, envers ledit Rimbert, d'une* Grammaire *de Restaut*[51] *et d'un* Dictionnaire de l'Académie[52]. »

Enfin, par un arrêt du 2 avril 1789, la chambre de la Tournelle criminelle déclarait Kornman non recevable dans sa plainte en adultère contre la dame Kornman et le sieur Daudet, le condamnait à restituer la dot de sa femme, déchargeait Beaumarchais et le prince de Nassau de l'imputation de complicité, réduisait à néant la plainte contre l'ancien lieutenant de police Le Noir, ordonnait la destruction des mémoires de Bergasse et de Kornman comme « faux, injurieux et calomnieux », avec défense de récidiver, « sous telles peines qu'il appartiendra », les condamnait solidairement à mille livres de dommages et intérêts en faveur de Beaumarchais et du prince de Nassau, ainsi qu'à tous les dépens[53].

Lorsque le jugement fut rendu, il s'éleva dans la salle de telles protestations que le président Le Peletier se vit à deux reprises forcé d'en interrompre la lecture. C'est que l'opinion, d'abord favorable à Beaumarchais, s'était si bien laissé gagner par les arguments politiques de son adversaire, qu'elle avait fini par se solidariser avec la cause de son client, si ridicule fût-elle, et par souhaiter sa victoire. À l'inverse, l'auteur du *Mariage de Figaro* ne rencontrait autour de lui qu'une hostilité grandissante qui, au fil des trois années que dura le procès, allait se transformer en un véritable sentiment de haine. Assailli chaque jour de lettres anonymes furibondes, attaqué même une fois dans la rue, il ne pouvait plus sortir de chez lui qu'armé et accompagné. À Strasbourg, ancien fief de Guillaume Kornman, on lui imputait même une double tentative d'assassinat sur ce dernier, avec la complicité de Daudet de Jossan[54]. Comment expliquer ce brusque retournement ?

En dépit de ses tirades contre les privilèges, Beaumarchais passait malgré tout pour un homme de cour. Protégé par la reine, bien vu des ministres, recherché de la noblesse, cousu d'or de surcroît, qu'avait-il de commun avec ces victimes de l'arbitraire, dont Bergasse déplorait le sort à longueur de philippiques ? Ne faisait-il pas partie de ces anoblis de fraîche date que la vraie noblesse rejetait comme des intrus, et que le tiers état repoussait comme des ingrats vaniteux, sortis de son sein pour n'y rentrer jamais ? Certes, il ne s'était pas privé, lui non plus, de fustiger l'injustice et de condamner l'arrogance des grands. Tout récemment encore, n'avait-il pas fourni avec *Tarare* une caution supplémentaire aux idées nouvelles ? Ne s'était-il pas montré l'ennemi implacable de l'absolutisme ? N'avait-il pas pris des risques ? Sans doute. Mais outre que sa situation personnelle démentait en tous points ses prises de positions, outre qu'il y avait loin, très loin même, du personnage de Figaro à son inventeur, du moins sur le plan de la fortune ; outre que sa crédibilité même finissait par en pâtir, Beaumarchais n'a jamais pu, ou jamais su, ou jamais voulu se ranger sous une bannière, et passait de ce fait pour inclassable : défaut inexpiable à l'heure où chaque Français se voyait sommé de choisir son camp.

Loin de représenter l'opinion, Beaumarchais symbolise à présent tout ce qu'elle exècre. Il a beau invoquer son passé, on en tire argument contre lui. Désintéressé envers Mme Kornman, cet incorrigible libertin ? Personne ne le croit ; les femmes encore moins que les hommes. S'il a réussi à faire lever une lettre de cachet, c'est en faveur d'un aristocrate contre un roturier, et parce que ses amis de la Cour n'ont rien à lui refuser. Dans l'imbroglio des Quinze-Vingts, ne vient-il pas d'être le conseil financier du cardinal de Rohan, héros involontaire de l'affaire du Collier, et du duc de Chartres, dont il « assurait les capitaux » ? Enfin, s'il a gagné son procès, c'est sans doute qu'il a bien payé les juges. Faut-il ajouter qu'homme d'esprit pardessus tout, adulé naguère pour ses bons mots et ses fines reparties, Beaumarchais n'a jamais possédé la fibre du tribun. Or, depuis un certain temps déjà, mais surtout à l'approche des états généraux, une curieuse mutation s'opérait dans le public : l'écrivain devenait suspect, le philosophe s'effaçait devant le législateur, la parole prenait le pas sur l'écrit, journalistes et orateurs se partageaient la faveur populaire. Une fumée d'orgueil et de grands mots s'était répandue dans les cervelles ; celui qui délirait le plus haut se prenait pour le coryphée de la multitude. Même style dans les journaux et dans les brochures, où triomphaient les fruits secs de la littérature et du barreau. Sous le grand nom de liberté, chaque ambition déçue cherchait sa vengeance et sa pâture. Quoi de plus naturel et de plus doux que de justifier ses passions par la théorie, d'être factieux en se croyant patriote, et d'envelopper les intérêts de sa carrière dans l'intérêt du genre humain ? « À mes principes, écrivait Camille Desmoulins, avocat sans cause, s'est joint le plaisir de me mettre à ma place, de montrer ma force à ceux qui m'avaient méprisé, de rabaisser à mon niveau ceux que la fortune avait placés au-dessus de moi. Ma devise est celle des honnêtes gens : *point de supérieur.* » Combien de discoureurs pontifiants, combien de motionnaires de corps de garde, de gazetiers de jardins publics, de prédicateurs de cafés, combien de procureurs et de saute-ruisseau, combien de déclamateurs courtisant le peuple à leur profit, combien d'utopistes et d'exaltés, combien de Loustallot, combien de Danton, combien de Bergasse, combien d'auteurs sifflés, de savants ratés, de philosophes avortés pouvaient reprendre à leur compte la devise de Desmoulins !

Bergasse incarnait à la perfection cette engeance dangereuse entre toutes, car elle détenait le magistère de la parole. Aussi le jugement du 2 avril 1789 doit-il s'interpréter comme l'une des dernières victoires du pouvoir monarchique sur les « fondateurs de la liberté ». Il n'est pas indifférent que cette victoire prenne les traits d'une femme galante et d'un libertin notoire tenant en échec les défenseurs de la vertu. Beaumarchais et les siens l'accueillirent avec soulagement. Quant à Bergasse, après s'être réjoui des réactions du public en sa faveur, il tenta de faire casser le jugement en alléguant que les quatorze conseillers qui avaient siégé, et à leur tête l'avocat général Dambray, dont l'éloquent réquisitoire n'avait pas peu influé sur leur décision, avaient délibéré sous la contrainte et prononcé hors de toute impartialité. Les amis de Bergasse prétendirent même que son adversaire avait acheté le Parlement. La campagne fit long feu et n'entraîna point de révision.

Il n'en alla pas de même dans le public, où le verdict fut

accueilli par des manifestations de rue. Au cours de ce même mois d'avril, la réflexion de l'entrepreneur Réveillon selon lequel un ouvrier pouvait bien vivre avec quinze sous par jour poussera la foule à saccager sa fabrique de papiers peints. Il est révélateur que le journal *Tout ce qui me passe par la tête* rapproche les deux événements dans son numéro du 27 avril 1789 : « Quel est donc ce tumulte, cet effroi ? Toutes les boutiques se ferment [...], les boulangers, les bouchers, les marchands, les apothicaires, etc., et cric et crac... Voilà les étaux à l'abri, les draps et les mousselines, les taffetas et les linons, le beurre et les pruneaux, la manne et le kermès sous huit à dix planches bien gardées. » Quant à Saint-Just, soucieux de montrer que son indignation bat au rythme de l'opinion, à peine l'issue de l'affaire connue, il se précipite chez son éditeur, où le manuscrit d'*Organt* est probablement déjà déposé, pour y ajouter cette ultime page :

> « Tels on a vu L[e Noir] et B[eaumarchais],
> Pâles d'opprobre et brillants de forfaits,
> D'un souffle immonde obscurcir l'innocence.
> Et sur un front de remords sillonné,
> Faire admirer la tranquille arrogance
> Du crime heureux, du crime couronné.
> Tel un D[audet] que l'ongle des harpies
> Tira jadis du ventre des furies,
> Doux scélérat, hypocrite effronté,
> Blanchi par l'or et par l'iniquité
> Tranquillement égorge sa victime,
> Boit l'adultère et savoure le crime ;
> Tandis qu'on voit la timide vertu,
> L'âme saignée et le front abattu,
> Subir du ciel l'injustice suprême,
> Du ciel ingrat qui se trahit lui-même[55]. »

*
* *

Si Beaumarchais avait gagné son procès devant la justice, il le perdit cette fois devant l'opinion, et fit bien malgré lui la fortune de Bergasse. Celui-ci dut à cette affaire, outre une éclatante réputation d'orateur et d'écrivain politique, son élection aux états généraux par la sénéchaussée de Lyon. À peine élu, il se manifesta comme l'un des plus sûrs garants de l'ordre ancien et refusa le serment civique. Siégeant au centre droit, lié au parti monarchien, il cessera de venir à l'Assemblée après son transfert à Paris, et publiera de nombreux libelles contre la Constitution de 1791, avant d'échapper de peu à la Terreur. Nommé conseiller d'État sous la Restauration, il s'éteindra le 28 mai 1832, à quatre-vingt-deux ans.

## CHAPITRE IV

# La « folie » au pied du volcan

> « Lassé de voir nos habitations alignées et nos jardins sans poésie, j'ai bâti une maison qu'on cite ; mais je n'appartiens point aux arts ; *inde irae.* »
> (*Loménie, op. cit.*, t. II, p. 539.)

## « J'AI FERRAILLÉ À TORT ET À TRAVERS »

La victoire de Beaumarchais ne ressemble en rien à celle qu'il avait remportée sur Goëzman quinze ans plus tôt. Aucun triomphalisme, nul cri de joie, mais plutôt un immense abattement. Le procès Kornman lui valut autant d'impopularité que ses premières affaires lui avaient concilié de sympathies. Ces trois années de lutte le laissent comme estourbi, assommé par la violence des sarcasmes et des injures tombées de la plume de son adversaire. C'est un athlète vainqueur mais harassé qui sort du combat. Sans doute, les atteintes de l'âge commencent-elles aussi à se faire sentir. Non qu'il en ressente les effets sur sa santé ou son esprit. À cinquante-sept ans, Pierre-Augustin offre les apparences d'un homme robuste, en pleine possession de ses moyens physiques et intellectuels. En dépit d'une légère surdité qui ne fera que s'accentuer avec le temps, il arbore la prestance d'un banquier fastueux, étalant son luxe avec arrogance. On l'imagine surtout préoccupé par l'aménagement de la demeure qu'il se fait construire faubourg Saint-Antoine, et point du tout d'humeur à se colleter avec ce roquet d'avocat qui lui mordille le mollet. « On l'entendait dire qu'il était las des affaires, qu'il était temps pour lui d'exister en repos, qu'il songeait sérieusement à se retirer sur le Boulevard, pour y vivre ignoré et tout-à-fait en philosophe, qu'il lui tardait de voir achever sa maison qu'il appelait, avec un air de rêverie douce *Le Tombeau du Bon-homme*, afin de s'y livrer, dans la société de son épouse, *qu'il aimait uniquement*, et d'une vingtaine d'amis qu'il se réservait pour se distraire, à quelques occupations innocentes qui pussent faire le charme de ses derniers jours[1]. »

Qu'allait-il donc faire dans cette galère ? Que pouvait-il attendre de ce procès, qui ne le concernait en rien, sinon des désagréments de toutes sortes : fatigues, soucis, dépenses, corvées d'écriture, sans compter le risque d'échec ? Mais on ne le refera pas. Comme disait la chanson, « il est toujours le même », assoiffé de publicité, toujours prêt à se lancer dans la plus folle entreprise pourvu qu'on parle de lui, fût-ce dans un fait divers de mari cornard. Mais les temps ont changé, les mentalités aussi. Cette bataille pour l'honneur d'une femme, qui l'aurait fait applaudir naguère de la France entière, ne lui attire aujourd'hui que la vindicte populaire. On ne compte pas le nombre de couplets, vaudevilles, facéties qui le prennent à partie[2]. Il y perd tellement plus qu'il n'y gagne, surtout en terme de réputation, qu'on peut bien parler de son succès comme d'une victoire à la Pyrrhus. Si prévenu qu'il soit contre les gazettes en général (sauf *Le Courrier de l'Europe*, entièrement à sa dévotion), et contre les *Mémoires secrets* en particulier qui ne l'ont jamais ménagé, il ne peut lire certaines critiques sans frémir de rage ; surtout lorsqu'elles visent l'homme de lettres et d'esprit, et d'autant plus qu'elles ne sont pas dénuées de tout fondement. Il est vrai que sa verve de polémiste s'est singulièrement émoussée depuis l'affaire Goëzman ; les traits ont perdu de leur vivacité, le ton général manque d'enjouement, et certaines pages semblent bien laborieuses. Aussi n'est-ce pas sans raison que certains qualifient ses mémoires contre Kornman ou Bergasse de « gâchis ». « Le ton de l'ouvrage n'est pas non seulement celui d'un bon écrivain, mais même de la bonne compagnie ; des injures grossières, de mauvaises plaisanteries, voilà ce qui le caractérise : ce sont les grimaces d'un singe méchant qui, fouaillé rigoureusement, affecte encore de rire pour déguiser son châtiment et sa rage. On ne peut nier qu'il n'y ait des endroits ingénieux, mais déplacés, tournés en épigrammes et qui ne convenaient pas dans une circonstance où l'auteur, sensiblement outragé dans son honneur, dans ce qu'il devait avoir de plus cher, s'il en avait eu, ne devait parler que d'après son cœur, et non d'après son esprit[3]. » Laissons de côté la simiesque métaphore, et reconnaissons de bonne foi que le propos ne manque pas de justesse. Naturellement, le style de Bergasse, comparé au sien, est qualifié de « noble, plein, ferme ». C'est de bonne guerre ! Plus cruel encore que le rédacteur des *Mémoires secrets*, l'auteur anonyme du *Testament du père de Figaro* porte à ce dernier le coup de grâce : « Mon imagination n'a pu me servir, lui fait-il dire. Atterré par la plainte d'un homme qui m'accuse de lui avoir enlevé sa femme, la tête me tourne, j'écris des phrases décousues, loin d'être *tricotées*... J'ai ferraillé à tort et à travers, sans savoir où mes faibles coups pourraient porter...

> "Si c'était un Goëzman
> Que j'eusse encore en face !
> Mais hélas ! c'est Kornman,
> Appuyé de Bergasse."

« J'ai trop vécu de quelques jours... Il fallait mourir après avoir vu mon fils [Figaro] triompher cent fois sur la scène... Belle illusion ! douce illusion ! rêve agréable !... Mais quel réveil affreux !... Ô, mon fils ! mon cher Figaro ! pourquoi ne suis-je pas mort de joie à la vue de ta brillante destinée[4] ? »

À suivre pas à pas le déroulement de cette affaire, dont nous avons, pour la clarté de l'exposé, supprimé bon nombre d'épisodes secondaires et d'incidents accessoires, on retire l'impression d'une lutte inégale. Autour de Bergasse, nous voyons un groupe structuré, animé d'une même foi politique ; de l'autre côté, un homme seul[5]. Les premiers se battent pour faire passer leurs idées dans l'opinion ; le second ne pense qu'à flatter celle-ci, et à l'amuser aux dépens de ses adversaires. Les enjeux, comme on voit, ne sont plus du tout les mêmes qu'en 1774. D'où cette situation pour le moins paradoxale : en gagnant sa cause, Beaumarchais subit une grave défaite personnelle, tandis que Bergasse sort triomphant d'un procès qu'il a perdu. Comme il arrive souvent, le judiciaire et le politique ont prononcé deux arrêts contradictoires. Mais pour la première fois, c'est l'auteur du *Mariage de Figaro* qui se trouve du mauvais côté : celui de l'arbitraire, que son héros dénonçait cinq ans plus tôt sur la scène du Théâtre-Français. Ainsi va l'histoire !

## LA « FOLIE BEAUMARCHAIS »

Bon côté? mauvais côté? Beaumarchais n'en a cure! Au fond, il n'a jamais marché que dans un seul sens : le sien – et il est bien décidé à le suivre jusqu'au bout, quoi qu'il arrive. Mais que pourrait-il lui arriver? Après tout, n'a-t-il pas gagné son procès? Et s'il a perdu de sa popularité, il ne désespère pas de la regagner bientôt, par quelque nouvelle action d'éclat. D'ailleurs, l'estime des gens en place ne lui manque pas; il jouit de hautes protections à la Cour, le pouvoir le craint et la finance lui fait les yeux doux. Que demander de plus? Le monde a beau changer autour de lui, il ne paraît même pas s'en apercevoir. Alors qu'il serait encore temps d'amorcer un virage en douceur, il fonce droit devant lui, multipliant maladresses et contresens avec un aveuglement qui surprend. Lui, d'ordinaire si sensible à l'air du temps, si prompt à s'en saisir, si habile à le tourner en sa faveur, comment ne sent-il pas se lever un vent mauvais? Son infirmité naissante le rendrait-il sourd à la rumeur? Au moment où Kornman, Bergasse et leur clan font afficher des placards le dénonçant comme accapareur de blé, où les petites gens du faubourg et des Halles ne veulent plus voir en lui qu'un organisateur de famine[6], où la foule commence à gronder sur son passage, il pousse l'imprévoyance jusqu'à se faire construire un palais des Mille et Une Nuits en plein faubourg Saint-Antoine, face à la Bastille, dans le quartier le plus remuant de la capitale! C'est ce qui s'appelle se jeter dans la gueule du loup. Mais Beaumarchais veut l'ignorer, et s'imagine même faire une belle affaire. Toujours bien informé, il a appris que le roi projetait de démolir l'antique forteresse et de créer à son emplacement une place grandiose, dans le genre de la place Louis-XV (aujourd'hui, place de la Concorde)[7]. Nul doute, par conséquent, que le quartier Saint-Antoine tout entier prendra de la valeur.

Le 26 juin 1787, il se rend donc acquéreur, sur adjudication du bureau de la Ville de Paris, et pour la somme de 204 000 livres, d'un vaste terrain situé à l'angle du boulevard Saint-Antoine (futur boulevard Beaumarchais, entre les numéros 2 et 20 environ) et de l'actuel boulevard Richard-Lenoir[8]. Cette parcelle se trouve à l'emplacement d'un ancien bastion des remparts de l'enceinte de Charles V, dit le Grand Bastion, et forme un rectangle allongé d'environ un hectare de superficie, légèrement plus étroit au nord qu'au sud. Le terrain étant en surélévation par rapport aux boulevards, offre à peu près le même aspect que la terrasse des Tuileries le long du quai, jusqu'à la place de la Concorde. En vis-à-vis, se dressent les huit tours de la Bastille, hautes, sombres, massives, plongeant leurs pieds énormes dans des flaques d'eau boueuse : morne vestige d'un âge révolu auquel Pierre-Augustin rêve d'opposer la demeure la plus moderne et la plus fastueuse de la capitale : une création de pierre et de floraison, une audacieuse utopie viendra narguer les murs décrépits de la forteresse, comme l'affirmation d'une ère nouvelle défiant le monde ancien. En plus de sa maison particulière, des boutiques et des logements locatifs seront aménagés le long du mur d'enceinte, en contrebas de la terrasse[9].

Pour réaliser ce projet grandiose, il avait d'abord pensé à Victor Louis, l'architecte du Grand Théâtre de Bordeaux, homme aux conceptions audacieuses, avec lequel il méditait de jeter un pont sur la Seine, soit en pierre, soit en fer, mais d'une seule arche, afin de faciliter la navigation même pendant les grandes crues et les glaces[10]. Il se proposait de financer lui-même les travaux, moyennant un péage. Une fois amorti, l'ouvrage deviendrait la propriété de la Ville[11]. Les événement politiques en décidèrent autrement ; il dut ramener son ambition à la seule construction de sa maison, et changer d'architecte. Il fit alors appel à Paul Guillaume Lemoyne, dit Lemoyne le Jeune, ou Lemoyne le Romain, pour le bâtiment, et confia l'aménagement des jardins à l'architecte-paysagiste François Joseph Bélanger, qui avait créé dix ans plus tôt la folie Saint-James[12]. Mais le vrai maître d'œuvre, l'ordonnateur, le concepteur de l'ensemble sera Beaumarchais lui-même, dans sa volonté de laisser à la postérité un vivant témoignage sur l'art de vivre au xviiie siècle.

Lemoyne avait fourni un premier devis de trois cent mille livres, qui ne cessera d'augmenter au gré des exigences de son client, pour atteindre à la livraison la somme exorbitante d'un million six cent soixante trois mille livres[13] ! Commencés probablement vers la fin 1787-début 1788, les travaux se poursuivent à un rythme soutenu ; les ouvriers sont présents sur le chantier sept jours sur sept, y compris le jour du Seigneur ; les riverains s'en plaignent d'ailleurs auprès du père Bossu, curé de

Saint-Paul, lequel transmet leurs doléances à l'intéressé, non sans avoir alerté auparavant les forces de l'ordre. La réponse de Pierre-Augustin, pur chef-d'œuvre d'anticléricalisme goguenard, prouve s'il en était besoin, que son auteur n'a rien perdu de sa verve, ni de sa vigueur polémique. Constatant que l'Église autorise le dimanche toutes les activités frivoles (promenades, bals, spectacles...), mais interdit les occupations sérieuses, il conclut par ces mots : « Qu'est-ce que proscrire, le dimanche, des ouvrages indispensables, quand on excepte de la règle les travaux de pur agrément, et jusqu'aux métiers de désordres [14] ? »

On peut aisément imaginer Pierre-Augustin dans le rôle de chef des travaux, s'activant au milieu des fournisseurs, maçons, plâtriers, paysagistes, grâce au récit d'un certain Marie François Chalumeau, qui lui fournit toutes les rocailles nécessaires à la décoration de son jardin. Marchand de pierres de son état, au demeurant fin lettré, lecteur de Rousseau, capable de citer Lucain dans le texte, le sieur Chalumeau a laissé un témoignage ignoré des historiens, mais tout à fait passionnant, sur ses relations (excellentes) avec son commanditaire. On y voit que l'ancien horloger, parvenu par d'autres voies au faîte de la gloire et de la fortune, avait néanmoins conservé envers les artisans une profonde sympathie, mêlée d'une réelle considération pour le travail manuel.

« J'en ai vendu plus de trois mille toises [de pierres], tant aux uns qu'aux autres, raconte Chalumeau. Il n'y a qu'un seul dont j'aie été très satisfait; et celui-là était un homme dont tous les écrits courant, toutes les bouches, me disaient beaucoup de mal. Je rencontre en allant chez lui une de mes anciennes connaissances. "Où allez-vous ? – Chez M. de Beaumarchais. – Comment, vous connaissez cet homme-là ? – Oui. – Avez-vous des affaires avec lui ? – Oui. – Prenez garde, il vous trompera. – Mais cependant j'en ai avec lui depuis qu'il bâtit; j'en suis très content. – Vous êtes un homme confiant; il vous amorce; vous finirez par être dupe, croyez-m'en. – Vous avez eu des affaires avec lui ? – Oui. – Vous a-t-il trompé ? – Je ne puis pas dire que oui; mais j'ai été heureux, et sûrement il finira par vous tromper."

« Je quittai cet homme.

« Au lieu de me tromper, M. de Beaumarchais, pour qui je n'étais, comme pour tous les autres, qu'un marchand de pierres, me laissa bientôt de faciles moyens de le tromper, et je fus frappé du peu de défiance d'un homme si bien exercé à tous les tours de fraude qu'on lui reprochait de toutes parts. Cette observation, et quelques autres sur son honnêteté qui était autre chose que cette vaine simagrée de politesse qui, entre égaux, caresse tout le monde et qui, de la part de la grandeur et de l'opulence, est un ton d'insulte envers les petits, la curiosité d'ailleurs de voir un homme tant décrié, m'appliquèrent à le rechercher de tous mes moyens. J'eus de fréquentes occasions de le voir. Il n'était tenu pour le marchand de pierres à aucune représentation, il n'avait d'intérêt à son égard que celui de n'en être pas trompé ; et cependant, des égards marqués pour l'homme, la plus grande exactitude à satisfaire le marchand ; rien qui le sentît de sa part : mon fait m'en était une bonne preuve ; mes yeux me témoignaient le même fait de lui à tous ses ouvriers et entrepreneurs ; je ne rencontrais partout qu'un empressement à le servir. Chez lui, affection de tous les siens pour sa personne, attachement de tous ses employés. Causant avec MM. ses commis à sa caisse, du malheur et de l'injustice des libelles qui l'affligeaient, ils me dirent : *Ah ! Monsieur, l'injustice contre M. de Beaumarchais ne s'arrêtera qu'à sa mort ; et ses amis, qui en vengeront facilement sa mémoire, n'entreprendront même pas de se faire entendre auparavant.*

« Cette conversation avec MM. ses commis m'amena cette réflexion en les quittant : Si J.-J. Rousseau n'avait pas eu à son secours tout l'empire du génie, et ce qui pour lui était bien autrement puissant, le rempart de sa pauvreté, les calomnies de Voltaire l'eussent perdu : elles ont détruit Fréron.

« Pour moi, si je parle ici de M. de Beaumarchais, c'est parce que je conserve la mémoire de sa loyauté à mon égard, et ce qui m'a encore plus touché, parce que je lui ai senti du respect dans le moindre homme, pour l'homme, et encore parce qu'il m'est ici une occasion de dire ce que j'ai à cœur depuis très longtemps, au sujet des diffamations.[...]

« Mais revenons à nos pierres, et finissons-en. J'étais presque rebuté de mes défrichements, lorsqu'une nouvelle occasion vint les ranimer, il y a deux ans. Ce fut encore au sujet de M. de Beaumarchais. Je vis amener des roches à son bâtiment ; je demandai à M. Lemoyne, son architecte, artiste honnête et plein de son talent, ce qu'elles lui coûtaient. – Je n'ose vous le dire ;

plus de quarante sous le pied cube. – Je pourrais vous en donner de plus belles, dont le caractère irait bien mieux à l'intention du rocher, et je crois à meilleur marché de plus d'un tiers. Je m'engageai à ne les faire payer uniquement que les frais à M. de Beaumarchais. Il s'en rapporta à moi avec une franchise qui m'eût ôté toute envie de le surprendre, si j'en eusse été capable. Il eut de belles roches, très accidentées, à moins de vingt sous le pied cube[15]. Je gagnais beaucoup à ce marché ; je nettoyais mon terrain promptement, et sans tous les embarras de ces menus détails de commerce, pour lesquels il faut avoir un esprit particulier. Mes roches, vues chez M. de Beaumarchais, m'en faisaient vendre, quand l'heureuse révolution du mois de juillet vint arrêter les rochers des jardins de Paris et les défrichements à la campagne[16]. »

*
*  *

Au début de l'année 1789, les ouvrages sont pratiquement terminés ; il ne reste plus qu'à poser la charpente. Lemoyne a prévu un comble en chevrons composés chacun de trois planches de sapin assemblées par des ferrures. Dans un mémoire présenté à Étienne Villetard, architecte-expert, le 28 février 1789, Lemoyne affirme que « cette manière de couvrir les bâtiments se perfectionne de jour en jour ». Les charpentes en planches assemblées sont effectivement à la mode depuis que Guillaume Legrand et Jacques Molinos les ont utilisées pour la coupole de la Halle au blé, en 1783. Des experts menuisiers consultés déclarent de leur côté que « ce comble n'a aucune force à proportion des règles de l'art », et Villetard, tout en applaudissant « au génie de l'artiste qui, dans un moment où la disette et la cherté du bois de charpente sont extrêmes, cherche les moyens de les économiser », estime toutefois qu'« il y a des principes dans l'art de la charpente dont il est impossible de s'écarter ». Le comble sera donc réalisé en fermes classiques[17].

Avant même son complet achèvement, la « folie » de Beaumarchais fut considérée comme une singularité architecturale. Voici, en effet, ce qu'écrivait de Londres *Le Courrier de l'Europe*, en date du 22 juillet 1788 : « Le bruit s'était répandu ici que M. de Beaumarchais faisait bâtir un panthéon à l'imitation de celui de cette capitale [Londres]. Mais nous apprenons par un artiste nouvellement arrivé de Rome, qui a passé par Paris, que c'est tout uniment un hôtel pour lui que M. de Beaumarchais fait bâtir. Cet artiste ajoute qu'il en a vu et admiré les plans, dont la distribution lui a fait le plus grand plaisir, que la cour circulaire, décorée de colonnes portant arcades fera le meilleur effet, et que l'on reconnaît dans ce style le goût que l'on va puiser en Italie. Ce sont en effet deux jeunes artistes, messieurs Lemoyne et Barague, qui ont passé plusieurs années dans cette patrie des arts, qui en sont les architectes. Le voyageur qui nous fournit cet article ajoute que les architectes qu'emploie M. de Beaumarchais ont adapté de la manière la plus adroite, sur une porte qui termine son jardin, les belles figures et les bas-reliefs de la porte Saint-Antoine. Les étrangers et les nationaux doivent être flattés de la conservation de ces chefs-d'œuvre de l'art, qui sont placés de manière à pouvoir être vus avec avantage [18]. »

Maçons et jardiniers n'en étaient encore qu'aux finitions qu'une foule de curieux se pressait déjà contre les grilles pour apercevoir quelque chose du palais que le maître des lieux élevait à sa propre gloire. Avant la fin des travaux, dès le printemps 1789, une fête inaugurale avait été donnée, sous la présidence du duc d'Orléans. Un orchestre formé des meilleurs artistes de l'Opéra avait joué des œuvres de Rameau, Gluck et Beaumarchais lui-même. Bientôt, sa maison devint une sorte de monument national que les Parisiens de toutes conditions et les provinciaux de passage se faisaient un devoir de visiter. Des billets d'entrée furent bientôt nécessaires pour en réguler le flux. Beaumarchais les distribuait à tous ceux qui lui en faisaient la demande, y ajoutant parfois un mot de sa main pour les visiteurs de marque. Au duc d'Orléans, qui désirait vivement admirer ses jardins, il écrivait : « Pressez-vous, Monseigneur, car mon jardin a déjà manqué d'être ravagé dix fois, et j'ignore ce que l'on me garde. » Peu après leur réconciliation, Mirabeau acceptait une collation dans le temple de Bacchus, en compagnie de Sieyès et de quelques autres députés. Les femmes, plus impatientes encore de découvrir ces merveilles, étaient accueillies par les jappements d'un charmant petit chien, orné d'un précieux collier sur lequel était inscrit : « Je m'appelle Follette, Beaumarchais m'appartient. Nous demeurons sur le boulevard. » La plus modeste visiteuse bénéficiait des mêmes prévenances que la dame de condition. C'est ainsi qu'une inconnue, la demoiselle Rose Perrot, âgée de seize ans, tourna sa requête avec tant de fraîche ingénuité, qu'elle reçut du propriétaire cette invitation des plus galantes : « Il est impossible, Mademoiselle, de demander la plus petite chose avec plus de grâces. Heureux celui que vous jugerez digne d'en recevoir de vous de plus intéressantes ! Mon jardinet est loin de mériter la faveur de votre visite ; mais tel qu'il est, faites-lui celle de l'embellir ; il m'en sera plus cher après, et votre compagnie sera la bienvenue. Je la trouve seulement un peu imprudente de ne pas réserver pour des objets plus importants l'intervention d'une jeune personne aussi spirituelle. On altère son crédit en l'usant à des bagatelles. Recevez avec bonté les compliments et les remerciements respectueux de celui qui s'honore d'être, Mademoiselle, votre, etc. [19] »

## Suivez le guide

Pour nous représenter ce que fut cette résidence au temps de sa splendeur, nous ne disposons plus aujourd'hui que de plans d'architecte, de souvenirs épars, de rares croquis, de descriptions plus rares encore et d'un inventaire après décès [20]. Rasée en 1822 pour céder la place au canal Saint-Martin, elle demeura longtemps à l'état de terrain vague ; il n'en subsistait que le portail et le pavillon d'angle situé à l'extrémité du jardin, qui ne furent détruits à leur tour qu'en 1826 [21]. C'est dire qu'il faut beaucoup d'imagination pour tenter de la reconstituer de nos jours.

Essayons pourtant, et transportons-nous sur le boulevard, encore appelé Saint-Antoine. À la hauteur de la rue du Pas-de-la-Mule, le mur d'enceinte forme un pan coupé. En levant les yeux vers la terrasse, on aperçoit sur la gauche un pavillon en rotonde, recouvert d'un dôme, lui-même surmonté d'un petit globe terrestre sur lequel on peut lire l'inscription *Orbi*, et traversé par une grande plume dorée en guise de girouette. Sur le fronton, ces mots : *À Voltaire*, et au-dessous, ce vers tiré de *La Henriade* :

« Il ôte aux nations le bandeau de l'erreur [22]. »

Au centre du pan coupé, notre voiture franchit la porte en plein cintre, ornée de deux magnifiques bas-reliefs attribués à Jean Goujon, la *Seine* et la *Marne*, récupérés lors de la démolition de la porte Saint-Antoine, et que le maître des lieux a fait restaurer à grands frais[23]. Nous passons sous une voûte qui nous conduit dans le jardin, et prenons une allée à droite, jusque vers le milieu du domaine. Là s'ouvre un vaste péristyle à colonnade, au centre duquel, sur un rocher tapissé de plantes grimpantes, s'élève une belle copie du *Gladiateur combattant* (probable allusion à la devise du propriétaire : « Ma vie est un combat »), qui ornait naguère les jardins de l'hôtel de Soubise. Dans l'axe de cette cour, se développe en hémicycle la façade de la maison, d'inspiration palladienne, laquelle n'offre aucun point commun avec les demeures aristocratiques ou bourgeoises qu'on peut voir à Paris. L'idée centrale de l'édifice réside dans l'interpénétration du bâti et du jardin, l'ensemble formant une sorte de *continuum*, où la pierre et la nature se confondent[24]. « C'est une maison de campagne qui ne ressemble à aucune autre, bâtie avec la simplicité hollandaise et la pureté athénienne » : c'est ainsi que Beaumarchais décrit sa ruineuse « folie ».

Au rez-de-chaussée, la salle à manger s'orne d'une frise ornée de griffons modelée sur celle du temple romain d'Antonin et Faustine. Au-devant de la croisée s'élève une grande coupe de forme étrusque, d'où s'élance un jet d'eau. Des deux côtés, deux rampes d'escalier suivent circulairement le mur, se soutenant par leur coupe, sans autre point d'appui, et se réunissent au balcon. Une lanterne pratiquée au plafond éclaire cette pièce, dont la cheminée à trumeau, face à la croisée, reflète la vue du jardin et du boulevard. Au premier étage, on traverse le salon en rotonde, décoré de six portes d'acajou égayées de miroirs, et orné de frises en camaïeu, entre lesquelles sont accrochés huit tableaux de sites champêtres et de ruines, peints par Hubert Robert[25] ; les cheminées en marbre de Carrare sont soutenues par des cariatides importées d'Italie. Une coupole de trente pieds de haut (9,72 m.) projette la lumière sur le parquet en mosaïque de bois précieux. Le travail et le plaisir se partagent les autres pièces. D'un côté, la salle de billard, pourvue de tribunes, pour permettre aux invités d'admirer la virtuosité du maître. D'un autre côté, le grand cabinet de l'écrivain, ayant vue sur le jardin et le boulevard, offre aux regards un meuble époustouflant et sans doute unique dans l'ébénisterie française du XVIIIᵉ siècle, pourtant la plus riche d'Europe. Il s'agit d'un secrétaire à cylindre monumental, exécuté de 1777 à 1781 par le célèbre Jean-Henri Riesener, auquel on doit le fameux bureau de Louis XV conservé à Versailles, qui lui valut de devenir, en juillet 1774, l'ébéniste ordinaire du Mobilier de la Couronne. Selon certains, ce meuble aurait été offert à Beaumarchais par ses amis. Il fallait qu'il en eût beaucoup, et de fort riches, car il ne coûta pas moins de 85 000 livres : l'un des prix les plus élevés jamais atteints pour un meuble[26] ! Conçu et construit à l'imitation de celui de Louis XV, il en copie la richesse et l'ostentation jusqu'à la parodie – ou à la provocation : ses lourdes cariatides en bronze doré et ciselé, en fait quatre sirènes évoquant peut-être les exploits de l'*Amphitrite*[27], supportent le plateau et le cylindre de chêne plaqués et marquetés d'acajou, de buis, de tulipier, d'ébène, de bois de violette. Mais ce sont ses marqueteries, exécutées avec une rare virtuosité, qui attirent d'abord le regard ; recouvrant la quasi-totalité des surfaces, elles figurent des bouquets de fleurs, des natures mortes, des paysages de ruines inspirés des gravures de Pannini ; au centre du cylindre, une mosaïque ovale, entourée de feuillages en arabesques représente une scène allégorique de l'Optique, d'après une gravure de Jacques de Lajoue, tandis qu'au dos une autre scène inspirée du même artiste réunit les principaux attributs de l'Astronomie. Sur le plateau central, de chaque côté de l'écritoire formant pupitre, des panneaux de sycomore incrustés en trompe-l'œil rappellent l'action du propriétaire en faveur de l'Amérique : du côté gauche, des feuillets froissés où l'on peut lire en lettres manuscrites le titre du libelle publié en 1779 : « *Observations sur le mémoire justificatif de la Cour de Londres*, par Pierre-Augustin Caron de Beaumarchais, armateur et citoyen français. Dédiées à la patrie. » La signature est à moitié cachée par une carte à jouer imitant à la perfection un valet de cœur avec le nom de ce dernier : « Lahire »[28]. Sur le côté droit, d'autres feuillets sur lesquels repose une plume d'oie, et où l'on peut lire : « *Considérations sur l'indépendance de l'Amérique*[29] ». Monument élevé à la gloire du héros de ladite indépendance, le fameux bureau de Beaumarchais fait aujourd'hui partie des collections du baron James de Rothschild à Waddesdon Manor, près de Londres[30].

Contiguë au salon, la bibliothèque se compose de six corps

d'armoires à colonnes, garnis de portes vitrées en verre de Bohême, aux lignes simples et pures, comme le veut le style Louis XVI, mais dont le contenu risque d'en décevoir plus d'un. Beaumarchais apparemment n'est pas bibliophile : point d'éditions rares, point de manuscrits précieux ou de reliures magnifiques. Mis à part un petit livre d'heures sur vélin en maroquin bleu et les dix volumes du Moreri en maroquin rouge, doré sur tranche (prisé 160 livres), les exemplaires sont pratiquement tous en plein veau, voire en demi-reliure ou brochés, beaucoup d'ouvrages sont « dépareillés » ou « de peu de valeur » ; certains, dont une *Bible* anglaise de 1772 et les *Médailles des principaux événements du règne de Louis le Grand*, sont même qualifiés de « mauvaises éditions », ce qu'il faut probablement traduire par : en mauvais état ; les trois volumes des *Œuvres* de Congreve n'ont pour s'abriter qu'un « grand papier taché et endommagé. » Quant aux titres réunis ici, ils n'offrent d'autre particularité que d'appartenir à l'auteur du *Mariage de Figaro*, et de faire ainsi rêver tous les collectionneurs amoureux de « provenances ». Mis à part ce privilège, ils pourraient figurer dans toute bibliothèque d'un honnête homme de l'époque. Encore les classiques latins et grecs y seraient-ils sûrement mieux représentés. On sent que le maître des lieux n'a guère poussé fort loin l'étude des langues anciennes : à part une traduction française des *Œuvres* d'Homère, la *République* de Platon (12 volumes in-18 brochés), les *Géorgiques* de Virgile, et quelques volumes de Térence, Catulle, Juvénal, Horace et Lucrèce, la littérature de l'Antiquité fait figure de parent pauvre. Encore notera-t-on que les éditions citées sont toutes imprimées en caractères de Baskerville, et qu'il s'agit donc, selon toute vraisemblance, de volumes spécimens[31]. En revanche, l'histoire tient une place de choix sur les étagères d'acajou. Outre le Moreri mentionné plus haut, signalons la *Description de la France et de ses provinces* de Pierre Du Val (Paris, 1663), les *Mémoires* de Sully (1745, 8 vol. in-12), L'*Introduction à l'Histoire générale et politique de l'Univers* de Puffendorf (Amsterdam, 7 vol. in-12), les dix volumes de l'*Histoire des empereurs* par Le Nain de Tillemont (Bruxelles, 1692-1693), les *Monuments de la monarchie française* de dom Bernard de Montfaucon (Paris, 1729-1735, 5 vol. in-folio), l'*Histoire de France* de Mézeray (Paris, 1667-1668, 3 vol. in-4° ), etc. On ne s'étonnera pas de voir les grands écrivains des xvii<sup>e</sup> et xviii<sup>e</sup> siècles former le gros du bataillon, avec naturellement un fort contingent d'auteurs dramatiques : Racine, Corneille, La Bruyère, Boileau, Regnard, Rousseau, d'Alembert, Marmontel, Richardson, près de deux cents volumes consacrés au théâtre, parmi lesquels le *Théâtre anglais*, le *Théâtre* de Legrand, le *Théâtre* de Baron, le *Théâtre de la Foire* (10 vol.), les *Œuvres* de Shakespeare (20 vol.), le *Nouveau Théâtre allemand* de Friedel (12 vol., dont le premier contient le drame intitulé *Clavijo* que Goethe avait tiré du quatrième mémoire contre Goëzman[32]), le *Dictionnaire des théâtres de Paris* par les frères Parfaict. Sans oublier naturellement les trente-cinq volumes in-folio de l'*Encyclopédie*, ni les soixante-dix volumes des *Œuvres* de Voltaire dans l'édition de Kehl, sur papier bleu et reliés en maroquin rouge.

Certains ouvrages ou périodiques sont en rapport direct avec les préoccupations de Beaumarchais à différentes époques de sa carrière, comme le *Journal de Paris* (années 1777 à 1785), dans lequel il lançait naguère sa campagne en faveur de l'allaitement maternel, la *Gazette des Deux-Ponts*, fondée par Le Tellier, futur directeur de l'imprimerie de Kehl, ou *Le Courrier de l'Europe* (16 vol. en demi-reliure, de 1776 à 1784), dont il fut l'un des principaux collaborateurs, ou encore *Le Mercure de France*, où il fit ses premières armes à l'âge de vingt ans contre l'horloger Lepaute. Son *Atlas de l'Amérique* lui permettait de suivre ses vaisseaux sur le nouveau continent, les quatre volumes brochés de *Lettres* de Mirabeau à Sophie prouvent qu'il ne gardait pas rancune à son ancien adversaire, *Les Loisirs* du chevalier d'Éon (13 vol.), ainsi que les *Lettres, mémoires et négociations* du même, lui avaient été offerts par le célèbre travesti au plus fort de leur orageuse « liaison »[33]. Le *Tarif des bois et procédures* en 14 volumes et les *Lois forestières* sont là pour nous rappeler qu'il fut successivement marchand de bois à Chinon, candidat à la charge de grand maître des Eaux et Forêts, puis lieutenant général de la capitainerie de la varenne du Louvre, fonction qu'il exerça pendant vingt-six ans. *Les Intérêts des nations de l'Europe, développés relativement au commerce* (par Jacques Accarias de Sérionne) et le traité *Du commerce des blés* signalent son intérêt pour le négoce. Quelques absents de marque aussi, dans cette bibliothèque, où l'on ne trouve aucun roman contemporain : ni Crébillon fils, ni Prévost (sauf par le truchement de Richardson), ni Marivaux, ni Laclos. À moins qu'ils ne se dissimulent dans ces centaines de volumes, rangés par lots de vingt, trente ou quarante, dont le priseur n'a pas jugé utile de donner les titres. On ne s'explique pas autrement qu'aucune édition de Molière ou de Diderot, aucun traité d'économie politique (l'une de ses passions), aucun pamphlet (même ceux de Théveneau de Morande) aucun tome des *Mémoires secrets*, aucun de ces brimborions libertins et anonymes qui inondent les échoppes du Palais-Royal, aucun de ces écrits enfin, illustres ou anonymes, savants ou divertissants, que Beaumarchais ne pouvait ignorer, soit par goût, soit par nécessité, soit par curiosité, ne figurent dans l'inventaire après décès[34].

Pour le reste, ajoutons que la « folie Beaumarchais » ne comprend pas moins de trois étages et deux cents fenêtres, que le mobilier intérieur est estampillé des plus grands ébénistes et menuisiers de l'époque, notamment de Georges Jacob, le plus novateur, dont les sièges d'acajou annoncent déjà le style Empire, et que Pierre-Augustin, toujours à la pointe du progrès a fait installer des commodités « à l'anglaise », et assuré le chauffage des pièces par des bouches d'air chaud.

*
* *

Face à l'immeuble, de l'autre côté de la cour, une grille élégante donne accès au jardin « anglo-chinois », dont l'aménagement a été confié à l'architecte Bélanger[35]. De plain-pied avec le premier étage, ces deux arpents de terrain inégal, traversés par une grande allée à voitures, et au-dessous par un tunnel-glacière ouvrant sur la rue du Pas-de-la-Mule, paraissent plus grands qu'ils ne sont en réalité. Ils sont agrémentés de pelouses, massifs, essences rares, fleurs en serre, fontaines et surtout d'une cascade alimentant un bassin ou voguent des nacelles et que traverse un pont chinois avec ses clochettes obligées[36]. Et comme le ridicule naît souvent d'un excès de recherche, on a joint aux poissons venus de Chine des grenouilles dérobées à la mare d'Auteuil, dont le coassement mêlé au cui-cui des pierrots parisiens attirés par le grain, complète l'illusion bucolique. Au détour d'une allée, le regard découvre, émerveillé, tantôt une chaumière indienne à l'abandon, tantôt une grotte en rocaille, des rochers, des fausses ruines... Curieuse époque ! Dans tous les jardins anglais, sur toutes les promenades à la mode, de savants architectes flattent ainsi les goûts agrestes des citadins. Chaumières, ruines, tombeaux vides ! À la veille de périr, l'Ancien Régime élève dans les parcs héréditaires ces symboles d'écroulement, d'abolition et de mort. La Nature n'est plus création, mais anéantissement ; elle ne représente plus l'origine, mais la fin d'un monde, l'effacement d'une civilisation. Le jardin s'agrège à l'histoire ; il instaure des absences, devient royaume de mémoire et de nostalgie, répertoire d'états d'âme. Bientôt, les citoyens patriotes viendront boire, danser, aimer dans ces fausses chaumières, à l'ombre de ces faux cloîtres faussement ruinés, et parmi ces faux mausolées, car ils seront amants de la nature et disciples de Jean-Jacques ; ils auront pareillement des cœurs sensibles et seront pleins de philosophie...

Au milieu du jardin, s'élève un temple à Bacchus orné d'une petite colonnade à la grecque, dont l'entrée mystérieuse dissimule un repaire gastronomique. On peut lire sur son fronton l'inscription suivante, en latin macaronique :

> Erexi templum à Bacchus
> Amicisque gourmandibus.

Dans le fond, sur une hauteur, une statue de marbre blanc représente une femme en pleurs appuyée sur un tronc d'arbre ; sur sa gaine, également de marbre blanc, une terre cuite représentant l'amour et ce distique riche d'effusion paternelle :

> Ô toi, qui mets le trouble en plus d'une famille,
> Je te demande, Amour, le bonheur de ma fille.

Dans le silence des bosquets, des stèles et des temples miniatures saluent la mémoire de chers disparus. Ici, se dresse un cénotaphe en hommage au président Dupaty, avec ces mots :

> Et nous aussi, nous le pleurons[37].

Un peu plus loin, le buste de Pâris-Duverney porte sur sa gaine ce témoignage de reconnaissance et de fidélité :

> Il m'instruisit par ses travaux,
> Je lui dois le peu que je vaux.

Plus loin encore, au détour d'une allée, sont réunis deux marbres de Platon et de l'*Esclave cymbaleur*. Sur le socle, on peut lire :

> L'homme en sa dignité se maintient libre, il pense ;
> L'esclave dégradé ne pense point : il danse.

Enfin, sous un berceau solitaire, Beaumarchais a fait graver ces vers teintés de mélancolie, par lesquels il signifie son adieu au monde :

> Adieu, passé, songe rapide
> Qu'anéantit chaque matin !
> Adieu, longue ivresse homicide
> Des Amours et de leur festin,
> Quel que soit l'aveugle qui guide
> Ce monde, vieillard enfantin !
> Adieu, grands mots remplis de vide,
> Hasard, Providence ou Destin !
> Fatigué, dans ma course aride
> De gravir contre l'incertain,
> Désabusé comme Candide
> Et plus tolérant que Martin,
> Cet asile est ma Propontide ;
> J'y cultive en paix mon jardin [38].

Telle est la retraite, moitié ville, moitié campagne, *rus in urbe*, où Beaumarchais espérait couler ses vieux jours en paix, à l'écart du monde et au milieu des siens. Rassasié de scandales et même de succès, après avoir éprouvé trente ans durant toutes les rigueurs et toutes les faveurs du public, avide de jouissances paisibles, dégoûté du monde enfin, c'est au sein même de Paris, qu'il s'était construit son ermitage. Comblé aussi des dons de la fortune, il n'épargnera rien pour en faire un lieu de délices. Outre sa femme et sa petite Eugénie, âgée maintenant de douze ans, il y installera son inséparable Gudin de La Brenellerie, qui

venait de perdre sa mère, et sa sœur préférée, Julie, la
« Bécasse » d'autrefois. De trois ans plus jeune que Pierre-
Augustin, celle-ci avait renoncé au mariage pour consacrer sa
vie à son frère bien-aimé, avant de sombrer dans la dévotion[39].
Elle occupait un appartement du deuxième étage donnant sur la
cour. C'est là qu'elle s'éteindra le 9 mai 1798, un an presque
jour pour jour avant son cher « Pierrot ».

## « Mort aux riches ! »

Bien que sa nouvelle maison fût prête à le recevoir dès le
printemps 1789, Beaumarchais jugea plus prudent de retarder
son emménagement, et de rester quelque temps encore rue
Vieille-du-Temple. Les troubles qui agitaient alors le secteur de
la Bastille lui donnaient des sueurs froides. Il commençait à se
demander s'il n'avait pas commis une folie en faisant construire
sa thébaïde à l'entrée de cet effroyable faubourg, comme le
palais de Portici au pied du Vésuve. Et une plus grande encore,
en la faisant visiter comme un musée, exhibant ses trésors à la
vue de tous.

Nul ne pouvait ignorer, et lui moins qu'un autre, que le faubourg Saint-Antoine constituait l'un des centres de production
les plus dynamiques de la capitale, et concentrait de ce fait sa
plus forte population ouvrière : plus de quarante mille hommes
et femmes, selon le lieutenant de police Thiroux de Crosne,
augmentée chaque jour de chômeurs ruraux, affluant vers la
ville à la recherche d'un emploi. Pour la plupart, ceux-ci travail-
laient en chambre (on les appelait des *chambrelans*), ou dans
des manufactures récentes qui n'étaient pas liées par les règles
des corporations. L'industrie du meuble à elle seule occupait
plusieurs centaines d'artisans, menuisiers, sculpteurs, tourneurs,
ébénistes, bronziers, tapissiers, cloutiers... Mais quantité
d'autres activités donnaient au célèbre faubourg sa physionomie
particulière : assemblage des carrosses, polissage des glaces à la
manière vénitienne, céramique, faïencerie, bonneterie, chau-
dronnerie...

Au carrefour de la rue de Montreuil et du faubourg Saint-

Antoine, à deux pas de la maison de Beaumarchais, s'élevait l'entreprise de Jean-Baptiste Réveillon, la plus importante manufacture de papiers peints d'Europe, avant la Révolution. Cet ancien hôtel du financier Titon occupait un vaste emplacement dont les jardins s'étendaient jusqu'à la rue des Boulets. Réveillon avait conservé l'aménagement intérieur du premier étage où il logeait avec sa famille, et transformé le rez-de-chaussée en ateliers. L'appartement était garni de meubles et d'objets d'art qu'il avait rachetés au précédent propriétaire, évalués à plus de 50 000 livres, somme considérable pour l'époque. Ajoutons que les caves étaient bien approvisionnées, ce qui ne sera pas sans conséquence dans les événements à venir.

Ancien ouvrier, Réveillon s'était fait lui-même. Il avait débuté comme apprenti, puis compagnon papetier, avant d'abandonner la corporation pour se lancer dans l'industrie toute nouvelle du papier peint. Son affaire prospéra rapidement, et lui permit bientôt d'installer des manufactures en province, notamment à Courtalin, dans la Brie, où il produisait du vélin. C'est probablement vers cette époque qu'il entra en relations avec Beaumarchais, lequel achetait lui-même des papeteries pour son imprimerie de Kehl. Depuis ce temps, les deux hommes entretenaient des relations de bonne amitié qui ne firent que se renforcer à la faveur de leur voisinage. Réveillon passait d'ailleurs pour fort instruit, et possédait dans son domaine du faubourg Saint-Antoine une bibliothèque de 50 000 volumes. Il employait 350 ouvriers qu'il payait en moyenne 25 sous par jour, ce qui paraît fort honorable, étant donné que la journée de travail sera fixée quelques mois plus tard, par l'Assemblée constituante, à 20 sous sur l'ensemble du territoire. Ce patron, que certains qualifient avec mépris de « paternaliste » parce qu'il était humain, avait indemnisé ses ouvriers au chômage pendant l'hiver 1788-1789, en versant à chacun 15 sous par jour, ce qui ne s'était jamais vu. Mais il savait aussi se montrer exigeant, et parfois dur. En 1777, il avait brisé sans ménagement une grève de ses ouvriers de Courtalin.

À l'assemblée électorale du district de Sainte-Marguerite, réunie le 23 avril 1789 pour rédiger son cahier, Réveillon avait proposé la motion suivante : « Le pain est la base de l'économie nationale. Demandons [...] que le fruit de notre travail ne soit plus taxé aux portes de Paris, et quand nous aurons obtenu satis-

faction sur ces deux points, alors nous autres, chefs d'entreprises, pourrons procéder à une diminution progressive de nos
ouvriers, ce qui entraînera une réduction également progressive
du prix des objets manufacturés [40]. » Autrement dit : baissons les
salaires sans porter atteinte au niveau de vie des ouvriers ; les
prix de nos produits baisseront en proportion, nos ventes aug-
menteront, et nous pourrons ainsi engager du personnel et résor-
ber progressivement le chômage. Mais les ouvriers ne retinrent
de ce discours que la diminution de leur salaire. Comme le sal-
pêtrier Henriot avait soumis la même proposition à l'assemblée
du district des Enfants-Trouvés, aussitôt un vent de fronde se
leva, l'insurrection se répandit de rue en rue, d'atelier en atelier,
et finit par embraser le faubourg tout entier. Le soir même, le
lieutenant de police Thiroux de Crosne adressait un rapport au
gouvernement : « Il y a eu un peu de rumeur dans le faubourg
Saint-Antoine, mais cet événement ne tenait pas à une cause
générale : il n'était que l'effet du mécontentement que quelques
ouvriers marquaient contre deux entrepreneurs de manufactures
[Réveillon et Henriot] qui avaient fait dans l'assemblée de
Sainte-Marguerite des observations inconsidérées sur le taux des
salaires. Le calme a été bientôt rétabli. » Le lendemain 24, il se
veut plus rassurant encore : « La plus grande tranquillité règne
dans le faubourg Saint-Antoine, ainsi d'ailleurs que dans le sur-
plus de la ville. » La preuve : Réveillon vient d'être élu député
suppléant à l'assemblée générale de Paris. Le 26, nouveau rapport destiné à Louis XVI : « Tous les détails que je recueille en
arrivant ici [de retour de Versailles] m'assurent que la plus
grande tranquillité a régné pendant toute la journée dans les différents quartiers de Paris. » Or c'est précisément ce jour-là que
les émeutes vont se déchaîner avec le plus de violence.

Ce sont les ouvriers tanneurs du faubourg Saint-Marcel qui
donnèrent le signal de la révolte. Toute la nuit du dimanche 26
au lundi 27 avril, ils stationnèrent dans les rues du faubourg,
proférant des menaces contre Réveillon et Henriot, qui « ont mal
parlé du peuple », et prétendu qu'un ouvrier « pouvait vivre avec
15 sous par jour ». Le 27, vers 3 heures de l'après-midi, une
colonne de manifestants s'ébranlait vers la Seine aux cris de :
« Mort aux riches ! Mort aux aristocrates ! Mort aux accapareurs ! Le pain à 2 sous ! À bas la calotte ! À l'eau les foutus

prêtres ! » Dans sa progression vers le faubourg Saint-Antoine, le flot ne cessait de grossir ; aux tanneurs venaient se joindre les débardeurs, crocheteurs, ouvriers employés au flottage des bois, mendiants domiciliés sous les ponts. Bientôt, c'est une foule énorme qui marche vers les ateliers de Réveillon et d'Henriot, dont les effigies sont brûlées en passant place de Grève. Prévenu à 11 heures du soir seulement, le lieutenant de police dépêche un bataillon de 350 gardes-françaises aux abords de la maison Réveillon, entre la Bastille et le carrefour de la rue de Montreuil. Ne pouvant y accéder, la foule prend alors la rue de Cotte, non gardée, pour atteindre la maison d'Henriot. Pris de panique, celui-ci se sauve habillé en domestique, et se réfugie au donjon de Vincennes, tandis que sa femme et ses enfants trouvent asile chez des amis. Cependant, leur maison est investie et livrée au pillage ; meubles et vêtements sont transportés au marché Beauvau et brûlés.

Le 28 au matin, de nouveaux attroupements se forment, encore plus nombreux que la veille. Pressés par la foule, les gardes-françaises se replient bientôt sur la manufacture Réveillon, dressent des barricades pour en interdire l'accès, et se postent devant, fusil à l'épaule. Une cinquantaine d'entre eux se retranchent à l'intérieur, transformant l'immeuble en forteresse. En face, la masse des émeutiers forme un bloc compact et menaçant. Aucun cependant n'ose donner le signal de l'assaut : les mousquets sont prêts à faire feu, et ils n'ont que des piques et des pierres pour se défendre. L'attente s'éternise, les deux camps s'observent dans un pesant silence, que rompt tantôt un juron, tantôt une grasse plaisanterie, tantôt un appel à la fraternisation. La tension atteint son comble, lorsque soudain, du bout de la rue de Montreuil, fusent des éclats de voix, des piaffements de chevaux sur le pavé, des cris de femme. C'est la duchesse d'Orléans qui rentre au Palais-Royal avec sa suite, et qui prétend faire emprunter la rue de Montreuil à son carrosse. On le lui refuse, elle insiste ; on lui oppose les ordres du lieutenant de police, elle parlemente, supplie, pleurniche, et finit par obtenir la levée du barrage[41]. La duchesse passe dignement, et derrière elle s'engouffre une véritable marée humaine qui renverse les barricades, submerge les forces de l'ordre, envahit la manufacture. Réveillon et ses domestiques ont tout juste le temps de se sauver par les jardins et de trouver refuge... à la Bastille, avant que ne

commencent les scènes de pillage que tous les témoins évoque-
ront plus tard avec effroi. Pendant deux heures, la fabrique et la
demeure sont systématiquement saccagées. On allume trois
immenses bûchers dans les jardins, on y jette les meubles, les
lambris, les tableaux, et l'on brise tout ce qui ne peut être brûlé :
statues, rampe d'escalier, lustres et miroirs ; on piétine, on
éventre à coups de pioche, on arrache, on déchire, bref on réduit
à néant l'hôtel et les ateliers. Le vin trouvé dans les caves, et
dont des centaines de bouteilles seront vidées ce jour-là, ne fait
que redoubler la fureur des assaillants. À ces actes de vandalisme, la troupe répond par une sanglante résistance. À la fin de
la journée, on ne compte pas moins de 25 morts et 300 blessés
dans le camp des insurgés, tandis que l'armée ne déplore de son
côté que 12 morts et 80 blessés. Le journaliste Mallet du Pan,
futur oracle de la contre-Révolution, écrira quelques jours plus
tard, dans les colonnes du *Mercure de France* : « Les Huns, les
Hérules, les Vandales et les Goths ne viendront ni du nord, ni de
la mer Noire : ils sont au milieu de nous. »

## « C'EST UN MAL POUR MOI SEUL »

Pour cette fois, la maison de Beaumarchais n'a subi aucun
dommage sérieux : seuls les Jean Goujon qui ornent la porte
d'entrée ont été mutilés. Mais l'alerte a été chaude, et son propriétaire s'attend au pire. « Depuis les premiers moments de
l'effervescence du peuple, ma personne et mes possessions ont
couru les plus grands dangers, raconte-t-il. J'étais désigné hautement pour troisième victime, lorsqu'on pilla les deux maisons
d'Henriot et de Réveillon[42]. » On l'a prévenu qu'un portier
chassé de chez lui, de surcroît faux témoin dans l'instruction du
procès Kornman, menace de mettre le feu à son hôtel du faubourg Saint-Antoine ; il avertit les autorités, qui ne font rien.
Comprenant alors qu'il ne doit compter que sur lui seul pour surveiller ses biens, il monte la garde jusque fort avant dans la nuit,
arpente les rues du quartier, observe, scrute, inspecte, épie, à
l'affût du moindre indice suspect, du moindre propos menaçant,

qu'il rapporte aussitôt au lieutenant de police, en le suppliant de renforcer le cordon de sécurité autour de sa résidence :

« Monsieur,

« Vous m'avez invité à vous écrire ce que j'eus l'honneur de vous dire hier matin. Le souvenir récent d'un mal affreux et public rend l'inquiétude excusable quand le danger menace encore. Punir le crime et les excès commis est l'office de la loi et des magistrats de la loi ; les prévenir est celui de l'autorité surveillante, et l'on ne pense pas sans douleur qu'une maison gardée par quatre cents baïonnettes a été brûlée en plein jour.

« Ce problème restant à résoudre rend plus vives les inquiétudes de quelques citoyens menacés ; je suis du nombre et voici ce que j'aperçois.

« Tous les ouvriers de bâtiments s'assemblent certains jours à des heures fixes ; quand on les voit se pelotonner le soir en des endroits inusités, il se prépare quelque chose. Voilà plusieurs soirées que je fais cette remarque ; j'ai entendu dans l'un de ces pelotons ces mots : *Il y en aura bien d'autres tués avant la semaine prochaine.* Un homme de mes amis a entendu sortir d'un autre ces mots : *C'est la nuit qu'il faut travailler.*

« Les poissardes du cimetière Saint-Jean parlaient tout haut en plein marché, il y a peu de jours, *de mes maisons comme de lieux dévoués.*

« Un infâme sujet, jadis mon portier, nommé Michelin, loge sur ce marché au coin de la rue de la Verrerie, chez un potier de terre au second.

« Cet homme, qui a joué le rôle d'un faux témoin dans mon dernier procès, salarié par mes ennemis et justement soupçonné d'avoir placardé mes portes et cassé mes bas-reliefs, est un de ceux qui soulèvent la canaille contre moi. Ces instruments aveugles des vengeances secrètes, une fois mis en mouvement, vont sans nul examen où la méchanceté les conduit.

« J'ai eu l'honneur d'ajouter, Monsieur, en vous parlant, que si la surveillance ne se ralentissait pas dans ces apparences de repos, mon avis devenait inutile, mais que si la sécurité rendait les soins moins attentifs, on courrait peut-être le risque d'être surpris par de nouveaux attentats.

« Recevez avec bonté ces avis dictés par mon zèle et aussi par ma sollicitude, et faites-moi la justice de me croire avec un dévouement très respectueux, Monsieur,

« Votre très-humble, etc.

« CARON DE BEAUMARCHAIS[43]. »

Beaumarchais n'avait d'ailleurs pas attendu le saccage de la maison Réveillon pour se protéger contre la vindicte populaire. Il avait tout fait pour gagner la faveur du tiers, qui lui reprochait sa richesse et ses relations à la Cour. C'est en qualité de simple bourgeois, de « citoyen français » qu'il était venu siéger à la première assemblée du district des Blancs-Manteaux, le 21 avril. Comme certains s'en étonnaient, lui faisant remarquer qu'il devait plutôt voter avec la noblesse, il répondit avec hauteur : « Je n'ai point pris, après vingt ans d'exercice, des lettres de *vétérance*[44], parce que je ne fais cas que de la dignité de l'homme. Je savais bien qu'en ne présentant point ces lettres, je perdais les privilèges de la noblesse et que je rentrais dans la bourgeoisie. C'est ici ma place[45]. » La majorité des voix se déclara pour lui. Mieux encore : elle le porta bientôt à la présidence.

Craignant toutefois que son adhésion à la Commune provisoire ne suffise pas à lui attirer la sympathie des ouvriers et des chômeurs, il versait encore 12 000 livres pour les indigents de la paroisse Sainte-Marguerite, fondait des institutions charitables, proposait ses bons offices pour maintenir le calme, se répandait en actions humanitaires et en propos démagogiques. En vain. Le peuple n'en continua pas moins de le tenir pour un accapareur vendu à l'aristocratie.

Il avait pourtant sincèrement applaudi à la réunion des états généraux, et ardemment soutenu la candidature de son ami Gudin de La Brenellerie, auquel il dressait pour l'occasion un vibrant hommage[46]. Il avait cru de bonne foi qu'on arriverait ainsi, sans secousse, à la régénération de la France ; il attendait beaucoup de la future Constitution qui limiterait le pouvoir du souverain et abolirait les abus qu'il n'avait cessé de dénoncer. À cet égard, il se faisait même plus d'illusions que Gudin, auquel il répétait sans cesse : « N'alarmez donc pas les esprits que l'espoir seul d'une grande amélioration peut soutenir dans l'étonnante carrière qui s'ouvre devant nous. » En revanche, il s'est raidi dès les premiers excès contre les déprédations, la populace hurlante, le sang inutilement versé. « Si les brigands qui brûlent les châteaux appellent cela liberté ! s'indigne-t-il. Ô citoyens ! quels fruits de la liberté ! Ce sauvageon amer a grand besoin d'être greffé sur de sages lois réprimantes [47] ! »

On s'étonnait que Beaumarchais ne fût « chef d'aucune faction, orateur d'aucun club, démagogue d'aucun rassemblement [48] ». On lui reprochait de n'avoir pas brigué un mandat de député, de se tenir à l'écart de la scène politique ; on lui trouvait même un faux air de déserteur, de contre-révolutionnaire, qui cadrait mal avec les imprécations de Figaro, encore dans toutes les mémoires [49]. Comment concilier l'audace de ses provocations d'hier avec sa prudence d'aujourd'hui ? Comment reconnaître le sémillant pourfendeur de l'ordre établi dans ce parvenu arrogant et sûr de lui, devenu sourd (au propre et au figuré) aux revendications populaires, qui n'élève la voix que pour prêcher le calme et la modération ?

Il aurait fallu rappeler à tous ceux qui lui faisaient grief de sa tiédeur que si Beaumarchais a devancé son temps et dénoncé l'arbitraire, il n'a jamais brandi l'étendard de la révolte ; il n'a jamais attaqué la monarchie et la noblesse en tant que telles, mais seulement les dérives despotiques de la première et les privilèges exorbitants de la seconde. « Je suis auteur dramatique par amusement, mais c'est très sérieusement que je suis ami de l'ordre et de la bonne règle », écrivait-il dès 1781 aux comédiens-français. Imagine-t-on Figaro mettant le feu au château d'Aguas-Frescas ? Allons donc ! Il l'aurait plutôt sauvé des vandales par sa faconde et son astuce. Son persiflage, ses boutades n'ont dénoncé que des abus, jamais des institutions. Que réclamait-il ? La liberté, l'égalité des chances ? Elles sont aujourd'hui proclamées. Plus réformiste qu'agitateur, il estime que « critiquer ou blâmer quelques lois n'est pas renverser toutes les lois [50] ». Au reste, il se défie autant des passions partisanes que des appels à la violence dont les Marat et les Desmoulins font leur ordinaire ; il se déclare indépendant de tout parti, hostile à toute faction, redoutant par-dessus tout d'en devenir la dupe ou la victime. Les événements ne l'ont guère changé ; il reste ce qu'il a toujours été : un militant solitaire, jaloux de son franc-parler, sachant le prix de la liberté, et prêt à tout pour la défendre.

*
* *

S'il avait habité sa nouvelle maison, Beaumarchais aurait pu assister de ses fenêtres à la prise de la Bastille. Mais le 14 juillet 1789, il travaillait dans ses bureaux de la rue Vieille-du-Temple avec les commissaires du district des Blancs-Manteaux qu'il présidait, pour préparer la collecte de la capitation, et surtout pour assurer l'ordre dans le quartier, et préserver du lynchage les soldats désarmés, qui cherchaient vainement à se protéger de la canaille. Soudain, la porte s'ouvre en coup de vent, un visage décomposé paraît : « Monsieur de Beaumarchais, deux mille hommes sont dans votre jardin, ils vont mettre tout au pillage. » Émoi des commissaires qui se lèvent. Beaumarchais les fait rasseoir avec cette phrase digne de Corneille : « Messieurs, nous ne pouvons rien à cela ; c'est un mal pour moi seul. Occupons-nous du bien public ! » Murmure flatteur... Après quoi, il abrège la séance, bondit à la Bastille, constate les dégâts et fait disposer quatre cents hommes pour assurer la garde de son palais, tandis que la populace investit la forteresse, en massacrant les soldats. Il sauve la vie de l'un d'eux, l'héberge pour la nuit[51], avant d'apprendre la fin atroce de Flesselles, prévôt des marchands, et du marquis de Launay, gouverneur de la prison, tous deux décapités par la foule, dont les têtes sont promenées au bout d'une pique de l'Hôtel de Ville au Palais-Royal.

## FLAGRANT DÉLIT

Une des salles de la Bastille contenait, dans des cartons soigneusement rangés, toutes les archives de la forteresse depuis l'année 1659, date à partir de laquelle s'est constitué ce précieux dépôt. On y trouvait les documents concernant non seulement les prisonniers qui y avaient séjourné, mais ceux de plusieurs autres maisons d'arrêt, ainsi que d'innombrables dossiers de police : rapports d'enquêtes, de filatures, de saisies, de perquisitions, fiches d'état civil, « main courante », flagrants délits... Tout le Paris du crime et de la débauche était ici réuni, catalogué, répertorié, selon des systèmes de classement qui font aujourd'hui encore l'admiration des lecteurs de la bibliothèque de l'Arsenal, où ces archives sont conservées. Elles offrent à l'historien des mœurs une source inépuisable d'informations sur les bas-fonds de l'Ancien Régime.

Lorsqu'ils font irruption dans ces bureaux, le 14 juillet, les émeutiers poussés par une fureur aveugle éventrent les cartons, dispersent leur contenu, déchirent des papiers par centaines, balancent les dossiers par les fenêtres; des registres sont incendiés (certains portent encore des traces de brûlure), d'autres gisent dans la boue des fossés. Les « visiteurs » du lendemain seront nettement plus pacifiques; il s'agit de collectionneurs à la recherche de documents curieux ou rares. Pendant deux jours, ces amateurs d'autographes pourront butiner à leur aise. On cite le fils d'un magistrat qui en remplit sa voiture à ras bord. Villenave, futur collaborateur de la *Biographie Michaud*, alors âgé de vingt-sept ans, y récolte une riche moisson pour son cabinet. Quant à Pierre Lubrowski, attaché à l'ambassade de Russie, il acquit sur place des malles entières d'archives qu'il emporta dans son pays. Vendues en 1805 à l'empereur Alexandre, avec toute la collection Lubrowski, elles furent déposées au palais de l'Ermitage, et se trouvent aujourd'hui à la Bibliothèque nationale de Saint-Pétersbourg. Nous n'en avons en France que des copies effectuées en 1886.

Le 14 juillet au soir, emporté par son zèle patriotique, Beaumarchais décide de voler au secours du précieux dépôt, toujours menacé par des visiteurs indélicats. À la tête de vingt-quatre hommes armés, il s'introduit dans la place, descend dans les souterrains où sont entreposées les archives, et passe plusieurs heures à choisir les liasses qui l'intéressent. Entre-temps, l'assemblée des électeurs, réunie à l'Hôtel de Ville, désignait le citoyen Soulès, électeur du district des Minimes « littérateur distingué[52] », pour assurer le commandement de la Bastille, et l'envoyait d'urgence prendre possession de la forteresse abandonnée, afin que ne se renouvellent pas les scènes de pillage et de vandalisme. Soulès quitte l'Hôtel de Ville vers minuit. En passant au siège du district de Saint-Paul, il apprend que la Bastille est déjà occupée par cent cinquante gardes-françaises placées sous les ordres du chevalier de Laizer, officier aux gardes. Il s'y rend à bride abattue, montre son ordre de mission à Laizer, le somme de se retirer. Mais celui-ci refuse, déclarant « qu'il n'avait pas de commission, qu'il tenait la place pour lui et pour le bien public, et qu'il le défendrait jusqu'à la dernière extrémité ». À 3 heures du matin, nouvelle sommation, suivie d'un nouveau refus. Soulès fait battre la générale, lit à haute voix sa commission, puis demande aux soldats s'ils entendent obéir à la commune ou au chevalier de Laizer. À l'unanimité, ils répondent qu'ils sont aux ordres de la Ville et qu'ils le reconnaissent pour commandant du fort. Dès lors, Soulès aurait pu faire expulser Laizer; mais sûr désormais de son autorité, il préfère le garder auprès de lui. Leur entente aurait duré au moins jusqu'au lendemain sans l'apparition d'un personnage des plus imprévus en pareil lieu, à pareille heure.

Il faisait petit jour, lorsque Soulès, descendant d'une des tours, aperçoit Beaumarchais qui remontait des souterrains, en compagnie du chevalier de Laizer :

« Monsieur de Beaumarchais, comment êtes-vous ici?

– Monsieur, je suis avec le commandant de la place.

– Je ne connais ici d'autre commandant que moi! »

Soulès apprit alors que l'illustre écrivain avait été introduit dans la forteresse par le chevalier de Laizer, afin de pouvoir fouiller tranquillement dans les archives. Une explication des plus vives s'ensuivit entre le commandant et l'officier, qui avait enfreint l'ordre de ne laisser entrer personne[53]. Après quoi, Laizer fut reconduit jusqu'à son domicile par ses propres troupes[54]. Resté seul avec Beaumarchais, Soulès l'interrogea sur les véritables raisons de sa présence. Que faisait-il donc en pleine nuit à la Bastille? « C'est un sentiment d'humanité qui m'y a poussé, répondit-il en substance. Sachant que la place allait être démolie, et que les effets de madame de Launay, l'épouse du gouverneur massacré sous mes yeux, couraient grand risque d'être livrés au pillage, je suis venu prier le commandant de permettre à cette malheureuse de les récupérer[55]. » Soulès dut se satisfaire de cette réponse, et pria poliment mais fermement son visiteur nocturne de se retirer chez lui[56].

Ainsi donc, Beaumarchais s'était laissé prendre la main dans le sac, en flagrant délit de maraude sur des biens nationaux. Dans quel dessein? Qu'était-il donc venu chercher dans les sous-sols de la Bastille? Écartons tout de suite le but lucratif; il n'avait nul besoin des quelques louis que lui rapporteraient ces paperasses. Manie de collectionneur? Notre homme n'est ni bibliophile, ni chineur de vieux papiers (point si vieux que ça, d'ailleurs). Alors? Espérait-il trouver là la vraie raison de son internement à Saint-Lazare ? C'est déjà plus vraisemblable. Débusquer quelque pièce compromettante pour l'un de ses adversaires (on sait que des milliers d'affaires de mœurs dormaient étouffées dans ces cartons) ? Qui nous le dira jamais ? Il est sûr, en tout cas, qu'il ne put porter plus de papiers que ne pouvaient en contenir les poches de son habit. Sinon, le commandant Soulès les aurait confisqués avant de le laisser sortir. L'assemblée des électeurs fut informée du larcin et arrêta, dans sa séance du mercredi 22 juillet 1789, qu'une délégation du district de Saint-Roch se transporterait chez lui, avec une patrouille du même district, « pour l'inviter à remettre tous les papiers de la Bastille qu'il pourrait avoir en sa possession[57] ». Cette députation, conduite par Moreau de Saint-Méry, remplit sa mission, ainsi qu'en témoigne cette attestation de Beaumarchais :

« J'ai remis à Messieurs les députés ou commissaires le peu de papiers que j'ai recueillis sous les pieds du peuple la seule fois que je sois entré à la Bastille, à la tête d'un piquet de vingt-quatre hommes, douze gardes-françaises et douze bourgeois armés, envoyé par le district des Blancs-Manteaux, sur une alarme de désordre donnée à cinq heures du matin, le lendemain de la prise du fort. Je déclare que je n'en ai aucun autre, mais je pense que si l'on fait publier l'ordre de l'invitation à tous les citoyens de remettre ceux qu'ils ont, tout le monde se fera un honneur de remettre au dépôt public ces précieux matériaux pour l'histoire.

« CARON DE BEAUMARCHAIS

« Ce 22 juillet 1789[58]. »

« TOUTES LES GUEULES DE LA CALOMNIE »

Au matin du 16 juillet 1789, l'assemblée des électeurs prenait en toute légalité les dispositions suivantes : « La Bastille sera démolie sans perte de temps, après une visite par deux architectes chargés de diriger l'opération de la démolition, sous le commandement du marquis de La Salle, chargé des mesures nécessaires pour prévenir les accidents. » Sans perdre un instant, Beaumarchais sollicitait de Jean-Sylvain Bailly, qui venait d'être élu maire de Paris le même jour, la mission de surveiller les travaux de démolition, afin que celle-ci s'opérât sans obstruer le grand égout placé tout à côté, ni causer de dommages aux maisons voisines. Quelques jours plus tard, les électeurs de son nouveau district de Sainte-Marguerite[59] le nommaient membre du corps municipal, qu'on appelait alors « représentation de la commune », charge qu'il accepta sans sourciller. Voulait-il démentir ainsi la réputation de lâcheté que lui avait acquise son apparente indifférence à l'égard de la révolution en cours ? On ne sait. Toujours est-il qu'il aurait mieux fait d'écouter son ami Gudin, lequel prévoyait tous les désagréments que lui vaudrait cette faveur. À Beaumarchais, qui se plaignait des difficultés auxquelles il commençait de se heurter, il répondait de son ermitage de Marcilly :

« Votre lettre, que je reçois à l'instant, mon cher ami, me fait encore plus regretter de n'être point parti ; je saurais quelles sont les nouvelles méchancetés qu'on vous fait. Je les ai prévues, c'est-à-dire, j'ai prévu qu'on vous en ferait, lorsque j'ai appris que votre district vous avait choisi pour député. Vous savez combien je vous exhortai à vous servir du prétexte de votre surdité, pour vous retirer d'un poste qui allait ranimer toutes les fureurs de l'envie, et faire vomir des horreurs à toutes les gueules de la calomnie. Mais la fierté de votre courage qui vous fait regarder comme une lâcheté tout conseil qui n'est pas intrépide, votre amour pour le bien public, votre désir constant d'être utile à vos concitoyens, vous ont exposé à la tempête. Mon ami, il y a des temps où la voix des sages est étouffée par l'effervescence publique, où il faut se taire pour être écouté un jour à venir. Aujourd'hui, toutes les prétentions sont exagérées d'un côté, et de l'autre un courroux morne, concentré, silencieux se nourrit en secret, en attendant d'éclater[60]. »

Un déferlement de rumeurs allait en effet l'entraîner au plus bas fond de la détestation populaire. Aux insultes mille fois rebattues s'ajoutaient des accusations particulièrement graves, en ces temps de disette et de violence. Que lui reprochait-on ? Essentiellement d'accumuler dans ses caves d'énormes quantités de blé, d'en priver le peuple, de le réduire à la famine, en alimentant le marché noir et en faisant monter les prix. Et cela au

moment où la cherté, la rareté des grains faisaient piller les bou-
langeries et pendre le boulanger. Outre des vivres, on l'accusait
d'entreposer des armes, notamment douze mille fusils qu'il avait
promis au prévôt des marchands Flesselles, dont on connaît la
fin tragique dans la journée du 14 juillet. Des inconnus placar-
daient la suprême injure d' « accapareur » sur les murs de sa
maison. Au cours des perquisitions qui se déroulèrent chez lui,
au lieu des « armes, grains et farines », on ne trouva que des milliers d'exemplaires brochés de son édition de Voltaire. Les procès-verbaux attestant son innocence furent vainement affichés à
ses portes. On les arrachait de nuit pour les remplacer par de
nouvelles dénonciations.

On prétendit aussi qu'il avait partie liée avec « les principaux
agents du despotisme », que ses souterrains communiquaient
avec ceux de la Bastille, qu'il introduisait par là des soldats
ennemis, et qu'il méritait la mort pour cause de trahison. Il reçut
même une lettre anonyme d'une orthographe incertaine, rédigée
au dos d'un billet d'enterrement (sinistre présage !) et contenant
cette menace non déguisée : « Si tu fais le moindre effort pour
sortir de l'état où nous voulons que tu restes, tu ne seras pas en
vie dans huit jours. Le papier semblable à cette lettre servira de
réponse au tien, et tu n'auras même pas l'honneur du réverb-
bère. » Le tout adressé « À monsieur de Beaumarchet [sic], à
Paris » ! D'autres billets le vouent à la lanterne (à défaut de
réverbère); ils émanent tous du district des Récollets; comme
par hasard, c'est le fief du sieur Kornman et de ses sbires, lesquels n'ont cessé de répandre des calomnies sur son compte pendant le procès et se sont apparemment juré cette fois d'avoir sa
peau.


« Toutes les lois sont muettes »


Résultat de toutes ces manœuvres : Beaumarchais se voit suspendu de ses fonctions à l'assemblée de la Commune. Il adresse
alors à ses collègues une longue *Requête* justificative, parfaitement charpentée, soigneusement argumentée, en dépit de quelques digressions, mais dans laquelle il fait preuve d'une singu-

lière cécité. Prisonnier de sa propre nature, que dominent l'égotisme et l'ambition personnelle, évoluant dans le cercle étroit de la haute finance qui le tient à l'écart des difficultés de chacun, jouissant d'une fortune qui l'isole un peu plus encore de ses semblables, Beaumarchais n'a pas vu le monde évoluer autour de lui; il n'a pas pris conscience des profondes mutations qui se sont opérées dans les esprits, au cours des dernières années, et vit toujours selon l'ancien système, dont il a conservé les mœurs, les références, le langage et jusqu'aux tics de pensée.

Sa *Requête* constitue un accablant témoignage à cet égard. Plus il invoque ses combats d'hier et les persécutions qu'ils lui valurent, plus il s'éloigne des réalités d'aujourd'hui. Quoi de plus légitime, dira-t-on, que de placer son engagement présent sous la caution de ses actions passées! Soit. Mais à condition de ne pas en appeler sans cesse à des valeurs d'un autre âge, et d'user d'une rhétorique moins désuète. On reste confondu devant la naïveté de certaines démonstrations. Comment ne voit-il pas l'incongruité, pour ne pas dire plus, à se glorifier de la « bienveillance particulière » dont « la famille royale et M. le dauphin, père du roi, ont au vu de toute le France honoré [sa] jeunesse »! Est-il opportun de célébrer la mémoire du banquier Pâris-Duverney, financier de Louis XV et de Mme de Pompadour, à l'heure où l'on voue aux gémonies l'« aristocratie des riches »? Le moment est-il vraiment bien choisi pour se flatter de la protection du prince de Conti et du comte de Maurepas? N'est-ce pas là ce qui s'appelle proprement donner des verges pour se faire battre? Beaumarchais, apparemment n'en a cure, et avoue ingénument que sa « destinée singulière fut d'avoir ses amis dans l'ordre le plus grand, et ses ennemis dans la boue[61] ».

Ce qui suit est à peine plus convaincant. Comment « avoir osé m'imputer d'être lié avec vos oppresseurs, s'indigne-t-il, moi qui depuis dix ans vis dans la disgrâce connue de Versailles et de ses entours, parce que mon caractère libre, ennemi de toute servitude, s'y est toujours montré à découvert, que je n'ai fléchi le genou devant nulle idole insensée[62]! » Soit. Mais pourquoi diable passer sous silence son *Mariage de Figaro*, dont il ne cite qu'une seule réplique, sans même nommer la pièce? Existe-t-il pourtant titre plus glorieux à la reconnaissance des citoyens? condamnation plus claire, plus énergique de l'arbitraire? appel plus pressant à l'insoumission? En revanche, il produit pour sa défense des couplets entiers de *Tarare*, dont les vers prêtent plutôt à sourire et ne persuadent personne, surtout pas lorsqu'ils représentent « le tableau prophétique et *prévu* du roi chéri d'un peuple libre, qui le couronne avec transport ». Le ridicule frôle ici la provocation.

Suit une verbeuse apologie de son action en faveur de la jeune république américaine. A priori, ses initiatives dans ce domaine ne pouvaient que lui attirer la sympathie des insurgés de France. Encore fallait-il mettre en avant autre chose que ses sempiternelles fanfaronnades. Or que dit-il ? « Je veux me vanter devant vous des travaux inouïs qu'un seul homme a pu faire pour accomplir cette grande œuvre. Français, qui vous louez d'avoir puisé le désir et l'ardeur de votre liberté dans l'exemple de l'Amérique, apprenez que cette nation me doit en grande partie la sienne ; il est bien temps que je le prouve aux yeux de l'Univers. Et si quelqu'un prétend me contester ce que je dis, qu'il se lève et se nomme ! Mes preuves répondront aux imputations que je dénonce[63]. » Et de citer à l'appui un fragment de son mémoire à Louis XVI, duquel il espérait obtenir l'intervention française auprès des *Insurgents*, suivi de ce commentaire, dont ses collègues de la Commune durent lui savoir un gré infini : « Le dirai-je, Français ? Le roi seul avait du courage ; et moi, je travaillais pour sa gloire en voulant le rendre l'appui d'un peuple fier, qui brûlait d'être libre. Car j'avais une dette immense à remplir envers ce bon roi [...]. Oui, le roi Louis XVI, qui fit rendre la liberté à l'Amérique gémissante [étrange raccourci !] qui vous rend la vôtre, Français, m'a fait rendre aussi mon état. Qu'il soit béni par tous les siècles[64] ! » Deux mois plus tôt, à peine, le comte d'Artois, frère du « bon roi », partait se réfugier en Sardaigne, le « bon roi » se voyait sommé d'arborer la cocarde tricolore, Desmoulins publiait le premier manifeste républicain de la Révolution, tandis que la Grande Peur s'installait dans les campagnes ; dans trois semaines, le « bon roi », rebaptisé « roi des Français », sera ramené à Paris, manu militari.

Et lorsqu'il s'agit d'appeler à la barre les témoins de la défense, il ne trouve à citer, outre Conti et Maurepas, que des Américains, non des moindres certes (Silas Deane, John Jay, Thomas Jefferson), mais dont on peut douter que les élogieux témoignages, qu'il reproduit tout au long, pèseront de quelque poids sur les membres de la Commune. Un seul, un Français celui-là (mais de quelle envergure !) risque de rencontrer un écho favorable dans l'opinion : La Fayette. Peut-on imaginer caution plus prestigieuse que ce général de trente-deux ans, promoteur de la Déclaration des droits de l'homme, chef de la garde nationale, héros de la révolution américaine, inventeur de la cocarde tricolore, que toute la France vénère ? Il invoque donc son témoignage, dont il anéantit du même coup la portée, en rappelant (insigne maladresse !) ses nobles origines et sa « fuite » en Amérique. Mieux encore, il laisse accroire que ce même La Fayette ne doit sa brillante carrière qu'au soutien moral et financier qu'il lui a prodigué naguère. N'est-ce pas s'attirer les foudres de la nation que d'évoquer les errements de son idole ? d'évoquer ces temps, pas si lointains, où il lui faisait parvenir en Amérique tout l'argent dont il avait besoin, où il tâchait d'excuser son « étourderie » auprès de M. de Maurepas, en la décrivant comme « le premier feuillet de la vie d'un grand homme » ? N'y a-t-il pas quelque chose de blessant à l'interpeller par ces mots : « Rendez justice à mon bon cœur, *noble marquis de La Fayette !* Votre glorieuse jeunesse n'eût-elle pas été ruinée sans les sages avis et les avances de mon argent ? »

Est-il très sage enfin de faire état de ses millions engloutis dans la guerre de l'Indépendance, et de révéler que le tiers de sa fortune est entre les mains de ses débiteurs ? Est-il décent de claironner comme il le fait ses dons généreux ? N'est-ce pas insulter à la misère que de faire étalage de sa charité ? Ne rougit-on pas de l'entendre clamer à la face du monde : « Les malheureux me crient : *Homme bienfaisant, jetez sur nous un regard de pitié* » ?

Ultime erreur, et non la moindre : son coup de sang contre « les brigands qui brûlent les châteaux » et contre « cette canaille plumitive » qui flétrit les réputations au nom de la liberté ; en un mot, contre tout ce qu'il appelle « anarchie », et que la multitude perçoit comme l'aube d'une ère nouvelle. Beaumarchais croit sérieusement que la France connaît une période transitoire où les lois anciennes ont disparu alors que les nouvelles ne sont pas encore nées : sorte de parenthèse de l'Histoire, où se défoulent sans frein les pulsions les plus barbares. De là cette panique dont il donne une traduction proche du désespoir : « Où porter ma plainte ? où l'instruire ? à quel tribunal, en un mot, pourrais-je en obtenir justice ? Les atrocités sont à leur comble, et toutes les lois sont muettes[65]. » Il n'est pas seul de cet avis : le marquis de Sade ne pense pas autrement, mais en tire des conclusions bien différentes ! Pour ce dernier, le silence des lois laisse enfin parler la seule vérité de l'homme, à savoir son infini pouvoir de négation. N'est-ce pas cela, précisément, la *Révolution* : ce pur instant où l'individu atteint sa vraie souveraineté, où l'être n'est plus que le mouvement de l'infini qui se supprime soi-même et naît sans cesse de sa disparition ?

Quelle soudaine anesthésie de conscience, quel démon du paradoxe s'empare alors de Beaumarchais ? Quel égarement lui fait écrire à la fin de sa *Requête* : « Ce moment seul, livré aux délations, aux calomnies, aux désordres de tous les genres, permet peut-être à la fierté blessée de s'écarter du silence modeste que tout homme doit s'imposer sur ce qu'il a fait de louable » ? Proposition suicidaire s'il en fut ! Est-il rien de plus périlleux, au contraire, surtout pour un homme en vue, que ces temps troublés où tout semble chavirer dans le vide, où les lois se taisent, où le droit disparaît, où les sociétés cherchent en vain leurs repères ? N'est-ce pas alors qu'il convient de s'enfermer dans un prudent secret, de s'imposer une retraite à l'abri des rumeurs et de l'agitation ? Que n'a-t-il suivi les sages conseils de l'ami Gudin ! À moins qu'il n'ait voulu, par cet écrit, spéculer sur un avenir encore incertain. En donnant des gages de fidélité à l'ancien pouvoir, il pariait peut-être sur un prochain rétablissement de l'autorité monarchique, et jouait la carte de la contre-Révolution. En ce cas, les événements n'allaient pas tarder à lui donner tort [66].

En dépit de ses contradictions, de ses embardées réactionnaires et de ses inutiles provocations, sa *Requête* fut bien reçue de l'assemblée de la Commune. Admis le 15 septembre 1789 à reprendre sa place [67], il rejoindra parmi ses collègues d'autres notables renommés comme Lavoisier, Jussieu, Condorcet, son vieil ennemi Suard, La Harpe... Ce dernier, agacé du vain « parlage » qui régnait au cours des séances, résignera ses fonctions au bout de quelques semaines [68].

LE « SOLDAT-PATRIOTE »

Beaumarchais s'est trop mêlé de tout sous l'Ancien Régime pour se mêler de quoi que ce soit dans le nouveau. Pourtant, rien n'y fait : il faut qu'il agisse. Même si les premiers événements de 1789 n'emportent pas son adhésion, même s'il demeure fondamentalement un homme de l'Ancien Régime (sa *Requête* le montre assez), il ne peut cependant ignorer qu'il a beaucoup à se faire pardonner : ses richesses, ses talents, sa célébrité, son influence réelle ou présumée dans les affaires, sa « folie »... Peu de victimes sont mieux désignées aux coups de la vindicte populaire. Alerté sur les dangers qu'il encourt par ceux qu'il a déjoués, ses actions viseront à regagner par tous les moyens la faveur de l'opinion.

La violence est dans la rue, mais les bons sentiments inondent les cœurs et la fraternité se décline sur tous les tons. C'est donc en secourant les malheureux que notre « soldat-patriote » (c'est ainsi qu'il se dénomme désormais) a le plus de chances d'être entendu. S'il a finalement accepté de reprendre sa place à l'assemblée de la Commune provisoire, ce n'est qu'à dessein, affirme-t-il, d'y représenter les familles nécessiteuses de son district. Aucun secours n'est organisé pour elles au seuil de l'hiver 1789 qui s'annonce difficile. Marat, de son côté, lance un appel aux Parisiens, en dénonçant les nobles et les riches comme les principaux fourriers de la misère : « Aujourd'hui, les horreurs de la disette se font sentir de nouveau ; les boutiques des boulangers sont assiégées [...] et c'est après la plus riche récolte, au sein même de l'abondance, que nous sommes à la veille de mourir de faim. Peut-on douter que nous ne soyons environnés de traîtres qui cherchent à consommer notre ruine ? Serait-ce à la rage des ennemis publics, à la cupidité des monopoleurs que nous devons cette calamité [69] ? »

Depuis que les filles et femmes d'artistes se sont rendues en délégation offrir leurs bijoux à l'Assemblée nationale (7 septembre), les sacrifices patriotiques se multiplient : on abandonne des pensions, on fait don de ses diamants, de ses montres, de ses tabatières. Malgré tout, la banqueroute menace : le numéraire se fait rare, le commerce languit, l'emprunt de quatre-vingts mil-

lions ne se remplit pas. Louis XVI et Marie-Antoinette envoient
à la Monnaie leur vaisselle d'or et d'argent. Le 24 septembre,
Necker dresse un tableau dramatique de l'état des finances et
propose aux citoyens les plus fortunés une contribution volontaire du quart de leurs revenus. Le surlendemain, Mirabeau lance
aux députés : « Deux siècles de déprédations et de brigandages
ont creusé le gouffre où le royaume est près de s'engloutir. Il
faut le combler, ce gouffre effroyable. Eh bien ! voici la liste des
propriétaires français. Choisissez parmi les plus riches, afin de
sacrifier moins de citoyens, mais choisissez ! Car ne faut-il pas
qu'un petit nombre périsse pour sauver la masse du peuple ?
Allons, ces deux mille notables possèdent de quoi combler le
déficit. Ramenez l'ordre dans vos finances, la paix et la prospérité dans le royaume. Frappez, immolez sans pitié ces tristes victimes ; précipitez-les dans l'abîme : il va se refermer. [...]
J'entends parler de patriotisme, d'élans de patriotisme, d'invoca-
tions au patriotisme ! Ah ! ne prostituez pas ces mots de patrie et
de patriotisme. Il est donc bien magnanime, l'effort de donner
une portion de son revenu pour sauver tout ce qu'on possède ! »
Et il terminait sur cette péroraison propre à faire frémir l'assistance : « Vous avez entendu naguère ces mots forcenés : Catilina
est aux portes de Rome, et l'on délibère ! Et certes, il n'y avait
autour de nous ni Catilina, ni périls, ni factions, ni Rome... Mais
aujourd'hui, la banqueroute, la hideuse banqueroute est là ; elle
menace de consumer vous, vos propriétés, votre honneur... et
vous délibérez[70] ! »
    Beaumarchais faisait naturellement partie de ces « deux mille
notables » capables de combler le déficit. Il s'exécuta sans se
faire prier, et même de gaieté de cœur, poussant le zèle jusqu'à
donner plus qu'on ne lui demandait, car il tenait à se signaler par
son patriotisme. Il lui en coûta donc douze mille livres pour le
district des Blancs-Manteaux, une somme égale pour les pauvres
de Sainte-Marguerite, notamment les femmes et les enfants, « à
l'effet d'exciter par ce bel exemple la bienfaisance publique[71] ».
D'après Gudin de La Brenellerie, ce sont plus de cent mille
francs que lui auraient coûté ses œuvres charitables, au cours des
dix-huit premiers mois de la Révolution. Bien sûr, sa générosité
n'était pas dénuée de toute intention politique ; il s'agissait,
avant toute chose, de tenir en respect les contestataires les plus
enragés. Loin de s'en cacher, il déclarait à Manuel, alors pro-

cureur général de la Commune de Paris : « Patrie sans propriété est un mot si vide de sens, que ceux qui feignent le plus d'y croire n'en font pas moins tous leurs efforts pour devenir, à vos dépens et aux miens, patriotes propriétaires. *Inde* colères, *inde* querelles, *inde* pillages tolérés, *inde* tous ces écrits sur l'égalité prétendue en faveur de ceux qui n'ont rien, contre tous les gens qui possèdent[72]. »

*<br>*  *

L'inventaire après décès d'un homme illustre est toujours plein d'enseignement. Celui de Beaumarchais nous apprend que, pour soulager les familles infortunées, les artistes, les gens de lettres, voire des gens de qualité, il avait avancé plus de neuf cent mille livres, sachant qu'elles ne lui seraient jamais remboursées. Dorat, Fabre d'Églantine puisèrent dans sa bourse des sommes qui n'y rentrèrent jamais. Ces bienfaits pouvaient s'étendre à d'anciens adversaires : il vint en aide à Mme Goëzman, dépouillée de sa fortune et tombée dans le besoin ; Baculard d'Arnaud, dont il n'avait eu qu'à se plaindre autrefois, figurait sur le registre du passif pour trois mille six cents livres. Généreux par nature autant que par calcul, Beaumarchais multipliait depuis longtemps les dons et les secours de toutes sortes, achetant des lits pour les hospices, offrant tous les ans une dot de douze cents livres pour le mariage d'un jeune homme du quartier. Lors de la première fête de la Fédération, le 14 juillet 1790, il hébergera huit cents fédérés venus de province, en refusant tout dédommagement. Bref, il ne lésine pas sur les témoignages de fraternisation.

Las, ni ses largesse patriotiques ni ses proclamations humanitaires ne le mettront à l'abri des soupçons, qui font office déjà de justice nationale. Aux yeux du populaire, il passe pour un aristocrate, lui le fils de l'horloger Caron, né faubourg Saint-Denis, dont les libéralités, souvent anonymes, soulagent bien des misères dans le quartier de son enfance. On injurie l'ennemi de classe, mais on fait le siège du philanthrope, et on l'assaille de suppliques. Tous les jours, il reçoit près de quatre cents lettres, tantôt éplorées, tantôt arrogantes ; certains lui rappellent que ses oboles ne font que racheter son passé, qu'il ne restitue par ce moyen qu'une part infime de ses larcins ; d'autres lui font du chantage, menacent de se venger s'il n'accède pas à leur requête. À tous, il s'efforce de répondre avec civilité :

« La foule des demandeurs qui s'adressent à moi est telle, écrit-il, qu'il me faudrait dix secrétaires pour leur répondre, car un mot sec est loin de suffire au malheur : il lui faut des consolations, des détails, surtout des secours. Ne pouvant remplir ce douloureux office envers tous ceux qui m'écrivent, je gémis, je m'arrête, et pour tout résultat je n'ai plus que deux commerces au monde : des inconnus qui me demandent, des hommes injustes qui m'injurient, des fougueux qui me menacent sans m'avoir même jamais vu. Êtes-vous satisfait, Monsieur, de m'avoir fait perdre mon temps pour vous dire des choses inutiles, moi qui en ai tant d'utiles à faire ? Ayez pour moi, Monsieur, la douce compassion que vous demandez pour vousmême, et vous cesserez d'injurier celui qui ne vous a fait aucun mal, et n'a d'autre tort envers chacun que de ne pouvoir obliger tout le monde à la fois [73]. »

CHAPITRE V

# « Pleurons à plein canal ! »

> « En vieillissant, l'esprit s'attriste, le caractère se
> rembrunit. J'ai beau faire, je ne ris plus quand un
> méchant ou un fripon insulte à ma personne, à
> l'occasion de mes ouvrages : on n'est pas maître
> de cela. »
> (*Un mot sur* La Mère coupable.)

## « *CHARLES IX* TUERA LA ROYAUTÉ »

Le mercredi 4 novembre 1789, vers 17 heures, une vive agitation règne au Théâtre-Français pour la première de *Charles IX*, tragédie d'un jeune auteur de vingt-cinq ans, encore inconnu du grand public. Il se nomme Marie-Joseph de Chénier et affiche non sans bravade son engagement politique en faveur de la Révolution. Ses combats pour faire jouer sa pièce rappellent à maints égards ceux que Beaumarchais a soutenus naguère pour imposer son *Mariage de Figaro*. Comme le *Mariage*, sa pièce est reçue par les comédiens-français, mais interdite par la censure. Comme Beaumarchais encore, il en donne une représentation privée qui se déroule au début janvier 1789 chez le vicomte de Ségur, en présence du duc et de la duchesse d'Orléans. Encouragé par la tenue des états généraux, Chénier rédige en juin une brochure intitulée *De la liberté du théâtre en France*, où il stigmatise « ces deux grands fléaux du monde » que sont la tyrannie et le fanatisme. « Lorsque la nation, lasse d'être avilie, veut ressaisir des droits imprescriptibles, écrit-il, elle doit commencer par secouer ces entraves ridicules qu'on donne à l'esprit des citoyens. Alors, il devient permis de publier ses pensées, sous toutes les formes possibles. Il ne faut pas s'imaginer qu'on pense librement chez une nation où le théâtre est encore soumis à des lois arbitraires, tandis que la presse est libre; et ce n'est pas à la fin du dix-huitième siècle que des Français peuvent contester l'extrême importance du théâtre[1]. » Ce même été 1789, Chénier rédige une *Dénonciation des inquisiteurs de la pensée*, dans laquelle il poursuit sa diatribe contre les entraves à la liberté d'expression avec une particulière violence, criblant ses adversaires de sarcasmes, envoyant au pilori les censeurs de toute espèce, et justifiant ainsi ses outrances : « Le style passionné est celui des amis de la liberté. Le style humble et glacial est celui des amis du despotisme. Je ne puis écrire du ton d'un esclave en dénonçant la tyrannie. Malheur à l'écrivain qui ne sait dire la vérité qu'à demi, qui compose, pour ainsi dire, avec les erreurs, et qui accuse tranquillement des absurdités révoltantes[2]. »

Malgré la fougue de ses plaidoiries et les tracts de ses sympathisants qui réclamaient, « au nom de la liberté, la prompte représentation de *Charles IX* », Chénier n'était pas au bout de ses peines. Il lui fallait encore vaincre l'opposition du maire de Paris, qui craignait que le spectacle de guerre civile n'en inspirât l'horreur, puis celle de certains districts qui jugeaient l'ouvrage dangereux; et enfin celle du clergé, qui tremblait que l'évocation de la Saint-Barthélemy n'attisât les sentiments antireligieux de l'opinion : n'y voyait-on pas le cardinal de Lorraine exhorter le peuple au carnage et bénir les assassins ? Enfin, tous les barrages ayant été levés, la première fut programmée pour le 4 novembre. Ce soir-là, une foule estimée à plus de 1500 personnes se pressait aux portes de la Comédie-Française, rebaptisée Théâtre de la Nation, impatiente de découvrir cette pièce dont tout le monde parlait sans l'avoir vue. Quelques minutes avant le lever du rideau, les plus folles rumeurs se répandaient dans la salle et dans les coulisses. On parlait de cabale, et même d'assassinat; on assurait que des armes avaient été saisies sur des spectateurs; un inconnu vint prévenir Mme Vestris, qui jouait le rôle de Catherine de Médicis, et Saint-Prix celui du cardinal, que des individus s'apprêtaient à tirer sur eux ! Un climat de panique ne cessait de gagner les deux côtés de la rampe. Dans la salle pleine à craquer, tous les amis de l'auteur étaient là; on reconnaissait Danton, Desmoulins, Mirabeau, Le Chapelier, que saluaient des tonnerres d'applaudissements. Au milieu du brouhaha, un orateur imposa silence d'une voix de stentor, menaçant de « livrer à la justice du peuple » le premier qui tenterait de troubler le spectacle. Palissot, qui n'a jamais cessé de soutenir Chénier, appuyait bruyamment cette motion, tandis que le cri « À la lanterne les perturbateurs ! » jaillissait des différents coins de la salle. Enfin, le spectacle se déroula dans un calme relatif, seulement interrompu ici ou là par les réactions du parterre, qui hurlait littéralement son enthousiasme à des tirades comme celle-ci :

> « Le sort m'a refusé, je ne veux point le taire,
> D'un long amas d'aïeux l'éclat héréditaire.
> Et l'on ne me voit point, de leur nom revêtu,
> Par huit siècles d'honneurs dispensé de vertu.
> Mais je sais mépriser ces vains droits de noblesse,
> Que la force autrefois conquit sur la faiblesse. »
>
> (Acte II, scène I)

ou aux véhémentes attaques du chancelier contre les doctrines de Rome :

> « Accumulant les biens, vendant les dignités,
> Il osent commander en monarques suprêmes,
> Et d'un pied dédaigneux, foulant vingt diadèmes,
> Un prêtre audacieux fait et défait les rois [...]
> Il n'est qu'une raison de tant de frénésie,
> Les crimes du Saint-Siège ont produit l'hérésie.
> L'Évangile a-t-il dit : "Prêtres, écoutez-moi ;
> Soyez intéressés, soyez cruels, sans foi,
> Soyez ambitieux, soyez rois sur la terre,
> Prêtres d'un Dieu de paix, ne prêchez que la guerre.
> Armez et divisez par vos opinions,
> Les pères, les enfants, les rois, les nations ?"
> Voilà ce qu'ils ont fait ! Mais ce n'est point là, Sire,
> La loi que l'Évangile a daigné leur prescrire.
> Et les temps ne sont plus, où l'Europe avilie
> Craignait les vains décrets du Prêtre d'Italie.
> Si Genève s'abuse, il la faut excuser.
> Et sans être coupable on pouvait s'abuser. »
>
> (Acte III, scène II).

Enfin, le terrible aveu de Charles IX par lequel s'achève la pièce mit le comble au délire :

« J'ai trahi la patrie et l'honneur et les lois,
Le ciel en me frappant donne un exemple aux rois ! »
(Acte V, scène IV).

Mirabeau, dans une loge, donnait le signal des applaudissements, qui redoublèrent d'intensité à ces deux vers prophétiques :

« Ces tombeaux des vivants, ces bastilles affreuses
S'écrouleront un jour sous des mains généreuses. »
(Acte III, scène I).

La salle entière se dressa comme un seul homme, et fit répéter ce passage, comme on aurait fait bisser une ariette d'opéra. « Si *Figaro* a tué la noblesse, tonitruait Danton, *Charles IX* tuera la royauté. » Et Camille Desmoulins de répéter à la ronde : « Cette pièce avance plus nos affaires que les journées d'octobre. »

À la fin de la représentation, l'auteur fut demandé à grands cris, et raccompagné à son domicile par une foule en liesse. Il partageait son triomphe avec un jeune comédien de son âge, qui avait ce soir-là, conquis définitivement le public. Il s'appelait Joseph Talma, et avait débuté sur cette même scène deux ans plus tôt dans le rôle de Séide de *Mahomet*. Sa stature, sa fougue, son profil d'empereur romain, sa voix de bronze le promettaient à une grande carrière dans les premiers rôle de tragédie ; celui de Charles IX allait lui ouvrir le chemin de la gloire.

*
* *

Naturellement, ce triomphe populaire ne pouvait que soulever l'indignation des royalistes. Celle-ci se manifesta par un flot d'épigrammes particulièrement hargneuses contre Chénier, dans les petits journaux soudoyés par la Cour. Dans l'une d'elles, un anonyme écrivait : « On ne m'ôtera pas de l'idée que l'enfer s'est rendu chez M. de Chénier, que Pluton dictait, et qu'un diable tenait l'écritoire. » À ces attaques, l'auteur de *Charles IX* répondit par un audacieux dithyrambe, où il rappelle notamment que la cabale se déchaîna contre lui dès la première représentation :

« Le soir, le lendemain, vingt lettres anonymes
M'annonçaient un assassinat :
J'allais être égorgé ; mes vers étaient des crimes ;
Vengeurs des droits du peuple, ils renversaient l'État.
Vieux seigneurs, histrions, courtisanes et prêtres,
Contre moi tout s'est déchaîné[3]. »

Mais que pesait cette coalition auprès de l'enthousiasme des foules ? Chaque soir, la pièce de Chénier s'achevait sur des ovations frénétiques ; les recettes se maintenaient au niveau le plus élevé[4], les hommes de la Révolution tressaient des couronnes à son auteur. Bref, *Charles IX* fut l'un de ces succès qui marquent une époque dans l'histoire du théâtre.

Beaumarchais ne partageait pas cet enthousiasme. Jalousie d'auteur ? Sans doute, mais pas seulement. En dépit de ses efforts pour se « mettre à la mode », avec *Tarare* notamment, il demeurait malgré tout fidèle à une conception du théâtre révolue, et réprouvait la politisation générale de la scène française. La politique envahissait tout : la rue, les salons, les cafés, les promenades ; elle régnait en souveraine absolue sur tous les genres : poésie, roman, comédie, tragédie, opéra... Il n'est pas jusqu'aux beaux-arts eux-mêmes qui, à l'imitation de David, ne se laissaient contaminer par cette épidémie politicienne. Le goût littéraire n'avait pas entièrement disparu, mais il se cantonnait dans une forme larmoyante, à la fois emphatique et apitoyée, qui lui faisait horreur. Ce qui l'excédait surtout, c'était l'incapacité de l'art dramatique à se dégager de l'événement. Le théâtre devenait une sorte de tribune où les moindres incidents des assemblées, des clubs et des places publiques se reproduisaient presque instantanément et formaient la trame principale des tragédies, drames et comédies. Devant les bravos qui accueillaient le moindre fait historique, le plus petit à-propos patriotique, les auteurs se dispensaient de chercher des sujets en dehors de la réalité journalière ou banale, se bornant à inventer des personnages émouvants, et à les placer dans des situations pathétiques. Un simple commissionnaire offrant ses économies à de malheureux détenus, un fermier restituant à ses maîtres les biens qu'il avait achetés à vil prix, un jeune négociant arrachant son Eugénie aux horreurs du cloître faisaient couler des torrents de larmes et procuraient sans peine aux auteurs la vogue et la fortune. La pression politique ne cessera, pendant les années révolutionnaires, de prescrire et d'encourager le théâtre dit *patrio-tique*, avec pour résultat de grossir le flot des médiocrités officielles. « L'appareil militaire, dit La Harpe, les bonnets de grenadiers, les baïonnettes, les mots de liberté et de patriotisme font tout passer pour le moment. On n'oserait siffler une sottise patriotique ! »

« La révolution qui s'est faite chez nous influe beaucoup sur la littérature, écrit Beaumarchais au prince Youssoupov, chargé de la direction des théâtres en Russie[5]. Les peuples libres en général perdent en grâces ce qu'ils acquièrent en force, et notre théâtre se ressent du nouvel esprit de la France. Tous occupés de si grands intérêts et devenus moitié républicains, nous ne pouvons plus nous plier à la mollesse littéraire, convenable à l'Ancien Régime ; mais il faut l'avouer que, pour redresser notre arbre, nous l'avons fait courber du côté opposé. Des mots durs, qui font fuir les Muses, sont dans la bouche de nos acteurs ; des châteaux forts en place de palais, et pour orchestre des canons. Des rues tiennent lieu de ruelles, et l'on voit crier *Liberté* où l'on entendait des soupirs, *Vivre libre ou mourir* au lieu de *Je t'adore* : voilà quels sont nos jeux et nos amusements. C'est *Athènes* l'aimable qui s'est un peu changée en *Sparte* la farouche. Mais l'amabilité étant notre élément, le retour de la paix nous rendra notre caractère. Et seulement d'un ton plus mâle, notre gaieté reprendra le dessus[6]. »

En attendant ces temps meilleurs, la littérature dramatique se voyait privée d'indépendance, forcée de se plier aux convenances du temps, condamnée à la stérilité. Malgré la liberté trompeuse que lui octroyaient la concurrence et l'abolition des privilèges, elle ne savait plus produire que des œuvres militantes, aujourd'hui à peu près illisibles, et des auteurs d'un conformisme étroit. Tel est, hélas, le sort de toute forme de spectacle asservie à l'engagement idéologique. Oserait-on ranger aux côtés des œuvres de Corneille, Racine, Molière ou Marivaux les radotages démagogiques des Laya, Picard, Mercier et autres Martainville ? Quant à Beaumarchais, rappelons que sa renommée remonte à 1775 pour *Le Barbier de Séville* et 1784 pour *Le Mariage de Figaro*, comédies à l'image de l'ancienne société, à la veille de la Révolution. Cette dernière ne lui inspira que l'opéra de *Tarare*, dont nous avons parlé plus haut, et le drame de *La Mère coupable*, dont il sera question plus loin. Force est de constater que ni l'un ni l'autre n'ajoutent rien à sa gloire.

*

* *

Ce n'est que le 8 novembre, quatre jours après la première, que Beaumarchais vint assister à la représentation de *Charles IX*. Le lendemain, il remerciait par écrit le comédien Florence, semainier de la Comédie-Française qui lui avait envoyé un billet d'entrée, tout en lui faisant part des craintes que lui inspirait la pièce de Chénier : « En ce moment de licence effrénée, où le peuple a beaucoup moins besoin d'être excité que contenu, ces barbares excès, à quelque parti qu'on les prête, me semblent dangereux à présenter au peuple et propres à justifier les siens à ses yeux. Plus *Charles IX* a de succès, plus mon observation acquerra de force, car la pièce aura été vue par des gens de tous les états. Et puis, quel instant, mes amis, que celui où le roi et sa famille viennent résider à Paris[7] pour faire allusion aux complots qui peuvent les y avoir conduits ! Quel instant pour prêter au clergé, dans la personne d'un cardinal, un crime qu'il n'a pas commis (celui de bénir les poignards des assassins des protestants) ; quel instant, dis-je, que celui où, dépouillé de tous ses biens, le clergé ne doit pas être en proie à la malveillance publique, puisqu'il sauve l'État en le servant de ses richesses ! Si les plans qu'on suppose à quelques brouillons de la cour avaient eu leur entier succès, si le clergé eût gagné le grand procès de sa propriété, je concevrais dans quel esprit on eût permis un tel ouvrage ; mais dans l'état où sont les choses, j'avoue que je [ne] le conçois pas. Je n'entends pas blâmer ici l'auteur : son ouvrage était fait ; il a dû vouloir qu'il fût joué. Ses motifs étaient purs sans doute, mais l'administration ne doit-elle pas veiller au choix du temps où tel spectacle doit être admis ou suspendu ?

« Quant à vous, Mesdames et Messieurs, si vous ne voulez pas qu'on dise que tout vous est indifférent pourvu que vous fassiez des recettes, si vous aimez mieux qu'on pense que vous êtes citoyens autant et plus que comédiens, enfin si vous voulez que vos produits se multiplient sans offenser personne, sans blesser aucun ordre, aucun rang, méditez le conseil que mon amitié vous présente, et considérez-le sous tous ses différents aspects. La pièce de *Charles IX* m'a fait mal sans consolation, ce qui en éloignera beaucoup d'hommes sages et modérés, et les esprits ardents, Messieurs, n'ont pas besoin de tels modèles ! Quel délassement de la scène d'un boulanger innocent pendu, décapité, traîné dans les rues par le peuple il n'y a pas huit jours[8], et qui peut se renouveler, que de nous montrer au théâtre Coligny ainsi massacré, décapité, traîné par ordre de la cour !

« Nous avons plus besoin d'être consolés par le tableau des vertus de nos ancêtres qu'effrayés par celui de nos vices et de nos crimes.

« BEAUMARCHAIS[9]. »

Si odieuse que lui paraisse l'évocation des violences engendrées par les guerres de Religion, Beaumarchais n'oublie cependant pas ses origines protestantes et conserve dans son cœur l'amer souvenir de son père contraint de se convertir pour exercer son métier d'horloger. À maintes reprises, au cours de sa carrière, il plaidera pour l'égalité des droits en faveur de ses anciens coreligionnaires. En 1787, le roi leur avait accordé un état civil. Ils furent électeurs et éligibles aux états généraux et une quinzaine d'entre eux furent élus députés. En décembre 1790, en dépit de la farouche opposition de l'Église et des manifestations qui ensanglantèrent le sud-ouest de la France, un décret de l'Assemblée constituante restituait aux protestants tous leurs biens confisqués lors de la révocation de l'édit de Nantes. Barère prononça le jour même un discours plein d'émotion, s'il faut en croire ce que lui écrivait Beaumarchais :

« Je ne puis me refuser, Monsieur, au plaisir de vous remercier de celui que vient de me faire la lecture de votre beau discours sur la restitution des biens des protestants fugitifs du royaume ; j'en ai le cœur gros et les yeux mouillés. Heureuse la nation qui peut s'honorer devant le monde entier d'un acte si juste et si magnanime ! Heureux l'orateur qui, chargé de l'auguste emploi d'éclaircir une pareille question, a trouvé dans son cœur les touchantes expressions dont vous avez orné votre logique.

« Quelque mal personnel que puisse me faire la révolution, je la bénirai pour le grand bien qu'elle vient d'opérer, et je vous aimerai toute ma vie, même sans vous connaître, pour le profond sentiment que vous avez versé sur cette importante matière.

Depuis quinze ans, je n'avais pas cessé de travailler, de solliciter nos ministres pour adoucir le sort des infortunés protestants. Bénie soit jamais l'assemblée qui rappelle les fugitifs au rang de citoyens français [10] ! »

## « Notre France est sauvée »

Le 4 février 1790, à l'occasion de la prestation du serment civique des députés, Louis XVI se rend à l'Assemblée nationale, où il se déclare favorable à la Constitution. « Je maintiendrai la liberté constitutionnelle », promet-il sur les conseils de Necker. Devant les parlementaires qui l'écoutent, il tente ainsi de se poser en chef de la Révolution. Mais tous ne sont pas dupes, et certains ont de bonnes raisons de croire qu'il joue double jeu. Ne dit-on pas, en effet que le couple royal correspond avec Breteuil, émigré à Bruxelles et intermédiaire secret auprès des cours étrangères ? Or ce dernier, qui a dirigé le ministère « de combat » constitué en juillet après le renvoi de Necker, incarne désormais la contre-Révolution.

Il n'empêche que beaucoup de bons esprits pensent que la Révolution est achevée, et qu'il ne s'agit plus maintenant que de la concilier avec la monarchie et de la fixer dans une Constitution. Tout le monde paraît se rallier désormais à la célèbre formule : « La Nation, le Roi, la Loi. » À la panique et aux débordements populaires qui ont marqué l'automne 1789, succède le soulagement de voir la paix civile enfin restaurée. « Les affaires de France ont pris la meilleure tournure possible, se réjouit Beaumarchais, et ce qu'on n'eût jamais espéré, c'est-à-dire que la nouvelle division du royaume en 83 départements qui renverse tout l'ordre passé, s'accomplirait tranquillement [11]. Eh bien ! elle est à peu près achevée et sans aucun débat, avec un dévouement, une raison, un accord presque universels qui détruisent à jamais la possibilité de renverser la nouvelle constitution de ce beau royaume. Mais ce qui met le sceau à la joie des bons patriotes, c'est la démarche à jamais mémorable que vient de faire le roi des Français, Louis XVI, en venant de son chef à l'Assemblée nationale le 4 de ce mois, en y prononçant le beau discours que je joins ici, et qui a inspiré pour lui un enthousiasme universel. [...] Notre France est sauvée[12]. »

Quelques mois plus tard, le 19 juin 1790, les députés décrètent la suppression de la noblesse héréditaire. Les titres et les armoiries ne pourront plus être transmis de père en fils : c'est vraiment la mort des privilèges. Certains nobles ont pourtant encouragé le vote dc cette mesure, tel La Fayette, ou encore le vicomte de Noailles qui s'est écrié : « Ne reconnaissons d'autres distinctions que celles des vertus. Dit-on le marquis Franklin, le comte Washington? » Beaucoup font cependant grise mine, y compris ceux qui ont applaudi à l'abolition des droits féodaux lors de la nuit du 4 Août. La mort de la noblesse n'est pourtant que la conséquence inéluctable du principe d'égalité énoncé dans la *Déclaration des droits de l'homme et du citoyen*. Mais la fin de la société d'ordres peut aussi signifier à terme celle de la royauté. C'est ce que pense l'abbé Maury, qui déclare avec vigueur : « S'il n'y a plus de noblesse, il n'y a plus de monarchie. » Quant à Beaumarchais, anobli de fraîche date, il accueille la nouvelle avec le sourire. Lui faudra-t-il renoncer à ce nom pour reprendre celui de Caron? Il s'en amuse ouvertement auprès de sa femme, qui prend les eaux à Bourbonne-les-Bains :

« Qu'allons-nous devenir, ma chère? ironise-t-il. Voilà que nous perdons toutes nos dignités. Réduits à nos noms de famille, sans armoiries et sans livrées! Juste Ciel! Quel délabrement! Je dînais avant-hier chez Mme de La Reynière, et nous l'appelions à son nez Madame *Grimod*, court et sans queue. Mgr l'évêque de Rodez[13] et Mgr l'évêque d'Agen[14] n'eurent de nous que du *Monsieur*; chacun s'appelait par son nom, nous avions l'air de la sortie d'un bal de l'Opéra d'hiver, où tout le monde est démasqué.

« J'écrivais ce matin à Mme la comtesse de Choiseul-Gouffier, femme de notre ambassadeur à Constantinople[15]; je lui disais : "Jusqu'au 14 de juillet, Madame, je vous donnerai par respect pour vos droits, de la *comtesse*, mais après, vous m'en saurez gré, s'il vous plaît : ce sera pure courtoisie."

« [...] Il semble que le 14 sera la plus belle chose que l'on ait jamais vue. Mais Louis XIV, le 14, se verra dépouillé comme les autres grands. Plus d'esclaves à ses pieds dans la place des Victoires[16]. Ah! c'est une désolation.[...]

« J'ai démontré dimanche que je n'avais plus de possession

qui eût le nom de *Beaumarchais*, et que le décret portait bien
qu'on quittera les noms de *terre*, mais rien dessus les noms de
*guerre*, et c'est sous celui-là que j'ai toujours vaincu mes lâches
ennemis [17]. » C'est surtout sous ce nom-là qu'il s'est acquis une
gloire universelle. Il le conservera donc, et continuera de signer
Caron de Beaumarchais, ajoutant parfois, pour se mettre au goût
du jour : « philosophe-cultivateur ».

## Un « Tartuffe de la probité »

La France hors de danger, la barbarie vaincue, les esprits apai-
sés, la gaieté retrouvée : c'est le retour à la normale, pense M. de
Beaumarchais, qui entend bien profiter de cette éclaircie pour
revenir à ses occupations favorites. Le 3 août 1790, il assiste à la
reprise de *Tarare*, agrémenté du *Couronnement de Tarare*, censé
mettre son opéra au goût du jour. On sait ce qu'il en fut ! Vers la
même époque, il reprend son manuscrit de *L'Autre Tartuffe ou
La Mère coupable*, qu'il avait abandonné depuis plus de quatre
ans. Dès le début 1785, il annonçait son drame à venir dans la
préface du *Mariage de Figaro* : « Je garde une foule d'idées qui
me pressent pour un des sujets les plus moraux du théâtre,
aujourd'hui sur mon chantier : *La Mère coupable.* » En janvier
de la même année, le gazetier Métra, généralement bien informé,
laissait espérer à ses lecteurs une représentation prochaine : « M.
de Beaumarchais nous donnera après Pâques sa nouvelle pièce
qui ne porte plus le titre de *La Mère coupable*, mais de *La
Femme comme il y en a tant*. Ce nouveau titre n'est pas galant,
s'il est vrai que cette femme a des enfants qui ne sont pas de son
mari [18]. » De ce premier état de la pièce, il ne reste aucune trace.
Les manuscrits conservés correspondent à la seconde période de
rédaction, dans les années 1789-1790. Les allusions à l'actualité
révolutionnaire y foisonnent : l'action se déroule à Paris, « à la
fin de 1790 », le comte se fait appeler « Monsieur » Almaviva,
Bégearss invoque la loi sur le divorce (A. I, sc. IV), Léon prononce un discours sur l'abus des vœux monastiques et le droit de
s'en relever (A. I, sc. XII), le comte reçoit en présent un buste de
Washington (A. II, sc. IV), la France est devenue une « nation

hasardeuse », pleine d'embûches et de périls (A. III, sc. ix), et l'on ne craint pas d'utiliser, fût-ce pour s'en moquer, le jargon à la mode. L'ultime réplique paraît elle aussi de circonstance : « Quelle heureuse révolution ! s'exclame Figaro. Un jour a changé notre état ! Plus d'oppresseur, d'hypocrite insolent ! Chacun a bien fait son devoir. Ne plaignons donc point quelques moments de trouble : on gagne assez dans les familles quand on en expulse un méchant. »

Suite et fin de la trilogie commencée quinze ans plus tôt avec *Le Barbier de Séville, La Mère coupable* nous paraît loin d'égaler ses deux aînées. Quoi de plus morne, de plus confus, de plus languissant, de plus indigeste ! Les personnages y portent le même nom que dans les comédies, mais ne paraissent plus que l'ombre d'eux-mêmes : fourbus, vieillis, désenchantés, sans même une once de cette nostalgie où le présent s'adoucit à la lumière du souvenir. Quant à l'intrigue, on n'en saurait donner un résumé précis tant elle s'embrouille à mesure qu'elle progresse, jusqu'à décourager le spectateur le moins inattentif. De quoi s'agit-il ?

Franche canaille sous son air d'honnête homme, espèce de Tartuffe simulant la probité comme celui de Molière singeait la dévotion, l'Irlandais Bégearss s'est introduit dans la maison du comte et de la comtesse Almaviva, qui vivent désormais à Paris ; il a surpris leurs secrets les plus intimes, et prétend s'en servir pour les dépouiller de leur fortune. Dieu merci, Figaro veille au grain. S'il a gagné en moralité tout ce qu'il a perdu en esprit, l'ancien barbier n'en flaire pas moins très vite la fourberie de ce « Tartuffe des mœurs », et finit par lui arracher son masque. La jeune Florestine, fille naturelle qu'Almaviva fait passer pour sa pupille, pourra dès lors convoler librement avec son cher Léon, qui n'est autre que le fruit des amours de Rosine et de Chérubin.

Les lendemains de fête sont toujours un peu mélancoliques. Si Beaumarchais avait voulu donner une conclusion vertueuse aux pièces brillantes et gaies d'autrefois, il s'y prenait trop tard. Trop d'années se sont écoulées depuis les sémillantes folies du *Barbier* ! Rosine, la vive, la malicieuse, la délurée Rosine est maintenant une femme « très malheureuse et d'une angélique piété » ; et Suzanne, la charmante soubrette, qui se jouait si gentiment du danger, la voilà « revenue des illusions du jeune âge ». Figaro n'est plus que le fantôme de lui-même. Lui qui emplissait l'air de ses saillies narquoises se bat laborieusement les flancs pour déjouer les ruses de son adversaire. Encore n'y réussit-il pas toujours. Au lieu des éclairs qu'il lançait jadis, il n'agite plus sur scène qu'une lanterne glauque et tremblante. Avec l'âge, il s'est laissé prendre au piège de la morale ; et lorsque le comte, au dénouement, lui offre de l'argent pour reconnaître ses services, il se drape dans sa dignité toute neuve : « Non, s'il vous plaît ! Moi, gâter par un vil salaire le bon service que j'ai fait ? Ma récompense est de mourir chez vous. Jeune, si j'ai failli souvent, que ce jour acquitte ma vie ! Ô ma vieillesse, pardonne à ma jeunesse ; elle s'honorera de toi. » Figaro, refuser de l'argent ? On ose à peine y croire. Et ce ton de prédicateur !... Et ce réveil brutal de la conscience !... Voilà qui ne lui ressemble guère ! Le diable devenu vieux se serait-il donc fait ermite ? Ainsi menace de finir Beaumarchais lui-même, si on lui applique ce qu'il dit d'Almaviva : « Tout homme qui n'est pas né un épouvantable méchant, finit toujours par être bon quand l'âge des passions s'éloigne, et surtout quand il a goûté le bonheur si doux d'être père [19]. »

Pierre-Augustin tenait sa dernière pièce pour « une des conceptions les plus fortes qui pussent sortir de [sa] tête ». Suivant les indications de la préface, la nouveauté consistait à « fondre une intrigue de comédie dans le pathétique d'un drame ». Par son double titre, il indiquait clairement les deux éléments : *L'Autre Tartuffe*, sujet de comédie ; *La Mère coupable*, sujet de drame, l'un et l'autre n'ayant pour mission que de moraliser les spectateurs, avec au centre un personnage repoussoir et répulsif appelé Bégearss, transparente anagramme de son ancien ennemi Bergasse, auquel Beaumarchais entendait infliger une de ces exécutions capitales dont la victime ne se relève jamais, pour autant que l'exécuteur frappe juste et fort. En fait, l'objet même du drame est de confondre l'hypocrite « dont tout l'art, en déchirant le cœur du père et de la mère, consiste à effrayer les jeunes gens [Léon et Florestine], les arracher l'un à l'autre, en leur faisant croire à chacun qu'ils sont enfants du même père ». Et comme si le public risquait de ne pas reconnaître en lui le défenseur de Kornman, il précisait : « Je vous jure que je l'ai vu agir ; je n'aurais pas pu l'inventer. Le *Tartuffe* de Molière était celui de *la religion* : aussi, de toute la famille d'Orgon, ne trompa-t-il que le chef imbécile ! Celui-ci, bien plus dangereux, *Tartuffe de la probité*, a l'art profond de s'attirer la respectueuse confiance de la famille entière qu'il dépouille. C'est celui-là qu'il fallait démasquer. C'est pour vous garantir des pièges de ces monstres (et il en existe partout) que j'ai traduit sévèrement celui-ci sur la scène française[20]. »

À ne voir dans *La Mère coupable* qu'une satire dirigée contre Bergasse (ce qui la réduit à sa plus simple expression en ne rendant compte ni de l'ambition de l'auteur, qui va bien au-delà, ni de l'œuvre dans son ensemble), on serait amené à conclure sur un constat d'échec. Car enfin, la satire, pour être efficace, exige une certaine concordance entre l'action dramatique et celui qui en est l'objet. Si l'on reconnaît sans hésiter l'abbé Cotin derrière le Trissotin de Molière, Diderot et Rousseau dans *Les Philosophes* de Palissot, ou Fréron dans *L'Écossaise* de Voltaire, c'est qu'en dépit de la charge, ils raisonnent, agissent, parlent comme leurs modèles, et que le public est de moitié dans la vengeance. Mais qui reconnaîtrait Bergasse derrière Bégearss, sans l'anagramme ? Les discours amphigouriques de l'avocat auraient pourtant donné lieu à des scènes bien réjouissantes, si l'auteur en avait exploité le filon, et l'intéressé aurait sombré dans le ridicule. Au lieu de quoi, le monstrueux Tartuffe-Bergasse ne fait peur à personne et se désagrège dans l'invraisemblance. Ajoutons qu'à l'époque de la première représentation (26 juin 1792), Bergasse traverse la période la plus noire de sa vie ; son impopularité atteint alors des abîmes dont il peut penser qu'il ne se relèvera jamais. Ses relations suivies avec Louis XVI, ses incessantes attaques contre la Constitution, son ralliement au parti monarchien ont fait de l'orateur adulé d'autrefois un homme isolé, abandonné de tous, poursuivi, menacé de mort par ses amis de la veille. Cela, nul ne peut l'ignorer, et Beaumarchais moins que tout autre. Cet homme à terre, il n'hésite pourtant pas à lui porter des coups mortels, en ce qu'ils alimentent la haine de ses ennemis... Tels sont les effets de cet endurcissement d'âme dont il dresse lui-même l'amer constat : « En vieillissant, l'esprit s'attriste, le caractère se rembrunit. J'ai beau faire, je ne ris plus quand un méchant ou un fripon insulte à ma personne, à l'occasion de mes ouvrages : on n'est pas maître de cela[21]. »

Ce ne sont pourtant pas les bons sentiments qui manquent dans sa pièce ; ils dégoulinent au contraire de toutes parts jusqu'à l'écœurement. On y trouve tous les ingrédients du mélodrame le plus larmoyant qui se puisse concevoir. *Préparez vos mouchoirs !* semble nous dire l'auteur dans sa préface : « Venez juger *La Mère coupable* avec le bon esprit qui l'a fait composer pour vous. Si vous trouvez quelque plaisir à mêler vos larmes aux douleurs, au pieux repentir de cette femme infortunée ; si ses pleurs commandent les vôtres, laissez-les coulez doucement. Les larmes qu'on verse au théâtre sur des maux simulés, qui ne font pas le mal de la réalité cruelle, sont bien douces. On est meilleur quand on se sent pleurer. On se trouve si bon après la compassion[22] ! »

Voilà de quoi décontenancer plus d'un admirateur de Beaumarchais. Car enfin ce que l'on aime par-dessus tout, chez l'auteur du *Barbier*, n'est-ce pas sa liberté, sa gaieté, son insouciance, même si d'aucuns la jugent trop familière ou teintée de cynisme ? Or que voit-on, dans *La Mère coupable*, mauvaise pièce autant que mauvaise action ? Une mollesse attendrie, un sentimentalisme compassionnel, une sensibilité melliflue, une hypersécrétion lacrymale qui manque plus d'une fois son effet, en provoquant le rire du public ; bref, le recours aux procédés les moins licites pour ébranler les nerfs au lieu de toucher les cœurs. Et que dire de cette affligeante mixture de dévotion niaise et de repentir geignard dont nous abreuve la comtesse au quatrième acte ? Que dire surtout de cette scène faussement pathétique où Rosine, atterrée par la découverte de sa faute, répond aux interrogations du comte par des prières entrecoupées qu'elle adresse au ciel. « On ne dialogue pas un quart d'heure de suite avec Dieu quand il faut répondre à un mari », observe La Harpe, non sans raison. À croire que Bégearss n'aurait pas le monopole de la tartuferie ! Ou que Beaumarchais lui-même, à l'approche de la soixantaine, aurait amorcé son retour en grâce auprès d'un Tout-Puissant qu'il n'a jamais beaucoup fréquenté jusque-là. Ou encore, et c'est le plus probable, qu'il ait voulu se mettre au goût du jour, lequel fait volontiers rimer violence révolutionnaire avec sensiblerie bourgeoise. S'il répugne à la première, il ne refuse aucune concession à la seconde. Naguère amuseur public, le voici pleurnicheur universel, ingénieur en chef des grandes eaux. Sa réponse à la comtesse d'Albany, qui sollicitait l'honneur d'une lecture, paraît à cet égard un modèle de bouffonnerie involontaire :

« Paris, ce 5 février 1791.

« Madame la comtesse,
« Puisque vous voulez entendre absolument mon très sévère ouvrage, je ne puis pas m'y opposer; mais faites une observation avec moi : quand je veux rire, c'est aux éclats; s'il faut pleurer, c'est aux sanglots. Je n'y connais de milieu que l'ennui.
« Admettez donc qui vous voudrez à la lecture de mardi, mais écartez les cœurs usés, les âmes desséchées qui prennent en pitié ces douleurs que nous trouvons si délicieuses. Ces gens-là ne sont bons qu'à parler révolution. Ayez quelques femmes sensibles, des hommes pour qui le cœur n'est pas une chimère, et puis pleurons à plein canal. Je vous promets ce douloureux plaisir et suis avec respect, Madame la comtesse, etc.,
« BEAUMARCHAIS[23]. »

## « C'EST LA RAISON QUE JE SOIS MAÎTRE EN MA MAISON »

Au printemps, sa magnifique demeure du boulevard Saint-Antoine est enfin achevée après trois ans de travaux, et prête à l'accueillir. Persuadé que tout risque de guerre civile est définitivement écarté, il décide de s'y installer avec les siens. Le 1er mai, sa fille Eugénie, âgée de quatorze ans, quitte son couvent du Bon-Secours pour venir vivre avec ses parents[24]. Pierre-Augustin compose pour la circonstance une *Vieille ronde gauloise et civique*[25], sans doute l'une des pièces les plus exquises de ses dernières productions, et qui prouve, s'il en était besoin, qu'il s'est toujours senti plus à l'aise dans la chanson populaire que dans la grande fresque dramatique. Le solennel ne lui sied pas; il n'est jamais meilleur que dans l'impromptu, vite conçu, griffonné à la hâte, quitte à y revenir plus tard, s'il le faut. Mais le premier trait doit jaillir seul, sans guide, sans contrainte, pour le plaisir. Sans doute est-ce en fredonnant une rengaine oubliée qu'il a brodé cette œuvrette sans prétention, pétrie d'humour et de tendresse.

Sur l'air : *Ho, ho, s'fit-il, c'est la raison*
*Que je sois maître en ma maison.*

1ᵉʳ couplet

Hier, Augustin-Pierre
Parcourant son jardin,
Regardant sa chaumière,
Disait d'un air chagrin :
Je le veux, car c'est la raison
Que je sois maître en ma maison.

2ᵉ

Quelle sotte manie,
Du bonheur me privant,
Retient mon Eugénie
Dans son f...atal couvent ?
Je veux l'avoir ; c'est la raison
Que je sois maître en ma maison.

3ᵉ

Elle use sa jeunesse
À chanter du latin,
Tandis que la vieillesse
Me pousse vers ma fin !
Tant que je vis, c'est la raison
Que je l'embrasse en ma maison.

4ᵉ

L'on danse à nos barrières,
Le fisc abat son mur,
Et ma fille en prières,
De son parloir obscur,
Crie à mon cœur :
Est-ce raison
Que tu me fermes ta maison ?

5ᵉ

Sa mère, et vous ses tantes,
Courez me la chercher.
Vous, nos braves suivantes,
Préparez son coucher.
Préparez-le, c'est la raison
Qu'on m'obéisse en ma maison.

### 6ᵉ

*Blondin!* que l'on attelle
Mes plus beaux chevaux gris ;
Pour rouler ma pucelle,
Rien n'est d'un trop haut prix.
Dépêche, car c'est la raison
Qu'on m'obéisse en ma maison.

### 7ᵉ

*Roussel!* ouvrez la grille ;
Je l'entends, je la vois.
Mes amis, c'est ma fille
Qu'on ramène chez moi.
Pensez-vous pas que c'est raison
Qu'elle entre en reine en ma maison ?

### 8ᵉ

Bonjour, fille à ta mère.
Dis : Adieu, Bon-Secours :
Je viens chez mon bon père
Être heureuse à toujours.
Papa le veut ; c'est la raison
Qu'il soit le maître en sa maison.

### 9ᵉ

Dans mon verger de Flore,
Vois mes berceaux couverts.
Chaque arbre s'y colore ;
Mes gazons sont plus verts.
C'est toujours la belle saison
Quand tu parais dans ma maison.

### 10ᵉ

Tous ces *beaux*, que l'on nomme,
Te lorgnent-ils déjà ?
Dis-leur : Mon gentilhomme,
N'êtes-vous que cela ?
Des parchemins et du blason
N'ouvriront point cette maison.

11ᵉ

Esprit en miniature,
Gros col et soulier plat,
Breloque à la ceinture ;
Bien étriqué, bien fat !
Rions-en, car c'est la raison
Que l'on s'en moque en ma maison.

12ᵉ

Si quelque autre plus tendre
Te fait contes en l'air,
Laisse-moi les entendre,
Car ton père y voit clair.
Je te dirai si c'est raison
Qu'il soit reçu dans ma maison.

13ᵉ

Tel excellent jeune homme
Voit-il le ciel dans tes yeux ?
Dis-lui : Bel astronome !
Parlez à ce bon vieux :
Il est mon père, et c'est raison
Qu'il ait un gendre à sa façon.

Etc., etc.

Tirée par son auteur à une cinquantaine d'exemplaires, cette ronde fit rapidement le tour de Paris, ameutant une flopée de prétendants à la main d'Eugénie : blasonnés sans dorure, capitaines sans solde, fils à papa sans héritage. Afin de décourager poliment tous ces épouseurs précoces, Beaumarchais rédigea une sorte de lettre circulaire, valable pour tous, moyennant de menus changements. Celle-ci s'adressait à un officier pauvre, mais honnête et valeureux :

« Paris, ce 21 mai 1791.

« Quoique votre lettre, Monsieur, me paraisse tirer son origine d'un simple badinage, comme elle est écrite avec le sérieux de l'honnêteté, je lui dois une réponse. On vous a trompé sur le compte de ma fille ; à peine âgée de quatorze ans, elle est bien loin encore du temps où je la laisserai maîtresse de se choisir un maître, ne me réservant là-dessus que le droit de conseil. Peut-être ignorez-vous vous-même ce qui donne lieu à votre proposition. J'ai retiré depuis très peu ma fille du couvent : la joie de son retour ayant arraché une ronde à ma paresse, après avoir été chantée à ma table, elle a couru le monde. Le ton bonhomme et gauloisement civique que j'y ai pris, joint au badinage qui tient au futur établissement de ma fille, a fait penser à bien des gens que j'y songeais déjà pour elle. Mais que Minerve me préserve de la faire engager avant l'âge où son cœur se donnera en connaissance de cause ! Le couvent a bien fait son éducation physique ; c'est à moi à faire son éducation morale avant de la livrer à son for intérieur en un cas aussi grave que celui qui enchaînera sa vie. Or ce n'est pas, Monsieur, l'affaire de peu de mois ; il y faudra des années.

« Ce que ma ronde a dit en badinant sera certainement ma règle pour éclairer son jeune cœur. La fortune me touchera moins que des talents et des vertus, car je veux qu'elle soit heureuse. Une longue suite d'aïeux est un mot qui vient de changer d'acception ; aucun être vivant n'existe sans aïeux, et quant à ceux qui furent nobles, ils n'influeront plus désormais sur le sort de leurs descendants : chacun sera ce qu'il vaudra, ainsi le veulent la loi, la constitution, la raison. Ah ! la raison surtout, tant insultée dans nos institutions gothiques.

« Je vous envoie, Monsieur, ma ronde un peu badine, et si vous la chantez, vous direz quelquefois : Ce bon vieux qui fit la chanson aimait bien sa fille, et ne radotait pas. Recevez mes remerciements de toutes les choses obligeantes dont vous daignez me gratifier, et les salutations sincères du cultivateur.

« BEAUMARCHAIS. »


« L'ENTERREMENT DE FIGARO »


Le 13 janvier 1791, l'Assemblée nationale rendait un décret visant à libéraliser le théâtre et à protéger les droits des auteurs dramatiques ; l'article premier abolissait le monopole des comédiens-français, et autorisait tout citoyen à faire représenter les pièces de son choix, quel qu'en fût le genre, sous réserve d'une déclaration à la municipalité. Le privilège exclusif dont jouissait depuis plus d'un siècle la Comédie-Française tombait, comme les autres privilèges. Dès sa publication, de nouvelles salles se mirent à fleurir un peu partout dans Paris : le Théâtre Molière, le Marais, le Théâtre de Monsieur, futur Théâtre Feydeau, celui de Mlle Montansier, rue de la Loi, etc. En 1793, on en comptait déjà trente-cinq, dont plusieurs implantées autour du boulevard du Temple, « le beau boulevard » comme l'appelait Restif de La Bretonne, devenu fort à la mode depuis que les Nicolet, Audinot, L'Écluse et consorts avaient abandonné la foire pour y dresser leurs tréteaux. Le même décret réglementait les relations entre auteurs et comédiens, répondant ainsi en partie aux revendications tant de fois renouvelées par Beaumarchais et ses confrères depuis la fondation du Bureau de législation dramatique[26]. Le dernier article concernait la police des théâtres, autre objet de polémique dont il fut débattu tout au long du XVIIIe siècle[27].

Si cette multiplication des théâtres ne servit pas nécessairement la qualité des spectacles, elle correspondait néanmoins à l'avidité d'un public toujours plus nombreux. Cet engouement pour l'art dramatique, spécialement pour le mélodrame larmoyant ne cessera de s'amplifier jusqu'à la fin du siècle, même et surtout aux pires moments de la Terreur. L'auteur du *Tableau de Paris* pouvait à bon droit s'étonner de ce mélange de sensiblerie et de férocité : « Jamais dans les temps les plus heureux, le Français, ni aucun peuple quelconque, ne s'est porté avec plus de fureur au spectacle, écrit-il. Ce peuple sans frein, fougueux, se range avec une patiente tranquillité sur de petits bancs étroits, incommodes, où l'on se trouve gêné, à moitié dans l'obscurité ; il est paisible et cause tout bas. On applaudit avec transport à des scènes de tendresse délicieuse, qui excitent ou inspirent la bonté. Tous les cœurs y tressaillent alors de plaisir, tous les yeux se remplissent de larmes, tous les auditeurs éprouvent les mêmes sensations. Sont-ce là réellement ces mêmes Parisiens qui par milliers ont agi en tigres féroces, tandis que les autres se sont laissé incarcérer comme des moutons destinés à la boucherie ? Est-ce bien sur le même pavé qui conduit à ces spectacles brillants, qu'ont roulé ces charretées de soixante à soixante-dix victimes, où l'on ne séparait point le mari d'avec sa femme, la mère d'avec son fils, l'ami d'avec son ami ? »

Fidèle à ses interprètes préférés, mais aussi soucieux de souligner la continuité historique de sa trilogie, c'est à la Comédie-Française, devenue Théâtre de la Nation, où s'étaient joués *Le Barbier* et *Le Mariage* que Beaumarchais destine tout naturellement *La Mère coupable*. Il la fait donc inscrire à son répertoire en février 1791, et se lance aussitôt dans une campagne de lectures promotionnelles ; à défaut de lui assurer le succès, ces one-man-show en petit comité permettent du moins d'entretenir la curiosité du public. À la différence de ce qui se passait naguère, ces lectures ont lieu le plus souvent chez lui, boulevard Saint-Antoine, où ses invités, triés sur le volet, sont priés d'admirer le décor avant d'applaudir son drame. Le jeune Vincent Arnault fit partie de ces rares privilégiés ; il s'en souvenait encore trente ans plus tard : « Ce n'est pas sans quelque solennité que se fit cette lecture. Dans un grand salon circulaire, orné partie en glaces et partie en paysages de la plus grande dimension, et dont la moitié était occupée par des sièges pour placer les auditeurs sur une estrade munie d'un pupitre, s'élevait le fauteuil du lecteur. Là, comme sur un théâtre, il lut, ou plutôt il joua son drame ; car c'est jouer que de débiter une pièce en prenant autant d'inflexions de voix différentes qu'il y a de personnages différents dans l'action, car c'est jouer que donner à chacun de ces personnages la pantomime qui doit les caractériser.

« Je me rappelle, entre autres, la pantomime qu'il prêtait au rôle de Begearss ; elle consistait, quand il s'embarquait dans quelque explication délicate, à porter à son nez à plusieurs reprises, tout en brisant ses phrases, la même prise de tabac ; méthode assez conforme aux intérêts d'un homme qui veut se ménager le temps de penser à ce qu'il dit et qui, pour tromper les autres, prend ses mesures pour ne pas se tromper lui-même. Cette lecture, mêlée de digressions piquantes qu'improvisait Beaumarchais, est la meilleure leçon que pouvaient recevoir les acteurs qui devaient jouer *La Mère coupable*, et la meilleure représentation qui en ait été donnée : j'en appelle à Baptiste et à mon collègue Lemercier qui s'y trouvaient[28]. »

*
*  *

En août 1791, deux mois après la fuite à Varennes, tandis qu'à l'Assemblée les députés commencent à réviser les lois constitutionnelles pour en faire la première Constitution française, et que se prépare au château de Pillnitz en Saxe une coalition européenne contre la France révolutionnaire, Beaumarchais rallume la guerre des auteurs, en rédigeant un *Rapport* sur la Comédie-Française. C'est sa façon à lui de faire la révolution : la seule qui vaille à ses yeux, car les droits des auteurs lui importent infiniment plus que ceux du citoyen. Ce rapport, au demeurant fort technique et bourré de chiffres, portait essentiellement sur les frais quotidiens que les comédiens prétendaient s'allouer, au détriment des auteurs, qui voyaient leurs droits diminués d'autant. Lesdits comédiens s'en irritèrent d'autant plus qu'ils venaient de subir un grave préjudice avec la fin de leur monopole, et que Beaumarchais n'y ménageait guère leur susceptibilité naturelle : son parallèle entre « le génie qui compose et les talents qui débitent » ne fut pas du goût de tout le monde, et on le comprend !

De rapports en réunions, de pétitions en observations, les relations entre auteurs et acteurs ne cessaient de s'envenimer ; elles en arrivèrent au point que ces derniers renoncèrent à monter *La Mère coupable*, comme ils s'y étaient engagés en la recevant six mois plus tôt. À l'époque du « privilège », une telle décision aurait tué la pièce dans l'œuf. Heureusement, la loi du 13 janvier permettait à Beaumarchais de la faire jouer sur n'importe quelle scène de son choix. Il la porta donc sans hésiter au nouveau Théâtre du Marais, dont il avait financé la construction, et où il se sentait un peu chez lui. Situé à deux pas de sa résidence, rue Culture-Sainte-Catherine (aujourd'hui rue de Sévigné, à la hauteur du n° 11), il avait été bâti avec des matériaux provenant de la démolition de la Bastille[29].

Placé sous la direction de Courcelles, ancien comédien du Théâtre-Italien, le Théâtre du Marais, appelé parfois Théâtre Beaumarchais, avait ouvert ses portes le mercredi 31 août 1791 avec *La Métromanie* de Piron et *L'Épreuve nouvelle* de Marivaux. Pour l'essentiel, la troupe se composait de transfuges du Théâtre-Italien, comme Desforges ou les frères Baptiste[30]. Le talent éprouvé de ces artistes n'allait pas tarder à faire du Marais l'une des rares scènes privées dont le budget ne fût pas déficitaire. Sa situation au cœur d'un quartier bourgeois et le choix du répertoire ne contribuèrent pas moins à son succès. Son directeur

avait délibérément renoncé aux œuvres dites « patriotiques »,
peu goûtées de ses habitués, pour donner la priorité à des pièces
non politisées, voire contre-révolutionnaires, comme ce fameux
*Artémidore ou Le Roi citoyen*, tragédie en trois actes signée
d'un royaliste notoire, Souriguère de Saint-Marc, qui peignait
Louis XVI sous les traits de son héros. Représentée sur la scène
du Marais le 29 septembre 1791, la pièce plaidait ouvertement
en faveur d'une monarchie libérale[31]. Cela n'empêcha nullement
le parrain du nouveau théâtre, le sieur de Beaumarchais en personne, d'y remonter ses grands succès de jadis : *Eugénie, Les
Deux Amis, Le Barbier de Séville* et *Le Mariage de Figaro*[32].
Mais le principal événement eut lieu le 26 juin 1792 avec la première de *La Mère coupable*. Il y avait évidemment beaucoup de
monde, ce soir-là, rue Culture-Sainte-Catherine. On reconnaissait dans la foule Mlle Contat, à peine remise d'une indisposition, venue voir à quoi pouvait bien ressembler « sa » Suzanne
au bout de vingt ans de mariage !

Échec immédiat et retentissant. Si chacun se plut à vanter le
jeu de Baptiste dans le rôle d'Almaviva, le public bouda résolument cette tragédie familiale jugée d'un autre âge. De toute évidence, la ferveur des Français brûlait pour de plus nobles
causes : la guerre contre l'Autriche les préoccupait bien davantage, et avec raison, que les « peines intérieures » de la pauvre
comtesse. Rentrée chez elle, la railleuse Mlle Contat jeta sur le
papier quelques piquants couplets sur l'air du *Menuet d'Exaudet*,
avec les mots qui avaient servi à composer *La Mère coupable*.
Gageons que Beaumarchais fut l'un des premiers à rire de cet
amphigouri, dont la charmante actrice régalait les hôtes de sa
maison de Chaillot[33].

La critique fut nettement moins drôle – et moins indulgente.
« Jamais pièce nouvelle ne fut plus mal accueillie, et surtout plus
mal jouée, note le rédacteur de la *Correspondance littéraire*. [...]
À l'exception du comte Almaviva dont le sieur Baptiste a tiré
tout le parti possible, la pièce, fort mal jouée le premier jour, l'a
été moins à la troisième et à la quatrième représentation ; mais le
succès de cet ouvrage qui, donné au Théâtre-Français, eût sans
doute mieux réussi, n'aurait pourtant jamais égalé celui du
*Mariage de Figaro*[34]. » La Harpe, de son côté, déverse son fiel
sur plus de dix pages ; il attaque tour à tour la conception
morale, le plan, les caractères, les situations, les dialogues,

dénonce avec une sorte de rage vengeresse les invraisemblances, le mauvais goût, le pathos, les métaphores hétéroclites, les maladresses, les incorrections, et achève sur ce coup de grâce : « Il n'est pas croyable qu'un si mauvais ambigu reste au Théâtre-Français quand il sera rétabli, non plus que *Tarare* sur celui de l'Opéra. Ces deux productions, platement folles, n'ont de l'esprit de Beaumarchais qu'une bizarrerie qu'il prit pour de l'originalité quand il fut gâté par le succès, et qui était la partie malheureuse d'un talent qui ne fut pas à portée de s'épurer par l'étude[35]. » La dernière phrase trahit son pédant à cent lieues. Pour le reste, il faut bien hélas lui donner raison : rien ne pouvait sauver du naufrage l'ultime ouvrage dramatique de Beaumarchais[36]. *La Mère coupable* lui infligea l'un des plus cuisants échecs de sa carrière. Tandis que le rideau tombait lentement sous les huées du parterre, le vieux Sedaine se pencha vers Gudin et lui glissa d'un ton navré : « Mon ami, nous venons d'assister à l'enterrement de Figaro. »

## Chapitre VI

# La dernière maîtresse

« Ayant passé l'âge de plaire, je dois fuir le malheur d'aimer. »
(Lettre à Amélie Houret de La Marinaie).

## La belle Amélie

En ces heures où tout semble basculer autour de lui, où la Révolution le prive de ses repères, où sa renommée subit un déclin proche de l'oubli, où le succès même semble lui tourner le dos, Beaumarchais se raccroche désespérément à quelques points fixes qui lui procurent du moins l'illusion du bonheur : la belle maison dont il est si fier, sa fille Eugénie, à laquelle il s'attache de plus en plus, sa « ménagère », à laquelle il voue une éternelle reconnaissance, les deux sœurs qui lui restent et qu'il aime avec tendresse, quelques amis fidèles... Mais que vaut tout cela sans le plaisir des sens ? Pour un homme qui, au milieu d'une dévorante activité, avait trouvé dans le libertinage un des principaux ressorts de l'existence, le silence de la chair avait un avant-goût de mort. Rien ne lui fut jamais plus étranger que la méditation sur sa fin dernière. Animé, au contraire, d'une furieuse pulsion de vie, il ne cessera de cultiver le désir comme le bien le plus précieux dont l'homme dispose pour exorciser les poisons de l'angoisse. Un univers sans désir ressemblerait à un monde éteint, toute société dissoute, tout mouvement aboli. Désirer, c'est exister. Le plaisir est le mobile de nos pensées, le terme de nos actions.

Si l'on ne connaît que très imparfaitement les aventures

amoureuses de Beaumarchais dans les dix dernières années de sa vie, c'est que ses descendants ont pris soin d'en détruire tous les vestiges. Louis de Loménie se félicitait naguère de leur zèle à supprimer des « billets très cyniques » ou « orduriers », qui ne faisaient d'ailleurs point honneur, prétendait-il, à l'esprit de leur parent. Pour ce dernier trait, nous renvoyons le lecteur aux lettres adressées à Mme de Godcville entre 1777 et 1779, qui font largement justice de ces propos[1]. Jamais, au contraire, l'esprit et l'érotisme n'ont fait si bon ménage que dans ce recueil[2]. Par chance, et n'en déplaise à M. de Loménie, quelques lettres, trop rares il est vrai, ont néanmoins échappé à l'autodafé familial. C'est ainsi que furent sauvés les débris d'une correspondance adressée à une femme dont la liaison avec Beaumarchais dura plus de dix ans.

C'est en 1787, en pleine affaire Kornman, alors qu'il entretient une relation amoureuse avec l'épouse du banquier alsacien, que Pierre-Augustin fait la connaissance d'Amélie Houret de La Marinaie dont il devient bientôt l'amant. Loménie la considère comme « une personne assez peu estimable par elle-même, mais occupant une certaine position sociale ». Selon le même, « cette liaison avait été très peu suivie, très interrompue par Beaumarchais et par sa famille, qui la connaissait[3] ». Malheureusement, il ne cite pas ses sources, et ses préjugés nous empêchent d'accorder à ses allégations tout le crédit souhaitable. Nous savons toutefois, par sa correspondance avec cette femme (ou du moins par ce qu'il en reste), que Beaumarchais entretenait officiellement Amélie Houret, la logeait sous son toit et formait avec elle un second ménage, en cohabitation avec son épouse légitime.

La première mention de cette liaison figure dans le *Courrier des spectacles* du 16 prairial an VII (4 juin 1799), soit dix-huit jours seulement après la mort de Pierre-Augustin, où l'on peut lire ces mots : « Une très aimable femme a de Beaumarchais des lettres brûlantes d'amour ; elle était bien digne de les inspirer. Mais comme il avait plus de cinquante ans quand il les écrivit, il y a tout lieu de croire qu'elles sont moins l'ouvrage de son cœur que de son esprit. Vraisemblablement, elles paraîtront quelque jour[4]. » Sans doute cette annonce avait-elle pour objet d'attirer l'attention de la famille. En ce cas la manœuvre réussit pleinement. Cinq mois plus tard, alors, que Mme de La Marinaie disparaissait à son tour, le possesseur de ces lettres (probablement l'auteur de l'annonce) proposait à la veuve Beaumarchais de les lui vendre. Celle-ci demanda conseil à Gudin qui lui répondit en ces termes : « Votre lettre, ma belle amie, m'a bien surpris, en m'apprenant la mort de Mme de La Marinaie. Je crois que c'est un bonheur pour elle : sa vieillesse eût été cruelle. Quant aux lettres, qu'importe aujourd'hui qu'on les publie ! Le public n'y fera guère d'attention, à présent qu'on ne peut plus tourmenter celui dont elles portèrent le nom. Il croira qu'elles ne sont pas de lui, ou qu'on les a falsifiées ; ce qui ne manquera pas d'arriver. Car il faudra bien y ajouter pour les rendre piquantes. Je ne crois pas que cela vaille la peine d'acheter un manuscrit dont on garderait peut-être une copie[5]. » Mme de Beaumarchais ne suivit pas cet avis ; elle acquit les lettres de son mari, et les détruisit entièrement. Du moins, le crut-elle, car comme il advient souvent en pareil cas, le vendeur en avait gardé quelques-unes qui passèrent de main en main avant de se retrouver dans les collections de la British Library de Londres, où elles sont conservées aujourd'hui.

Qui était donc cette mystérieuse Amélie Houret, comtesse de La Marinaie, née Duranty ? Selon certains, il faudrait l'identifier avec cette jeune fille d'Aix-en-Provence qui envoyait naguère à Beaumarchais des lettres exaltées, fortement teintées de rousseauisme, qu'elle signait *Ninon*[6]. Si rien ne vient à l'appui de cette hypothèse, nous avons cependant de bonnes raisons de penser que Ninon et Amélie avaient à peu près le même âge, soit vingt-cinq à trente ans de moins que Beaumarchais. Nous savons en tout cas que Mlle Duranty fut mariée contre sa volonté au comte de La Marinaie, que ce mariage ne fut pas heureux, et s'acheva sur un divorce prononcé en janvier 1796. Elle n'avait pas attendu ce moment pour multiplier les aventures amoureuses. Moins par esprit de galanterie que par nécessité. Chroniquement endettée, elle usait de ses charmes « incendiaires » pour obtenir de ses amants des secours financiers. Outre Beaumarchais, qui entretint avec elle une liaison intermittente et orageuse, elle fut la maîtresse de Pierre Manuel, ancien commis de librairie, nommé en 1791 procureur général de la Commune. Plus tard, elle tombera follement amoureuse d'un homme de dix ans plus jeune qu'elle, dont on ne connaît que les initiales H. C., derrière lesquelles, selon certains, il faudrait reconnaître

Hector Chaussier, tout à la fois médecin et homme de lettres, auteur de nombreux vaudevilles[7]. Passion malheureuse, car le jeune homme finit par avouer à sa maîtresse que « l'amour l'enchaînait aux pieds d'une autre ».

Un front « arrondi par la main des grâces », une physionomie « vive et spirituelle », des yeux « du plus bel azur, [...] vifs, pénétrants, doux, éloquents. [...] Rien de plus fin, de plus délié que sa jambe ; rien de plus joli, de plus mignon que son pied. Sa main est petite, son bras rond et potelé ». Telle était encore la belle Amélie à l'âge de trente-six ans, s'il faut en croire son jeune amant. « Tant qu'elle troubla ma vie, déclare celui-ci en préambule de son portrait, je laissai reposer ma plume et mon compas ; je voulais la juger avec l'impartialité du sang-froid et la sévérité de la raison ; je suis arrivé à ce point méthodique : je ne l'aime plus, je ne la hais pas, je vais la peindre. » Suit une telle accumulation de mignardises, qu'on se prend à douter de sa prétendue objectivité, ou de la sincérité de son détachement.... Un peu moins académique, l'esquisse morale intéresse davantage : « Amélie doit plaire à tout homme sensible, éclairé ; elle a prodigieusement d'esprit, mais il est tout en sentiment. Je ne conçois pas comment on peut allier à la fois tant de naturel, de vivacité, de force, de jugement. Sans étude, sans art, elle est tout ce qu'on peut être avec les prétentions les mieux fondées : elle s'exprime hardiment, car elle ne peut pas mal dire. Son caractère singulier perce dans ses discours. Amélie est la femme la plus énergiquement fière que je connaisse ; elle est aussi la plus vraie, et son extrême franchise tient à la hauteur de son caractère. Son esprit, léger, profond selon les circonstances, naïf, brillant et juste, ne laisse rien à désirer à l'observateur délicat qui sait la sentir ; mais peu d'hommes sont capables de l'entendre, de l'admirer. » Comme de surcroît elle se pique de littérature, l'ex-amoureux ne peut faire moins que de vanter « le tour de sa pensée, de son style, le choix de ses expressions ». Quant à son caractère, il le qualifie de « tranché ». « Cette femme a eu de grands malheurs ; elle les a supportés avec un courage remarquable et les peint avec une énergie douloureuse, poignante, qui déchire l'âme ! Elle conte sa vie à quiconque veut l'entendre ; elle dit des vérités à tout le monde, trouve tout simple de dire à un homme *je vous méprise*, quand il lui paraît méprisable. [...] Elle a mis son orgueil à dédaigner tout ce que les femmes recherchent par vanité. Il y a dans son âme un mépris continuel et constant pour tout ce que le commun des hommes estime : mépris des richesses, des dignités, du faste, des préjugés[8]. »

Bien qu'elle cultivât les arts et les lettres, Amélie Houret de La Marinaie n'a publié aucun ouvrage de son vivant[9]. Le seul qu'on puisse lui attribuer avec certitude parut en 1802, trois ans après sa mort prématurée, sous le titre suivant : *Quelques traits d'une grande passion, ou Lettres originales de feue Amélie Ho..., comtesse de La M..., écrites pendant le cours des années 3, 4 et 5 de la République française.* Encore ne s'agit-il pas d'une œuvre littéraire à proprement parler, mais d'une série de lettres adressées à son jeune amant de 1793 à 1796, et publiées par ce dernier : « Ces lettres n'étaient pas destinées à voir le jour, écrit-il dans son *Avertissement*. On n'y trouvera point, par conséquent, cette méthode qui sert à lier les faits, mais presque toujours aux dépens du sentiment et de la vérité. Ce n'est point un roman que l'on donne au public ; c'est la simple histoire d'un amour malheureux, et qui s'épanche avec d'autant moins de réserve que celle qui le ressentit ne soupçonna jamais que le public dût un jour prendre intérêt à ses malheurs. » Ceux-ci s'expriment d'ailleurs en des termes si justes et si touchants, qu'on finit par en oublier l'indélicatesse, pour ne pas dire la muflerie du destinataire. Rarement passion de femme se sera dévoilée avec autant d'impudeur. Rarement héroïne aura fait le sacrifice de son repos avec autant de lucidité. Consciente que la différence d'âge qui la sépare de son « enfant » la conduit à sa perte, elle se jette néanmoins à ses pieds qu'elle baigne de ses larmes, le suppliant, le harcelant de serments et de plaintes, offrant sa nudité à des désirs depuis longtemps éteints. Plus rare encore, chez une femme, l'aveu sans cesse répété d'une sensualité qui ne met nul frein à ses déportements. Certaines de ses maximes ne sont pas sans rappeler étrangement celles que Beaumarchais prodiguait naguère à Mme de Godeville : « L'amour sans plaisir est un platonisme hébété, qui n'a de sectaires que parmi les gens malades d'esprit ou de corps, écrit-elle. On n'est point amoureux si l'on ne brûle pas de posséder ce qu'on aime[10]. »

Changeante, versatile, imprévisible, capable de brusques retournements, Amélie peut passer du plus profond abattement à la fureur d'une chatte en colère. N'écoutant alors que sa soif de vengeance, elle se jette sur le perfide et le lacère à coups de griffes. Elle sait d'ailleurs où le bât blesse, ou du moins le croit-elle, et attribue à la faiblesse de son tempérament ce qui n'est sans doute qu'un dégoût à satisfaire ses désirs, qu'on devine insatiables : « Il faut enfin que je me soulage et que je vous dise vos vérités, avec ma franchise brutale ; car ma devise, comme vous le savez bien, est aussi *Vitam impendere vero* ; mais c'est sans humeur, mon cher H..., sans fiel contre vous ; mon âme en est incapable. Sachez donc que je ne crois pas un mot de votre roman... Vous rêvez creux, vous mâchez à vide, et nul objet ne vous captive. C'est une prétention que tout ce romanesque, pour étayer moralement un mauvais physique. Avec une jolie figure, de la tournure, même de l'esprit, vous avez une physionomie froide qui n'annonce aucune sensation ; vous avez les yeux morts, et jamais la volupté ne les anime. On vous presserait sur des lèvres de roses, sur un sein d'albâtre, que vous ne sauriez trouver des sens. Si vous existiez, une passion dans le cœur n'empêcherait pas l'émotion physique qui précipite le cours du sang à la vue de la beauté. Plusieurs fois, je vous ai surpris en mensonge ; et cette maîtresse qui, selon vos dires, vous captive exclusivement, est le mensonge de votre vanité pour cacher votre nullité. Je vous parle en philosophe : ce platonisme que vous affectez près de moi n'est que le délire d'un malade.[...] Lisez *L'Art d'aimer*... Je puis dire de vous ce que Ninon (pas plus philosophe que moi) disait du marquis de Sévigné : *C'est une vraie citrouille fricassée dans de la neige*[11] ! »

## « DIEU ME PRÉSERVE DE VOS CHARMES ! »

La correspondance entre Amélie de La Marinaie et Pierre-Augustin, dont il ne reste que des lambeaux, ne fournit aucun détail sur les circonstances de leur rencontre. Elle nous permet seulement de supposer que c'est elle qui prit les devants. Tourmentée par un époux avec lequel la cohabitation devenait quasi impossible, elle vint demander conseil à Beaumarchais, alors en plein procès Kornman, comme au champion reconnu de la cause des femmes. Sans doute aussi ses constants besoins d'argent l'engagèrent-ils à choisir pour défenseur un homme capable de lui assurer, à défaut d'une solution juridique, de sérieuses et trébuchantes compensations. Sûre de ses charmes, alors dans tout l'éclat de la jeunesse, elle en joue avec un art consommé pour séduire le barbon millionnaire, et se flatte d'y réussir. Point dupe de son manège, celui-ci résiste, ou plutôt fait mine de résister ; moins par souci de sa tranquillité comme il le prétend, que pour se laisser le temps de rêver un peu sur cette proie toute fraîche qui vient s'offrir à lui. L'érotisme ne va jamais sans imaginaire, ni l'imaginaire sans discours. Le XVIII<sup>e</sup> siècle ne sait pas faire l'amour sans en parler : il en parle avant pour faire monter le désir, pendant pour le démultiplier, après pour le revivre en pensée. « Tu ne sais faire l'amour que sur un lit, écrivait naguère Beaumarchais à Mme de Godeville. Il est quelquefois charmant sur une feuille de papier. » N'est-ce pas afin de prolonger la délicieuse attente qu'il se refuse d'abord à la belle inconnue ? Différer la satisfaction des sens fait partie de l'art de jouir. Éveiller par écrit la voluptueuse image de la tentatrice, faire précéder le plaisir par l'idée du plaisir, c'est raffiner sur le libertinage. Pour Beaumarchais, qui franchira dans peu le seuil de la soixantaine, c'est aussi une façon d'échauffer une ardeur quelque peu vacillante. « Maintenant, belle impérieuse, que voulez-vous faire de moi ? lui écrit-il. Premièrement, je ne veux plus vous voir ; vous êtes une incendiaire ; et soit que vous brûliez ou non, vous mettez le feu partout. Hier, en vous quittant, il me semblait sur moi qu'il eût plu de la braise. Mes pauvres lèvres, ah ! dieux ! pour avoir seulement essayé de presser les vôtres, étaient ardentes comme si elles étaient dévorées du feu de la fièvre. Qu'avais-je besoin de voir tant de charmes ? Qu'avais-je besoin de voir votre jambe attachée au genou le mieux fait ? et ce pied, si petit, si furtif qu'on le mettrait dans sa bouche... ? Non... non, je ne veux plus vous voir, je ne veux plus que votre haleine mette le feu dans ma poitrine. Je suis heureux, froid, tranquille. Que m'offririez-vous ? Des plaisirs ? Je n'en veux plus de cette espèce. J'ai renoncé à votre sexe : il ne sera plus rien pour moi. [...] Plus de séances bec à bec ; je deviendrais fou, tous mes plans de sagesse se briseraient contre tant d'attraits ; et ma coquette, en se mirant, chercherait encore à se donner quelques charmes de plus ; son petit parler sec et brusque essaierait de nouveaux propos capables d'enchanter l'oreille ; et moi, suspendu comme une mouche à tous ces filets d'Arachné, je laisserais sucer, dessécher ma substance, égarer ma raison, soulever mes sens presque éteints ; et cette femme en miniature, avec ses idées de vingt pieds, ferait sa poupée de mon cœur. Non.., non... arrêtons-nous, il en est temps ; mandez-moi ce que vous pensez, sentez, voulez, exigez de moi ; je suis votre conseil, votre respectueux admirateur, pas encore votre ami. Dieu me préserve de vos charmes [12] ! »

Encouragée par ce premier succès, la rusée pousse ses avantages auprès de son bienfaiteur, auquel elle peint sa situation sous les couleurs les plus noires : mariée à un homme riche, qui la prive de tout, elle vit dans un état d'extrême précarité, et ne peut même subvenir aux besoins de sa mère. Ému par le récit de ses malheurs (et aussi, sans doute, par le souvenir de ce « pied si petit »), Beaumarchais n'hésite pas ; il vole à son secours : « Vous êtes ce que vous devez être, lui écrit-il, noblement infortunée et fière au sein de l'infortune. Votre sollicitude pour le sort de votre mère honore votre cœur ; vous serez une bonne amie, puisque vous êtes une bonne fille ; il ne faut plus que vous tranquilliser. Je vous remercie de m'avoir assez estimé pour croire que de si beaux motifs, une position si cruelle devaient m'émouvoir. Si belle et si jolie, si jeune encore, et vous êtes pauvre ! Ah ! oui, vous êtes une honnête femme ; il ne faut plus que vous tranquilliser. Envoyez vite un secours à votre mère, et que cela passe avant tout. Payez sans retard chez vous, afin que vous soyez placée dignement : les autres peuvent attendre un peu ; prenez des termes et faites-m'en part ; je ferai en sorte que vous ne restiez pas en arrière. En me donnant mes coudées franches, je pourrai vous prêter assez pour remplir ces premiers vides. J'ai connu, mon enfant, l'infortune et ses suites, et sais qu'il en coûte à une âme fière pour solliciter de l'appui. Dieu merci, vous n'êtes plus dans ce cas. Tant que j'en aurai vous ne manquerez pas, et votre sort est désormais en sûreté. Je vous apprendrai deux bonnes choses : à vous passer de tout ce qui vous manque, et à jouir modestement de ce que vous aurez. Comment s'appelle votre frère ? Je suppose qu'il a quitté son nom en entrant dans les Aides. Je tâcherai de travailler pour lui ; mais moi, pauvre, je suis bien mal avec la Ferme générale ! Défenseur perpétuel des droits du commerce de France contre tous les abus du fisc, défenseur de la justice et de l'humanité contre toutes les auto-

Partie de ballon des prisonniers de Saint-Lazare en 1794, par Hubert Robert (1733-1808).
Tenu par les frères lazaristes, cet établissement servait surtout de maison de correction
pour les jeunes délinquants. Musée Carnavalet.

Ravitaillement des prisonniers à Saint-Lazare,
par Hubert Robert. Musée Carnavalet.

Soignant son image « humanitaire », Beaumarchais militait pour l'allaitement maternel :
thème fort prisé des philosophes, et notamment de Jean-Jacques Rousseau.

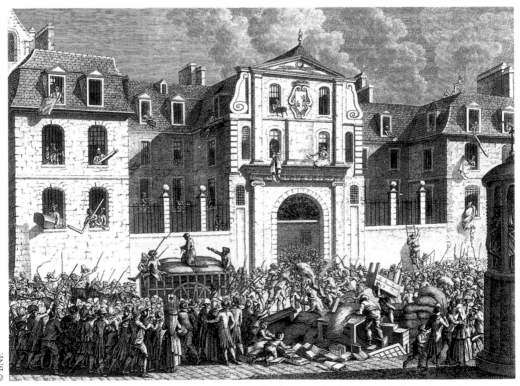

Pillage de la maison de Saint-Lazare le 13 juillet 1789. Le bref séjour qu'y fit Beaumarchais
sur l'ordre de Louis XVI, fut regardé par l'opinion comme une atteinte à la liberté individuelle.

Beaumarchais « corrigé » à Saint-Lazare.
Popularisée par la caricature,
cette fessée ne fut pourtant jamais infligée
à l'auteur du *Mariage de Figaro*.

La Pompe à feu de Chaillot,
aquarelle de Le Campion. Destinée
à l'approvisionnement de Paris en eau,
cette machine à vapeur fut construite
par les frères Périer en 1781. Musée Carnavalet.

Jean-Baptiste Lallemand. Vue de la pompe à feu de Chaillot. Toujours à l'affût d'opérations lucratives, Beaumarchais fut l'un des principaux commanditaires et administrateurs de la *Compagnie des Eaux de Paris*.

Honoré Gabriel Riqueti, comte de Mirabeau.
Beaumarchais eut à soutenir contre le tribun
l'une des polémiques les plus violentes de sa carrière.
Château de Versailles.

Ce n'est qu'en 1793, deux ans après la mort de Mozart,
que Beaumarchais assista, dans une totale indifférence,
à la représentation des *Noces de Figaro*.

Affiche pour la création des *Noces de Figaro* au Burgtheater de Vienne,
le 1ᵉʳ mai 1786. L'événement n'eut aucun écho à Paris,
et Beaumarchais lui-même semble l'avoir ignoré.
Vienne, Bibliothèque nationale.

Antonio Salieri (1750-1825). C'est à ce rival
de Mozart que Beaumarchais commandera
la musique de son opéra *Tarare*.

Emanuele Conegliano,
dit Lorenzo Da Ponte (1749-1838).
C'est Mozart lui-même qui lui commanda
le livret des *Noces*,
d'après la comédie de Beaumarchais.
Vienne, Bibliothèque nationale.

Le ténor Adolphe Nourrit (1802-1839) dans le rôle-titre
de *Tarare*, lors d'une reprise à l'Opéra de Paris.

Nicolas Bergasse (1750-1832). Avocat de talent,
député du Tiers aux états généraux, Bergasse assura la défense
du banquier Guillaume Kornman dans le procès
qui opposait ce dernier à Beaumarchais.

Façade de la maison.
D'inspiration palladienne,
elle se développe
en hémicycle.
Musée Carnavalet.

Au milieu du jardin, s'élevait un temple
à Bacchus orné d'une petite colonnade
à la grecque, dont l'entrée mystérieuse
dissimulait un repaire gastronomique.
Musée Carnavalet.

Devant l'affluence des curieux,
Beaumarchais délivrait des laissez-passer
signés de sa main pour visiter son parc.

Jardin de la maison de Beaumarchais, faubourg Saint-Antoine. Conçu par l'architecte-paysagiste
François-Joseph Bélanger, ce jardin « anglo-chinois » obéissait au goût de l'époque
pour les rocailles et les fausses ruines. Musée de la Révolution française, Vizille.

Porte du jardin Beaumarchais. Elle s'ornait de deux magnifiques bas-reliefs attribués à Jean Goujon,
la *Seine* et la *Marne*, récupérés lors de la démolition de la porte Saint-Antoine.

Une cascade alimente un bassin où voguent des nacelles
et que traverse un pont chinois avec ses clochettes obligées.

Après la destruction de la maison en 1822, il ne subsista plus
que ce pavillon d'angle situé à l'extrémité du jardin ;
il disparut à son tour en 1826.

Bureau de Beaumarchais, dit « à cylindre », œuvre de l'ébéniste Riesener. Inspiré de celui de Louis XV à Versailles, il avait coûté 85000 livres : l'un des prix les plus élevés jamais atteints pour un meuble. The National Trust Waddesdon Manor.

Portrait de Beaumarchais par Soyer.

Frère puîné d'André Chénier,
Marie-Joseph Chénier (1764-1811)
devint à vingt-cinq ans,
grâce à son *Charles IX*,
le chantre officiel de la Révolution.

*Charles IX*, acte V, scène IV :
« Le Ciel en me frappant
donne un exemple aux rois. »
Lors de sa création,
le 4 novembre 1789,
Danton prophétisa :
« Si *Figaro* a tué la noblesse,
*Charles IX* tuera la royauté. »

*La Mère coupable* (1792),
acte IV, scène XV.
Avec ce mélodrame,
Beaumarchais achevait
la trilogie de *Figaro*,
inaugurée en 1775
avec *Le Barbier de Séville*.
L'échec fut retentissant.

Le 28 avril 1789, des manifestants saccagèrent les appartements,
le jardin et les ateliers de Jean-Baptiste Réveillon,
entrepreneur en papiers peints, ami et voisin de Beaumarchais. Musée Carnavalet.

Des patrouilles effectuaient
les visites domiciliaires
exigées par Danton,
« pour trouver les trente mille
traîtres et les quatre-vingt mille
fusils qui se cachent ».

Procès-verbal « guirlandé » de signatures,
et remerciements de Beaumarchais, placardé
par lui-même après la visite de son domicile.

# VISITE
## FAITE DANS LA MAISON
## DE M. BEAUMARCHAIS,
### PAR PLUS DE 30 MILLE PERSONNES.

Nous souffignés, Citoyens du Faubourg Saint-Antoine, certifions qu'après une vifite exacte et fcrupuleufe dans la maifon et dans le jardin de M. *Beaumarchais*, nous n'y avons trouvé ni armes, ni rien qui puiffe troubler la tranquillité publique : en foi de quoi nous avons figné le préfent Certificat. A Paris, ce 11 Août 1792.

*Suivent autant de Signatures que le papier en peut contenir.*

Et moi, CARON BEAUMARCHAIS, en certifiant ce que deffus conforme à l'original, j'attefte, pour l'honneur de la vérité,

Que, rentré dans ma maifon, quand cette exceffive affluence de Citoyens et de Citoyennes en a été fortie ; malgré la févére longueur de la recherche qui a duré près de cinq heures, aidée de Maçons et de Serruriers qui ont tout ouvert et tout fondé ; j'attefte, dis-je, que ma propriété a été fcrupuleufement respectée ; qu'on n'y a rien détourné ni gâté, et qu'elle eft demeurée intacte : ce que je figne et publie avec reconnaiffance.

Et j'ajoute que la perte d'une malle, qui a été volée dans un déplacement de fureté, eft de la furveille, et abfolument étrangère à l'évènement de cette journée.

CARON BEAUMARCHAIS.

La prison de l'abbaye pendant les Massacres de Septembre. Musée Carnavalet.

Interrogatoire à la prison de l'Abbaye. Ce tribunal était présidé
par l'horrible Maillard, surnommé « chef des massacreurs ».
Musée Carnavalet.

Pierre Manuel, rival de Beaumarchais dans le cœur de sa maîtresse,
le fera cependant libérer, quelques heures avant les Massacres. Musée Carnavalet.

Le couvent des Bénédictins anglais, rue Saint-Jacques,
transformé en prison sous la Terreur, où furent incarcérées
Mme de Beaumarchais et sa fille. Photographie d'Eugène Atget.

Le port et la ville de Veere, en Zélande,
où étaient entreposés les fameux « fusils de Hollande ».

La prison du Banc du roi, à Londres.

Vue sur Hambourg du côté d'Altona.
Musée des beaux-arts de Valenciennes.

Laurent Lecointre (1742-1805),
député à la Convention et dénonciateur professionnel.

$\mathscr{C}$

Vous êtes prié d'assister aux Convoi et Enterrement du citoyen CARON BEAUMARCHAIS, homme de Lettres, décédé en son domicile, Porte Antoine, le 29 Floréal, an 7, qui se feront le 30 dudit, à 11 heures du matin.

De la part de la Citoyenne BEAUMARCHAIS, sa Veuve, de son Gendre et de sa Fille.

*© Roger Viollet.*

Conformément à ses dernières volontés, Beaumarchais fut inhumé dans un bosquet ombragé de son jardin, nommé la *Salle verte*.

*Ph. josseline rivière.*

Ses restes seront transférés au cimetière du Père-Lachaise en 1822, avant la démolition de la maison.

rités ministérielles, on me redoute, on me maudit, pendant que dans les ports chacun me préconise. En général, il n'est point de milieu pour moi : partout je suis, sans le vouloir, ou le bœuf gras ou le loup gris. N'importe, envoyez-moi le nom sous lequel votre frère est employé dans la régie ; je ferai ce que je pourrai, sinon par moi, par mes amis : j'en ai fort peu, ils deviendront les vôtres. Ne parlez de moi à personne, jusqu'à ce que vous soyez bien instruite de la terrible enveloppe dans laquelle je vis. Le peu que je fais pour vous, charmante et digne femme, serait envié, jalousé, vous ferait exécrer par mille gens qui se croient des droits sur mes soins, mais qui sont à mille lieues de moi.

« Fermons ce tiroir et ouvrons l'autre, car tout doit marcher à la fois. Vous m'avez dit tous vos secrets, sachez une partie des miens. Vous me demandez mon amitié ; mais il est trop tard, chère enfant, pour que je vous accorde une chose si simple. Malheureuse femme, je vous aime, et d'une façon qui m'étonne moi-même. Je sens ce que je n'ai jamais senti. Êtes-vous donc plus belle, plus spirituelle que tout ce que j'ai vu jusqu'à ce jour ?

« Vous êtes une femme étonnante, je vous adore. Pourtant, ne vous effrayez pas : cela ne vous engage à rien, et cet amour, peut-être nouveau dans mon cœur, n'aura rien de commun avec nos relations sévères. Je voudrais pour beaucoup pouvoir oublier notre entrevue, vous restituer tout ce qui s'y passa, surtout en perdre la mémoire. Comment tenir une jolie femme sans rendre hommage à sa beauté ? Je ne voulais que vous prouver qu'on ne vous voit pas impunément ; mais ce doux badinage, sans conséquence avec une femme ordinaire, a laissé des traces profondes que ni vous ni moi ne pourrons jamais effacer. Il faut bien que vous dévoriez encore l'ennui de tout ce radotage, parce qu'il sera le dernier. Vous me troublez, vous me suivez, et vous m'empêchez de dormir. J'ai des agitations tout à fait déplacées, je sens le feu de votre haleine. Je voudrais dans ma déraison pétrir vos lèvres de mes lèvres pendant au moins une heure entière [13]. [...]

« Je pensais cette nuit que ce serait un grand bonheur si je pouvais, dans ma fureur, vous identifier avec moi, vous dévorer toute vivante. Elle aurait ses bras dans mes bras, sa personne dans la mienne. Tout le sang qui part du cœur, au lieu d'aller chercher l'artère, pourrait se verser dans son cœur, et puis de son cœur dans le mien. Qui devinerait qu'elle est là ? J'aurais l'air de toujours dormir, et nous jaserions en dedans. Mille autres idées extravagantes viennent croiser cette folie. Vous voyez bien, mon cœur, qu'il est impossible à présent que vous désiriez me rencontrer. Et pour consentir à me voir, il faudrait que vous fussiez aussi folle que moi. Laissez donc là toutes vos mignardises ; le ton de votre reconnaissance est trop touchant pour mon faible cœur ; ne serrez point ma main entre vos petites menottes d'albâtre ; ne les portez pas sur votre cœur, comme vous le dites ; tout cela me fait mal, je le sens, je le vois comme si cela était. Nous avons mille choses à nous dire ; traitons-les par écrit ; vous vous verseriez tout entière que vous ne me soulageriez pas. Mon amour est d'une trempe à part : il faudrait m'aimer, et je me rends justice, vous ne pouvez pas m'aimer ; vous ne voudriez pas rendre malheureux celui que vous avez charmé par votre esprit, votre figure, votre hauteur d'idées et votre parfaite sensibilité. Ayant passé l'âge de plaire, je dois fuir le malheur d'aimer. Tout cela s'apaisera, j'espère, pourvu que je ne vous voie plus.

« Ah ! Madame, j'ai profané votre bouche, puisque la mienne l'a pressée sans mourir.

« Femme, rends-moi l'âme que tu m'as prise, mets-en une autre à sa place.

« P. Caron Beaumarchais [14]. »

*<br>*  *

Nous ne sommes là qu'au début d'une liaison qui va durer jusqu'à la mort de Pierre-Augustin en 1799, et qui connaîtra des fortunes diverses au gré des événements. Si ces lettres, jamais rééditées depuis qu'Édouard Fournier les publia pour la première fois en 1876, conservent un ton de relative décence, on ne peut en dire autant de celles qui vont suivre, et qui ne verront le jour qu'un siècle plus tard. Entre les deux amants s'est établie, en effet, une relation d'un érotisme torride dont Beaumarchais traduit les excès dans une langue libérée de toute entrave. Nulle part dans son œuvre, pas même dans ses lettres à Mme de Godeville, il n'avait évoqué le désir avec une telle impudeur. Jamais, il n'avait manifesté un tel mépris des convenances.

Jamais, il n'avait poussé la licence verbale aussi loin. Les passages qu'on vient de citer nous font voir un Pierre-Augustin sincèrement épris et qui cherche à séduire. Dix années environ séparent ces lettres de celles qu'on va lire plus bas ; dix années qui auront mis fin aux déclarations passionnées, renversé les ultimes barrières de la décence, réduit à néant le respect de l'autre et de soi-même. C'est le langage du sexe qui prévaut désormais entre les deux amants : idiome de connivence, direct, brutal, dont on use entre partenaires de débauche, quand on n'a plus rien à s'interdire. Alors, la violence des mots ne sert qu'à régénérer les corps blasés.

Beaumarchais sait que le temps d'aimer lui est désormais compté. Le voici donc, à son tour, obligé de jouer les Bartholo, pris dans les rets de cette aventurière de trente ans plus jeune que lui, sommé de déployer auprès d'elle une vaillance au moins égale à celle qu'il décrit complaisamment sur le papier. Ces excès contribuèrent-ils à hâter sa mort, comme on l'entend dire, ici et là ? Ce qui est sûr, c'est qu'ils eurent pour effet d'assombrir ses dernières années, car s'il en tira quelques plaisirs, il en souffrit aussi les plus cruels tourments. La jalousie devint la compagne assidue de ses jours, et surtout de ses nuits. Les deux lettres qu'on va lire sont les seules rescapées d'une correspondance qu'on suppose beaucoup plus volumineuse, aujourd'hui perdue ou détruite volontairement. Nous les reproduisons intégralement, afin de placer sous les yeux du lecteur des textes jusqu'ici diffusés de manière quasi confidentielle, dans des revues savantes et d'accès difficile.

La première ne porte aucune date, mais le contexte permet de la situer à la veille de la seconde, laquelle est du 11 vendémiaire an VII (2 octobre 1798). Beaumarchais y joue les barbons obscènes avec un affligeant naturel.

« NOTRE EUCHARISTIE D'AMOUR »

« En revenant ce matin de la plus désastreuse conférence, je suis entré chez vous, où j'ai trouvé, en votre place, ce petit mot joli : *viens demain à 11 heures, tout fermé, tout ouvert!* Je suis rentré chez moi où j'ai lu celui ci : *J'aime mieux demain à 11 heures. Viens prendre courage et m'en donner ! As-tu lu ma lettre d'hier soir ?* – Oui je l'ai lue, et vous m'y dites : *Sans doute mon goût pour les plaisirs que la nature permet dans sa clémence*, etc. Non, *foutue bête* toi-même ; il fallait dire : *que la nature nous donne* et non pas *nous permet*, pour nous dédommager des peines de ce monde ! *Tu l'as donc eu ce goût*, dont tu te donnes les airs de te repentir aujourd'hui ! Moi, je t'ai montré du mépris *pour avoir aimé le plaisir* ? Ose le dire ! Non, *je t'ai méprisée* pour en avoir gâté le charme en lui ôtant ce qu'il a de divin quand on le donne, ou le reçoit du seul objet de sa prédilection, *pour le prostituer à d'autres !* Juge et rappelle-toi à la nature, et à l'ivresse des caresses religieuses dont ton corps a été l'objet de ma part, si j'ai pu, si j'ai dû, pour conserver une liaison qui me devenait détestable ; si j'ai dû dire la sottise : *que j'étais vieux et elle jeune encore !* etc. etc. Ce n'est donc pas des *préjugés* que ta *foutue bête* d'ami (pour user de tes propres termes) a *rabâché* ! C'est du crime d'avoir foutu avec un autre, dans le temps même où ton amant, par ivresse plus que divine, te suçait le con et le cul, comme un dévot traite l'Eucharistie ! Qui, moi ? Je devais pardonner, me dis-tu, dissimuler *ce crime affreux contre l'amour ? Non, foutre, non !* Encore aujourd'hui, je te fuirais à mille lieues, si je pouvais te soupçonner de te laisser sucer le con, lécher le cul par un autre homme que par moi ! Sais-tu pourquoi j'ai pu te pardonner d'avoir levé tes jupes *pour que Manuel te le suçât* ; et que je n'ai pas pu obtenir de moi d'indulgence, quand ce petit sot de Froment, de ton aveu, les a levées, quoique tu ne sois convenue avec moi d'autre chose (quand je te l'ai reproché aigrement) sinon de l'avoir laissé se branler devant toi, jusqu'à la décharge complète : ce que tu nommas *s'achever ?* C'est que ma juste colère de l'insulte que tu m'avais faite avec ce petit sot pommé, et mon très juste éloignement de toi à cette grave occasion, a pu te faire croire que ne m'appartenant plus, tu pouvais sans scrupule te laisser *putiner*[15] par ce farouche député le con qui n'était plus à moi ! Moi, voulant m'abuser sur ce que j'avais lu de toi, je me suis dit : *c'était changer d'amant, mais non partager sa personne !* Au lieu que le petit faquin, à qui tu as, sans doute, tout permis, quoique tu ne m'aies avoué *par écrit* que l'insolence de son déculottage, et d'un acte odieux que l'on ne se permet qu'auprès d'une putain qu'on méprise, ou *qu'on craint de foutre* ; ce petit faquin, dis je, était sans excuse à mes yeux ; nous étions en dispute alors, *mais non pas séparés* ; et toi, pour me punir de t'avoir disais-tu, traitée légèrement, tu faisais la coquine, ou plutôt te laissais traiter comme une fille par celui que tu n'aimais pas ! M'entends-tu maintenant ? C'était de ta lâche prostitution que je me plaignais justement ! Car tu avais si bien regardé mes caresses comme *une déification* que, dans l'excès de ton étonnement, tu avais cru ne pouvoir t'acquitter envers moi qu'en me rendant avec amour les folies que je te faisais, et que tu as doublement couvertes d'un déshonneur ineffaçable : d'abord en te les laissant faire par autrui, ensuite en divulguant avec dédain que je m'étais complu à te rendre ce charmant hommage que tu nommais *tibériades*[16], uniquement pour te donner comme une victime dévouée de la tyrannique sujétion où ma crapule t'avait mise ! *Ciel ! Ma crapule ! de t'avoir fait la divinité de mon culte !* Voilà la question bien posée, afin qu'il n'en soit plus parlé. Tu ne m'aimes plus, je le sens, malgré tout ce que tu m'écris. Je ne m'en plains pas : je suis vieux et trop infortuné pour être aimable. Mais lorsque tu me dis : *viens, apporte-moi ton prurit et je le panse du secret* [17], je te réponds : *non, foutre non.* J'ai pu le souffrir sans scrupule lorsque le même hommage te charmait de ma part : je rougis de penser que je soumettrais mon amie a un plaisir qu'elle ne partage plus : *non.* Ce n'est pas cela qui peut me plaire de ta part : c'était ce bonheur exclusif avec lequel ma langue suppléait à la faiblesse de mon vit ! Quand je croyais te l'avoir fait goûter, le plaisir de foutre pour moi, je l'acceptais de toi, avec la simplicité d'un retour que tu semblais accorder par amour à celui qui t'idolâtrait. Ce temps, Amélie, est passé, et le charme non raisonné d'une réciprocité de ce culte religieux par lequel deux amants cherchent à se prouver que tout leur est cher l'un de l'autre est fini pour nous deux. Tu n'auras pas sur moi l'avantage d'un sacrifice dont tu veuilles encore te vanter. J'ai sucé ta bouche rosée. J'ai dévoré le bout de tes tétons. J'ai mis avec délices et mes doigts et ma langue dans ton con imbibé de foutre. J'ai léché le trou de ton cul avec le même plaisir divin que ma langue a cherché la tienne. Quand, pardonnant à ma faiblesse, tu as versé le foutre de l'amour en remuant ton cul chéri sur ma bouche altérée de ce foutre divin, je t'ai laissée faire sur moi tout ce qu'il a plu à la tienne. Ce temps de délire est passé. Quoique j'aie un besoin extrême d'une consolation animée, je n'irai pas chez toi demain disputer sur les différences de nos façons de nous aimer, dont tu ne rends la tienne autant austère que bégueule que pour l'insipide plaisir de vouloir me prouver que ton amour est le plus délicat ! Ta triste supériorité m'attriste et détruit mon bonheur naïf. À moins que toi qui m'écris *foutue bête*, mettant a m'inviter cette simplicité charmante, ne m'écrives naïvement : *Viens me dire que tu m'aimes, viens ! Que nos langues se foutent après avec le charme d'autrefois ! Viens langoter le con, le cul de ton amie. Viens puiser une goutte de foutre au con de la bégueule qui te dit foutue bête, et si je suis bien contente de toi, je te rendrai avec amour le plaisir que tu m'auras fait.* Si tu ne m'écris pas cela ce soir avant de te coucher, sauf à me le faire tenir demain matin à mon réveil, tu ne verras pas ton ami qui, forcé de sortir a huit heures et un quart, ne pourra peut-être pas te rapporter ta douce lettre avant onze heures et demie ou midi. Mais si je la reçois ou ce soir, ou demain matin, je brusque tout pour aller remonter ton courage et le mien, par notre eucharistie d'amour [18]. »

## « TU AVILISSAIS NOS PLAISIRS ! »

La seconde lettre se présente sous la forme d'une série de notes, rédigées par Beaumarchais entre les lignes d'Amélie. Nous les transcrivons ci-dessous entre crochets et en caractères gras, à la place qu'elles occupent dans l'original manuscrit.

« Le 11 soir Vendémiaire an 7 [2 octobre 1798]

« J'ai répondu, cher ami, avec précipitation à ta lettre de ce matin. M. Dp est arrivé pendant que Foed était là. Je t'ai mandé que l'âge, le malheur et la maladie avaient tué les sens que j'avais dans l'imagination [**Je ne sais pas ce que cela veut dire.**] et qui te plaisaient tant [**Ah, j'en suis bien honteux !**] – mais que dans tes bras, à tes pieds, sans plaisir [**Malheureuse !**] et sans argent, j'étais aux cieux, ami. C'est une vérité que je sens jusqu'au fond du cœur, pourquoi repousses-tu mon pur amour ?

Je fus traitée comme une gueuse parce que l'on me crut des sens [**Non, mais parce qu'on crut que vous trompiez un honnête homme**] et que l'on m'accusa d'en être l'esclave [**Non, mais d'en faire jouir plusieurs en les trompant ! Car voilà ce que l'on disait.**]... Il fallait bien me mettre au-dessus de ces coupables erreurs, braver cette démence des sens [**Va ! la démence est d'en parler ainsi, quand on a le bonheur d'en avoir**] et être enfin la femme raisonnable et vraiment sensible que je devais être à mon âge que j'aurais été à 20 ans, si l'on m'eût montré l'opprobre qui suit une femme sans mœurs ; on m'a gâtée, on a tout excusé. Et je me suis abandonnée ; ta famille ne m'a pas gâtée, et je lui ai l'éternelle obligation d'avoir sauvé mon automne de l'infamie du désordre Car, au train dont j'allais, j'aurais eu comme Ninon, de jeunes amants à cinquante ans. [**Quand ma famille te reprochait le désordre de ta conduite qui consistait a te livrer a plusieurs hommes à la fois, il existait donc ce désordre ; puisque, du train dont tu allais, sans les reproches de ma famille, tu aurais eu comme Ninon** [19]**, de jeunes amants à cinquante ans ! Et tu aurais dit à tous :** *le bon billet qu'a Beaumarchais* [20] **! Voilà pourtant comme vous raisonnâtes !** ]

« Le prétexte que ta famille a pris pour me chasser de chez toi m'a éclairé. Le mépris avec lequel tu m'as traitée [**Ce ne fut pas mépris, mais indignation de la fausseté d'Amélie**], ma véritable tendresse pour toi, tout a contribué a opérer une réforme [**Dis-moi quelle est ta réforme, si ton désordre n'était autre que d'ouvrir ton lit à moi seul ; puisque tu te crois vertueuse en m'y appelant pour demain ?**] à laquelle on a peut-être peine à croire (tant j'ai une bonne réputation). Ami, il ne tenait qu'à toi que je n'aie pas les torts que j'ai eus ; il fallait me prouver un amour vrai [**Va ! cet amour, je te l'ai bien prouvé, mais tu l'as traîné dans la boue, tu as nommé** *tibériades* **le culte vraiment insensé que je ne rendais qu'a toi seule ! Et plus libertine que moi, si c'est là du libertinage, tu as déshonoré nos jeux et notre amour insensé par la publicité que tu leur a donnée** [21]**]** en prenant soin toi même de ma gloire (tu avais bien plus d'usage du monde que moi). Il ne fallait pas laisser soupçonner que je vivais par tes moyens. [**Jamais je ne l'ai dit à personne, ni même laissé entrevoir.**] Enfin – ne revenons plus sur tout cela – tu as osé écrire que tu *avais payé tes plaisirs*. [**Si j'avais** sous la main les indignes injures auxquelles mon indignation répondait, vous rougiriez de me reprocher cette phrase que vous seule avez provoquée.] Je l'ai lu de ta main... Va... la fortune de tous les Crésus du monde n'eût pu payer de pareils plaisirs. [De quel prix sont-ils donc pour celle qui les ayant goûtés, les avilit comme un opprobre, au lieu d'en avoir fait une sainte religion entre nous deux? T'ai-je pas mise sur l'autel pour communier de ta substance? Lorsque tu m'as nommé *Tibère* pour t'avoir tout divinisée, t'ai-je donné le nom de la femme de Claudius[22]? Tu avilissais nos plaisirs pour te vanter de tes douloureux sacrifices, puisque tu convenais à n'avoir fait entre mes bras que le vil métier d'une fille! il ne me restait qu'à prouver que j'avais payé mes plaisirs.] Tout ce que j'ai dit, écrit contre toi, n'approche pas de cette phrase de ta part... Elle nous avilissait autant l'un que l'autre. Mais elle a mis dans mon âme, avec l'opprobre exécrable quelle dégoûtait, la ferme résolution d'être une femme respectable. [Qu'étiez vous donc avant que j'eusse écrit cette phrase? Le vice est de se prostituer à plusieurs. Quelle réforme avez vous donc mis[e] dans votre conduite? Avez vous donc cessé alors d'être à plusieurs? Ou si vous n'étiez qu'à moi seul, comment êtes-vous donc plus respectable en consentant d'y être encore, même sans ce plaisir que vous aimiez et dénigrez sans cesse!]

« Quelquefois, le découragement a voulu me saisir; je me suis dit : *il n'est plus temps*, puis mon courage s'est relevé et j'ai pensé qu'il est toujours beau le retour à la vertu, à la sagesse. [À quelle vertu, à quelle sagesse es-tu donc revenue, si tu n'avais pas d'autre amant, puisque tu consens à toujours recevoir cet homme nul, cet homme nu, entre tes bras, entre tes cuisses? Qu'as-tu donc réformé en toi, pour lequel vice tu croyais qu'il n'était plus temps d'en corriger ton cœur? Tu avais donc plusieurs amants, puisque d'en conserver un seul te semble un chef-d'œuvre de sagesse! Tu vois bien que tu déraisonnes. Tu mets le vice *dans le plaisir de se livrer, et la vertu dans ce même acte sans plaisir!* Ou tu déraisonnes, ou tu mens, et tu dissimules.] Quoique tu fasses, quoique tu dises, tu ne retrouveras jamais la misérable insensée qui par amour faisait tant de folies sensuelles pour toi. Tu as cru payer mon frénétique abandon? Tu l'as tué. Mais je t'adore, et te serrer dans mes bras, recevoir tes caresses, est toujours un bonheur sans lequel je ne puis exister. Si je me suis plaint[e] de ton libertinage, c'est qu'il était révoltant que tu aies oublié toutes les complaisances que tu m'avais arrachées. [**Ainsi, mon vrai libertinage était d'avoir pu oublier que nous avions libertiné ensemble! Et si je n'avais pas oublié ce que tu nommes tes complaisances dont je n'eusse jamais voulu si je t'avais crue assez vile pour les offrir sans en jouir toi même; pourvu que je m'en souvienne bien, je n'aurais pas été ce libertin que tu as traîné dans la boue avec toi, en divulguant tes faux plaisirs.**] Les hommes que tu nommes savent que je t'adorais; et quand Manuel fit cet avant-propos, il était convaincu de ma passion pour toi, me disait que j'étais folle de la nourrir, et te nommait *Lovelace*[23]. [**Il ne me nommait *Lovelace* que parce qu'oubliant la pudeur qui concentre et cache à tout autre les ivresses de deux amants, tu as prostitué, avili les plaisirs que nous avions goûtés dans le secret du lit! En les divulguant, tu as préféré t'avilir, à manquer de faire passer ton pauvre ami pour un Lovelace!** ] Je te ferai lire cet avant propos.

« Bonsoir, minuit sonne. Demain matin je finirai ceci. Venez dormir avec moi, féroce adoré. [**Tu crois avoir tout réparé quand tu as tourné une phrase! Ah, que c'est beau, que c'est pudique d'appeler du nom de *dormir* ce qui nous tient si éveillés!** ]

### À 8 heures du matin, le 12 vendémiaire [3 octobre]

« Hier au soir, je te disais *viens dormir avec moi*, aujourd'hui je te salue à mon réveil toi qui fais ma destinée, toi que j'aimais, que j'aime d'un amour si vrai. Il n'y a point de vanité de ta part à croire a cet amour [**Oui, certes, il y en aurait trop!** ], mais il y aurait une grande sottise à en douter: il est tant prouvé! [**Non!**] C'est parce qu'il est dégagé d'affections matérielles que tu n'y crois pas. [**S'il est dégagé de tout cela, pourquoi veux tu entrelacer nos cuisses?**] C'est cela qui n'est pas digne de toi; aimer un homme pour coucher avec lui: voilà les amours de toutes les femmes ordinaires [**Non, mais foutre à plein cœur avec lui, pour lui prouver qu'on le préfère: voilà ce que j'appelle aimer!**], ce n'est pas le mien. Pontois, la première passion de ma vie, est de tous les hommes celui que je désirais le moins: j'avais si peur de lui donner mauvaise opinion de moi, que j'aurais voulu n'avoir avec lui qu'un amour angélique. [**Tu** mens ! **La mauvaise honte seule retenait ton tempérament, lequel brûlait toujours de s'épancher entre ses bras. J'ai cru, moi, te montrer l'amour le plus passionné, en te mettant bien à ton aise sur l'estime que je te gardais, te faisant faire toutes les folies d'une femme ardente au plaisir et aussi bien constituée que tu l'étais. Je me disais : elle m'aimera plus quand ayant deviné ses goûts, j'en aurai fait un véritable culte. Là-dessus, je t'ai essayé[e] de toutes les façons possibles. Et toi, loin d'arrêter mes folies, tu les a toutes outrepassées. Puis, tu me les a reprochées, en te donnant pour ma victime. Fausse femme que tu étais : lorsque j'avais cru t'enchanter, tu me gardais l'horreur de la publicité !]**

« On pourrait dire que le cœur humain renferme deux espèces de passions : celles de l'âme et celles du corps, s'il est permis de s'exprimer ainsi ; les premières sont sublimes, elles élèvent l'homme au-dessus de lui même, exaltent ses forces et lui donnent le courage de toutes les vertus ; les secondes au contraire, le rabaissent, le dépravent, et n'en font plus qu'un homme corrompu pour qui les vices deviennent des plaisirs. **[Non. Tout le faux de ta pensée, c'est que les plaisirs sont des vices !]** Ces passions en sous-ordre sont pourtant nécessaires à l'espèce humaine, à sa propagation. Mais la nature, qui a tout prévu et qui n'a point voulu que sa créature favorite se dégradât sans honte **[C'est le comble de sa sagesse de nous avoir donné des goûts si vifs pour l'accomplissement de ses vues magnifiques ! Elle a dit : Aimez-vous ! foutez, et le monde sera éternel comme Dieu]**, lui a donné la vertu pour combattre ces passions brutales. **[Brutale toi-même d'avilir ce que tu commandas et ne cesses d'entretenir, en prenant soin de ta beauté pour que l'on bande en ton honneur, soit que tu t'en amuses ou non.]** La vertu dans une âme vraiment sensible fait de l'amour un sentiment céleste, parce qu'elle accompagne le désir de tous les charmes de la pudeur et de la délicatesse. **[Si l'on te forçait d'expliquer ce que tu entends par ces mots, tu serais bien embarrassée. De quelle pudeur parles-tu ? Quelle délicatesse vantes-tu ? Tâche donc de poser la borne entre la beauté de l'amour et tout l'amour qu'inspire la beauté ! Si tout cela n'est pas la jouissance de l'homme ou de la femme qu'on préfère, tout cela n'est plus rien qu'un puéril galimatias, dont tout le mérite consiste à se payer de mots vides de** sens !] C'est positivement l'espèce d'amour que mon ami n'aime pas, mais je ne puis en avoir un autre actuellement, et je remercie (avec joie même) mon ami et son injuste famille de m'avoir rendue, à force de chagrins et d'humiliations, à ma véritable manière de voir et de sentir. Au reste, mon désordre n'a servi que de prétexte. Le motif était la jalousie : on ne me pardonnait pas de balancer les affections de mon ami. Et puis, les femmes détestent celle qui montre un profil de Mingrélie [24] et des pieds de la Chine. [**Ah, vraiment, c'est ici que tu dis bien ce que tu penses ! Car tu crois franchement que sans ton profil et ton pied, on ne t'eût jamais reproché, non de m'aimer, mais de m'en faire accroire ! Que l'on eut tort ou non de te reprocher ce que tu nies, tant que la preuve n'est pas faite, il n'en est pas moins vrai qu'il ne s'est jamais agi d'autre chose. Tant que tu n'as pas vu tes lettres à Manuel, tu me les as niées comme des impostures, et quand je les ai pardonnées, tu voudrais que je crusse que la jalousie de ton pied en a fait former le reproche ! Non : eusses-tu été belle comme Vénus, on te l'eût pardonné chez moi, si l'on n'avait pas cru que tu faisais de moi ta dupe ! Laissons donc tous ces vains débats. Tu n'as plus avec moi l'ivresse qui fait excuser l'amour et ses plaisirs. Que ferais-tu de moi dans ton lit, dans tes bras ? Tu as disséqué notre amour ! Ce qui reste n'est qu'un squelette qui a perdu la vie et sa beauté.**] Je ne suis dupe de rien ; tu ne fus jamais la mienne et l'amour que je te montrais existait dans tout mon être. Mal dirigé, il a pensé me tuer ; rendu à sa dignité, il fera le bonheur de mes vieux jours. À demain, chère âme de la mienne, viens m'éveiller. Je t'ouvrirai mes bras avec les transports de ma profonde passion pour toi. Elle circule avec mon sang, et ne finira que quand il se glacera dans mes veines. Je conçois ta position, je pleure sur elle. Mais un homme de ton caractère, qui a eu ta fortune, a toujours mille ressources. Courage... c'est pour Amélie vertueuse qu'il faut vivre, pour sa pauvre mère. Allons, tu es digne de t'élever à toute la hauteur du plus magnanime courage ; mon amour te récompensera de tout. [**Je n'ai pas perdu le courage de souffrir pour moi : c'est de ne pouvoir plus faire jouir de mon aisance tout ce qui m'appartient, que j'aime ; oui, c'est cela seul qui m'afflige ! Je ne suis pas moins pauvre aujourd'hui que l'autre matin. Juges-en par la pauvre monnaie dont je compose ton fiacre de** ce soir. Peut-être recevrai-je quelque argent aujourd'hui. Mais si je vais te voir demain, n'oublie pas tout ce que tu dois à ta vertu, à ta sagesse, à ta pudeur, à ta délicatesse ; et ne te fais pas un jeu supérieur et cruel de me faire tomber dans cet amour du second ordre, lequel avilit tant cet amour qui n'est beau que quand il est du premier ordre ! Souviens-toi, pauvre amie, qu'il est bien indigne de nous que tu provoques mes faiblesses par tes charnels embrassements, par ces lascives libertés que l'ivresse seule autorise, et que tu manquerais à ce que tu dois à nous deux, si tu t'oubliais au point de me montrer tout ce que je te fais la justice de croire que tu ne montres plus à personne. Songe ce que je dois penser de toi, si tu compromettais la majesté de notre sentiment, en me laissant baiser tes fesses, en m'ouvrant de tes doigts mignons ce que tu m'as ouvert cent fois lorsque tu n'étais pas encore dans la réforme ; ou du moins, si tu montres tout, ne t'avise pas d'en rien faire, ni d'appeler indécemment les restes de virilité que ton ami est honteux de sentir, quand ta main viole sa ceinture. Le dernier matin, femme auguste, tout en me parlant d'autre chose, n'as-tu donc pas déboutonné ce qu'une maîtresse bien née ne déboutonne pas sans une intention charnelle ? Que me veux-tu, si tu ne sens plus rien ?]

« On donne *Eugénie* avec *L'Amant bourru*[25]. Envoie-moi des billets pour quatre dames (orchestre ou premières)... Je t'envoyai l'autre jour une brochure ; glisse six livres dedans adroitement, en m'envoyant ces billets, ou viens toi-même ce matin : porte ouverte et demain fermée. Lis ma lettre avec une grande attention. J'en voudrais copie en vérité. Il y a de la clarté, de la justesse dans l'explication des deux amours... Je les ai tous pour vous, homme ingrat.

« [La voilà cette lettre, copiez-la, et mes notes à mi-marge, et puis nous en raisonnerons[26].] »


LA FOLLE REQUÊTE


Ces deux lettres nous paraissent dépourvues de toute ambiguïté : c'est bel et bien de rupture qu'il s'agit entre les deux amants. Car comment concilier désormais l'aspiration d'Amélie à la chasteté avec l'insatiable appétit charnel de Pierre-Augustin ? Et comment d'ailleurs concilier cet appétit avec son impuissance dont il fait librement l'aveu à son actuelle maîtresse, comme il en notait les signes avant-coureurs, vingt ans auparavant, auprès de Marie-Madeleine de Godeville ? La seule explication valable, à notre sens, et que viennent confirmer certains traits de cette correspondance, ne fait guère honneur à notre héros, ni à son égérie. Les lettres de Beaumarchais témoignent, en effet, non d'un érotisme agissant, mais de certaines pratiques (pelotage, fellation, cunnilingus, masturbation), qui accompagnent souvent la baisse d'activité sexuelle, et pour lesquels sa maîtresse éprouva peut-être à la longue une légitime répulsion. Sans pour autant que ses sentiments pour lui s'en ressentissent le moins du monde ; car nul doute qu'avec le temps, sa reconnaissance envers son bienfaiteur (on peut même dire son sauveur) ait laissé place à la plus tendre affection. En veut-on une preuve ? Deux mois jour pour jour avant la mort de Beaumarchais, alors que leur séparation était déjà consommée, Amélie fit l'impossible pour se rapprocher de son vieil amant. Elle poussa l'inconscience jusqu'à supplier Mme de Beaumarchais d'opérer elle-même ce rapprochement. Démarche folle, à laquelle la « ménagère » répondit sur un ton de dignité offensée qui ne manque pas d'allure. Sa lettre fournit en outre de curieux détails sur la vie domestique du couple Beaumarchais.

« 27 ventôse an VII [17 mars 1799]

« Je ne vous cache pas, Madame, que je suis très étonnée que vous vous adressiez à moi pour arriver à Monsieur de Beaumarchais. Vous savez bien que nous avons chacun notre appartement distinct et fort séparé l'un de l'autre. Que nous avons mutuellement la liberté d'y recevoir les personnes qui nous conviennent, que rien n'est moins dans mon caractère [que] d'aller faire l'inspection chez mon mari, de faire des demandes indiscrètes, ou de blâmer sa conduite en quoique ce soit. Cette confiance, ce respect lui sont dus, et c'est ma façon de lui prouver mon attachement – chacun a la sienne.

« Vous me permettrez de vous dire, Madame, que cette *crainte de me déplaire* me paraît bien peu fondée, que j'ai peine à croire que vous y ayez songé un instant. La vie indépendante que nous menons dans notre intérieur nous met dans l'heureuse impuissance de nous formaliser d'une visite que chacun de nous a le droit de recevoir. Ma fille vient chez moi assez habituellement ; s'il se trouve dans notre société quelqu'un qui ne lui plaise pas, elle regagne son appartement. En retour, j'use de la même liberté. Cette pratique sauve de beaucoup d'ennui, et sauve d'une foule de petites tracasseries domestiques, qui achèveraient de nous rendre très malheureux.

« Je ne sais sur quoi vous fondez, Madame, que vous m'êtes odieuse. C'est un bien vilain mot que vous avez écrit là ! Réduisons-le à sa valeur : il y a des unions de société incompatibles – et la nôtre, Madame, est de ce genre dans toute la rigueur de cette acception.

« Je ne croirai point, malgré les quatre lignes que vous m'avez envoyées, que le bonheur de l'homme que j'aime, que j'estime, et à qui je l'ai *prouvé d'une manière solide,* tienne à un rattachement de liaison, devenu plus absurde et plus impossible que jamais – et sûrement, Madame, je ne serais pas seule de cet avis, s'il fallait recueillir les voix.

« Vous avez une forme d'attachement si fort au-dessus de ma portée que je ne puis que m'en étonner, et me taire. Mais, Madame, il y a une chose que j'entendrais à merveille : c'est que la raison devenant votre guide, vous fussiez la première (par attachement pour ce même ami), à lui faire sentir l'inconvenance d'un rapprochement qui ne vous apporterait à l'un et à l'autre nulle félicité, et produirait le plus méchant effet sur l'esprit d'une multitude de gens à qui vous avez fait part de votre conquête ; et de toutes les lettres que vous en avez reçues, la publicité, Madame, n'est pas une sauvegarde banale.

« Recevez mes saluts

« W.M. BEAUMARCHAIS »

« La santé de M. B n'est altérée que par un rhume, et c'est à ce rhume qu'il faut attribuer la petite indisposition qu'il a eue il y a trois jours. Il n'est nullement malade ; seulement il a le malaise que j'éprouve moi même, occasionné par un rhume de poitrine.

« Salut[27]. »

## Chapitre VII

# « Les neuf mois les plus pénibles de ma vie »

> « Un homme sage, dans un temps de révolution,
> ne fait commerce ni d'armes, ni de blé. »
> (Gudin de La Brenellerie.)

## Un libraire marchand d'armes

Le 2 mars 1792, en pleines répétitions de *La Mère coupable*, dont la première est prévue pour le 26 juin, Beaumarchais reçoit un billet de négociants belges arrivés tout exprès de Bruxelles pour lui demander la faveur d'un entretien. Ils ont, disent-ils, une importante affaire à lui proposer, « aussi avantageuse à vos intérêts qu'agréable au ministre dont vous avez la confiance ». Échaudé par ses récentes mésaventures, et d'ailleurs peu enclin à se lancer dans de nouvelles transactions, il répond néanmoins avec sa courtoisie ordinaire :

« Depuis longtemps, Messieurs, je ne fais plus d'affaires, et n'en veux entamer aucune. Vous me faites plus d'honneur que je n'en désire en me disant que j'ai la confiance d'un ministre. Je ne veux point de leur confiance, et me contente de leur estime, qu'aucun ne peut me refuser. Mais comme je ne veux pas qu'on puisse me croire impoli parce que je suis loin des affaires, si vous me faites l'honneur de passer demain chez moi, je vous entendrai volontiers, si l'objet qui vous y amène peut intéresser la France [1]. »

Le lendemain débarque chez lui un certain Delahaye, libraire de son état, qui vient lui proposer non des livres, mais des munitions dont il précise la provenance. Vers la fin de l'année 1790, après la défaite des insurgés brabançons[2], les armes prises aux rebelles avaient été vendues par les Pays-Bas autrichiens au marchand hollandais Osy et Fils de Rotterdam. Celui-ci les fit transporter en Zélande, exactement dans le port de Veere, sur la côte orientale de l'île de Walcheren[3], puis les revendit aux Bruxellois Lonsberg et d'Ardenne, qui les cédèrent à leur tour à Delahaye. L'Amirauté de Zélande autorisait leur enlèvement contre un cautionnement égal au triple de leur valeur, et à condition qu'elles ne fussent point utilisées ailleurs que dans les colonies[4].

Notre libraire disposait donc de soixante mille fusils, ou plus exactement de 52 345 mousquets, mousquetons, fusils de cavalerie, pistolets et baïonnettes, et s'engageait à fournir plus tard un second lot de cent quarante mille pièces. Que proposait-il à Beaumarchais? De servir d'intermédiaire pour les vendre au gouvernement français, qui en avait le plus grand besoin. L'Assemblée législative se préparait en effet à déclarer la guerre à l'Autriche, et mesurait avec effroi le sous-équipement de son armée; le temps pressait. Officiellement, les armes seraient destinées à l'Amérique ou aux Antilles. Or nul ne paraissait mieux désigné pour mener à bien cette opération que le financier de renom international, grand expert en armements clandestins, et ancien patron de Roderigue Hortalez & Cie. Curieusement, Beaumarchais se retrouvait à peu près dans la même situation que dix ans auparavant, lorsqu'il livrait des munitions à la jeune république américaine; sauf qu'aujourd'hui, c'était pour équiper les armées françaises. Comment imaginer qu'il renonce à une bonne affaire et se détourne de son devoir, lorsque la patrie est en danger? N'est-ce pas pour lui l'occasion rêvée de retrouver l'estime de ses concitoyens, de faire enfin tomber ce mur d'impopularité contre lequel il se bat sans succès depuis la maudite affaire Kornman? Sans compter qu'en se dérobant il risque de passer pour un traître, car Delahaye l'a bien prévenu: si ce n'est pas l'armée, ce sont les émigrés qui rafleront ces fournitures, et au meilleur prix.

Malgré toutes ces bonnes raisons, Beaumarchais commence par refuser net, s'en tenant à sa décision de ne plus jamais traiter d'affaires. D'ailleurs, l'ami Gudin l'a mis en garde contre les dangers du commerce en période troublée, et son entourage lui conseille la plus extrême prudence. Mais Delahaye revient à la charge, lui reparle des émigrés comme de concurrents redoutables, auxquels il importe d'arracher ces munitions pour équiper les soldats de la nation. Lui-même d'ailleurs, se pose des questions : « Si cette forte cargaison d'armes glissait à mon refus aux ennemis de la patrie, se dit-il, et que l'on vînt à le savoir, on me ferait passer pour un très mauvais citoyen[5]. » Il réfléchit, pèse le pour et contre, et finit par choisir le « péril d'être utile à son pays », pour reprendre l'expression de Gudin. C'est ainsi qu'au printemps de 1792, à soixante ans passés, M. de Beaumarchais se lance dans une des entreprises les plus périlleuses de sa longue carrière. Connue sous le nom d'« affaire des fusils de Hollande », elle faillit lui coûter la vie, lui fit perdre la majeure partie de ses avoirs, et sacrifier le peu de repos dont il pouvait encore jouir. Mais elle permit à l'écrivain de produire une série de mémoires justificatifs intitulée *Compte rendu des neuf mois les plus pénibles de ma vie* et divisée en *Six Époques* : sa dernière œuvre, et l'une des plus achevées.

*
* *

Avant toute chose, il importe de prendre des renseignements sur le sieur Delahaye. Ceux-ci se révèlent excellents. L'ancien imprimeur de Kehl, qui entretint des relations avec le libraire bruxellois, à l'époque de l'édition Voltaire, confirme qu'il s'agit d'un commerçant honnête. Beaumarchais le convoque donc chez lui :

« Eh ! bien, lui dit-il, renoncez à toutes les propositions que les émigrés ou nos ennemis pourront vous faire. En attendant, je vous verse des arrhes pour arrêter l'affaire, sans m'engager davantage, tant que je n'en aurai pas conféré avec le ministre de la Guerre. Je vous promets cependant un dédommagement s'il survenait quelque obstacle. Combien voulez-vous de vos armes ?

— Si vous les prenez toutes en bloc, et telles que je les ai achetées, vous chargeant de payer les réparations, les frais de magasinage, de fret, de droits, de transport, etc., vous les aurez pour cinq florins.

— Je n'achèterai pas vos fusils en bloc, parce que je ne puis moi-même les vendre ou les placer en bloc. Il me faut un choix des meilleures armes.

— En ce cas, vous les paierez plus cher, car il faut que celles

que je vends me paient celles qui me resteront, plus mon bénéfice, car j'ai déjà beaucoup perdu là-dessus.

— Je ne veux les payer ni plus cher ni moins cher. En affaires,
autant que je puis, j'amalgame toujours avec mon intérêt celui
des gens que j'emploie[6].

Une fois l'accord conclu et les arrhes versées, Beaumarchais
soumet la proposition au marquis de Grave qui vient tout juste
de remplacer le comte de Narbonne au ministère de la Guerre.
Celui-ci décrit à son visiteur la situation déplorable de l'armée
française, désorganisée par l'émigration de nombreux officiers
(6 000 sur 9 000). Il faut non seulement créer des cadres nouveaux, improviser le commandement, imposer cohésion et discipline, mais aussi fournir le matériel nécessaire aux troupes de
ligne. On recrute activement, les volontaires affluent, mais tout
fait défaut : armement, munitions, uniformes, couvertures, souliers... Les principaux arsenaux de France ont été dévalisés pendant la guerre d'Amérique (Beaumarchais en sait quelque
chose !) et les stocks n'ont jamais été reconstitués. Un adjudant
général écrit à Brissot : « Les tentes, les marmites, les bidons, les
canons, les munitions, les outils n'arrivent que successivement
et en petit nombre ; quand on a une chose, l'autre manque... Le
soldat est défiant, mutin et mal discipliné ; les plaintes sont inutiles parce qu'il n'y a plus de moyens de punir. Nous n'avons
que des troupes très neuves, très négligentes et très peu accoutu-
mées aux fatigues, qui murmurent quand les officiers exigent
des choses qui leur paraissent pénibles[7]. »

Au terme d'âpres discussions, le ministre charge Beaumarchais de négocier avec son vendeur. Afin de conclure l'affaire,
le gouvernement lui alloue une somme de 500 000 francs en
assignats[8], qui n'en valent en réalité que 300 000 ; de son côté, il
dépose en nantissement ses titres de rente viagère sur l'emprunt
des Têtes genevoises, garanti par la Ville de Paris pour une
valeur de 745 000 francs, qui excède ainsi largement le gage
requis, et dont il continue d'ailleurs de percevoir les intérêts,
estimés à 72 000 francs. Le gouvernement l'autorise en outre à
prélever de l'argent sur son cautionnement, jusqu'à concurrence
de 445 000 francs ; il lui assure enfin son appui diplomatique
auprès des Provinces-Unies, au cas où celles-ci retiendraient les
armes, par crainte de l'Autriche.

L'accord est signé le 3 avril 1792. Le 6, le marquis de Grave

fait remettre à Beaumarchais, comme convenu, la somme nomi-
nale de 500 000 livres-assignats. Dès le lendemain, son manda-
taire et homme de confiance, Jacques Gilbert de La Hogue,
ancien directeur de l'imprimerie de Kehl, prend la route pour les
Provinces-Unies, porteur de sept à huit cent mille francs en
lettres de change et de « dépêches très importantes » confiées
par Dumouriez, ministre des Affaires étrangères[9]. Las ! À peine
arrivé à Bruxelles, il comprend qu'il a été devancé par des émissaires concurrents. On a donné l'alerte. Il est attendu. En visite
chez un ami de Beaumarchais, il rencontre « un homme de qualité du parti ennemi » qui lui demande s'il ne connaîtrait pas
« un certain M. de La Hogue qui venait de Paris, s'il n'était pas
encore arrivé... C'est un homme qui nous est suspect ; il passera
fort mal son temps ici », ajoute l'inconnu d'un ton menaçant. À
peine a-t-il le dos tourné que La Hogue bondit dans une voiture
de poste et vole à Rotterdam. Trop tard ! Le gouvernement hollandais est déjà au courant du traité signé une semaine plus tôt
dans le bureau du ministre ; il y a eu des fuites, et la nouvelle
s'est répandue comme une traînée de poudre, ce qui donne rétro-
spectivement raison à Beaumarchais qui insistait pour que l'opération fût tenue secrète. Mais le pire était à venir.

## « Paix aux chaumières, guerre aux châteaux ! »

M. de Grave pensait que la guerre n'éclaterait que trois ou
quatre mois après le traité sur les fusils. Fatale erreur ! Le
20 avril 1792, Louis XVI montait à la tribune de l'Assemblée
nationale pour l'entretenir d'« un des objets les plus importants
dont elle puisse s'occuper. [...] Tous les citoyens préfèrent la
guerre à voir plus longtemps la dignité du peuple français outragée et la sûreté nationale menacée, poursuivait-il de sa voix
monocorde. J'avais dû préalablement épuiser tous les moyens de
maintenir la paix. Je viens aujourd'hui, aux termes de la Constitution, proposer à l'Assemblée nationale la guerre contre le roi
de Hongrie et de Bohême ». Ces derniers mots furent salués par
des acclamations et quelques cris de « Vive le roi ! » En fait, le
roi et l'Assemblée nourrissaient deux ambitions contraires : le

premier (encouragé par Marie-Antoinette) espérait que les armées de l'empereur viendraient les délivrer, mettre fin à la Révolution et rétablir l'ordre ancien, tandis que la seconde croyait à la rapide victoire de la France, ce qui aurait pour effet d'obliger la Cour à se soumettre.

On n'eut aucun mal à trouver un prétexte au conflit. Le 27 mars précédent, Dumouriez avait adressé aux autorités de Vienne un véritable ultimatum, leur enjoignant de dissoudre le Congrès des souverains européens. À quoi le chancelier Kaunitz se contenta de répondre, le 7 avril, que les intentions des rois n'avaient pas changé. Il n'en fallait pas davantage. Le 20 avril, la guerre était votée dans l'enthousiasme général et à la quasi-unanimité : « La liberté va triompher ou le despotisme va nous détruire, proclamait le député Pastoret, l'un des chefs du parti monarchiste. Jamais le peuple français ne fut appelé à de plus hautes destinée. Nous ne pouvons douter du succès d'une guerre entreprise sous de si généreux auspices. La victoire sera fidèle à la liberté ! » Moins d'une semaine auparavant, cette même assemblée proclamait le renoncement de la nation française à entreprendre aucune conquête ! Dans sa *Chronique de Paris*, Condorcet approuvera cette « croisade de la liberté » et lancera la devise demeurée fameuse : « Paix aux chaumières, guerre aux châteaux [10] ! »

Cette guerre commencée le 20 avril 1792 allait durer vingt-trois ans, avec quelques brèves interruptions. Elle ne prendra fin qu'à la chute définitive de Napoléon, le 22 juin 1815. Pour Beaumarchais, la nouvelle tombe comme un coup de massue. Déjà la situation tournait au cauchemar : l'affaire se politisait de jour en jour ; sous la pression de Bruxelles, qui appartenait alors au Saint Empire, les Provinces-Unies en multipliait les entraves pour empêcher les armes de sortir, l'Amirauté se montrait intraitable. Avec la déclaration de guerre, l'impasse devient totale ; Beaumarchais adresse mémoire sur mémoire aux bureaux de la Guerre et de la Marine, se rend deux fois par jour aux Affaires étrangères, réclame à cor et à cri la levée de l'embargo. Point de réponse. S'il ne peut livrer ses fusils au Havre, il s'engage à les livrer à Veere : « Alors, toutes les précautions qui assurent leur arrivée deviendront personnelles au gouvernement français ; je me charge seulement de lever les obstacles des agents subalternes avec des poignées de ducats », écrit-il à Dumouriez le 6 mai. Silence. Trois jours plus tard, nouveau rappel aux trois ministres, simultanément. Silence. Le 13 mai, il revient à la charge : « Si c'était un client qui vous demandât une grâce, je vous dirais : *Envoyez-le promener !* Mais c'est un citoyen zélé qui voit périr une affaire importante, faute, depuis dix jours, d'obtenir un quart d'heure pour la couler à fond avec les trois ministres de la Guerre, de la Marine et de nos Affaires étrangères. C'est un grand négociant qui fait d'immenses sacrifices pour aplanir tous les obstacles commerciaux, sans recevoir aucun appui sur les obstacles politiques, qui ne peuvent être levés que par le concours des ministres. » Silence. Entre-temps, le marquis de Grave perd son portefeuille ; il est remplacé par Joseph Servan, auteur du *Soldat citoyen*, que Beaumarchais s'empresse d'alerter sur cette affaire[11] : « L'urgence d'une décision de votre part sur la retenue de soixante mille fusils qui vous appartiennent en Zélande et que les Hollandais empêchent de sortir du port, où deux vaisseaux attendent depuis trois mois, me force de vous demander l'honneur et la faveur d'une audience de dix minutes : il n'en faut pas une de plus. » Silence. Le 30 mai, à bout de patience, il adresse à Servan une lettre comminatoire, qui sonne comme une leçon de civisme, et dont il envoie le double à Dumouriez :

« Outragé par la malveillance des uns, rebuté par l'inaction des autres, découragé enfin par la répugnance que vous m'avez montrée d'entrer pour rien dans une affaire entamée et conclue par votre prédécesseur, comme s'il était question d'un brigandage ou d'un patricotage, je dois, en désespoir de réussite auprès de vous et du ministre des Affaires étrangères, justifier hautement, Monsieur, mes intentions et mes actions. Alors, la nation jugera qui a des torts à son égard.

« Non, il n'est pas croyable qu'une affaire aussi importante soit traitée par un ministère avec cet abandon, cette légèreté ! J'en ai reparlé depuis vous à votre collègue Dumouriez, qui m'a paru enfin pénétré du danger de laisser publier une justification sur cet étrange empêchement ; à qui j'ai fait toucher au doigt l'extrême facilité de sortir d'un si puéril embarras pour des ministres un peu instruits. Mais quelle que soit sa bonne volonté, il ne le peut, Monsieur, que d'accord avec vous ; et c'est bien avec vous que j'ai traité cette affaire, puisque c'est vous qui êtes ministre de la Guerre. Les grâces seules accordées par votre pré-

décesseur peuvent être détruites par vous, si vous ne les trouvez
pas justes. Mais les affaires de l'État doivent-elles souffrir un
moment du changement d'aucun ministre, à moins que l'on ne
prouve qu'il y a intrigue ou lésion ? À l'éclaircissement de
celle-ci, je puis souffrir des pertes en qualité de négociant ; mais
j'aurai cent pieds de hauteur comme citoyen et comme patriote.

« Pour éviter un mal qu'il est si aisé d'empêcher, je vous supplie de m'accorder un rendez-vous en tiers avec M. Dumouriez.
Ce que la malveillance peut faire patauger six mois, la bonne
intelligence peut le solder en six minutes. Les clameurs pour
avoir des armes vont partout jusqu'à la fureur. Jugez, Monsieur,
où elle se portera quand on saura quel misérable obstacle nous a
privés de soixante mille armes qu'on pouvait avoir sous dix
jours ! Tous mes amis, par inquiétude pour moi, exigent que je
rejette à qui il doit aller le bloc dont on veut m'accabler ; mais
c'est le bien que je veux faire, et le jour que j'aurai parlé, il sera
devenu impossible.

« Je vous demande donc, au nom de la patrie, du vrai besoin
de mon pays, du danger de cette inaction, de vaincre toutes vos
répugnances en m'assignant un rendez-vous d'accord avec
M. Dumouriez [12]. »


LA DÉNONCIATION


Que n'a-t-il écouté ses amis ! Au bout de trois jours, il reçoit
une réponse du ministre lui disant que l'affaire est maintenant
entre les mains du Conseil du roi. Que veut dire cela ? Le roi lui-
même s'opposerait-il à l'intervention de la France pour accélérer
l'envoi des fusils ? Quoi de plus facile pourtant que d'exiger ce
service des Provinces-Unies, qui restent une puissance amie ? Il
écrit alors à La Hogue pour lui dire que « la malveillance est à
son comble », qu'on assiste en France, depuis quelque temps, à
la valse continuelle des portefeuilles [13], et qu'il ne sait plus à
quel saint se vouer. Qu'en pense l'ambassadeur ? Faut-il
conclure une vente fictive avec des négociants hollandais ?
Expédier la cargaison à Saint-Domingue, en attendant des jours
meilleurs ? Tandis qu'il balance sur la conduite à tenir, une

sourde rumeur court les rues de la capitale : le ci-devant Caron de Beaumarchais aurait fait venir du Brabant cinquante mille fusils entreposés actuellement dans ses caves, et les aurait déjà vendus à l'ennemi avec un bénéfice énorme.

Le lundi 4 juin 1792, François Chabot, capucin défroqué, député à l'Assemblée législative, sans-culotte notoire, spécialiste en délations, calomniateur et débauché, bref triste sire à tous égards, monte à la tribune pour dénoncer Beaumarchais comme accapareur d'armes [14]. On se souvient qu'en 1789, malgré les perquisitions, bien des gens étaient demeurés sceptiques quant à l'innocence du « philosophe-cultivateur », accusé d'enfouir dans ses caves des réserves de blé, de farine, de munitions destinées à l'ennemi. Les visiteurs de son jardin à l'anglaise avaient beaucoup jaboté sur sa fameuse « glacière », ce tunnel souterrain creusé au fond de la propriété. Où pouvait-il mener ? À la Bastille ? Ailleurs ? Les rumeurs les plus folles avaient couru. Il avait eu beau prouver son innocence, un doute subsistait néanmoins, auquel les accusations de Chabot vont donner consistance. Après avoir stigmatisé, dans un long préambule, tous les traîtres à la patrie, « coalisés avec les rebelles d'outre-Rhin, et par là même avec la maison d'Autriche », il en vient au cas de Beaumarchais : « Le commissaire de la section du Louvre vous dénonce que le sieur de Beaumarchais a acquis soixante-dix mille fusils dans les Pays-Bas ; et nous avons eu l'annonce au Comité de surveillance [15], que ces fusils avaient été déposés dans un lieu très suspect à Paris. La municipalité a connaissance de l'un de ces dépôts [16]. »

Mouvements divers dans l'auditoire. Les uns crient vengeance, d'autres savent que « la calomnie est la propriété du citoyen Chabot », et protestent en faveur de l'accusé. Soudain, au milieu du brouhaha se dresse le représentant Lacroix, stature de géant et voix de stentor : « Les soixante-dix mille fusils qui ont été acheté par M. Beaumarchais, proclame-t-il, l'ont été pour le département de la Guerre. Il y a environ deux mois qu'ils ont été livrés. » Stupeur de Beaumarchais, qui n'en croit pas ses oreilles, tandis que le public applaudit à tout rompre, ce qui prouve qu'il ne lui est pas totalement hostile. Mince consolation, car la dénonciation de Chabot le livre au lynchage populaire. « L'enfer est donc déchaîné contre ces malheureux fusils ! s'écrie-t-il. Y a-t-il jamais eu sottise ou traîtrise pareille ? Et je puis être massacré ! » Malgré son souci d'éviter toute publicité, il ne peut plus se taire sur ce marché d'armes depuis que le secret en est éventé. Il lui faut tout de suite un démenti officiel, car il se sent de plus en plus menacé, dans ses biens comme dans sa personne. Le soir même de ce 4 juin, il écrit au ministre de la Guerre :

« J'ai l'honneur de vous prévenir que je viens d'être enfin *dénoncé aujourd'hui à l'Assemblée nationale* comme ayant fait venir du Brabant à Paris cinquante mille fusils que je retiens, dit-on, cachés dans un lieu très suspect.

« Vous pensez bien, Monsieur, que cette accusation, *qui me fait membre du comité autrichien, intéresse beaucoup le roi, que l'on en suppose le chef, qu'il ne vous convient pas plus qu'à moi de laisser fermenter de soupçons de cette nature.*

« Après les efforts de tout genre que j'ai faits, *tant auprès de vous que des autres ministres*, pour procurer ces armes à mon pays, après leur inutilité, et j'ajoute, avec peine, *après l'inconcevable indifférence dont tant d'efforts patriotiques ont été repoussés par le ministère actuel, je devrais au roi et à moi de me justifier hautement*, si mon patriotisme ne m'arrêtait encore par la certitude que j'ai que, du moment où je m'expliquerai publiquement, *la porte de la France est fermée à ces armes.*

« Cette seule considération prévaut encore *sur celle de ma sûreté menacée et des mouvements populaires que l'on remarque autour de ma maison.* Mais, Monsieur, cet état ne peut subsister vingt-quatre heures ; et c'est de vous, *comme ministre*, que j'attends *la réponse qu'il me convient de faire à cette inculpation (de Chabot).* Je vous demande encore une fois, Monsieur, un rendez-vous dans la journée avec M. *Dumouriez* s'il est encore ministre. Vous êtes trop éclairé pour ne pas pressentir les conséquences d'un retard.

« Mon domestique a l'ordre d'attendre celui par écrit que vous voudrez bien lui remettre pour moi. Il y a quelque vertu, Monsieur, dans la conduite que je tiens, *malgré l'effroi de ma famille entière*; mais le bien public avant tout[17] ! »

Pour la première fois, Servan répond de sa main. D'accord avec Dumouriez, il entendra son correspondant, et serait très fâché qu'il lui « mésarrivât pour des fusils que des ordres impérieux retiennent à Terweren ».

L'entrevue est finalement fixée au 8 juin, à neuf heures du soir. « Quatre journées de perdues », soupire Beaumarchais.

Comme il s'agit surtout de gagner du temps, il prend le parti de répondre à Chabot avant d'avoir consulté les ministres. La verve et l'alacrité de sa riposte nous renvoient aux meilleurs moments de ses mémoires contre Goëzman :

« En lisant ce matin, Monsieur, dans le *Logographe* du jour, votre éloquent rapport sur le comité autrichien, dans lequel on m'avait appris que je me trouvais dénoncé, j'ai vu que mes amis traitaient trop légèrement ce rapport, qu'ils appelaient une *capucinade*. Sa lecture m'a convaincu qu'il faut examiner soi-même, et non pas juger sur parole un orateur de votre force, et surtout de votre justice.

« Vous y dites, Monsieur, qu'un commissaire de la section du Louvre m'a dénoncé *pour avoir acheté 70 mille fusils en Brabant*. Vous dites que l'on en a la preuve *au Comité de surveillance*, que ces fusils sont déposés dans un lieu suspect à Paris. Vous dites que la municipalité *a connaissance de l'un de ces dépôts*. Voilà des faits très positifs.[...] Eh bien ! dans un temps plus tranquille, je mépriserais ces vains bruits ; mais je vois des projets sérieux d'exercer de lâches vengeances, en échauffant le peuple, en l'égarant par des soupçons qu'on fait jeter sur tout le monde, et que l'on donne à commenter aux brigands des places publiques.[...]

« Il est bien vrai, Monsieur, que j'ai acheté et payé non pas *70 mille fusils en Brabant*, comme vous le dites, mais 60 mille en Hollande, où ils sont encore aujourd'hui retenus, contre le droit des gens, dans un des ports de la Zélande. Depuis deux mois je n'ai cessé de tourmenter M. *Dumouriez* pour qu'il en demandât raison au gouvernement hollandais ; ce qu'il a fait, et je le sais, par notre ministre à La Haye. J'invoque ici son témoignage pour attester ces faits à tout le monde, excepté à M. Chabot.

« Il est bien vrai aussi que j'ai fait venir à Paris, non pas *70 milles armes*, comme vous le dites sans rougir, ajoutant que *la preuve est faite à votre comité secret*, mais deux de ces fusils seulement, pour qu'on juge quelle est leur forme et leur calibre, et leur bonté. Mais puisque vous avez l'honnête discrétion de ne pas indiquer *le lieu suspect* où je les tiens cachés, je vais, moi, par reconnaissance pour la grande bonté du rapporteur *Chabot*, pour l'honneur de mon délateur, le commissaire de la section du Louvre, pour la bienveillante inaction de la municipalité, qui parle bas au sieur *Chabot* de mon dépôt *qu'elle connaît* et ne fait rien pour s'en saisir, je vais nommer ce lieu *suspect*.

« Je tiens ces deux fusils cachés... Ô ciel ! que vais-je déclarer !... Dans le grand cabinet du ministre de la Guerre, près de la croisée à main gauche, d'où je sais que M. *Servan* ne refusera point de les faire exhiber toutes les fois qu'il s'agira de constater ce grand délit, par la dénonciation duquel vous avez si bien établi le vrai comité autrichien, et mes relations avec lui ! Je prie M. *Servan* de vouloir attester le fait des deux fusils à tout le monde, excepté vous. Je dis *excepté vous*, Monsieur, parce qu'on n'espère point ramener l'homme qui dénonce une atrocité réfléchie, contre sa conviction intime.[...]

« Si vous avez eu quelque espoir de faire piller ma maison, comme on l'a essayé vingt fois, en animant le peuple contre moi par les plus lâches calomnies, je vous apprends que vos projets ont déjà quelque exécution. Déjà, vos secrets émissaires affichent des placards sur mes murs et dans mon quartier, où l'on charge, comme de raison, les beaux traits du rapport que vous avez fait contre moi. Mais le peuple de mon quartier me connaît, Monsieur, et sait bien qu'aucun citoyen de l'empire n'aime son pays plus que moi ; que sans appartenir à faction, ni à factieux, je surveille leurs *porte-voix*, leurs agents secrets, leurs menées, que j'en démasquerai plusieurs.

« Quand je parle de *porte-voix*, je n'entends point, Monsieur, vous désigner sous ce nom peu décent. Je sais, comme les gens instruits, que les éloquents monastères où vous fûtes capuchonné ont de tous temps fourni de grands prédicateurs à la religion chrétienne. Mais j'étais bien loin d'espérer que l'Assemblée nationale aurait tant à se louer un jour des lumières et de la logique

« D'un orateur tiré de cet ordre de saints,

« Que le grand Séraphique a nommé capucins [18] ! »


« PAUVRE FRANCE ! »


Le 8 juin 1792, à neuf heures du soir, Beaumarchais se présente comme convenu au ministère de la Guerre, où l'attendent

Servan et Dumouriez. Il reprend le récit de l'affaire *ab ovo* et persuade ses interlocuteurs d'agir auprès des autorités hollandaises pour obtenir enfin la levée de l'embargo. Dumouriez promet, pour sa part, que MM. Hoguer et Grand, banquiers d'Amsterdam, cautionneront Beaumarchais jusqu'à concurrence d'une fois la valeur de la cargaison – et non de trois fois comme l'exigent les états de Hollande. Caution parfaitement injustifiée d'ailleurs, mais nécessaire si l'on veut aboutir. De son côté, Servan s'engage à lui verser 150 000 francs sur les 750 000 déposés en nantissement. Beaumarchais se servira de ces fonds pour se concilier les gens influents. Parvenus à cet accord, les trois hommes se séparent « fort contents les uns des autres ». Quatre jours plus tard, ne voyant rien venir, Beaumarchais adresse un pressant appel au ministre de la Guerre, qu'il conclut par ces mots : « Ne me laissez pas, je vous prie, quand vous avez des fonds à moi, faire d'immenses sacrifices pour me les procurer ailleurs ; mais quelle que soit votre décision à cet égard, je vous demande surtout de ne me la point faire attendre. »

Le même jour, 12 juin, Servan lui adresse une note le priant de prendre contact avec le sieur Pache, premier secrétaire à la Guerre, qui réglera son affaire[19]. « Enfin, se dit-il, grâce au Ciel, me voilà au bout de mes peines ! M. Dumouriez, certainement, aura écrit à MM. Hoguer et Grand ; je vais toucher cinquante mille écus, dont j'enverrai cent mille francs à La Hogue pour parer à tous les obstacles ; et les fusils vont arriver, et M. Chabot les verra, et le peuple me bénira, après m'avoir bien injurié[20] ! » Le lendemain matin, « joyeux comme un enfant », il se rend à l'hôtel de la Guerre et demande à parler à M. Pache. On l'introduit dans un bureau ; un homme le reçoit, l'écoute froidement, et lui répond :

« Je ne suis pas M. Pache. J'occupe sa place par intérim. D'ailleurs votre affaire ne peut se conclure : M. Servan a quitté le ministère ce matin, et je ne sais pas où sont vos papiers. »

Hors de lui, Beaumarchais monte aux bureaux de l'artillerie, où il apprend que Servan a emporté tous ses papiers avec lui. Comme c'est Dumouriez qui assure la suppléance de la Guerre, il court chez lui, ne le trouve pas, lui laisse un mot. Le lendemain 14, Dumouriez lui fait répondre par son aide de camp, M. de Laumur, que les cinquante mille écus lui seront remis le surlendemain. « Dieu soit béni ! se dit Pierre-Augustin ; ce

contretemps n'est qu'un retard. » Le 16 juin, il arrive au ministère de la Guerre à midi juste : c'est l'heure où Dumouriez
donne ses audiences. Comme celui-ci vient de sortir, il attend
avec tout le monde au grand salon. Soudain la porte s'ouvre, un
huissier paraît qui annonce à haute voix : « M. Dumouriez vient
de quitter la Guerre, on ignore qui le remplacera. » Beaumarchais bondit au premier étage pour plus de renseignements : il
n'y rencontre âme qui vive : des couloirs déserts, des bureaux
désolés. En s'éloignant, le cœur serré, retenant des larmes de
rage, il ne peut s'empêcher de s'écrier : *Ô pauvre France!*
*Pauvre France!*

Mais voici le coup de grâce. Le 23 juin, il reçoit une lettre de
La Hogue : MM. Hoguer et Grand refusent de cautionner, pré-
textant qu'ils n'en ont pas reçu l'ordre de Dumouriez directement, que celui-ci s'est contenté d'en informer M. de Maulde,
notre ambassadeur à La Haye. Voilà qui pue la mauvaise foi. En
réalité, ces messieurs les banquiers, qui ont gagné tant d'argent à
servir la France, trouvent plus intéressant aujourd'hui de servir
la Hollande et l'Autriche. « Je me mangeais les bras de désespoir », note Pierre-Augustin. Par chance, Dumouriez ne l'a pas
oublié. En quittant la Guerre, il a instruit sons successeur,
M. Lajard, des contretemps arrivés à l'infortuné munitionnaire.
Aussi est-ce d'une oreille bienveillante que le nouveau ministre
écoute l'historique et le compte rendu de toute l'affaire, « pièces
probantes sur la table ».

« C'est d'autant plus triste, réplique M. Lajard, que nos
besoins sont énormes, et que nous ne savons comment faire.
Vous devriez voir notre nouveau ministre des Affaires étrangères, M. Chambonas, pour qu'il tâche de régler le problème
avec ces deux banquiers hollandais, qui me paraissent passablement malhonnêtes. En attendant, je vais m'occuper de ces cinquante mille écus qui vous ont si souvent glissé entre les
doigts. »

Le lendemain, il fait parvenir à son visiteur de la veille un
mandat de cent cinquante mille livres payables par la Trésorerie
nationale. Beaumarchais envoie son caissier recevoir cette
somme. Et là, surprise! Ou pour mieux dire, nouveau tour de
machiavélisme bureaucratique : on lui demande une patente!
Pas de patente, pas d'argent! Ça vaut combien, une patente?
1 500 livres? Eh! bien, va pour 1 500 livres! Et voilà M. de

Beaumarchais dûment pourvu d'une patente d'arquebusier !
Armé du précieux certificat, le caissier se représente au guichet.
Déjà, les assignats commencent à s'aligner sur le comptoir...
lorsque survient un autre commis, un papier à la main, le ton
revêche : « Fermez la caisse ! Il y a opposition. » Opposition ? –
Mais de qui ? – De M. Provins !... Là-dessus, le caissier s'en
revient tout penaud chez son patron : « Connaissez-vous un
dénommé Provins ? Il a mis opposition sur tout ce que vous
pourriez toucher du ministère de la Guerre. »

Ah, Provins ! Bien sûr, Beaumarchais ne le connaît que trop
bien ! N'est-ce pas cet ouvrier plus ou moins brocanteur, chargé
d'une tripotée d'enfants, qui prétendait que Delahaye lui devait
quatre-vingt mille livres ? C'était tout au début de l'affaire, juste
après que le libraire bruxellois lui eut proposé ses fameux fusils,
et qu'il eut signé son accord avec le marquis de Grave. Comme
Delahaye put prouver qu'il ne lui devait rien, le bonhomme Provins fut débouté de sa demande et condamné cinq ou six fois de
suite pour fausse créance. Il n'en demeurait pas moins que,
d'après les nouvelles lois, son opposition formée au ministère de
la Guerre conservait toute sa force exécutoire. En désespoir de
cause, Beaumarchais finit par emprunter ces cinquante mille
écus à titre onéreux.

« LA PATRIE EN DANGER ! »

Trois mois sont passés depuis la déclaration de guerre à
l'Autriche, et la situation sur le terrain devient de plus en plus
préoccupante. L'avancée des troupes de Brunswick, suivies de
l'armée des émigrés, trouve peu de résistance. Le 11 juillet
1792, la Législative proclame la patrie en danger. Le 22, on lit le
décret sur les places publiques, au son des canons d'alarme qui
tirent d'heure en heure. Tout Paris retentit d'appels aux armes et
de chants martiaux. Deux grands cortèges parcourent les rues de
la capitale. À leur tête, un garde national à cheval porte une bannière sur laquelle on peut lire : « Citoyens, la Patrie est en danger ! » À la fin de la journée, ces bannières seront placées l'une à
l'Hôtel de Ville, l'autre au Pont-Neuf, et y resteront toute la

durée des hostilités. Huit amphithéâtres ont été dressés dans la capitale, sur lesquels on a tendu des tentes ornées de banderoles tricolores et de couronnes de chêne. Un tréteau formé d'une planche sur deux tambours sert de bureau de recrutement. Quinze mille citoyens sont déjà prêts à se faire inscrire. Vulcain a installé ses fourneaux sur l'esplanade des Invalides. Pas moins de 258 forges y fonctionnent à plein rendement, livrant quatre canons par jour. La fièvre a même gagné le fleuve. Sur des bateaux amarrés face aux Tuileries, ce sont quatre-vingts ateliers qui s'emploient à fabriquer les fusils de la Révolution. Il y a urgence. Depuis deux ans, les distributions d'armes aux gardes nationales ont fortement réduit l'approvisionnement de l'armée. Même la mainmise de l'autorité militaire sur les fabriques de fusils ne permet plus de pourvoir chaque combattant. Tout devient bon pour répondre aux besoins : une campagne est lancée pour récolter le salpêtre des murs, et l'on parle de fondre les cloches. Et à la même heure, 60 000 fusils sont en train de rouiller quelque dans un port de Hollande !

Le 26 juillet, le duc de Brunswick, général en chef des armées coalisées, lance un Manifeste aux Français qui provoque à la fois stupeur et colère. Il somme la population de se soumettre entièrement à son souverain, déclare que « si le château des Tuileries est forcé ou insulté, s'il est fait la moindre violence, le moindre outrage à Leurs Majestés le roi, la reine et la famille royale, s'il n'est pas pourvu immédiatement à leur sûreté, à leur conservation et à leur liberté », les alliés en tireront « une vengeance exemplaire et à jamais mémorable, en livrant la ville de Paris à une exécution militaire et à une subversion totale, et les révoltés coupables d'attentats, aux supplices qu'ils auront mérités ». L'arrogance de l'ultimatum n'a d'égale que sa maladresse, pour ne pas dire son absurdité. Il apparaît clairement désormais que Louis XVI entretetient des relations avec l'ennemi. Loin de se laisser intimider par ce qu'ils regardent comme une provocation, les Parisiens jettent feu et flammes, tandis que la Cour, effrayée, s'attend au pire et s'organise pour sa défense. L'agitation prend une telle ampleur que Beaumarchais juge prudent d'éloigner sa femme, sa fille et sa sœur Julie, qui vont se réfugier au Havre ; si la situation s'aggrave, elles s'embarqueront pour l'Amérique. Lui reste avec l'ami Gudin dans la vaste demeure du boulevard Saint-Antoine. Le 30 juillet, il voit passer de sa fenêtre les cinq cents fédérés de la commune de Marseille, chantant à pleins poumons les strophes guerrières où s'exalte l'« amour sacré de la patrie ». Va-nu-pieds sans uniformes, sans fusils, armés de leur seule foi et de quelques piques, ils n'emportent sur les champs de bataille que cet hymne brûlant, dont les paroles et la musique leur serviront de talisman.

## « CET INFÂME BEAUMARCHAIS »

Au milieu de l'exaspération générale, voilà que resurgit l'affaire des fusils. Et voilà de nouveau Beaumarchais sur la sellette, soupçonné d'empêcher les patriotes d'entrer en possession des armes, d'être lui-même l'instigateur des obstacles qui les retiennent en Hollande. Il a beau renvoyer La Hogue sur place pour tenter une fois encore de négocier avec les autorités hollandaises, rien ne semble apaiser une opinion de plus en plus montée contre lui. Les plus excités l'accusent d'« incivisme et de trahison ». Désigné au courroux de la populace, il sait sa vie en danger, appelle à son secours M. Bigot de Sainte-Croix, nouvellement nommé aux Affaires étrangères, qui ne lui répond pas [21]. À quoi bon d'ailleurs, car les événements se précipitent et l'étau se resserre autour de lui. Le 8 août, il apprend qu'une bande de six malfaiteurs déguisés en gardes nationaux ou fédérés s'apprête à s'introduire chez lui avec une trentaine de complices. Ils se prétendent envoyés par la municipalité pour chercher des armes cachées. En réalité, ils viennent lui extorquer, « la baïonnette aux reins, le poignard à la gorge », les huit cent mille francs qu'il aurait, dit-on, reçus du Trésor. Dès le lendemain, il réclame « une sauvegarde » au maire de Paris, Jérôme Pétion. Mais Pétion a bien d'autres chats à fouetter !

Le 4 août, en effet, la section des Quinze-Vingts du faubourg Saint-Antoine a fixé à l'Assemblée un délai de cinq jours pour décréter la déchéance du roi : le 9, si les députés n'ont pas contraint Louis XVI à l'abdication, le peuple de Paris se soulèvera. Dès le 25 juillet, les sections de la Croix-Rouge et de Mauconseil étaient venues demander la destitution du monarque, décision qui leur paraissait découler du texte même de la Constitution, étant donné la trahison du souverain. Le lendemain, les commissaires des quarante-huit sections de la capitale s'étaient réunis à la Maison commune (nouveau nom de l'Hôtel de Ville). Le 3 août, ils se mettaient d'accord pour approuver l'adresse de la section de Grenelle exigeant la déchéance. Toutes les sections ont signé cette pétition, excepté celle des Filles-Saint-Thomas, connue pour son royalisme. C'est Pétion qui a été désigné pour la porter à l'Assemblée. Mais celle-ci a décidé, sur proposition de Vergnaud, de considérer comme nulles et non avenues les délibérations des sections.

Le 9 août, l'Assemblée se sépare sans avoir osé débattre de la pétition ; elle a choisi la politique de l'autruche. Le député Vaublanc est allé jusqu'à proclamer que les législateurs devraient se réfugier à Rouen, pour ne plus avoir à délibérer sous la pression de la rue. Mais il est trop tard pour prodiguer des conseils. Les Parisiens veulent abattre le roi traître à la patrie, et prendre leur revanche sur les modérés de l'Assemblée. L'ultimatum fixé par les sections expire le soir même, à minuit.

Dès la tombée du jour, des mots d'ordre insurrectionnels circulent dans toutes les sections. Au son du tambour, on charge les fusils, on aiguise les sabres, on attelle les canons. Partout on réunit des armes. Le Comité des fédérés entend jouer demain un rôle de premier plan. Ces soldats venus de province donneront une dimension nationale à la révolte de la capitale. Les fédérés marseillais sont réunis au club des Cordeliers, où Danton les harangue. Au faubourg Saint-Antoine, Santerre a rassemblé des bataillons de militants sectionnaires. Paris retient son souffle...

Soudain, à minuit, le tocsin fait retentir son gémissement lugubre aux clochers du faubourg Saint-Antoine et aux Cordeliers. C'est le signal. Aussitôt, des deux rives de la Seine, déferle une marée hurlante : fédérés, sans-culottes, sectionnaires, ouvriers se dirigent vers les Tuileries. En passant boulevard Saint-Antoine, des agitateurs conspuent « cet infâme Beaumarchais, cet ennemi de la patrie qui retient soixante mille fusils en Hollande, et ne veut pas les faire venir ». En vue de sa maison, des attroupements se forment. On assure qu'il détient dans ses caves tout un arsenal pour exterminer le peuple, et les femmes se mettent à hurler : « Il faut mettre le feu chez lui[22] ! » Cependant, la cohue arrive en vue du Carrousel sans tirer un coup de feu. Au petit matin, les Tuileries sont en état de siège. Quinze

cents hommes, dont neuf cents Suisses d'une fidélité à toute
épreuve, défendent désespérément un palais déjà déserté par le
roi, qui a trouvé refuge avec sa famille dans la loge du logographe de l'Assemblée nationale. Un combat d'enfer s'engage
alors. De toutes les portes et fenêtres une grêle de balles fauche
en quelques instants des dizaines d'assaillants. Déboulent alors
les forces du faubourg Saint-Antoine : plusieurs centaines
d'hommes et de femmes, armés de piques et d'armes blanches.
Les canons entrent en action tandis que de furieux corps-à-corps
s'engagent. Pendant ce temps, à l'Assemblée, Louis XVI est
prévenu du carnage ; il fait porter d'urgence un ordre de cessez-
le-feu, mais le messager, le général d'Hervilly, ne parvient pas à
le transmettre. Aux Tuileries, la lutte se poursuit, impitoyable, à
coups de baïonnettes et de sabre. Une partie des Suisses, regrou-
pée dans l'entrée principale, se livre à un feu roulant jusqu'à
l'épuisement de leurs munitions. Hormis un groupe qui réussit à
gagner l'Assemblée, ils seront tous sauvagement massacrés.

Les assaillants pénètrent enfin dans le palais vers 13 heures.
Commence alors une véritable boucherie. Les Suisses encore
vivants sont émasculés et décapités ; d'autres défenestrés et
empalés sur des piques. Un grand nombre de nobles, de serviteurs et de femmes sont tués dans des conditions atroces. Le château se voit envahi de toutes parts par une multitude chantant *La
Carmagnole*, à la recherche de trésors et de secrets ; on pille, on
saccage, on lacère. Meubles précieux, tableaux, objets d'art,
glaces, porcelaines, rien n'échappe au vandalisme. À quelques
pas de là, une soixantaine de Suisses qui tentaient de rejoindre
leur caserne de Courbevoie sont arrêtés par la foule et conduits à
l'Hôtel de Ville, qui les fait immédiatement passer en jugement.
Leurs cadavres horriblement mutilés seront jetés sur des tombe-
reaux, tandis que leurs têtes seront brandies par toute la ville au
bout de piques. À l'issue du massacre, on ne dénombrait pas
moins d'un millier de morts chez les défenseurs du château et
390 du côté des insurgés, dont 90 parmi les fédérés et 300 parmi
les sectionnaires, notamment des faubourgs Saint-Antoine et
Saint-Marcel.

Cette journée marque tout à la fois l'effondrement d'une
monarchie vieille de huit siècles et l'émergence d'un nouveau
pouvoir, celui de la Commune, qui s'installe à l'Hôtel de Ville.
Issue directement du peuple, la Commune prétend exercer

l'autorité souveraine à Paris, et se substitue d'emblée à la municipalité. Elle est alors présidée par Huguenin, commis à l'octroi, Billaud-Varenne, Chaumette. Composée de deux cent quatre-vingt-huit membres, tous issus des sections de Paris, élus au suffrage universel, cette assemblée porte en grande partie la responsabilité des massacres de Septembre.

## « Quand ce bon peuple est en rumeur... »

Le lendemain, samedi 11 août, tandis que la municipalité fait apposer les scellés au château des Tuileries, l'Assemblée vote la convocation d'une Convention nationale, ainsi nommée à l'imitation des États-Unis, élue au suffrage universel, et chargée de donner à la France une nouvelle Constitution. Elle déclare Louis XVI « provisoirement suspendu de ses fonctions, jusqu'à ce que la Convention nationale ait prononcé les mesures qu'elle croira devoir adopter pour assurer la souveraineté du peuple ». Le soir même, à la lueur des torches, les Parisiens se rassemblent aux carrefours pour lire le décret annonçant la destitution du roi. Trois jours plus tard, la famille royale sera conduite à la prison du Temple.

Beaumarchais avait passé la journée du 10 août en proie aux plus vives inquiétudes. Sur le soir, il vit revenir les soldats et les bonnets rouges qui déchargeaient leurs fusils et tiraient des pétards. Tout paraissant rentré dans l'ordre, il s'en fut se coucher.

Le lendemain matin, à huit heures, il est réveillé par un inconnu ; celui-ci l'avertit que les femmes du port Saint-Paul[23] vont arriver d'un instant à l'autre avec la populace pour fouiller sa maison, surtout ses souterrains, où on le soupçonne de dissimuler des armes. Cela fait la cinquième fois qu'on perquisitionne chez lui, toujours en vain. Mais rien n'y fait : la calomnie est la plus forte ! Afin de réduire la casse au minimum, il décide de tout ouvrir : chambres, cabinets, secrétaires, commodes, armoires... Ainsi, aucune serrure ne sera forcée. Peu après, une « tourbe mugissante » se presse contre les grilles du jardin, menaçant de les arracher si on ne les ouvre pas à l'instant. Beaumarchais n'a rien à cacher, et tient à le prouver, une fois de plus :

« Qu'on laisse entrer ! » ordonne-t-il. À ce moment, Gudin et deux autres amis le dissuadent d'affronter cette horde en fureur et le supplient de s'enfuir. Il se fait prier quelques instant, finit par se rendre à leurs raisons et sort du jardin par le souterrain qui mène à la rue du Pas-de-la-Mule. Manque de chance : une sentinelle posée à cet endroit se met à crier : « Le voilà qui se sauve ! » Poursuivi par des mégères, « cent fois plus cruelles que les hommes dans leurs horribles abandons », il parvient à les distancier et à se réfugier rue des Trois-Pavillons (aujourd'hui rue Elzévir), chez son ami Gomel, procureur au Châtelet, qui a fui à la campagne.

Il rapportera très fidèlement le détail de cette visite domiciliaire dans une lettre à sa fille Eugénie, réfugiée au Havre avec sa mère[24]. Ce récit, pense-t-il, « peut n'être pas inutile à l'histoire de la Révolution ». En tout cas, on ne peut qu'admirer son impartialité, lorsqu'il juge cette horde qui a forcé ses portes en hurlant des menaces de mort. Il la sait prompte à s'échauffer, moutonnière jusqu'au crime, et pourtant capable de « justice naturelle qui perce à travers le désordre ». Au reste, il ne garde aucune rancune à ces visiteurs indésirables, et rend même hommage à leur honnêteté. Laissons-le raconter lui-même cette « folle journée » à sa chère Eugénie :

« Pendant que j'étais enfermé dans un asile impénétrable, trente mille âmes étaient dans ma maison, où des greniers aux caves, des serruriers ouvraient toutes le armoires, où des maçons fouillaient les souterrains, sondaient partout, levaient les pierres jusque sur les fosses d'aisance, et faisaient des trous dans les murs pendant que d'autres piochaient le jardin jusqu'à trouver la terre vierge, repassant tous vingt fois dans les appartements, mais quelques-uns disant, au très grand regret des brigands qui se trouvaient là par centaines : *Si l'on ne trouve rien ici qui se rapporte à nos recherches, le premier qui détournera le moindre des meubles, une boucle, sera pendu sans rémission, puis haché en morceaux par nous.*

« Ah ! c'est quand on m'a dit cela que j'ai bien regretté de n'être pas resté, dans le silence, à contempler ce peuple en proie à ses fureurs, à étudier en lui ce mélange d'égarement et de justice naturelle qui perce à travers le désordre ! Tu te souviens de ces deux vers que je mis dans la bouche de Tarare, et qui furent tant applaudis :

Quand ce bon peuple est en rumeur.
C'est toujours quelqu'un qui l'égare.

« Ils recevaient ici leur véritable application : la lâche méchanceté l'avait égaré sur mon compte. Pendant que les ministres et les comités réunis prodiguent les éloges au désintéressement et au civisme de ton père sur l'affaire des fusils de Hollande, dont ils ont les preuves en main, on envoie le peuple chez lui, comme chez un traître ennemi qui tient beaucoup d'armes cachées, espérant qu'on le pillera ! [...]

« Enfin, après sept heures de la plus sévère recherche, la foule s'est écoulée, aux ordres de je ne sais quel chef. Mes gens ont balayé près d'un pouce et demi de poussière ; mais pas un binet[25] de perdu. Les enfants ont pillé les fruits verts ; j'aurais voulu qu'ils eussent été plus mûrs : leur âge est sans méchanceté. Une femme au jardin a cueilli une giroflée ; elle l'a payée de vingt soufflets : on voulait la baigner dans le bassin des peupliers.

« Je suis rentré chez moi. Ils avaient porté l'attention jusqu'à dresser un procès-verbal guirlandé de cent signatures qui attestaient qu'ils n'avaient rien trouvé de suspect dans ma possession[26]. Et moi je l'ai fait imprimer avec tous mes remerciements de trouver ma maison intacte ; et je le publie, mon enfant, d'abord parce que l'éloge encourage le bien, et parce que c'est une chose digne de l'attention des bons esprits que ce mélange, dans le peuple, d'aveuglement et de justice, d'oubli total et de fierté ; car il y en a beaucoup en lui, pendant qu'il se livre au désordre, d'être humilié s'il croit qu'on pense qu'il est capable de voler. Si je vis encore quelque temps, je veux beaucoup réfléchir là-dessus.

« Mon enfant, j'ai dîné chez moi comme s'il ne fût rien arrivé. Mes gens, qui se sont tous comportés à merveille et en serviteurs attachés, me racontaient tous leurs détails. L'un : *Monsieur, ils ont été trente fois dans les caves, et pas un verre de vin n'a été sifflé.* Un autre : *Ils ont vidé la fontaine de la cuisine, et je leur rinçais des gobelets.* Celle-ci : *Ils ont fouillé toutes les armoires au linge, il ne manque pas un torchon.* Celui-là : *Un d'eux est venu m'avertir que votre montre était à votre lit : la voilà, monsieur, la voilà ! Vos lunettes, vos crayons étaient sur la table à écrire, et rien n'a été détourné*[27]. »

Ce traitement de faveur, Beaumarchais le doit sans doute à

l'estime que lui portent en général les habitants du quartier. Ceux-ci n'ont pas oublié les dons généreux qu'il n'a cessé de prodiguer aux plus démunis d'entre eux. « S'il n'en eût pas été aimé, note Gudin, s'il n'eût pas été cher à ses domestiques, tous ses biens auraient été dissipés par le pillage[28]. »


QUITTE POUR LA PEUR !


Au soir de cette éprouvante journée, Beaumarchais prend le frais dans son jardin, méditant sur le désastre auquel il a échappé de justesse. Son entourage a beau lui répéter qu'il ne court aucun danger à dormir chez lui, il songe en frémissant aux menaces qu'il a reçues : ne l'a-t-on pas averti qu'une bande de malfrats s'apprête à piller sa maison ? Peut-être s'en est-il glissé quelques-uns dans la foule de tout à l'heure ? Et qui sait si des maraudeurs ne se dissimulent pas encore dans ses bosquets ? Non, décidément, mieux vaut, cette nuit encore, aller coucher chez son voisin, toujours réfugié à la campagne. Il appelle son valet de chambre : « François ! Va mettre une paire de draps pour moi dans le lit de M. Gomel. » Après dîner, il se rend donc rue des Trois-Pavillons, sans lumière, en s'assurant qu'il n'est pas suivi. Arrivé là, il renvoie François, en lui recommandant de bien fermer la porte sur la rue, tandis que lui-même se barricade, avec pour seul compagnon un domestique de son ami. Puis il se déshabille et se met au lit.

À minuit, le valet affolé entre dans sa chambre :

« Monsieur, levez-vous. Tout le peuple vient vous chercher ; ils frappent à enfoncer la porte. On vous a trahi chez vous ; la maison va être pillée. »

Beaumarchais se lève d'un bond, passe une redingote et ses pantoufles :

« Y a-t-il quelque issue par où l'on puisse sortir d'ici ?

– Aucune, Monsieur. Mais pressez-vous ; ils vont enfoncer la porte ! Qu'est-ce que va dire mon maître ?

– Il ne dira rien, mon ami, car je vais livrer ma personne pour qu'on respecte sa maison. Va leur ouvrir, je descends avec toi. »

Plus mort que vif, il descend dans la cuisine qui donne sur la cour ; à travers un vitrage, il voit des centaines de forcenés s'engouffrer par la porte cochère, hommes et femmes débraillés, sans-culottes armés de piques, hirsutes, en sueur, l'injure à la bouche, le poing levé. Le domestique revient vers lui, et dans un souffle :

« Ah ! c'est bien à vous qu'on en veut !

— Eh bien ! ils me trouveront ici. »

Croyant sa dernière heure arrivée, Beaumarchais songe à sa famille, à Eugénie, à qui dans sa lettre, il raconte comment, debout derrière une armoire, appuyé sur sa canne, il a vu « les chandelles trotter, monter, descendre, enfiler les appartements. On marchait, on allait au-dessus de ma tête. La cour était gardée, la porte de la rue ouverte ; et moi, tendu sur mes orteils, retenant ma respiration, je me suis occupé à obtenir de moi une résignation parfaite, et j'ai recouvré mon sang-froid. J'avais deux pistolets en poche ; j'ai débattu longtemps si je devais ou ne devais pas m'en servir. Mon résultat a été que si je m'en servais je serais haché sur-le-champ, et avancerais ma mort d'une heure, en m'ôtant la dernière chance de crier au secours, d'en obtenir peut-être, en me nommant, dans ma route à l'Hôtel de Ville[29]. Déterminé à tout souffrir, sans pouvoir deviner d'où provenait cet excès d'horreur après la visite chez moi, je calculais les possibilités, quand la lumière faisant le tour en bas, j'ai entendu que l'on tirait ma porte, et j'ai jugé que c'était le bon domestique qui, peut-être en passant, avait imaginé d'éloigner pour un moment le danger qui me menaçait. Le plus grand silence régnait. Je voyais à travers les vitres du premier étage qu'on ouvrait toutes les armoires ; alors je crus avoir trouvé le sens de toutes ces énigmes : les brigands, me disais-je, se sont portés chez moi ; ils ont forcé mes gens, sous peine d'être égorgés, de leur déclarer où j'étais. La terreur les a fait parler : ils sont arrivés jusqu'ici, et, trouvant la maison aussi bonne à piller que la mienne, ils me réservent pour le dernier, sûrs que je ne puis échapper.

« Puis mes douloureuses pensées se sont tournées sur ta mère et sur toi, et sur mes pauvres sœurs. Je disais avec un soupir : Mon enfant est en sûreté, mon âge est avancé ; c'est peu de chose que ma vie, et ceci n'accélère la mort de la nature que de bien peu d'années ; mais ma fille, sa mère, elles sont en sûreté ! Des larmes coulaient de mes yeux. Consolé par cet examen, je me suis occupé du dernier terme de la vie, le croyant aussi près de moi. Puis, sentant ma tête vidée par tant de contention d'esprit, j'ai essayé de m'abrutir et de ne plus penser à rien. Je regardais machinalement les lumières aller et venir; je disais : *le moment s'approche*; mais je m'en occupais comme un homme épuisé, dont les idées commencent à divaguer, car il y avait quatre heures que j'étais debout dans cet état violent, changé depuis dans un état de mort. Alors, sentant de la faiblesse, je me suis assis sur un banc, et là j'ai attendu mon sort, sans m'en effrayer autrement. »

Tiré de sa rêverie par des bruits de pas derrière la porte, il se redresse d'un bond, comme mû par un ressort, le cœur battant, retenant son souffle; une sueur glacée perle à son front. Soudain, la porte s'ouvre; à la lueur d'une bougie, il distingue une forme blanche qui se dirige vers lui, et reconnaît le domestique de Gomel en chemise, un chandelier à la main.

« Venez, Monsieur, on vous demande, lui dit celui-ci d'un ton assez ferme.

– Quoi! Vous voulez donc me livrer? J'irai sans vous. Qui me demande?

– Monsieur Gudin, votre caissier.

– Quoi? mon caissier?

– Il est là avec ces messieurs. »

Beaumarchais croit rêver. Son caissier, ici? À cette heure?

« Montez, insiste le domestique, montez. Ce n'est pas vous qu'on cherche : monsieur Gudin va tout vous expliquer. »

Il suit, comme hébété, le domestique au premier étage. Et là – ô surprise! – il tombe sur son caissier, Gudin de La Ferlière, le frère cadet de son cher *alter ego*, qui travaille pour lui depuis plus de dix ans[30]. Celui-ci était sorti de chez lui vers 11 heures du soir, ayant revêtu sa tenue de garde national, sabre au côté et fusil en bandoulière, pour s'assurer que tout était rentré dans l'ordre, et veiller sur la maison de Beaumarchais. Comme il faisait les cent pas dans les rues avoisinantes, survient une patrouille conduite par le brave limonadier Gibé, également en uniforme, qui, l'ayant reconnu, l'accoste gaiement : « Eh bien, monsieur Gudin, voulez-vous venir avec nous? Vous y serez mieux que tout seul. » Il se joint donc à eux, et les voyant doubler le pas leur crie : « Vous allez trop vite! Ce n'est pas ainsi qu'on patrouille! – Nous ne patrouillons pas; nous allons perquisitionner une maison dans laquelle on nous a signalé des armes. » Et cette maison, on l'aura deviné, n'est autre que celle de M. Gomel, où Gudin savait que Beaumarchais devait passer la nuit. Persuadé qu'on l'avait trahi, que cette troupe était commandée pour l'enlever ou le massacrer, il frémit de se trouver mêlé à cette expédition, mais reste déterminé à tout braver pour sauver son patron ou périr avec lui. Arrivé sur place, à la tête de sa petite troupe, le commissaire lit son ordre de mission, qui consiste à fouiller la maison et à saisir les armes qui pourront s'y trouver. Gudin était bien sûr qu'il n'y en avait pas, mais que devenait Beaumarchais si on découvrait sa présence en ces lieux déclarés suspects ? Il prend alors à part le domestique de M. Gomel et lui glisse à l'oreille : « L'ami de votre maître est-il dans la maison ? – Oui. – Où se cache-t-il ? – Je n'en sais rien. » Il faut pourtant bien le trouver, le prévenir du péril qui le menace, sinon... Tandis qu'on éclaire et qu'on visite les appartements, il s'éloigne sans bruit de ses camarades, reste un moment dans le noir, retenant son souffle, puis il pénètre à tâtons dans la chambre à coucher, cherche Beaumarchais partout, l'appelle à voix basse ; mais celui-ci a déjà pris la fuite et se cache dans la cuisine, au rez-de-chaussée. De plus en plus inquiet sur son sort, Gudin rejoint néanmoins le commissaire et les visiteurs qui montaient d'étage en étage jusqu'au grenier.

Finalement, l'inspection des lieux s'achève, à la satisfaction des gardes nationaux qui n'ont trouvé aucune arme et quittent les lieux. À l'extérieur, ils rendent compte de leur mission à la foule amassée, qui se disperse en silence, sans doute un peu déçue de rentrer bredouille. Seules les femmes refusent de quitter la place. « Enragées que l'on n'eût rien trouvé, [elles] ont prétendu qu'on avait mal cherché, ont dit qu'en huit minutes elles allaient trouver la cachette. » Comme elles tentaient de rentrer par force, le commissaire fit brusquement fermer la porte.

Brisé de fatigue et d'émotions, Beaumarchais tenta vainement de retrouver le sommeil si brutalement interrompu. Le soleil commençait de jeter ses premiers feux qu'il tournait et retournait encore dans sa tête les souvenirs de cette nuit mouvementée. « Je l'écrirai, vingt personnes l'attesteront, personne ne voudra me croire, et tout le monde aura raison, se disait-il. Tous les traits majeurs de ma vie ont eu un coin de singularité, mais celui-ci les couvre tous. Ici, l'horrible vérité n'offre qu'un songe invraisemblable : si quelque chose y fait ajouter foi, c'est bien l'impossibilité de croire que quelqu'un ait imaginé un roman aussi improbable[31]. » Il n'était pas encore au bout de ses malheurs !

## « Nous n'avons rien à lui demander »

Depuis l'installation de sa famille au Havre, Beaumarchais vivait seul avec Gudin dans l'immense demeure du boulevard Saint-Antoine, qui leur paraissait à présent bien vide. Retranchés dans la bibliothèque, ils philosophaient sur les misères du temps, sur les épreuves qu'ils venaient de traverser, et sur celles qui les attendaient sans doute. Certains soirs, ils recevaient à dîner « un de ces hommes ardents et habiles qui, sans partager les opinions des révolutionnaires, affectaient d'en partager les fureurs pour se sauver eux-mêmes et être utiles aux infortunés ». Cet homme leur fit un étrange et touchant récit, dont il paraissait encore tout ému, et qui demeure à ce jour inconnu des historiens de la Révolution.

Comme il montait habituellement la garde aux Tuileries pendant la détention de Louis XVI, il fut autorisé à poursuivre ses fonctions à la prison du Temple. Jouissant, par son zèle affecté, de plus de liberté que bien d'autres, il profita du désordre qui accompagne inévitablement les grands bouleversements, et parvint à dire quelques mots en tête à tête à la reine, pour laquelle il n'était pas tout à fait un inconnu. Un jour qu'il passait en revue les hommes ayant assez de crédit sur le peuple pour le ramener à des sentiments plus doux envers la famille royale, il prononça le nom de Beaumarchais. « Ah ! nous n'avons rien à lui demander, soupira Marie-Antoinette. Il est bien le maître d'agir envers nous comme il le voudra. » À ces mots, le garde baissa les yeux et se tut, honteux d'avoir rappelé à la reine, sans le vouloir, une des pires injustices qui se fût commise sous son règne. Il s'aperçut même, par sa réponse, qu'instruite par le malheur, elle sentait vivement que l'opprimé était dégagé de tout devoir envers l'oppresseur.

« Hélas, conclut Gudin de La Brenellerie, qui rapporte ce fait dans ses *Mémoires*, cette princesse tombée du trône ignorait combien Beaumarchais était prompt à oublier les injures et à rendre service, même à ses ennemis. S'il avait pu ou la sauver ou lui procurer dans ses revers la plus légère consolation, il se serait exposé encore avec joie à plus de dangers qu'il n'en avait courus, pour lui épargner des chagrins quand elle était toute-puissante. Mais lui-même, environné d'ennemis et d'envieux, se voyait assiégé par la malveillance et les soupçons [32]. »


« Ton cou y passera ! »


Le 23 août 1792, à cinq heures du matin, Gudin de La Brenellerie est réveillé en sursaut par des bruits de voix et des pas précipités. Par la croisée, il aperçoit des sentinelles armées qui gardent toutes les issues de la maison. Il s'élance alors dans la chambre de son ami, le trouve environné d'hommes à la mine sévère, occupés à mettre les scellés sur ses affaires et à saisir ses papiers. Impassible au milieu des inquisiteurs, il semble diriger les opérations. Leur besogne achevée, ils le poussent vers la sortie, tandis que le malheureux Gudin reste seul dans le vaste hôtel, surveillé désormais par des domestiques « dont l'aspect faisait douter s'ils étaient là pour sauver les effets ou pour donner le signal du pillage [33] ».

Traîné jusqu'à la mairie, le prévenu est introduit dans un étroit boyau à peine éclairé, où on le laisse pendant neuf heures d'affilée, sans voir personne et sans une chaise pour s'asseoir. Enfin, vers quatre heures de l'après-midi, on vient le chercher pour le conduire au bureau dit *de surveillance*, présidé par un certain Panis [34], qui ouvre l'interrogatoire. Comme il s'étonne que ses déclarations ne soient pas consignées par écrit, il s'entend répondre :

« Il ne s'agit ici que d'une procédure sommaire. On y mettra plus de formes quand on aura levé vos scellés. »

On veut bien cependant lui notifier que son inculpation vient de son refus d'importer en France soixante mille fusils qui lui auraient été payés d'avance.

« Vous avez des dénonciateurs, ajoute Panis.

– Nommez-les, monsieur, je vous prie. Sinon, c'est moi qui les nommerai !

– Mais, M. Colmar, membre de la municipalité[35], M. Larcher, d'autres encore...

– Larcher ? Ah, n'allez pas plus loin ! Envoyez seulement chercher un portefeuille que j'ai fait mettre à part, sous un scellé particulier. Vous y verrez la noire intrigue de ce Larcher, et d'un Constantini, avec *tant d'autres*, comme vous dites, mais qu'il n'est pas temps de nommer.

– On lèvera vos scellés demain ; nous verrons. En attendant, vous allez coucher à l'Abbaye. »

Construite en 1635 par les abbés de Saint-Germain-des-Prés, qui y avaient fait élever un pilori, la prison de l'Abbaye était située à l'entrée de la rue Sainte-Marguerite (actuelle rue Gozlin). Elle occuperait aujourd'hui toute la chaussée du boulevard Saint-Germain comprise entre les numéros 135 et 166. Pendant longtemps prison militaire, elle devint sous la Révolution le lieu de détention de tous les suspects de crime lèse-nation : conspirateurs royalistes, prêtres réfractaires, parents d'émigrés, gardes du roi, mais aussi simples roturiers ayant tenu des emplois dans des familles nobles. Le lendemain du 10 août, on y enferma les 32 Suisses et les 26 gardes du roi qui avaient échappé au carnage. Tous ces malheureux s'entassaient par dix dans des geôles exiguës. C'est dans une de ces chambrées que Beaumarchais passa sa première nuit de prisonnier.

Le lendemain, 24 août dans l'après-midi, deux officiers municipaux viennent le chercher pour procéder en sa présence à la levée de ses scellés et à l'inventaire de ses papiers. L'opération dure toute la nuit jusqu'au 25, à neuf heures du matin. Puis on le reconduit à la mairie, où il retrouve le petit couloir sombre qu'il occupait l'avant-veille. On l'y laisse encore moisir jusqu'à trois heures de l'après-midi ; après quoi, on l'introduit de nouveau dans le bureau de surveillance, toujours présidé par le citoyen Panis.

« Monsieur, lui déclare ce dernier, on nous a rendu compte de l'examen de vos papiers. Là-dessus, il n'y a que des éloges à vous faire. Mais vous avez parlé d'un portefeuille sur l'affaire des fusils qu'on vous accuse de retenir en Hollande. Ce portefeuille-là, ces deux messieurs l'ont déjà visité (il désignait les deux officiers venus cueillir le détenu à l'Abbaye), et nous ont même affirmé que nous en serions étonnés.

– Monsieur, je brûle de vous l'ouvrir : le voici.

Et il se mit à lire une à une toutes les pièces constituant sa justification. Il n'en était pas encore à la moitié que Panis l'interrompit, et s'adressant au tribunal :

« C'est pur ! Messieurs, s'écria-t-il, c'est pur ! Qu'en pensez-vous ?

– C'est pur ! » reprit tout le bureau en chœur. Alors, Panis, d'un ton décidé :

« Allons, monsieur, c'est bien assez. Il y a quelque horreur là-dessous. Il faut donner à M. de Beaumarchais une attestation honorable de son civisme et de sa pureté, et lui faire des excuses des chagrins qu'on lui a causés, dont la faute est au temps qui court.

Un secrétaire nommé Berchères, après un regard bienveillant à l'inculpé, prenait déjà la plume pour rédiger l'attestation, lorsqu'un petit homme noir, au nez busqué, à la mine basse, entra dans la salle et murmura quelques mots à l'oreille du président. « Vous le dirai-je, ô mes lecteurs ? s'exclame Pierre-Augustin. C'était le grand, le juste, en un mot le clément MARAT ! »

Ce dernier une fois sorti, Panis se frotte la tête, l'air fort embarrassé, puis, reprenant la parole :

« J'en suis bien désolé, monsieur, mais je ne puis vous mettre en liberté. Il y a une nouvelle dénonciation contre vous.

– Dites-la-moi, monsieur, je l'éclaircirai à l'instant.

– Je ne le puis. Il ne faudrait qu'un mot, un seul geste de vous à quelques-uns de vos amis qui vous attendent là-dehors, pour détruire l'effet de la recherche qu'on va faire.

– Monsieur le président, qu'on renvoie mes amis ; je me constitue prisonnier dans votre bureau jusqu'à la recherche finie. Peut-être donnerai-je les moyens de la raccourcir. Dites-moi de quoi il s'agit.

– Vous avez envoyé cinq malles de papiers suspects chez une présidente de la rue Saint-Louis[36], nᵒ 15, au Marais. Ordre est donné de les aller chercher.

– Messieurs, je donne aux pauvres avec plaisir tout ce qu'on trouvera dans les cinq malles que l'on indique, et ma tête répond de ce qu'on y verra de suspect. Ou plutôt, recevez ma déclaration qu'il n'y a aucune malle à moi dans la maison que vous citez. Seulement un ballot existe dans la maison d'un de mes amis, rue des Trois-Pavillons : ce sont des titres de propriété que j'avais fait sauver sur l'avis d'un pillage qui devait se faire chez moi dans la nuit du 9 au 10 août, et dont j'ai donné connaissance par écrit à M. Pétion. Pendant qu'on cherche les cinq malles, faites aussi chercher mon ballot ; voici l'ordre signé au domestique de mon ami de vous le remettre ; vous l'examinerez également. Une autre malle de papiers et de vieux registres m'a été volée le jour même où ce ballot sortit de chez moi ; faites-la tambouriner, messieurs : je ne saurais aller plus loin. »

Tout cela fut exécuté sur-le-champ et l'attestation signée de tous les municipaux fut remise à Beaumarchais. Il ne restait plus qu'à examiner les malles. En attendant qu'elles arrivent, ces messieurs décidèrent d'aller déjeuner, tandis que le prisonnier restait consigné au bureau de surveillance, sous la garde d'un seul commis. Comme ils allaient sortir, un individu ceint de l'écharpe tricolore entre en coup de vent et, prenant à partie Beaumarchais, se met à vociférer comme un fou furieux : « Je possède, hurle-t-il, des preuves irréfutables de sa trahison ; il avait bien l'intention de livrer à l'ennemi les armes qu'on lui avait payées. » C'était Colmar, son dénonciateur. Se tournant alors vers ses juges, Beaumarchais répondit, sans perdre son sang-froid :

« Vous voyez bien, messieurs, que ce monsieur ne sait pas ce qu'il dit : il n'est que l'écho de Larcher et de Constantini. »

Là-dessus, le forcené se répandit en injures : « Ton cou y passera ! lança-t-il. – Je le veux bien, pourvu que vous ne soyez pas mon juge ! »

Le tribunal étant parti se restaurer, Beaumarchais demeura seul avec son cerbère, méditant, une fois encore, sur la « bizarrerie » de sa destinée. Le ballot arriva enfin, mais nulle nouvelle des cinq malles. Cependant le temps passait, la nuit commençait à tomber, et personne ne revenait. Le garçon de bureau lui dit alors qu'il partait se coucher, mais qu'il ne pouvait le laisser seul dans cette salle. Il le remit donc dans son minuscule réduit, où le prisonnier serait sans doute mort d'épuisement, si une main secourable ne lui avait jeté un matelas sur le sol. Au bout de trente-deux heures, les officiers municipaux s'étant concertés sur la conduite à tenir avec ce détenu dont on reconnaissait la « pureté », mais que l'on traitait en suspect, vinrent le trouver :

« M. Panis ne revient point, lui dirent-ils ; peut-être est-il

incommodé. En visitant les malles chez cette présidente, on a vu
que c'étaient les guenilles des religieuses à qui elle a donné
retraite. Nous savons que vous êtes innocent de toutes les
accusations dont on vous charge. En attendant que le bureau
revienne, nous vous envoyons coucher chez vous. Demain, on
visitera votre ballot, et vous aurez un certificat en bonne et due
forme. »

Après avoir signé l'engagement de se présenter devant le
Comité de surveillance toutes les fois qu'il en sera requis, Beaumarchais rentre enfin chez lui, après cinq nuits sans sommeil,
escorté de deux gendarmes chargés de le surveiller.

Dans la matinée du lendemain 28, il est ramené à l'Abbaye
manu militari, avec défense expresse d'adresser la parole à qui
que ce soit de l'extérieur « sans un ordre par écrit de la municipalité ». Il retrouve donc ses compagnons d'infortune :
MM. d'Affry, « vieillard vénérable », Thierry de Ville-d'Avray,
ancien valet de chambre de Louis XVI, les Montmorin père et
fils, Sombreuil, ancien gouverneur des Invalides, « et sa vertueuse fille » qui s'était enfermée avec son père, l'abbé de Boisgelin, Lally-Tollendal fils[37], Lenoir, trésorier des aumônes, âgé
de quatre-vingt-deux ans, M. Gibé, notaire, en tout 192 personnes « encaquées dans dix-huit petites chambres ». Le soir, ils
se réunissent pour commenter l'actualité ou philosopher sur leur
triste sort. Depuis quelques jours, les mauvaises nouvelles
affluent : les Austro-Prussiens déferlent sur le territoire, Longwy
a capitulé et la place de Verdun est gravement menacée. Chacun
veut se persuader que la France a été trahie. La colère populaire
gronde contre les prêtres et les nobles. Le Comité de surveillance de la Commune attise les haines, tandis que des journalistes révolutionnaires comme Marat, Fréron ou Gorsas poussent
le peuple à la vengeance. « La terreur est en marche, observe un
prisonnier ; on en profitera pour nous faire égorger ici. – Je n'y
vois que trop d'apparence », répond Beaumarchais.

Comme ses codétenus, il attend la mort, bien persuadé que
toute entreprise pour la fuir est désormais vouée à l'échec. Dès
lors, à quoi bon mentir ? À quoi bon flatter un pouvoir dont il
n'espère plus rien ? Alors, c'est Figaro qui, dans un ultime sursaut, va prendre la plume à sa place, pour clamer sa bonne foi,
s'insurger contre l'injustice, fustiger la calomnie, dénoncer
l'arbitraire de l'ordre nouveau, comme il dénonçait les privilèges

de l'ordre ancien, avec la même audace qu'autrefois. Enfermé, harcelé, persécuté, il ose prendre la parole ; alors que la prudence la plus élémentaire lui imposerait de se taire, il ose élever la voix contre la vénalité des ministres, et rédiger un mémoire sur la corruption des dirigeants. Bien sûr, le ton n'est plus le même qu'à l'époque où il luttait contre le parlement Maupeou : les années ont tempéré sa fougue, émoussé sa verve ; d'ailleurs, les temps ne se prêtent plus guère au persiflage. Pourtant, il demeure le champion des droits de l'homme qu'il n'a jamais cessé d'être et continue, envers et contre tout, à croire au triomphe de la justice.

C'est grâce à la complicité active de ses infortunés compagnons qu'il parvint à rédiger cette requête à l'adresse du Comité de surveillance. M. Thierry lui prêta du papier, M. d'Affry, son portefeuille en guise de bureau, tandis que le jeune Montmorin, assis par terre, lui servait de lutrin. Il fallait un courage insensé pour lancer pareil défi aux Danton, Marat, Robespierre et consorts, à la veille des massacres de Septembre.

« Depuis cinq jours, écrit-il, je traîne alternativement du *corridor obscur de la mairie à la prison infecte de l'Abbaye*, sans que l'on m'ait encore interrogé sévèrement sur des faits d'une telle importance, quoique je n'aie cessé de vous le demander, quoique j'aie apporté et *laissé dans votre bureau le portefeuille* qui contient ma justification entière, fait ma gloire de citoyen, et peut seul vous montrer le succès après les travaux.

« Cependant, ma maison, mes papiers ont été visités, et la plus sévère recherche n'a fourni à vos commissaires que des attestations honorables pour moi ! *Mes scellés ont été levés* : moi seul je suis sous le scellé d'une prison incommode et malsaine, par l'affluence trop excessive des prisonniers qu'on y envoie.

« Forcé, messieurs, de rendre *à la nation* le compte le plus rigoureux de ma conduite en cette affaire, qui ne devient fâcheuse *que par les torts d'autrui*, j'ai l'honneur de vous prévenir que si vous refusez la justice de m'entendre en mes défenses et mes moyens d'agir, *je me verrai forcé, à mon très grand regret, d'adresser un mémoire public à l'Assemblée nationale, où détaillant les faits, tous appuyés de pièces inexpugnables et victorieuses, je ne serai que trop bien justifié. Mais la publicité même de mes défenses sera le coup de mort pour le succès de cette immense affaire.* Et m'emprisonner au secret ne pourra garantir personne de mes réclamations pressantes, puisque mon mémoire est déjà dans les mains de quelques-uns.

« Comment, messieurs, nous manquons d'armes! Soixante mille fusils seraient depuis longtemps en France, *si chacun eût fait son devoir*. Moi seul je l'ai fait vainement; et *vous ne hâtez pas l'instant de connaître les vrais coupables!* Je vous ai répété, messieurs, que *j'offrais ma tête en otage des soins que je me suis donnés, des sacrifices que j'ai faits pour amener ces grands secours*; je vous ai dit que *je mettais l'horrible malveillance au pis*; et parce que j'ai demandé le nom de mes vils délateurs et le bonheur de les confondre, au lieu de continuer mon inter-rogatoire à peine commencé, vous m'avez fait rester *trente-deux heures complètes, sans voir revenir an bureau ceux qui devaient m'interroger!* Et, sans la douce compassion qui a pris quelque soin de moi, j'aurais passé deux jours et une nuit *sans savoir où poser ma tête!* Et l'affaire des fusils est là sans aucun éclair-cissement! et le seul homme qui puisse vous éclairer, *vous l'envoyez, messieurs, au secret dans une prison, quand l'ennemi est à vos portes!* Que feraient de plus, pour nous nuire, nos implacables ennemis? *un comité prussien ou autrichien?*

« Pardonnez la juste douleur d'un homme qui attribue ces torts plutôt à de grands embarras qu'à la mauvaise volonté. Mais *c'est qu'on ne fait rien sans ordre*, et que pendant ces cinq mal-heureux jours, *j'ai été effrayé du désordre qui règne dans l'administration de cette ville*[38]. »

L'ÉCHAPPÉE BELLE

Le mercredi 29 août 1792, sixième jour de sa détention, vers cinq heures du soir, comme il échangeait avec M. Thierry des souvenirs de l'ancien temps, un guichetier ouvre la porte: « Monsieur Beaumarchais, on vous demande. – Qui me demande, mon ami? – Monsieur Manuel avec quelques munici-paux. » L'homme à peine sorti, Thierry s'inquiète: « N'est-il pas de vos ennemis? – Hélas! Nous ne nous sommes jamais vus; il est bien triste de commencer ainsi: cela est d'un terrible augure ! Mon instant est-il arrivé ? » Passant chez le concierge, où des gens sont attroupés, il lance, un rien provocateur :

« Lequel d'entre vous, messieurs, se nomme Manuel ?

– C'est moi, lui répond l'un d'eux, en s'avançant.

– Monsieur, nous avons eu, sans nous connaître, un démêlé public sur mes contributions[39]. Non seulement, Monsieur, je les payais exactement, mais même celles de beaucoup d'autres qui n'en avaient pas le moyen. Il faut que mon affaire soit devenue bien grave pour que le procureur-syndic de la Commune de Paris, laissant les affaires publiques, vienne ici s'occuper de moi !

– Monsieur, loin de les laisser là, c'est pour m'en occuper que je suis dans ce lieu ; et le premier devoir d'un officier public n'est-il pas de venir arracher de prison un innocent qu'on persécute ? Votre dénonciateur Colmar est démasqué ; sa section lui a arraché l'écharpe dont il est indigne. Il est chassé de la Commune, et je crois même en prison. On vous donne le droit de le poursuivre en toute justice. C'est pour vous faire oublier notre débat public que j'ai demandé à la Commune de m'absenter une heure pour vous tirer d'ici. Sortez à l'instant de ce lieu ! »

À ces mots, le prisonnier lui tombe dans les bras, les larmes aux yeux. « Je n'oublierai jamais cet homme, ni ce moment-là », note-t-il dans ses *Époques*. Il n'est pas près de l'oublier, en effet, car ce même Pierre Manuel qu'il étreint avec émotion n'est autre que l'amant d'Amélie Houret. C'est donc à elle et à son rival qu'il doit sa libération in extremis. Six heures plus tard, il était perdu : on posait les scellés aux comités de la mairie, on en barrait les portes, et les exécutions commençaient dès le dimanche suivant, 2 septembre.

\*
\* \*

On ne saurait mesurer la chance de Beaumarchais, son « échappée belle » comme nous l'avons appelée, si l'on ignore ce qui s'est passé à la prison de l'Abbaye aussitôt après sa mise en liberté. La veille déjà, tandis que l'ennemi poursuivait son avance et que les Prussiens assiégeaient Verdun, Danton réclamait des visites domiciliaires « pour trouver les trente mille traîtres et les quatre-vingt mille fusils qui se cachent ». Le lendemain, couvre-feu à six heures ; les rumeurs les plus folles courent dans les quartiers populaires ; on parle d'une conspiration des aristocrates et des prêtres que Marat dénonce inlassablement depuis des mois dans *L'Ami du peuple*. La peur dégénère en folie meurtrière. Le Comité de surveillance de la Commune enjoint de juger tous les détenus sans distinction, les arrestations se multiplient, des hommes courent aux prisons, armés de piques et de fusils. On arrête environ trois mille personnes désignées à la vindicte publique en raison de leur naissance, de leur fortune, de leur foi, ou de leurs opinions. Les prisonniers affluent dans toutes les maisons d'arrêt de la capitale, au Châtelet, à la Conciergerie, aux Carmes, à l'Abbaye, où s'improvise un « tribunal révolutionnaire », présidé par un certain Maillard, huissier de son état, surnommé « chef des massacreurs. » Les détenus au secret, coupés du monde extérieur, vivent dans l'angoisse. Un à un, sur l'appel de leur nom, ils défileront comme des bœufs à l'abattoir. Partout, on égorge, on décapite à coups de sabre, on dépèce, on viole, on torture.

Ce n'est pas ici le lieu de rappeler ce que furent ces journées sanglantes connues sous le nom de massacres de Septembre ; on en trouve le récit chez la plupart des mémorialistes de l'époque. Qu'il nous soit seulement permis de citer quelques lignes d'un témoin peu suspect de sympathie pour l'Ancien Régime. Voici en quels termes Louis Sébastien Mercier évoque cette page peu glorieuse de notre histoire dans son *Nouveau Paris* : « Les générations futures se refuseront à croire que ces forfaits exécrables ont pu avoir lieu chez un peuple civilisé, en présence du corps législatif, sous les yeux et par la volonté des dépositaires des lois, dans une ville peuplée de huit cent mille habitants, restés immobiles et frappés de stupeur à l'aspect d'une poignée de scélérats soudoyés pour commettre des crimes. [...] Quelle que soit l'horreur que m'inspirent ces journées de sang et d'opprobre, je les rappellerai sans cesse aux Parisiens, jusqu'à ce qu'ils aient eu le courage d'en demander vengeance[40]. »

## CHAPITRE VIII

# Errances

« Ô ma patrie en larmes ! ô malheureux Français !
Que vous aura servi d'avoir renversé des bastilles,
si des brigands viennent danser dessus, nous
égorgent sur leurs débris ? »
(Beaumarchais, *Sixième Époque.*)

## « JE SUIS UN TRISTE OISEAU »

À peine sorti de sa prison, escorté de deux officiers municipaux, Beaumarchais se rend en droite ligne chez M. Lebrun,
nouveau ministre des Affaires étrangères depuis le 10 août, et se
fait annoncer[1]. Lebrun sort de son bureau l'air éberlué devant ce
quémandeur obstiné qu'il croyait sous les verrous, et qui surgit
sous ses lambris dorés avec une barbe de cinq jours, les cheveux
hirsutes, une chemise sale, flanqué de deux hommes en écharpe.

« Oui, monsieur, c'est moi, commence l'inopiné visiteur. Je
sors de l'Abbaye, où m'ont fait jeter certains délateurs que vous
connaissez, en m'accusant partout de m'opposer à l'arrivée de
vos fusils. Vous savez trop ce qui en est ! »

Là-dessus, un municipal l'interrompt et, s'adressant au
ministre :

« Nous sommes envoyés, monsieur, par la municipalité, vous
demander, d'après les explications de M. Beaumarchais, dont on
est satisfait, si vous voulez ou non faire partir à l'instant son
courrier pour la Hollande, avec tout ce qu'il faut pour que les
fusils nous arrivent.

– Il ne me faut, précise Beaumarchais, qu'un passeport et quelques fonds. »

Le regard fuyant, le ministre bredouille que rien ne s'y oppose..., mais que pour le moment... n'est-ce pas... enfin... qu'il ne peut décider tout de suite... mais que si M. Beaumarchais voulait bien repasser demain matin... ce serait l'affaire d'une heure...

Le lendemain, il consigne sa porte. Par deux fois, Beaumarchais se présente à l'heure dite. En vain. À neuf heures, M. le ministre est sorti ; à midi, il n'est pas rentré. Enfin, à trois heures, il consent à recevoir l'importun. Comme on pouvait s'y attendre, l'entrevue ne débouche sur rien. Rentré chez lui, Beaumarchais lance à Lebrun ce pressant appel :

« Au nom de la patrie en danger, de tout ce que je vois et entends, je supplie M. Lebrun de presser le moment où nous terminerons l'affaire des fusils de Hollande.

« Ma justification, je la suspends. Ma sûreté, je la dédaigne. Les calomnies, je les méprise. Mais au nom du salut public, ne perdons pas un moment de plus ! L'ennemi est à nos portes, et mon cœur saigne, non des horreurs que l'on m'a faites, mais de celles qui nous menacent.

« La nuit, le jour, mes travaux et mon temps, mes facultés, toutes mes forces, je les présente à la patrie : j'attends les ordres de M. Lebrun, et lui offre l'hommage d'un bon citoyen[2]. »

Pas de réponse. Mais à deux heures du matin, des hommes armés se présentent chez lui pour saisir ses fusils de chasse. Il leur remet « sept fusils précieux, à un et à deux coups » ; ils assurent qu'ils en auront grand soin et les déposeront sur-le-champ à la section. Le lendemain soir, il envoie les chercher, mais on n'en a pas entendu parler. « C'est peu de chose que cette perte, se dit-il, c'est une centaine de louis. Mais ceux de Hollande ! ceux de Hollande ! » Le même soir, il adresse un nouveau billet à Lebrun :

« Ô Monsieur, ô Monsieur ! ... On est venu cette nuit chez moi à main armée m'arracher mes fusils de chasse, et je disais en soupirant : *Hélas ! nous en avons soixante mille en Hollande ; personne ne veut rien faire pour m'aider, moi chétif, à les en arracher ! Et l'on vient troubler mon repos !* Je suis un triste oiseau, car je n'ai qu'un ramage, qui est de dire depuis cinq mois à tous les ministres qui se succèdent : *Monsieur, finissez donc l'affaire des armes qui sont en Hollande !* Un vertige s'est emparé de la tête de tout le monde : chacun dit son mot et s'en va, me laissant là sans nulle solution. *Ô pauvre France ! ô pauvre France !*

« Pardonnez-moi mes doléances, et donnez-moi un rendez-vous, Monsieur, car par ma foi, je suis au désespoir[3]. »

Point de réponse. Qu'importe ! Beaumarchais continue de harceler le ministre ; ses missives se font quasi quotidiennes. En même temps, il lui faut songer à sa sécurité, car la tension ne cesse de monter dans la capitale, et sa libération providentielle ne le met pas à l'abri de la fureur populaire. Comme première mesure, il couvre les murs de Paris de placards reproduisant le certificat de civisme établi par le Comité de surveillance. Ainsi les curieux apprendront-ils par voie d'affiche qu'après scrupuleux examen des papiers du sieur Caron Beaumarchais « il ne s'y est trouvé aucune pièce manuscrite ou imprimée qui puisse autoriser le plus léger soupçon contre lui, ou faire suspecter son civisme. [...] En outre, il n'est nullement coupable des faits à lui imputés, et n'est pas même suspect. [...] L'accusation faite contre lui n'avait point de fondement. [...] Il a droit de poursuivre son dénonciateur devant les tribunaux[4] ».

LE FUGITIF

Le dimanche 2 septembre, comme la Commune ordonne d'ouvrir les portes de la ville, il en profite pour aller prendre l'air à la campagne, du côté de Versailles, dans une maison amie, avec l'intention de rentrer le soir-même. Il s'agit, en réalité, de mettre quelques lieues entre les égorgeurs et lui. À quatre heures, on vient le prévenir : impossible de regagner la capitale, à nouveau bouclée pour une durée indéterminée ; on y sonne le tocsin, on y bat la générale. Il passe la nuit chez son hôte. Le lendemain, vers six heures du soir, un commandant des gardes nationales des environs vient trouver celui-ci et lui glisse à l'oreille : « On sait que vous avez chez vous M. de Beaumarchais : les tueurs l'ont manqué cette nuit à Paris ; ils doivent venir la nuit prochaine ici, l'enlever de chez vous ; et peut-être m'obligera-t-on de m'y rendre avec toute ma troupe. J'enverrai dans une heure chercher votre réponse. Dites-lui bien qu'on sait qu'il y a des fusils dans ses caves, et soixante mille en Hollande qu'il ne veut pas que nous ayons, bien qu'on les lui ait bien payés. Aussi, c'est bien horrible à lui. – Il n'y a pas un mot de vrai à tous ces racontars. Je vais le prévenir. »

Là-dessus, le brave homme vient informer son pensionnaire de ce qui se trame contre lui :

« Mon pauvre ami, ajoute-t-il, la mine défaite, que comptez-vous faire ?

– D'abord, quitter votre maison pour qu'elle ne soit pas pillée. Si l'on vient chercher la réponse, dites qu'on est venu m'arrêter, qu'on m'a ramené à Paris. Adieu. Gardez mes gens et ma voiture, moi je vais aller à ma mauvaise fortune. Ne disons pas un mot de plus ; retournez au salon, n'y parlez plus de moi. »

Là-dessus, il sort par une petite porte au fond du jardin, d'où il gagne les champs, à l'écart des routes. Après une longue marche dans la nuit et sous la pluie, il trouve asile à trois lieues de là, chez de braves paysans qui lui donnent les dernières nouvelles de la capitale, où ils se rendent chaque matin pour vendre leurs denrées. Il apprend ainsi que les massacres s'amplifient de jour en jour, et que les Prussiens poursuivent leur avancée en Champagne. Sans attendre, il réclame du papier, une plume, de l'encre, et rédige une longue missive à Lebrun datée « de ma retraite, le 4 septembre 1792 », bien résolu à ne révéler à personne, surtout pas au ministre, le secret de sa cachette. Comme d'habitude, il proteste de son innocence, rappelle ses attestations de civisme et de « pureté », se plaint amèrement du temps perdu en tergiversations, et conclut par ces mots : « Je vous conjure, au nom de la patrie, de *songer au cautionnement, au misérable cautionnement*, si minime en une affaire si grave ! Si l'on ne m'a pas égorgé avant que M. de Maulde arrive, je me ferai un sévère devoir de venir, *à tous risques*, au rendez-vous que vous m'aurez donné[5]. »

Afin que l'on ne puisse découvrir le lieu d'où il écrit, Beaumarchais brouille les pistes au moyen d'un système de relais. Le jeudi 6 septembre, un billet de Lebrun, ou plus exactement rédigé en son nom dans les bureaux du ministère, le prie de passer dès le lendemain matin vendredi, avant 10 heures, à l'hôtel des Affaires étrangères. S'agit-il d'un guet-apens ? Cherche-t-on à l'attirer en plein jour dans la capitale, à ses risques et périls ? Comme ledit billet ne lui arrive, après « vingt détours » que ce même vendredi, à l'heure du rendez-vous, il prie le ministre de reporter leur entrevue de dix heures du matin à dix heures du soir, « pour que je puisse arriver chez vous avec moins de danger qu'en plein jour », ajoute-t-il. M. Lebrun n'aura qu'à donner sa réponse au porteur, qui transmettra. Finalement, rendez-vous est pris pour le samedi 8 à neuf heures du soir. Comme il se trouve à cinq lieues de Paris (une vingtaine de kilomètres), il prend la route vers cinq heures de l'après-midi, et marche d'un bon pas à travers les terres labourées, pour éviter toute rencontre. Épuisé, trempé de sueur, les souliers et les bas crottés, tel enfin qu'on l'a déjà vu à sa sortie de prison, il se présente à l'heure convenue aux Affaires étrangères. Un suisse vient le prévenir que M. le ministre, « ayant affaire en ce moment », le prie de revenir à onze heures.

Où aller ? que faire pendant ces deux heures de battement ? Tremblant d'être reconnu par une de ces patrouilles qui sillonnent la ville en tous sens, il rase les murs jusqu'aux Boulevards tout proches[6], avise un chantier de construction, s'assied à même le sol, « entre des tas de pierres et de moellons », et plonge dans un profond sommeil. À vrai dire, il n'a pas grand-chose à craindre de la maréchaussée. Qui reconnaîtrait dans ce vieillard gisant sur des gravats, l'auteur jadis le plus fêté d'Europe ? Heureusement, il se réveille juste à temps pour son rendez-vous. Trop tard : le ministre vient d'aller se coucher ; il l'attendra demain à neuf heures du matin. Dissimulant mal sa déconvenue, Beaumarchais demande une feuille et griffonne ces quelques mots « pour M. Lebrun, à son réveil », qu'il dépose chez le suisse :

« Monsieur,

« J'ai fait cinq lieues à pied par les terres labourées pour venir compromettre ma vie à Paris, en cherchant l'heure du rendez-vous qu'il vous a plu de me donner. Je suis arrivé à votre porte à neuf heures du soir. On m'a dit que vous vouliez bien me donner le choix de ce soir à onze heures, ou demain à neuf heures du matin.

« D'après ma dernière lettre, où je vous ai appris tous les dangers que je cours dans cette ville, j'ai jugé que vous daigneriez préférer pour moi le rendez-vous du soir. Il est onze heures ; vos fatigues excessives font que vous êtes couché, dit-on. Mais moi, je ne puis revenir que demain après brune, et j'attendrai chez moi l'ordre qu'il vous plaira me donner.

« Ah ! renoncez, Monsieur, à me recevoir dans le jour. Je courrais le danger de ne vous arriver qu'en lambeaux !

« J'enverrai demain savoir quelle heure vous me consacrerez le soir.[...] Le sacrifice du danger de ma vie était le seul qui me restât à faire pour ces fusils : le voilà fait. Mais n'exposons point, je vous prie, un homme essentiel à la chose, en lui faisant courir les rues de jour !

« Je vous présente l'hommage d'un bon citoyen[7]. »

Dimanche 9 septembre : nouvelle relance : « Ma mort n'est bonne à rien ; ma vie peut être encore utile. À quelle heure voulez-vous donc me recevoir ce soir ? Toutes me sont égales, depuis la brune de sept heures jusqu'au crépuscule de demain. » Rendez-vous le soir même, dix heures. Beaumarchais se présente, ponctuel. Le suisse, « baissant les yeux », le remet au lendemain, même heure.

Lundi 10 septembre, à dix heures précises, le revoici dans l'antichambre. Au bout d'un quart d'heure, ce « beau billet de cuisinière » lui est remis par le suisse : « Comme il n'y a pas aujourd'hui de conseil, Monsieur Lebrun prie M. de Beaumarche [sic] de vouloir bien repasser demain au soir à neuf heures trois cards [resic] il ne peut pas avoir lhonneur [reresic] de le voir ce soir par raison de travailles [rereresic !]. »

## « MÉNAGEONS ENCORE CES MESSIEURS ! »

Il a beau savoir qu'on le mène en bateau, qu'il s'agit d'une guerre d'usure ; il a beau sentir ses nerfs à bout, son amour-propre en miettes ; il a beau se dire furieux, exaspéré, indigné, humilié, « dévoré d'un chagrin mortel », il ne quitte pourtant pas la partie, et revient à la charge avec plus de détermination que jamais. Loin de se décourager, il semble tirer de chaque obstacle une énergie nouvelle. Contretemps, mauvaise foi, mensonges, le tout ajouté aux dangers quotidiens, ne font que le stimuler davantage ; il retrouve la même ardeur, la même passion, la même rage de vaincre qu'à l'époque de son combat pour les insurgés d'Amérique. Son courage se transforme en fureur. « Mon amour-propre et l'orgueil s'en mêlaient, se souviendra-t-il. [...] Je me cramponnai au succès. J'oubliai tout : amour-propre et fortune, et ne voulus que réussir. Je rappelai à mon secours tout ce que la prudence a de subtil et de délicat ; je dis : il faut fouler aux pieds la vanité. C'est une cargaison d'armes que j'ai promise à mon pays : voilà le but, il faut l'atteindre ; tout le reste n'est que moyens. Quand ils ne sont pas malhonnêtes, on peut les user tous pour arriver au but. Nous jetterons l'échafaud bas, quand le palais sera construit. Ménageons encore ces messieurs[8] ! »

Loin de s'avouer vaincu, il talonne Lebrun de plus belle : « Chaque journée perdue rend le péril plus imminent, lui écrit-il le 11 septembre. *Je vous ai dit, Monsieur, que ma tête était en danger tant que l'affaire ne marche pas.* Personne ne veut me croire lorsque je dis que je passe près des ministres les heures, les jours, les semaines et les mois, en sollicitations inutiles. Dénoncé comme un malveillant, je vois mes amis effrayés me reprocher de rester exposé dans cette ville aux fureurs d'un peuple égaré. [...] Je me crève inutilement, je cours les plus affreux périls, mes sacrifices sont au comble, et l'affaire des fusils est là ! Je me présenterai chez vous ce soir à neuf heures trois quarts, comme votre billet d'hier me l'indique. Recevez les respects d'un homme affligé[9]. »

Selon son odieuse habitude, Lebrun remet encore la rencontre au lendemain soir. Au comble de l'exaspération, Beaumarchais se fait annoncer en plein jour à l'audience de Lebrun, alors qu'on ne l'y attend pas, et au mépris de toute prudence. Stupéfait d'une telle audace, Lebrun reste évasif, se dérobe aux questions. Entre alors Clavière, ministre des Contributions et Revenus publics, qui déclare sans ambages qu'on accuse Beaumarchais d'être de connivence avec son vendeur pour que les fusils n'arrivent pas. Beaumarchais le prie de ne pas laisser « des ressentiments particuliers [...] influer sur une affaire nationale ». Il produit alors des extraits de correspondance prouvant que, le marché conclu, s'il a de son côté rempli ses engagements, les vendeurs Osy et fils d'Amsterdam, n'ont fait aucun effort pour obtenir la levée de l'embargo, du côté hollandais[10]. Après quoi, Clavière sort sans prononcer un mot, ce qui fait dire à Lebrun :

« M. Clavière a des soupçons ; c'est à vous, monsieur, à les détruire. Comment, depuis cinq mois, ces fusils n'arrivent-ils pas ?

— Et c'est vous, monsieur Lebrun, qui me le demandez ? Vous qui faites tout ce qu'il faut pour qu'ils n'arrivent pas ? Tant que vous retiendrez le cautionnement commercial exigé par Osy, puis-je entamer un vain débat contre la politique hollandaise ? M. Clavière et vous-même feignez de ne pas me comprendre...

— Veuillez m'excuser, interrompit Lebrun, mais je ne puis vous écouter davantage, mon audience m'attend. »

Et il plante là l'infortuné quémandeur, lequel n'aura tiré qu'un seul avantage de cet entretien, mais non des moindres : une convocation devant le Conseil des ministres du lendemain, 12 septembre.

## « Le rire de Tisiphone »

Introduit dans la salle du Conseil, il est invité à s'asseoir en bout de table, comme un accusé devant ses juges. Ceux-ci s'appellent Danton, ministre de la Justice, Roland, ministre de l'Intérieur, Servan, ministre de la Guerre, Lebrun et Clavière, déjà connus. Il se présente en vainqueur, persuadé de son bon droit, sûr d'obtenir gain de cause. Mais on le traite avec désinvolture, condescendance, et même une certaine grossièreté. Un incident de séance est significatif à cet égard. Comme il est assez éloigné de ses interlocuteurs, et que sa surdité n'a cessé de progresser depuis des mois, il met sa main en cornet pour mieux entendre. Il surprend alors un sourire de Clavière, qui le communique à Danton (« le rire de Tisiphone gâtait ce visage céleste », ironisera-t-il), et déclenche une hilarité générale au sein de l'auguste Conseil. On se moque ouvertement de lui, mais il n'en a cure et défend ses positions avec énergie. Las ! Alors, qu'il espérait trouver auprès du gouvernement l'appui qui lui faisait défaut partout ailleurs, il ne rencontre que morgue et froide hostilité. Tous paraissent convaincus qu'il ne fournit les armées qu'afin de tirer de substantiels bénéfices. D'ailleurs, n'est-ce pas à la spéculation qu'il doit son immense fortune ? Clavière déverse sa rancœur, Lebrun ne veut pas se compromettre ouvertement, Servan ne dit mot, Roland paraît soucieux, pressé de retourner à ses affaires. Quant à Danton, il dirige la discussion avec autorité, mais ignore à peu près tout de la question.

La réunion s'acheva sur un profond désaccord entre les deux parties, et sur une maladresse de Roland, qui faillit coûter la vie au « soldat-citoyen ». En sortant du Conseil, dont les entretiens doivent en principe demeurer secrets, il déclara publiquement qu'on y avait débattu d'une question « qui ne finira point avant la fin de la guerre, celle des fusils de M. Beaumarchais ». C'était mettre le feu aux poudres. En quelques secondes, le propos se propageait dans la ville, une violente manifestation populaire s'improvisait contre l'ennemi de la patrie, et c'est miracle s'il réussit à échapper au lynchage. Écartant les conseils de prudence que lui prodiguent ses amis, et n'écoutant que son indomptable volonté de vaincre, il en appelle directement à l'Assemblée nationale, et demande à se faire entendre par la commission des armes. On lui répond le jour même qu'on l'entendra « avec plaisir » le 15 septembre, à huit heures du soir. Beaumarchais se rend à la convocation, son portefeuille sous le bras, parle pendant trois heures d'affilée, produit des pièces justificatives. Lebrun, dont il avait instamment souhaité le témoignage contradictoire, s'abstint de venir.

À peine s'est-il retiré que ces messieurs commencent leur délibération. Examinant sa conduite depuis le début de l'affaire, ils la jugent « irréprochable, et sur la forme et sur le fond », et rédigent l'attestation suivante, qui ne lui sera remise que le 19 septembre :

« Les membres composant le comité militaire et la commission des armes attestent que, sur le renvoi qui leur a été fait par l'Assemblée nationale, le 14 du courant, de la pétition du sieur Caron Beaumarchais, relative à un achat de soixante mille fusils fait par lui en Hollande, au mois de mars dernier, il en résulte que ledit sieur Beaumarchais, qui nous a exhibé toute sa correspondance, a montré, sous les divers ministres qui se sont succédé, le plus grand zèle et le plus grand désir de procurer à la nation les armes retenues en Hollande par les entraves dues à la négligence ou à la mauvaise volonté du pouvoir exécutif régnant sous Louis XVI[11] ; et que, d'après les conférences qu'il a eues avec le ministère actuel, en présence de deux commissaires pris dans le sein des deux comités réunis, le sieur Beaumarchais est dégagé de tout embarras, et mis dans la position heureuse de fournir à la nation les soixante mille fusils.

« Sur quoi, les soussignés déclarent que ledit sieur Beaumarchais doit être protégé dans l'entreprise du voyage qu'il se propose de faire pour ledit objet des armes, comme étant dirigé par le seul motif de servir la chose publique, et méritant à cet égard la reconnaissance de la nation [12]. »

En même temps le comité militaire et la commission des armes chargent Lebrun de préparer pour le lendemain au plus tard tout ce qui sera nécessaire au citoyen Beaumarchais en vue de son voyage en Hollande, à savoir : un passeport pour lui et pour M. de La Hogue, le cautionnement de 50 000 florins d'Allemagne, et les fonds complémentaires. Cédant à son funeste penchant, Lebrun promet tout et ne donne rien. Champion éprouvé des bâtons dans les roues, il tergiverse, renvoie au lendemain, multiplie les rendez-vous manqués, s'éclipse à toute occasion, se fait invisible, insaisissable, évanescent. Beaumarchais, de son côté, noircit beaucoup de papier en procès-verbaux circonstanciés de ses démarches et entretiens avec les autorités : tous écrits plus fastidieux les uns que les autres, que l'on peut lire dans ses *Époques*, mais dont nous nous garderons bien d'accabler le lecteur. Arrivons donc au fait. Ayant épuisé toutes les tracasseries administratives à sa portée, Lebrun finit par lui délivrer un passeport en bonne et due forme, avec son signalement, ce qui nous vaut ce portrait assez peu flatteur, mais d'une précision toute bureaucratique : « Laissez passer librement Pierre-Augustin Caron Beaumarchais, âgé de soixante ans, figure pleine, yeux et sourcils bruns, nez bien fait, cheveux châtains rares, bouche grande, menton ordinaire, double, taille de cinq pieds cinq pouces [env. 1,75 m], allant à La Haye en Hollande, avec son domestique, chargé d'une mission du gouvernement. [Signé : ] Le Conseil exécutif provisoire : Lebrun, Danton, Servan, Clavière [13]. »

Quant au cautionnement et aux fonds promis, Lebrun prend l'engagement de les envoyer à notre ambassadeur M. de Maulde ; il les trouvera donc à son arrivée à La Haye [14].

## « En cas de mort ou de malheur »

Le 20 septembre 1792, assisté des renforts de Kellermann, qui dispose de 50 000 hommes, Dumouriez arrête l'envahisseur à Valmy. Grâce aux canons de Gribeauval, les troupes révolutionnaires, pourtant peu aguerries, tiennent tête à la première armée d'Europe, armée de métier, disciplinée, jamais encore vaincue. Le duc de Brunswick doit faire sonner la retraite, les forces prussiennes font demi-tour et repartent vers l'Allemagne. L'ennemi constate avec stupeur l'enthousiasme républicain qui anime les volontaires, aux cris de « Vive la Nation! » Au soir de cette mémorable journée, Goethe, qui en fut le témoin oculaire écrira, non sans emphase : « D'ici et d'aujourd'hui, date une ère nouvelle dans l'histoire du monde [15]. »

La nouvelle de la victoire est connue des Parisiens grâce au télégraphe Chappe, le jour même où Beaumarchais décide de ne plus différer son départ. Comprenant que les faux-fuyants de Lebrun lui font perdre un temps précieux, sans lui apporter les fonds promis, il informe le ministre des mesures qu'on l'oblige à prendre : « Je fais un emprunt onéreux pour les objets de mon voyage. Je le constate juridiquement; et quand je reviendrai de Hollande, je ferai tout ce qui convient à un bon Français outragé [16] ! »

Le lendemain, 21 septembre, au cours de sa première séance publique, la Convention décrète l'abolition de la monarchie, sur proposition de Collot d'Herbois et de l'abbé Grégoire. Le 22, la République est proclamée. Tous les actes publics seront désormais datés de l'an I de la République française. Ce même jour, Beaumarchais prend le peu d'or qu'il avait chez lui en réserve, dépose chez son banquier les écus qu'il destinait au Trésor national quand on lui aurait remis ses fonds, pour avoir un crédit de la même somme en Hollande, et prend la poste pour Le Havre avec l'ami Gudin. Sans illusion sur les périls qui le guettent, il laisse derrière lui une *Protestation contre les ministres*, qu'il dépose dans l'un des secrets de son fameux bureau à cylindre et dont il garde copie. « En cas de mort ou de malheur », il demande qu'elle soit ouverte et lue en présence des commissaires qui feront l'inventaire de ses papiers. Ce réquisitoire au vitriol accuse les principaux ministres en exercice d'avoir tout fait pour empêcher les fusils de quitter le port de Veere; il reproche notamment à Lebrun de ne lui avoir jamais versé le cautionnement exigé pour la levée de l'embargo – en dépit de ses engagements solennels devant les autorités militaires, et il conclut par ces mots : « Je déclare que je proteste de tout mon pouvoir contre la trahison du ministère actuel, que je le rends responsable envers la Nation de tout le mal qu'elle peut entraîner, et qu'en ceci je ne fais qu'exécuter ce dont je les ai sévèrement prévenus dans ma lettre, en forme de mémoire, remise à M. Lebrun le 19 août, cette année, où je lui dis sans ménagement ces mots : Après vous avoir expliqué ce qu'un nouveau ministre peut ne pas deviner, si le ministère va en avant en contrecarrant ces données, je suis forcé de déclarer, Monsieur, qu'ici ma responsabilité finit, que j'en dépose le fardeau sur le pouvoir exécutif, que j'ai l'honneur de prévenir[17]. » Etc.

Accablant !

## LE MYSTÉRIEUX CONSTANTINI

Jusqu'à l'étape d'Yvetot, tout se passe à peu près bien, si l'on met à part les incessants contrôles d'identité; les municipalités font du zèle, car on a donné l'alerte aux suspects. À partir d'Yvetot, les choses commencent à se gâter. D'abord, on fait observer au « soldat-citoyen » que son passeport n'est pas conforme aux dernières dispositions de la loi du 29 juillet précédent. Mais on ne va pas se donner le ridicule d'arrêter l'auteur du *Mariage de Figaro*. D'autant plus qu'il se défend avec beaucoup de conviction, en tâchant néanmoins d'en dire le moins possible sur la nature de sa mission. Manque de chance : les inspecteurs mettent la main sur les dépêches du ministre à M. de Maulde, et la copie de l'accord du 18 juillet. Sommé de s'expliquer, il consent à fournir quelques précisions, mais sous le sceau du secret. On s'étonne ensuite de trouver sur lui le passeport d'un sieur La Hogue, alors que son compagnon Gudin ne peut produire aucune pièce d'identité. Celui-ci se dit « citoyen de Paris », mais on ne le laisse passer « qu'après avoir consigné une somme de 3 000 livres jusqu'à ce qu'il ait justifié de son existence civique [18] ».

On les laisse poursuivre leur route, mais l'affaire s'est ébruitée ; tous les notables de la petite ville sont au courant du passage de ce voyageur illustre, et l'événement défraie la chronique locale. Le maire, les officiers municipaux, plus d'une vingtaine de témoins apposent leur signature au bas du procès-verbal envoyé à la Convention nationale pour dénoncer ce « défaut de forme, cet abus [...] résultant de la facilité d'obtenir des passeports du gouvernement. [...] Nous ne nous permettrons, Messieurs, aucune réflexion sur ce genre de prévarication, ajoutent les signataires. Vous connaissez mieux que nous le danger d'abuser des lois que vous avez faites. Nous attendons donc que vous nous prescriviez la conduite que nous avons à tenir en pareille circonstance, et nous vous renouvelons l'assurance de notre entier dévouement à l'exécution des lois et au salut de la patrie [19]. »

Passablement contrarié par l'incident d'Yvetot et par la publicité donnée à sa mission, Beaumarchais va s'efforcer de brouiller les pistes. Après un bref séjour au Havre, le temps d'embrasser sa femme, sa fille et sa sœur, il s'embarque pour l'Angleterre, espérant ainsi donner le change aux curieux. Arrivé à Portsmouth le 30 septembre, il gagne Londres le 2 octobre où il ne reste que vingt-quatre heures. C'est assez pour rencontrer ses banquiers et correspondants, les frères Le Cointe, auxquels il fait part de ses besoins d'argent, car il n'a pu emporter que trente mille francs avec lui. Les banquiers lui ouvrent un crédit de 10 000 lires sterling en lui disant : « Il faut en finir au plus tôt : ne perdez pas une minute ! » Par la même occasion, il dresse avec eux un plan qui déjouera le mauvais vouloir des autorités hollandaises : les frères Le Cointe se porteront acquéreurs des fameux fusils, prétendument destinés aux Indes occidentales, c'est-à-dire aux Antilles, les feront d'abord transporter en Angleterre, puis de là les achemineront vers un port français.

Cet accord conclu, Beaumarchais s'embarque pour la Hollande. Après une traversée de six jours, « la plus pénible qu'on eût fait depuis quarante ans », il arrive à La Haye, « malade à en mourir » (on sait qu'il n'a jamais eu le pied marin), et se rend aussitôt chez l'ambassadeur de France, auquel il remet les ordres de M. Lebrun.

« Cet ordre est positif, constate M. de Maulde, je m'y confor-merai avec exactitude ; mais vous allez trouver ce pays semé d'entraves, prévient-il.

— M. Lebrun vous a-t-il envoyé le cautionnement ?

— Non, pas encore.

— Le ministre m'a dit qu'il vous donnerait l'ordre de me compter deux ou trois cent mille francs, s'ils m'étaient néces-saires, sur tous les fonds que vous avez à lui.

— Je n'en ai point ; ils sont employés au-delà. Sans doute il m'en fera passer.

— En attendant que le cautionnement arrive, je vais exiger par acte notarié, du vendeur hollandais, qu'il me fasse une expro-priation légale et une livraison pareille, à Tervère même. Mais comme j'ai affaire à des gens cauteleux à Paris ...

— Vous pouvez, si vous voulez, vous épargner tous ces embarras, l'interrompt l'ambassadeur. » Et comme Beaumar-chais le regarde étonné, il lui apprend que M. Lebrun lui a recommandé il y a peu un certain Constantini qui propose de racheter la cargaison entière à sept florins huit sous la pièce, payés en or et sur-le-champ. « Ce n'est qu'un florin de moins que le prix du gouvernement, et vous les regagnerez bien par tous les soins que vous vous épargnerez. Cet homme paraît fort avant dans la confiance des ministres. Il en a obtenu le privilège exclusif de fournir au gouvernement tout ce qu'on tire de Hol-lande. Et les difficultés qu'on peut vous faire en France, il paraît bien qu'on ne les lui fera pas, du moins si j'en crois ses paroles. »

Beaumarchais refuse net, indigné d'une telle proposition :

— Eh bien ! monsieur, dites à M. Constantini que je rejette avec mépris ses offres, comme je les ai rejetées sous le poignard à l'Abbaye, et qu'il n'aura pas mes fusils. Il y a longtemps que cette affaire n'est plus commerciale pour moi. Certes, mon pays les aura ; mais il les tiendra de moi seul, au premier prix que je les ai vendus, et pas un florin au-delà. Nul brigandage ne se fera là-dessus. »

« Brigandage » ? Qu'est-ce à dire ? Chercherait-on à tirer bénéfice sur ces fusils, en les payant moins cher à Beaumarchais pour les revendre plus cher à la France ? Et qui se dissimule der-rière ce Constantini, qui n'est sans doute qu'un prête-nom ? Lebrun ? Clavière ? Tous les deux ? D'autres encore ? Et d'ailleurs qu'est-ce donc que cet aventurier corse qui sort de l'ombre, sans passé ni avenir, qui semble avoir ses entrées partout, qui dispose de fonds illimités et d'appuis assez puissants pour faire lever l'embargo? Mystère. Un certain nombre d'indices, pourtant, jettent la suspicion sur Lebrun, dont on pourrait ainsi démêler la manœuvre : décourager Beaumarchais jusqu'à lui faire lâcher prise et vendre à perte son arsenal au sieur Constantini, homme de paille et commissionnaire, pour les revendre ensuite au prix fort au gouvernement français. Ainsi s'expliqueraient les ajournements répétés du ministre et ses innombrables fins de non-recevoir.

## LES « VIEUX FUSILS »

Le 16 octobre, Pierre-Augustin écrit à Lebrun pour lui rappeler ses promesses. Point de réponse. Il le relance dix jours plus tard. Toujours rien. Nouvelle missive le 9 novembre, assez brève, pour ne pas impatienter M. le ministre :

« Lorsque la France a d'aussi grands succès[20], c'est un terrible exil que d'avoir affaire en Hollande. Je le serai, pourtant, exilé de la France, jusqu'au jour où une lettre catégorique de vous m'apprendra si le cautionnement nous arrive, ou s'il ne me reste plus qu'à partir pour aller justifier ma conduite patriotique dans mon pays[21] ! »

Le même jour, arrive une longue lettre de Lebrun, dans laquelle celui-ci dévoile enfin ses batteries. Ayant pris sur le tard des renseignements sur le dépôt d'armes de Veere, il semble découvrir un fait pourtant connu depuis le début, à savoir que ces fusils ne sont pas neufs, qu'ils ont déjà servi une première fois entre les mains des corps-francs, à l'époque de la dernière révolution tentée par les patriotes hollandais, ont été ensuite vendus aux Belges, qui en ont fait usage à leur tour, lors de leur propre révolution, enfin achetés par des négociants hollandais et vendus à Beaumarchais. « Je conviens, ajoute le ministre, qu'un cautionnement de cinquante mille florins demandé pour lever l'embargo mis sur de vieux fusils vous dégagerait sans doute d'un embarras bien grand, de savoir où les placer. Je conviens que le traité passé entre vous et l'ex-ministre Lajard est fort avantageux. Mais soyez de bonne foi, citoyen, et convenez à votre tour que nous serions bien dupes d'approuver un pareil traité et d'y donner notre adhésion. Nos vues et nos principes ne s'accordent point avec ceux de nos prédécesseurs. Ils ont eu l'air de vouloir ce qu'ils ne voulaient pas ; et nous, bons patriotes, bons citoyens, désirant sincèrement faire le bien en le voulant, nous remplissons les devoirs de notre place avec autant de loyauté, de probité, que de franchise. » Et il termine sur ce mensonge que dément toute sa correspondance diplomatique : « Depuis quelque temps, je ne me mêle plus d'achats d'armes. Ces opérations mercantiles ne s'accordent guère avec le genre de travail et de connaissances qu'exige mon département[22]. »

Beaumarchais n'a pu lire ces lignes sans trembler de rage. Comment, à cet instant, ne se sentirait-il trahi par ceux-là mêmes dont il espérait les plus puissants soutiens ? « Il n'y a point de douleur aussi poignante que d'être assailli par ceux mêmes dont on attendait protection », notera-t-il un jour, en se remémorant sans doute ce pénible épisode. Il en faut pourtant davantage pour le décourager. Puisant des forces nouvelles dans l'adversité, il persiste à demeurer l'unique propriétaire de ses « vieux fusils », quoi qu'il puisse en advenir. Les vendre au rabais ? Quoi de plus facile ? Les amateurs ne manquent pas. Mais ils se heurteront tous et toujours au même refus catégorique. Position ô combien périlleuse, si l'on songe qu'il est pris entre deux feux : d'un côté l'hostilité du gouvernement hollandais, entièrement soumis au bon vouloir des autorités autrichiennes ; de l'autre, celle de son propre gouvernement.

L'OMBRE DE LA GUILLOTINE

Cependant, les armées révolutionnaires volent de succès en succès. Après Valmy, les troupes de Brunswick évacuent la Champagne, Verdun, Longwy, repassent la frontière, pourchassées par les Français qui, sous les ordres de Custine, envahissent le Palatinat, la Rhénanie, s'emparent de Spire, de Worms, de Mayence, de Francfort. Montesquiou entre en Savoie, d'Anselme à

Nice où fleurissent les cocardes tricolores. Au début d'octobre, les Autrichiens lèvent le siège de Lille et se replient dans les pays belges, où Dumouriez fait son entrée le 27 avec 40 000 hommes. Le 6 novembre, il enlève d'assaut le village de Jemmapes. Coup sur coup, les impériaux doivent abandonner Bruxelles, Malines, Louvain, Liège, Gand, Namur. En un mois, presque tous les Pays-Bas autrichiens sont conquis, et l'inquiétude gagne les Provinces-Unies, tandis que les Français poursuivent leur avance vers le nord. Dumouriez s'apprête à « porter la liberté chez les Bataves », comme il l'a fait chez les Belges. Il envoie deux chaloupes canonnières à Middelburg pour demander aux états de Zélande le passage de l'Escaut, afin de bombarder le château d'Anvers. Or Middelburg, dans l'île de Walcheren, se trouve si proche de Veere et des fusils de Beaumarchais que celui-ci commence à crier victoire. Ces fusils, si longtemps et indûment retenus par le gouvernement hollandais, ce sont les troupes françaises qui vont enfin les libérer !

Illusion, quand tu nous tiens !... Ce que Pierre-Augustin ne peut pourtant pas ignorer, c'est qu'à ce moment précis sa tête est en train de se jouer à Paris. Le 28 novembre 1792, en effet, le député Lecointre présente à la Convention un long rapport dénonçant Beaumarchais comme « membre de la clique des conspirateurs », dans laquelle il englobe également le marquis de Grave et Chambonas. « Ces hommes vils et cupides, fulmine Lecointre, avant de plonger la patrie dans l'abîme qu'ils lui avaient préparé, se disputaient l'exécrable honneur de lui arracher ses dernières dépouilles. » Quant à Beaumarchais, il est gracieusement qualifié d'« homme vicieux par essence et corrompu par inclination, qui a réduit l'immoralité en principe et la scélératesse en système ». De quoi l'accuse-t-on ? D'une part, d'avoir entretenu une correspondance secrète avec Louis XVI ; d'autre part, d'avoir dilapidé les biens de la nation. En conséquence :

« La Convention nationale, après avoir entendu son comité de la Guerre, considérant que le traité du 18 juillet dernier est le fruit de la collusion et de la fraude ; que ce traité, en anéantissant celui du 3 avril précédent, a enlevé au gouvernement français toutes les sûretés qui pourraient répondre de l'achat et de l'arrivée de ses armes ; qu'il se manifeste bien clairement par ce traité l'intention de ne point procurer d'armes, mais seulement de se servir de ce prétexte pour faire des bénéfices considérables et illicites, avec la certitude que ces armes ne parviendront pas ; que les stipulations ruineuses qui constituent la totalité de l'acte du 18 juillet dernier doivent être reprises avec sévérité.

« ART. 1ᵉʳ. Le marché passé le 3 avril dernier à Beaumarchais par Pierre Grave, ex-ministre de la Guerre, et la transaction faite le 18 juillet suivant entre Beaumarchais, Lajard et Chambonas sont annulés. En conséquence, les sommes avancées par le gouvernement à Beaumarchais, en exécution desdits traités, seront par lui restituées.

« 2. Attendu la fraude et la connivence criminelle qui règnent tant dans le marché du 3 avril que dans la transaction du 18 juillet dernier, entre Beaumarchais, Lajard et Chambonas, Pierre-Augustin Caron, dit Beaumarchais, sera mis en état d'accusation [23]. »

Le décret d'accusation étant voté à l'unanimité, c'est la guillotine assurée. Le 30 novembre, on appose les scellés sur la maison du boulevard Saint-Antoine, ainsi que sur les entrepôts de son édition de Voltaire à Strasbourg, tandis que Lebrun envoie une dépêche à M. de Maulde : « Je vous enjoins, citoyen, de faire les démarches nécessaires pour faire arrêter Beaumarchais dans la ville de Hollande où il se trouvera. Dès que cette arrestation aura eu lieu, vous voudrez bien m'en donner avis, et je veillerai au moyen de le ramener en France avec sûreté. Vous mettrez, citoyen, dans cette démarche toute la célérité et la prudence qui peuvent en assurer le succès [24]. » Le messager porteur de ce mandat d'arrêt quitte Paris le 29 novembre au petit matin, brûle les étapes, avec « ordre de crever tous les chevaux sur la route [25]. » Il arrive à La Haye dans la soirée du 1ᵉʳ décembre et se présente chez M. de Maulde. Quelques secondes plus tôt, il y aurait croisé Beaumarchais venu faire ses adieux à l'ambassadeur. Prévenu le matin même de sa mise en accusation par la *Gazette de La Haye*, qui consacre un long article à ses « marchés frauduleux », il a jugé plus prudent de s'esquiver dans la nuit. En même temps, Pierre Manuel, son sauveteur de l'Abbaye, probablement inspiré par la chère Amélie, l'a fait prévenir du danger qu'il courait, en le pressant de se rendre au plus vite à Londres [26].

Ce départ précipité évite à M. de Maulde le pénible devoir d'arrêter un ami, et lui permet de répondre à Lebrun :

« Pressé d'obéir à la loi, de lui multiplier les preuves de ma respectueuse obéissance, j'ai expédié ce matin à Amsterdam le citoyen Gilbal secrétaire de légation, à l'effet de requérir le grand bailly de cette capitale d'ordonner les recherches nécessaires dans l'étendue de son ressort, pour découvrir le sieur Caron de Beaumarchais et le mettre en état d'arrestation[27]. »

Apprenant la nouvelle de sa fuite, lord Auckland, l'ambassadeur de Grande-Bretagne à La Haye, le déclare « *a victim in his fortunes to the Revolution, to which his talents so much contributed. It is said that, on some charges, his house and papers are seized. I cannot pity him*[28] ».

Cependant, Beaumarchais fait voile vers l'Angleterre. Voué décidément aux traversées mouvementées, il essuie une tempête au cours de laquelle il assiste au naufrage d'un vaisseau transportant des émigrés français. Tout en méditant une fois de plus sur la bizarrerie de sa destinée, il projette déjà, après un bref séjour à Londres, de rallier Paris le plus tôt possible, « car il est temps que la Convention nationale soit instruite de tout ».

## « AI-JE ÉTÉ UN TRAÎTRE À MA PATRIE ? »

Arrivé à Londres « par miracle », il s'empresse d'ouvrir les messages que ses amis n'ont pas osé lui envoyer à La Haye, et tombe sur cette phrase : « Si vous lisez ceci en Angleterre, rendez grâces à genoux, car un Dieu vous a préservé ! » Suivent des détails sur le piège que lui tendaient les ministres Clavière et Lebrun après son arrestation. Le courrier extraordinaire qui devait le ramener à Paris « pieds et poings liés » avait reçu en outre une bien singulière consigne : faire en sorte que le prisonnier n'arrive pas vivant. On redoutait en haut lieu la justification dont il avait si souvent menacé cet « étrange ministre des Affaires étrangères. [...] Quel homme aurait pu croire à l'aveugle rage des ministres ? Eh bien ! c'était là leur projet ! On me le mandait de Paris[29] ».

Heureux d'avoir échappé au rasoir de la nation et au poignard des mercenaires, bénissant le ciel de se retrouver à Londres, terre d'asile des rescapés de tous bords et de tous régimes, Beaumarchais songe à sa famille « errante et désolée », à sa femme, à sa fille, à ses sœurs. Ne pouvant communiquer avec elles sans divulguer le secret de leur présence au Havre, et risquer de mettre ainsi leurs jours en danger, il prend le parti de leur écrire par voie de presse, et fait insérer une lettre ouverte à leur intention dans *Le Courrier de l'Europe* du 11 décembre 1792. Ce sera d'ailleurs sa dernière contribution à cette gazette, car elle cessera de paraître à partir du 28 décembre, après seize ans d'existence. En réalité, cette *Lettre à ma famille* ne vise pas tant à reprendre contact avec les siens qu'à se justifier publiquement des graves accusations portées contre lui par la Convention. Il s'y défend notamment d'avoir entretenu de correspondance avec Louis XVI, « ni pour ni contre la Révolution.[...] Les seules relations directes que j'aie jamais eues avec ce roi, par l'intervention de ses ministres, remontent à la première année de son règne, il y a dix-huit ans, au moment qu'il s'élevait à ce trône d'où un caractère trop faible, bien des fautes et la fortune viennent de le faire choir si misérablement ». Et il ajoute, un peu plus loin : « Je suis bien éloigné de trahir ma patrie, pour la liberté de laquelle j'ai fait longtemps des vœux, et depuis de grands sacrifices ; et toutes ces viles accusations qui se succèdent contre moi à la Convention nationale seraient la plus terrible des abominations, si elles n'étaient en même temps la plus stupide des bêtises [30]. »

Beaumarchais perdrait-il la mémoire ou se tromperait-il volontairement ? Les lettres à Louis XVI auxquelles il fait allusion ici remontent à 1775 et concernent exclusivement la guerre d'Amérique [31]. Oublierait-il qu'il a continué de lui écrire jusqu'en 1786 ? Certes, ce ne sont pas non plus ces lettres-là qui intéressent la Convention, mais celles qu'il aurait écrites contre la Révolution, pour les armées autrichiennes, en faveur des émigrés, etc. Pour bien saisir les enjeux en présence, et mesurer comme il convient l'extrême gravité de l'accusation, il nous faut revenir trois semaines en arrière, exactement à ce 20 novembre 1792, où se produisait une découverte qui allait, entre autres conséquences, coûter la vie à « Louis Capet. » Ce jour-là, en effet, le ministre de l'Intérieur Roland vint informer la Convention qu'il avait découvert dans un couloir des Tuileries un placard secret creusé dans un mur, derrière un panneau de lambris, et fermé par une porte de fer. Cette cache, appelée dès lors

l'« armoire de fer » était, disait-il, remplie de documents acca-
blants pour Louis XVI. Le « serrurier des cabinets et du labora-
toire du ci-devant roi », nommé Gamain, était venu spontanément dénoncer à Roland l'existence de ce placard dont il avait,
en avril précédent, confectionné la porte et une serrure de sûreté
sur l'ordre du roi, soucieux de mettre ses papiers à l'abri. Roland
avait aussitôt décidé de faire sauter la serrure, mais avait
« oublié » d'appeler des témoins (alors que des commissaires de
la Convention se trouvaient justement présents ce jour-là aux
Tuileries). Cette négligence allait lui être sévèrement reprochée.
Bien plus, il avoua qu'il avait feuilleté les liasses avant de les
porter à l'assemblée. Plus tard, il niera les avoir regardées, et
sera soupçonné d'avoir retiré les pièces portant témoignage de
relations compromettantes entre le roi et les Girondins. Un
comité de douze membres fut chargé d'inventorier les six cent
vingt-cinq pièces trouvées dans l'armoire de fer. Elles concer-
naient en particulier les affaires ecclésiastiques (on sait combien
la conscience du roi en était tourmentée), les comptes de la Maison du roi (précisions sur l'éducation du dauphin, le personnel
de la Cour, les dépenses occasionnées par la fuite à Varennes).
La correspondance de La Porte, intendant de la liste civile,
apportait des précisions sur les rapports du roi avec Calonne,
Mirabeau, La Fayette, Talon, chef de sa « police secrète »,
Dumouriez et autres personnages moins importants, tous engagés dans la contre-Révolution. Du coup, Mirabeau fut voué aux
gémonies, son buste brisé, mais on préféra ménager Dumouriez,
dont on avait encore besoin aux armées. Parmi les documents les
plus compromettants pour le roi se trouvait la copie d'une missive adressée à l'évêque de Clermont. Louis XVI y manifestait
son hostilité à la Constitution civile du clergé et sa volonté de
rétablir, dès qu'il le pourrait, les anciens usages en matière
ecclésiastique. Une lettre du prince de Poix prouvait également
la résistance royale au mouvement révolutionnaire. D'autres
documents laissaient entendre que Louis XVI était resté en relation avec les émigrés, et aussi qu'il avait tenté de corrompre, à
prix d'or, quelques membres de la Législative. Au grand regret
de ses adversaires, aucune preuve décisive ne fut découverte de
sa collusion avec les souverains étrangers, mais sa duplicité
semblait indéniable.
Les Conventionnels comprirent vite que l'armoire de fer ne

contenait pas de révélation capitale sur les crimes du roi, mais seulement des indices sur son double jeu. En fait, bien des détails auraient dû inciter les juristes de l'Assemblée à vérifier l'authenticité des pièces. La sincérité de Gamain pouvait paraître douteuse. Après s'être excusé d'avoir tant tardé à révéler son rôle dans l'installation du placard, il avait raconté une curieuse fable : son travail terminé, le roi lui aurait donné à boire un verre de vin empoisonné pour l'empêcher définitivement de parler, ce qui l'avait mis entre la vie et la mort. Personne n'osa mettre ostensiblement en doute cette tentative de meurtre attribuée au roi de France.

Après le 10 août, les trousseaux de clés des Tuileries qu'on croyait perdus seront retrouvés chez l'ancien valet de chambre Thierry de Ville-d'Avray, massacré à la prison de l'Abbaye. Il sera constaté alors – le procès-verbal en fait foi – que la clef de l'armoire de fer ouvrait aussi trois autres anciens placards des appartements royaux, ce qui paraissait contredire les affirmations de Gamain. L'artisan fut pourtant remercié de ses révélations par l'octroi d'une rente de mille deux cents francs.

L'armoire de fer contenait-elle des pièces compromettantes pour Beaumarchais? Aucun des inventaires publiés ou manuscrits ne permet de l'affirmer. Mais nous savons que la plupart des papiers gênants avaient été enlevés par ordre du roi avant l'attaque des Tuileries. Mme Campan, alors au service de la reine, raconte en effet dans ses *Mémoires* que Louis XVI l'avait chargée d'emporter chez elle une liasse si énorme qu'elle n'avait pu la soulever toute seule. Lorsqu'elle apprit l'incarcération de la famille royale au Temple, elle aurait pris la décision de brûler la plus grande partie des documents confiés à sa garde. Y avait-il dans ce lot des correspondances attestant de relations secrètes entre Beaumarchais et la famille royale? On l'a prétendu, mais sans jamais en apporter la preuve. Acceptons-en cependant l'hypothèse, et imaginons un scénario fondé sur la culpabilité de Pierre-Augustin. Qu'aurait-il pu se passer dans ce cas? Répétons-le : il s'agit d'une simple supposition qui ne repose sur aucun fondement réel, et reprenons la chronologie des faits. Début mars 1792 : proposition de Delahaye ; 3 avril : accord signé avec le marquis de Grave ; 20 avril : déclaration de guerre. L'intérêt de la nation voudrait que ces armes soient rapatriées le plus vite possible ; celui du roi qu'elles soient indéfiniment retenues en Zélande, au plus grand avantage des troupes ennemies. Or le principal reproche adressé à Beaumarchais, tout au long de l'affaire, n'est-il pas d'en retarder volontairement la livraison, et d'en priver ainsi les armées françaises ? Naturellement, il s'en défendra énergiquement, jurera ses grands dieux qu'il n'est pour rien dans ces tergiversations, et en rejettera toute la faute sur les ministres qui se succèdent à vive allure dans les derniers mois de la monarchie. Aurait-il, comme on l'accuse, joué la carte contre-révolutionnaire, tout en protestant de sa loyauté patriotique ? Rien ne le prouve, et tout témoigne au contraire de sa bonne foi. Si pourtant le soupçon a pu s'emparer des esprits, c'est qu'il a toujours manifesté une certaine tiédeur à l'égard de l'activisme révolutionnaire, et même un dégoût hautement proclamé lors des massacres de Septembre, dont il faillit être victime. Outre cela, sa réputation d'homme d'affaires habile, mais point toujours d'une exigeante moralité, ses négociations secrètes avec le gouvernement à l'époque de la guerre d'Amérique, son enrichissement spectaculaire, sa désinvolture, son cynisme, ont pu laisser croire qu'il tâchait, une fois de plus, de concilier ses intérêts personnels avec ceux du ci-devant royaume de France. Certes, c'est sans enthousiasme et sans illusion que Beaumarchais aura vu s'installer le nouveau régime, et ce n'est pas sans nostalgie qu'il évoquera les douceurs de l'ancien. Il n'en reste pas moins que l'âge l'a rendu circonspect, que la sagesse lui impose de ne plus s'aventurer dans des opérations hasardeuses (et Dieu sait si celle-ci pouvait le devenir !), et qu'au demeurant sa fortune le met à l'abri des tentations spéculatives. Acheter des armes aux Provinces-Unies pour les revendre avec bénéfice au gouvernement français : en quoi cela pouvait-il porter préjudice à la nation ? C'est ce qu'il ne se lassera pas de répéter.

Comme il n'y a de meilleure défense que dans l'attaque, surtout dans son cas, Beaumarchais dénonce à son tour ceux qui, au mépris de toutes les lois, ont tâché de le faire disparaître entre La Haye et Paris. Il ne cite aucun nom, mais les coupables supposés se reconnaîtront aisément en ouvrant *Le Courrier de l'Europe* du 11 décembre 1792. « Le Sénat qu'on a surpris est juste, et je n'ai pas été entendu. L'espoir de tous mes ennemis sans doute, était que je ne le serais jamais. En m'arrêtant en pays étranger, ils se flattaient que, ramené dans ma patrie avec l'odieux renom d'avoir trahi sa cause, des assassins gagés auraient renouvelé sur moi les scènes du 2 septembre, ou que le peuple même, indigné de ma trahison supposée, m'aurait sacrifié en route avant qu'il fût possible de le désabuser. C'est la cinquième fois depuis quatre mois qu'ils ont tenté de me faire massacrer. Et sans la générosité d'un magistrat de la Commune [Pierre Manuel], que je nommerai dans mon mémoire avec une vive reconnaissance, et qui vint me tirer de l'Abbaye six heures avant que toutes les voies en fussent fermées, j'y subissais le sort de tant de victimes innocentes [32]. »

## « L'ÉMIGRÉ »

Accusé de collusion avec l'ennemi, Beaumarchais se voit bientôt infliger une nouvelle marque d'infamie, tout aussi injustifiée que la première. Prenant prétexte que sa *Lettre à ma famille* était datée de Londres, on le déclare émigré, bien qu'il soit chargé de mission par le gouvernement français, comme son passeport en fait foi. Inculpation gravissime, car les lois prévoient pour le fugitif les peines les plus lourdes : bannissement à vie du territoire national, privation de ses droits civiques, saisie de tous ses biens qui deviennent propriété de l'État. Les représailles contre Beaumarchais ne se font pas attendre. Dans la nuit du 16 au 17 décembre, sans nul avertissement, huit hommes se présentent à son domicile, posent de nouveaux scellés sur ceux qu'ils avaient mis deux semaines plus tôt, et laissent trois gardiens sur place : « Sur ce cri fatal, *Émigré! Émigré!* voilà qu'on met chez moi scellé, double scellé, double gardien, triple gardien ; et qu'avec un raffinement de cruauté de cannibale, un homme préposé au maintien du bon ordre choisit exprès l'horrible nuit pour venir avec des soldats croiser des scellés déjà mis, et faire expirer de terreur la femme et la fille de celui qu'on n'a pas pu assassiner, et qu'il insultait lâchement, comme tous ces hommes vils le font quand ils se croient les plus forts. »

Le système de défense qu'il choisit au début paraît assez spécieux et peine à convaincre. « *Émigrer* (dans notre acception), dit-il, c'est s'échapper *de l'intérieur à l'extérieur* en coupable ou en fugitif, et non passer très librement *de l'extérieur à l'extérieur*. » Or qu'a-t-il fait, sinon passer de La Haye, pays étranger, à Londres, autre pays étranger ? Mais il ne s'arrête pas à cette considération oiseuse ; dès le 16 décembre, il rédige une *Pétition à la Convention nationale*, dans laquelle il retrouve la verve de ses plaidoyers d'antan[33]. Comme autrefois, lorsqu'il se colletait avec le parlement Maupeou, ou la justice du roi, c'est contre l'arbitraire qu'il dirige ses traits les plus acérés :

« Grand Dieu ! si toutes nos affaires sont traitées avec ce désordre, avec cette légèreté, où es-tu donc, ô pauvre France ? La vie du plus pur citoyen lui peut être arrachée par la fureur, la malveillance, ou seulement la précipitation. Mais si la vie d'un homme et le malheur d'une famille se perdent dans l'immensité des maux qui nous accablent, quel pays libre, ou même assujetti, peut rester la demeure d'un être raisonnable, quand des crimes pareils s'y commettent impunément ?

« Ai-je été un traître à ma patrie ? ai-je cherché à la piller comme les gens qui la fournissent... ou la font fournir ? *c'est tout un*. C'est ce que je m'apprête à bien éclaircir devant vous, ô citoyens législateurs ! car je ne vous fais pas l'injure de supposer qu'après m'avoir décrété sans m'entendre, c'est-à-dire qu'après avoir mis ma personne en danger, ma famille dans les pleurs, mon crédit en déroute, et mis mes biens en saisie, sur quatre phrases indigestes d'un dénonciateur *trompé*, vous repousserez ces défenses, dont cette pétition est la première pièce. Elles sont les défenses d'un très bon citoyen, qui ne le prouverait pas moins à la face de l'univers, *quand vous ne l'écouteriez pas* ; ce que je ne présume point, car la justice est d'intérêt commun. Et, croyez-moi, législateurs, dans l'état où sont nos affaires, il n'en est pas un parmi vous dont la tête aujourd'hui garantie, ne puisse un jour courir l'horrible chance que la scélératesse a posé sur la mienne. Jugez-moi sans faveur, c'est tout ce que je demande.

« Le citoyen *Lecointre*, excellent patriote, et point méchant homme, dit-on, mais sans doute un peu trop facile à échauffer sur les objets qui blessent l'intérêt du peuple, trompé lui-même étrangement, vient de tromper la *Convention* par une si triste dénonciation que, dans la partie qui me touche, *il n'est pas une seule phrase qui ne soit une fausseté*[34]. »

Reprenant ensuite point par point les accusations de Lecointre, il les réfute en détail, fustigeant au passage toutes les

« *vilenies bureaucratiennes* qui n'ont cessé d'arrêter cette importante cargaison d'armes » ; il s'engage, au cas où il ne parviendrait pas à convaincre l'assemblée, à faire présent des 60 000 fusils à la France, au risque de se ruiner. Quant à l'indemnité de cinq cent mille francs qu'on lui attribue, il n'en a jamais reçu (ni réclamé) le premier liard : « Je déclare, au contraire, que loin d'avoir d'argent à la nation, ce sont les hauts seigneurs du département de la Guerre qui, depuis le 5 avril dernier, ont à moi deux cent cinquante mille livres très réelles, desquelles, sans pudeur, malgré vingt paroles données, ils ne m'ont pas permis d'user pour vous faire arriver de Hollande tous ces fusils retenus à Tervère [35]. »

Il en arrive ensuite à la correspondance coupable qu'il aurait entretenue avec Louis XVI, et dont les gazettes hollandaises, déclare-t-il, l'avaient instruit avant son départ pour Londres [36]. « Je demande que mes prétendues lettres soient déposées au bureau, *paraphées de la main de l'honnête homme qui les présente*. Car il faut, citoyens, *qu'un des deux y périsse*. Ce mensonge est une lâcheté dont je ne connais point d'exemple. Certes, ce n'est faire ni un bien ni un mal que d'écrire à un roi héréditaire ou constitutionnel, même en temps de révolution ; l'objet seul de la lettre, ou la façon de le traiter, pourrait former la matière d'un délit, s'il se trouvait contraire aux intérêts du peuple [37]. »

Le diffamateur Gorsas l'accuse-t-il d'avoir acheté naguère le Parlement de Paris pour faire condamner Kornman, Bergasse « et toute leur honteuse clique » ? Le soupçonne-t-il d'avoir acheté le Comité de surveillance de la mairie et Manuel en personne, pour sortir de l'Abbaye ? Et les ministres de Grave, Dumouriez, Chambonas, Lajard, ne les a-t-il pas tous « achetés comptant » ? « Il ne me reste plus qu'à acheter mon dénonciateur Lecointre et la Convention nationale, ironise-t-il, et c'est à quoi je me prépare. Malgré qu'ils aient saisi mes biens, je puis encore former cette puissante corruption. » Mais la seule monnaie dont il entend se servir pour cela « sera de bien prouver, les pièces sur la table, comme je l'ai fait vingt fois dans vingt tribunaux différents, que je suis un homme juste, bon père, bon mari, bon ami, bon parent, très bon Français, excellent citoyen, et loyal négociant, fort désintéressé. Lecointre, et vous, législateurs, telle est ma monnaie corruptrice [38] ! »

Il conclut sa *Pétition* par un résumé de toutes les épreuves qu'il a traversées depuis 1789. Péroraison dramatique dans sa concision même, où l'indignation s'exprime avec force, où le dernier trait sonne comme un défi, mais dont l'héroïsme apparent parvient mal à couvrir la voix d'un homme irrémédiablement blessé :

« Quant à moi, citoyens, à qui une vie si troublée est devenue enfin à charge ; moi qui, en vertu de la liberté que j'ai acquise par la révolution, me suis vu près vingt fois d'être incendié, lanterné, massacré ; qui ai subi en quatre années quatorze accusations plus absurdes qu'atroces, plus atroces qu'absurdes ; moi qui me suis vu traîner dans vos prisons deux fois pour y être égorgé sans aucun jugement ; qui ai reçu dans ma maison la visite de quarante mille hommes du peuple souverain, et qui n'ai commis d'autre crime que d'avoir un joli jardin ; moi, décrété d'accusation par vous pour deux faits différents regardés comme *trahitoires* ; dans la maison duquel tous vos scellés sont apposés pour la troisième fois de l'année, sans qu'on ait pu me dire pourquoi, et qu'on va chercher à faire arrêter en Hollande pour m'égorger peut-être sur la route de France, pendant que je me trouve en sûreté à Londres. Je vous propose, ô citoyens, de me rendre à l'instant librement à Paris, et prisonnier sur ma parole, tant que je plaiderai mes causes ; ou bien d'y recevoir *la ville pour prison*, ou *ma maison*, si cela convient mieux. Cette précaution prise, et ma vie assurée, je pars à l'instant pour Paris. J'ai même quelque espoir d'y être encore utile à ma patrie[39]. »

LE BANC DU ROI

Ce n'est pas là simple fanfaronnade. Beaumarchais a bel et bien l'intention de rentrer en France, et s'y prépare activement. Il lui tarde trop de revoir les siens, de retrouver sa maison, et surtout de plaider lui-même sa cause devant la Convention, comme s'il s'agissait du parlement Maupeou. Encore une illusion ! Il s'imagine qu'il pourra retourner l'opinion en sa faveur, et se voir enfin réhabilité, comme à l'époque de l'affaire Goëzman. Las, les temps ont changé ! Ses amis londoniens, les Swinton, les

Le Cointe ont beau le mettre en garde, lui répéter sur tous les tons qu'il va se jeter dans la gueule du loup, qu'il court directement à la guillotine, il ne veut rien entendre. Alors, ils ont recours au stratagème le plus inattendu qui soit pour le sauver malgré lui : ils le font mettre en prison !

On se rappelle que la maison Le Cointe lui avait avancé dix mille livres sterling avant son voyage en Hollande. Sachant que cette somme avait servi à payer une partie des avances pour l'achat des fusils, et qu'il se trouvait donc dans l'incapacité de la rembourser, le banquier le fit retenir comme débiteur insolvable à la prison du Banc du roi (King's Bench)[40]. Moins pour s'assurer de sa personne, que pour le forcer à rester en Angleterre, où il ne courait aucun risque. « C'était trop de perdre à la fois son argent et son ami », ironisera Beaumarchais dans une lettre à Gudin.

Arrêté le 28 décembre 1792, il est traité comme un hôte de marque. Installé dans un appartement privé, hors des murs de la prison, objet de mille égards de la part du personnel pénitentiaire, il a le droit de recevoir à sa guise visiteurs et autres détenus, coupables, comme lui, de ne pouvoir payer leurs dettes. Le voici bien loin des affreux cachots de l'Abbaye, ou pis encore, de l'échafaud déjà prêt à le recevoir.

Est-il besoin de dire que les autorités anglaises ne voient pas d'un très bon œil la présence de Beaumarchais sur leur territoire. Elles n'ont pas oublié ses manœuvres plus que suspectes, il y a vingt ans, lorsqu'il était l'agent secret du roi de France, ni ses démêlés avec le chevalier d'Éon, qui avaient défrayé la chronique, ni son soutien aux insurgés d'Amérique, ni son violent pamphlet au titre explicite : *Le Vœu de toutes les nations et l'intérêt de toutes les puissances dans l'abaissement et l'humiliation de la Grande-Bretagne*[41]. Que vient faire ce trafiquant d'armes en Angleterre ? À quelle opération louche se livre-t-il ? À quelle intrigue se trouve-t-il encore mêlé ? Après le départ précipité de Beaumarchais pour Londres, l'ambassadeur de Grande-Bretagne à La Haye avait prévenu les fonctionnaires de Whitehall : « *He will do all possible mischief to us*[42]. » Dans l'entourage du Premier ministre Pitt, on craint qu'il ne cherche à propager les idées révolutionnaires. Et d'ailleurs, que signifie cette arrestation voulue et préparée par ses meilleurs amis, notamment ce Le Cointe, d'origine française ? Autant de rumeurs auxquelles Beaumarchais tentera de couper court dans une *Lettre aux Anglais*, publiée le 29 décembre 1792 :

« Je penserais commettre une blâmable indiscrétion de parler au public d'une affaire à moi personnelle, si la nouvelle répandue dans les papiers du jour, de mon arrestation d'hier dans la prison du *Banc du roi,* pouvant recevoir des interprétations défavorables, ne m'imposait la nécessité de fixer l'opinion générale sur cet incident désastreux. Je vais poser le fait très simplement.

« MM. Le Cointe frères, à Londres, apprenant par moi, le 2 octobre dernier, à mon passage pour la Hollande, l'embarras où me mettait l'inexécution absolue de la part de nos ministres actuels, des clauses d'un traité de 50 à 60 000 fusils, que j'avais achetés et payés pour la France, m'obligèrent (et je dois le dire) très noblement d'un prêt de dix mille livres sterling en bons effets de banque, pour me mettre en état de rembourser diverses sommes que l'on m'avait fournies, lors des paiements de ces fusils. [...]

« Ces Messieurs ont appris par les derniers courriers que pour combler l'insulte et l'injustice, après avoir saisi toutes mes propriétés, ce qu'on nomme aujourd'hui *gouvernement de France* (quoiqu'il soit mon débiteur de deux cent cinquante mille livres sur cette même affaire) vient de s'emparer en Zélande, et sans moi, de mes armes auxquelles il avait à l'instant solennellement renoncé. Les annales d'aucun pays ne fournissent l'exemple d'un semblable désordre, et d'un tel abus du pouvoir. MM. Le Cointe voyant leur hypothèque perdue, m'ont fait mettre en arrestation, jusqu'à ce que je leur rende la somme de *dix mille livres sterling*, ou que je leur fournisse une autre sûreté. Cet acte de leur part n'est point une injustice ; il est seulement rigoureux. *L'injustice est à mon pays* [43]. »

« ACTIONS DE GRÂCES »

Mettant à profit son inactivité forcée, Beaumarchais rédige le « triste narré » de ses mésaventures, depuis mars jusqu'à décembre 1792, intitulé *Compte rendu des neuf mois les plus pénibles de ma vie*, et divisé en *Six Époques*, dans lesquelles il réfute point par point les accusations de Lecointre devant la Convention nationale. Sa *Première Époque* à peine achevée, au début de janvier 1793, Paul Le Cointe en envoie quatre exemplaires imprimés à William Pitt, qui la dévore comme un roman d'aventures et dont il réclame la suite. Outre le simple plaisir littéraire, le Premier ministre y trouve quantité de renseignements, qu'il chercherait vainement ailleurs, sur les hommes qui gouvernent la France durant cette période troublée. Danton, Marat, Dumouriez, Lebrun, tous ces noms sur lesquels il peine à mettre un visage, et encore moins un caractère, il les voit soudain s'animer sous ses yeux ; il découvre la mesquinerie et la bassesse des uns, la noirceur d'âme et la cupidité des autres, l'ambition mal dissimulée de tous. Il voit s'agiter en tous sens des fonctionnaires brouillons, instables, dépassés par les événements, cherchant en vain à s'acquitter d'une tâche ingrate, et veillant pardessus tout à conserver leur tête sur les épaules. Mais ce qui le réjouit surtout, c'est le tableau d'une France livrée à l'anarchie, où l'assignat s'effondre à vive allure, où tout enfin laisse présager une débâcle économique. Ce n'est certes pas un mince réconfort pour la nation anglaise qu'inquiètent par ailleurs l'invasion de la Belgique, la prise d'Anvers par les armées républicaines, et leur avance foudroyante vers les bouches de l'Escaut.

Toujours au Banc du roi, Beaumarchais s'efforce de réunir le montant de la caution qui lui permettra de retrouver la liberté. À Paris, c'est son caissier Gudin qui se charge de récolter les fonds. Entre-temps, il apprend qu'on va procéder à la vente de tous ses biens, comme c'est la règle pour tous les émigrés, ce qui ne fait que redoubler son désir de rentrer en France. « Loin d'être émigré ni de vouloir le devenir, écrit-il le 28 décembre au ministre Garat, qui vient de remplacer Danton à la Justice, je suis bien plus pressé de me justifier hautement devant la Convention nationale, qu'aucun de mes ennemis n'est curieux de m'y voir. » Il supplie le nouveau ministre d'assurer sa sécurité pendant son voyage, car il a la conviction qu'on a tenté de l'assassiner pour l'empêcher de « faire avec éclat une justification pleine et satisfaisante.[...] À l'instant où je fais partir cette lettre, poursuit-il, j'envoie chercher mon médecin, pour savoir dans quel temps il croit que je puis soutenir la voiture de terre et de mer. Ma caution arrivée, je pars sur-le-champ pour Paris. Car ce n'est pas la frayeur de la mort qui peut m'empêcher de partir : c'est la crainte, au contraire, de mourir sans être justifié, et par conséquent sans vengeance d'une aussi longue série d'atrocités, qui me fera braver tous les dangers[44]. »

Garat répond par retour du courrier avec une bienveillance qui rassure Pierre-Augustin. Il est vrai que les deux hommes sont liés par d'assez grandes affinités intellectuelles. Ancien avocat, passionné de littérature, Garat fut un temps logé chez Mme Suard, où il fréquenta les grands philosophes du siècle finissant : Diderot, Helvétius, d'Alembert, Condorcet, Grimm, Fréron. Collaborateur du *Mercure de France* et de l'*Encyclopédie méthodique*, auteur d'éloges académiques, il professe à l'Athénée comme suppléant de Marmontel. Député du tiers aux états généraux, en même temps que son frère aîné Dominique, il paraît rarement à la tribune où il se caractérise par une extrême prudence. Collaborateur du *Journal de Paris*, il y fait paraître les comptes rendus des séances de l'Assemblée. Nommé à l'ambassade de Chauvelin en Angleterre, il est rappelé par Brissot pour succéder à Danton au ministère de la Justice, le 9 octobre 1792. Intelligent, cultivé, Garat souffre néanmoins d'une pusillanimité qui l'entrave gravement dans l'action politique. Redoutant de prendre parti, soucieux de ne mécontenter personne, on le trouve en toute circonstance hésitant, indécis, embarrassé. Totalement dépassé par les événements, incapable de prévoir et de contrôler les mouvements populaires, attentif à maintenir la balance égale entre les Girondins et les Montagnards, il se fera mépriser des deux factions, les Montagnards allant jusqu'à le traiter d'« eunuque politique » et de « Jacobin malgré lui ». Le ton de sa réponse à Beaumarchais reflète assez bien ce caractère conciliant et modéré. S'y ajoute, à l'évidence, l'admiration de l'amateur éclairé pour l'auteur du *Mariage de Figaro*. « La seule lettre raisonnable que j'aie reçue des hommes en place de mon pays, dans cette abominable affaire, observe Beaumarchais, est la réponse de ce ministre. » La voici donc :

« Je ne puis qu'applaudir à l'empressement que vous me témoignez de venir vous justifier devant la Convention nationale ; et je pense qu'aussitôt que vous serez libre, et que votre santé vous le permettra, rien ne doit retarder une démarche si naturelle à un accusé sûr de son innocence. L'exécution de ce projet, si digne d'une âme forte, et qui n'a rien à se reprocher, ne doit pas même être retardée par des craintes que des ennemis de votre tranquillité, ou des esprits trop prompts à s'alarmer peuvent seuls vous avoir suggérées. Non, citoyen, quoi qu'en disent les détracteurs de la révolution du 10 août, les événements désastreux qui l'ont suivie, et que pleurent tous les vrais amis de la liberté, ne se renouvelleront pas.

« Vous demandez une sauvegarde à la Convention nationale, pour pouvoir avec sûreté lui présenter votre justification ; j'ignore quelle sera sa réponse, et je ne dois pas la prévenir. Mais lorsque l'accusation même portée contre vous vous remet entre les mains de la justice, elle vous place spécialement sous la sauvegarde des lois. Le décret qui me charge de leur exécution m'offre les moyens de vous rassurer contre toutes les terreurs qu'on s'est plu à vous inspirer. Marquez-moi dans quel port vous comptez vous rendre, et à peu près l'époque de votre débarquement. Aussitôt, je donnerai des ordres pour que la gendarmerie nationale vous fournisse une escorte suffisante pour calmer vos inquiétudes et assurer votre translation à Paris. Et même, sans avoir besoin de ces ordres, vous pouvez vous-même réclamer cette escorte de l'officier qui commande la gendarmerie dans le port où vous descendrez.

« Votre arrivée ici suffira pour empêcher que l'on ne puisse vous confondre avec les émigrés ; et les citoyens qui ont cru devoir vous mettre en état d'accusation entendront eux-mêmes avec plaisir votre justification, et seront flattés de voir qu'un homme employé par la république n'a pas mérité un instant de perdre sa confiance [45]. »

En lisant ces mots, Beaumarchais exulte : « Actions de grâces soient rendues au ministre de la Justice ! Actions de grâces soient rendues à la Convention nationale, qui a senti qu'un citoyen ne doit jamais être jugé sans avoir été entendu ! » Il fait alors parvenir une supplique à la Convention, la priant de « diminuer une partie des maux dont elle l'accable », réclamant en vue de son retour un sauf-conduit ainsi que « la levée pure et simple des scellés apposés sur ses papiers et ses effets. » Cette saisie conservatoire sur ses biens n'a pas seulement pour effet de le discréditer en France et à l'étranger ; elle provoque aussi des oppositions de la part de ses locataires et débiteurs. La Convention lui accordera un moratoire le 10 février 1793.

*
*  *

Pour le moment, la France traverse une période particulièrement critique, pour ne pas dire plus. Commencé le 16 décembre,
le procès de Louis XVI se poursuit jusqu'au 18 janvier. Ce
jour-là, les députés de la Convention votent la mort du roi à cinquante-trois voix de majorité. Le 21 janvier, à dix heures vingt
minutes, le couperet de la guillotine s'abat sur la nuque royale.
Le bourreau Sanson saisit alors la tête sanglante et la montre
longuement au peuple qui répond par le cri unanime de « Vive la
Nation »[46] ! À peine parvenue en Grande-Bretagne, la nouvelle
provoque des émeutes antifrançaises. Le 24 janvier, l'ambassadeur de France à Londres, Chauvelin, reçoit l'ordre de quitter
son poste sous huitaine. L'indignation soulevée par l'exécution
du monarque n'explique pas à elle seule cette mesure brutale. En
fait, William Pitt invoque ce prétexte pour rompre toute relation
diplomatique avec la France, et entrer dans le conflit aux côtés
des Austro-Prussiens.
Le 1er février, la Convention déclare la guerre à l'Angleterre
et aux Provinces-Unies. Le moment ne pouvait être plus mal
choisi. Après avoir débordé des frontières pour « libérer » les
peuples voisin, de l'Escaut à la Savoie, les troupes françaises
connaissent de sérieux revers. Mal équipées, mal nourries, mal
vêtues, mal chaussées, elles manquent aussi cruellement de bras.
Le 24 février, les veufs, les hommes mariés sans enfants, les
célibataires, tous âgés de dix-huit à quarante ans, vont en faire la
douloureuse expérience, puisque la Convention a décidé que
300 000 d'entre eux ne seront pas superflus pour défendre les
frontières. Au moment où presque toute l'Europe des rois a
rejoint l'Autriche et la Prusse contre la France, le manque
d'effectifs posait un problème crucial auquel il fallait remédier
sans tarder. Jusqu'ici, les levées avaient été volontaires. Désormais, chaque Français peut en principe se voir réquisitionné à
concurrence des besoins pour défendre la Révolution. Mais le
législateur n'ayant pas jugé bon de préciser les procédures du
recrutement, trois moyens sont possibles, à défaut du volontariat
pur et simple : le volontariat avec prime, l'élection et le tirage au
sort.
L'entrée de l'Angleterre et des Provinces-Unies dans la coalition

va redonner un soudain intérêt aux fusils de Beaumarchais, dont tout le monde se dispute à présent la propriété. Il va de soi que les Hollandais possèdent une longueur d'avance dans cette course aux armements, puisque la cargaison se trouve dans leurs eaux. Mais c'est compter sans la frégate britannique à l'ancre en rade de Veere, qui surveille l'entrée du port. Tandis que s'aiguisent les appétits autour de ces armes, dont on dit pourtant qu'elles se révéleraient plus dangereuses pour les usagers que pour les ennemis, le banquier Perrégaux a pu réunir à Paris la somme de dix mille livres sterling, que Gudin de La Ferlière fait immédiatement passer à Londres.

Le 1er février 1793, Beaumarchais peut enfin quitter le Banc du roi, « à la condition de ne pas sortir de la ville ». Le 7, il s'embarque pour la France. La veille de son départ il a conclu deux accord avec les frères Le Cointe. Par contrat public, les banquiers obtiennent la cession des fusils ; par contrat privé et secret, Beaumarchais se réserve le droit de les racheter dans un délai de deux mois : c'est ce qu'on appelle, en terme juridique, un *droit de réméré*. « Les dix mille livres sterling hypothéquées sur ces mêmes armes » constituent la monnaie d'échange qu'il restituera en avril[47]. Par cette astucieuse combinaison, il évite une saisie de la cargaison, qui n'aurait pas manqué de se produire tant que son sort demeurait incertain.

## « MOI, JE GARDERAIS LE SILENCE ? »

À son arrivée au Havre, Beaumarchais serre dans ses bras sa femme, sa fille et ses sœurs venues l'accueillir ; elles le trouvent pâli et affaibli par les épreuves, mais plus déterminé que jamais à se faire rendre justice. Le 10 février, lui parvient l'information qu'il attendait avec impatience : « La Convention nationale décrète qu'il sera sursis pendant deux mois à l'exécution du décret d'accusation lancé contre le citoyen Caron Beaumarchais, et que pendant ce temps, il fournira sa défense, afin que la Convention nationale prononce définitivement[48]. » Les scellés sur ses effets et papiers ne seront levés que le 14 février. C'est le ministre Garat lui-même qui lui annonce la bonne nouvelle, en l'enjoignant de gagner Paris dans les meilleurs délais. Le 26 février, après cinq mois d'absence, il pose enfin le pied chez lui. Comme la population parisienne, et notamment celle de son quartier, manifeste une franche hostilité à son égard, il prépare activement la publication de son plaidoyer en six *Époques* rédigé pendant son séjour au Banc du roi. Amputée de ses digressions, revue, corrigée, remaniée, la nouvelle version (qui compte encore plus de trois cent cinquante pages !) sera tirée à six mille exemplaires et répandue dans le public[49]. Toujours aussi pratique, il publie en format réduit, à l'usage des gens pressés, plusieurs extraits de la *Sixième Époque*, qui ne font que trente-deux pages[50].

À lire ces mémoires justificatifs, on ne peut qu'être frappé par la fermeté du ton et la hardiesse du propos. À soixante ans passés, le bonhomme n'a rien perdu de sa vigueur ; il n'a perdu que la gaieté. Alors que sa famille, ses amis lui recommandent un silence prudent, c'est avec éclat qu'il refait son apparition sur la scène judiciaire, persuadé comme jadis que la plus grande publicité faite à sa cause ne pourra qu'animer les esprits en sa faveur. L'exorde de sa *Première Époque* ne se contente pas de présenter sa défense ; elle constitue la critique la plus juste du style révolutionnaire, marqué par l'emphase et la bouffissure : « Depuis quatre ans, proclame-t-il, je vois avec chagrin faire un si grand abus de phrases déclamatoires, les substituer partout, dans les plus grandes causes, aux preuves nettes, à la saine logique, qui éclairent seules les juges et satisfont les bons esprits, que je renonce exprès à tous les ornements du style, à toute espèce de parure, qui ne servent qu'à éblouir, et trop souvent à nous tromper. Simple, clair et précis, voilà ce que je désire être. Je détruirai par les seuls faits les mensonges de certaines gens dont ma conduite un peu trop fière a déjoué la cupidité[51]. »

« De l'audace, encore de l'audace, toujours de l'audace ! » Prononcés par Danton à la tribune de l'assemblée, ces mots ne sauraient mieux convenir qu'à Beaumarchais, publiant ses *Époques* en mars 1793. De l'audace, il en fallait déjà, dix ans plus tôt, lorsque Figaro persiflait en public ceux qui se sont « donné la peine de naître ». Mais alors, tout le monde applaudissait à cette réplique, à commencer par ceux qu'elle visait directement. En 1793, lorsqu'il refuse de se soumettre à la poignée de scélérats qui gouvernent la France, Beaumarchais est seul. Et ceux-là même qui souscriraient sans hésiter à ses attaques s'ils se sentaient libres de le faire se terrent dans le silence, par peur des représailles. Car déjà la Terreur rampe sournoisement, escortée en tous lieux de l'hydre immonde qu'on appelle délation.

Devant la Convention, Beaumarchais en appelle au tribunal de la France entière. Inconscience ? naïveté ? présomption ? Plus simplement, témoignage d'un homme qui n'a jamais eu foi que dans l'individu, et qui se soucie mieux que ses juges des intérêts du citoyen. Il sait qu'une voix isolée peut et doit se dresser contre la haine et la corruption, au risque d'y laisser sa tête, lorsque la conscience de tout un peuple est outragée. Ce risque, n'en doutons pas, il l'a pleinement mesuré ; et s'il le prend aujourd'hui, ce n'est pas seulement pour clamer son bon droit, mais aussi pour défendre une cause d'une essence autrement plus noble et plus intemporelle : celle de la vérité. Ses parents et ses amis auront beau tenter de modérer son ardeur, le rappeler à la prudence, pour lui-même, pour ses proches, rien n'y fera. « Prenez bien garde à ce qui sort de votre plume ! lui recommande-t-on. Défendez-vous et n'accusez personne ! N'offensez aucun amour-propre, pas même celui de ceux qui vous ont le plus outragé ! Vous n'êtes plus au cours des choses ! Songez qu'on a voulu vous perdre, et qu'eussiez-vous cent fois raison, vous ne pouvez rien obtenir si vous n'êtes très circonspect. Songez que vous avez le poignard sur la gorge, et que tous vos biens sont saisis ! Songez qu'à défaut d'autre crime, on veut vous faire passer pour émigré ! que vous ne dites pas un mot qui ne soit tourné contre vous ! que vous ne faites rien de bien qui n'irrite vos ennemis ! qu'ils sont puissants et sans pudeur ! Songez que vous avez une fille que vous aimez ! Songez... » Et il répond : « Moi, je garderais le silence ? [...] Je tairais, moi, citoyen, tous ces grands abus du pouvoir ? [...] Périssent tous mes biens, périsse ma personne, plutôt que de ramper sous ce despotisme insolent ! Une nation n'est vraiment libre que lorsqu'on n'obéit qu'aux lois[52]. »

Au nom de la vérité, il osera démontrer que les ministres du roi ont manifesté plus de civisme et de probité que ceux qui se succédèrent après 89 (et Dieu sait s'ils furent nombreux ! « J'en ai usé quatorze ou quinze en quelques mois », plaisante-t-il). « Je fus vexé sous notre ancien régime ; les ministres me tourmentaient. Mais les vexations de ceux-là n'étaient que des espiègleries auprès des horreurs de ceux-ci[53]. » Il décrit ces derniers comme des oiseaux de proie, cupides et corrompus, tous ligués pour favoriser les munitionnaires et accapareurs, prêts à se saisir de sa cargaison d'armes pour les vendre plus cher à la nation, à stocker des denrées pour affamer le peuple, à ralentir la marche des armées, bref à mener le pays à sa perte. On demeure incrédule devant la violence de ses attaques. Il faut l'inconscience d'un Don Quichotte pour partir en guerre contre l'« hypocrisie » d'un Lebrun, « ministre soi-disant patriote », pour ironiser sur « le grand, le juste, le clément Marat », pour évoquer la brutalité primaire d'un Danton. Figaro risquait peu, jadis, à railler les « puissants de quatre jours ». C'est sa tête qu'il risque aujourd'hui, face à ces nouveaux « puissants », combien plus enragés que les anciens, et combien plus éphémères ! Mais Beaumarchais ne perd pas confiance dans la justice de son pays ; il veut croire à l'équité du verdict populaire : « La Convention nationale, bien supérieure aux petits intérêts de ces individus d'un jour, car elle n'est qu'un grand écho de la volonté générale, qui est d'être juste envers tous, la Convention nationale discernera sans moi les coupables de l'innocent, ceux qui ont trahi leur nation de celui qui l'a si bien servie[54]. »

En ce début de mars 1793, où le destin de la France semble basculer, où son territoire même est menacé, où son régime paraît mal assuré, Beaumarchais achève sa *Sixième Époque* sur un hymne prophétique, appelant à la paix entre toutes les nations d'Europe :

« Ô ma patrie en larmes ! ô malheureux Français ! Que vous aura servi d'avoir renversé des bastilles, si des brigands viennent danser dessus, nous égorgent sur leurs débris ? *Vrais amis de la liberté*, sachez que ses premiers bourreaux sont la licence et l'anarchie. Joignez-vous à mes cris, et demandons des lois aux députés qui nous les doivent, qui n'ont été nommés par nous *nos mandataires* qu'à ce prix ! Faisons la paix avec l'Europe. Le plus beau jour de notre gloire ne fut-il pas celui où nous la déclarâmes au monde ? Affermissons notre intérieur. Constituons-nous enfin, sans débats, sans orages, et surtout, s'il se peut, sans crimes. Vos maximes s'établiront ; elles se propageront bien mieux que par la guerre, le meurtre et les dévastations, *si l'on vous voit heureux par elles*. L'êtes-vous ? Soyons vrais. N'est-ce pas du sang des Français que notre terre est abreuvée ? Parlez !

Est-il un seul de vous qui n'ait des larmes à verser ? La *paix,* des *lois,* une *constitution* ! Sans ces biens-là, point de patrie, et surtout point de liberté !

« Français ! ... j'ai soixante ans passés, quelque expérience des hommes. En me tenant dans mes foyers, je vous ai bien prouvé que je n'avais plus d'ambition. Nul homme, sur ce continent, n'a plus contribué que moi à rendre libre l'Amérique : *jugez si j'adorais la liberté de notre France !* J'ai laissé parler tout le monde, et me tairai encore après ce peu de mots. Mais si vous hésitez à prendre un parti généreux, je vous le dis avec douleur, Français, nous n'avons plus qu'un moment à exister libres ; et le premier peuple du monde, enchaîné, deviendra la honte, le vil opprobre de ce siècle, et l'épouvante des nations [55] ! »

## « VOS DONNÉES FLOTTENT ET CHANGENT... »

Le 7 avril expire le délai de *réméré* signé avec les frères Le Cointe. Au-delà de cette date, les armes deviennent la propriété des banquiers. Le même jour, il apprend que son dossier est soumis au comité des Finances. Cela fait des semaines que son affaire, jugée si urgente un an auparavant, traîne de bureau en bureau. Indifférence, négligence, mauvaise volonté, malveillance, tout se mêle pour retarder la procédure. À la mi-avril, non seulement aucune décision n'est prise, mais la levée des scellés n'est toujours pas devenue effective. Il lui faut attendre plus d'un mois avant que le décret le 10 février ne trouve un début d'exécution.

Le 7 mai 1793, Beaumarchais est convoqué pour la première fois devant le Comité de salut public, qui remplace depuis un mois le Comité de sûreté générale et siège au Louvre dans le pavillon dit de l'Égalité (aujourd'hui pavillon de Flore) [56]. Trois jours plus tard, il comparaît officiellement devant son accusateur Lecointre, dont les charges tombent les unes après les autres. Moralité : le « citoyen-soldat » se trouve innocenté, son marché d'armes reçoit l'approbation générale, et mieux encore : il se voit chargé à l'unanimité d'aller prendre possession de son bien aux Provinces-Unies. On lui confère à cet effet le titre de commissaire de la République en mission secrète, et on s'engage à lui fournir la valeur de 600 000 florins hollandais en assignats. Pour un gouvernement qui, la veille encore, le jugeait suspect, ce brusque retournement prouve au moins que les *Époques* ont fait leur effet.

Beaumarchais se déclare prêt à prendre de nouveau la route pour les Provinces-Unies, à condition, cette fois, que « toute protection et sûreté seront accordées à ses démarches, pour que rien n'en arrête le cours. S'il est forcé de se déplacer, ses biens seront sous la sauvegarde de la République qui l'emploie. Et enfin, toute justice sera rendue à son zèle patriotique[57]. » Mais de nouveaux obstacles viennent se mettre en travers de sa mission. D'abord, une question paraît essentielle : comment transférer les fonds qu'on vient de lui accorder sans trop y perdre ? Il suggère d'aller vite, pour ne pas « faire tomber le change », et de charger Perrégaux de l'opération : c'est le banquier le plus à même de la réussir au gré du Comité de salut public, et en y mettant toute la discrétion nécessaire ; de plus, il est de ses amis. Commence alors une course contre la montre, qui va mettre ses nerfs à rude épreuve. Le Comité de salut public brasse trop d'affaires en même temps et n'a pas le temps de s'occuper de la sienne. Comme naguère avec Lebrun, le voici donc obligé de faire antichambre (jusqu'à sept heures par jour), d'assister à des réunions qui durent des nuits entières. Il proteste, invoque son âge, mais on s'en moque ; il passe pour un encombrant gêneur, d'autant qu'il devient de plus en plus sourd, et ne peut plus guère se passer d'un cornet acoustique[58]. Pourtant, il insiste, revient à la charge dix fois, vingt fois, mais nul ne veut l'entendre. Il connaît pourtant un sûr moyen de résoudre le problème du financement ; mais qui cela intéresse-t-il ? Constatant que, « chaque jour forge un nouvel obstacle », il commence à se dire qu'on lui cache quelque chose, que tant de mauvaise volonté ne vise peut-être qu'à le décourager. C'est mal le connaître. Englué dans ce bourbier d'indécision, de négligence, de lenteurs, d'atermoiements, d'incessantes remises en cause, il supplie le Comité de mettre fin à cette situation sans issue : « Citoyens administrateurs, je vous ai quitté cette nuit à deux heures. J'en ai passé le reste à réfléchir bien douloureusement sur notre séance d'hier. Ô, citoyens ! Nous avons l'air de faire, et nous n'avançons pas d'un zeste. Voilà dix-sept grands jours usés sur un seul point de décision qui devait ne prendre qu'une heure, en l'employant utilement. J'ai une trop grande expérience des hommes et des affaires pour ne pas voir qu'en tout ceci, il y a quelque chose qui vous entrave, et qu'aucun de vous ne me dit, car vous retenez d'une main ce que vous présentez de l'autre ; et la confiance est telle qu'il faut la donner franchement ou la refuser net. Le reste est un enfantillage indigne d'hommes forts comme vous l'êtes. J'ai pu souffrir d'être, pendant un an, bien ballotté par d'intrigants ministériels, qui faisaient leur triste métier ; mais je serais trop humilié de rencontrer le même obstacle chez les hommes estimables du Comité de Salut public ! Voila six fois au moins que vos données flottent et changent. Et moi, qui veux faire le bien, je me plie à toutes les formes que vous paraissez adopter, quand chaque jour forge un nouvel obstacle [59]. »

## Le « bâton dans la roue »

Sur ces entrefaites, une nouvelle arrive d'Angleterre, qui semble réduire à néant tous les efforts du « soldat-citoyen » : lassés d'attendre en vain le rachat des armes, alors que le réméré est échu depuis plus d'un mois, les frères Le Cointe ont décidé de vendre la cargaison, toujours entreposée à Veere. Loin de s'en désoler, Beaumarchais exulte : « Grâces au bon génie de la France, cette lettre [des frères Le Cointe] remet les armes dans mes mains. Avec de la célérité, du zèle et de l'intelligence, j'espère encore parvenir à empêcher qu'elles ne passent à d'autres. La vente est faite, mais non la livraison ; et je vois avec joie que je puis à mon tour empêcher qu'elle ne se fasse. J'écris en conséquence en Hollande, pour l'empêcher. Ce bâton dans la roue que je mets à la livraison, et dont moi seul, je crois, pourrai la dégager, rendra, j'espère, mon Anglais plus accessible à mes demandes [60]. »

De quoi s'agit-il ? Quel est ce stratagème, ou plutôt ce « bâton dans la roue » par lequel il prétend empêcher la livraison des fusils ? C'est bien simple. On va faire rompre son marché à Le Cointe, en lui offrant un « paiement de dédit ». Lors de la réunion du 19 mai, consacrée à ce « dernier travail secret et solutif », Beaumarchais persuade le Comité de salut public d'augmenter la somme de 600 000 florins allouée le 14 au rachat de la cargaison. On décide donc que « ces armes seront payées à Le Cointe, en bloc, comme il les a acquises, par ultimatum jusqu'à la somme de huit cent mille florins de Hollande, lesquels lui seront comptés en nature, en Angleterre ou en Hollande, à son choix. Sitôt que les neuf cent vingt-deux caisses et vingt-sept tonneaux seront arrivés dans l'un des ports ou villes frontières de la République française, selon la route que l'on préférera[61] ». Cet accord préalable, soumis à délibération, prévoit, entre autres, que le Comité de salut public tiendra 800 000 florins à la disposition de Le Cointe, qu'il sera remis à Beaumarchais « tous passeports jugés nécessaires », et 104 000 florins destinés à couvrir le cautionnement de sortie et frais d'emmagasinage. « Si les circonstances l'exigent » ; autrement dit, en cas de difficultés de la part des Hollandais, on invoquera la livraison des fusils en Amérique, pour satisfaire à la clause stipulant leur départ d'Europe[62]. Lors de la délibération du 22 mai, nouveaux pinaillages entre les membres du Comité et le tout nouveau commissaire de la République : on ergote, on rogne, on rabiote par-ci, par-là, on déduit des 800 000 florins les 104 000 qui lui sont réservés, bref on s'ingénie à lui rendre la tâche impossible. En même temps, loin de désarmer, ses ennemis de toujours ne se lassent pas de tirer sur lui à boulets rouges. Tantôt, c'est le bandit corse Constantini qui invente le mot *figarotisme* pour désigner ses « connivences » et ses « turpitudes. » Tantôt, c'est Lebrun qui dénonce ses « intrigues » et sa « malveillance ».

Enfin, le 27 juin, veille de son départ, Beaumarchais recommande sa famille à Barère, le membre du Comité avec lequel il s'entend le mieux[63]. Les deux hommes qu'unit une confiance mutuelle se disent adieu, se souhaitent bonne chance, sans trop y croire. Au moment de se quitter, Beaumarchais glisse à l'oreille de son compagnon : « Je suis sûr que vous enviez mon sort, et que vous me trouvez trop heureux de pouvoir m'en aller. » À quoi Barère répond : « Cela est vrai, mais je fais aujourd'hui ce que je fais tous les jours depuis un an : je me fais mon courage pour la journée. »

CHAPITRE IX

# Le séquestré d'Altona

« Jours de crimes et d'opprobre, qu'un reste
d'effroi nous fait appeler aujourd'hui les temps de
la Terreur, mais que l'histoire appellera le règne
des *exécrables* ! »
Gudin de La Brenellerie, *Histoire de Beaumarchais.*

## UN COUP DE GÉNIE

Voyageant sous le nom de Pierre Charron, « négociant à Lau-
sanne », Beaumarchais quitte Paris le 28 juin 1793 pour se
rendre à Bâle, où le Comité de salut public a promis de lui faire
passer les 700 000 florins, par l'entremise de Perrégaux. Comme
on pouvait s'y attendre, les fonds ne sont pas arrivés. Une lettre
au Comité reste sans réponse. Plutôt que de rentrer en France, où
il s'épuiserait en vaines démarches, il décide de gagner directement l'Angleterre. Peu après son arrivée à Londres, une autre
mauvaise nouvelle vient le frapper de plein fouet. Il apprend que
les fusils, auxquels il avait fini par renoncer, ont été revendus
par Le Cointe et seront livrés aux armées antirépublicaines de
Vendée, *via* Guernesey. Le voilà pris entre deux feux : d'un
côté, son gouvernement l'empêche de les racheter, faute
d'argent ; d'un autre, s'ils passent aux mains de l'ennemi, on le
prendra pour un traître. C'est alors qu'un idée lumineuse lui traverse l'esprit.

D'abord, il faut se rendre maître de ces armes en les rachetant
à Le Cointe. Sur ses propres fonds, il lui paie le dédit à verser à

son acquéreur, soit la somme de mille guinées, plus 32 000 florins, représentant le bénéfice qu'il devait réaliser sur cette vente, plus enfin les 10 000 livres sterling qui le rendent à nouveau propriétaire de la cargaison. Cela étant fait, et les Vendéens définitivement privés de ces fusils, qu'ils attendaient avec impatience, il s'agit maintenant de les acheminer vers Le Havre, sans donner l'éveil aux autorités britanniques. Rappelons que celles-ci ignorent tout de l'accord de réméré, signé sous seing privé. Comment dès lors soustraire les armes à la juridiction anglaise ? C'est ici que Figaro va donner la pleine mesure de son génie, en dressant le plan que voici.

On recrute un acquéreur étranger qui veuille bien se prêter à la manœuvre ; appelons-le M. X***. Après avoir ostensiblement acheté les fusils à Le Cointe, M. X*** les revend pour le compte de Beaumarchais à une maison américaine. Il s'agit, précisons-le, d'une vente fictive. Pour passer de Zélande à New York, le cargo devra nécessairement faire escale en France, où la marchandise sera débarquée. La maison américaine s'appellera Chevallié & Co., qui n'est autre que le correspondant new-yorkais de Beaumarchais. Quant à l'acquéreur, c'est également Beaumarchais qui le choisit. Il connaît à Hambourg un homme d'affaires nommé Schultz, sur lequel il sait pouvoir compter. On fera croire à ce Schultz qu'il s'agit d'une simple transaction commerciale, et Le Cointe se rendra en personne à Hambourg pour donner plus de vraisemblance à l'opération. Passez muscade !...

Las ! Il est plus facile de tromper le cabinet de Saint James que Scotland Yard. Or celle-ci nourrit déjà quelques soupçons à l'endroit du mystérieux Pierre Charron. Ses plus fins limiers, disposés autour de la banque Le Cointe, ont tôt fait de repérer les allées venues de ce sexagénaire bedonnant, à l'œil vif, mais à l'oreille dure et au fort accent français. Il l'ont pris en filature, et l'ont suivi jusqu'à la résidence du capitaine Swinton, 5 Sloane Street, près de Hyde Park, où les voisins semblent le connaître. Quoi d'étonnant ? Il avait fait construire une maison tout près de là, dans les années 1785. De fil en aiguille, on finit par découvrir sa véritable identité. Le 14 août, il reçoit une lettre ministérielle « fort polie » qui lui donne trois jours pour déguerpir d'Angleterre, sous peine d'arrestation. Le 16, il s'embarque pour Ostende, où il arrive trois jours plus tard à bout de forces, à cause d'une traversée particulièrement agitée et d'une « fausse pleurésie » qui l'oblige à s'aliter. À peine remis, il se dirige vers les Pays-Bas, en longeant la côte, passe quelques heures à Veere où il peut contempler (on devine de quel œil !) ses deux navires « à la planche » depuis plus d'un an, mais ne s'attarde pas, car l'ennemi est à ses trousses. En arrivant à Anvers, il tombe gravement malade, et trouve asile chez le chirurgien qui le soigne. Celui-ci a-t-il percé l'incognito de son patient ? En tout cas, il ne le dénonce pas. Beaumarchais va demeurer près de trois mois chez lui, entre la vie et la mort. Dans sa retraite forcée lui parviennent des nouvelles de France : l'assassinat de Marat, le 13 juillet 1793, les revers successifs des armées de la République : abandon de Mayence aux Prussiens, reddition de Valenciennes. À Lyon, Bordeaux, Marseille, la révolte gronde contre la Convention. À Paris, la crise des subsistances déchaîne la fureur dans les bas quartiers. Le 5 septembre, la seconde Terreur, mise à l'ordre du jour, déclenche une épuration massive ; les prisons regorgent de suspects, et la guillotine tourne à plein régime. Marie-Antoinette passe en jugement le 14 octobre, et monte à l'échafaud le surlendemain. Sans aucune nouvelle des siens, dans l'incapacité d'en recevoir, Beaumarchais vit dans l'angoisse. Le 8 octobre, il réussit à faire passer un billet à sa femme par l'intermédiaire de Perrégaux.

À peine convalescent, il gagne Rotterdam, où il a rendez-vous avec Le Cointe, tandis que Schultz, l'acheteur hambourgeois, présente une requête aux états généraux des Provinces-Unies pour obtenir la levée de l'embargo sur les armes. Celles-ci devant passer de Veere à New York, il demande aussi à se faire exempter de l'énorme cautionnement, qui s'élève à trois fois le prix d'achat. D'autre part, selon la liste officielle des propriétaires successifs, lesdites armes seraient passées directement du libraire Delahaye au banquier Lecointe. Beaumarchais n'est pas mentionné une seule fois. Tout va donc bien de ce côté-là. C'est le moment d'instruire l'ami Chevallié de toute l'« imbroille » et de lui donner les instructions nécessaires [1].

EXPATRIÉ, DÉPOSSÉDÉ, DIVORCÉ

Cependant, le Comité de salut public, sans nouvelles de son commissaire, commence à perdre patience, et le fait rappeler à l'ordre. Beaumarchais lui adresse en réponse un rapport de vingt pages, entièrement de sa main, détaillant toutes ses démarches depuis six mois pour restituer au gouvernement français les armes entreposées en Hollande. Il ne fait grâce d'aucune péripétie, d'aucune transaction, officielle ou secrète, réelle ou fictive, au risque de lasser la patience de ses destinataires, sachant que les membres du Comité ne lui sont pas tous favorables, loin de là, et que les nouveaux venus ignorent à peu près tout du dossier. S'il peut compter sur le soutien de Barère et de Lindet, il se méfie des autres, de Robespierre notamment, chargé de la politique générale, de Carnot qui règle les questions militaires, mais aussi de Couthon, Saint-Just, Jeanbon Saint-André, Billaud-Varenne, Collot d'Herbois, qui le tiennent pour un aventurier, trafiquant d'armes qu'il n'a jamais achetées, vadrouilleur de l'Europe, corrupteur de consciences, intrigant, magouilleur, sans foi ni loi, n'adorant d'autre dieu que l'argent. Ayant pris connaissance de ce rapport-fleuve, le Comité de salut public paraît convaincu de la bonne foi et de l'efficacité de son mandant, et prend en sa faveur des mesures encourageantes.

Dieu sait pourtant que l'heure n'incite pas à la clémence! La loi des suspects, votée par la Convention le 17 septembre 1793, s'appuie sur la définition la plus large et la plus floue; elle englobe non seulement les opposants politiques, les émigrés et leurs parents « qui n'ont pas constamment montré leur attachement à la Révolution », mais encore « ceux qui n'auront pu obtenir de certificat de civisme », et « ceux qui par leur conduite, leurs propos ou leurs écrits se sont montrés partisans de la tyrannie ou du fédéralisme et ennemis de la liberté. » Enfin, sont considérés comme suspects les riches, les opportunistes, les marchands de canons, les accapareurs d'armes et de vivres... bref tous ceux dont on veut se débarrasser. Or est-il un citoyen plus « suspect » que ce Beaumarchais, qui intrigue à l'étranger contre la République ? Les raisons abondent pour le faire inscrire non seulement sur la liste des suspects, mais aussi sur celle des émigrés, avec pour conséquence la saisie de tous ses biens qui seront mis en vente. Pourtant, sur la requête de Mme de Beaumarchais du 25 frimaire an II (15 décembre 1793), « le Comité de salut public [...] déclare que le citoyen Beaumarchais remplit une mission secrète, et arrête en conséquence qu'il ne sera pas traité comme émigré[2] ». Trois jours plus tard, un second arrêté ordonne la levée des scellés « sur-le-champ et sans description[3] ».

Malgré cette relative (et très précaire) marque de bienveillance, l'expatrié n'ose rentrer chez lui tant qu'il n'aura pas livré ses fameux fusils. Alors, il rôde autour d'eux en Zélande, sans cesse traqué par des polices étrangères, multipliant les intrigues, les faux-fuyants, les combinaisons ficelées à la hâte. Curieux personnage – et combien pathétique aussi – que ce Figaro vieillissant, condamné à la clandestinité, toujours sur le qui-vive, improvisant jour après jour une existence haletante, et qui ne s'endort jamais sans se demander si demain, encore, les forces lui reviendront, s'il pourra continuer sa route, et si cette route conduira quelque part où reposer enfin sa tête. Ces noires pensées s'éclairent parfois d'une lueur : quelques feuillets, fébrilement décachetés, qui portent le cachet de Paris, et dont il dévore amoureusement l'écriture, celle d'Eugénie. Le 24 janvier 1794, elle lui écrit : « Nous vivons d'une manière très retirée, nous voyons peu de monde, allons peu au spectacle. Une vie plus dissipée me déplairait fort ; je ne regrette point les plaisirs, je ne regrette que toi. Tu es toujours en ma pensée... » Elle lui parle de son cher jardin, évoque le retour du printemps... À Francfort, où il vient d'arriver, toujours incognito, épuisé par ses continuelles errances, l'angoisse ne le quitte plus. Par bribes, d'effrayantes rumeurs lui arrivent de Paris, où la Terreur fait rage. Les prisons regorgent de « suspects », la méfiance règne partout, la famine s'installe : le lait, la viande, le pain, les produits de première nécessité atteignent au marché noir des prix scandaleux ; les pillages se multiplient dans les églises et les hôtels aristocratiques. Et sa somptueuse résidence que devient-elle, au milieu de cette populace poussée par la disette et la misère ? Nul n'ignore que des femmes seules vivent dans cette vaste demeure pleine de richesses ; et chacun leur suppose d'énormes moyens, alors qu'elles connaissent le sort commun. En dépit des assurances données à Beaumarchais[4], les autorités ne versent pas un sou à sa famille, dont les ressources ne cessent de diminuer.

En mars 1794, toujours à Francfort, il redouble de frayeur, car la spoliation qu'il redoute lui paraît imminente, en dépit des paroles rassurantes que lui adresse Eugénie : « La verdure de nos arbres commence à paraître, les feuilles se développent de jour en jour, et les fleurs parent déjà ton jardin. Il serait bien joli si nous nous y promenions avec toi; ta présence ajouterait un charme à tout ce qui nous entoure. Il n'est pour moi de félicité que celle que tu partages. Nous ne sommes heureuses que par toi, ô mon tendre père[5]! » Les craintes de Pierre-Augustin ne sont, hélas, que trop fondées. Quelque Conventionnel haineux aurait-il entrevu, à travers les grilles, la poétique silhouette de la jeune fille se promenant dans une allée ? Toujours est-il qu'au lendemain de la lettre à son père, une dénonciation arrivait au Comité de sûreté générale[6], lequel transmettait aussitôt cette note au directeur des Domaines : « Nous sommes informés, citoyen, que les immeubles situés à Paris et qui appartiennent ci-devant au nommé Beaumarchais, paraissent être encore à la dis-position des parents ou agents. Nous t'engageons, citoyen, à ne pas perdre de vue les intérêts de la République qui te sont confiés, et à nous faire part des mesures que tu auras prises[7]. » Vérification faite, ledit directeur des Domaines constate que, le citoyen Beaumarchais ayant été rayé de la liste des émigrés le 25 frimaire précédent, il était impossible d'apposer une troisième fois les scellés sur ses biens. Qu'à cela ne tienne, les autorités décident séance tenante, et au mépris de la vérité la plus criante, que l'« individu » en question sera traité comme émigré :

« Du 24 ventôse l'an second de la République française une et indivisible [14 mars 1794].

« Le Comité de sûreté générale de la Convention nationale,

« Considérant que, le 28 novembre 1792, Beaumarchais a été mis en état d'accusation et que le 10 février 1793, la Convention nationale a décrété qu'il serait accordé un sursis de deux mois au décret du 28 novembre rendu contre lui Beaumarchais ;

« Considérant que, depuis cette époque, cet individu n'a pas reparu sur le territoire français ou au moins que rien ne le constate, et qu'il doit être conséquemment réputé émigré ;

« Arrête que les biens appartenant audit Beaumarchais seront mis en séquestre, et que l'administration des domaines nationaux fera procéder sans délai au séquestre et sera tenu sous sa respon-sabilité personnelle d'en rendre compte.

« Élie Lacoste, Lavicomterie, Dubarrau, Louis (du Bas-Rhin)[8]. »

La belle plaisanterie ! Comment cela ? Beaumarchais n'aurait pas remis le pied en France depuis le 10 février 1793 ? Et son retour d'Angleterre le 26 février ? Et la publication des *Six Époques* ? Elles ont pourtant fait assez de bruit ! Et ses convocations en pleine nuit au Comité de Salut public ? Mais non ! Ces messieurs n'ont rien vu, rien lu, rien entendu ; on ne les a pas prévenus. Et l'arrêté du 15 décembre 1793, attestant que le citoyen Beaumarchais « ne sera pas traité comme émigré » ? Faut-il aussi le considérer comme nul et non avenu ?

Prévoyant une saisie dans les vingt-quatre heures, Mme de Beaumarchais et les frères Gudin font disparaître en hâte les correspondances et documents attestant les liens de l'exilé avec l'Ancien Régime. « Nous jetâmes au feu les lettres que des princes, des ministres, des maréchaux de France, des hommes constitués en dignité lui avaient écrites autrefois. Plus elles étaient honorables pour lui, plus elles pouvaient le compromettre et rendre suspectes sa femme et sa fille, et offrir un prétexte pour le condamner à mort et confisquer des biens qu'on leur enviait [9]. » Folles de peur, cloîtrées dans leur grande maison, Marie-Thérèse et Eugénie s'attendent au pire. Non sans raison : la Terreur fait trembler tout Paris, aristocrates ou non, riches et pauvres, maîtres et valets, innocents et coupables ; les guillotinés se comptent par centaines, bientôt par milliers. Le Tribunal révolutionnaire multiplie les sentences de mort : justice expéditive et sans appel, qui livre indifféremment au charnier les ennemis de la Révolution et ses amis d'hier : l'ex-ministre Lebrun met sa tête sous le couperet en septembre 1793 ; puis vient le tour des députés girondins, puis de Gorsas, le « feuilliste » enragé, puis de Manuel, l'amant d'Amélie, qui avait libéré le prisonnier de l'Abbaye... Le 2 avril, s'ouvre le procès de Danton et de ses amis. Au banc des accusés, outre le colosse vérolé, Camille Desmoulins, Philippeaux, Hérault de Séchelles, suspect de « modérantisme », Fabre d'Églantine, ancien proche de Danton, et ses complices Basire, Delaunay, Chabot (qui avait le premier dénoncé Beaumarchais), Delacroix, l'abbé d'Espagnac... une vingtaine en tout. En trois jours et deux charretées, tout est dit. Le 25 juillet, c'est Goëzman, l'ancien adversaire de Beaumarchais, qui passe à son tour sur la planche à bascule, en même temps que Chénier et Roucher.

Le 20 mars 1794, les agents de la Convention viennent une nouvelle fois apposer les scellés sur la maison de Beaumarchais, obligeant sa famille à quitter les lieux. Marie-Thérèse trouve à se loger dans un petit appartement, 18, rue du Paradis-Poissonnière (aujourd'hui rue de Paradis [10]), mais conteste avec vigueur l'ordre du Comité de sûreté générale, fondé d'après elle sur « une erreur de fait » ; elle en veut pour preuve l'arrêté du Comité de salut public du 15 décembre, dont elle joint une copie de sa main. Elle réclame donc la levée des scellés, et justifie sa requête par un argument des plus spécieux : « Cet acte de justice est d'autant plus pressant que la mesure du séquestre, ôtant au citoyen Beaumarchais ses moyens de fortune et de crédit, déjà si prodigieusement altérés, et l'obligeant à justifier son absence en en ébruitant le motif, nuirait infiniment aux intérêts de la mission délicate dont il est chargé et consommerait la ruine de sa famille entière [11]. »

Ne recevant pas de réponse, elle s'adresse quatre jours plus tard au Comité de salut public. En vain. L'arrêt placardé aux murs de la maison la signale à l'attention des passants comme « propriété nationale ». Sans se décourager, elle revient à la charge, se plaint qu'en vertu du séquestre injustifié les affaires de son époux souffrent un dommage irréparable : « son mobilier est abîmé », ses magasins abritant l'édition de Voltaire ont été « gâtés par la filtration des eaux, ses fonderies et ses caractères sont dans l'inaction, d'autres immeubles non réparés, les créanciers non payés [12] ». Les agents du fisc, chargés du séquestre, ayant fait main basse sur tout ce qu'elle possédait, même sur les loyers des boutiques ouvrant sur le boulevard, elle se retrouve privée de toute ressource, isolée avec sa fille dans ce modeste logis où elle ne se sent pas plus en sécurité que boulevard Saint-Antoine. Elle décide alors de quitter Paris et d'aller se réfugier avec Eugénie à Boissy-Saint-Léger, laissant sa maison à la garde de sa belle-sœur Julie et de Gudin. Comme son mari lui avait donné une procuration générale pour administrer ses affaires et ses biens, elle informe la Convention qu'elle met fin à sa gestion, afin de dégager sa responsabilité :

« Le 21 germinal l'an II de la République une et indivisible. »
[10 avril 1794]

« *Aux représentants du peuple*
*composant le Comité de sûreté générale.* »

« La citoyenne épouse non commune en biens du citoyen Caron Beaumarchais expose qu'à l'instant où le scellé a été apposé sur les effets de son mari, elle a cessé toute administration de ses affaires de commerce, et même qu'elle a déposé son compte de gestion, le tout pour se conformer à la loi.

« Cependant, elle ne peut considérer son mari comme émigré, puisqu'il est parti pour une mission secrète du gouvernement, qui lui a été confiée par le Comité de salut public.

« Quelque désir qu'elle ait de justifier à vos yeux son mari, quelque besoin qu'aient ses affaires de commerce d'être suivies, elle ne fera aucune démarche dont la publicité pourrait nuire à l'intérêt de sa mission, ni enfin rien de ce qui pourrait compromettre les vues et les intérêts de la République. Elle met toute sa confiance dans la justice du Comité; elle ose se flatter que sa conduite pendant la Révolution lui permet d'espérer la bienveillance du Comité pour elle et pour sa fille mineure.

« La citoyenne femme CARON [13]. »

Comme on le voit, la soumission de Mme de Beaumarchais ne l'empêche pas de renouveler ses protestations. Elle lui fournit également une sorte de défense anticipée, au cas où elle serait amenée à comparaître devant le Tribunal révolutionnaire, ce qui ne paraît guère improbable, en ces jours où le moindre signe de résistance passe pour une provocation.

Mais elle devra bientôt donner au pouvoir d'autres marques d'allégeance, plus pénibles encore. Les lois révolutionnaires ordonnent le divorce aux femmes des émigrés, sous peine d'être considérées comme suspectes et d'encourir le châtiment qu'on ne peut infliger à leur époux. C'est la mort dans l'âme que Marie-Thérèse accomplira cette formalité devant le comité de son quartier. Selon Gudin, elle « émut ces cœurs endurcis » en déclarant : « Vos décrets m'obligent à demander le divorce ; j'obéis, quoique mon mari, chargé d'une commission, ne soit point émigré, quoiqu'il n'ait jamais eu la pensée d'émigrer. Je l'atteste et je connais bien son cœur. Il se tirera de cette accusation comme il s'est tiré de toutes les autres, et j'aurai la satisfaction de l'épouser une seconde fois, selon vos lois nouvelles [14]. » Demandé officiellement le 6 floréal an II (25 avril 1794), le divorce des époux Beaumarchais sera prononcé le 28 thermidor suivant (15 août 1794). Il ne durera que trois ans, jusqu'au retour en France de Pierre-Augustin et au remariage des ex-conjoints.


## LES PRISONNIÈRES

Loin d'atténuer le ressentiment de ses juges, cette manière parfaitement digne d'obéir aux lois sans trahir ses sentiments ne fit que l'exciter davantage. Le 4 juillet 1794, sans aucun motif, le Comité de sûreté générale ordonnait l'arrestation de Mme de Beaumarchais, de sa fille et de sa belle-sœur Julie. Nous reproduisons ci-dessous l'original de cet acte, avec les fautes d'orthographe bien caractéristiques des gratte-papiers ignorants (ou trop pressés) de la Terreur bureaucratique :

« CONVENTION NATIONALE.
« Comité de Sûreté générale et de surveillance
de la Convention nationale

*« Du seize messidor l'an second de la République française
une et indivisible (4 juillet 1794).*

« Vu le procès-verbal du comité révolutionnaire de la section de la rue de Montreuil de ce jour, le Comité de sûreté générale arrête que Marie-Thérèse-Hémélie [*sic*] Willermaulas, femme de Caron Beaumarchais, émigré, leur fille et la sœur dudit Carron [*sic*] seront mises en arrestation dans l'une des maisons d'arrêt de Paris, par mesure de sûreté générale, comme suspectes, étant proches parents [*sic*] dudit Caron, émigré ; que les scellés seront aposés [*sic*] sur leurs papiers, après une vériffication [*sic*] préalable et ceux trouvés suspects apportés au comité ; charge le comité révolutionnaire de Montreuil de l'exécution du présent.
« Les représentants du peuple, membres du Comité de sûreté générale.
« DU BARRAN, LAVICOMTERIE, ÉLIE LACOSTE, AMAR [15]. »

Cet ordre est transmis pour exécution au comité révolutionnaire de la section de la rue de Montreuil, qui dès le lendemain, dépêche deux commissaires à « Boissy-la-Montagne, ci-devant Saint-Léger, pour mettre en arrestation la femme Beau Marchet [*sic*] et sa fille, et les conduire dans une maison d'arrêt de Paris[16] ». D'abord transportées à la prison de Saint-Lazare, les deux femmes y sont refoulées faute de place ; même problème aux Madelonnettes[17] où l'on ne sait plus où loger les prisonniers, puis à la maison d'arrêt du Plessis-Égalité, qui ne peut les accueillir[18]. L'hôtellerie carcérale ne s'est jamais mieux portée qu'en ce moment. Dame Guillotine a beau libérer des centaines de places par jour, il devient de plus en plus difficile de se loger dans les prisons parisiennes. On conduit alors les malheureuses au couvent des Bénédictins anglais, rue Saint-Jacques, où elles sont finalement admises[19]. Le même jour, 5 juillet, ordre est donné à cinq autres commissaires de se transporter porte Saint-Antoine, « à l'effet de mettre en arrestation Marie Émilie [*sic* pour Julie] Caron Beaumarché [*sic*] dans une maison d'arrêt, comme suspecte et sœur du nomé [*sic*] Caron Beau Marché [*sic*], émigré[20] ». Julie sera conduite à la prison du Plessis-Égalité, tandis que Gudin, miraculeusement épargné, restera l'unique et fidèle gardien des lieux. « Je me retrouvai seul encore dans ce vaste édifice, se souviendra-t-il, attendant à chaque instant qu'on vînt m'en arracher, et pleurant sur ces femmes infortunées, car je ne doutais point de leur mort. Ce n'est pas, me disais-je, leur crime qu'on poursuit. C'est cette belle maison, c'est ce jardin charmant, c'est cet asile préparé à la vieillesse, à la famille de mon ami ; c'est ce fruit de tant de travaux utiles à son pays qu'on leur envie, qui les fait traiter en coupables, qui appelle la proscription sur leurs têtes. Sans doute, ces farouches gardiens qui veillent aux portes apprendront aux tyrans qu'ils m'ont oublié. Bientôt, je serai emprisonné comme elles, et ils me traîneront à la mort dans la même charrette[21]. »

*
* *

À l'ancien couvent des Bénédictins anglais, Mme de Beaumarchais et sa fille partagent leur réclusion avec une cinquantaine de codétenues, parmi lesquelles, la « veuve Lamoignon », la « femme Rivarol », la « veuve Suffren », et surtout la « veuve

Tourzel, quarante-quatre ans », ancienne gouvernante des Enfants de France, et ses deux filles : Mme de Charost et sa cadette Pauline, vingt et un ans, future comtesse de Béarn, qui consacrera tout un chapitre de ses *Souvenirs de quarante ans* à son séjour rue Saint-Jacques[22]. La première impression de Pauline de Tourzel n'est sans doute guère éloignée de celle qu'éprouvèrent Eugénie de Beaumarchais et sa mère : « Nous étions fort tristes en y arrivant, rapporte-t-elle. Pendant les formalités de l'écrou, on nous fit entrer dans une grande salle qui avait été, dans un meilleur temps, le réfectoire des Bénédictins ; nous nous jetâmes sur des chaises sans échanger un seul mot. Un homme, petit, vieux, très maigre, vêtu d'une camisole qui ne lui descendait qu'à mi-corps, couvert d'une coiffe de nuit, un balai à la main, était occupé à nettoyer la salle. Il s'approcha de nous d'un air entre la goguenardise et l'intérêt et nous dit : « Mesdames, il y a huit jours, j'étais comme vous, triste et silencieux. Il paraît que vous êtes des nôtres. Dans huit jours, vous aurez pris votre parti comme moi. » Il reprit son balai et continua à balayer[23]. » Ce singulier personnage n'était autre que le comte de Cassini, fils du célèbre astronome, qui avait succédé à son père comme directeur de l'Observatoire et que ses travaux relatifs à la division de la France en départements n'avaient pas empêché d'être considéré comme suspect.

Mme de Tourzel et ses filles étaient déjà aux Bénédictins anglais depuis trois mois (elles avaient été arrêtées en avril 1794), lorsque Mme et Mlle de Beaumarchais y arrivèrent à leur tour au début juillet. Pauline de Tourzel s'était improvisée cuisinière de la chambrée. À l'aide de quelques provisions de légumes secs achetés au-dehors, de rebuts de viande et de pain de munition distribué par les gardiens, elle s'ingéniait à préparer chaque jour « des festins de sa façon ».

« Au début, on avait joui dans l'intérieur de la maison de la plus grande liberté, se souviendra la comtesse de Béarn. C'était, il est vrai, la liberté en prison ; mais du moins on pouvait se voir, se visiter. Il y avait entre la plupart des prisonniers une bienveillance, une union presque paternelle. Toutefois, dans la crainte des moutons [espions] qui surveillaient nos paroles, jusqu'à nos soupirs[24], chacun sur ses gardes ne se livrait qu'à bonnes enseignes. Du reste, notre vie était si à découvert que l'on ne pouvait rien y trouver de suspect. »

La fille de Mme de Tourzel raconte ensuite comment M. de
Cassini, qui dessinait fort bien, avait réussi à organiser sur le
palier de l'escalier, au moyen d'un paravent, une sorte de petite
académie où il enseignait son art aux demoiselles. De leur côté,
MM. Aynar, de Lyon, bricolèrent dans le jardin une escarpolette
qui devint la principale distraction de la jeunesse. On peut imaginer qu'Eugénie et Pauline, qui avaient à peu près le même âge,
partagèrent aussi bien les leçons de Cassini que les jeux du jardin. « Le temps s'écoulait assez doucement, continue Mme de
Béarn. Mais bientôt l'horizon se rembrunit encore. Depuis que
nous étions enfermés dans la prison de l'ancien couvent des
Bénédictins anglais, nous y avions vu entrer beaucoup de
monde ; nous y étions plus de trois cents prisonniers, et personne
n'avait encore été appelé devant le fatal tribunal. Mais on
commença à parler de complots ; le régime de la prison devint
plus rigoureux ; plusieurs d'entre nous furent enlevés et conduits
à l'échafaud... À partir de ce moment, tout fut changé dans notre
manière de vivre. L'inquiétude remplaça la tranquillité, la terreur entra dans les cœurs. Nos craintes devinrent bien plus vives
encore, quand on nous avertit que le nom de ma mère avait été
prononcé par une de ces bouches d'où sortaient les arrêts de
mort. Nous crûmes notre dernier jour arrivé. Nous nous prépa-
rions, nous nous encouragions, nous allâmes jusqu'à chercher
des renseignements sur la manière dont le supplice avait lieu.
Résignées à notre sort, nous nous occupions, en l'attendant, à
préparer des vêtements qui dispensassent le bourreau de mettre
la main sur nous.
   « Un jour, nous crûmes que ces préparatifs allaient devenir
utiles. La charrette couverte qui emmenait les victimes désignées
était à la porte de la maison. La voix du guichetier nous
appelle... Nous eûmes un moment de grande terreur. Heureusement que bientôt nous sûmes qu'il était question seulement de
transférer ailleurs toutes les femmes prisonnières dans la maison,
et que nous faisions par conséquent partie, ma mère, ma sœur et
moi, du convoi qui allait partir[25]. »
   En effet, le 6 thermidor an II (24 juillet 1794), les prisonnières
furent transférées à l'ancien monastère de Port-Royal, réinstallé
en 1625 par la célèbre abbesse Angélique Arnauld, rue de la
Bourbe, au faubourg Saint-Jacques (aujourd'hui maternité de
Port-Royal, 121-125 boulevard de Port-Royal), auquel la Révo-

lution avait donné le nom dérisoire de Port-Libre, ou mieux encore, Maison de la Bourbe. Le convoi se composait de quarante-quatre femmes et d'un enfant de trois ans.

Le premier spectacle qui frappa leur regard en arrivant à Port-Libre fut un groupe de victimes que l'on conduisait à l'échafaud. Parmi elles, Mme de Tourzel et ses filles reconnurent un vénérable vieillard à cheveux blancs, le comte de Thiars, « qui marchait d'un pas ferme et avec courage, mais dont la pâleur indiquait que l'âme faisait un violent effort pour surmonter la défaillance du corps ». On les conduisit au supplice dans la charrette qui avait amené les prisonnières, et celles-ci reçurent pour logements les chambres laissées vacantes par le départ des condamnés. « Tous les jours, un grand nombre de malheureux étaient enlevés, écrit encore Mme de Béarn. Nous pensions que notre tour ne pouvait tarder. Nous l'attendions avec résignation. »

Le 9 thermidor an II (27 juillet 1794), elles apprennent l'arrivée inattendue d'un prisonnier, dont le nom seul inspire l'horreur et l'épouvante... Couthon, le fameux Couthon, l'impitoyable Couthon vient d'être écroué à Port-Libre !... La nouvelle se répand comme une traînée de poudre. On n'ose pas y croire. Tout le monde se hâte, se presse pour s'assurer du fait. Couthon, le proscripteur de Lyon ? « l'âme damnée de Robespierre » ? le théoricien de la Grande Terreur ? Ce n'est pas possible ! Et pourtant, rien n'est plus vrai ! Couthon prisonnier ! Du coup, elles comprennent qu'elles n'ont plus rien à redouter, que l'affreux cauchemar va prendre fin, que leur libération ne tardera plus !

Le lendemain, Couthon montait sur la fatale charrette, en compagnie de Robespierre, Saint-Just et leurs amis. Une ère nouvelle venait de s'ouvrir... Dix jours plus tard, le 8 août 1794, Mme de Beaumarchais et sa fille retrouvaient la liberté, tandis que Julie devait patienter quelques mois encore avant de recouvrer la sienne. Un arrêté du 27 vendémiaire an III (18 octobre 1794) avait pourtant ordonné sa libération immédiate avec soixante-trois autres détenus (un chapelier, un coiffeur, un juge de paix, des journaliers, des soldats, un charretier, des femmes, un enfant de treize ans et demi et même un paralytique...)[26]. On ne sait pourquoi, la malheureuse Julie se trouvait encore sous les verrous le 11 brumaire an III (1er novembre 1794). Elle écrivit alors au Comité de sûreté générale pour demander son élargissement ; à l'appui de sa requête, elle produisit de nombreux témoignages de son civisme : « Julie Caron, [...] infirme, âgée de 60 ans, non noble [...], a fait tout ce qu'il était possible d'attendre d'une fille de son âge, sans fortune, sans influence dans le monde. Elle payait exactement toutes ses contributions et celles de bienfaisance selon ses facultés ; elle employait son temps à faire de la charpie et consolait les malheureux [27]. » En dépit d'un rapport favorable de sa section, qui garantissait la « pureté de sa conduite », elle restera prisonnière encore plus de quatre mois. Sans doute l'avait-on oubliée dans l'incroyable pagaille qui régnait alors dans l'administration pénitentiaire.

## LES TEMPS DIFFICILES

La première pensée de Marie-Thérèse, en quittant Port-Libre, se porta sur son mari, toujours réfugié en Allemagne. Il lui tardait de calmer ses angoisses en lui annonçant que sa chère Eugénie se portait bien, ainsi que sa sœur bien-aimée. « Comme mère, lui écrit-elle, j'ai dû tout employer pour soustraire mon enfant chérie au sort de tant d'innocentes et respectables victimes, réhabilitées aujourd'hui, regrettées, pleurées, mais que tant de regrets, tant de larmes et une justice tardive ne rappelleront pas [28] ! » Mais c'est à peine si elle a le temps d'évoquer ces heures sombres : il lui faut d'urgence trouver un toit pour se loger, de l'argent pour subsister, elle et sa fille, car la maison du faubourg Saint-Antoine est sous séquestre, ses revenus confisqués prennent le chemin des caisses publiques, et les titres de créance qui se trouvaient dans le secrétaire de son mari sont passées dans les mains des agents du Trésor. Là-dessus, on lui annonce que l'hôtel du boulevard Saint-Antoine est menacé d'aliénation. Elle voudrait bien obtenir l'autorisation d'y rentrer, mais Eugénie l'a pris en horreur et tremble à l'idée de vivre seule avec sa mère dans cette immense demeure « qui nous a si souvent exposées aux insultes de la canaille », écrit-elle à son père. Pourtant, il fallait d'urgence qu'elle fût occupée par un membre de la famille, à la fois pour la préserver de la dégradation et pour la défendre, autant que possible, contre la rapacité du fisc. C'est Julie qui va se dévouer. À soixante ans passés, percluse de rhumatismes, elle vient s'installer avec une vieille servante dans ce palais désert, gardé par les sergents de la République, et dont les murs portent en lettres géantes : Propriété nationale.

Une curieuse correspondance s'engage alors entre les deux belles-sœurs, qui tâchent de survivre comme elles peuvent en ces temps de misère, où les privations touchent l'ensemble de la population. Les queues affamées reprennent à la porte des commerçants ; on attend parfois une nuit entière la falourde de bois qui vous chauffera pendant deux heures. La famine est encore aggravée par la dépréciation toujours croissante des assignats après la Terreur. À force de démarches, Mme de Beaumarchais parvient cependant à s'en procurer une liasse qu'elle partage avec Julie. Celle-ci, qui n'a rien perdu de sa verve d'autrefois, lui rend compte de l'emploi qu'elle a fait de ses « richesses » :

« Décembre 1794.

« Lorsque tu m'as donné ces 4 000 francs, bonne amie, le cœur m'a battu. J'ai cru que tu devenais folle de me donner une telle fortune ; je les ai vite fait couler dans ma poche et je t'ai parlé d'autre chose pour distraire ton idée.

« Revenue chez moi : – Et vite, vite du bois, des provisions avant que tout augmente encore ! Voilà Dupont [la vieille bonne] qui court, s'évertue ; voilà les écailles qui me tombent des yeux quand je vois, sans la nourriture du mois, ce résultat de 4 275 francs. »

Suit une liste des commissions de la bonne Mme Dupont, où figurent « une voie de bois », « neuf livres de chandelle », du sucre, « trois litrons de grains », « sept livres d'huile », « douze mèches », « un boisseau et demi de pommes de terre », « le blanchissage du mois », « une livre de poudre à poudrer », « deux onces de pommade. » Sans compter la nourriture du mois, le beurre, les œufs, la viande, et quatre livres de pain seulement, car « nous n'en recevons plus que de deux jours l'un. » Total : 4 275 francs ! « Une dépense royale[29] ! »

La baisse de l'assignat et l'augmentation de la vie se poursuivent implacablement, ce qui fait écrire à Julie, dans une autre lettre à sa belle-sœur :

« Dix mille francs que j'ai éparpillés depuis quinze jours me font un tel effroi et une telle pitié, que je ne sais plus compter du tout mon revenu de cette manière ; trois jours de différence ont fait monter le bois de 4 200 francs à 6 500, tous les faux frais en proportion ; de sorte, comme je te l'ai mandé, que la voie de bois montée et rangée me revient à 7 100 francs. Toutes les semaines à présent il faut compter de 7 à 800 francs pour un pot-au-feu et autres viandes de ragoût, sans le beurre, les œufs, et mille autres détails ; le blanchissage aussi augmente à tel point tous les jours que 8 000 livres par mois ne peuvent me suffire. Cela m'impatiente, et dans toutes ces dépenses, je jure la sainte vérité de mon cœur que je ne me suis pas accordé depuis près de deux ans une seule fantaisie, ni une autre dépense que celle du ménage. Cependant, j'en ai de particulières et d'urgentes pour lesquelles il me faudrait des potées d'assignats [30]. »

Mme de Beaumarchais n'est pas mieux lotie. Le pain est devenu si rare qu'elle implore le secours d'un ami qui se met en campagne pour trouver des grains ou de la farine dans les départements. Il lui écrit de Briare : « On dit ici qu'on peut avoir de la farine. Si cela était, je ferais marché avec un homme sûr de ce pays qui la conduirait jusque chez vous par le coche d'eau allant de Briare à Paris. Mais tout cela augmente bien le prix. Vous voudrez bien me mander ce que vous en pensez. En attendant, je ne désespère pas de pouvoir accrocher quelque petit pain. Ah ! si j'avais le don des miracles, je ferais tomber chez vous non pas de la manne du ciel, mais du bon pain et bien blanc [31] ! »

En dépit des difficultés de toutes sortes, les dames Beaumarchais ne se laissent pas abattre ; la morosité n'a jamais été le caractère dominant de cette famille. Et puis n'ont-elles pas sauvé leur tête ? Comme après une guerre, on est trop content de compter parmi les survivants pour se soucier plus qu'il ne convient des petites misères de la vie quotidienne. Aussi, la belle humeur continue de régner lorsqu'elles se trouvent réunies autour de la table. Surtout lorsqu'on a dégoté de quoi improviser un dîner avec un ami. Le lendemain, ledit convive troussera cet amusant récit du festin... à l'intention de Beaumarchais lui-même, toujours en exil :

« Voilà la soupière de la famille qui arrive ; c'est-à-dire qu'on voit sur une table de *mahagony* [32], (car il n'est plus question de nappe), une assiettée de haricots, deux pommes de terre, un carafon de vin et beaucoup d'eau. Ta fille veut un caniche pour lui servir de serviette et nettoyer son assiette. Malgré cela, arrive, arrive. Si nous n'avons pas de quoi manger, nous aurons de quoi rire. Arrive, car ta femme, ta fille, ont besoin d'un meunier depuis que leur salon est décoré d'un moulin à farine; tandis que ton Eugénie charmera tes oreilles sur son *forte-piano*, tu prépareras le pain de son déjeuner, ta femme tricotera tes bas. Ici, chacun a son métier, et voilà pourquoi nos vaches sont bien gardées. C'est la plus drôle de chose de voir nos femmes sans perruque le matin, remplissant chacune une occupation *ancillaire*, car il faut que tu saches que chacun de nous s'est mis à son service. Et voilà pourquoi, dans notre régime, s'il n'y a plus de maîtres, il y a encore des valets. Cette lettre te coûte au moins cent francs, y compris la plume, l'encre, l'huile de la lampe; enfin, par économie, je suis venu l'écrire chez toi. Nous t'embrassons tous, sens dessus dessous, à tort et à travers[33]. »

*<br>*　*

Et l'ami Gudin? qu'est-il devenu dans la tourmente? Nous l'avons laissé, on s'en souvient, à l'hôtel de Beaumarchais, dont il demeurait le seul gardien, après l'arrestation de Julie. Il resta sur place tant qu'il put, sans être inquiété le moins du monde. Mais cela ne pouvait durer plus longtemps; les factionnaires de service n'auraient sans doute pas tardé à le dénoncer comme suspect. Jugeant plus prudent de prendre le large, il trouva refuge à cinquante lieues de Paris, dans un hameau nommé Marcilly, près d'Avallon. Il y occupait un vieux prieuré sans confort, mais à l'abri de toute inquisition. Des affaires à régler l'obligeaient, certains jours, à revenir dans la capitale, mais il y restait juste le temps nécessaire, et s'empressait de regagner sa retraite, « loin de [s]es amis, loin des arts, loin des bibliothèques », attendant « que la paix amène d'autres hommes et d'autres principes ».

Dans cette solitude forcée, sa pensée s'évade le plus souvent vers le grand absent, auquel il livre par écrit ses réflexions sur la situation présente. Une lettre, en particulier, dont nous citons ici de larges extraits, expose les sentiments d'un homme de lettres et de bonne foi sur les événements de ces dernières années. S'il les confie à Beaumarchais avec autant de liberté, c'est qu'il est sûr de trouver en lui un lecteur compréhensif, en plein accord avec ses idées. Une telle connivence dans la répulsion pour le système des « exécrables » apporte le plus formel démenti à tous ceux (s'il en existe encore) qui tiennent l'auteur du *Mariage de Figaro* pour l'un des pères spirituels de la révolution.

« Mon plus ardent désir, mon ami, lui écrit-il, est de vous revoir et de vous presser sur mon cœur ; mais les circonstances sont telles qu'elles m'ont forcé de quitter Paris, où je ne pouvais plus subsister. [...] Cette ville, jadis si superbe, ne m'a plus offert que le spectacle d'une grande terre en décret, où tout se délabre. Les hommes sont vêtus comme des pleutres ; les jeunes femmes, entraînées par le besoin de plaire, affectent un luxe qui ne nous eût paru autrefois que la pauvreté masquée et cachant mal sa misère. Il n'y a plus ni public, ni opinion publique, ni même intérêt général ; tout n'est maintenant qu'esprit de parti, qu'intérêt de faction : tout ce qui n'est pas d'une faction est tombé dans l'anéantissement. C'est le fruit que devait produire le système des *exécrables*, c'est-à-dire des Robespierre, des Couthon, des Saint-Just, des Marat, des Carrier, des Fouquier-Tinville et autres brigands trop peu punis par la mort. Ils ont détruit les arts, le commerce, les manufactures, toutes les sources de la richesse nationale. Ils ont formé des armées cinq ou six fois plus fortes que n'en eut l'empire romain pour conquérir la terre. Or, pour empêcher que ces grandes armées ne se jettent sur les citoyens, comme celles de Marius et de Sylla, il faut arracher aux citoyens le peu de subsistance qui leur reste encore. C'est là toute la politique et le soin unique : il faut faire contribuer le citoyen sans cesse et le dépouiller de tout, afin que les ennemis ou nos propres armées ne le mettent pas à contribution. La guerre se nourrit par la guerre ; plus un peuple est pauvre, plus il est enclin à se faire soldat, pour subsister soit de la solde soit de la maraude. [...]

« Adieu, mon bon ami, j'aurais mieux aimé vous parler de vous, de votre famille, de ceux qui vous aiment, des regrets que nous éprouvons tous de ne pouvoir nous réunir. Nos cœurs sont, comme le vôtre, abîmés dans la douleur. Vous savez tout ce qu'ils peuvent vous dire, et quant au détail des aventures particulières, des soins, des peines, des inquiétudes sans cesse renaissantes, des travaux perdus et toujours recommencés sous mille formes différentes, il faudrait des volumes pour ne vous en donner que des notions bien faibles ; on ne peut s'en faire une idée. Imaginez le labyrinthe de la Crète sur le cratère du Vésuve : c'est là qu'habitent ceux qui veulent servir leurs amis. Je vous embrasse et soupire après l'heureux moment qui nous réunira[34]. »

## LE PACIFICATEUR DE L'EUROPE

Tandis que sa famille se débat dans les pires difficultés, plaçant tous ses espoirs dans son retour parmi eux, Beaumarchais poursuit sa triste existence de proscrit, déambulant d'Ostende à Bâle, de Clèves à Francfort, de Nimègue à Hambourg, sans but apparent, toujours incognito, sans plus d'argent ni de crédit, recherché par toutes les polices, torturé par d'insupportables douleurs de vessie, mais surtout mortellement inquiet pour les siens. Au moment de quitter Francfort pour les Provinces-Unies, le 4 juin 1794, il écrit à son agent de New York : « J'apprends que ma pauvre famille est errante et hors de chez moi, ou retirée je ne sais où, dans une campagne d'amis, sans que je puisse savoir ni avec quoi elles vivent, ni comment des femmes supportent ce dernier degré du malheur qui accablerait bien des hommes. » Pour la première fois, il se sent désemparé, gagné par le doute, perdant jusqu'à l'espoir de revoir un jour sa terre natale, de serrer sa femme et sa fille dans ses bras, bref de vivre ses dernières années en homme libre, dans une nation libre. « Si je croyais garantir ma famille, en essayant de me faire transporter, fût-ce en litière, au lieu où elles sont réfugiées, en portant avec moi les preuves accumulées de mes efforts et de mes sacrifices, je n'hésiterais pas à me dévouer pour elles. Mais on m'assure bien qu'étant déclaré émigré, l'on ne m'écouterait point, qu'arrêté en mettant le pied en France, je serais mort avant d'avoir pu me défendre. Elles n'en seraient alors que plus certainement perdues.[...] Je n'ai plus nul commerce avec les hommes de mon pays », conclut-il au plus fort de son abattement. Certains jours, il serait bien tenté, comme le lui conseille le jeune Chevallié, d'aller finir ses jours en Amérique, « le seul pays où l'on puisse respirer en paix ». Mais n'y aurait-il pas de la lâcheté à se laisser dépouiller de tous ses biens, et notamment de sa fameuse cargaison, sans réagir ? Ne serait-ce pas s'avouer coupable ?

C'est dans les pires épreuves que Beaumarchais force vraiment notre admiration. Quel homme, à sa place et à son âge, ne se croirait-il définitivement vaincu ? Or il a beau se plaindre auprès de ses correspondants, sentir parfois le découragement s'emparer de lui, ces moments ne durent guère. Très vite, en dépit de la lassitude et de la maladie, l'homme d'action reprend le dessus. Et du fond du gouffre, alors que tout semblait perdu, des plans, des idées jaillissent, qui prennent forme. Et bientôt, c'est un projet qui sort de son cerveau, déjà solidement construit, équipé de son matériel stratégique, prêt à l'emploi. Comme toujours, il s'agit de frapper un grand coup, et d'y tenir le premier rôle.

Pour commencer, bas les masques ! Il lui faut sortir de la clandestinité, se présenter en pleine lumière, sous son vrai nom. Dans quel dessein ? La démesure ici passe l'imaginable. M. de Beaumarchais a l'intention de rencontrer les ministres du stathouder à La Haye pour leur proposer... la paix générale ! Ce sera peut-être son dernier rôle, mais assurément le plus grandiose qu'il ait jamais conçu dans ses rêves les plus fous. À soixante-trois ans, Figaro veut devenir le pacificateur de l'Europe !

Il ne pouvait d'ailleurs choisir meilleur moment, car les soldats de l'an II volent de victoire en victoire. Le 26 juin 1794, Fleurus tombe aux mains des Français, grâce à l'héroïsme de Championnet, de Kléber et surtout du général Jourdan, qui a fini par remporter la décision, à la tête de trois bataillons. Cinq jours plus tard, nos armées chassent les Autrichiens de la ville d'Ostende. Le 8 juillet, Pichegru et Jourdan font leur jonction et s'emparent de Bruxelles[35]. Pichegru marche ensuite sur Anvers en longeant la frontière hollandaise, mais ne semble pas décidé à la franchir. On peut se demander pourquoi, car il ne rencontrerait aucune résistance depuis la Meuse jusqu'à Breda, la petite armée hollandaise qui couvre cette place ayant reçu l'ordre de se jeter dans les forteresses à l'approche de l'ennemi. Beaumarchais se voit donc en position de force ; la menace d'invasion du territoire hollandais par les troupes françaises lui fournit en effet un argument de poids pour convaincre les ministres du stathouder. Son plan est simple : il s'agit d'amener les Provinces-Unies à céder les fusils à la République française. Moyennant quoi, celle-ci décréterait immédiatement la fin des hostilités. En d'autres termes : rendez-nous nos armes, nous vous offrons la paix. Étrange marché, en vérité, que de recevoir des fusils d'une main, et de tendre de l'autre un rameau d'olivier ! Naturellement, il ne peut rien entreprendre sans l'aval du Comité de salut public. Il lui communique donc son plan de paix, en le suppliant de le seconder dans ses efforts.

De passage à Bâle, en juillet 1794, il apprend l'arrestation de sa famille et sa propre inscription sur la liste des émigrés. Fou d'inquiétude, il prend néanmoins le chemin des Provinces-Unies, sans abandonner son projet de médiation. En arrivant à Nimègue, il reçoit la nouvelle de la chute de Robespierre et de son exécution. Sa femme, sa fille et sa sœur sont sauvées. Dieu soit loué ! Soulagé de cet énorme poids, il poursuit sa route vers La Haye, où il sollicite, à son arrivée, une audience avec le conseiller-pensionnaire de Hollande, Van den Spiegel. L'entrevue a lieu dans la soirée du 20 août. Beaumarchais parle d'abondance, évoque sa conduite pendant la Révolution, mentionne les différents achats qu'il a faits pour la France, au cours de ses nombreux déplacements à l'étranger, passe ensuite au remaniement politique en France après Robespierre, et juge probable l'aspiration à la paix du présent gouvernement. L'état actuel de l'opinion française, poursuit-il, très montée contre l'Angleterre, la Prusse et l'Autriche, ne permet pas d'envisager la discussion du moindre préalable de paix avec ces nations. En revanche, la Hollande peut offrir un terrain rêvé pour des pourparlers de paix européenne. Les Français, dans leur haine actuelle contre tout système monarchique, sentiraient moins de répugnance à traiter avec une république dont la forme s'approche de la leur. Il va sans dire que nul ne serait mieux placé que lui pour engager le processus de paix entre les nations concernées. Le Comité de salut public doit maintenant prendre ses responsabilités : s'il se déclare hostile à toute négociation avec les coalisés, il s'expose à maintenir la France dans l'état de détresse et d'isolement où elle se trouve plongée. En conclusion, il s'offre « à s'enfermer dans quelque forteresse, à n'écrire que ce qu'on approuverait ici, à communiquer les réponses, et à conduire toute cette affaire de la façon qu'on jugerait ici la plus convenable[36] ».

Les autorités néerlandaises ne peuvent croire que Beaumarchais agit de sa propre initiative ; pour elles, aucun doute : il n'est que l'émissaire du gouvernement français. En tout cas, ses propositions soulèvent des réactions diverses. D'autant plus que les armées françaises, poursuivant leur avance, convergent sur Maastricht, ville clé des Provinces-Unies, ce qui fait dire au baron de Bielfeld, secrétaire de l'ambassadeur de Prusse à La Haye : « Dans cet état de choses plus critique que jamais, il ne serait pas étonnant que le gouvernement de la République [des Provinces-Unies] prêtât l'oreille aux propositions pacifiques dont le fameux Beaumarchais, qui se trouve depuis peu au village de Voorburg, tout près d'ici, est probablement chargé [37]. »

Cependant, Beaumarchais adresse au Comité de Salut public un rapport circonstancié sur ses conversations avec le conseiller-pensionnaire : « J'écrivis à Paris tout ce que je venais de faire, et l'espoir que j'en concevais, tant pour le grand bien de l'Europe que pour la délivrance de mon immense cargaison. Je ne reçus point de réponse, quoique j'aie su depuis, très indirectement, qu'on avait fort approuvé ma conduite [38]. » Si ses démarches semblent plutôt bien accueillies en France, du côté de la coalition, les avis sont partagés : les Hollandais paraissent convaincus de la possibilité d'un armistice, mais s'interrogent sur les conditions ; la Prusse et l'Angleterre se demandent si elles ne sont pas le jouet d'une manipulation, conduite avec virtuosité, certes, mais dont il convient de se méfier. L'ambassadeur Keller résume ainsi l'opinion générale dans un rapport à Frédéric-Guillaume II de Prusse : « Le grand pensionnaire paraît croire, et c'est peut-être un effet des insinuations du sieur Beaumarchais, que le gouvernement français, las d'une guerre ruineuse, désire sa fin, mais le sieur van den Spiegel est bien persuadé comme moi que les Français, après les grands succès qu'ils viennent d'avoir, ne voudront point d'accommodement partiel [39]. »

« JE PROUVERAI... »

On ne connaîtra jamais la suite. Au beau milieu de ses transactions en faveur de la paix, Beaumarchais se voit une nouvelle fois l'objet des plus violentes attaques, de la part d'un de ses ennemis les plus acharnés : le nommé Lecointre, député à la Convention, celui-là même qui l'avait accusé en 1792 de complicité avec Louis XVI. Ayant changé de camp après Thermidor, il le dénonce aujourd'hui comme... agent de Robespierre ! Hier encore enfant choyé de Trianon, ami des princes, allié de la noblesse, émigré, le voilà devenu jacobin, enragé, guillotineur, terroriste. On croit rêver ! Et pourtant, c'est ce que Beaumarchais a pu lire de ses yeux dans *Le Moniteur*. Le réquisitoire de Lecointre y met en cause les membres du Comité de Salut public, qui ont chargé Beaumarchais d'une mission à l'étranger, en lui confiant des « trésors immenses ». On imagine l'effet d'un tel brûlot sur les émigrés réfugiés en Hollande, qui le traitent de jacobin, et sur les ministres du stathouder qui ne voient plus en lui qu'un agent de la Terreur, qui a cherché à les tromper. Ils lui retirent aussitôt leur protection et l'invitent à quitter le territoire.

Chassé de Hollande pour la seconde fois, indésirable en Angleterre, tenu pour traître dans son propre pays, c'est en Allemagne, plus exactement à Hambourg qu'il va trouver refuge. Cette petite république libre des bouches de l'Elbe est aussi un grand port de commerce et l'une des premières places financières de l'Europe du Nord ; elle fourmille d'hommes d'affaires, d'agents doubles ou triples, d'émigrés de tous bords. Logeant dans une mansarde où souffle un vent glacé, obligé de vivre mesquinement, Pierre-Augustin se confie au papier : « Dans mon malheur, je suis devenu économe au point d'éteindre une allumette et de la garder pour m'en servir deux fois. Je ne m'en suis aperçu que par réflexion, après y avoir été amené par la misère de ma situation. Ceci ne vaut sa remarque que parce que je suis tombé subitement de 150 000 livres de rente à l'état de manquer de tout[40]. »

Autre conséquence funeste des dénonciations de Lecointre : la cargaison de Veere semble définitivement perdue. L'article du *Moniteur* ayant fait le tour de l'Europe, le ministère anglais décide de passer outre les scrupules de légalité qui l'avaient arrêté jusqu'ici, et de soustraire le butin aux troupes françaises qui menacent Maastricht, Venlo, Grave, Nimègue. Le 20 octobre 1794, toutes les formalités de sortie étant remplies, les navires appareillent en direction de Plymouth. C'est en vain que Chevallié, leur propriétaire fictif, multiplie les protestations. On lui répond qu'il ne s'agit pas d'une confiscation : s'il est reconnu seul possesseur des armes, il sera remboursé ou dédommagé. Le cœur serré, Beaumarchais voit donc ses fusils s'éloigner vers l'Angleterre, mais n'abdique pas pour autant : « À la nouvelle accusation de Lecointre, mon affaire a changé de face, écrit-il ; de difficile qu'elle était, elle est devenue impraticable. Et cependant, elle n'est pas entièrement perdue, car les fusils ont bien changé de lieu, mais pas de propriétaire[41]. » Il ne cessera dès lors de revendiquer sa cargaison, mettant dans cet ultime combat une énergie que rien ne semble pouvoir abattre. À le voir se démener, du fond de son exil, on a même l'impression qu'il n'a jamais déployé autant d'opiniâtreté dans une affaire commerciale. C'est que celle-ci ne ressemble à aucune autre et met en jeu quelque chose de beaucoup plus essentiel que de simples intérêts financiers : de sa réussite ou de son échec dépend en effet son retour en France. C'est dans la mesure où il aura prouvé sa bonne foi aux autorités françaises que sa longue errance prendra fin, et qu'il lui sera donné de revoir les êtres auxquels il tient le plus au monde.

Il croit toujours à la puissance de sa plume et n'a pas renoncé au besoin de prendre le public à témoin des injustices et des calomnies dont l'accable le sinistre Lecointre. Pour mieux attendrir ses lecteurs, c'est sous forme d'une lettre à sa fille qu'il présente sa défense devant le peuple français. À cette fin, il lui écrit cette longue et belle épître, qu'on ne trouve généralement pas dans les éditions modernes de ses *Œuvres*. C'est pourquoi, nous en reproduisons ici de larges extraits :

« Pour la jeune citoyenne française Amélie-Eugénie Caron Beaumarchais

« Près de Lübeck, ce 4 décembre (vieux style) 1794

« Mon enfant, ma fille Eugénie,
« J'apprends, au fond de ma retraite, que le système tyrannique, spoliateur et destructeur de l'effroyable Robespierre, qui couvrait le sol de la France de larmes, de sang et de deuil, commence à faire place au vrai plan de restauration des principes sacrés de *liberté civique* et d'une *égalité morale* sur lesquels seuls se fonde et se maintient une république sage, heureuse et très puissante.
« Malgré ta très grande jeunesse et l'éloignement naturel où

ton sexe vivait de ces fières et mâles idées, tu as pu voir, dans toutes les échappées des conversations où tu assistais malgré toi, que ces idées ont constamment été mes principes invariables ; et le temps est venu, ma fille, où la grande leçon du malheur t'apprend l'utilité de revenir sur tout cela, et te met en état de juger *si tu peux encore t'honorer d'être la fille de ton père.* [...]

« Ranime ton faible courage et reçois de ton père, pour ta consolation, sa parole sacrée que, dès qu'il apprendra par toi qu'il peut aller offrir à l'examen sévère toute sa conduite civique, il sortira sans hésiter de l'espèce de tombeau dans lequel il s'est enterré depuis son départ de la France ; n'ayant trouvé que ce moyen de la servir utilement et d'échapper à toute accusation, à tout soupçon de malveillance.

« Je prouverai, par un retour sur tous mes ouvrages connus, que la tyrannie despotique et tous les grands abus de ces temps anciens monarchiques n'ont pas eu d'adversaire plus courageux que moi ; que ce courage qui surprenait alors tout ce qui est brave aujourd'hui, m'a exposé sans cesse à des vexations inouïes. L'amour de cet état abusif et vicieux n'a donc pu faire de moi un ennemi de mon pays, pour essayer de raviver ce que j'ai toujours combattu.

« Je prouverai qu'après avoir servi efficacement la liberté en Amérique, j'ai, sans ambition personnelle, servi depuis de toutes mes facultés les vrais intérêts de la France.

« Je prouverai que je la sers encore, quoique livré à une persécution aussi absurde qu'impolitique, et qu'il soit stupide de croire que celui qui se consacra au *rétablissement des droits de l'homme* en Amérique, dans l'espoir d'avoir à présenter un grand modèle à notre France, a pu s'attiédir sur ce point quand il s'agit de son exécution.

« On ne pourra dire à ton père qu'il a vécu deux ans chez les ennemis de l'État : il prouvera qu'il n'en a jamais vu aucun.

« Si l'on veut qu'il soit émigré, contre toute espèce de droits, il montrera ses passeports, sa conduite, son titre et sa correspondance, dont on pourra être surpris.

« Que si on lui reproche de n'avoir pas rempli les promesses qu'il avait faites, il invoquera *l'acte même* qui renferme son vœu, et prouvera qu'il a fait lui tout seul ce que vingt hommes réunis n'auraient pas osé concevoir, et *au-delà de ce qu'il a promis.*

« Si l'on dit qu'il a dans les mains de grands fonds à la république, en souriant de cette erreur grossière, *il répondra qu'il vient compter rigoureusement avec elle, et remettra, sans nul délai, ce dont il sera débiteur*, en ne demandant nulle grâce, mais le plus sévère examen. Qu'avant même de le subir, il vient offrir dans son pays sa tête expiatoire si, cet examen achevé, on peut l'y soupçonner coupable.

« Si l'assemblée législative conventionnelle juge une troisième fois qu'il a bien mérité de la Nation française (car on l'a déjà prononcé deux fois sur cette même affaire), il se refusera à toute espèce de récompense autre que l'honneur reconnu d'avoir bien rempli ses devoirs, et l'espoir si doux à son cœur de revoir sa fille honorée, rendue à l'aisance modeste qu'on n'a pu ni dû lui ravir.

« Voilà, ma fille tant aimée, ce à quoi s'engage ton père. Le silence de mort que tous mes amis ont gardé depuis qu'une mission fâcheuse et presque impossible à remplir m'a exilé de mon pays, me fait douter si je dois croire qu'il a pu m'en rester un seul.

« Sache enfin que nul homme existant n'a souffert de plus longs tourments que l'ardent ami qui t'écrit ; et qu'il aurait cent fois jeté sans regrets à ses pieds le fardeau de son existence, s'il n'avait vivement senti qu'elle t'était indispensable, et qu'il n'a le droit de mourir que quand il te saura heureuse.

« Je te serre contre mon cœur, toi et tout ce qui m'appartient.
« *Signée de moi de tous mes noms,*
« PIERRE-AUGUSTIN CARON DE BEAUMARCHAIS[42]. »


« COMMISSIONNÉ, ERRANT, PERSÉCUTÉ, NON ÉMIGRÉ »


Installé à Altona, charmante enclave danoise séparée de Hambourg par une longue allée d'arbres, Beaumarchais y mène une vie retirée, évitant surtout de se mêler aux nombreux émigrés français qui peuplent le premier port d'Allemagne. Ceux-ci se divisent en différentes factions, selon leurs divergences d'opinions politiques, mais s'accordent tous pour le tenir à distance, le traitent en renégat[43]. Que représente-t-il à leurs yeux, sinon

l'émissaire d'une république honnie, le valet de jacobins sangui-
naires, le fossoyeur de cet Ancien Régime auquel il doit tout,
jusqu'à son nom! Comment serait-il des leurs, lui qui a pactisé
avec le diable en empêchant que ses fusils ne tombent entre les
mains des Vendéens? Que vient-il faire ici, sinon les espionner?
N'est-ce pas son ancien métier? Ne travaille-t-il pas en sous-
main pour le Comité de Salut public, comme il travaillait jadis
pour le roi de France?

La chose, à vrai dire, paraît d'autant moins invraisemblable
que Hambourg est devenue la plaque tournante de l'espionnage
international, tant en raison de sa neutralité que de sa situation
géographique, qui en fait le passage obligé des porteurs de
dépêches et des agents secrets en tout genre[44]. Depuis le début
de la Révolution, le gouvernement britannique y entretient des
foyers de complots et d'intrigues; et cela d'autant plus aisément
que la France n'y dispose d'aucun service diplomatique. Après
l'exécution de Louis XVI, le Sénat avait refusé d'agréer les
lettres de créance du représentant de la République, un nommé
Le Hoc. C'est à Hambourg également que se recrutent les corps
étrangers au service de l'Angleterre, lesquels embarquent régu-
lièrement de Cuxhaven. De son côté, le gouvernement français
entretient des observateurs sur place ou dans la région, notamment à Altona, où le poste de vice-consul est occupé par le Grec
Stamati, entré au ministère en 1793. Les autres correspondants
se nomment Israël, agent de change hambourgeois, ou Pierre
Fauchet, l'un des premiers à prévenir les autorités que la Prusse
voulait sortir de la coalition.

Beaumarchais exerce-t-il une activité secrète au sein de ce nid
d'espions? On le suppose, on le chuchote, mais nul n'en sait
rien. Une chose est à peu près sûre. Bien que ses lettres évoquent
le plus souvent sa vie retirée, à l'écart de l'intense activité financière qui règne à Hambourg, il entretient des relations avec les
hommes d'affaires et des banquiers influents. Nul doute qu'il a
pris contact avec le Vaudois Jacques de Chapeaurouge et son
associé, le comte de Ricé, ancien familier de la maison
d'Orléans, de même qu'avec Pierre Bellamy, compatriote vaudois de Chapeaurouge, mi-négociant, mi-espion, qui travaillera
plus tard pour le compte de Talleyrand. « Les réseaux de banque
sont d'une importance capitale à l'époque. C'est là que le ren-

seignement l'information financière et politique circule le plus vite et le plus sûrement[45]. » En bref, nous avons toutes les raisons de penser que Beaumarchais en exil ne s'est pas contenté de regarder passer les heures, mais que le démon des affaires l'a poussé à des opérations peu avouables, donc inavouées, par conséquent secrètes.

*
* *

En même temps, une idée fixe le poursuit jusqu'à l'obsession, à mesure que l'exil se prolonge : rentrer en France, retrouver les siens, effacer son nom de la liste des émigrés, disposer à nouveau de sa fortune, ou de ce qu'il en reste. Pour y parvenir, il lui faut gagner la confiance du Comité de Salut public par tous les moyens. Fût-ce en espionnant les conspirateurs royalistes. Mais surtout en rapatriant les 60 000 fusils actuellement détenus par les Anglais. Tout espoir n'est pas perdu, car à la fin d'avril 1795, le gouvernement britannique ne les a toujours pas confisqués officiellement. Le 30 de ce même mois, il adresse « à tous les nouveaux membres actuels du Comité de Salut public » un long *Mémoire* qui constitue la septième et dernière partie des *Époques*, publiées deux ans plus tôt en réponse aux dénonciations du même Lecointre. En dix-neuf paragraphes numérotés, sur le leitmotiv de « Je prouverai... » qu'il avait amorcé dans la lettre à sa fille, il retrace l'épopée des fusils depuis ses premiers pourparlers avec Lebrun, jusqu'au récent « esclandre » de Lecointre à la tribune de la Convention. « Ce n'est point un parti que je sers, mais la République française », déclare-t-il, avant de dénoncer à son tour l'injustice de la proscription qui le frappe. Tandis que son propre gouvernement l'abandonne, met ses biens sous scellés, sa famille en prison, il poursuit opiniâtrement la lutte. L'importance de sa mission justifie tous les sacrifices. Malgré les impairs et la mauvaise foi du côté français, malgré le sabotage délibéré, les manœuvres de ministres malhonnêtes, des nouvelles encourageantes arrivent d'Angleterre, en cette fin d'avril 1795 : les fusils demeurent propriété du négociant américain, donc du soussigné « Pierre Augustin Caron Beaumarchais, commissionné, errant, persécuté, non émigré[46] ».

« NOUS OBTIENDRONS LA VICTOIRE ! »

Pendant ce temps, Mme de Beaumarchais ne demeure pas inactive, loin de là. Aidée de sa fille et de ses amis, elle multiplie les démarches en vue d'obtenir la radiation de l'« émigré. » Elle s'adresse au Comité de législation, qui la renvoie au département de Paris, lequel est subordonné à la décision des Comités de sûreté générale et de salut public. Devant chaque administration, dix fois, vingt fois de suite, elle retrace l'affaire des fusils, énumère les appositions de scellés, les perquisitions, les interrogatoires, produit les certificats de civisme, de zèle patriotique, avant, pendant et après son séjour à l'Abbaye. Pétitions, requêtes, mémoires, comptes rendus, attestations pleuvent sur les bureaux des ministères. Une première raison d'espérer – et non des moindres – vient du conventionnel Robert Lindet, toujours bien disposé à l'égard de Beaumarchais, qui apporte un témoignage décisif ; il y déclare notamment : « Je certifie que le citoyen Beaumarchais, s'étant rendu en Hollande pour remplir la mission dont il avait été chargé par le Comité de Salut public, a rendu compte des difficultés qu'il éprouvait, des démarches qu'il a faites auprès du magistrat. » Il rappelle ensuite ses efforts « pour rendre son voyage utile à la République », atteste qu'il « a toujours été considéré comme étant en pays étranger, chargé de mission sans avoir été rappelé, ni révoqué », et conclut par ces mots : « Il a constamment demandé à rentrer en France et à rendre compte, aussitôt qu'il a été informé qu'on l'avait traité, par erreur, comme émigré [47]. »

Ce n'est qu'un premier pas. Dans le même temps, Marie-Thérèse, sa fille et sa belle-sœur présentent une pétition pour demander la radiation de Beaumarchais de la liste des émigrés, ainsi qu'« une garantie assurée pour rentrer en France et apurer le compte des sommes qui lui ont été avancées [48] ». À partir de là, tout va très vite : un mois plus tard, le député du Gard Jean-Pierre Chazal présente à la Convention un rapport et un projet de décret : « Caron Beaumarchais sera rayé de la liste des émigrés, les scellés sur ses meubles et le séquestre sur ses biens levés, avec restitution des fruits. » Le 22 juin, le Comité de Salut public adresse une recommandation au Comité de législation, et le 26 au Comité de sûreté générale, lequel en informe les administrateurs du département de Paris. Enfin, le 30 juin, le Comité de sûreté générale « rapporte l'arrêté qui pourrait avoir été pris par l'ancien Comité de sûreté générale pour faire porter Caron Beaumarchais sur la liste des émigrés [49] ».

Ça y est ! Rien ne s'oppose plus au retour de l'exilé ! Mais c'est compter sans les blocages impromptus dont la bureaucratie française détient le redoutable privilège ! Quelques jours plus tard, voilà le dossier immobilisé, on ne sait pourquoi, dans l'un de ces rouages administratifs qui semblent une invention du diable. Depuis le temps qu'elle se débat au sein de la monstrueuse mécanique, Mme de Beaumarchais en a débusqué tous les traquenards. Aussi ne s'étonne-t-elle pas outre-mesure de ce dernier avatar, qu'elle commente avec philosophie :

« Une loi est faite aujourd'hui ; quatre jours après, elle est rapportée, écrit-elle à son mari. Ainsi on avait ôté au Comité de législation l'attribution des radiations d'émigrés ; on la lui a rendue. Dans l'intervalle, nous avons perdu notre rapporteur, qui est sorti, à son rang, du Comité de Salut public, et de là est parti pour une mission. Il a fallu parler à son successeur, l'instruire, l'échauffer, etc., etc. Nous pensions que les comités décideraient seuls sur notre affaire. Point du tout. Au Comité de législation, on nous a dit que, c'était au Comité de Salut public qu'il fallait aller directement, attendu qu'il était déjà nanti de cette affaire. Nous y avons été, mais quand nous pensions qu'il pouvait conclure souverainement, on nous a dit que, la Convention étant saisie, l'affaire ne devait se terminer que par un décret et non par un arrêté, que c'était une affaire de gouvernement, un cas tout particulier... De sorte que si mon cher Peters, au lieu d'avoir une mission, s'était enfui depuis le 31 mai par frayeur, on en fournirait la preuve, tout serait dit, et il profiterait du décret qui a été rendu et remet en possession de leurs biens ceux mêmes qu'on avait mis hors la loi : voilà de ces bizarreries qu'on a peine à supporter ! Nous pouvons vous répondre que notre courage ne se ralentira point, et que nous obtiendrons la victoire [50] ! »

Par une troublante coïncidence, le 19 mai 1795, en plein pendant les démarches administratives de Marie-Thérèse, le Théâtre Martin (ex-Théâtre Molière) affiche la première d'une comédie en un acte en vers intitulée *Figaro de retour à Paris*, d'un cer-

tain Hyacinthe Dorvo. L'intrigue en est simple : deux vieux garçons, l'un royaliste enragé, l'autre impénitent Jacobin, contra-
rient les amours de leur nièce, une orpheline de seize ans,
chacun voulant lui choisir un époux conforme à ses idées. Survient Figaro, rentré dans la capitale après la Terreur, qui finira
par réconcilier les deux frères et permettra le mariage des jeunes
gens. Il s'agit, on l'aura compris, d'une pièce de circonstance,
avec un titre en clin d'œil où l'auteur exploite une situation qui
fait l'objet de nombreux débats. Le public ne pourra manquer de
réagir à certaines allusions à peine dissimulées à l'auteur du
*Barbier de Séville*. Ainsi, les deux frères, découvrant Figaro
dans une auberge, se demandent à quel clan il appartient :

MONTCLAIR (*à part*).

Que vois-je? Encore un émigré,
Grâce aux nouveaux décrets, subitement rentré.

DERCOURT, *à l'hôte* (*à part*).

Fort bien! J'augure mal d'un costume aussi leste :
C'est un vrai sans-culotte; il porte un habit-veste.
[...]

MONTCLAIR.

C'est un franc muscadin,
Un émigré qui rentre : on le voit à sa mine.

DERCOURT.

Un émigré! Qui? Lui? Voyez comme il devine!
Reconnaissez donc mieux les gens de votre rang :
En dépit du satin, c'est un buveur de sang[51].

L'ENTENTE CORDIALE

Le « cher Peters » devra donc patienter encore une année
entière avant d'envisager son retour en France. En attendant, sa
vie à Altona ne s'organise pas trop mal. S'il voit le moins de
monde possible, au moins choisit-il sa société. Parmi ses familiers figure l'abbé Louis, futur ministre des Finances sous le

nom de baron Louis, que Beaumarchais avait fait entrer dans une maison de commerce de Hambourg. L'homme lui en gardera toute sa vie une reconnaissance qu'il exprimera plus tard dans des lettres pleines de tendresse. Pendant ses loisirs forcés, il écrit sur toutes sortes de sujets : ébauches, notes éparses, réflexions, mémoires, critiques... Mais c'est surtout la situation de l'Europe qui le préoccupe. On sait qu'il a toujours aimé la politique « à la folie » et qu'il aurait rêvé d'une carrière d'homme d'État [52]. À défaut d'exercer le pouvoir, il n'a jamais cessé d'élaborer des stratégies en fonction des enjeux et des rapports de forces entre gouvernements. Non seulement il n'a pas renoncé à son grand projet de « paix générale » dont il entretenait le stathouder en août 1794, mais il pense, non sans raison, que les récents événements le replacent dans l'actualité.

Le 5 avril 1795, à Bâle, une paix séparée met fin à la guerre entre la Prusse et la France. Ce traité signé par les deux parties stipule la fin immédiate des combats : la France occupera les possessions prussiennes de la rive gauche du Rhin « jusqu'à la pacification générale » avec l'Empire. D'autre part, elle « accueillera les bons offices » du roi de Prusse en faveur des princes des États de l'Empire désireux de négocier. Cette paix ne lèse aucun des deux signataires. En sortant de la coalition, la Prusse laisse à l'Autriche tout le poids de la guerre sur le Rhin, ce qui ne peut que faire le jeu de Paris. Le 16 mai suivant, la France impose sa paix aux Provinces-Unies, qu'elle reconnaît en même temps comme puissance libre et indépendante sous le nom de République batave. Celle-ci cède la Flandre hollandaise, Maastricht, Venlo et s'engage à payer 100 millions de florins « à titre d'indemnité et de dédommagements pour les frais de guerre ». Des articles secrets prévoient également que l'entretien de l'armée française d'occupation incombera à La Haye. Telles sont les conditions imposées aux patriotes bataves, qui espéraient traiter d'égal à égal avec le Comité de Salut public.

Jamais le contexte international n'a semblé plus favorable à cette *pax europeana* dont Beaumarchais n'a cessé de caresser l'idée. Adoptant ses principes de base à la conjoncture actuelle, il conçoit pour la première fois une entente cordiale avec l'Angleterre. Projet grandiose, mais totalement irréaliste, au moins pour l'heure. Mais tel est le vrai Beaumarchais, débordant d'enthousiasme, toujours en avance sur son temps, échafaudant d'improbables utopies qui deviendront les réalités de demain. Proscrit, interdit de séjour dans une partie de l'Europe, réfugié sous un faux nom, suspecté de tous, ses biens séquestrés, sa famille aux abois, sans mandat, sans appui, sans moyen, il sollicite un entretien de William Pitt, Premier ministre de Grande-Bretagne. Il est vrai que sa démarche n'est pas dénuée de toute arrière-pensée (Beaumarchais a toujours su faire coïncider son intérêt propre avec celui de la nation), et qu'il espère bien du même coup, arracher sa cargaison des griffes du lion britannique. Spéculation dangereuse, comme le lui fait remarquer le banquier Perrégaux, littéralement affolé par l'audace de son entreprise, car réclamer ses armes reviendrait à s'en reconnaître propriétaire, alors qu'elles appartiennent, en principe, à un marchand américain. De toute façon, l'entretien tant souhaité n'aura pas lieu, Pitt ayant répondu à Beaumarchais qu'on jugeait sa présence indésirable en Angleterre.

En juin 1795, le gouvernement anglais fait procéder à l'estimation arbitraire des fusils. Comme on pouvait s'y attendre, celle-ci se chiffre à moins de la moitié de leur valeur réelle. Le prête-nom de Beaumarchais aux États-Unis se voit néanmoins contraint d'accepter ce marché de dupe et de signer la transaction. Dès lors, la cargaison devient la propriété de la Grande-Bretagne. Cruel épilogue d'une cruelle affaire que le « soldat-citoyen » aura traînée comme un boulet, au prix de mille tourments, d'énormes pertes financières, mais aussi d'un exil forcé qui lui aura sauvé la vie.

## « *Usque in tenebris* »

Le 9 messidor (27 juin 1795), une flotte britannique de cinquante voiles débarque un contingent de 4 000 émigrés en uniforme anglais dans la baie de Quiberon. Commandés par le comte d'Hervilly, Puisaye, Sombreuil, bientôt rejoints par les bandes de chouans sous les ordres de Charette, ils se retranchent dans le fort de Quiberon et occupent sans difficulté Carnac et Auray. Un mois plus tard, les 20-21 juillet, les troupes républicaines commandées par Hoche refoulent les royalistes jusqu'au bout de la presqu'île. Seuls quelques émigrés (dont l'un des chefs, Puisaye) réussissent à gagner la flotte anglaise. Les chouans et les émigrés seront jugés à Auray par une commission militaire ; les premiers seront acquittés, 748 émigrés seront condamnés à mort et fusillés, conformément à la loi, et sur l'ordre formel du représentant en mission Tallien. Charette et Stofflet réussiront à s'échapper.

Ce n'est pas sans surprise qu'on voit Beaumarchais intervenir dans cette affaire, pour conseiller la clémence envers les vaincus, au risque de passer pour un de leurs sympathisants. Prendre leur parti, au moment où il se démène pour obtenir sa radiation de la liste des émigrés, semble en effet relever au mieux de la maladresse, au pis du double langage, alors qu'il s'agit tout simplement d'un scrupule de conscience. Au moment où il rédige son appel, il ignore encore la répression sanglante ordonnée par Tallien, mais prévoit une effroyable tuerie. S'il plaide en faveur de ces mêmes émigrés, ce n'est que par sentiment d'humanité, parce que la guerre civile lui soulève le cœur, et qu'on tire toujours plus d'avantages d'un généreux pardon que d'une basse vengeance.

« De ma retraite près de Hambourg, ce 5 août 1795.

« AU COMITÉ DE SALUT PUBLIC.

« Citoyens dont le Comité est composé en ce moment, souffrez encore une fois qu'un citoyen proscrit injustement de son pays, qu'il n'a pas cessé de servir, s'adresse à vous directement, non pour plaider ses intérêts, mais pour vous parler un moment de ceux qu'il croit être les vôtres, unis à ceux de la nation.

« Je m'en souviens : dans ma jeunesse, il naquit un premier enfant du dauphin, père de Louis XVI ; on me fit sortir du collège pour voir les réjouissances. La nuit, courant les illuminations, je fus frappé d'un transparent posé sur le haut d'une prison, avec ces mots très énergiques : *Usque in tenebris*[53] ! Ils me saisirent si vivement qu'il me semble les lire encore. La joie publique avait passé jusque dans l'horreur des cachots. Ce que le transparent disait (la naissance du fils d'un prince étant la joie de ce temps-là), moi je le dis aujourd'hui pour un sujet plus important : la joie du superbe triomphe de nos soldats à Quiberon a passé dans mon cœur au fond d'un grenier d'Allemagne, où je gémis depuis deux ans, caché sous un nom inconnu, des injustices de toute espèce dont on m'abreuve en mon pays. *Usque in tenebris* est l'épigraphe de ma situation.

« C'est sur les suites de cette victoire de Quiberon, décisive pour la paix, que nous désirons tous, que je vais vous soumettre les réflexions d'un citoyen *in tenebris*.

« Si, vainqueurs généreux, vous n'abusez pas de votre triomphe pour en faire une boucherie, vous allez conquérir l'estime de tous les partis. C'était dans les revers que les Romains restaient ennemis implacables ; ils étaient grands et généreux sitôt qu'ils avaient des succès. Cette conduite également noble et ferme leur a valu l'empire du monde. La vengeance la plus complète et la plus fructueuse de toutes est de traiter les Français vaincus et soumis avec une générosité qui vous soumettra tous les autres.

« Ô, Français ! [...] *Pardonnez à vos prisonniers !* Quelque sort que vous leur fassiez, ils n'ont plus le droit de s'en plaindre. Vous les avez vaincus les armes à la main ; mais sachez aujourd'hui, si par hasard vous l'ignorez, qu'il n'y a pas un seul Français, parmi ces émigrés vaincus, qui rougisse de l'avoir été par des Français, qu'il n'y en a pas un qui ne soit plus que vous l'ennemi prononcé de ces Anglais qui les emploient. Sachez que c'est au besoin seul de subsister et de ne pas mourir de faim qu'ils ont cédé pour se soumettre à ces arrogants insulaires ; sachez surtout que le ministre Pitt est perdu radicalement si vous adoptez cette idée, qu'on ne lui pardonnera pas le tâtonnement de sa conduite, la fausseté de ses mesures, la nullité de ses succès, et qu'un cri général applaudissant à votre humanité, vous aurez plus fait contre lui, et pour vous et pour votre gloire, pour assurer votre stabilité et la confiance universelle. Oui, vous aurez plus fait par ce seul acte généreux que par tous les exploits presque incompréhensibles par lesquels nos armées ont étonné toute l'Europe. [...]

« PIERRE-AUGUSTIN CARON BEAUMARCHAIS,

« Commissionné, proscrit, errant, persécuté, mais nullement traître ni émigré[54]. »

Le Comité de Salut public n'a jamais reçu cette supplique. Mme de Beaumarchais, à qui Pierre-Augustin l'avait adressée en lui demandant de la transmettre, a jugé prudent de n'en rien faire. Elle avait d'abord hésité : « Je supprimerais l'épisode de la Vendée, j'éclaircirais par-ci par-là, mais le fond me paraît inattaquable. » Puis, d'accord avec Perrégaux, elle décida de ne pas présenter le document au Comité de Salut public, mais de le conserver dans ses tiroirs : « Je suis de votre avis quant au mémoire, écrit-elle au banquier. Il ne doit jouer qu'un rôle muet. Si par la suite nous en avions besoin pour en tirer les matériaux, nous aurions bien soin de dépouiller les faits de tout ce fatras d'éloquence qui ne peut plaire à gens si occupés[55]. » On ne sait jamais, en effet ! Mieux au fait que son mari de la situation politique de la France, et des incertitudes qui pesaient sur l'avenir, Mme de Beaumarchais pouvait penser que dans le cas d'une restauration monarchique, point du tout improbable à ce moment-là (l'insurrection royaliste du 13 vendémiaire en fournira bientôt la preuve), cette défense enflammée des émigrés de Quiberon garantirait un statut privilégié à l'ancien envoyé spécial de Louis XVI.

« NOUS AVONS BU L'ABSINTHE À LONGS TRAITS... »

Tous les jours, on espère la bonne nouvelle : Pierre-Augustin enfin radié ! Mais rien. Une première annonce, le 14 août 1795, est aussitôt démentie. Marie-Thérèse frappe à toutes les portes, fait jouer toutes les relations, harcèle tous les chefs de bureaux, s'abonne à toutes les antichambres. En vain. À ces courses exténuantes vient s'ajouter une sérieuse inquiétude pour la santé de sa fille. Depuis le début d'août, Eugénie souffre d'un mal mystérieux qui la cloue au lit pendant une dizaine de jours, entre la vie et la mort. On ne dira rien à son père jusqu'à sa guérison, pour ne pas l'affoler. Soignée à grands frais par un médecin de renom, elle sera promptement et complètement rétablie. Rassuré, le vieux proscrit ne pense plus qu'à sa radiation ; il commence à trouver le temps long, assaille de questions ses correspondants parisiens, se fâche en apprenant qu'on n'a pas communiqué son appel à la clémence pour les émigrés de Quiberon. Perrégaux tâche alors de lui expliquer qu'il n'était pas très opportun de donner des leçons de magnanimité au Comité de Salut public, alors que son rapatriement dépendait de son bon-vouloir.

Vers la fin de l'année, l'espoir renaît. Beaumarchais compte bien retrouver les siens pour l'anniversaire d'Eugénie, qui aura dix-neuf ans le 5 janvier. Hélas! Les procédures de radiation sont interrompues depuis l'automne, à cause des troubles qui agitent le pays. La Vendée reprend du poil de la bête, sous l'impulsion de Charette. Le 13 vendémiaire an IV (5 octobre 1795) à Paris, les royalistes ont tenté un coup d'État contre l'Assemblée. L'armée a dû intervenir; le général Bonaparte a mitraillé les insurgés sur les marches de l'église Saint-Roch, qui en porte encore les traces. Enfin, les derniers jours du mois d'octobre voient disparaître la Convention, qui siégeait depuis septembre 1792, et qui fait place au Directoire. Avec ce nouveau pouvoir, l'horizon semble s'éclaircir et l'optimisme revient. Vers la même époque, Pierre-Augustin donne son consentement aux fiançailles d'Eugénie avec André-Toussaint Delarue, ancien aide de camp de La Fayette dans la Garde nationale. Le futur lui plaît infiniment : ce « bon jeune homme », confiera-t-il plus tard, s'obstinait à vouloir la jeune fille « quand on croyait qu'elle n'avait plus rien [56] ».

En janvier 1796, la paix civile semblant rétablie, Mme de Beaumarchais reprend ses démarches. Elle adresse une pétition à Merlin de Douai, qui vient d'être nommé à la tête de la Police générale : « toutes les formalités ont été remplies, le rappel prononcé », et son mari attend « comme une faveur » le moment de venir rendre ses comptes. En attendant l'arrêté qui lui permettra de rentrer, elle obtient un sursis à la vente du mobilier sous séquestre, et fait intervenir Robert Lindet. Celui-ci rédige alors un éloge du proscrit qui lui aurait valu la guillotine à l'époque où il siégeait au Comité de Salut public :

« Je ne cesserai jamais de penser et de déclarer dans toutes les occasions que le citoyen Beaumarchais est injustement persécuté, que le projet insensé de le faire passer pour émigré n'a été conçu que par des hommes aveugles, trompés ou mal intentionnés. Sa capacité, ses talents, tous ses moyens pouvaient nous servir. On a voulu lui nuire, on a plus nui à la France. Je voudrais être à la portée de lui exprimer combien j'ai été affecté de l'injustice dont il a été l'objet. Je remplis un devoir, et je le remplis avec satisfaction en pensant à lui [57]. »

Il plaide à nouveau pour Beaumarchais en avril 1796, auprès du ministre de la Police, Cochon de Lapparent, qui vient de remplacer Merlin de Douai :

« Le département de Paris porta le citoyen Beaumarchais sur la liste des émigrés, et fit apposer les scellés sur ses propriétés. Le Comité [de Salut public] prit un arrêté portant que le citoyen Beaumarchais, étant en mission, ne devait pas être traité comme émigré, son absence ayant pour cause le service de la République. Le département leva les scellés.

« Quelque temps après, on replaça le citoyen Beaumarchais sur la liste des émigrés. Il n'y avait aucun nouveau motif de le réputer émigré ; sa mission n'était pas finie, sa négociation ne cessait pas d'être utile, on ne l'avait pas rappelé.[...] On persista néanmoins à le regarder comme émigré. On ne put pas alors s'expliquer ouvertement sur cette entreprise du gouvernement, parce qu'on aurait été réduit à la nécessité de publier l'objet d'une mission dont le secret importait à la république[58]. La présence du citoyen Beaumarchais en pays étranger a été nécessaire jusqu'au moment où, le secret de sa mission ayant été divulgué à la tribune, les Anglais ont fait transporter les fusils des magasins de Tervère dans leurs ports, dans le courant de vendémiaire an III.

« Rien n'aurait empêché le citoyen Beaumarchais de rentrer en France, car il n'avait plus l'espoir de remplir sa mission ; mais il était porté sur la liste des émigrés, il ne pouvait rentrer qu'après avoir obtenu sa radiation.

« Ce fut injustement que l'on écrivit son nom sur la liste des émigrés, puisqu'il était absent pour le service de la république[59]. »

*
* *

Dans la soirée du 12 prairial an IV (1er juin 1796), le Directoire exécutif signe enfin la radiation de Beaumarchais de la liste des émigrés, mettant fin à trois années d'exil. Ainsi tombe le dernier obstacle à son retour en France. Informée dès le lendemain, Mme de Beaumarchais transmet aussitôt la grande nouvelle à son mari. Le 14 prairial, encore toute à sa joie, elle griffonne pour l'ami Perrégaux ces quelques phrases où elle laisse parler son cœur :

« Mon bon ami,

« Je ne sais si c'est moi qui vous apprends l'heureuse nouvelle, mais enfin je vous la confirme au moins : la radiation définitive est signée d'avant-hier soir, et on m'en a remis l'expédition hier à trois heures. Je viens de la faire passer au bon Pierre, et j'espère qu'il va se mettre en route sans perdre de temps, à présent qu'il a ses provisions. Tout cela s'est fait de bonne grâce ; et nous en devons beaucoup et une reconnaissance éternelle au beau-frère de mon gendre[60].

« La levée des scellés et séquestres est ordonnée. Je ne puis donc pas me livrer en entier à ma satisfaction ; il faut encore labourer pour mettre fin à cette longue et désastreuse aventure, et lui balayer les chemins pour qu'il ne voie que les roses et le muguet, tandis que nous avons bu l'absinthe à longs traits[61]. »

# CHAPITRE X

## « *Tandem quiesco* »

> « Un homme ! Il descend comme il est monté..., se traînant où il a couru..., puis les dégoûts, les maladies..., une vieille et débile poupée..., une froide momie...un squelette... une vile poussière, et puis... rien ! Brr ! Dans quel abîme de rêveries suis-je tombé, comme dans un puits sans fond ? J'en suis glacé... J'ai froid. »
> (*Le Mariage de Figaro*, acte V, sc. III, passage supprimé.)

« FOUETTE, POSTILLON ! »

Ce n'est que dix jours plus tard que Beaumarchais reçoit les papiers officiels lui annonçant sa radiation de la liste funeste. Il en perd « la faculté de tourner les phrases », mais avise aussitôt ses correspondants à New York :
« Après quatre années de souffrance, et trois ans d'un exil et d'une proscription suivis de pertes incalculables, je viens, mes chers amis, de recevoir de France mon diplôme de rentrée aussi honorable qu'il se puisse. [...] Je pars pour Paris sous trois jours, aussi étranger, mes amis, à tout ce qui s'y est passé depuis trois ans que le malheureux La Pérouse, si le sort nous le ramenait[1]. »
Il conclut sur cette phrase sibylline, qui prendra tout son sens un peu plus tard :
« Pour vous seuls : comptez sur un nouveau et très énergique courage de ma part. J'ai quelque idée que vous me reverrez chez vous, sous une forme qui nous conviendra fort à tous[2]. »

Le 30 prairial (18 juin), il obtient son passeport pour la France, et se met en route pour Paris, *via* la République batave. Arrivé à Anvers, il recommande à Perrégaux de garder le secret sur son retour :

« Encore ce mot avec celui d'hier, de Rotterdam, pour Thérèse, mère d'Eugénie. Mais ne lui faites pas attendre, car vous retarderiez notre entrevue entre elle, ma fille et moi, sur la route où je les attendrai. Gardez pour vous seul, mon ami, que je vais arriver. Jusqu'à ce que je me montre en public, je ne verrai dans mon petit coin que ma plus intime famille[3]. »

Lorsqu'il arrive à Paris, le 5 juillet 1796, accueilli par les siens avec l'émotion que l'on imagine, sa première visite est pour sa maison du boulevard Saint-Antoine, inhabitée depuis plus de deux ans, qu'il trouve en bien triste état. Il ne peut d'ailleurs l'occuper pour l'instant, car le séquestre n'est toujours pas levé ; il va donc loger dans le modeste appartement que loue sa femme, 18 rue du Paradis-Poissonnière.

La situation qu'il trouve à son retour offre le même aspect de désolation que son jardin : une fortune naguère immense ravagée non seulement par la crise générale, mais par la confiscation de ses revenus ; des masses de papiers et d'archives ont disparu, enlevées par les occupations successives, ses créances ont fait l'objet de saisies. Il va donc travailler sans délai à reconstituer son patrimoine, au moins en partie. L'État lui doit énormément d'argent : à commencer par les 745 000 francs en titres de rentes viagères déposés comme garantie au début de l'affaire des fusils, et dont il n'a jamais touché les revenus, soit un total d'environ 300 000 francs. D'autre part, il avait reçu du gouvernement l'équivalent d'un demi-million en assignats, qui se sont dévalués rapidement, et n'ont pas suffi à couvrir ses frais : cautionnement versé aux Hollandais, paiement des armes, rachat par réméré à Le Cointe. Sans compter le coût des transactions fictives, les pots-de-vin distribués ici et là, les salaires de ses agents, ses dépenses journalières, ses frais de déplacements, etc. Ses dernières années se consumeront en vaines tentatives pour récupérer ces fonds.

Ces soucis ne réussiront pourtant pas à assombrir sa joie, lorsqu'il conduira sa fille à l'autel, cinq jours seulement après son arrivée. Le 10 juillet 1796, Eugénie épousait Toussaint Delarue, ce « bon jeune homme » dont Beaumarchais avait apprécié la constance et le désintéressement. « Elle, sa mère et moi, avons cru devoir récompenser ce généreux attachement, écrit-il. Cinq jours après mon arrivée, je lui ai fait ce beau présent[4]. » Un an plus tard, le 30 avril 1797, il convolait à son tour, pour la seconde fois, avec Marie-Thérèse de Willermaulaz : simple formalité après leur divorce forcé en 1794. Autre grand bonheur de ces premiers jours : celui de pouvoir enfin serrer dans ses bras son vieil et fidèle ami Gudin de La Brenellerie, venu tout exprès de son ermitage campagnard. « Nous revoir après tant d'années, après tant d'événements atroces, ce n'était pas être arrachés aux dangers d'un naufrage et se retrouver sur des rochers ; c'était en quelque sorte être échappés du tombeau et s'embrasser entre des morts après une résurrection inespérée[5]. »

## « UN EXTRAIT DE LA RÉPUBLIQUE FRANÇAISE »

Comme tous les émigrés rentrés dans leur patrie, Beaumarchais reconnaît à peine la France qu'il a quittée. Tout a tellement changé ! Comment ne ressentirait-il pas, comme tant d'autres, formés comme lui par l'Ancien Régime, cette nostalgie de la « douceur de vivre » dont parle Talleyrand ? Que la république ne recueille pas tous ses suffrages, cela va de soi – et comment s'en étonner ? Pourtant, ce sont surtout les institutions qui l'agacent et suscitent son scepticisme. En revanche, les hommes en place lui paraissent d'une qualité très supérieure à ceux de la défunte monarchie. Une lettre au fils de son correspondant américain, datée du 13 avril 1797, en dit long à cet égard :

« Je fis hier, mon Charles, un dîner dont le souvenir marquera longtemps dans ma mémoire par le choix précieux des convives que notre ami Dumas [le général Matthieu Dumas] avait rassemblés chez son frère. Jadis, quand je dînais chez les grands de l'État, j'étais toujours choqué du ramassis de gens de tous les caractères que la seule naissance faisait admettre. Des sots de qualité, des imbéciles en place, des hommes vains de leurs richesses, de jeunes impudents, des coquettes, etc. Si ce n'était pas l'arche du bon Noé, c'était au moins la cour du roi Pétaud. Mais hier, sur vingt-quatre personnes attablées, il n'y en avait pas une qu'un grand mérite personnel n'eût mise au poste qu'elle occupe. C'était, si je puis dire ainsi, un excellent extrait de la république française. Et moi, silencieux, je les regardais tous en appliquant à chacun d'eux le grand mérite qui les distingue. » Faut-il attribuer à sa surdité, à peu près totale à cette époque, le mérite qu'il accorde à tous ces convives ? En tout cas, les noms qu'il cite laissent penser qu'il était plutôt en bonne compagnie ; il y avait là le général Moreau, Boissy d'Anglas, Siméon, le grand juriste du Conseil des Anciens, Cochon de Lapparent, ministre de la Police générale, « l'un des hommes puissants qui savent le mieux faire tourner à l'avantage de la nation un ministère difficile », Vaublanc, du Conseil des Cinq-Cents, « défenseur des colonies contre tous les usurpateurs », le jeune Kellermann « qui, blessé, nous apporte vingt-cinq drapeaux de la part de Bonaparte », Portalis, du Conseil des Anciens, etc. [6]

En passant ainsi en revue ces hommes qu'il regardait comme l'élite de la nation, Beaumarchais ne pouvait se douter que quatre mois plus tard, le 18 fructidor (4 septembre), un coup d'État proscrirait à peu près la moitié d'entre eux. « Les membres du Directoire s'armèrent les uns contre les autres, raconte Gudin ; les députés du peuple furent enlevés de leurs sièges sacrés, enfermés dans des cages ambulantes comme des bêtes féroces, entassés dans des vaisseaux et transportés dans les lieux les plus malsains de l'Amérique méridionale [7]. » Ce coup d'État refroidit naturellement beaucoup le zèle républicain de Beaumarchais. « Il ne reconnaissait plus, ajoute Gudin, ni les hommes ni les affaires ; il ne comprenait plus rien aux formes et aux moyens employés dans ces temps dénués de règles et de principes, où le juste passait pour absurde, où le plus inique passait pour le plus habile. Il invoquait en vain la raison, qui l'avait fait triompher tant de fois ; la raison était étrangère. Elle était, si l'on ose le dire, une espèce d'émigrée dont le nom rendait suspect celui qui l'invoquait [8]. »

## « J'ai pu goûter la dignité de l'homme »

Trois semaines plus tard, c'est au tour du public parisien de saluer le retour de l'ex-enfant terrible de la scène française. Avec quatre mois de retard ! Mais qu'importe ! L'hommage n'en sera que plus chaleureux. Le 5 mai 1797, le Théâtre Feydeau reprend *La Mère coupable*, avec d'anciens acteurs de la Comédie-Française dans les principaux rôles ; Mlle Contat joue la comtesse, Molé le comte et Fleury Bégearss : façon de sceller la réconciliation entre l'Illustre Compagnie et le champion du droit d'auteur[9]. On se souvient qu'à sa création, en 1792, la critique n'avait guère été bienveillante, et que les spectateurs s'ennuyaient à périr. Cinq ans plus tard, le rideau tombe sur un tonnerre d'applaudissements. Dernier triomphe pour cet homme de soixante-cinq ans que l'on oblige à monter sur scène ; mais triomphe éphémère, car la pièce n'aura pas plus de cinq représentations.

Beaumarchais savoure cette ovation comme un baume versé sur ses plaies. Depuis longtemps il n'avait senti de joie comparable à ces minutes intenses ; cette salle tout entière tendue vers lui, pour crier son admiration et sa reconnaissance, le paie au centuple de ses longues années d'exil ; il en conservera longtemps le souvenir : « On m'a violé comme une jeune fille à la première représentation ; il a fallu paraître entre Molé, Fleury et Mlle Contat. Mais le public qui demandait l'auteur n'est plus cette assemblée moqueuse des talents qui la font pleurer malgré elle ; ce n'est plus un homme dont le plus sot des nobles se croyait supérieur, que l'on veut voir pour en railler : ce sont des citoyens qui ne connaissent de supériorité que celle accordée au mérite ou aux talents, qui désirent voir l'auteur d'un ouvrage touchant, dont les acteurs, rendus à la citoyenneté, viennent de le faire jouir avec délice. Peut-être s'y est-il mêlé un peu de ce noble désir de dédommager un bon citoyen d'une proscription désastreuse. Quoi qu'il en soit, moi qui toute ma vie me suis refusé à cette demande du public, j'ai dû céder ; et cet applaudissement prolongé m'a fait passer dans une situation toute neuve : j'étais loué par mes égaux ; j'ai pu goûter la dignité de l'homme[10]. »

Encouragé par ce succès, Beaumarchais se décide à donner, dans la foulée, une réédition de sa pièce, précédée d'une préface justificative. En 1793, rappelle-t-il, ses amis, soucieux « de prévenir l'abus d'une contrefaçon infidèle, furtive, et prise à la volée pendant les représentations », avaient publié la pièce, précédée d'un avertissement adroit [11] qui soulignait la prudence des éditeurs, obligés de censurer « le peu de mots qui auraient pu effaroucher des oreilles nouvellement républicaines », tels que *comte*, *comtesse*, *roi*, d'adoucir certaines expressions, et même de mutiler des scènes entières. Mais, en quatre ans, tout a changé, et l'auteur peut restituer l'ouvrage « dans son premier état ». S'il note avec mélancolie que sa « palette est desséchée par l'âge et les contradictions », il ne se sent pas moins l'envie de transformer sa trilogie en tétralogie, dont la quatrième pièce s'intitulerait *La Vengeance de Bégearss ou le Mariage de Léon* : « Le scélérat [y] recevra sa vraie punition. » C'eût été un drame où, à l'exception du traître, « chacun aurait bien fait son devoir ». Beaumarchais n'eut sans doute pas le loisir, ni peut-être le courage de le mettre en chantier. Passant le plus clair de son temps à courir après les débris de sa fortune, il ne lui en restait plus guère pour écrire : « La littérature dramatique exige une sérénité d'esprit qui me manque, se plaint-il. Le temps de ces plaisirs n'existe plus pour moi : il me faut travailler, lutter contre le malaise, pour empêcher que la grande détresse ne m'atteigne à la fin, ainsi que ma famille. C'est le repos d'esprit qui me manque, à l'âge où j'en ai tant besoin ! »

## LE RÊVE AMÉRICAIN

L'euphorie des retrouvailles avec le public une fois dissipée, Pierre-Augustin doit affronter les tourments qui l'assaillent de toutes parts. Installé à nouveau dans sa belle demeure, il n'y ressent qu'amertume et tristesse. Il l'avait édifiée autrefois pour s'y préparer une vieillesse douce, à l'abri du besoin, au milieu de sa famille et de ses amis. Au lieu de quoi, il ne voit autour de lui que des raisons de désespérer ; chaque jour lui apporte son lot d'angoisses, comme si un mauvais sort s'acharnait contre lui.

« Je viens de revenir dans ma maison du boulevard dont le séquestre n'était pas encore levé quand je suis rentré à Paris, écrit-il le 6 juin 1797. Le triste motif qui m'y ramène est l'opposé de celui qui me la fit construire, le besoin d'économie. Ma fortune aux trois quarts détruite par une persécution de quatre années, ne me permet pas de payer un autre loyer, pendant que ma maison dépérit faute d'être habitée.

« Mon rappel, après bien des travaux, a été honorable, mais ce qui est perdu est perdu. Heureusement, on peut se montrer pauvre sans être humilié du malaise comme autrefois ; c'est un des bienfaits de la révolution. Je cours après tous mes débris, car il faut laisser du pain à mes enfants, après la mort qui commence à me talonner [12]. »

*
* *

De plus en plus souvent, il songe à l'Amérique, cette république lointaine qu'il a contribué jadis à porter sur les fonts baptismaux, et qui lui est redevable aujourd'hui de plusieurs millions de livres [13]. À maintes reprises, il a pensé s'y installer avec sa famille ; non seulement il y serait reçu en libérateur, mais sans doute obtiendrait-il, sur place, au moins une partie des fonds qui lui sont dus, et qui lui permettraient de passer le reste de ses jours dans une honnête aisance. Ce qui n'était au début qu'une vague tentation dont il remettait la réalisation à plus tard, lui apparaît, depuis son retour en France, comme une impérieuse nécessité, le seul moyen d'échapper à la misère, dont le spectre se profile à l'horizon, et de vivre avec les siens sur une terre de liberté. L'idéal serait évidemment de s'y faire envoyer en mission officielle – pourquoi pas comme ambassadeur ? – par le gouvernement français. N'a-t-il pas toutes les qualités requises pour ce poste éminent ? Outre qu'il parle l'anglais, il fait partie de ces pionniers qui ont le plus travaillé en faveur de l'intervention française aux côtés des insurgents ; il conserve de fidèles correspondants outre-Atlantique, de nombreux amis américains et jouit d'un indéniable prestige aux yeux des pères fondateurs des États-Unis. Peut-être aussi, les Américains se décideront-ils à rembourser à l'ambassadeur de la République française les dettes contractées avec l'agent de Louis XVI...

Le moment lui paraît d'autant mieux choisi pour briguer ce poste que les relations franco-américaines n'ont jamais été aussi tendues, et qu'il se considère comme le seul médiateur capable de ramener la paix. D'une part, la France conteste le traité de commerce et d'amitié passé en 1794 avec l'Angleterre, qui viole selon ses dirigeants les accords signés avec la France en 1778. D'autre part, les deux pays sont alors en pleine guerre maritime : on évalue à plus de 800 le nombre de navires américains arraisonnés par des corsaires français de 1797 à 1800. La situation n'a guère évolué lorsque Charles Maurice de Talleyrand-Périgord est nommé ministre des Relations extérieures (16 juillet 1797).

Le destin de cet ancien émigré, fraîchement radié de la liste, a souvent croisé celui de Beaumarchais. À Hambourg, où Talleyrand avait débarqué à son retour d'Amérique, les deux hommes avaient entretenu des relations communes dans les milieux financiers. À leur retour en France, il se fréquentent, et se lient même d'amitié (mais qui pouvait se dire l'ami de Talleyrand ?), ainsi qu'en témoignent ces vers de Beaumarchais saluant la nomination du ministre :

« AU CITOYEN TALLEYRAND-PÉRIGORD, SUR SON ENTRÉE AU
     MINISTÈRE DES RELATIONS EXTÉRIEURES,
  30 MESSIDOR AN V [18 JUILLET 1797].

> « Vous y voilà donc, sage ami ?
> Quelques-uns en font la grimace.
> Moi, je vous crois à votre place,
> Comme frère Barthélémi[14].
> Qu'en dit Santa-Fé le lubrique ?
> *Sourit-il avec moi, Grison,*
> *De voir cette combinaison*
> *Nous rapprocher de l'Amérique ?*
> Puisque vous quittez le bercail
> Pour la barre du gouvernail,
> Que notre paix avec l'Europe
> Cesse enfin par votre travail
> D'être une œuvre de Pénélope !
> « Amen[15]. »

Talleyrand paya l'épître en monnaie de singe. Trois mois après son installation dans l'aristocratique hôtel de Galliffet, il recevait la candidature officielle de Beaumarchais au poste d'ambassadeur de France aux États-Unis, hypocritement intitulée : « Demande d'un passeport sous la forme qu'on voudra. » Lettre extraordinaire à plus d'un égard, jamais rééditée depuis 1885 :

« Citoyen ministre,

« Votre séjour en Amérique [16] vous a mis à portée de connaître les intérêts qui m'appelaient depuis longtemps au continent, si l'intérêt plus puissant encore de ma famille malheureuse en France n'eût fixé toutes mes attentions sur ma rentrée dans mon pays.

« Mais la justice très honorable que le Directoire m'a rendue, en me restituant à mon état de citoyen, ne m'a pas fait rentrer le huitième de ma fortune absolument dilapidée par quatre années de proscription. Je ne peux donc plus ajourner un voyage si nécessaire : le sort futur de ma famille y tient.

« Ce grand pays me doit une part de sa liberté. Je sais, et vous aussi, que j'y serai reçu avec honneur et considération. Je voudrais bien faire tourner à l'avantage de la France le souvenir que ce peuple conserve des grands services que je lui ai rendus, quand il secoua l'oppression de la très injuste Angleterre.

« J'ajoute, citoyen ministre, que personne peut-être, excepté vous, n'aurait tant de moyens connus de rapprocher deux grandes républiques que l'on veut en vain désunir ; quand leur double intérêt est certainement d'arrêter les usurpations insolentes, intolérables des Anglais qui menacent le monde entier !

« Une profonde connaissance de l'intérêt des trois nations, une tête ferme, un esprit conciliant, joints à ma longue expérience des événements et des hommes, me donnent la présomption de croire que je pourrais remplir, près du Congrès continental, cette mission avec honneur, si vous et nos cinq directeurs me jugez digne encore de cette importante confiance. Mon audition très affaiblie n'y serait pas même un obstacle ; le délégué d'une puissante République n'a nul besoin qu'on parle bas en traitant de ses intérêts. Le mystère usité des négociateurs royaux est au-dessous de sa haute diplomatie.

« Ce n'est point un poste d'honneur que je veuille enlever à un plus habile que moi. Ce n'est point une préférence, un avantage pécunier [sic] que je brigue ; c'est simplement une offre que je fais, sans nul intérêt personnel, de tout ce dont je suis capable ; et je ne serai point blessé du refus que l'on peut en faire, pourvu qu'on regarde cette offre comme la preuve de mon patriotisme, *et qu'on daigne m'en donner acte!*

« Je joins à cette lettre un exemplaire de ma réponse courageuse au manifeste du roi d'Angleterre en 1779. Je la fis imprimer en faveur des Américains que j'ai servis de toutes les manières, espérant que leur liberté refluerait un jour sur la France. Offrez-le de ma part au Directoire exécutif : il y reconnaîtra l'esprit libre et républicain qui m'animait dès ce temps-là, les vérités que j'y disais à nos incapables ministres, quand tout ce qui existe en France était à genoux devant eux. Cette réponse me valut la disgrâce de notre cour. On m'appela par dérision le *Citoyen français*; mais elle me fit envoyer d'Angleterre, de la part de l'opposition (mise à la poste sans mystère), une foule de lettres avec cette adresse connue, honorable, mais dangereuse : *Au seul homme libre en un pays d'esclaves : M. Beaumarchais.* Je les reçus.

« À l'appui de ceci, je prie le citoyen Reubell de se rappeler le grand *Mémoire* que je lui fis passer de mon grenier dans le Holstein, en 1795, sur notre *paix mal faite avec l'Espagne*; et sur les vues secrètes des Anglais de s'ouvrir un passage à la Mer pacifique, par le *lac de Nicaragua*. J'y offrais les moyens faciles, en tenant en respect les Anglais, les Américains, de faire tourner ces lumières à l'avantage de la France, et de la rendre, avant très peu d'années, la première nation maritime du monde. Ce plan superbe trouverait aujourd'hui son application; il servit alors à prouver que le proscrit qui l'envoyait était excellent citoyen. Je l'ai, je l'offre encore. Personne n'en jugera mieux que le citoyen *Talleyrand*, si l'on songe à s'en occuper.

« Au reste, et dans le cas où l'on penserait qu'à soixante-six ans sonnés, je présume trop de mes forces, j'abandonne ma prétention, et me borne à vous demander un simple passeport *comme négociant et comme républicain*. Je n'en serai pas moins bon Français à Philadelphie pendant six mois que j'y séjournerai; et j'y servirai mon pays sans mission, comme si l'on m'avait remis le plus magnifique diplôme.

« Salut. Attachement respectueux.

CARON BEAUMARCHAIS.

« Ce 16 vendémiaire, an VI [7 octobre 1797]. »

En marge, de la main de Talleyrand : « CE PASSEPORT NE PEUT PAS ÊTRE ACCORDÉ [17]. »

Sans se décourager, Beaumarchais réitère sa demande auprès du ministre des Finances Ramel :

« Je suis le seul Français peut-être, lui écrit-il le 18 prairial an VI [6 juin 1798], qui, sous les deux régimes, n'ait rien demandé à personne, et cependant parmi mes grands travaux, je compte avec orgueil d'avoir *plus contribué qu'aucun Européen à rendre l'Amérique libre*, à la ravir aux oppresseurs anglais. Ils font l'impossible aujourd'hui pour nous en faire une ennemie. Mes affaires m'y appellent, je puis y déjouer leur intrigue, car si je n'y suis pas payé, au moins y suis-je en quelque honneur, et Reubell, qui m'a toujours honorablement traité, ne m'aura pas entendu un quart d'heure sur cet objet qu'il aura le désir de me remettre à même d'y servir mon pays. Je l'offre et je le puis sans qu'il en coûte rien et sans vouloir emploi, place ni récompense [18]. »

Il ne faut voir aucune outrecuidance dans ces démarches répétées, car elles ne font, semble-t-il que répondre au vœu des Américains eux-mêmes. Leurs envoyés spéciaux à Paris, chargés de négocier entre le Directoire et le président John Adams, avaient en effet sollicité l'arbitrage de Beaumarchais, ce qui laissait plutôt bien augurer de sa candidature au rang d'ambassadeur [19]. Mais l'opposition de Talleyrand resta sans appel.

## « IL Y A SIX ANS QUE JE SOUFFRE »

Le 4 pluviôse an VI (23 janvier 1798), une commission nommée par le Directoire pour examiner les comptes de Beaumarchais reconnaissait ce dernier créancier de l'État pour la somme de 997 875 francs, y compris bien entendu les 745 000 déposés en nantissement au début de l'opération. C'était beaucoup moins qu'il n'en demandait, mais suffisamment pour parer au plus pressé, rembourser quelques dettes criardes, et payer l'impôt sur ses 200 fenêtres. Pourtant, ce serait mal connaître notre homme que d'imaginer qu'il s'en contenterait. Fort mécontent, au contraire, il dénonça le compromis, et réclama une révision de son dossier par d'autres contrôleurs. Mal lui en prit. La seconde commission nommée par le Directoire allait se révéler beaucoup plus tatillonne que la première. Les comptes de Beaumarchais sont épluchés un à un avec une implacable rigueur. Pendant toute l'année 1798, il se rend une fois par mois à la convocation de ces messieurs, discute pied à pied, soumis pendant des heures au feu roulant des questions, objections, contradictions ; il conteste, argumente, réfute, plaide avec une opiniâtreté qui force l'admiration, mais ne convainc pas les commissaires qui refusent, entre autres choses, de tenir compte de la confiscation arbitraire de ses biens, lorsqu'il fut porté par erreur sur la liste des émigrés.

Le résultat de cette contre-expertise est proprement renversant, dans tous les sens du mot. Non seulement Beaumarchais n'est plus considéré comme créancier de l'État, mais le voilà devenu son débiteur. Le Trésor qui, trois mois plus tôt, lui devait près d'un million, lui réclame aujourd'hui 500 000 francs qu'il devra verser pour obtenir la restitution de ses titres de rentes. Harcelé par les huissiers, ne sachant plus à quel saint se vouer, il se tourne alors vers le ministre des Finances, Ramel de Nogaret :

« Il y a six ans que je souffre, et deux que, rentré dans Paris, je sollicite la justice comme une grâce. Je vous jure, ministre, que mon état devient intolérable. J'aurais réglé le monde entier avec tout ce que j'ai écrit pour cette détestable affaire, qui use ma raison et flétrit ma vieillesse. Voir des oppositions sur moi quand je suis patient créancier ! Toujours languir, toujours attendre, sans jamais rien voir arriver ! Courir, frapper partout, et ne pouvoir rien terminer, c'est le supplice d'un esclave, d'un sujet de l'Ancien Régime et non la vie d'un citoyen français.

« Souffrez que j'envoie un grabat dans le grenier de votre hôtel. On vous dira tous les jours : *il est là*. Vous concevrez alors qu'un homme désolé, jeté depuis six ans hors de sa place et ruiné, est excusable de désirer qu'on daigne s'occuper de lui[20]. »

Ramel ne restera pas sourd à cet appel ; il donnera l'ordre de suspendre les poursuites contre Beaumarchais, et de procéder au réexamen de ses comptes. Pour l'heure cependant, l'auteur du *Mariage de Figaro*, à bout de ressources, devra consentir au sacrifice le plus douloureux qu'on pût lui demander, en décidant de vendre sa maison du faubourg Saint-Antoine. Il pense même avoir trouvé un acheteur tout désigné en la personne du général

Bonaparte. On dit, en effet, que ce jeune conquérant de l'Italie n'y aurait pas seulement récolté les trophées de la gloire, mais aussi ceux de la fortune.

## « JEUNE BONAPARTÉ, DE VICTOIRE EN VICTOIRE... »

Beaumarchais suivait avec ferveur les exploits de ce général de vingt-huit ans, déjà auréolé d'une renommée universelle. « Il ne me parlait jamais de Bonaparte qu'avec enthousiasme, se souviendra Vincent Arnauld. "Ce n'est pas pour l'histoire, c'est pour l'épopée, me disait-il avant la campagne d'Égypte, que travaille ce jeune homme. Il est hors du vraisemblable dans ses actions comme dans ses conceptions, rien que de merveilleux : quand je lis ses relations, je crois lire un chapitre des *Mille et une Nuits*[21]." » Lorsque Bonaparte regagna Paris, en décembre 1797, Beaumarchais lui fit passer, par l'intermédiaire de Talleyrand cet hommage en vers (médiocres) et en prose (qui ne l'est pas moins) :

> « Jeune *Bonaparté*, de victoire en victoire
> Tu nous donnes la paix, et nos cœurs sont émus ;
> Mais veux-tu conquérir tous les genres de gloire ?
> Pense à nos prisonniers d'Olmutz[22].

« Aujourd'hui qu'il se moque de nous en se cachant le plus qu'il peut, je vous prie de lui en montrer ce mécontentement de ma part :

> « BOUTADE D'UN VIEILLARD QUI A DE L'HUMEUR DE NE L'AVOIR PAS VU.
> « Comme Français, je cherche une façon nouvelle
> De rendre un juste hommage au grand *Bonaparté*.
> Si j'étais né dans Londres, ah ! je voudrais comme elle
> Que le diable l'eût emporté !

« Vous savez que je suis le premier poète de Paris en entrant par la porte Antoine ; mais je signe pour vous,

> « BEAUMARCHAIS[23]. »

On ne sait ce que pensa Bonaparte de ces méchants quatrains. Gageons qu'il dut les déchirer rageusement, en voyant son nom par deux fois écorché. À la décharge de leur auteur, peu de gens à l'époque savaient prononcer ce patronyme aux consonances bizarres : *Buonaparté* ? *Buonaparte* ? *Bonaparte* ? Instruit peu après de son orthographe, Beaumarchais ne commettra plus la faute.

Trois mois plus tard, comme Matthieu Dumas, beau-frère de son gendre, lui présentait le général Desaix, il saisit cette occasion pour faire tenir à Bonaparte une proposition de vente en bonne et due forme, dans laquelle il vante les avantages et les charmes de sa maison :

« Paris, 25 Ventôse, an 6.
[16 mars 1798]

« Au général Bonaparte.
« Citoyen général,
« Une maison de campagne au milieu de Paris, qui ne ressemble à aucune autre, bâtie avec la simplicité hollandaise et la pureté athénienne, vous est offerte par son propriétaire.

« Si quelque chose pouvait le consoler du chagrin de la vendre, après l'avoir construite en des temps plus heureux pour lui, ce serait qu'elle pût convenir à l'homme aussi étonnant que modeste auquel il se plaît à l'offrir.

« Ne dites pas *non*, général, avant de l'avoir vue avec soin. Peut-être elle vous semblera digne de nourrir quelquefois la hauteur de vos conceptions, dans sa riante solitude.

« Si elle vous agrée, les conditions de l'acquérir seront pour moi *vos seules convenances*. Je vous fais parvenir cette offre par un homme que vous aimez, et qu'on nomme déjà, comme Bayard, sans peur et sans reproche... *Desaix*.

« Soit que vous l'acceptiez ou non, permettez qu'un vieillard que l'on n'accuse pas de prodiguer lestement le mot d'estime, obtienne de vous, général, la permission de vous assurer de la sienne, et du respect qu'un homme de votre âge inspire à un homme du sien.

« C.B.

« Pour vous donner une légère idée de l'intention qui m'avait fait construire cette campagne dans Paris, j'avais placé dans un coin du jardin cette inscription sur une pierre qu'on a cassée au fort du terrorisme.

> Adieu Passé, songe rapide
> Qu'anéantit chaque matin.
> Adieu, longue ivresse homicide,
> Des amours et de leur festin.
> Quelque soit l'aveugle qui guide
> Ce monde, vieillard enfantin ;
> Adieu, grands mots remplis de vide :
> Hasard, Providence, ou Destin.
> Fatigué, dans ma course aride,
> De gravir contre l'incertain,
> Désabusé comme *Candide*,
> Et plus tolérant que *Martin*,
> Cet asile est ma propontide.
> J'y cultive en paix mon jardin.

« En finissant ma lettre, général, je suis tourmenté d'une idée : c'est que je crains d'avoir manqué à la franchise de mon caractère, si je ne vous dis pas tout mon secret.

« Je tâche d'exciter votre curiosité pour satisfaire enfin la mienne. La renommée de vos actions n'est arrivée à moi qu'à travers un nuage. Il me manque de pouvoir attacher à *Buonaparte* que j'ai vu, tant de hauts faits qui sans cela ne sont pour moi que des faits historiques ! Soit donc que vous deviez acquérir ou non ma campagne, venez au moins voir mon jardin ; que je puisse me dire quand vous serez en Angleterre : il était là, je l'ai tenu ici, il s'est assis dans ce fauteuil, il a paru me savoir gré de l'intérêt que je prends à sa gloire. En dernière analyse, je sens que j'aime mieux mon plaisir que le vôtre : voilà pourquoi j'insiste à vous prier de venir essayer de vous laisser tenter de ma maison boulevard et porte Antoine [24]. »

Quinze jours plus tard, lui parvenait cette réponse en quatre lignes, sans un mot sur la maison, où se reconnaît le laconisme légendaire du futur empereur :

« Paris, le 11 germinal an VI [31 mars 1798]

« Le général Desaix m'a remis, Citoyen, votre aimable lettre du 25 ventôse [15 mars]. Je vous en remercie. Je saisirai avec plaisir toutes les circonstances qui se présenteront de faire la connaissance de l'auteur de *La Mère coupable*.
« Je vous salue.

BONAPARTE[25]. »

Ainsi donc, pour le futur Napoléon, Beaumarchais serait d'abord l'auteur de *La Mère coupable* ? La chose paraît d'autant plus étrange qu'il ne l'a jamais vue au théâtre, et qu'il ne la fera jamais représenter sur ses scènes privées. Sans doute voulait-il faire preuve d'amabilité en rappelant à l'auteur le récent triomphe de sa pièce. Quant à ce qu'il pensait de son théâtre en général, nous possédons deux témoignages contradictoires dans *Le Mémorial de Sainte-Hélène*. Dans le premier, daté du 15 juillet 1816, on peut lire ceci, qui ne laisse pas de surprendre : « Après son dîner, il m'a fait appeler ; il lisait des *Mercures* ou journaux anciens. Il y trouvait diverses anecdotes et circonstances de Beaumarchais, lequel l'empereur avait constamment repoussé en dépit de tout son esprit, lors de son Consulat, à cause de sa mauvaise réputation et de sa grande immoralité[26]. » Las Cases s'étant aperçu après coup que l'intéressé était mort le 19 mai 1799, avant la fin du Directoire, et qu'à cette époque Bonaparte était encore en Égypte, prit soin de supprimer cette indication à partir de la deuxième édition. La seconde référence à Beaumarchais contredit la première. Le soir du 30 juillet 1816, séance de lecture avec Las Cases : « Le soir, *Le Mariage de Figaro*, qui nous a amusés et intéressés beaucoup plus que nous ne nous y attendions. C'était la Révolution déjà en action, disait l'empereur en fermant le livre. » Quelques mois plus tard, après une nouvelle lecture de la comédie, Napoléon la résumera ainsi : « Pièce de circonstance, pour avilir les grands seigneurs en les amusant. » À propos de *La Mère coupable*, lue le lendemain après dîner, le commentaire est plus lapidaire encore : « Nous [y] avons trouvé de l'intérêt[27]. »

« LES CHIENS DE JÉZABEL »

Au printemps de 1798, toujours persécuté par une administration de plus en plus exigeante et pointilleuse, Pierre-Augustin subit une perte cruelle. Le 9 mai, sa sœur Julie, la gentille « Bécasse » d'autrefois, s'est éteinte à l'âge de soixante-trois ans, dans l'appartement qu'elle occupait chez son frère. Qui dira le rôle qu'elle aura joué dans sa carrière ? De trois ans sa cadette, jolie, piquante, elle avait autant que lui l'« esprit Caron », mélange de gaieté, d'insouciance, de malice, de vivacité, d'effronterie. Comme lui, elle se méfiait des grands sentiments, écrivait à toute allure des lettres pleines de fraîcheur et de fantaisie, et possédait l'étoffe d'un véritable écrivain. Elle avait tout sacrifié, mariage, enfants, succès personnels, pour ce frère qu'elle admirait par-dessus tout. Douée d'une plume alerte, d'un sens critique aigu, elle avait été sa meilleure conseillère, notamment lors de l'affaire Goëzman, où elle avait plus d'une fois mis la main à la plume pour la rédaction des fameux mémoires. Avec l'âge, elle s'était tournée vers la dévotion et rédigeait des ouvrages exaltant les vertus chrétiennes. Beaumarchais avait imprimé l'un d'eux sur les presses de Kehl, intitulé *L'Existence réfléchie, ou Coup d'œil moral sur le prix de la vie*, précédé d'un avertissement où l'on pouvait notamment lire ceci, qui traduisait son état d'esprit après sa conversion : « Lassée des longues erreurs du monde et de ses bruyantes folies, détrompée de mes vaines espérances, au bout de ma carrière, je me suis enfin retirée dans la solitude. J'ai banni de mon âme les vains désirs qui l'ont tourmentée, je me suis promis de ne plus quitter ma retraite, et attendant en paix l'heure de mon repos, je charme le soir de ma vie par des ouvrages utiles et sérieux. »

À peine vient-il de porter sa sœur en terre que les tracas financiers reprennent de plus belle. Impatientés des lenteurs de l'Administration à lui accorder la mainlevée, ses créanciers spéculent sur la valeur de son mobilier[28]. « Ce sont les chiens de Jézabel qui se disputent les lambeaux, aux yeux de ceux qui m'ont précipité », écrit-il à Ramel le 6 juin 1798[29]. Du côté de l'Amérique, toujours rien, nul secours, pas même la promesse d'un prochain règlement. Du côté de Ramel, silence total. Beau-marchais relance le ministre, lui adresse un mémoire. Pas de réponse. En désespoir de cause, il supplie Talleyrand d'inter-céder. Dix jours avant sa mort, il lui écrit : « C'est contre cette commission meurtrière, laquelle je prendrai à partie, c'est contre leur inique façon de procéder à mon égard que je me pourvois aujourd'hui devant le ministre des Finances. J'ai mis à l'instant sous ses yeux la réclamation de mes titres dans un jour lumineux comme le soleil, et c'est le moment de me recommander[30]. »

Pourtant, en dépit de ses échecs successifs, et grâce à sa persé-vérance, à la bonne gestion de ses intérêts, à son génie des affaires, sa situation s'était notablement redressée depuis son retour en France. Bien sûr, il ne s'en vantait guère (sa correspon-dance met plutôt l'accent sur ses lourdes pertes), sachant qu'il n'est jamais habile de faire étalage de son aisance lorsqu'on est créancier de l'État. Quoique sa fortune se fût considérablement réduite, il laissera tout de même à ses héritiers près d'un million de capital et 20 000 francs de rente.


## « Sans le vouloir », « sans le savoir »


Quelles que soient les épreuves traversées au cours des der-nières années, Beaumarchais ne s'est jamais laissé aliéner par elles. Ni la Terreur, ni la proscription, ni la perte de ses biens n'auront entamé son inlassable curiosité pour les choses et les hommes de son siècle. Toujours dévoué à la cause du bien public, il prodigue ses avis au Directoire, comme jadis à Louis XVI et à la Convention. Reubell le consulte sur le traité avec l'Espagne, Baudin des Ardennes, membre du Conseil des Anciens, lui soumet un projet d'impôt sur le sel et sur la liberté de la presse. Ensemble, ils échangent leurs vues sur la Constitu-tion, et Beaumarchais ne se prive pas de critiquer sévèrement la politique du gouvernement : « Depuis longtemps, écrit-il à Bau-din, je frémis du gaspillage épouvantable qui se fait des deniers publics ! Aucun ministre ne dit : *Réglons-nous, énonomisons, mettons de l'ordre en nos finances*; tous crient : *De l'argent! de l'argent!* Le Directoire ne sait auquel entendre[31]. » Non content de dispenser généreusement ses commentaires, propositions et réserves, il lui arrive de contribuer incognito aux discours de tribune et d'organiser chez lui des dîners politiques, rejouant ainsi sur le tard ce rôle de conseiller occulte dans lequel il excellait autrefois.

Tel nous apparaît Beaumarchais vers la fin de ses jours, « heureux dans son intérieur », comme il le déclare lui-même, aussi prompt à s'enflammer pour une noble cause qu'à trousser des vers de mirliton comme au temps de sa jeunesse. L'homme de science et de progrès n'a rien perdu de sa fringale de découvertes en tous genres. Au contraire, c'est dans les dernières années de sa vie qu'il se montre le plus curieux des avancées de la science et des techniques. Toujours à la pointe du progrès, il s'intéresse aux *aérambules* du baron Scott, comme naguère aux ballons des frères Montgolfier, et soutient chaleureusement leur inventeur auprès de François de Neufchâteau, ministre de l'Intérieur. Persuadé que la navigation aérienne représente le moyen de transport de l'avenir, il déplore les expériences manquées des frères Robert et du jeune Pilâtre de Rozier, et attribue leurs échecs à la forme de leurs engins : « Je disais : des ballons ! et toujours des ballons ! Dirige-t-on des corps sphériques[32] ? » C'est alors que Scott lui communique son projet d'aéronef en forme de poisson. Beaumarchais encourage ses travaux, et se souvenant de ses propres déboires avec son système d'échappement, il les fait imprimer, « pour lui assurer tout au moins l'honneur de sa belle invention, par la publicité de la date qu'il en prenait[33] ». Après la Révolution, Scott rédige un second mémoire, beaucoup plus étendu, et nourri de ses recherches les plus récentes, que Beaumarchais fait parvenir à Neufchâteau, assorti d'une recommandation enthousiaste[34].

Un autre grand projet lui tient à cœur, qui annonce Ferdinand de Lesseps et le canal de Panama. En 1796, encore en exil à Hambourg, il avait rédigé un important mémoire destiné à Reubell, dans lequel il proposait de réunir les océans Atlantique et Pacifique par la construction d'une voie d'eau à travers le Nicaragua. Le texte en est malheureusement perdu, mais Gudin de La Brenellerie en fournit un résumé assez précis. Beaumarchais avertissait le directeur que Pitt préparait « d'une manière insensible » l'envahissement de la province de Nicaragua, dans l'isthme au nord de Panama. « Cette belle province, poursuit

Gudin, renferme un lac de quatre-vingts lieues de tour qui épanche ses eaux par la rivière de Saint-Jean, dans le golfe du Mexique, et par une autre moins considérable dans la mer Pacifique. Peu de travaux suffiraient pour rendre ces rivières navigables aux vaisseaux, et pour former une communication facile, par ce lac, entre l'Océan atlantique et la mer du Sud. Les vaisseaux franchiraient en peu de mois l'espace qui sépare l'Europe de la Chine et des Indes orientales. La nation qui serait maîtresse de ce lac et des canaux qui joindraient les deux mers serait infailliblement la maîtresse du commerce du monde. Beaumarchais croyait avoir entrevu que Pitt avait le dessein de rendre les Anglais maîtres de ce lac. Il avertissait le Directoire que Pitt fortifiait, par des garnisons envoyées en silence, les postes que les Anglais occupaient chez les *Mosquitos*, sauvages qui errent ou qui habitent sur la rive septentrionale de ce lac et de la rivière Saint-Jean[35]. »

*
* *

Beaumarchais n'a jamais été un homme d'intérieur. On l'imagine mal au coin du feu, enveloppé d'une robe de chambre, les chaussons aux pieds, un bonnet sur la tête, méditant, lisant, écrivant dans un confort douillet. S'il aime à s'entourer de luxe et de richesse, fût-elle un brin tape-à-l'œil, en revanche il déteste tout ce qui évoque la quiétude égoïste et solitaire de la tour d'ivoire. Cet homme ne sait pas demeurer en place, à *sa* place ; il s'occupe de tout, se mêle de tout, intervient sur tout. Les causes ne manquent pas, les meilleures comme les moins bonnes, et sa passion d'agir ne connaît pas de limites. Apprend-il que le corps du grand Turenne, soustrait au vandalisme de la Terreur, est exposé au Jardin des Plantes, parmi les ossements d'animaux ? Vite, une plume, du papier, un bout de table. Cinq mois plus tard, l'illustre dépouille reçoit une sépulture digne d'elle[36]. Des plénipotentiaires français ont été sauvagement massacrés à Rastatt ? En urgence, un billet au directeur Treilhard : il faut décréter « la véritable levée en masse » ! Le théâtre, ni la littérature ne sont absents de ses pensées. Un jour, il plaide pour les auteurs contre les comédiens. Le lendemain, il se fait l'avocat de

Mme Vestris, naguère illustre tragédienne, que la fortune et le succès ont abandonnée. Le poème allégorique de Collin d'Harleville sur Melpomène et Thalie lui offre l'occasion d'une dernière visite à ses chers vieux maîtres qu'il va rejoindre bientôt, mais dont il a depuis longtemps cessé de suivre la voie. Ce n'est pas sans mélancolie qu'il évoque ces temps lointains où il se livrait à la littérature avec une joie gourmande : « Pour lire un joli poème, s'amuser d'un charmant ouvrage, il faut, mon cher citoyen, avoir le cœur serein, la tête libre ; et bien peu de ces doux moments sont réservés à la vieillesse ! Autrefois, j'écrivais pour alimenter le plaisir ; et maintenant, après cinquante ans de travaux, j'écris pour disputer mon pain à ceux qui l'ont volé à ma famille. Mais j'avoue que je suis un peu comme la *Claire* de Jean-Jacques, à qui, même au travers des larmes, le rire échappait quelquefois [37]. »

Mais avec quel bonheur il évoque le grand Corneille, et Racine, et Voltaire, et Molière, et « ce bon La Fontaine, mis auprès de Molière » ! De tous ceux-là, c'est Voltaire, assurément, qui l'aura marqué de sa plus profonde empreinte. Et c'est au patriarche de Ferney qu'il dédiera l'un de ses derniers écrits, en l'occurence deux lettres sur « Voltaire et Jésus-Christ », publiées dans *le Journal de Paris* des 12 et 19 avril 1799, quelques semaines avant sa mort [38]. Dans ces réponses aux adversaires du grand homme, dont un prêtre nommé Maron, Beaumarchais se livre à une vigoureuse attaque anticléricale, se déchaîne contre la « religion christicole », prend la défense de Voltaire mourant, déniant la divinité du Christ à la face du curé venu le convertir, compare la messe à une « jonglerie » jouée devant le « théâtre du maître-autel », le dos tourné aux « spectateurs. » C'était la première fois qu'il s'en prenait aussi violemment à la religion, au risque d'épouvanter son entourage, de blesser certains de ses amis, et d'apparaître à contre-courant de l'opinion, à l'heure du retour aux valeurs spirituelles, et à la veille du triomphe du *Génie du christianisme* (1802) [39].

Après cette volée anticléricale, on ne sera pas peu surpris de lire la mise en garde qu'il adressait vers le même temps à Théveneau de Morande, son vieux complice : « Je n'aime pas que dans vos réflexions philosophiques vous regardiez la dissolution du corps comme l'avenir qui nous est exclusivement destiné. Ce corps n'est pas *nous* ; il doit périr sans doute, mais l'ouvrier d'un si bel assemblage aurait fait un ouvrage indigne de sa puissance

s'il ne réservait rien à cette grande faculté à qui il a permis de
s'élever jusqu'à sa connaissance[40]. » Rabibochage de dernière
minute ou foi sincère ? Qui le saura jamais ?

*

* *

Le 17 mai 1799, Pierre-Augustin avait passé la soirée chez
lui, entouré de sa famille et de quelques amis. « Jamais, selon
Gudin, son esprit n'avait été plus libre et plus brillant. » Il avait
fait sa partie de dames habituelle avec le libraire Bossange ; et
comme elle se prolongeait plus avant qu'à l'accoutumée, son
vieux valet de chambre vint l'avertir qu'il se faisait tard, et qu'il
était temps de songer au sommeil. Le lendemain matin, lorsque
le fidèle serviteur pénétra dans sa chambre, il trouva son maître
inanimé dans son lit, couché sur le côté droit, victime d'une
attaque d'apoplexie[41]. M. de Beaumarchais quittait la vie, à
soixante-sept ans et quatre mois, non seulement « sans le vouloir », comme dit Figaro, mais encore « sans le savoir ». « Il
m'avait dit souvent qu'il désirait finir ainsi, raconte Gudin. C'est
la mort la plus désirable, la plus heureuse pour celui qui la
reçoit, mais la plus effrayante pour une famille. Il me serait
impossible de retracer ici quels furent la surprise, l'effroi, la
douleur de sa famille, les regrets qu'ils éprouvèrent, et ceux que
je ressentis pour la perte d'un tel ami[42]. »

Quand il avait fait construire sa maison, Beaumarchais avait
inscrit sur le seuil : *Tombeau du bonhomme* ; et dans l'une des
allées les plus sombres de son jardin, près du petit temple de
Bacchus, il avait choisi pour dernier asile un bosquet ombragé
nommé la Salle verte. C'est là qu'il fut mis en terre, en présence
de ses parents et de ses meilleurs amis[43]. Collin d'Harleville lut
l'adieu que Gudin avait composé, mais que l'émotion l'empêcha
de prononcer[44]. Mais nul hommage posthume ne saurait se
comparer à celui, si juste, si vrai, si mesuré que lui rendit sa
veuve quelques jours après sa mort :

« Notre perte est irréparable, écrivait-elle à l'une de ses amies.
Le compagnon de vingt-cinq ans de ma vie a disparu et ne me
laisse que d'inutiles regrets, une solitude affreuse et des souvenirs que rien n'effacera... Il pardonnait de bonne grâce et oubliait
volontiers les injures et les mauvais procédés. Il était bon père,

ami zélé et utile, défenseur né de tous les absents qu'on attaquait devant lui. Supérieur aux petites jalousies si communes parmi les gens de lettres, il les conseillait, les encouragait et les servait de sa bourse et de ses conseils. Aux yeux de la philosophie, sa fin doit être regardée comme une faveur; il s'est dérobé à cette vie laborieuse, ou plutôt elle s'est dérobée à lui sans débats, sans aucun des déchirements de l'affreuse séparation de tous ceux qui lui étaient chers. Il est sorti de la vie à son insu, comme il y était entré. »

Sur sa tombe, il avait fait graver ces simples mots :

« TANDEM QUIESCO »
[*Enfin, je me repose*].

# Notes et références

## CHAPITRE PREMIER

## Histoire d'eaux

1. On dit que cette épigramme, que certains attribuent sans preuve au chevalier de Langeac, aurait été remaniée par Beaumarchais lui-même et jetée dans la salle par ses soins. Il avait eu soin de remplir le parterre de ses amis, en leur annonçant qu'ils assisteraient à la plus violente cabale lancée contre sa pièce. Il eut tout lieu de se féliciter de son stratagème : l'épigramme fut déchirée par les spectateurs, son auteur conspué d'une voix unanime, et la toile tomba sur un tonnerre d'applaudissements. Notons encore que ladite épigramme, quoique dépourvue de complaisance, ne diminue en rien l'intérêt de la pièce, au contraire : elle ne lui donne que plus de piquant et de relief. Aussi Beaumarchais adressera-t-il une lettre dépitée au *Journal de Paris* qui avait omis de la publier, et prendra-t-il soin de réparer lui-même cet oubli, en gratifiant la pseudo-diatribe de remarques si flatteuses qu'elles suffisent à le désigner comme son véritable auteur.

« Messieurs,

« Tout en vous remerciant de l'honnêteté que vous avez mise à l'examen du *Mariage de Figaro*, je dois vous reprocher une négligence impardonnable au journal institué pour apprendre à tout Paris chaque matin ce qui, la veille, est arrivé de piquant dans son enceinte. Si quelque accident avait frappé le plus inconnu des bourgeois appelés citoyens, vous l'indiqueriez à l'article *événement* ; et la foudre a tombé jeudi dernier dans la salle du spectacle, ou cinq cents carreaux ou carrés de papier, lancés du cintre, et contenant la plus écrasante épigramme imprimée contre la pièce et son auteur, sans que vous daigniez en faire la plus légère mention ! Tout ce qui fait époque, Messieurs, n'est-il pas de votre district ? À quel temps de la monarchie rapportera-t-on un jour cette ingénieuse nouveauté, si les journalistes en gardent le silence ? Il faut donc que je vous supplée, en rendant public le chef-d'œuvre destiné à son instruction. Ce n'est point ici le cas de nommer le valet complaisant qui l'a fait, le maître engoué qui l'a commandé, le colporteur honoré qui nous l'a transmis : ils trouveront leurs noms et mes remerciements dans la préface de mon ouvrage*.

« Il suffit de montrer ici comment cette épigramme en est le foudroyant arrêt.

### « Sur Le Mariage de Figaro

Je vis hier, du fond d'une coulisse,
L'extravagante nouveauté
Qui, triomphant de la police,
Profane des Français le spectacle enchanté.
Dans ce drame effronté chaque acteur est un vice.
Bartholo nous peint l'avarice ;
Almaviva, le suborneur ;
Sa tendre moitié, l'adultère ;

Et Double-Main, un plat voleur.
Marceline est une mégère ;
Bazile, un calomniateur ;
Fanchette, l'innocente, est bien apprivoisée,
Et la Suzon, plus que rusée,
A bien l'air de goûter du page favori,
Greluchon de Madame et mignon du mari.
Quel bon ton, quelles mœurs cette intrigue rassemble.
Pour l'esprit de l'ouvrage, il est chez Brid'Oison.
Mais Figaro !... le drôle à son patron
Si scandaleusement ressemble !
Il est si frappant qu'il fait peur.
Et pour voir à la fin tous les vices ensemble,
Des badauds achetés ont demandé l'auteur.

« On ne peut nier que cette épigramme, la plus ingénieuse de toutes celles qu'on a prodiguées à ma pièce, ne donne une analyse infiniment juste de mon ouvrage et de moi. Il eût été seulement à désirer que l'auteur, moins pressé de jouir des applaudissements du public, en eût plus soigné le français et la poésie. On ne dit guère, en effet, qu'un acteur *est un vice*, parce qu'un acteur est un homme et qu'un vice est une habitude criminelle.

« Il n'est pas exact non plus de nommer l'adultère un vice. Si l'impudicité mérite ce nom, l'adultère qui n'en est qu'un simple acte, une modification, est seulement un péché. Nous disons : il a commis le péché d'adultère, et non le vice d'adultère. On eût peut-être encore montré plus de goût en conservant le ton de la comédie, si l'on eût fait grâce aux lecteurs français des mots un peu hasardés de *goûter du page favori*, etc., etc.

« Mais ce sont là de faibles taches dans un ouvrage aussi rempli d'esprit que de justesse ; et je ne fais ces remarques légères qu'en faveur des jeunes gens qui s'exercent beaucoup dans ce genre estimable.

« Au reste, si l'épigramme arrivant du cintre du spectacle a été reçue à grands coups de sifflets, l'auteur n'en doit pas conserver une moins bonne opinion de son ouvrage et de sa personne. Les nouveautés même les plus piquantes ont de la peine à prendre, et je ne doute pas qu'enfin on ne réussisse à faire adopter cette façon ingénieuse de s'emparer de l'opinion publique, et de la diriger sur les ouvrages dramatiques. »

(*Journal de Paris*, 14 mai 1784).

* Beaumarchais a-t-il craint d'attribuer à un autre ce qui sortait de sa propre plume ? Toujours est-il que sa préface ne mentionne aucun nom d'auteur.

2. Le *Timocrate* de Thomas Corneille fut représenté quatre-vingts fois de suite en 1656 ; mais la recette n'était pas comparable à celle du *Mariage de Figaro*.

3. Louis de Loménie, *Beaumarchais et son temps. Études sur la société en France au xviiie siècle, d'après des documents inédits*, Paris, 1880, 2 vol., t. II, p. 360-361. Gudin de La Brenellerie signale qu'en réponse à la générosité de Beaumarchais, des artistes auraient gravé une estampe et l'auraient vendue au bénéfice des mères nécessiteuses. Elle représentait Figaro secourant les mères et ouvrant les prisons des pauvres pères détenus pour n'avoir pas payé les mois des nourrices. Maurice Tourneux précise dans une note qu'en dépit de ses recherches il n'a pu trouver la trace de cette planche, qui manquait, dit-il, aux collections Laterrade et Hennin.

4. *Mémoires secrets*, 28 septembre 1784, t. XXVI, p. 216-217.

5. *Ibid.*, 3-4 octobre 1784  t. XXVI, p. 222-225, et Loménie, *op. cit.*, t. II, p. 361-362.

6. Il existe une variante de cette épigramme dans le Recueil Clairambault-Maurepas (*Chansonnier historique du XVIII° siècle*, éd. Émile Raunié, Paris, Quantin, t. X, 1884, p. 159) :

> « Rien de bon ne vient des méchants,
> Leurs bienfaits sont imaginaires ;
> Tel Beaumarchais à nos dépens
> Fait des charités meurtrières :
> Il paie du lait aux enfants
> Et donne du poison aux mères. »

7. *Mémoires secrets*, 4 octobre 1784, t. XXVI, p. 223-224.
8. *Correspondance littéraire*, t. XIV, p. 55-56.
9. Dans son numéro du 5 avril 1785, *Le Courrier de l'Europe* publiait une lettre de Beaumarchais aux administrateurs de l'Institut de Bienfaisance de Lyon, datée du 17 janvier de la même année, dans laquelle il comparait l'œuvre de Mgr de Montazet à celle des Enfants-Trouvés, fondée un siècle plus tôt par saint Vincent de Paul, dont il célébrait le « cœur ardent ». Sans doute ignorait-il alors que « Monsieur Vincent » avait également institué la congrégation des prêtres de Saint-Lazare, dont il devait garder un si cuisant souvenir. Ironie de l'Histoire ! Dans la même lettre, il priait lesdits administrateurs de l'agréger dans la gestion de l'établissement, et joignait à sa demande un don de mille écus (Gunnar et Mavis von Proschwitz, *Beaumarchais et* Le Courrier de l'Europe, Oxford, The Voltaire Foundation, 1990, t. II, p. 882-883).

En 1790, Beaumarchais envoyait encore à l'établissement lyonnais une somme de 6 000 francs, et recevait en échange la lettre suivante, signée de trois notables de la ville :

« De Lyon, du 11 avril 1790

« Monsieur,
« Vous offrir la preuve du succès de l'*Institut de bienfaisance maternelle*, c'est vous entretenir de votre ouvrage. C'est chez vous, Monsieur, que nous avions puisé l'idée ; ainsi, le plan de l'établissement vous appartient. Vous l'avez aidé de vos généreux dons, et plus de deux cents enfants conservés à la patrie vous doivent déjà leur existence. Nous nous estimons heureux d'y avoir contribué, et notre reconnaissance égalera toujours les sentiments respectueux avec lesquels nous sommes, Monsieur, etc.
« Les administrateurs de l'*Institut de bienfaisance maternelle*,
PALERNE DE SACY, CHAPP ET TABAREAU. »
(Loménie, *op. cit.*, t. II, p. 363).

10. Né vers 1750, mort après 1820, Gabriel Feydel publia sa première œuvre en 1783, soit un an avant sa lettre à Beaumarchais, sous le pseudonyme de Nicolas Roger. Il s'agit d'un *Essai sur l'art de nager*. Le 7 mars 1786, il remit à l'Académie des sciences un mémoire sur une idée de double essieu, qu'il prétendait avoir conçue dès 1780. En janvier 1787, dans le numéro 10 du *Journal général de France*, il se présentait au public comme un « ancien lieutenant de cavalerie », « auteur de quelques pages de l'*Encyclopédie méthodique*. » En 1789, il rédige des brochures politiques et fonde *L'Observateur*, recueil d'anecdotes et de traits caustiques dirigés contre les aristocrates, mais qui confirment ses positions de révolutionnaire modéré. Après la Révolution, il abandonnera le journalisme pour la philologie et l'érudition. Citons, parmi ses principaux ouvrages : *Campagne du duc de Brunswick contre les Français en 1792. Avec des réflexions sur les causes, les progrès de la Révolution française et son influence sur les destinées de l'Europe, publiée*

*en allemand par un officier prussien[...] et traduite en français sur la 4ᵉ édition* (Paris, A.-Cl. Forget, an III – 1795), *Remarques morales, philosophiques et grammaticales, sur le* Dictionnaire de l'Académie françoise (an VII – 1807), *Un cahier d'histoire littéraire* (Paris, Delaunay, 1818), etc. Sur cet auteur, on pourra consulter la notice biographique richement documentée de Nicole Brondel, dans le *Dictionnaire des journalistes* (sous la direction de Jean Sgard, Oxford, Voltaire Foundation, 1999).

11. Loménie, *op. cit.*, t. II, p. 582-583.
12. Leurs relations ne tarderont pas à se révéler difficiles. Défiant, soupçonneux, paranoïaque, le jeune Feydel se croyait sans cesse entouré d'ennemis et accusait M. de La Hogue, directeur de l'imprimerie de Kehl, de le persécuter. « Je juge que le malheur a un peu aigri son caractère, expliquait Beaumarchais à ce dernier, et j'ai pour ce défaut la plus douce compassion. Je désire que vous pensiez comme moi à cet égard. [...] Enfin, il a beaucoup d'humeur. Je tâche de verser, dans ma lettre en réponse, du baume sur ce cœur blessé ; car je le crois honnête, probe et reconnaissant. Je vous demande votre amitié pour lui, si vous pensez comme moi. » Plutôt que du « baume », c'est un sérieux « savon » que Beaumarchais passe à son protégé : « Votre style en cette occasion est exalté, figuré, nullement clair, lui écrit-il en réponse à une lettre de 22 pages ( !) Vous soupçonnez un homme d'honneur, et en me faisant à moi de tels récits, vous ne le nommez seulement pas. Il résulte de tout cela une obscurité rebutante. Je crois lire les rêves d'un cerveau malade. Ce n'est pas ainsi, Monsieur, que les correspondances d'affaires se traitent. Il y faut de la clarté, de la suite, et non tout ce tapage d'incidents aussi incroyables qu'étrangers à mes affaires. Comment voulez-vous que je croie qu'on cherche à vous empoisonner ? Apaisez votre tête, je vous en prie. Si je ne vous fais point de reproches, de qui en appréhenderez-vous ? M. de La Hogue est bien plus modéré que vous ; et de tout ce que j'ai lu, je conclus que vous vous affectez beaucoup trop de tracasseries inévitables dans tous les emplois de la vie. Écrivez-moi très simplement. Tâchez de vivre en bonne intelligence avec M. de La Hogue, ce qui importe beaucoup au bien de votre gestion. Surtout, mettez-moi promptement en état de juger de l'état et produit de ces papeteries. J'en croirai votre honnêteté. Mais ne vous séparez point d'amitié ni d'intérêt avec le directeur de Kehl. Comment voulez-vous que je prenne parti contre vous ? J'ai compté sur votre union et sur vos efforts combinés. Ne m'accablez point de détails inutiles, et rentrez à votre maison d'Arches. M. de La Hogue est trop honnête homme pour vous laisser des gens suspects et propres à vous tourmenter. C'est dans cet esprit que je lui écris. J'attendrai avec impatience les détails de vos papeteries, et je vous serais obligé de m'épargner tout ce qui n'ira pas directement à ce but. » Voir Gunnar et Mavis von Proschwitz, *op. cit.*, t. II, documents 416, 436, 437, 445.
13. Voir notre t. II, *Le Citoyen d'Amérique*, Paris, Fayard, 2003, p. 389-390.
14. Préface du *Mariage de Figaro*.
15. Ex-oratorien et prédicateur, l'abbé Suard était aumônier de la duchesse de La Trémoille.
16. *Correspondance littéraire*, mars 1785, t. XIV, p. 116-119.
17. Beaumarchais, *Œuvres complètes*, éd. Gudin de La Brenellerie, Paris, Collin, 1809, t. VII, p. 50-54.
18. Beaumarchais les dénonce en détail dans la préface du *Mariage* et dans son *Mémoire au roi* (*Œuvres*, éd. Larthomas, Pléiade, p. 1168).
19. *Mémoires secrets*, 12 mars 1785, t. XXVIII, p. 212-213.
20. Voir Antoine Vincent Arnault, *Souvenirs d'un sexagénaire*, éd. Raymond Trousson, Paris, Champion, 2003, p. 103, où l'on peut lire notamment : « Cette lettre avait été rédigée dans une société que le frère de Louis XVI honorait souvent

de sa présence. » Arnault, qui fera partie de la Maison de Monsieur à partir de 1787, était déjà fort introduit auprès de ce prince, ce qui confère une indiscutable autorité à son témoignage. De son côté, le rédacteur des *Mémoires secrets* signale que « des gens qui se prétendent plus au fait vont jusqu'à insinuer qu'elle serait d'un prince auguste, accoutumé à mystifier le public par des énigmes, des allégories, et autres productions très spirituelles ; que du moins elle a été composée sous ses yeux » (*op. cit.*, t. XXVIII, p. 212).

21. L'ancienne léproserie de Saint-Ladre ou Saint-Lazare, située à la hauteur du nᵒ 107, faubourg Saint-Denis, fut confiée en 1632 à saint Vincent de Paul, avec mission d'y recevoir les lépreux de la ville et des faubourgs, d'y former des missionnaires, et de préparer les séminaristes à l'ordination. Après la mort de « Monsieur Vincent », en 1660, Saint-Lazare devint une maison de correction, où les parents pouvaient enfermer les enfants dont ils avaient à se plaindre. On les confiait, contre paiement d'une pension annuelle d'au moins 600 livres, aux prêtres de la Mission, chargés de les ramener dans le droit chemin. Leur prison se trouvait dans un des grands bâtiments construits par les Lazaristes de 1681 à 1684. Chaque étage était traversé d'un long couloir central sur lequel ouvraient des cellules individuelles. Les enfants ne se voyaient jamais, même à la chapelle, où chacun d'eux était placé dans une cage grillagée. Ils n'étaient connus que sous un nom d'emprunt, en général celui d'un saint. La discipline était sévère : chaque jeune détenu recevait deux fustigations par jour, et pouvait être mis au cachot, réduit au pain sec, à l'eau et à la litière de paille.

22. Récit reconstitué d'après le témoignage de Nicolas Ruault dans *Gazette d'un Parisien sous la Révolution. Lettres à son frère*, éd. Anne Vassal et Christiane Rimbaud, Paris, Librairie académique Perrin, 1976, lettre du 10 mars 1785, p. 53-55. Le marquis de Bombelles donne une version assez différente des faits : « Le Roi lit le journal tous les matins tandis qu'on le coiffe. Chamilly, son premier valet de chambre, vit que Sa Majesté montrait de l'humeur en lisant la lettre de Beaumarchais et répétait : *C'est bien insolent ! C'est bien insolent !* Dans le cours de la journée cela lui a trotté dans la tête et le soir, pour être sûr que son intention fût remplie sans représentation et sans délai, il a envoyé un courrier à Paris, chargé d'une lettre de sa main au baron de Breteuil pour lui ordonner de faire mettre sur-le-champ Beaumarchais à Saint-Lazare. Le choix de cette maison de correction était pour bien montrer qu'on ne faisait pas l'honneur à M. Caron de le regarder comme un homme susceptible d'une punition d'État, mais seulement comme un polisson dont il fallait calmer la tête en le logeant, pour quelques jours, où on met tous les petits vauriens de Paris. On a été d'autant plus surpris de ce juste châtiment que l'on savait que M. Lenoir, le lieutenant général de police, est fort des amis de Beaumarchais ; mais l'étonnement a cessé lorsqu'on a su que c'était le roi, de son propre mouvement, qui enfin s'était impatienté de voir cet écrivain occuper journellement le public de nouvelles incartades » (marquis de Bombelles, *Journal*, éd. J. Grassion et F. Durif, Genève, Droz, 1978-1993, t. II, p. 33-34).

23. *Correspondance littéraire*, t. XIV, p. 116, n. 2.

24. Voir Nicolas Ruault, *op. cit.*, p. 52-55, et lettre de Grimm datée du 16 mars 1785, publiée par le duc de Castries dans son *Beaumarchais* (Paris, Tallandier, 1985), p. 388. Par souci d'objectivité nous reproduisons ci-après la version des *Mémoires secrets*, nettement moins favorable à l'auteur du *Mariage* : « Lorsque le sieur de Beaumarchais a reçu la notification de l'ordre du roi, il était encore à souper avec quelques amis qui ont été bientôt dispersés ; il s'en est défait sous le prétexte qu'il venait de recevoir une lettre qui l'obligeait de se rendre sur-le-champ à Versailles, et même de faire quelque travail avant. Resté avec le commissaire, celui-ci, suivant l'usage, a voulu procéder à mettre le scellé sur ses

papiers. Le sieur de Beaumarchais lui a représenté qu'étant dans une infinité d'entreprises, il avait des lettres de change à payer continuellement, que la clôture de ses papiers non seulement lui ferait un tort infini, mais à beaucoup de gens. Cette considération a fait suspendre les fonctions au commissaire, qui a dépêché quelqu'un de confiance pour en référer à M. le lieutenant général de police. Ce magistrat a décidé que dans ce cas, le scellé n'ayant lieu que pour la conservation des effets du prisonnier, dès que le sieur de Beaumarchais ne craignait point de tout laisser à la discrétion de ses commis, on pouvait s'abstenir de cette formalité. Alors, on est parti. Le sieur de Beaumarchais jusque-là faisait bonne contenance ; il s'imaginait qu'on le conduisait à la Bastille ; il en tirait même une sorte de gloire. Mais quand il a su et vu qu'on le menait à Saint-Lazare, il a été fort sot. On veut même qu'il ait pleuré, ce qui ne lui était arrivé depuis longtemps. [...] Ce qu'il y a de plus fâcheux, c'est qu'il passe pour constant que le roi l'a en exécration comme un homme infâme, et dans son premier mouvement, voulait qu'il allât à Bicêtre. On dit que c'est sur les observations du baron de Breteuil que Sa Majesté s'est relâchée et a décidé qu'il n'irait qu'à Saint-Lazare » (*Mémoires secrets*, 11 mars 1785, t. XXVIII, p. 208-210).

25. *Le Politique errant*, imprimé à Londres et se trouve partout, 1785, n° I, p. 45.

26. Gudin de La Brenellerie, *op. cit.*, p. 357.

27. On lit dans les *Mémoires secrets* : « Depuis que son *Mariage de Figaro* a paru sur la scène, le bruit se renouvelle de temps en temps que le sieur de Beaumarchais est enfermé, et jusqu'à présent il s'est trouvé faux. Il s'est répandu plus fortement que jamais hier, et se soutient aujourd'hui. Il paraît même constant que le commissaire Chenon père s'est transporté chez lui dans la nuit du lundi au mardi, et lui a notifié un ordre du roi, par lequel il devait être conduit à Saint-Lazare, ce qui a été exécuté sur-le-champ avec une forte escorte. Voilà tout ce qui est positif. Quant à la cause et aux circonstances, on varie si fort qu'il faut attendre pour les éclaircir » (*Mémoires secrets*, 9 mars 1785, t. XXVIII, p. 197-198).

28. La tradition voulait en effet que chaque entrant à Saint-Lazare subît une fessée publique administrée par un lazariste. Beaumarchais, dit-on, aurait réussi à se soustraire à cette humiliation. Michelet, tout en déclarant que dans l'ancienne maison de Saint-Lazare « on maniait le nerf de bœuf avec une extrême cruauté », assure néanmoins que Beaumarchais n'eut pas à subir ce châtiment dégradant (cité dans *L'Intermédiaire des chercheurs et des curieux*, 10 août 1896, p. 155). Sur les mauvais traitements infligés aux prisonniers de Saint-Lazare, lire les *Mémoires* de l'abbé Blache, qui y fut détenu pendant 13 mois, du 15 décembre 1694 au 21 mars 1696 (*Revue rétrospective*, 1834, t. III, p. 344-370).

29. Recueil Clairambault-Maurepas, *op. cit.*, t. X, p. 190-191.

30. Ces deux caricatures sont devenues d'un extrême rareté. Il n'en existe à notre connaissance, que deux exemplaires : l'un au cabinet des estampes de la Bibliothèque de l'Arsenal, l'autre dans la riche collection léguée à la Bibliothèque nationale par Hennin (BNF., Est., coll. Hennin, 10039-10040). D'autre part, la Comédie-Française possède une peinture qui n'est qu'une amplification de la seconde estampe. Beaumarchais y tient à la main la brochure de *La Folle journée*. Au lieu du lazariste, c'est Don Bazile qui est armé du faisceau de verges. Au premier plan, Suzanne est assise dans le fauteuil qu'occupe la comtesse Almaviva sur la gravure, et le proverbe est remplacée par la devise « *Castigat flagrando mores* ». Aux fenêtres, les pensionnaires de Saint-Lazare ne perdent pas une bouchée du savoureux spectacle. On reconnaît encore Figaro, la guitare en sautoir, le Comte, la Comtesse, Chérubin, Bartholo, qu'enveloppe un long manteau rouge, etc., tous dans le costume de leur rôle.

31. On lira ci-après deux lettres fort curieuses de Vangelisti à M. Hennin en faveur de Mme La Gardette, publiées pour la première fois par Ludovic Lalanne d'après les

originaux conservés dans les papiers du fonds Hennin, à la Bibliothèque de l'Institut (*Courrier de l'art*, 9 octobre 1882, n° 42, p. 493), et reproduites par le docteur Cabanès dans *Les Indiscrétions de l'Histoire*, première série, Paris, 1908, p. 215-216.

« Paris, ce 20 mars (dimanche) 1785.

« Monsieur,
« Ayant fait une plaisanterie au sujet de M. de Beaumarchais, quoique je n'aie jamais pensé qu'elle aurait porté à aucune conséquence, j'ai néanmoins conseillé à Mme La Gardette de se présenter chez M. Lenoir et lui en faire part, comme, en effet, elle s'y est transférée ce matin, et M. Lenoir a jugé à propos de la condamner à l'hôtel de la Force. J'ai été sur-le-champ à la police, et en me déclarant l'auteur de la planche, et par conséquent le seul coupable, je me suis offert à me faire mettre en prison et de mettre en liberté la pauvre malheureuse, chargée de famille et obligée de laisser sa maison et ses affaires à l'abandon ; mais mes instances ont été inutiles. Je vous supplie, Monsieur, de vouloir bien représenter à Monseigneur de Vergennes pour qu'il veuille donner des ordres pour la liberté de la susdite femme. Je ne doute nullement que Monseigneur voudra bien acquiescer à ma prière, d'autant plus qu'il s'agit d'une chose où il n'y a rien contre les mœurs et contre l'État.
« Dans cette attente, j'ai l'honneur de me dire très respectueusement
« Votre très humble et très obéissant serviteur,

« Vangelisti. »

« Paris, ce 23 mars (mercredi) 1785.

« Monsieur,
« Après vous avoir instruit, Monsieur, dimanche le soir, de la petite conversation que j'eus avec M. Lenoir avant de parler à Monseigneur de Vergennes, vous devez bien penser que Mme La Gardette, le lundi matin, fut mise en liberté. Vous avez rendu, Monsieur, le calme à toute cette famille, ainsi que à moi [*sic*], et je ne saurais trouver assez d'expression pour vous en témoigner ma plus vive reconnaissance de toutes les peines que vous avez bien voulu vous donner à mon égard. J'ai retardé jusqu'à ce moment à vous écrire pour être plus fondé à vous assurer de ce que le public pense à ce sujet. Je me rendrais trop prolixe si je voulais entreprendre à vous en faire un exact récit, mais je me bornerai seulement à vous dire que la sensation que cette affaire a fait [*sic*] dans le public est au-delà de toute expression. Cet enlèvement a été regardé de toutes les classes des personnes avec le plus grand étonnement et l'horreur dont il était susceptible. Si Madame avait les estampes en question dans ce moment-ci, on lui offre douze livres l'épreuve, et on est parvenu aujourd'hui même à offrir jusqu'à un louis. Je vous réitère, Monsieur, les sentiments de mon estime la plus inviolable avec laquelle j'ai l'honneur d'être très parfaitement, Monsieur,
« Votre très humble et obéissant serviteur.

« Vangelisti »

32. La Bastille était de beaucoup la prison de France « la plus douce et la plus humaine », comme l'écrit Linguet en 1783 dans ses *Observations sur l'histoire de la Bastille*. Un nommé Boctey, enfermé à Vincennes, priait en ces termes le lieutenant de police de le faire transférer à la Bastille : « J'espère que votre humanité ne me le refusera pas. » L'historien Delort, auteur d'une *Histoire de la détention des philosophes et des gens de lettres à la Bastille et à Vincennes* (Paris, Didot, 1829, 2 vol.), cite une prisonnière du Châtelet sous l'inculpation d'assassinat,

transférée à la Bastille « à cause de sa santé délicate ». Comme le cardinal de Rohan, arrêté dans les conditions que l'on sait lors de l'affaire du Collier, s'étonnait auprès du romancier Bette d'Étienville : « Comment Mme de Courville a-t-elle pu être instruite si tôt que j'eusse été conduit à la Bastille ? – La Bastille, répondit d'Étienville, est la prison des gens d'une naissance illustre, et elle a pu croire que, dès lors que vous avez été arrêté, vous y aviez été conduit. » On lit, dans le *Journal d'un prêtre parisien (1789-1792)*, de l'abbé Rudemare, qui mourut pendant la Restauration curé de la paroisse des Blancs-Manteaux : « Le 14 juillet, on prit la Bastille. Le 15, j'y fus promener ma curiosité. Un malotru vint m'y parler ainsi : "Mon chevalier, vous ne direz pas que c'est pour nous que nous travaillons en détruisant la Bastille ; c'est bien pour vous, car nous autres nous ne tâtions point de la Bastille. On nous foutait à Bicêtre. N'y a-t-il rien pour boire à votre santé ?" » On pourrait multiplier les citations.

33. *Mémoires secrets*, 16 mars 1785, t. XXVIII, p. 218.

34. Voir notre t. II, p. 366.

35. Tel est le cas du marquis de Bombelles, qui note dans son *Journal*, au lendemain de l'arrestation de Beaumarchais : « Autant il est fâcheux que l'abus de l'autorité décide, souvent dans les ténèbres, de la perte de la liberté pour d'honnêtes citoyens injustement accusés, autant est-il convenable que cette autorité réprime les excès d'une licence à laquelle on laisse beaucoup trop lever un front audacieux depuis quelque temps. C'est une tache pour notre siècle que d'avoir permis la représentation du *Mariage de Figaro*. Cette condescendance a déjà eu les plus grandes conséquences, et la multitude de sottises imprimées, d'indécents pamphlets, de chansons scandaleuses qui ont paru depuis, prouve aux gens sensés combien on a eu raison d'infliger correction à l'insolent Beaumarchais » (*op. cit.*, t. II, p. 33).
D'après certaines nouvelles à la main, Beaumarchais aurait été victime d'une vengeance du baron de Breteuil, alors ministre de la Maison du roi : « M. de Breteuil ne voulait point permettre que la préface de *Figaro* fût imprimée, note un de ces chroniqueurs. Vous aurez remarqué, Monsieur, certaine tirade contre les entraves et les précautions dont les écrivains se plaignent. Ce passage ne devait pas moins déplaire que de rudes sarcasmes contre des auteurs à brevet. M. de Beaumarchais dit un jour au ministre : *Eh ! bien, Monsieur, si vous ne voulez absolument pas que ma préface soit publiée dans toutes les règles, j'en ferai faire une édition à mon imprimerie de Kehl, et il en entrera en France tant que je voudrai, malgré vous. – C'est ce qu'il faudra voir*, répond M. de Breteuil. » (*Correspondance secrète inédite sur Louis XVI, Marie-Antoinette, la Cour et la Ville, de 1777 à 1792*, Éd. Lescure, Paris, Plon, 1866, 2 vol., t. I, p. 551, de Versailles, 5 avril 1785).

36. *Le Politique errant, op. cit.*, p. 47.

37. Gunnar et Mavis von Proschwitz, *op. cit.*, t. II, p. 877, n. 1.

38. Loménie, *op. cit.*, t. II, p. 367, n. 1.

39. Antoine Vincent Arnault, *op. cit.*, p. 102-103.

40. Nicolas Ruault, *op. cit.*, p. 55.

41. Il existe deux versions manuscrites de ce *Mémoire justificatif* : la première, conservée aux archives de la Comédie-Française, a été publiée pour la première fois par Édouard Fournier, dans son édition des *Œuvres* de Beaumarchais (Paris, Laplace, Sanchez & Cie, 1884, p. 740-743) et reprise dans Beaumarchais, *Œuvres*, éd. Larthomas, Pléiade, p. 1166-1171. Le second manuscrit, conservé à la Bibliothèque royale de Stockholm, a été publié par Gunnar von Proschwitz : « Gustave III, Beaumarchais et *Le Mariage de Figaro* », dans *Influences. Relations culturelles entre la France et la Suède*, Göteborg, Société royale des sciences et des belles-lettres, 1988, p. 189-198.

42. « Tu marcheras sur le basilic et sur l'aspic, tu fouleras aux pieds le lion et le dragon » (Psaume 91, v. 13).

43. Beaumarchais, *Œuvres*, éd. Larthomas, Pléiade, p. 1166.

44. On rapporte qu'en révoquant sa lettre de cachet, Louis XVI aurait dit dans un sourire : « Je vois ce que c'est : mon frère s'avise de disputer avec Beaumarchais dans le *Journal de Paris*. Une autre fois, je ne me mêlerai point de ces querelles littéraires » (Félix Gaiffe, *Le Mariage de Figaro*, Paris, Malfère, 1942, p. 115).

45. *Mémoires secrets*, 20 mars 1785, t. XXVIII, p. 229.

46. Gudin de La Brenellerie, *Histoire de Beaumarchais,* Mémoires inédits publiés sur les manuscrits originaux par Maurice Tourneux, Paris, Plon, 1888, p. 360.

47. *Mémoires secrets*, 20 mars 1785, t. XXVIII, p. 229-230.

48. Beaumarchais, *Œuvres*, éd. Larthomas, Pléiade, p. 1169. Nous avons la preuve aujourd'hui que Louis XVI a bien lu ce mémoire, mais avec près d'une année de retard. Dans une lettre à Beaumarchais datée du 8 février 1786, Calonne écrit en effet : « J'ai mis sous les yeux du roi, Monsieur, votre *Mémoire*, que Sa Majesté a bien voulu lire en entier, et j'ai pris définitivement ses ordres sur vos réclamations » (Gunnar et Mavis von Proschwitz, *op. cit.*, t. II, p. 925).

49. Beaumarchais, *Œuvres*, éd. Larthomas, Pléiade, p. 1169.

50. Voir la lettre de Gomel à Beaumarchais, datée du 16 mars [1785], décrite dans le catalogue de l'exposition Beaumarchais à la Bibliothèque nationale (1966, n° 416).

51. BNF., Est., coll. de Vinck, 896.

52. Voir notre t. II, *Le Citoyen d'Amérique*, *op. cit.*, p. 204 *sq*.

53. Lettre à Calonne du 19 mars 1785, dans Gunnar et Mavis von Proschwitz, *op. cit.*, t. II, p. 876-877.

54. *Id.*, 30 décembre 1785, *ibid.*, p. 917-918.

55. *Id.*, 12 janvier 1786, *ibid.*, p. 920.

56. *Ibid.*, p. 921-922.

57. On trouvera l'ordre du roi pour la délivrance de cette somme dans Loménie, *op. cit.*, t. II, p. 503-504. Beaumarchais se vante d'un règlement plus rapide, lorsqu'il écrit dès le mois de mai 1785 au marquis de Ximénès : « Oui, monsieur, il est très vrai que Sa Majesté a daigné signer pour moi depuis ma disgrâce une ordonnance de comptant de deux millions cent cinquante mille livres sur de longues avances dont je sollicitais le remboursement auprès du roi, tandis que l'on m'accusait du crime odieux de lui manquer de respect » (*Correspondance littéraire*, t. XIV, p. 156).

58. *Correspondance littéraire*, t. XIV, p. 214-215. Voir aussi la lettre de Calonne à Beaumarchais du 8 février 1786, dans Gunnar et Mavis von Proschwitz, *op. cit.*, t. II, p. 925.

59. *Correspondance littéraire*, t. XIV, p. 215.

60. Lettre du 29 août 1785, dans Gunnar et Mavis von Proschwitz, *op. cit.*, t. I, p. 148.

61. *Mémoires secrets*, 7 juin 1785, t. XXIX, p. 76.

62. *Ibid.*, 25 juillet 1785, t. XXIX, p. 163-165.

63. Londres, 1775, 277 p.

64. Par lettres patentes du 7 février 1777, les frères Périer, ingénieurs mécaniciens, obtiennent du roi l'autorisation « d'établir et de faire construire à leur frais des machines à feu pour élever de l'eau de la Seine, et la conduire dans les différents quartiers de la ville de Paris, pour être distribuée aux porteurs d'eau dans les rues et dans les maisons aux particuliers, corps et communautés qui en désireront au prix convenu de gré à gré entre eux et les suppliants. De faire construire à leurs frais, dans tous les lieux qui seront jugés convenables, des fontaines de distribution, pour faciliter à un prix modique l'approvisionnement des petits ménages et

des particuliers qui ne jugeront pas à propos d'avoir chez eux des réservoirs. De placer sous le pavé tous les tuyaux de conduite, trappes, regards, puisards, robinets, et de faire toutes les constructions nécessaires à la perfection de l'établissement proposé par les suppliants ». Un bulletin de souscription est édité : les abonnés recevront quotidiennement 260 litres d'eau environ. Ils seront livrés dans des réservoirs situés au bas des maisons. Le financement d'un réseau intérieur et d'un système de remontée de l'eau dans les étages que propose la société reste à leurs frais. Jacques Constantin et Auguste Charles Périer ont une rue à leur nom dans le XVI$^e$ arrondissement de Paris, sur l'emplacement de l'ancienne pompe à feu de Chaillot.

65. En 1853, à l'arrivée du baron Haussmann à la préfecture de Paris, on recense 7 633 abonnements dont 6 229 pour des maisons d'habitation, soit un immeuble sur 5. Quant aux pompes à feu, elles sont dans un parfait état de marche. Mais la qualité exécrable de l'eau qu'elles refoulent justifie leur démantèlement en 1852 et 1853. Pour le nouveau préfet de Paris, il s'agit en effet non seulement de fournir « l'eau à tous les étages », mais encore une eau de qualité. Ainsi s'exprime-t-il dans ses *Mémoires* : « Fournir en abondance de l'eau salubre aux diverses parties de la ville, et l'y distribuer avec régularité jusque sur les points culminants, est un tel bienfait que les travaux accomplis dans ce dessein comptent parmi les actes considérables des souverains les plus glorieux, et tiennent une place durable dans la mémoire des hommes ». Haussmann rejoignait ainsi l'argument *patriotique* de Beaumarchais.

66. Émerveillé par le bon fonctionnement de la pompe de Chaillot, le comte d'Artois décida en 1783 d'en installer une dans une ferme dépendant du château de Bagatelle, au bord de la Seine, afin de permettre l'irrigation et l'alimentation des pièces d'eau. Cette machine fonctionnera jusqu'en 1860.

67. *Lettre du comte de Mirabeau à M. Le Couteulx de La Noraye sur la banque de Saint-Charles et sur la Caisse d'escompte* (Bruxelles, 1785, 117 p.) et *De la Caisse d'escompte* (S.l., 1785, 227 p.). Mirabeau avait acquis ses premières notions d'économie à Londres, pour réfuter le *Compte-Rendu* de Necker, mais elles étaient encore nouvelles. Pour tous ses écrits ultérieurs sur la finance, il fut puissamment secondé par Clavière. À en croire Brissot, « Mirabeau fut presque toujours un metteur en œuvres. Cet écrivain avait, comme il le disait lui-même, un talent particulier pour accoucher Clavière. Bien pénétré de ses pensées, *il les faisait siennes*, et leur imprimait son cachet original. C'est à cette source féconde que Mirabeau puisa son livre sur la *Caisse d'Escompte*, ses *Lettres sur les Eaux*, l'ouvrage sur la *Banque Saint-Charles* et sa fameuse *Dénonciation de l'agiotage* » (*Mémoires de Brissot*, t. II, p. 348-349).
Dans son ouvrage intitulé *De la Caisse d'escompte*, Mirabeau ne se montrait nullement hostile à l'institution, bien au contraire. En s'élevant contre les agioteurs qui, par une hausse constante que ne justifiaient pas des bénéfices réels, mettaient en péril la solidité et la permanence de la Caisse, il établissait les règles qui doivent présider au fonctionnement d'une banque de secours, en l'espèce d'une banque nationale, et il énonçait les principes de sa direction pour le bien général, et non pour l'intérêt de quelques particuliers.

68. Londres, 1785, in-8°, 43 p. On connaît une seconde édition, publiée en 1786 avec des corrections assez importantes, qui comprend *Sur les actions* et la *Réponse à l'écrivain des administrateurs*, sous le titre suivant : *Recueil de divers écrits du comte de Mirabeau sur les eaux de Paris*, à Londres, 1786, in-8°, p. 1 à 36, V à XII et 1 à 104.

69. *Correspondance littéraire*, décembre 1785, t. XV, p. 278.

70. On peut la lire dans l'édition de ses *Œuvres* par Édouard Fournier, *op. cit.*, p. 663-673.

71. *Ibid.*, p. 665.

72. *Ibid.*, p. 673.

73. *Réponse à l'écrivain des administrateurs de la Compagnie des eaux de Paris.* Bruxelles, 1785. Mirabeau avait placé en épigraphe cette citation de Tacite (*Annales*, I, LXXIV), qui donne le ton de sa diatribe : « *Egens, ignotus, inquies, dum occultis libellis cuique periculum facessit, mox odium apud omnes adeptus, dedit exemplum quod secuti ex pauperibus divites, ex contemptis metuendi, perniciem aliis, ac postremum sibi invenere* » (« Né dans l'obscurité, sans ressource que l'intrigue, le voilà cet homme que ses libelles avaient rendu si redoutable, chargé aujourd'hui de la haine publique. Qu'il serve à jamais d'exemple à ceux qui de pauvres devenus riches, qui du sein du mépris parvenus à se faire craindre, veulent perdre les autres et finissent par se perdre eux-mêmes »).
La *Correspondance littéraire* a fort justement dénoncé le danger de pareilles outrances : « Il semble que dans tout État social, il ne devrait appartenir qu'aux tribunaux vengeurs des lois de prononcer ainsi sur l'honneur d'un citoyen, de le rendre ainsi l'objet de la honte ou du blâme public. Sous ce point de vue, l'audace de M. de Mirabeau a paru du plus dangereux exemple, à moins que le gouvernement n'ait cru que M. de Beaumarchais pouvait être excepté sans conséquence de la règle générale et que, semblables à ces gladiateurs de l'ancienne Rome, condamnés par état à descendre dans l'arène qu'ils souillaient de leur sang pour amuser les loisirs féroces de ces conquérants du monde, les Mirabeau, les Beaumarchais appartenaient de même à l'amusement du public. Peut-être a-t-on cru avec raison qu'il n'y avait ni flétrissure ni scandale à épargner à des écrivains accoutumés depuis si longtemps à en braver les effets ; que l'opprobre dont ils allaient se couvrir mutuellement consacrerait le mépris dû à ce genre de talent, et qu'on détruirait même la crainte qu'ils inspiraient aux citoyens honnêtes, en laissant les deux coryphées de cet art si dangereux se traîner ainsi réciproquement dans la boue » (*Correspondance littéraire*, janvier 1786, t. XIV, p. 305-309).

74. La Harpe, *Lycée, ou Cours de littérature ancienne et moderne*, Paris, Didier, 1834, t. II, p. 353-354.

75. Voir notre t. I, p. 29-30.

76. Loménie, *op. cit.*, t. II, p. 376-379.

77. Peu avant sa mort, Mirabeau, toujours à court d'argent, aurait brigué le poste de Chevalié fils, fondé de pouvoir de Beaumarchais aux États-Unis (voir : Janette C. Gatty, *Beaumarchais sous la Révolution. L'affaire des fusils de Hollande*, Leyde, E. J. Brill, 1976, p. 259, n. 2).

78. On peut lire la lettre datée du 29 mai 1784, par laquelle Beaumarchais apprend la triste nouvelle à son frère Morande, dans Gunnar et Mavis von Proschwitz, *op. cit.*, t. II, p. 824-826.

79. *Mémoires secrets*, 5 août 1782, t. XXI, p. 47.

80. Gudin de La Brenellerie, *op. cit.*, p. 107-108.

81. Louis Bonneville de Marsangy, *Madame de Beaumarchais d'après sa correspondance inédite.* Paris, Calmann Lévy, 1890, p. 173.

82. Voir notre t. I, p. 454-457.

83. Louis Bonneville de Marsangy, *op. cit.*, p. 145-146.

84. *Ibid.*, p. 167-168.

85. *Ibid.*, p. 152.

86. *Ibid.*, p. 172.

87. Conseiller de Grand-Chambre qui, d'après Meister, « a la réputation trop bien établie d'être beaucoup plus attaché à ses amis qu'aux devoirs et à la considération de son état ».

88. *Mémoires secrets*, 10 juin 1786, t. XXXII, p. 96-98, et *Correspondance littéraire*, t. XIV, p. 388-390.

## CHAPITRE II

## « Un Monstre lyrique »

1. *Der lustige Tag, oder Figaro's Hochzeit. Ein Lustspiel in fünf Aufzrigen, aus dem Französischen des Hern Caron von Beaumarchais übersetz*, Kehl, bei J. G. Müller, 1785, in-8°, 60-216 p. Il n'y eut pas moins de douze traductions allemandes de la pièce en 1785, c'est-à-dire l'année même de sa première publication en France.

2. La pièce de Beaumarchais ne sera donnée à Salzbourg que le 1ᵉʳ novembre 1787, dans la version allemande de Ludwig Ferdinand Huber, en présence du prince et de toute la Cour.

3. Mozart se proposera d'exécuter les *Variations Lindor* à Vienne, en mars 1781, pour sa première audition devant Joseph II (voir la lettre à son père du 24 mars 1781 dans W. A. Mozart, *Correspondance*, Paris, Flammarion, coll. « Harmoniques », 1986-1992, 5 vol., t. III, p. 208).

4. Post-scriptum de Mozart dans une lettre de sa mère à son père, datée du 7 février 1778, *ibid.*, t. II, p. 236.

5. Lettre à son père du 12 mai 1781, *ibid.*, t. III, p. 220.

6. *Mémoires de Lorenzo Da Ponte, librettiste de Mozart*, traduction de M. C. D. de La Chavanne, revue et complétée, Paris, Mercure de France, coll. « Le Temps retrouvé », 1991, p. 108.

7. « Je ne sais pas à quoi pensent nos poètes allemands, écrit Mozart. S'ils ne comprennent rien au théâtre, pour ce qui est de l'opéra, ils ne devraient toutefois pas faire parler les gens comme s'ils conduisaient les cochons » (lettre à son père du 26 septembre 1781, dans W. A. Mozart, *Correspondance*, éd. cit., t. III, p. 261).

8. Quatre ans avant l'opéra de Paisiello, Mozart avait assisté à la première de l'opéra de Friedrich Ludwig Benda, *Le Barbier de Séville*, adapté de Beaumarchais par Grossman, que Schikaneder avait monté à Salzbourg le 11 octobre 1780.

9. Lorenzo Da Ponte, *op. cit.*, p. 108-109.

10. W. A. Mozart, *Correspondance*, éd. cit., t. IV, p. 218.

11. *Ibid.*, p. 221.

12. Sur la genèse de l'opéra de Mozart, nous ne saurions trop recommander le numéro de *L'Avant-Scène* consacré aux *Noces de Figaro* (novembre-décembre 1990, n° 135-136 ; notamment les articles de Jean-Michel Brèque et Brigitte Massin), ainsi que l'ouvrage aujourd'hui classique de Jean et Brigitte Massin, *Mozart*, Paris, Fayard, 1990.

13. « S'il veut danser, Monsieur le petit Comte, de la guitare je lui jouerai. S'il veut venir à mon école, la cabriole lui apprendrai. »

14. « Tandis que je soupire, je verrais mon serviteur comblé ? Et ce bonheur que je désire en vain, il devrait l'obtenir ? »

15. *L'Âme et la musique. Vies de Haydn, de Mozart et de Métastase – Vie de Rossini – Notes d'un dilettante*, édition présentée et annotée par Suzel Esquier, Paris, Stock, 1999, p. 196-197.

16. Les archives de la famille possèdent un exemplaire imprimé de *La Folle Journée* (Ruault, 1785), dans lequel sont interfoliées des pages manuscrites contenant les dialogues chantés au cours des représentations parisiennes de l'opéra de Mozart en 1793. Ces pages sont de la plume d'un copiste, mais les renvois, faits sur l'imprimé, des scènes de la pièce aux différentes chansons, paraissent être de la main de Beaumarchais. Ce livret, qui n'est jamais sorti de la famille, semble donc bien apporter la preuve que Beaumarchais a participé dans une certaine mesure à

l'adaptation française attribuée à Notaris, du livret de Da Ponte. (*Catalogue de l'exposition Beaumarchais à la Bibliothèque Nationale*, 1966, n° 442, p. 107).

17. Voir Belinda Cannone, *La Réception des opéras de Mozart dans la presse parisienne (1793-1829)*, Paris, Klincksieck, 1991.

18. Lettre éditée pour la première fois dans l'article de Léon Guichard, « Beaumarchais et Mozart. Note sur la première représentation à Paris des *Noces de Figaro* », dans *Revue d'histoire littéraire de la France*, juillet-septembre 1955, n° 3, p. 341-343.

19. Loménie, *op. cit.*, t. II, p. 585-587.

20. Lettre XLVIII, dans Beaumarchais, *Œuvres complètes*, éd. Éd. Fournier, 1884, p. 688. Sur la surdité de Beaumarchais, voir aussi Lintilhac, *Beaumarchais et ses œuvres*, p. 102, note 3.

21. Voir notre t. I, chap. III, p. 65-100. Malheureusement, la musique composée à l'occasion de ces concerts est aujourd'hui perdue, à l'exception de quelques fragments de si peu d'importance qu'on n'en peut tenir compte. Dans une lettre adressée des années plus tard à Mme Panckoucke, femme du grand éditeur, Beaumarchais se plaindra de ne point retrouver dans ses portefeuilles la partition d'une petite scène qu'elle lui réclame :

« Ce 22 novembre 1779.

« Maintenant, madame, que je vous entends bien, votre lettre est cent fois plus difficile à répondre que lorsque je n'entendais rien. Car on retrouve une chanson dans un ancien portefeuille, on la donne à copier, on l'envoie et l'on est quitte. Mais comment voulez-vous, madame, que je trouve une pièce entière à trois personnages, avec musique, premier, second dessus, alto, basse, cornet, hautbois, que je n'ai point vue depuis douze ans, que l'on m'a volée et qui, si je la retrouvais, exigerait un travail de copiste pendant douze ou quinze jours ?... Un homme que j'aime et j'estime, M. de Chabanon, me fit la même demande l'an passé. Je me donnai beaucoup de soins inutiles, et je fus obligé de demander quartier, parce que cette partie si frivole et si agréable de mes anciennes oisivetés a été mise au pillage pendant les sept ou huit années qui ont empoisonné mon âge viril... N'importe, madame, je recommencerai mes recherches et tâcherai de retrouver dans les recoins de mon cerveau musical les traits d'une scène qui ne manquait pas d'effets agréables. Elle était haute en couleur, comme nous l'avons dit, mais les jolies femmes la soutenaient fort bien, dans le demi-jour d'un salon peu éclairé, le soir après souper. Elles disaient seulement que j'étais bien fou. « Bon Dieu ! combien je suis devenu grave ! Il ne me reste de tout cela que le regret de ne l'avoir pas plus présent à l'esprit pour vous satisfaire, et le désir de le retrouver pour vous éprouver avec quel plaisir je vous donnerais cette marque de respectueux dévouement et de tous les sentiments avec lesquels j'ai l'honneur d'être, madame, « Votre très humble et très obéissant serviteur,

« CARON DE BEAUMARCHAIS. »

(Lettre publiée par Georges Roulleaux-Dugage, « Beaumarchais musicien », dans *Revue hebdomadaire*, numéro du 11 mars 1911, p. 242, n. 1.)

22. *Ibid.*, p. 244.

23. Voir notre t. I, p. 106-112.

24. *Ibid.*, p. 199-201.

25. « Il y a longtemps qu'aucun opéra-comique n'avait eu le succès des *Trois Fermiers*. La vingtième représentation n'a pas attiré moins de monde que la première. Les paroles sont de M. Monvel, acteur de la Comédie-Française ; la musique de son ami M. Dezède, qui a déjà fait celle de *Julie*, de *l'Erreur d'un moment*, drames du même auteur, et les airs du *Barbier de Séville* de M. de Beaumar-

chais » (*Correspondance littéraire*, t. XI, p. 482). Rivarol, de son côté, note à propos de ce musicien : « *Péronne sauvée* et *Alcindor* prouvent assez que cet habile homme sait manier avec la même adresse le poignard de Melpomène et le masque de Thalie. D'ailleurs, il est si sûr de son talent qu'il a répété bien des fois que lorsqu'il serait las de travailler, il s'amuserait à remettre en musique tous les ouvrages de Gluck. Nous souhaitons ardemment que le dégoût du travail s'empare de lui, pour pouvoir jouir des belles productions que son génie mettra au jour au moment de s'éteindre » (*Le Petit Almanach des grands spectacles de Paris*, Paris, 1792, p. 49-50).

26.  *Almanach musical*, 1776, p. 46, cité par Pierre Larthomas dans son édition des *Œuvres* de Beaumarchais, Bibliothèque de la Pléiade, p. 1298.
27.  Dezède avait déjà composé la musique de *Péronne sauvée*, sur un livret du même Billardon de Sauvigny, représentée pour la première fois le 27 mai 1783.
28.  *Correspondance littéraire*, t. XIV, p. 74-76.
29.  *Ibid.,* p. 76.
30.  Sur cet auteur, voir notre t. II, p. 469.
31.  C'est anachroniquement que nous employons le terme de *livret*. On désigne alors les paroles d'une œuvre lyrique par celui de « poème ». *Livret*, traduit de l'italien *libretto* n'est introduit qu'en 1823, et *librettiste* n'apparaît qu'en 1867.
32.  Voir *Le Courrier de l'Europe* du 28 septembre 1784, dans Gunnar et Mavis von Proschwitz, *op. cit.*, t. II, p. 853.
33.  *Mémoires secrets*, 5 février 1785, t. XXVIII, p. 106-107). V. également *Courrier de l'Europe*, 25 janvier 1785, dans Gunnar et Mavis von Proschwitz, *op. cit.*, t. II, p. 865.
34.  Les deux Italiens ne doivent pas nous faire oublier que *Le Barbier de Séville* inspira d'autres compositeurs, nettement moins renommés que ceux-là, parmi lesquels on se contentera de citer Friedrich Ludwig Benda (1746-1792), directeur des concerts à Koenigsberg en 1789, plus connu par son mariage avec Mme Rietz, cantatrice célèbre, que par ses dix opéras, opéras-comiques et cantates, et dont la version allemande du *Barbier de Séville*, d'après une adaptation de Grossman, fut chantée à Hambourg en 1782 ; Peter Schulz (1747-1800), théoricien de l'harmonie et chef d'orchestre du Théâtre-Français de Berlin, auteur entre autres œuvres lyriques, de deux opérettes, *La Fée Urgèle*, d'après Favart, et *Le Barbier de Séville* (Rheinsberg, 1786) ; Nicolas Isouard, dit Nicolo, originaire de Malte (1775-1818), auteur d'une quarantaine d'opéras, dont un *Barbier* représenté dans son île natale en 1796 ; enfin, Francesco Morlacchi (1784-1841), qui travailla pendant plus de vingt ans à la cour de Dresde, où il fit représenter son *Barbiere di Siviglia* en 1816, moins d'un an avant le chef-d'œuvre de Rossini. Sans compter les imitations telles que *Le Barbier de Bagdad* de Cornelius (Weimar, 1859) et *Le Barbier de Benzing* de Jost (Vienne, 1780).
35.  Ces livrets d'une accablante niaiserie, qui avaient pour auteurs l'abbé Pellegrin, Cahusac ou Gautier de Montdorge, étaient entrecoupés à tout moment et hors de propos de ballets, de rigodons et de passe-pieds. « La manière d'amener ces fêtes est simple, ironise Jean-Jacques Rousseau : si le prince est joyeux, on prend part à sa joie et l'on danse ; s'il est triste, on veut l'égayer et l'on danse. J'ignore si c'est la mode à la cour de donner le bal aux rois quand ils sont de mauvaise humeur ; ce que je sais par rapport à ceux-ci, c'est qu'on ne peut trop admirer leur constance stoïque à voir danser des gavottes ou écouter des chansons, tandis qu'on décide quelquefois derrière le théâtre de leur couronne ou de leur sort. Mais il y a bien d'autres sujets de danse : les plus graves actions de la vie se font en dansant. Les prêtres dansent, les soldats dansent ; on danse jusque dans les enterrements, et tout danse à propos de tout » (*Julie ou La Nouvelle Héloïse*, éd. Jean Goulemot, Paris, Le Livre de Poche classique, 2002, p. 347).

36. Beaumarchais, *Œuvres*, éd. Pierre Larthomas, Pléiade, p. 498-499.

37. Jean-Philippe Rameau, à propos des *Indes galantes*.

38. Christoph Willibald von Gluck, « Dédicace d'*Alceste* au grand-duc de Toscane », cité dans Henri de Curzon, *La Musique*, Paris, éd. Plon-Nourrit, 1914, p. 264.

39. Lettre de Mozart à son père, du 13 octobre 1781, dans W. A. Mozart, *Correspondance*, éd. cit., t. III, p. 264-265.

40. Préface de *Tarare*.

41. *Ibid.*

42. C'est la marquise de Montesquiou qui a révélé l'emprunt de Beaumarchais à *Sadak et Kalasrade*, dans le trentième volume du *Cabinet des fées*, qui contient la suite des *Contes des Génies, ou les Charmantes Leçons d'Horam, fils d'Asmar*, traduits du persan en anglais par sir Charles Morell, ci-devant ambassadeur des établissements anglais dans l'Inde à la cour du Grand Mogol, et en français sur la traduction anglaise par Robinet. La *Correspondance littéraire* détaille et commente ces emprunts (t. XV, p. 97-98) qu'un journaliste officieux nommé l'abbé Aubert, s'empressa de consigner dans une de ses feuilles. Selon le rédacteur des *Mémoires secrets*, c'est en grande partie pour « affaiblir le tour sanglant que lui a joué l'abbé Aubert » que Beaumarchais fit précéder l'édition de *Tarare* d'une préface aussi circonstanciée : « Il convient avoir lu autrefois ce conte, en avoir pris quelque chose par réminiscences, mais heureusement avoir eu la mémoire assez faible pour n'en avoir retenu que les situations dont il pouvait faire usage, à travers une foule d'invraisemblances et d'absurdités. En un mot, il donne à entendre que l'original est misérable et infiniment amélioré entre ses mains » (*Mémoires secrets*, 17 août 1787, t. XXXV, p. 376-377).

43. Cet air sémillant, que l'on attribue parfois à Beaumarchais lui-même, connaîtra une fortune singulière. Tout Paris le fredonnera bientôt dans *Madame Angot*, et Béranger l'immortalisera dans plusieurs de ses chansons, comme *La Sainte-Alliance barbaresque* et *Les Orangs-Outangs*. Citons encore, sur le même air (« Je suis né natif de Ferrare »), les couplets révolutionnaires de 1792 intitulés *Le Nouveau Joujou patriotique, dit l'Émigrant*, le *Caligula* d'Alphonse Louis Constant, dit Éliphas Lévi, adressé à Napoléon III, en 1855, et qui valut à son auteur d'être incarcéré à la prison de Mazas.

44. Gudin de La Brenellerie, *Œuvres complètes de Pierre-Augustin de Beaumarchais*, Paris, Léopold Collin, 1809, 7 vol., t. VII, p. 282-283.

45. Beaumarchais, *Œuvres*, éd. Larthomas, Pléiade, p. 361.

46. On peut lire des extraits de cette *Dissertation* et des pièces qui l'accompagnent, ainsi que le classement des manuscrits de *Tarare*, dans Eugène Lintilhac, *Beaumarchais et ses œuvres*. Paris, 1887, appendice n° 28, p. 410-412.

47. Variante inédite de la préface de *Tarare*, dans Eugène Lintilhac, *op. cit.*, p. 97.

48. Probable réminiscence du *Discours sur le style* de Buffon : « Rien n'est encore plus opposé à la véritable éloquence que l'emploi de ces pensées fines et la recherche de ces idées légères, déliées, sans consistance, et qui, comme la feuille du métal battu, ne prennent de l'éclat qu'en perdant de la solidité » (Lintilhac, *op. cit.*, p. 98).

49. Variante inédite de la préface de *Tarare*, dans Lintilhac, *op. cit.*, p. 100.

50. Lintilhac, auquel nous devons ce renseignement, avait l'intention de les réunir dans une édition de *Tarare*, qui ne vit jamais le jour.

51. Gudin de La Brenellerie, *Œuvres complètes de Pierre-Augustin de Beaumarchais*, Paris, Léopold Collin, 1809, 7 vol., t. VII, p. 288-290. Également invité à don-

ner son avis sur *Tarare*, Théveneau de Morande, toujours aussi flagorneur, émit tout de même quelques réserves : « Le poème a le mérite rare d'émouvoir autant à la lecture qu'il doit faire d'effet à la représentation. Mais ne craignez-vous pas que sur un théâtre aussi difficile et aussi assailli que le sera celui de l'Opéra de Paris par l'envie et l'amère critique, on ne trouve la barcarole ou l'ariette de Calpigi un peu trop burlesque pour un opéra sérieux ? Je le crains. Cependant, je me donne bien garde de prononcer. Le récit d'Urson, en annonçant la mort d'Altamort et celui de Tarare à Calpigi ne se ressemblent-ils pas un peu ? [...] Dans le prologue, j'ai cru trouver dans ces mots *vapeur élancée* une image qui n'est pas parfaitement vraie : la vapeur s'élève lentement, elle ne s'élance pas. Ces futiles remarques ne sont pas celles d'un critique qui cherche des fautes où il n'y en a pas ; ce sont, mon cher Monsieur de Beaumarchais, les idées que le plus vif intérêt m'a inspirées. Quant au plan et à la richesse du poème, à l'enchaînement des incidents, à la suspension de l'intérêt, toujours actif, toujours varié, il n'est pas possible de voir rien de plus parfait que *Tarare*. Puissiez-vous être aussi bien servi par les acteurs que vous les avez servis eux-mêmes en leur donnant une si belle occasion d'exercer leurs talents. Puisse la musique et le succès le plus complet couronner l'œuvre » (Lettre de Morande à Beaumarchais, [2 juin 1787], dans Gunnar et Mavis von Proschwitz, *op. cit.*, t. II, p. 975-976).

52. Nicolas Ruault, *op. cit.*, p. 43.
53. *Mémoires secrets*, 21 février 1787, t. XXXIV, p. 157.
54. L'abbé Aubert était rédacteur des *Petites Affiches*.
55. Lettre du 10 août 1786, dans Gunnar et Mavis von Proschwitz, *op. cit.*, t. I, p. 157-158.
56. *Ibid.*, t. I, p. 158-159.
57. Lettre du 5 octobre 1805, citée dans Loménie, *op. cit.*, t. II, p. 406, n. 1.
58. « Aux abonnés de l'Opéra », dans Beaumarchais, *Œuvres*, éd. Larthomas, Pléiade, p. 506.
59. *Correspondance littéraire*, juin 1787, t. XV, p. 96.
60. Lettre citée dans Lintilhac, *op. cit.*, p. 230.
61. *Julie ou La Nouvelle Héloïse*, éd. Jean Goulemot. Paris, Le Livre de Poche classique, 2002, p. 344-345.
62. *Rémisse* : terme musical pour signifier *faible, bas, doux, voilé*.
63. *Tableau de Paris*, éd. Jean-Claude Bonnet, Mercure de France, 1994, t. I, p. 1438-1439.
64. Lintilhac, *op. cit.*, p. 281-284.
65. « *Tarare* : espèce d'interjection familière dont on se sert pour marquer qu'on se moque de ce qu'on entend dire, ou qu'on ne le croit pas. [...] » (*Dict. Acad.*, 1762). « On dit aussi *Tarare pon-pon*, pour se moquer de la vanité que quelqu'un étale dans un récit, dans des projets » (*Dict. Acad.*, 1798). Synonymes : *Taratata, Lanlaire, Tintin*. « J'ai appelé cet opéra *Tarare*, parce que je vous connais, mes chers compatriotes : il ne faut qu'un mot pour vous décider. *La Chasse de Henri III* n'eût eu que son mérite, *La Chasse de Henri IV* [pièce de Charles Collé qui connut un immense succès] a de plus celui de votre enthousiasme. Sans le nom de *Tarare*, mon opéra ne serait pas gai. Ce mot seul égaiera le ton souvent un peu sombre que l'intérêt m'a forcé d'employer » (variante inédite citée par Lintilhac, *op. cit.*, p. 274, n. 1). Beaumarchais emploie lui-même le mot avec le sens de *taratata*, dans *Le Mariage de Figaro* (acte III, scène XVIII) :
« – ANTONIO : Irai-je donner l'enfant de not'sœur à sti qui n'est l'enfant de personne ?
– BRID'OISON : Est-ce que cela-a se peut, imbécile ? on est toujours l'enfant de quelqu'un.
– ANTONIO : Tarare !... Il ne l'aura jamais. »

66. *Mémoires secrets*, 21 février 1787, t. XXXIV, p. 157.
67. « Lettre de M. Pitra à un de ses amis à Lyon, sur l'opéra de *Tarare* », dans *Correspondance littéraire*, juin 1787, t. XV, p. 93.
68. *Le Courrier de l'Europe* du 27 juillet 1784, cité dans Gunnar et Mavis von Proschwitz, *op. cit.*, t. I, p. 158.
69. *Gustave III par ses lettres*, éd. Gunnar von Proschwitz, Stockholm / Paris, 1986, p. 274. Nils von Rosenstein avait été envoyé à Paris par Gustave III, en qualité de secrétaire à l'ambassade de Suède, poste qu'il occupa de 1782 à la fin de 1784. Il entretenait alors une liaison avec Mlle Contat, l'interprète de Suzanne dans *Le Mariage de Figaro*.
70. *Mémoires secrets*, 21 février 1787, t. XXXIV, p. 157.
71. Un manuscrit conservé dans les archives de la famille porte ce titre *Tarare ou le Libre Arbitre*.
72. Lettre publiée pour la première fois par Gudin de La Brenellerie, dans son édition des *Œuvres* de Beaumarchais, t. VII, p. 56-57.
73. À propos des vers :

> « Murmurer, moi ! Je dis qu'il me semble être en France
> Où tout est bien pourvu qu'on danse »,

Bret notait : « Il n'y a pas moyen de le laisser. Je l'ai changé comme j'ai pu, mais changez-le comme vous voudrez, pourvu que vous ne vous permettiez pas un pareil sarcasme que je ne puis avouer. Je connais bien vos ennemis ; ils empoisonneront bien tout cela, et il serait trop malheureux pour moi que, pour satisfaire leur besoin de nuire, ils troublassent la tranquillité des derniers jours de votre serviteur et de votre ami, Bret. » Beaumarchais les récrivit ainsi :

> « Je dis... qu'on croira voir ces spectacles de France
> Où tout va bien pourvu qu'on danse. »

Ce n'était d'ailleurs pas le seul passage visé par le censeur. Celui-ci avait également prié l'auteur de modifier l'air de l'acte II, scène II :

> « Ah ! d'une antique absurdité
> Laissons au peuple les chimères,
> Pontife et roi doivent en frères
> Soutenir leur autorité.
> Tant qu'ils s'accordent bien ensemble,
> Que l'esclave ainsi garrotté
> Croit, obéit, et paie, et tremble,
> Le pouvoir est en sûreté. »

Dans la version corrigée, cela devient :

> « Ah ! d'une antique absurdité
> Laissons à l'hindou les chimères.
> Brame et Soudan doivent en frères
> Soutenir leur autorité.
> Tant qu'ils s'accordent bien ensemble,
> Que l'esclave ainsi garrotté
> Croit, obéit, et paie, et tremble,
> Le pouvoir est en sûreté. »

Sur les instances de Bret, Beaumarchais dut également récrire ces deux vers de la scène suivante :

« Quand les rois craignent
Les prêtres règnent. »

Il remplaça *prêtres* par *brames*, et tout fut dit. Il suffisait en somme d'attribuer au royaume d'Ormus les tares de la monarchie française (voir Lintilhac, *op. cit.*, p. 102-104).

74. Carré de Belleville publia l'*Histoire de Tarare, suivie de quelques réflexions sur l'Opéra du même nom* (À Ormuz, et se trouve à Paris, chez Lefèvre, 1787, in-8°, 34 p.) et une anonyme *Analyse critique de* Tarare (À Ormuz et se trouve à Paris, hôtel de Mesgrigny, rue des Poitevins, 1787, in-8°, 26 p.).

75. La distribution se composait de Mlle Maillard (*Astasie*), MM. Lainez (*Tarare*), Chéron (*Atar*), Châteaufort (*Altamort*), Chardini (*Arthenée*), Rousseau (*Calpigi*), etc.

76. *Mémoires secrets*, 10 mai 1787, t. XXXV, p. 83-84.

77. Lettre citée dans Lintilhac, *op. cit.*, p. 104-105.

78. *Ibid.*, p. 105.

79. *Ibid.*, p. 105-106.

80. « Le sieur de Beaumarchais n'a pas moins conservé un ressentiment profond de cette injure ; et comme il y avait une autre représentation payante indiquée au mercredi [6 juin], il est allé dès le lendemain chez M. le baron de Breteuil, et a supplié ce ministre d'ordonner aux directeurs de faire rendre l'argent aux personnes qui avaient loué des loges pour cette répétition. D'un autre côté, ceux-ci ont représenté le tort que ce dérangement faisait à l'Opéra, et le désagrément qui en résulterait pour le public. Le sieur de Beaumarchais, furieux, s'est écrié que si l'on ne lui accordait pas sa demande, il renoncerait plutôt à faire jouer son opéra, qu'il allait en retirer la partition. Le baron de Breteuil lui a fait sentir que cela ne se pourrait, que même en donnant les cent mille francs d'indemnité qu'il offrait, il ne saurait dédommager les chefs de tous les soins, de toutes les peines, de tout le temps perdu dont il était cause. Enfin, le ministre est convenu qu'il n'y aurait point de répétition payante, mais que ce serait la dernière grâce qu'il accorderait au sieur de Beaumarchais. En conséquence, hier on a affiché : *Par ordre, il n'y aura point de répétition payante* » (*Mémoires secrets*, 7 juin 1787, t. XXXV, p. 198-199).

81. *Ibid.*, p. 199-200.

82. Nous utilisons le témoignage hautement digne de foi publié dans la *Correspondance littéraire* (t. XV, p. 94-95), selon lequel « Jamais aucun de nos théâtres n'a vu une foule égale à celle qui assiégeait toutes les avenues de l'Opéra, le jour de la première représentation de *Tarare*, etc. », de préférence à celui des *Mémoires secrets*, toujours tendancieux, où l'on peut lire, au contraire : « Hier, *Tarare* n'avait pas, à beaucoup près, attiré le même monde que *Le Mariage de Figaro*. Aussi la représentation en a été beaucoup plus tranquille » (9 juin 1787, t. XXXV, p. 204).

83. *Mémoires secrets*, 9 juin 1787, t. XXXV, p. 204.

84. C'est du moins ce qui ressort du témoignage de Louis Guillaume Pitra, publié dans la *Correspondance littéraire*, juin 1787, t. XV, p. 92. Selon *Le Courrier de l'Europe*, au contraire, « des applaudissements continuels ont imposé silence à l'envie, à la malveillance et à l'intrigue » (Gunnar et Mavis von Proschwitz, *op. cit.*, t. II, p. 981). Mais on sait que ce périodique, dont Théveneau de Morande assurait la rédaction en chef, était à l'entière dévotion de Beaumarchais.

85. Dans *Correspondance littéraire*, juin 1787, t. XV, p. 98-99.

86. Lettre du mardi 18 septembre 1787, dans Gunnar et Mavis von Proschwitz, *op. cit.*, t. I, p. 161-162.
87. Da Ponte entreprit ce travail en même temps que le *Don Juan* destiné à Mozart : « Je pensai, raconte-t-il, qu'il fallait réveiller ma muse endormie. Les trois maestri Martini, Mozart et Salieri m'en fournirent l'occasion en venant simultanément me demander un libretto. Je les aimais et les appréciais également tous trois. J'espérais, avec leur aide, me relever de mes dernières chutes. Je n'entrevoyais pas d'autre moyen de les contenter en même temps que de composer trois drames à la fois. Salieri ne me demandait pas une pièce originale. Il avait écrit à Paris la musique de l'opéra de *Tarare* ; il désirait adapter cette musique à des paroles italiennes. Ce n'était donc qu'une traduction libre qu'il lui fallait. Quant à Mozart et Martini, ils s'en remettaient à moi pour le choix du sujet. Je destinai *Don Juan* au premier qui en fut ravi, et *l'Arbre de Diane* à Martini, comme sujet mythologique en harmonie avec son talent, si plein de cette douce mélodie dont plus d'un compositeur a le sentiment inné, mais que de rares exceptions seules savent traduire. Mes trois sujets arrêtés, je me présentai à l'empereur et lui exprimai mon intention de les faire marcher de front. Il se récria : "Vous échouerez, me dit-il. – Peut-être, mais j'essaierai. J'écrirai pour Mozart la nuit, en lisant l'*Enfer* de Dante ; le matin pour Martini en lisant Pétrarque, et le soir pour Salieri avec l'aide du Tasse." J'étais content de ma comparaison, et à peine rentré chez moi, je me mis à l'œuvre. » (Lorenzo Da Ponte, *op. cit.*, p. 124-125).
88. Nous ne connaissons qu'un seul enregistrement, d'ailleurs médiocre, d'*Axur, re d'Ormus, dramma tragicomico*, réalisé en direct au mois d'août 1989, lors d'une représentation au *Teatro dei Rinnovati* de Sienne (Orchestre philharmonique de Russie sous la direction de René Clemencic ; coffret de 2 CD Nuova Era 7366 / 67). On peut également voir un bref extrait du final de cet opéra, dirigé par Salieri, dans le film de Milos Forman, *Amadeus* (1984). Signalons enfin qu'un site internet excellemment documenté est consacré à *Tarare* et à *Axur* : http ://perso.club-internet.fr/rmasson
89. Voir Gunnar et Mavis von Proschwitz, *op. cit.*, t. I, p. 160-161.
90. Voir notamment *Correspondance littéraire*, t. XV, p. 78-81, 92-99 ; *Mémoires secrets*, 9 juin 1787, t. XXXV, p. 204-205, 14 juin 1787, p. 215-226 ; *Chansonnier historique du xviii<sup>e</sup> siècle*, Éd. Émile Raunié, Paris, Quantin, 1879-1884, 10 vol., t. X, p. 260-270.
91. *Lanlaire* : synonyme de *Tarare pon-pon*, s'emploie dans des expressions telles que : *Envoyer se faire lanlaire* (envoyer au diable, envoyer promener).
92. *Tarare*, acte II, scène VIII.
93. *Requête à MM. les représentants de la Commune de Paris*, dans Beaumarchais, *Œuvres complètes*, éd. Éd. Fournier, Paris, Laplace, Sanchez et Cie, 1884, p. 494.
94. Tout le début de l'acte est conforme à la première version, jusqu'à la scène IX, qui s'achève sur les paroles d'Urson :

> « Les fiers Européens marchent vers ces états ;
> Inaugurons Tarare, et courons au combat. »

95. Lettre du 17 juin 1790 aux membres du Comité de l'Opéra, citée dans le catalogue de l'exposition Beaumarchais à la Bibliothèque nationale, 1966, n° 487, p. 119.
96. Lettre citée dans Beaumarchais, *Œuvres*, éd. Larthomas, Pléiade, p. 1453-1454.
97. Afin d'aider Salieri à mettre ces vers en musique, Beaumarchais lui écrivait : « Voici quelques idées pour l'ariette du nègre. Cette nation brûlée ne chante point comme les autres ; elle a un chevrotement, une trépidation en chantant, qui exige

que l'on s'en rapproche lorsqu'on veut la produire en scène » ; et il envoyait un air noté par lui-même d'après un chant nègre (cité par Loménie, *op. cit.*, t. II, p. 413, n. 1).

98. L'intention est excellente, mais combien nous préférons à ces vers de mirliton l'exhortation toute frémissante de patriotisme qu'André Chénier, mû par la même pensée, adressait au peuple :

> « Peuple, ne croyons pas que tout nous soit permis.
>     Craignez vos courtisans avides,
> Ô peuple souverain ! À votre oreille admis
> Cent orateurs bourreaux se nomment vos amis !
>     Ils soufflent des feux homicides !
> Aux pieds de notre orgueil prostituant les droits,
> Nos passions par eux deviennent lois.
> La pensée est livrée à leurs lâches tortures !
>     Partout, cherchant des trahisons,
> À vos soupçons jaloux, aux haines, aux parjures,
>     Ils vont, forgeant d'exécrables pâtures. »

*(Le Jeu de paume*, strophe XVII).

99. Lettre citée par Loménie, *op. cit.*, t. II, p. 417.
100. *Correspondance littéraire*, août 1790, t. XVI, p. 74-75.
101. L'Assemblée constituante avait délibéré sur cet article, mai le décret du 8 mars 1790 avait maintenu le statu quo.
102. On peut lire la lettre du Comité de l'Opéra et la réponse de Beaumarchais dans Beaumarchais, *Œuvres*, éd. Larthomas, Pléiade, p. 1668-1669 et 1172-1175.
103. Lettre citée par Loménie, *op. cit.*, t. II, p. 418.
104. *Ibid.*, p. 419.
105. Voir André Tissier, *Les Spectacles à Paris pendant la Révolution*, Genève, Droz, 2002, 2 vol., t. II, p. 63.

## CHAPITRE III

## La Femme adultère

1. Citons parmi les œuvres de Daudet de Jossan : *Lettres sur les peintures, gravures et sculptures qui ont été exposées cette année au Louvre, par M. Raphaël, peintre de l'Académie de Saint-Luc, entrepreneur général des enseignes de la ville, faubourg et banlieue de Paris à M. Jérôme, son ami, râpeur de tabac et riboteur*, Paris, Delalaire, 1769 ; *Sentiments sur les tableaux exposés au Salon*, s.l., 1769 ; *Lettre de M. Raphaël le jeune, élève des écoles gratuites de dessin, neveu de feu M. Raphaël, peintre de l'Académie de Saint-Luc, à un de ses amis architecte à Rome, sur les peintures, gravures et sculptures exposées cette année au Louvre*, s.l., 1771 ; *L'Ombre de Raphaël, ci-devant peintre de l'Académie de Saint-Luc, à son neveu Raphaël, élève des écoles gratuites de dessin, en réponse à sa lettre.* S.l., 1771 ; *Éloge des tableaux exposés au Louvre le 26 août 1773, suivi de l'entretien d'un Lord avec l'Abbé A\*\*\**, Paris, 1773. On lui attribue également la *Lettre du marquis de Caraccioli à M. d'Alembert*, suivie de la *Requête au roi sur la retraite de M. Necker, par un ancien résident à la Cour de France*. Le mémorialiste Barbier tenait du comte de Grimoard que cette lettre était de sa main, et avait été seulement revue par Daudet de Jossan. Selon Métra (*Correspondance secrète, politique et littéraire*, t. XI, p. 299-300) et Bachaumont (*Mémoires*

*secrets*, 25 mai 1781, t. XVII, p. 187-188), ce libelle serait de Beaumarchais « à raison de son extrême méchanceté ». « On attribue cette brochure à Beaumarchais, qui veut toujours se mêler des affaires d'État, métier dangereux dont on finit ordinairement par être la dupe, et souvent la victime, écrit Métra. Cette prétendue lettre de M. Caraccioli nomme à la tête des intrigantes de la Cour, cinq ou six femmes de la plus haute qualité. Tout cela est imprimé en beaux caractères (de Baskerville, peut-être). On dit qu'il n'y en a qu'une douzaine d'exemplaires dans Paris » (*ibid.*). Réimprimée au t. III des *Pièces pour et contre M. Necker* (1781) et dans l'*Histoire du 18 Brumaire* par de La Rue, la *Lettre du marquis de Caraccioli* a été de nouveau publiée par H. de Châteaugiron, dans les *Mélanges de la Société des bibliophiles français*. Il en existe un tirage à part, dont quelques exemplaires sur papier bleu.

2. On reconnaît aisément Daudet de Jossan dans le portrait peu flatteur qu'en trace le prince de Montbarey, sans le nommer : « Malgré le peu de crédit que je pouvais conserver encore, et le peu d'utilité dont je pouvais être, il m'était resté quelques affidés qui espéraient tirer parti de mon influence, soit pour leur bien-être actuel, soit pour leur avancement futur. De ce nombre était un homme plein d'esprit et de connaissances, né en Alsace, dont l'éducation avait été très cultivée, mais dont les besoins journaliers et les fantaisies avaient toujours excédé les moyens réels et qui, pour y satisfaire, s'était voué à l'intrigue. Il s'était insinué chez moi avec beaucoup d'adresse, pendant mon ministère ; il était parvenu à être également bien vu de madame de Montbarey et de moi. Il avait été employé utilement lors du mariage de ma fille ; et comme il parlait également bien le français et l'allemand, il avait été souvent chargé de correspondances particulières. Cet homme, que quelques talents agréables et beaucoup d'esprit rendaient intéressant, avait bien quelques inconvénients, procédant de l'immoralité de son caractère et de l'espèce de liaisons qu'indifféremment et successivement il avait entretenues avec toutes les classes sans distinction. Mais ces légers défauts étaient rachetés par une complaisance sans bornes et une flexibilité de principes qui le rendaient propre à tous les rôles, et le mettaient dans le cas de les remplir à la satisfaction de ceux qu'il voulait gagner ou qu'il avait intérêt de servir. Comme il avait vécu dans tous les genres de sociétés, il avait tous les moyens d'être utile. Cette espèce d'hommes manque rarement son but, qui est d'accaparer la confiance de ceux dont elle espère tirer parti. Celui-ci s'était peu à peu impatronisé chez moi ; et quoique j'eusse d'abord démêlé son véritable caractère, il m'était devenu agréable, ainsi qu'à tout ce qui m'entourait. Sans que je lui confiasse mes véritables secrets, il avait part à ma confiance journalière et du moment ; et comme rien ne lui paraissait jamais difficile, il se chargeait avec un égal empressement de toutes les commissions de ma femme, de ma fille, de moi ou de mes amis, et s'en acquittait avec une adresse et une intelligence rares : c'était un véritable *factotum* » (*Mémoires autographes de M. le prince de Montbarey [...]*. Paris, Alexis Eymery et Rousseau, 1826-1827, 3 vol., t. III, p. 58-60).

3. Nicolas Bergasse, *Mémoire sur une question d'adultère, de séduction et de diffamation, pour le sieur Kornman, contre la dame Kornman, son épouse, le sieur Daudet de Jossan, le sieur Pierre-Augustin Caron de Beaumarchais, et M. Lenoir, conseiller d'État et ancien lieutenant-général de police*. S. l., 1787, p. 9.

4. Sur cette union, à laquelle le prince de Montbarey ne se montrait guère favorable, voir ses *Mémoires*, éd. citée, t. III, p. 72 *sq.*

5. C'est en 1685 que Louis XIV avait créé la magistrature municipale de *prêteur du roi*, pour représenter l'autorité royale dans certaines villes d'Alsace, notamment à Strasbourg. Le prêteur y était considéré comme l'un des plus hauts personnages de la ville.

6. L'illustre tragédienne avait eu deux filles naturelles de deux amants successifs : Élisabeth Adrienne, qui avait pour père Philippe Le Roy, officier du duc de Lorraine, épousa le musicien Francœur le Cadet, futur directeur de l'Opéra ; la seconde, prénommée Françoise, était fille de François Joseph de Klinglin (et non du maréchal de Saxe, comme l'affirme Loménie, *op. cit.*, t. II, p. 383, n. 1), successeur de son père Jean-Baptiste comme prêteur royal de Strasbourg en 1722, et qui mourut en prison en 1752. C'est cette Françoise qui épousa le père de Daudet de Jossan, directeur des greniers à sel de la ville de Strasbourg.

7. *Mémoires secrets*, t. XIV, p. 213-214.

8. Nicolas Bergasse, *op. cit.*, p. 16-17.

9. *Mémoire sur une question d'adultère* de Nicolas Bergasse, p. 145-153.

10. À l'origine, la maison de Mlle Douai était située rue de Charonne, à deux pas de Ménilmontant. C'est en 1777 qu'elle se transporta faubourg Poissonnière, dans une ancienne maison de plaisir du comte de Charolais. Peu avant que n'y entrât Mme Kornman, elle avait abrité Sophie de Monnier, la maîtresse de Mirabeau, sous le pseudonyme de Mme de Courvière, nom d'une terre de M. de Monnier. C'est rue de Bellefond que celle-ci mettra au monde la petite Gabrielle Sophie, le 7 janvier 1778. D'après les registres de la police, elle aurait quitté la maison de Mlle Douai le 22 mars 1778 pour être transférée au couvent des Dames de la Croix.

11. On peut lire ce mémoire et la lettre qui l'accompagne dans *Mémoire de Pierre Caron de Beaumarchais, en réponse au libelle diffamatoire signé Guillaume Kornman ; dont plainte en diffamation est rendue, avec requête, à M. le lieutenant-criminel et permission d'informer*. Paris, 1787, p. 3-7.

12. Dans son *Mémoire*, Beaumarchais souligne en italique les marques d'affection de Kornman à l'égard du jeune homme, « sans doute pour en inférer une grande liaison entre le sieur Daudet et moi », proteste Kornman, qui se défend contre cette accusation : « On doit savoir quelle valeur on attache dans le monde à ces expressions banales que l'étiquette met à la fin de toutes les lettres » (*Mémoire du sieur Kornman en réponse au mémoire du sieur de Beaumarchais*, chez Lottin l'aîné, juin 1787, p. 12, n. 3).

13. Kornman s'expliquera plus tard sur ces lettres, au nombre de quatorze, dûment contrôlées et déposées au greffe, alléguant entre autres, qu'il avait prié Daudet de Jossan de mettre sa femme en garde contre son inclination pour un jeune Hollandais rencontré aux eaux de Spa, qu'en revanche il ne soupçonnait point encore sa liaison avec Daudet. On peut lire sa justification ainsi que les lettres elles-mêmes dans *Mémoire du sieur Kornman en réponse au mémoire du sieur de Beaumarchais*, *op. cit.*, p. 8-33.

14. *Mémoire de Pierre Caron de Beaumarchais*[...], p. 7-8.

15. *Mémoire du sieur Kornman* [...], p. 7-8.

16. Gunnar et Mavis von Proschwitz, *op. cit.*, t. II, p. 715.

17. L'amitié entre les deux hommes ne date pas d'hier. Dès l'année 1778, Beaumarchais avait offert à Restif une place de prote dans son imprimerie de Kehl. Plus tard, il l'aidera de ses conseils dans une affaire qui opposait l'auteur des *Contemporaines* à une femme qui avait cru se reconnaître dans la nouvelle intitulée *La Belle Hôtesse et son pensionnaire*. Il lui écrivait à ce propos, le 18 juillet 1780 : « Je reçois votre lettre, Monsieur. Je vous prie de me venir voir ; je serai peut-être assez heureux pour arranger votre affaire. Je connais M. Picard [avocat de la plaignante] ; je ferai parler, ou je parlerai à la dame *Contemporaine*. Je vous consolerai et vous proposerai une distraction peut-être agréable. Venez et nommez-vous à ma porte, qui vous sera ouverte en tout temps. Je vous salue, et vous attendrai le matin qui vous conviendra. BEAUMARCHAIS. » D'autre part, à son retour

d'exil, en 1796, le même Beaumarchais se désolait de ne pouvoir porter secours à son ami, alors dans le plus profond dénuement. « J'ai perdu, lui écrivait-il, le plus touchant plaisir de mon aisance : la possibilité d'obliger, du moins jusqu'à des temps moins désastreux... Je vous aime et ne puis vous aider » (lettre du 7 frimaire an V [27 novembre 1796]. Voir Restif de La Bretonne, *Mes Inscripcions*, éd. Paul Cottin, Paris, Bibliothèque elzévirienne, 1889, p. LXVII).

Dans *Monsieur Nicolas*, Restif de La Bretonne trace un amusant parallèle entre Beaumarchais (*Bellemarche*) et lui-même (*Pertinax*) : « Il existe à Paris deux hommes de lettres qui ont de singuliers rapports ! Il se trouve entre eux une grande ressemblance pour le genre d'esprit, pour le faire, la manière de travailler, les inclinations, la situation (une chose exceptée), le style et le but des ouvrages. Bellemarche a fait *Eugénie* ; Pertinax *La Mère impérieuse* ; Bellemarche, *Les Deux Amis* ; Pertinax, *La Prévention nationale* ; Bellemarche, *Le Barbier de Séville* ; Pertinax, *L'Épiménide grec* ; Bellemarche, *Figaro ou La Folle Journée* ; Pertinax, *Le Nouvel Épiménide ou la Sage Journée* ; Bellemarche, *La Mère coupable* ; Pertinax, *Le Père valet ou l'Épouse adorée après sa mort* ; Belle-marche, *Robert chef de brigands* * ; Pertinax, *Les fautes sont personnelles* ; Belle-marche, *Tarare* ; Pertinax, *L'An 2000*. Et de plus, *Le Loup dans la bergerie*, *L'Épouse comédienne*, *Le Libertin fixé*, *Sa mère l'allaita*, *L'Amour muet*. Belle-marche a fait une fille au moins ; Pertinax deux au moins. Bellemarche a fait ses *Mémoires*, où sont deux *Contemporaines* fort intéressantes ! Pertinax a fait plus de mille et une *Contemporaines*, dont la plupart sont d'un vif intérêt. Bellemarche a fait beaucoup d'affaires ; Pertinax beaucoup de livres, au nombre de plus de cent quatre-vingts volumes. Voilà bien des affaires !

« Tous deux ménagent tellement le papier qu'ils écrivent sur les petits morceaux blancs qu'ils peuvent rencontrer, n'eussent-ils qu'un travers de doigt et un revers de libre. Tous deux font des vers durs, témoins *Tarare*, et toutes les chansons [de] Bellemarche ; témoin toutes les ariettes de Pertinax, et ses vers qu'on a lus dans deux contes insérés dans *Les Contemporaines*. Tous deux sont ardents, vifs, emportés, et toujours prêts à être bonnes gens. Tous deux aiment les richesses et soutiennent que le mépris qu'en font certaines gens n'est qu'une fanfaronnade. Mais l'un les aima en amant heureux ; l'autre, en amant rebuté. Tous deux ont passionnément aimé les femmes ; mais elles ont enrichi Bellemarche et appauvri Pertinax. Tous deux sont hautains, et sentent leur mérite ; mais Bellemarche a quelqu'un qui sent le sien avec lui, tandis que Pertinax est tout seul à sentir qu'il en a. Tous deux bravent également le mépris insolent de leurs contemporains les auteurs, dont aucun ne les vaut. Ni l'un ni l'autre n'est de l'Institut national, avec dix fois plus de titres qu'il n'en faut. Tous deux sont timides, en paraissant auda-cieux. Tous deux ont peint la Nature telle qu'elle est... Voilà les ressemblances. Et voici les différences : l'un a toujours été heureux avec la fortune ; l'autre, toujours malheureux. Ce qui vient plutôt des circonstances que de l'adresse... Enfin, pour tout dire en un mot sur la situation de ces deux hommes contemporains, tous deux ont eu une Sara ; mais l'un est Crésus ; l'autre est Irus.

« La scène la plus délicieuse que j'ai eue chez M. de Beaumarchais est celle du jour où l'intéressante Eugénie était en pénitence pour une faute légère. Elle ne dînait pas à table ; on m'envoya lui tenir compagnie pendant son petit repas soli-taire. Elle n'était pas gaie ; elle n'était pas triste : elle avais pris l'air convenable. Elle me montra ses livres d'études. Je l'amusai beaucoup par l'explication des estampes des *Métamorphoses* d'Ovide. Je les lui expliquai historiquement. Car j'ai pour principe, comme on l'a vu dans les trois premiers volumes de la *Philo-sophie de Monsieur Nicolas*, que tout est historique dans les fables anciennes, qui ne sont que des vérités défigurées par des fourbes ou des ignorants. L'aimable enfant paraissait me comprendre, et ses réponses, ses regards, respiraient l'intelligence. Elle avait neuf ans... Mais quittons un moment cette intéressante enfant, aujourd'hui belle et charmante personne » (*Monsieur Nicolas*, éd. Pierre Testud, Pléiade, t. II, p. 424-426).

\* *Robert chef de brigands* : Aucun texte de Beaumarchais ne porte ce titre. Restif confond probablement avec une pièce intitulée *Robert, chef des brigands*, adaptée des *Brigands* de Schiller par La Martellière, et représentée le 10 mars 1792 sur la scène du Théâtre du Marais.

18. *Monsieur Nicolas*, éd. Pierre Testud, Pléiade, t. II, p. 440. On lit, d'autre part, dans « Fillette R\*\*\* » (*Nouvelles contemporaines*, t. II, p. 135) : « [...] le désagrément de voir ses papiers soumis à l'examen, surtout les lettres confidentielles de Caron de Beaumarchais, où il était question de son aventure avec Camille ». Signalons que Restif de La Bretonne tira de l'affaire Kornman le sujet de sa 76ᵉ *Provinciale* : « Kellète vendue par un mari bassement avide » (t. II, p. 559-564). Il ne nomme pas Beaumarchais, mais celui-ci se reconnaît aisément sous les traits d'« un homme célèbre, trop calomnié, cru fin, et qui n'a qu'un sens exquis uni à une vraie bonhomie » (p. 562). Mme Kornman est désignée sous le nom de Camille K. Restif précise : « Il obtint sa liberté. Il devint son ami, mais ne fut pas son amant » (*ibid.*). Ce dernier membre de phrase semble contredire tout ce que l'on vient de lire sur la liaison amoureuse entre ladite Camille et Beaumarchais ; mais n'oublions pas qu'avec les *Provinciales*, nous sommes dans la fiction...

19. Restif de La Bretonne, *Journal*, nᵒ 1630, fᵒ 17 verso. Renseignement très obligeamment fourni par notre collègue Pierre Testud, professeur émérite à l'université de Poitiers et maître des études rétiviennes, auquel nous exprimons notre gratitude.

20. *Mémoire de Pierre Caron de Beaumarchais*, p. 34-35.

21. Nicolas Bergasse, *op. cit.*, p. 31-32, transposé en style direct.

22. *Ibid.*, p. 40-41.

23. *Mémoire de Pierre Caron de Beaumarchais...*, p. 29-30.

24. Voir *ibid.*, p. 32.

25. On n'en prendra pour preuve que les traits décochés contre Beaumarchais par la pseudo-Mme Kornman : « Vous ne sauriez croire, et je ne pourrais nombrer les lettres anonymes dont on m'assomme depuis quelques jours. Elles ne contiennent pas votre éloge, je vous assure ; je les lis toutes pour satisfaire ma curiosité : après certain péché, celui-là est encore d'habitude, comme chez toutes les femmes. On m'écrit, par exemple, que votre *Mémoire*, le dernier j'entends, est dégoûtant d'ordures, qu'il est écrit avec du fiel, que vous n'y développez aucune preuve, dans un jargon de mauvaise compagnie ; vous êtes pourtant de la bonne. On dit que rien n'est si impudent et si risible que de vous voir, vous-même, allumer l'encens sur votre autel, de vous proclamer le dieu de la bienfaisance, tandis que vous n'êtes que celui de l'intrigue. [...] On n'épargne même pas votre sage et digne épouse, votre charmante fille qui, élevée si follement et si gaiement, perpétuera par ses folies et sa gaieté, les folies et la gaieté de son père ; car, dit-on, il ne peut y avoir, dans la famille d'un Beaumarchais, que de la folie et de la gaieté » (*Lettre de Mme de Kornman à M. de Beaumarchais*, s.l.n.d. [1787], in-8ᵒ, 16 p.). En même temps que ce libelle paraissait une prétendue *Lettre de M. Morande, auteur et rédacteur du Courrier de l'Europe à M. de Beaumarchais* (« Londres, ce 6 juillet 1787 », 15 p.) qui avait la même origine. Morande dénonça cette double imposture dans un article du *Courrier de l'Europe*, daté du 24 août 1787, dans lequel il écrivait notamment : « C'est un malheur pour M. Kornman, qui sûrement est étranger à tous les écrits clandestins publiés en sa faveur depuis son premier *Mémoire*, que des avocats anonymes adoptent des moyens aussi peu dignes de lui pour le défendre. Il semble que la malignité, la calomnie et la sottise se soient donné les mains pour faire un charivari, et pour attirer sur elles les

regards de tout le monde » (Gunnar et Mavis von Proschwitz, *op. cit.*, t. II, p. 994-996).

26. Nos citations sont tirées de *Nicolas Bergasse, avocat au Parlement de Paris, député du Tiers-État de la sénéchaussée de Lyon aux États-Généraux (1750-1832)*, Introduction par Étienne Lamy. Paris, Librairie académique Perrin, 1910, p. 14-19.

27. Lettre de Bergasse à son ami Rambaud de Vallières [1776], qui renferme un remarquable portrait du philosophe. Voir *ibid.*, p. 24-26.

28. J.-P. Brissot, *Mémoires* (1754-1793), publiés avec étude critique et notes par Cl. Perroud, Paris, s.d. [1911], t. II, p. 54.

29. Voir les écrits théoriques de Bergasse : *Considérations sur le magnétisme animal ou sur la théorie du monde et des êtres organisés. Avec des pensées sur le mouvement, par M. le marquis de Chastellux.* [...], La Haye, 1784, p. 148 ; *Observations de M. Bergasse sur un écrit du Dr Mesmer, ayant pour titre* Lettre de l'inventeur du magnétisme animal à l'auteur des Réflexions préliminaires, Londres, 1785, p. 53-54, 73 ; *Supplément aux Observations de M. Bergasse, ou Règlements des sociétés de l'harmonie universelle* [rédigés par Mesmer], *adoptés par la Société de l'harmonie de France dans l'assemblée générale tenue à Paris, le 12 mai 1785, avec des notes pour servir à l'intelligence du texte*, s.l., 1785, p. 20, 27.

30. J.-P. Brissot, *Mémoires* (1754-1793), t. II, p. 55.

31. « On sait ou on ne sait pas qu'un certain Bergasse, depuis un de ces brigands célèbres qui ont cru que la route de la fortune tournait *à droite*, était devenu éperdument amoureux de Mme Kornman ; il fut éconduit. Enragé du non-succès, cette mauvaise tête (il était précepteur des enfants Kornman) se mit du côté du mari, avec ce clinquant qui passait alors pour du talent, et qui n'était qu'un ridicule aux yeux des gens sensés » (Restif de La Bretonne, *Monsieur Nicolas*, éd. Pierre Testud, Pléiade, t. II, p. 424).

32. Lettre citée dans *Nicolas Bergasse, avocat au Parlement de Paris*, p. 42-43.

33. Marquis de Luchet, *Mémoires pour servir à l'histoire de l'année 1789. Par une société de gens de lettres*, Paris, Lavilette, 1790, t. I, 1ᵉʳ mars 1789, p. 139-140. Le même marquis de Luchet fait état d'une « liaison » entre Bergasse et la sœur de Beaumarchais que nous n'avons trouvé attestée nulle part ailleurs (portrait de Bergasse sous le nom de *Garbès*, dans la *Galerie des états généraux*, s.l., 1789, t. I, p. 59).

34. Lettre citée dans *Nicolas Bergasse, avocat au Parlement de Paris*, p. 43-44.

35. *Tableau de Paris*, éd. cit., chap. DCCCXCVI, t. II, p. 1152.

36. Depuis août 1785, il présidait la commission des Finances et dirigeait la Bibliothèque royale.

37. *Observations du sieur Kornman en réponse au mémoire de M. Lenoir*, juin 1787, p. 32.

38. *Mémoire sur une question d'adultère, de séduction et de diffamation*, p. 136-137.

39. *Mémoire pour le sieur Bergasse dans la cause du sieur Kornman, contre le sieur de Beaumarchais et contre le prince de Nassau* (juin 1788), p. 111.

40. Inquiets de voir leur recette baisser à vue d'œil à cause de ces troubles, les Comédiens-Français décidèrent de reprendre *Le Mariage de Figaro*, qu'il jouaient d'habitude à bureaux fermés. Mais Beaumarchais tâcha de les persuader que cette reprise passerait pour une provocation : « Il peut paraître étrange et peut-être indécent, leur répondit-il, que la Comédie choisisse un instant d'affliction, de trouble et de deuil pour remettre au théâtre la pièce la plus gaie qu'elle ait au répertoire, et surtout à cause de l'audience du troisième acte, qui pourrait être envisagée comme un projet formé par les comédiens et par moi, d'opposer le tableau du ridicule d'un sot juge à la véritable douleur dans laquelle la magistra-

ture est plongée. L'instant de remettre *La Folle Journée* est mal choisi pour la décence publique. Je m'oppose donc, autant qu'il est en moi, à ce qu'on donne *La Folle journée* ; et si j'avais quelque crédit, j'irais plus loin sur le spectacle, etc. » (lettre citée dans : Gudin de La Brenellerie, *op. cit.*, p. 383-384).

41. *Observations du sieur Bergasse sur l'écrit du sieur de Beaumarchais ayant pour titre* Court Mémoire en attendant l'autre, *dans la cause du sieur Kornman* (août 1788), p. 23-25.

42. *Ibid.*, p. 26.

43. *Ibid.*, p. 27, n. 2.

44. *Mémoire pour le sieur Bergasse dans la cause du sieur Kornman contre le sieur de Beaumarchais et contre le prince de Nassau* (juin 1788), p. 144 et 146.

45. Nicolas Ruault, *Gazette d'un Parisien sous la Révolution. Lettres à son frère 1783-1796*, éd. Anne Vassal et Christiane Rimbaud. Paris, Librairie académique Perrin, 1976, p. 130.

46. C'est de cette époque que date le portrait alors très répandu de Nicolas Bergasse, gravé à Paris chez Bergny, et portant le quatrain suivant :

> Fidèle à l'amitié, fidèle à la patrie,
> Il apprit aux Français à rougir de leurs fers,
> Et fort par sa vertu, puissant par son génie,
> Il fut l'appui du juste et l'effroi des pervers.

47. Louis Sébastien Mercier, *Tableau de Paris*, éd. J.-Cl. Bonnet, Mercure de France, 1994, 2 vol., chap. DCCCXVI, t. I, p. 925, note.

48. Il s'agit des *Observations du sieur Bergasse sur l'écrit du sieur de Beaumarchais ayant pour titre* Court Mémoire en attendant l'autre, *dans la cause du sieur Kornman* (août 1788).

49. Lettre d'Ambroise Falconet à Milord***, citée dans *Nicolas Bergasse, avocat au Parlement de Paris [...]*, p. 60.

50. Lettre de Rœderer à Bergasse du 16 août 1788, *ibid.*

51. Pierre Restaut (1696-1764), auteur de *Principes généraux et raisonnés de la grammaire française* (1730), qui firent autorité pendant tout le XVIIIᵉ siècle, et connurent de nombreuses rééditions.

52. Marquis de Luchet, *op. cit.*, 28 février 1789, t. I, p. 138.

53. *Arrêt de la cour du Parlement, rendu en la Tournelle criminelle, entre le sieur Caron de Beaumarchais et le prince de Nassau-Siegen, plaignants ; le sieur Guillaume Kornman, ancien banquier et ancien caissier de la compagnie des Quinze-Vingts, et le sieur Bergasse, accusés ; entre le sieur Guillaume Kornman, la dame Kornman et le sieur Daudet de Jossan*, dans Beaumarchais, *Œuvres complètes*, éd. Éd. Fournier, Paris, Laplace, Sanchez et Cie, 1884, p. 476.

54. *Mémoires de la baronne d'Oberkirch sur la cour de Louis XVI et la société française avant 1789*, éd. Suzanne Burkard, Paris, Mercure de France, coll. « Le Temps retrouvé », 1970, p. 482-483.

55. Saint-Just, *Œuvres complètes*, éd. M. Duval, Paris, Lebovici, 1984, p. 237.


## Chapitre IV

## La « folie » au pied du volcan


1. *Mémoire pour le sieur Bergasse* (juin 1789), p. 17.

2. La plus odieuse de ces facéties, intitulée *Testament du père de Figaro*, et datée du 29 juin 1787, commence par un préambule où l'auteur du *Mariage* se peint ainsi :

« Sur quelque époque de ma vie que je jette mes regards, que j'arrête mon attention, je ne trouve que des sujets de remords, et ce qu'il y a de pire, de plus cruel pour moi, c'est que je n'ai pas la consolation de pouvoir opposer, en compensation, le moindre trait de générosité et de vertu. Quand il m'est arrivé de faire une action louable en apparence, le public (je ne dis pas le peuple) n'a pas pris le change. Il a pénétré mes motifs, et ne m'a pas tenu compte de ma prétendue bienfaisance. » Plus loin, la pseudo-confession de Beaumarchais fait état de sa déréliction actuelle, et tâche d'expliquer pourquoi ce public qui lui était naguère si favorable lui tourne aujourd'hui le dos : « Oh ! public, public ! que vous êtes redoutable ! Vous n'êtes pas, non vous n'êtes point ces Athéniens légers et cruels, comme je me suis permis de vous appeler dans un dernier écrit qui, pour ma honte, n'a acquis que trop de publicité ; ouvrage faible dans lequel j'ai tâché de me disculper d'une grave imputation, en employant ce ton persifleur qui m'avait si bien réussi dans des circonstances précédentes. En vain, je me suis battu les flancs pour produire une défense au moins un peu satisfaisante, et qui pût ne pas faire rougir mes amis, ou plutôt les personnes qui m'accordent ce titre, en retour de l'argent que je leur ai prêté » (*Testament du père de Figaro*, [1789], p. 3-5).

3. *Mémoires secrets*, 2 juin 1787, t. XXXV, p. 172.

4. *Testament du père de Figaro*, [1789], p. 5-6.

5. Beaumarchais avait si peu de partisans, qu'il n'hésita pas à recourir aux bons offices de Théveneau de Morande, fripouille notoire et néanmoins directeur du *Courrier de l'Europe*. Celui-ci prit donc violemment parti contre Kornman dans les numéros des 8, 12 et 15 juin 1787, et rédigea sur commande une diatribe dont les *Mémoires secrets* annonçaient, le 6 juillet, la prochaine publication. Il est pénible de voir l'audacieux bretteur, qui avait naguère défié le parlement Maupeou, emprunter la plume de ce maître chanteur professionnel, dont nul n'ignorait qu'il vendait sa prose au prix fort. Aussi, son intervention fut-elle accueillie par un éclat de rire. Un mauvais plaisant mit en circulation une prétendue lettre qu'il aurait adressée à Beaumarchais, « pour être garanti de tout événement », Kornman ayant déjà porté plainte contre lui, à cause de quelques articles qu'il jugeait calomnieux. « Vous savez, Monsieur, écrit le pseudo-Morande, que par vos lettres des 4, 13, 19, 27 mai et 6 juin dernier, vous m'avez prié d'insérer dans le *Courrier de l'Europe* plusieurs articles que vous avez composés vous-même, auxquels articles vous m'avez défendu de rien changer ; que vous avez cependant exigé que le tout fût imprimé sans guillemets, afin que l'on ne soupçonnât pas qu'un autre que moi en fût l'auteur. Quatre de ces articles étaient contre M. Guillaume Kornman ; vous me les avez payés à raison d'une guinée par chaque ligne. Je ne me plains pas du prix ; il était raisonnable. » Mais quoi ! *Le Courrier de l'Europe* a 4 000 souscripteurs en France. S'il allait être interdit aux frontières, le rédacteur n'aurait plus qu'à se jeter dans la Tamise, car il n'a pas d'autre corde à son arc : « Si je savais faire autre chose, à la bonne heure ; je me consolerais. Mais je ne sais que libeller : c'est mon unique métier ! » (Paul Robiquet, *Théveneau de Morande. Étude sur le XVIIIᵉ siècle*, Paris, Quantin, 1882, p. 233-236).

6. « Enfin, portant au dernier excès leurs manœuvres infâmes, ils ont fait afficher la nuit des placards à toutes mes portes, et même dans les rues voisines, me dénonçant au peuple comme un accapareur de blés. Les placards portaient en substance que si je n'ouvrais pas les greniers que je tenais fermés, on m'en ferait bien repentir. Il est clair qu'espérant que la cherté du pain pourrait produire quelque mouvement parmi le peuple, on lui désignait ma maison pour être la première ou pillée ou brûlée. Les surveillants de la police ont arraché tous ces placards, et M. de Crosne* a bien voulu faire passer toutes les nuits une patrouille déguisée autour d'immenses magasins où je tiens de la librairie, qu'on cherchait à donner au peuple pour des accaparements de blé. L'Europe a couru le danger d'être privée

du plus beau monument littéraire de ce siècle ; et moi, celui d'être ruiné** »
(*Troisième mémoire ou dernier exposé des faits qui ont rapport à Pierre-Augustin
Caron de Beaumarchais, dans le procès du sieur Kornman contre sa femme*, dans
Beaumarchais, *Œuvres complètes*, éd. Éd. Fournier, p. 473.)
\* Louis Thiroux de Crosne, lieutenant général de police.
\*\* Beaumarchais entreposait dans ses greniers les exemplaires invendus des
*Œuvres* de Voltaire qu'il avait fait rapatrier de Kehl.

7. La destruction de la Bastille était programmée depuis longtemps ; mais ce sont les
*Mémoires* de Linguet, publiés pour la première fois en 1783, qui la mirent à
l'ordre du jour. Malgré ce qu'il faut penser de leurs outrances et de leur mauvaise
foi, ces *Mémoires sur la Bastille* connurent un prodigieux retentissement dans le
public. Très habilement, dans une péroraison émue, Linguet s'y adressait au
« cœur pur et sensible » du roi. « Parlez, lui disait-il ; à votre voix, on verra
s'écrouler les murailles de cette moderne Jéricho, plus digne mille fois que
l'ancienne des foudres du ciel et de l'anathème des hommes. Le prix de ce noble
effort sera la gloire de votre règne, un redoublement d'amour des peuples pour
votre personne et votre maison, et la bénédiction universelle des siècles les plus
reculés, comme du siècle présent » (Linguet, *Mémoires sur la Bastille*, éd.
Jouaust, 1889, p. 138-139). Pour donner plus de force à cette supplique, une mauvaise image mise en tête du volume représentait la Bastille frappée de la foudre,
et une statue de Louis XVI s'élevant sur ses ruines. L'année qui suivit la publication des *Mémoires* de Linguet, en 1784, le sieur Corbet, « architecte-inspecteur
des bâtiments de la ville de Paris », fit graver un plan intitulé *Projet d'une place
publique à la gloire de Louis XVI sur l'emplacement de la Bastille, ses fossés et
ses dépendances*. Il va de soi que ledit Corbet avait été chargé d'une mission officielle. Comment eût-il osé, sans un ordre exprès, supprimer ainsi d'un trait de
plume la forteresse de Charles V et de Louis XIV ?
Tout laisse d'ailleurs penser que la Bastille devait disparaître à bref délai : on n'y
envoyait plus de prisonniers, et l'on prodiguait tous les adoucissements possibles
aux derniers détenus, au nombre d'une douzaine, environ. D'autre part, le chevalier Du Puget, « lieutenant général pour le roi à la Bastille » rédigeait en 1788 un
rapport dans lequel il énumérait toutes les bonnes raisons de raser le vieux château, d'en vendre les terrains, et de réaffecter Vincennes à l'usage des prisonniers.
(On peut lire ce mémoire dans : Fernand Bournon, *La Bastille. Histoire et description des bâtiments, Administration, Régime de la prison, Événements historiques*, Paris, Imprimerie nationale, « Histoire générale de Paris », 1893, pièces
justificatives XXXV, p. 303-306.) Les projets de cette démolition n'étaient pas
répandus dans le public. Aussi, lors de la rédaction des cahiers de doléances,
presque partout le tiers état l'inscrivit au premier rang de ses revendications :
« Que la Bastille sera démolie, et qu'il sera élevé sur son emplacement un monument avec la statue du roi, et au bas cette inscription : *À Louis XVI, roi d'un
peuple libre* » (Cahier du district des Mathurins) ; « Les cachots et les bastilles
seront à jamais démolis, et cet acte de justice célébré par des réjouissances
publiques ; les lettres de cachet ne seront valables que pendant vingt-quatre
heures. [...] On fera construire à Paris une ou plusieurs prisons spacieuses, éclai-
rées, salubres autant que peuvent l'être des lieux où l'on perd le premier des
biens. » D'autres districts formulent la même requête : Saint-Joseph, Saint-Louis-
la-Culture, Notre-Dame, les Récollets. Cinq semaines seulement avant la journée
du 14 juillet, paraissait une brochure dans laquelle la destruction de la forteresse
était plus hardiment et plus librement réclamée que jamais ; elle s'intitulait : *Projet d'un monument sur l'emplacement de la Bastille, à décerner par les États-
Généraux à Louis XVI, restaurateur de la liberté publique et à consacrer à la
Patrie, à la Liberté et à la Loi, présenté à l'Académie royale d'architecture, en sa*

*séance du lundi 8 juin 1789, par M. Davy de Chavigné, conseiller du roi, auditeur ordinaire en sa Chambre des Comptes de Paris*, et au-dessous, sans indication de libraire, la simple date 1789.

8. La copie de l'adjudication, conservée aux archives de la Seine, a été publiée par Albert Callet dans le *Bulletin de la société historique et archéologique du IVᵉ arrondissement de Paris*, janvier 1905, p. 317-323. On peut lire, dans le même article les souvenirs d'enfance de Victorien Sardou, rapportés par Georges Cain. L'auteur de *Madame Sans-Gêne* et de *Thermidor* y raconte la visite qu'il fit à l'âge de huit ans, en 1839, dans les ruines de l'hôtel de Beaumarchais.

On a faussement prétendu que Beaumarchais n'avait pas acheté un terrain vague, mais une ancienne propriété déjà bâtie au xviiᵉ siècle, qu'il aurait fait reconstruire ou agrandir, et qui aurait appartenu au financier Vincent Bouhier de Beaumarchais, trésorier de l'Épargne, dont parle Sully dans ses *Économies royales* (chap. ccv). Certes, il est tentant d'imaginer notre Beaumarchais venant s'établir sur les lieux mêmes qu'occupait jadis son lointain homonyme. En réalité, ce n'est pas à cet endroit que Bouhier de Beaumarchais acquit son hôtel (ci-devant *hôtel de Randan*) en 1594, mais non loin de là, rue Saint-Paul, à la hauteur du n° 4. Baptisé *hôtel de La Vieuville*, du nom d'un gendre de Bouhier, il fut démoli en 1923 et remplacé par les entrepôts des magasins de la Samaritaine (voir *Intermédiaire des chercheurs et des curieux*, 1897, 2ᵉ semestre, p. 189-191 et 599-601). Sur l'hôtel de La Vieuville, voir Jacques Silvestre de Sacy et Yvan Christ, *Le Marais*, Paris, Henri Veyrier, 1987, p. 139-140.

9. Le premier commerçant s'y installera dès le mois de juin 1788; il s'agit d'un pâtissier nommé Paumier. Comme les travaux n'étaient pas encore achevés, il réclama une indemnité pour non-jouissance de sa cave (Pierre Pinon, « La maison de Beaumarchais », dans *Les Canaux de Paris*, Délégation à l'action artistique de la Ville de Paris, 1994, p. 36, n. 6).

10. Cet ouvrage ne sera construit qu'un siècle plus tard, en 1874-1876; il s'agit des deux ponts de Sully : du quai Henri-IV au quai d'Anjou, et du quai de Béthune aux quais Saint-Bernard et de la Tournelle.

11. Voir Gudin de La Brenellerie, *op. cit.*, p. 382, n. 1.

12. Né en 1755, pensionnaire à Rome, Paul Guillaume Lemoyne avait reçu le grand prix d'architecture en 1775, sur le thème « Une école de médecine ». Beaumarchais évoque ainsi leurs relations : « Mon histoire avec le citoyen Lemoyne s'écrit en peu de mots. J'avais plusieurs amis grands architectes, et je voulus faire construire ma maison. M. de Monville m'offrit la sienne pour 400 000 livres. Je la trouvai trop chère et peu commode, avec du faste. On me présente un jeune homme, arrivé disait-on de Rome, où il avait gagné des prix. Il me montra tous ses dessins, se plaignit de quelque injustice qui lui enlevait l'avantage de faire connaître son talent dans l'église Saint-Sauveur. Il me fit solliciter avec beaucoup d'insistance, et me demanda plusieurs fois de lui accorder ma confiance, m'assurant qu'il me bâtirait avec la plus grande économie qu'aucun constructeur ne l'avait fait, une maison noble et simple » (lettre publiée dans Michel Gallet, *Demeures parisiennes. L'époque de Louis XVI* , Paris, Le Temps, 1964, p. 44).

13. Il ne percevra le montant de ses honoraires que le 7 prairial an IV (26 mai 1796). Voir *ibid.*, p. 190.

14. Beaumarchais, *Œuvres complètes*, éd. Éd. Fournier, p. 676-677. Nous ne résistons pas au plaisir de citer ci-dessous in extenso la lettre de l'ecclésiastique suivie de la réplique de son paroissien, savoureux dialogue entre un homme d'Église et un homme d'esprit :

« Paris, 17 mars 1788

« Des personnes respectables, monsieur, m'ayant porté des plaintes hier sur les travaux dont ils étaient témoins un jour de dimanche, j'ai été obligé de faire entendre près des magistrats mes plaintes sur une transgression que je ne puis voir avec indifférence. L'examen approfondi que j'ai été obligé de faire m'a convaincu que c'était dans votre maison et dans votre jardin que ces travaux avaient eu lieu. Je suis bien persuadé, monsieur, que c'est à votre insu et contre vos ordres que des ouvriers ont été mis en action dans ce jour, dont l'observation est prescrite par la loi divine et par celle de l'État. J'attends de vous, monsieur, de nouveaux ordres aux directeurs de vos travaux ; je les ai annoncés d'avance à plusieurs personnes dont l'émotion était publique. J'ai du plaisir à croire que mon espérance ne sera pas frustrée. Au moins aurai-je rempli ce que me dicte ma conscience et l'attachement avec lequel j'ai l'honneur d'être
« Monsieur, votre très-humble et très-obéissant serviteur.
« *Signé* Bossu, curé de Saint-Paul et prédicateur du roi. »

« Paris, le 20 mars 1788.

« Mon digne et bon Pasteur,
« Après vous avoir rendu grâce de l'obligeant avis que vous voulez bien me donner, permettez-moi de faire un modeste examen de la profanation que votre lettre me reproche.
« Si vous aviez fait la recherche de ce délit qui nous est imputé avant d'en porter plainte aux magistrats, vous auriez su par moi, monsieur, qu'aucun maçon, ni voiturier, ni couvreur, ni autres ouvriers, ne travaillent chez moi le dimanche ; mais on vous eût représenté que dans ce mois de sève montante, on ne peut laisser d'arbre hors de terre sans être en danger de le perdre, et que des gens de la campagne, ayant conduit à mon jardin des arbrisseaux venus de loin, ont employé toute la nuit du samedi, et même la journée du dimanche, à faire, non l'œuvre servile de les planter (car ils sont payés pour cela), mais l'acte conservatoire et forcé de les serrer en pépinière dans un des coins de mon terrain, pour les empêcher de mourir – et cela sans aucun salaire, car ils me garantissent tout ce qu'ils planteront chez moi.
« Quand il n'y a pas de péché, malheur à qui se scandalise ! dit en quelque endroit l'Écriture.
« Ne pensez-vous pas comme moi que les juifs seuls, ô mon Pasteur, savent observer le sabbat ? car ils s'abstiennent du travail, de quelque utilité qu'il soit ; au lieu que chez nous autres chrétiens, on dirait que le culte est un simple objet de police, tant ses commandements sont heurtés d'exceptions. Nous punissons un cordonnier, un tailleur, un pauvre maçon qui travaillerait le dimanche ; et dans la maison à côté, nous souffrons qu'un gras rôtisseur égorge, plume, cuise et vende des volailles et du gibier. Ce qui me scandalise, moi, c'est que l'homme de bien qui va s'en regorger n'est point scandalisé de cette œuvre servile, exercée pour lui le dimanche.
« Dans nos jardins publics, cent cafés sont ouverts, mille garçons frappent des glaces ; on en fait un commerce immense, et l'honnête dévot qui va s'en rafraîchir le dimanche les paie sans songer au scandale qui en résulte.
« Plus loin, monsieur, on donne un bal ; vingt ménétriers altérés y font l'œuvre servile et folle de faire danser nos chrétiens, pour quelque argent qu'on leur délivre. Si mon dévot n'y danse pas, au moins ni lui ni son curé ne les dénoncent à la police, et mon malheureux jardinier peut-être va payer l'amende.
« Les fêtes et dimanches, on ouvre les spectacles. Là, des acteurs, pour de

l'argent, font un métier proscrit selon l'Église ; et le saint dénonciateur des ouvriers de mon jardin va sans scrupule salarier l'œuvre servile qui l'amuse, en sortant de chez mon curé, où il a crié au scandale contre mes pauvres paysans !

« Sans doute, on répondra que ce qui touche le public mérite de faire exception à la rigueur du saint précepte ; mais le cabaret, la guinguette, et tous les gens qui vivent des désordres où ils plongent le peuple aux saints jours exercent-ils aux yeux de Dieu les métiers plus honnêtes que celui de mes ouvriers, qui s'abstiennent de l'exercer pour aller perdre la raison et le pécule de leur semaine dans ces lieux de prostitution ?

« Tous les métiers qui servent au plaisir ouvrent boutique le dimanche ; et le père de douze enfants, si par malheur il n'est que cordonnier, tailleur de pierre ou jardinier, est puni d'un travail utile qui nourrit lui et sa famille !

« J'ai vu, le jour de Pâques, les valets de nos saints frotter leur chambre, les servir, un cocher mener leur voiture, et tous leurs gens faire autour d'eux l'œuvre servile par laquelle ces malheureux gagnent leur vie, sans qu'aucun de nos saints en fût scandalisé. Ne nous apprendra-t-on jamais où commence et finit le péché ; comment un commerce inutile, un métier souvent scandaleux, peuvent s'exercer le dimanche, pendant que d'honnêtes labeurs qui sustenteraient mille pauvres deviennent l'objet du scandale de nos seigneurs les gens de bien ?

« Pardon, mon digne et bon Pasteur, si j'insiste sur cet objet ; votre lettre m'y autorise : nul ne raisonne avec moi sans que je raisonne avec lui. Tel est mon principe moral : l'œuvre de Dieu n'a point de fantaisie ; et si l'utilité dont est le cabaret au *perfidus caupo* [vil cabaretier] d'Horace le fait tolérer le dimanche, je demande comment la nécessité des travaux ne plaide pas plus fortement pour un pauvre tailleur de pierre ou de malheureux jardiniers.

« Au lieu de ces vaines recherches qui nous troublent dans nos demeures, de ces inquisitions du huitième ou neuvième siècle, de ces saintes émotions (pour employer vos propres termes) sur des travaux d'une utilité reconnue, ne ferait-on pas mieux d'être plus conséquent lorsqu'on établit des principes ? Qu'est-ce que proscrire, le dimanche, des ouvrages indispensables, quand on excepte de la règle les travaux de pur agrément, et jusqu'aux métiers de désordres ?

« Je m'en rapporte à vous, monsieur, qui êtes plus éclairé que moi, et vous supplie de ramener, si vous le trouvez dans l'erreur, celui qui est avec une confiance sans borne,

« Mon respectable et bon Pasteur,

« Votre très-humble et très-obéissant serviteur et paroissien, etc. »

15. Si Chalumeau consentit de telles réductions à son client, c'était avec l'espoir que celui-ci voudrait bien, en échange, lui corriger son drame en trois actes intitulé *L'Ami de la maison*, dont on a retrouvé le manuscrit parmi ceux du fonds Beaumarchais, aux archives de la Comédie-Française. La pièce ne fut jamais jouée, mais son auteur la fit imprimer en 1791, sous le titre de *L'Adultère*.

16. Marie-François Chalumeau, *Ma Chaumière*, Paris, Belin, et Melun, Tarbé, 1790, p. 269-276.

17. Nous empruntons ces détails techniques à l'article déjà cité de Pierre Pinon, « La maison de Beaumarchais », p. 34-37.

18. Gunnar et Mavis von Proschwitz, *op. cit.*, t. II, p. 1027.

19. Publiée dans Loménie, *op. cit.*, t. II, p. 431.

20. L'*Inventaire après décès de Beaumarchais* a été publié par notre collègue et ami Donald Spinelli (Paris, Champion, 1997), qui nous a permis de le consulter sur manuscrit ; qu'il en soit ici bien vivement remercié. Sur le même sujet, on peut consulter les *Plans, coupes, élévations des plus belles maisons et des hôtels construits à Paris et dans les environs*, publiés par J.-Ch. Krafft, architecte, et

N. Ransonnette, graveur (Paris, s.d. [1801-1802], in-fol.), ainsi que l'ouvrage de Michel Gallet, *Demeures parisiennes. L'époque de Louis XVI, op. cit.*, et les articles d'Albert Callet (« La maison de Beaumarchais », dans *Bulletin de la Société historique et archéologique du IVe arrondissement de Paris*, Paris, 1905, p. 317-322), d'Albert Fournier (« Les Demeures de Beaumarchais », dans *Europe*, avril 1973, p. 124-137), de Pierre Pinon (« La maison Caron de Beaumarchais », art. cité), de Jacques Frédet (« Maison Caron de Beaumarchais, boulevard et porte Saint-Antoine, bâtie par Lemoyne le jeune », dans *Paris, formes urbaines et architectures, Les Cahiers de l'Ipraus*, n° 1, 1998, p. 67-97).

21. La maison avait été vendue à la Ville de Paris le 28 mai 1818, par M. Delarue et son épouse, née Amélie Eugénie Caron de Beaumarchais, pour le prix de 508 300 francs. Le canal Saint-Martin devait passer à cet endroit pour emprunter le boyau souterrain du boulevard Richard-Lenoir. Sur la partie du terrain qui restait disponible, on construisit un grenier à sel qui fut abattu en 1841 et remplacé par des maisons de rapport. Sur l'une d'elles, à la hauteur du deuxième étage, 2, boulevard Beaumarchais, une inscription rappelle que notre grand homme « avait ici son hôtel où il mourut le 18 mai 1799. »

22.

> « Cet heureux temps n'est plus. Le sénat de la France
> Éteint presque en mes mains les foudres que je lance ;
> Plein d'amour pour l'Église, et pour moi plein d'horreur,
> Il ôte aux nations le bandeau de l'erreur. »

*(La Henriade*, chant IV).

23. On peut encore admirer ces sculptures dans le jardin du musée de Cluny. En 1791, Beaumarchais se vit accusé de s'être emparé d'une propriété communale. Il s'en défendit en alléguant les énormes frais qu'il avait engagés pour leur restauration, en confiant celle-ci aux meilleurs artisans de France.

24. Voir l'étude remarquable déjà citée de Jacques Frédet sur « La maison de Beaumarchais ».

25. Beaumarchais professait une vive admiration pour ce peintre auquel il écrivait, le 24 mais 1790 : « De tous les genres de peintures, la vôtre me charme le plus ; soit parce qu'il rentre mieux dans mon goût pour la nature pittoresque ; soit parce que les salons que j'ai vus décorés par vous m'aient semblé les plus analogues à la promenade environnante. » Il se propose alors de lui commander huit tableaux, mais hésite devant le prix qu'en demande le maître. Il finira par les acheter, moyennant la somme de 5 100 livres, mais éprouvera quelque déception à leur livraison. Dans une lettre inédite du 17 juillet 1792, il se plaint du « ton d'esquisse, de première touche, des tableaux » et du prix élevé de la commande. (Catalogue de l'exposition « Beaumarchais », Paris, Bibliothèque nationale, 1966, nos 514 et 515).

26. À titre comparatif, signalons que le bureau de Louis XV, commencé par Jean-François Oeben et achevé par Riesener, aujourd'hui conservé au château de Versailles, avait été payé 62 000 livres en 1769 (voir Daniel Mayer et Pierre Arizzoli-Clémentel, *Le Mobilier de Versailles*, Paris, Éd. Faton, 2002, t. I, p. 122-131).

27. Ce navire marchand de la flotte de Beaumarchais fut le premier à briser le blocus britannique et à livrer des munitions aux Américains, pendant leur campagne de 1777.

28. Faut-il rappeler que le valet de cœur porte le nom de Lahire, compagnon d'armes de Jeanne d'Arc, depuis le milieu du xviie siècle environ, et symbolise de ce fait la fidélité au suzerain.

29. On ne connaît aucun mémoire de Beaumarchais portant ce titre.
30. On peut en lire une description détaillée, illustrée de photos, dans le savant ouvrage de Geoffrey de Bellaigue, *The James A. de Rothschild Collection at Waddesdon Manor. Furniture, Clocks and Gilt Bronzes*, Published for the National Trust by Office du livre, 1974, t. I, p. 308-326.
31. Rappelons que Beaumarchais s'était rendu acquéreur des célèbres caractères anglais en vue de son édition des *Œuvres* de Voltaire imprimée à Kehl (voir notre t. II, p. 347-361).
32. Voir notre t. I, p. 189-190.
33. Le chevalier les lui avait envoyés de Londres le 5 octobre 1775, accompagnés de la lettre suivante :
« J'ai l'honneur, Monsieur, de vous envoyer ci-joint 1° Un exemplaire in-4° de la première édition de mes *Lettres et mémoires*. 2° *Mes Loisirs* en 13 vol. in-8° sur divers sujets importants d'administration etc., pendant mon séjour en Angleterre. « Je ne présente pas ce dernier ouvrage à vos lumières, mais à votre indulgence. Comme votre ami, M. Gudin, aime les événements extraordinaires, je le prie de lire le commencement du sixième volume, où il trouvera l'histoire impartiale d'Eudoxie Federowna, première femme de Pierre le Grand, empereur de Russie. Jusqu'à présent, Voltaire ni aucun auteur n'a traité ce sujet. J'ai recueilli sur les lieux, des plus anciens seigneurs russes et des anciens français les plus dignes de foi, que Pierre premier avait engagés pendant son séjour en France et qui vivaient de mon temps à Saint-Pétersbourg, les anecdotes que j'ai présentées au public. La cour de Russie n'a pas été fort contente des peines et soins que j'ai pris pour faire un corps d'histoire de ces anecdotes sur la vie de cette infortunée impératrice, que ladite cour de Russie a toujours tâché d'enlever à la curiosité de l'Europe... » (Oxford, Bodleian Library, Ms. autogr. C. 9 f⁰ˢ 88-89. Cité dans *L'Inventaire après décès de Beaumarchais*, éd. Donald C. Spinelli, p. 100, n. 164).
34. On ne saurait trop savoir gré à Donald Spinelli d'avoir publié cet *Inventaire* d'après l'acte original conservé aux Archives Nationales, dans lequel nous avons largement puisé. Ses notes et commentaires nous ont été d'un grand secours.
35. Probablement suivant les indications de Beaumarchais, qui admirait fort le traité du marquis de Girardin intitulé *De la composition des paysages ou des moyens d'embellir la nature autour des habitations* (Genève, 1777). « Je vous envoie [...] un ouvrage sur les jardins fait par mon ami Girardin sur des principes très nouveaux de peinture et de poésie adaptés aux terrains », écrivait-il à sa maîtresse, le 25 août 1777 (*Lettres galantes à Mme de Godeville*. Paris, Fayard, 2004, p. 149, n. 1).
36. Le petit lac et les fontaines étaient alimentés en eau par la pompe à feu de Chaillot, construite par les frères Périer.
37. Charles Marguerite Jean-Baptiste Mercier Du Paty (1746-1788), dit le président Du Paty, avocat général au parlement de Bordeaux, dont il devint président. Philanthrope, traducteur et commentateur de Beccaria, il eut à soutenir de nombreuses cabales, participa à la réforme du droit criminel et laissa des *Lettres sur l'Italie en 1785* qui connurent un grand retentissement.
38. Beaumarchais, *Œuvres complètes*, éd. Éd. Fournier, p. 695. Ces vers, transcrits par l'auteur sur l'album d'un Suédois nommé J.A. Lindahl, qui séjourna à Paris dans les dernières années du siècle et mit à contribution les gens célèbres auxquels il put se faire présenter, y sont précédés des deux lignes suivantes : « Vous arrivez trop tard en France, M. Lindahl, pour avoir autre chose de moi que mes adieux au monde. CARON DE BEAUMARCHAIS » (*Svenska Autografsallskapets tidskrift*, juin 1882, p. 83).
39. Voir notre t. I, p. 25-26.
40. D'après Montjoye, *Histoire de la Révolution en France*. Paris, 1791.

41. Selon certains historiens, partisans de la thèse du complot, cette arrivée de la duchesse d'Orléans faubourg Saint-Antoine n'aurait rien d'inopiné, mais participerait du dessein machiavélique de son mari, le futur Philippe Égalité, lequel aurait fomenté non seulement l'émeute Réveillon, mais aussi la prise de la Bastille, la nuit du 4 Août et les journées d'octobre. Même s'il tenta d'en tirer parti, rien ne prouve qu'il en fut l'instigateur. En admettant même qu'il y ait joué un rôle, celui-ci paraît infime au regard des forces qui poussaient la France entière vers la Révolution.

42. *Requête à MM. les représentants de la Commune de Paris*, 2 septembre 1789, dans Beaumarchais, *Œuvres complètes*, éd. Éd. Fournier, p. 488.

43. Lettre du 13 mai 1789 à Thiroux de Crosne, lieutenant de police (Loménie, *op. cit.*, t. II, p. 584-585).

44. Les lettres de vétérance transmettaient une charge au fils de celui qui l'avait occupée, ou conservaient aux anciens titulaires les privilèges et honneurs attachés à l'office qu'ils avaient exercé durant vingt ans. Delamare, dans son *Traité de la police* (livre I, titre XI, § IX) cite un certain nombre de lettres de vétérance accordées à des magistrats ou à des fonctionnaires du Châtelet.

45. Gudin de La Brenellerie, *op. cit.*, p. 387-388.

46. Cette circulaire « Aux électeurs, ses collègues », signalée dans la *Bibliographie de Cordier* (n° 458), figure au catalogue de la BNF sous la cote 8-LE31-37. On peut la lire dans Gudin de La Brenellerie, *op. cit.*, p. XXII-XXIV. En dépit de ce fervent éloge, la candidature de Gudin n'aboutit pas, et lorsque celui-ci mit au jour son *Supplément au Contrat social*, dans lequel il prétendait que le gouvernement monarchique convenait seul à la France, sa proposition reçut un tel accueil qu'il prit le parti de se réfugier au hameau de Marcilly, près d'Avallon, d'où il ne sortira qu'après la radiation de Beaumarchais de la liste des émigrés.

47. *Requête à MM. les représentants de la Commune de Paris*, 2 septembre 1789, dans Beaumarchais, *Œuvres complètes*, éd. Éd. Fournier, p. 499-500. Beaumarchais ne disait pas autre chose dans *Tarare*. Qu'on se souvienne des bannières portant les inscriptions suivantes : « La liberté n'est pas d'abuser de ses droits » ; « La liberté consiste à n'obéir qu'aux lois » ; « De la liberté sans la licence, naît le bonheur, naît l'abondance » ; « Licence, abus de liberté, sont les sources du crime et de la pauvreté. » Voir *supra*, p. 98.

48. Gudin de La Brenellerie, *op. cit.*, p. 391.

49. Voici ce que pensait de lui son ancien adversaire, le comte de Mirabeau, au printemps de 1789 :

« Beaum[archais] : honnête homme par arrêt, excellent écrivain (voyez ses *Mémoires* contre Bergasse), plagiaire adroit (voyez ses *Mémoires* contre Goëzmann) ; bon ami, bon époux, citoyen intact (voyez ses lettres à Mme Franquet). On a proposé différentes devises pour sa statue. En voici quelques-unes prises dans l'immortelle collection des œuvres qu'il a si bien déshonorées :

> "Puis il lui souffle un esprit imposteur,
> Traître et rampant, satirique et flatteur.
> ...................... il vous remplit la bête
> De fiel et de vent dans la tête."
> (*La Crépinade*).
> "Je me suis fait auteur disant la messe,
> Persécuteur, délateur, espion,
> Je cours, j'écris, j'invente des scandales."
> (*Le Pauvre Diable*) »

(*Les Candidats de Paris jugés, ou Contre-Poison adressé aux électeurs de Paris*, par le comte de M\*\*\*. Paris, 1789).

50. Beaumarchais, *Notes et Réflexions*, Paris, Hachette, 1961, p. 23.

51. Dès le lendemain, Beaumarchais renvoyait ce soldat au capitaine du régiment de Salis-Allemand, avec ce billet :

« Mercredi 15 juillet 1789.

« En rentrant chez moi, Monsieur, j'ajoute au bien que j'ai été assez heureux pour accomplir d'empêcher que votre soldat ne parte en plein jour : il serait déchiré. Je lui fais donner une redingote et un chapeau de mes gens que vous me ferez repasser. Je lui a fait ôter ses guêtres pour que rien ne le fasse reconnaître. Un grenadier des gardes françaises plein d'humanité me promet de le protéger jusqu'à la barrière. Dieu sauve le roi, le rende à son peuple, qui à travers sa fureur n'a pas perdu le saint respect de ce nom sacré ! Tout le reste est à la débandade.
« Je vous salue, Monsieur.

« CARON DE BEAUMARCHAIS,
« Présidant le district des Blancs-Manteaux en ce moment. »
(Loménie, *op. cit.*, t. II, p. 433-434).

52. François Soulès, natif de Boulogne-sur-Mer (1748-1809), était l'auteur de romans sensibles, de récits de voyages et d'essais politiques. Il a traduit une vingtaine d'ouvrages de l'anglais. On connaît de lui : *Histoire des troubles de l'Amérique anglaise, dédiée à Louis XVI* (1787, 4 vol.), *L'Indépendant, nouvelle anglaise imitée* (1788), *Le Véritable Patriotisme* (1788), *Vade-mecum parlementaire* (1789), *De l'homme, des sociétés, des gouvernements* (1792), *Moyens de rétablir le crédit et les finances* (1800), *Montalbert et Mélanie*, nouvelle (1800), *Adonia ou les Dangers du sentiment* (1801, 4 vol.), etc.

53. Les *Révolutions de Paris* donnent une version très différente, et passablement édulcorée, de ce récit ; elles effacent notamment toute trace de rivalité entre Soulès et Laizer (n° V, du 9 au 15 août 1789, p. 17-19).

54. Voir Soulès, *Événements de Paris, ou Procès-Verbal de ce qui s'est passé en ma présence depuis le 12 juillet 1789* et Fernand Bournon, *La Bastille*, Paris, Imprimerie nationale, 1893, p. 205-206.

55. D'après la relation du *Moniteur universel* : « Extrait du procès-verbal des séances de l'Assemblée nationale, du samedi 18 juillet 1789 ».

56. La Bastille fut ensuite envahie par les clercs de la Basoche, et enfin par Danton, capitaine d'une compagnie bourgeoise du district des Cordeliers, suivi d'une quarantaine d'hommes. Danton arrêta Soulès, le conduisit au district des Cordeliers, puis à l'Hôtel de Ville, en criant qu'il avait arrêté le *gouverneur* de la Bastille. On parlait déjà de *décoller* Soulès quand La Fayette intervint et le fit mettre en liberté. Soulès donna sa démission de gouverneur avec soulagement.

57. *Procès-verbal de l'Assemblée des électeurs de Paris*, séance du 22 juillet 1789, t. II, p. 297-298 ; Arch. nat., *Assemblée extraordinaire des électeurs de Paris*, juillet 1789 ; dossier 10 : requête du district de Saint-Roch, signalée par Alexandre Tuetey, *Répertoire général des sources manuscrites de l'histoire de Paris pendant la Révolution*, t. I, n° 539.

58. Charles de Valles, *Beaumarchais magistrat*, Paris, Oliven, 1928, p. 300.

59. Sa résidence de la rue Vieille-du-Temple dépendait du district des Blancs-Manteaux, et celle du boulevard Saint-Antoine du district de Sainte-Marguerite. D'après le compte rendu officiel des séances, Beaumarchais aurait changé de district à la suite d'une mésentente avec ses collègues. « Des députés du district des Blancs-Manteaux ont exposé que le sieur de Beaumarchais, mécontent des élections auxquelles il n'avait point eu part, avait menacé son district de le quitter, et de se transporter dans sa maison neuve, située sur le district de Sainte-Marguerite.

Les députés demandaient si leur district devait s'opposer à cette émigration. L'Assemblée a décidé que le district des Blancs-Manteaux n'avait ni raison ni droit de retenir le sieur de Beaumarchais » (*Procès-verbal de l'Assemblée des Électeurs de Paris*, séance du 19 juillet 1789, t. II, p. 189).

60. Lettre du 24 août 1789, citée dans Gunnar et Mavis von Proschwitz, *op. cit.*, t. II, p. 1059.

61. *Requête à MM. les représentants de la Commune de Paris*, dans Beaumarchais, *Œuvres complètes*, éd. Éd. Fournier, p. 493.

62. *Ibid.*, p. 494.

63. *Ibid.*, p. 495.

64. *Ibid.*, p. 496.

65. *Ibid.*, p. 499.

66. On imagine la colère de Beaumarchais en lisant dans *Le Courrier de l'Europe*, qu'il considérait un peu (et non sans raison) comme sa propriété, ce commentaire d'un anonyme après lecture de sa *Requête* : « M. de Beaumarchais vient de faire paraître une *Requête aux représentants de la Commune de Paris*. Revendiqué lui-même par un district, des ennemis l'ont empêché d'être commissaire dans un autre, et il lui a été conseillé de s'absenter des deux jusqu'à ce que la discussion qui le concerne fût jugée. Depuis quinze jours, elle ne l'est pas. L'auteur s'est trouvé dans la nécessité d'opposer l'apologie de sa conduite et de ses principes aux imputations de ses ennemis. Parmi les moyens qu'il emploie pour cela, il convient de remarquer qu'il trouve dans son opéra de *Tarare* tous les principes de liberté qui ont été développés dans l'Assemblée nationale ; les citations y sont précises, et c'est un genre de gaieté vraiment neuf, qui surprend par son originalité » (*Le Courrier de l'Europe* du 22 septembre 1789, reproduit dans : Gunnar et Mavis von Proschwitz, *op. cit.*, t. II, p. 1066, n. 1). Il riposta sur-le-champ par une lettre furibarde à Théveneau de Morande, dont on ne connaît l'existence que par la réponse de ce dernier. Théveneau se défend d'avoir coopéré si peu que ce soit à l'article incriminé, dont la paternité revient tout entière à son correspondant parisien. Au reste, la *Requête* étant introuvable en Angleterre, il n'a pas voulu en parler lui-même pour éviter de commettre des contresens et de prendre « le ton du panégyrique ». À l'avenir, Beaumarchais serait bien avisé de lui adresser un exemplaire de toutes ses publications. « Quand vous écrivez quelque chose, quand vos amis font quelques ouvrages qui peuvent vous intéresser, vous savez que la plus honorable mention en sera toujours faite, et la diligence de Paris peut en quatre jours me mettre à portée d'être instruit. [...] Votre billet m'a navré. Je ne crois pas devoir vous en dire plus pour justifier l'insertion de cet article. Mon silence sur ce que j'ignorais ne peut passer pour un crime, ni une injure » (*ibid.*, t. II, p. 1065-1066).

67. *Précis et jugement du procès de Pierre-Augustin Caron de Beaumarchais, membre de la représentation de la Commune de Paris*, Paris, chez N.F.H. Nyon, 1789.

68. « Je fus aussi de cette Commune, et m'en retirai au bout de six semaines, mais seulement d'ennui, je dois l'avouer. On était encore loin de l'horreur, mais cette espèce de parlage m'était insupportable » (La Harpe, *Lycée ou Cours de littérature ancienne et moderne*. Paris, Didier, 1834, t. II, p. 354, n. 1).

69. *L'Ami du peuple*, n° 2, mercredi 16 septembre 1789.

70. Séance du 26 septembre 1789, dans *Œuvres de Mirabeau*, précédées d'une notice sur sa vie et ses ouvrages, par M. Mérilhou, « Discours et opinions », Paris, Lecointe et Pougin / Didier, 1834, t. I, p. 263-276.

71. Lettre de Beaumarchais aux commissaires du district de Sainte-Marguerite, publiée par M. Taillandier, secrétaire du comité du district, dans le *Journal de Paris*, n° 209, 24 juillet 1789, p. 936.

72. Cité dans Gudin de La Brenellerie, *op. cit.*, p. 404.
73. Lettre citée dans Loménie, *op. cit.*, t. II, p. 451.

## CHAPITRE V

# « Pleurons à plein canal ! »

1. *De la Liberté du théâtre en France, par M. J. de Chénier*, Paris, s.n., 1789, p. 4.
2. *Dénonciation des inquisiteurs de la pensée*, Paris, Lagrange, 1789, p. 49.
3. Marie-Joseph de Chénier, *Épître aux mânes de Voltaire.*
4. Celle de la première s'élevait à 5 018 livres, soit un peu moins que pour *Le Mariage de Figaro* (5 698 livres, 19 sols), et les 33 représentations suivantes produisirent 128 000 livres : chiffre colossal à une époque où les événements politiques avaient porté un coup sévère aux entreprises théâtrales.
5. C'était une vieille connaissance de Beaumarchais. Premier chambellan du grand-duc Paul, il avait accompagné le fils de Catherine II en 1781, lors de son voyage en Europe occidentale. À Paris, à la fin du mois de mai 1782, le couple princier ayant manifesté le vif désir de connaître *Le Mariage de Figaro*, Beaumarchais lui donna lecture de sa pièce, en présence du prince Youssoupov et du baron de Grimm. (Voir notre t. II, p. 385-388.)
6. Lettre de Beaumarchais au prince Nicolaï Youssoupov, premier chambellan du grand-duc Paul, datée du 12 novembre 1791, dans Gunnar et Mavis von Proschwitz, *op. cit.*, t. II, p. 1113. Beaumarchais répond ici à une lettre qui n'est pas parvenue jusqu'à nous, mais dont on peut deviner la teneur. Le prince demandait à l'auteur du *Barbier de Séville* de lui recommander un acteur français pour le théâtre de Saint-Pétersbourg. Beaumarchais lui indiqua Montgautier, ancien élève de Molé, qui avait été reçu à l'essai à la Comédie-Française en 1788. On sait peu de choses de ce Montgautier, sinon qu'il jouait l'opéra-comique avec sa femme dans la capitale russe en 1797 et 1799.
7. Allusion au retour de Louis XVI à Paris après les journées des 5 et 6 octobre.
8. Ce boulanger, nommé François, avait été sauvagement massacré par la populace le 21 octobre 1789.
9. Lettre de Beaumarchais à Florence, du 9 novembre 1789, dans Loménie, *op. cit.*, t. II, p. 436-437. Le marquis de Ferrières partageait les craintes de Beaumarchais à propos de *Charles IX*, mais leur donnait un tour nettement plus dramatique : « Les représentations de cette tragédie opérèrent un changement funeste dans le caractère du peuple de Paris, écrivait-il. Il sortait ivre de vengeance et tourmenté d'une soif de sang. On le voyait, lorsqu'à la fin du quatrième acte, une cloche lugubre annonce le moment du massacre, on le voyait se recueillir avec un sombre rugissement, crier d'un ton de fureur : *Silence ! silence !* comme s'il eût craint que les sons de cette cloche de mort n'eussent pas retenti assez fortement dans son cœur, et de perdre ainsi quelques-unes des sensations de haine qu'elle était destinée à y alimenter ! Il est aisé de calculer l'effet de ces moyens sur un peuple corrompu, envieux de richesses, avide d'argent, dont les principes religieux, sapés depuis longtemps par une philosophie destructive, ne servaient plus de base à la morale, ni au culte reçu » (*Mémoires du marquis de Ferrières. Avec une notice sur sa vie, des notes et des éclaircissements historiques, par MM. Berville et Barrière*, deuxième édition, Paris, Baudouin fils, 1822, t. I, p. 350-351).
10. Lettre du 11 décembre 1790, dans Loménie, *op. cit.*, t. II, p. 439. On ne sera pas peu surpris de voir Beaumarchais soutenir également les paroissiens de son quartier, qui se plaignent de n'avoir pas assez de messes, en réclamant pour eux l'ouverture d'une chapelle aux Hospitalières de Saint-Gervais. Voilà qui contraste

singulièrement avec son anticléricalisme notoire, et ses revendications pour le mariage des prêtres dans le couronnement de *Tarare*. Telle est pourtant la prière qu'il adressait aux officiers municipaux en 1791 :

« Messieurs,

« Les citoyens de la Vieille-Rue-du-Temple et de plusieurs rues voisines se réunissent pour vous faire observer que l'éloignement de l'église de Saint-Gervais et Saint-Protais, leur paroisse, le peu de messes qu'on y dit, mettent presque tous ceux qui gardent les maisons, pendant que les autres remplissent un des grands devoirs du chrétien, dans la nécessité d'y manquer fort souvent eux-mêmes. Les femmes, les jeunes personnes, toutes les âmes pieuses et sensibles pour qui les actes de religion sont un aliment doux, utile et même nécessaire, d'accord avec leur digne curé, se joignent à tous nos citoyens pour vous supplier d'ordonner que la chapelle intérieure des hospitalières de Saint-Gervais leur soit ouverte à l'heure du sacrifice, comme vous l'avez accordé aux citoyens des rues Saint-Denis et des Lombards, en leur faisant ouvrir celle des hospitalières de Sainte-Catherine. Notre digne curé se propose même, Messieurs, d'augmenter le nombre des messes nécessaires à ce grand quartier, en en faisant célébrer une dans l'église des Blancs-Manteaux.

« Et moi, qu'ils ont chargé de rédiger cette demande, quoique le moins dévot de tous, moi qui sens que cette faveur est devenue indispensable, tant pour la régularité des devoirs à remplir que pour faire cesser les propos indécents des ennemis de la patrie, qui répandent partout que le civisme est un prétexte pour détruire la religion, je me joins à ma femme, à ma fille, à mes sœurs, à mes concitoyens, à toutes leurs familles, pour obtenir de vous que tant de bons chrétiens qui demandent des messes en aient au moins leur suffisance. Nous recevrons cette justice comme une grâce signalée, laquelle honorera votre catholicisme autant que cette pétition honore le leur et le mien.

CARON-BEAUMARCHAIS. »

    « Au Marais, ce 28 juin 1791. »

(Loménie, *op. cit.*, t. II, p. 440).

11. **Afin** d'unifier les multiples circonscriptions administratives du royaume, l'Assemblée décréta le 26 février 1790 de le diviser en 83 départements. Depuis cinq mois, le Comité de constitution avait reçu et traité des milliers de pétitions. Les provinces demandaient que le nouveau découpage ne bouleverse pas trop leurs anciennes limites. Quant aux villes, elles rivalisaient pour devenir des chefs-lieux.

12. Lettre de Beaumarchais à Chevallié fils (parfois écrit Chevalié ou Chevalier), son fondé de pouvoir à New York, du 4 février 1790 (citée dans : Gunnar et Mavis von Proschwitz, *op. cit.*, t. II, p. 1079-1080).

13. Seignelay Colbert de Gast Le Hill.

14. Jean-Louis Dusson de Bonnac.

15. Adélaïde Marie Louise de Gouffier, épouse de Marie Gabriel Florent Auguste, comte de Choiseul-Gouffier (1752-1817), diplomate et archéologue, membre de l'Académie française, ambassadeur auprès de la Porte ottomane.

16. Il s'agit de la statue élevée à Louis XIV en 1685 par le duc de La Feuillade, place des Victoires. Aux quatre angles du piédestal se trouvaient quatre captifs de bronze enchaînés : l'Espagnol, le Hollandais, l'Allemand, le Turc. En 1790, on retira ces quatre esclaves qui paraissaient anachroniques en pleine ère de la Liberté. En septembre 1792, c'est la statue elle-même qui fut déboulonnée. Celle que l'on peut voir aujourd'hui remonte à 1822.

17. Lettre de Beaumarchais à sa femme, du 22 juin 1790, dans Gunnar et Mavis von Proschwitz, *op. cit.*, t. II, p. 1084-1086.

18. *Correspondance secrète, politique et littéraire*, 24 janvier 1785, t. XVII, p. 291. Ce nouveau titre est un clin d'œil au conte moral de Marmontel intitulé *La Femme comme il y en a peu*, dont l'héroïne est, au contraire, un modèle de vertu. Beaumarchais avait également songé à deux autres titres : *L'Épouse infidèle* et *Les Époux coupables* (voir son introduction : « Un mot sur *La Mère coupable* »).

19. *Un mot sur* La Mère coupable.

20. *Ibid.*

21. *Ibid.*

22. *Ibid.*

23. Loménie, *op. cit.*, t. II, p. 456.

24. Le couvent *Notre-Dame de Bon-Secours* occupait l'emplacement des 95 à 99 de l'actuelle rue de Charonne, dans le XI^e arrondissement. Il avait été fondé en septembre 1648 par Claude de Bouchavanne, veuve du directeur des Finances Viguier. En 1791, il comptait quinze religieuses de chœur, une novice et neuf converses (Paul et Marie-Louise Biver, *Abbayes, monastères, couvents de femmes à Paris, des origines à la fin du XVIII^e siècle*, Paris, Presses universitaires de France, 1975, p. 188-189).

25. *Vieille ronde gauloise et civique pour la rentrée d'Eugénie Beaumarchais de son couvent dans la maison paternelle. Dédiée à sa mère, et brochée par Pierre-Augustin, son père, le premier poète de Paris en entrant par la porte Saint-Antoine, ce 1^er mai 1791, grand jour de joie dans toutes les villes de France*, s.l.n.d., in-8°, 7-[1 bl.] p. Beaumarchais la fit imprimer pour ses amis, à très peu d'exemplaires, aujourd'hui introuvables (la BNF en possède trois). Gudin de La Brenellerie l'a publiée dans son édition (t. VII, p. 203-208), mais incomplète. On en trouve la version intégrale avec la musique dans Beaumarchais, *Œuvres complètes*, éd. Éd. Fournier, p. 777-778.

26. Voir notre t. II, chap. VI, p. 225-277.

27. Voir notre *Théâtre et Lumières*, Paris, Fayard, 2001, p. 35-38. Nous reproduisons ci-après le texte intégral de ce décret :

« Art. I^er. Tout citoyen pourra élever un théâtre public et y faire représenter des pièces de tous les genres, en faisant, préalablement à l'établissement de son théâtre, sa déclaration à la municipalité des lieux.

– II. Les ouvrages des auteurs morts depuis cinq ans et plus sont une propriété publique et peuvent, nonobstant tous anciens privilèges qui sont abolis, être représentés sur tous les théâtres indistinctement.

– III. Les ouvrages des auteurs vivants ne pourront être représentés sur aucun théâtre public dans toute l'étendue de la France, sans le consentement formel et par écrit des auteurs, sous peine de confiscation du produit total des représentations au profit des auteurs.

– IV. La disposition de l'art. III s'applique aux ouvrages déjà représentés, quels que soient les anciens règlements ; néanmoins, les actes qui auraient été passés entre des comédiens et des auteurs vivants ou des auteurs morts depuis moins de cinq ans seront exécutés.

– V. Les héritiers ou les cessionnaires des auteurs seront propriétaires de leurs ouvrages durant l'espace de cinq années après la mort de l'auteur.

– VI. Les entrepreneurs ou les membres des différents théâtres seront, à raison de leur état, sous l'inspection des municipalités ; ils ne recevront des ordres que des officiers municipaux qui ne pourront pas arrêter ni défendre la représentation d'une pièce, sauf la responsabilité des auteurs et des comédiens, et qui ne pourront rien enjoindre aux comédiens que conformément aux lois et règlements de police ; règlements sur lesquels le comité de constitution dressera incessamment un projet d'instruction. Provisoirement, les anciens règlements seront exécutés.

– VII. Il n'y aura au spectacle qu'une garde extérieure, dont les troupes de ligne ne seront point chargées, si ce n'est dans le cas où les officiers municipaux leur en feraient la réquisition formelle. Il y aura toujours un ou plusieurs officiers civils dans l'intérieur des salles, et la garde n'y pénétrera que dans le cas ou la sûreté publique serait compromise et sur la réquisition expresse de l'officier civil, lequel se conformera aux lois et règlements de police. Tout citoyen sera tenu d'obéir provisoirement à l'officier civil » (*Collection générale des décrets rendus par l'Assemblée nationale*, janvier 1791. p. 142).

28. Antoine Vincent Arnault, *Souvenirs d'un sexagénaire*, édition critique par Raymond Trousson, Paris, Honoré Champion, 2003, p. 701. Baptiste aîné (Nicolas Eustache Anselme, *dit*), comédien, créateur du rôle d'Almaviva dans *La Mère coupable*, lors de la reprise de 1797 à la Comédie-Française ; Lemercier (Louis-Népomucène), auteur dramatique.

Il est intéressant de rapprocher le souvenir d'Arnault de celui que le rédacteur de la *Correspondance littéraire* a conservé de ces lectures. Tous deux soulignent le talent de comédien de Beaumarchais, talent si poussé qu'il parvenait à faire oublier les négligences de sa prose : « Quand je me rappelle l'impression différente que m'ont faite les détails de cette pièce à la lecture que j'en avais entendu faire à l'auteur et à la représentation, je suis tenté de croire que le charme très remarquable du son de voix de M. de Beaumarchais a contribué beaucoup à lui faire illusion sur le mauvais goût d'un grand nombre de ses expressions, car il est certain que ces expressions, qui lui sont trop familières, n'ont presque plus rien qui vous surprenne et vous blesse avec sa manière de s'en servir et de les prononcer » (*Correspondance littéraire*, t. XVI, p. 153).

29. Voir l'*Almanach des spectacles*, XLI (1791), p. 10 et l'*Almanach* de Froullé pour 1792, p. 242, selon lequel Beaumarchais aurait pris « un vif intérêt » à ce théâtre, dans lequel il aurait même « placé des fonds considérables. »

30. Outre ceux-là, la troupe assez nombreuse, au moins à ses débuts, comptait Valroy, Raymond, Perroud, Dubreuil, Dugrand, Perlet, Bourdais, Lasozelière, etc., les dames Verteuil, Raymond, Paulin, Belleval, Gonthier, Destival, Baptiste mère et Baptiste bru. (Nicolas Brazier, *Chroniques des petits théâtres de Paris*, éd. Georges d'Heylli, Paris, Rouveyre et Blond, 1883, t. I, p. 341-361).

31. Jean-Marie Souriguère de Saint-Marc (1763-1837) se fera surtout connaître par un hymne réactionnaire intitulé *Le Réveil du peuple contre les terroristes* (1794). Son *Artémidore* ne fut jamais imprimé, à l'exception d'une scène publiée dans le *Recueil de la société nationale des neuf sœurs* (1792). Sans doute s'agit-il du fragment répertorié dans le *Catalogue Soleinne*, sous le n° 2421. Ajoutons que la tragédie de Souriguère s'intitulait à l'origine *Artémidore ou la Révolution de Syracuse*, et traitait de la Révolution française transposée en Sicile. Or, le seul héros syracusain de ce nom était un général élu par le peuple avec Hiéron (Polybe, I, 8). Comme Hiéron devint roi et régna fort sagement, il se peut que Souriguère lui ait donné le nom plus sonore d'Artémidore. C'est du moins ce que suppose H. Carrington Lancaster dans *French Tragedy in the Reign of Louis XVI and the Early Years of the French Revolution (1774-1792)*, Baltimore, The John Hopkins Press, 1953, p. 148, n. 43.

32. C'est le 19 janvier 1792, devant un public nombreux et enthousiaste que fut repris *Le Mariage de Figaro*. À cette occasion, Beaumarchais avait cru bon

d'intercaler à l'acte III, juste avant le procès qui oppose Figaro à Marceline, un petit à-propos sur la manie de jouer de l' « émigrette » en toutes circonstances. Cette « émigrette » était une sorte de yoyo fort à la mode pendant l'émigration de 1790, composé d'un disque évidé ou de deux disques réunis par un axe, que l'on faisait descendre et monter le long d'une cordelette enroulée autour de cet axe ; on appelait cela *rouler l'émigrette*. Cet innocent badinage ne fut pas du goût de tout le monde ; certains joueurs d'émigrette manifestèrent bruyamment leur colère contre l'insolent qui osait les ridiculiser sur le théâtre. La polémique prit une telle ampleur que Beaumarchais crut devoir se justifier par une lettre ouverte adressée à la *Chronique de Paris*, jamais rééditée depuis, et que nous reproduisons in extenso ; elle donne une idée des futilités qui agitaient l'esprit des Parisiens, pendant que les armées autrichiennes menaçaient nos frontières.

« En vous rendant grâce, messieurs, de la bonté que vous avez de m'excuser d'une chose dont on m'accuse à l'occasion de l'*émigrette*, permettez-moi de dire qu'accusateurs ni défenseurs ne savent de quoi il s'agit. Voici le fait.

« Lassé de ne pouvoir entrer en nul bon lieu, où quatre hommes de sens parlent de choses graves, sans en voir un cinquième au milieu, *rouler* gravement l'*émigrette* : manie nouvelle, à dire vrai, qui donne à nous, Français, un air de nullité dont je sais que l'on rit partout, dans les longitudes connues, de Strasbourg jusqu'à Pétersbourg, et en croix sur les latitudes ! Moi, qui ne vois point de sottise sans me croire en droit, comme auteur dramatique (et qui dit auteur dit *oseur*) de courir sus dans mon pays, j'ai pensé que mon droit d'*oseur* pouvait s'étendre aussi sur les bêtises.

« En conséquence, voyant que dans *La Folle journée*, l'auteur a mis un grave *Brid'oison*, et c'est comme qui dirait un *rouleur d'émigrette*, j'ai cru pouvoir user de lui pour dénoncer, en badinant, la sottise et le ridicule de cette éternelle *roulerie*, et voici les petites phrases que j'ai intercalées dans une scène du *Brid'oison*, où je crois qu'il n'y a, sauf le respect dû aux journaux, ni *cruauté*, ni *trivialité* ; seulement un léger avis à mes distraits concitoyens, que ces *rouleurs* impitoyables les rendent la fable de l'Europe. Car que dire d'un peuple qui *roule une émigrette* en parlant de Constitution ? Voici la scène intercalée :

BRID'OISON, *à Figaro*
On... on dit que tu fais ici des tiennes.

FIGARO
Monsieur est bien bon ! Ce n'est là qu'une misère.

BRID'OISON
U... une promesse de mariage ! Ah, le pau... uvre benêt !

FIGARO
Monsieur...

BRID'OISON
On n'est pas plu... us idiot que ça !

FIGARO, *riant*
Idiot, moi ? Je fais pourtant très bien descendre et monter l'émigrette ! (*Il roule.*)

BRID'OISON, *étonné*
À... à quoi c'est-il bon, l'émigrette ?

BARTHOLO, *brusquement*
C'est un noble jeu, qui dispense de la fatigue de penser.

BRID'OISON
Ba...ah ! Moi, c'te fatigue-là ne... e me fatigue pas du tout.

FIGARO, *riant*
Jeu favori d'un peuple libre, qu'il mêle à tout avec succès !

BARTHOLO, *brusquement*
Émigrette et constitution : le beau mélange qu'ils font là !

BRID'OISON
Je pourrais pen... dant les référés...

FIGARO
Référé, spectacle, assemblée ; nos gens d'esprit ne la quittent nulle part. Et monsieur a tout ce qu'il faut pour en jouer supérieurement. (*Il la lui présente.*)

BRID'OISON, *l'acceptant*
Oui ? Eh... eh bien, j'essaierai.

BARTHOLO *à Marceline*
D'une bêtise bien adressée, le fripon s'est fait un appui contre le droit de votre cause.
« Et la scène du procès continue.
« Voici ce qui est arrivé à la représentation. Au seul mot d'*émigrette*, quelques *rouleurs* émus ont senti la bordée : *inde iræ*, les *murmures*, les *Ah !* les *cris* ; et les acteurs troublés ont vite coupé la scène ; on n'a plus su ce qu'elle voulait dire ; raison de plus pour m'accuser d'incivisme, de cruauté, de tout enfin, jusqu'à la niaiserie. Puis, rumeur au Palais-Royal ! Projet de troubler *mon* spectacle, si j'ai l'audace encore de reparler de l'*émigrette*. Un monsieur *en roulant* disait très gravement aux autres : *Je... e vois ce que c'est, messieurs. En donnant un... un instant de discrédit à l'*émigrette, *le prix en tom... ombera partout. L'auteur les a... achètera toutes, pour nous les revendre ensuite au... au prix qu'il le voudra, car c'est un grand accapareur, co... omme on sait.– Un accapareur d'*émigrettes *! *ont dit tous les autres messieurs. *Courons, courons à* son *théâtre, et faisons-y un train du diable !* Les acteurs avertis m'ont tous prié de sacrifier les quatre mots sur l'*émigrette*. J'ai souri de l'effet, et le leur ai permis.
« Ainsi, lorsque je fis la pièce, tous les sots que j'y critiquais voulaient de même tout briser. Mais alors, un seul homme ne croyait pas avoir le droit de troubler ainsi nos spectacles, pour voir la sottise exposée au miroir ardent du théâtre. Faudra-t-il donc ne faire que des choses insignifiantes ? ou voir changer nos salles de spectacles en arènes de gladiateurs ? Or, jugez la question, messieurs : vous la connaissez maintenant.
« Ce 22 janvier 1792.
« BEAUMARCHAIS. »
(*Chronique de Paris*, vendredi 27 janvier 1792). L'original de cette lettre fait partie des manuscrits de Beaumarchais conservés à la Comédie-Française, t. I (voir Lintilhac, *op. cit.*, p. 436).

33.  MOTS AVEC LESQUELS A ÉTÉ COMPOSÉE *LA MÈRE COUPABLE.*
*Air du menuet d'Exaudet.*

Le pétard,
Le hasard,
L'atmosphère,
Récépissé, agio,
Oratoire, falot,
Fleur de réverbère ;
Salomon,
Washington,
Intrigaille,
Y a faute, détenteur,
Club dénonciateur,
Canaille,
Noir comité des recherches,
Enfer caverneux,
Tartuffe,
Pied fourchu, serpent, sphinx,
Labyrinthe,
Inconstitutionnel,
Hélas ! Grand Dieu ! Ah ! ciel !
Éteinte,
Bracelet,
Cabinet,
Et chapelle,
Infernale égalité.
Divorce, liberté,
Deuil, reptile et libelle ;
Saint Léon
Et Suzon ;
Ariane ;
Le Minotaure est cerné,
Le Bégearss consterné
Le damne.
Sévère, bête enragée,
Épithalame affligée,
Paradis,
Amoindris,
Radieuse,
Finassé, million d'or,
Mon noble ami Major,
Fougueuse ;
Astorgo,
Chocolat,
Sans lecture,
Chacun pour soi, Dieu pour tous,
Papa, maman, époux,
Nature.

(*Correspondance littéraire*, t. XVI, p. 154-155).
34. *Ibid.*, t. XVI, p. 152 *sq.*
35. La Harpe, *Lycée ou Cours de littérature ancienne et moderne*, Paris, Didier, 1834,
t. II, p. 360.

36. Cela n'empêchera pas Grétry de vouloir mettre *La Mère coupable* en musique :
« Je ne rêve, écrit-il à Beaumarchais, qu'à votre *Mère coupable*. J'ai remarqué
que la musique n'est jamais si bien placée et ne fait jamais plus d'effet que
lorsqu'elle est rare. Voulez-vous que je choisisse douze places où vous rimerez
votre prose, et voilà tout ? Je vous réponds qu'on parlera un jour, si vous consen-
tez à ma demande, de la colère d'Almaviva autant qu'on a parlé de la colère
d'Achille. Si vous donnez cette pièce aux Italiens, elle peut avoir cinquante représentations de suite ; si vous y ajoutez douze ou quinze morceaux de musique, tous
capitaux et de genres différents, elle doit en avoir cent, et j'aurai fait de la
musique sur un chef-d'œuvre digne du vieux

« GRÉTRY. »

(Loménie, *op. cit.*, t. II, p. 456). Le projet n'aura pas de suite.

## CHAPITRE VI
## La dernière maîtresse

1. Loménie, *op. cit.*, t. II, p. 515, n. 1.
2. Voir Beaumarchais, *Lettres galantes à Mme de Godeville*, présentées et annotées
   par Maurice Lever, Paris, Fayard, 2004.
3. Loménie, *op. cit.*, t. II, p. p. 515, n. 1.
4. Cité dans Lintilhac, *op. cit.*, p. 118.
5. Lettre citée par Renée Quinn, « Beaumarchais et Amélie Houret : une correspondance inédite », dans *Dix-huitième siècle*, n° 7, Paris, Garnier, 1975, p. 35.
6. Voir notre t. II, p. 320-328.
7. Né à Paris vers 1775, Hector Chaussier publia les traités de son père, médecin
   comme lui, sur les contrepoisons et sur la goutte. Au théâtre, il a donné, seul ou
   en collaboration avec Martainville, Villiers, Châteauvieux, Bizet, et quelques
   autres *Le Concert de la rue Feydeau, ou l'Agrément du jour*, vaudeville en un
   acte représenté aux Variétés le 19 février 1795 ; *Anacréon à Suresnes*, hilarodie
   en trois actes (1797) ; *Les Diableries, ou Gilles ermite*, hilarodie en trois actes,
   précédée du *Comité de Lucifer*, prologue en un acte (1797) ; *Le Parachute*, comé-
   die-parade en un acte et en prose, mêlée de vaudevilles, représenté aux Jeunes
   Artistes le 11 novembre 1797 ; *Un Trait d'Helvétius*, comédie en un acte, mêlée
   de vaudevilles, représentée au Théâtre Molière le 4 octobre 1800 ; *La Vielleuse du
   boulevard*, mélodrame en trois actes, représenté à l'Ambigu-Comique le 28 juillet
   1803, etc., etc. On lui doit également une traduction du *Tombeau*, ouvrage posthume d'Ann Radcliffe, « traduit sur le manuscrit » (en coll. avec Bizet, 1799, 2
   vol.) et *Le Pacha ou les Coups du hasard et de la fortune*, « par les auteurs du
   *Tombeau* » (1799).
8. *Quelques traits d'une grande passion, ou Lettres originales de feue Amélie Ho[u-
   ret], comtesse de La M[arinaie], écrites pendant le cours des années 3, 4 et 5 de
   la République française*, Paris, Desenne et Pigoreau, an X – 1802, p. 1-9 :
   « Ébauche informe du portrait d'une femme dont je cherche en vain le pendant. »
   On peut lire, au bas de la p. 1, cette note de l'éditeur : « Amélie me donna cette
   *Ébauche* comme étant l'ouvrage de M. J... Je ne suis pas surpris que cet homme
   aimable ait su la peindre avec des couleurs aussi vraies, mais à la touche délicate
   du tableau, je serais presque tenté de croire qu'Amélie l'a embelli des grâces de
   son style. »
9. Elle cite au nombre de ses écrits un « ouvrage touchant », *La Folle du quai des
   Célestins*, un mémoire intitulé *Mes Malheurs*, et un *Traité de l'amour*. Aucun
   d'eux ne semble avoir vu le jour. D'après ce qu'elle confiait à son amant, Amélie
   Houret avait pourtant bien l'intention de se faire éditer : « Envoyez-moi un de vos

gens de lettres, que je le consulte sur un ouvrage qu'il est plus que temps que j'imprime ; je voudrais qu'il surveillât les épreuves. Vous m'obligeriez très réellement de me trouver un homme de métier qui puisse me conseiller, me guider... Je ne vous demande pas de vous charger de cette besogne, car vous m'avez prouvé que vous ne vouliez rien faire pour moi. J'ai aussi un ouvrage dramatique et, faute des lumières d'un guide digne de moi, rien ne va... Vous m'obligeriez plus que je ne puis dire de m'indiquer un bon esprit qui m'aidât à nettoyer mon ouvrage » (*op. cit.*, lettre LIII, p. 95-96).

10. *Op. cit.*, lettre XXII, p. 50.
11. *Op. cit.*, lettre XLIX, p. 82-84.
12. Beaumarchais, *Œuvres complètes*, éd. Éd. Fournier, p. 768-769.
13. Les lignes de points de l'édition Fournier censurent probablement un passage jugé trop libre.
14. Beaumarchais, *Œuvres complètes*, éd. Éd. Fournier, p.769-770. Cette lettre, comme la précédente, n'est pas datée, mais toutes deux remontent au début de la liaison, soit à l'année 1787.
15. « *Putine* : femme de mauvaise vie, garce qui court les rues et les bordels, et qui se prostitue au premier venu » (Leroux, *Dictionnaire comique, satirique, critique, burlesque, libre et proverbial* [...], Pampelune, 1786).
16. *Tibériade* : sodomisation ; de l'empereur Tibère, dont on connaît le penchant pour cette pratique.
17. *Panser du secret* : soigner avec les secrets du guérisseur.
18. British Library, Egerton Ms 16, f^os 66-67. Lettre citée par Renée Quinn, « Beaumarchais et Amélie Houret : une correspondance inédite », dans *Dix-huitième siècle*, n° 7, Paris, Garnier, 1975, p. 37-39. Nous modernisons l'orthographe et la ponctuation.
19. Ninon de Lenclos, qui cultiva des aventures amoureuses jusqu'à un âge avancé.
20. Le marquis de La Châtre était depuis quelques jours l'amant heureux de Ninon de Lenclos, lorsqu'il reçut l'ordre de se rendre aux armées. Connaissant les mœurs légères de sa maîtresse, il lui fit signer un billet par lequel elle s'engageait à lui demeurer fidèle pendant son absence, et à ne point aimer d'autre que lui. Naturellement, Ninon ne se crut pas liée un seul instant par un serment aussi téméraire. Quelques jours plus tard, au moment même où elle manquait à sa foi jurée de la manière la moins équivoque, elle s'exclama en riant comme une folle : « *Ah ! le bon billet qu'a La Châtre !* » Cette plaisante saillie ne tarda pas à devenir proverbiale.
21. Beaumarchais, pourtant si prompt à *médiatiser* tous ses faits et gestes, a toujours détesté la publicité en matière de sexe ; le voyeurisme auquel elle aboutit forcément par gazettes interposées lui inspire un dégoût que ne dément pas sa recherche du plaisir – bien au contraire. « Pour jouir heureux, jouissons cachés » pourrait être sa devise, car l'ivresse des sens ne se déploie librement que dans le secret de l'alcôve. Vingt ans plus tôt, il écrivait déjà à Mme de Godeville : « Est-il donc si important de sacrifier la réputation ou la considération au plaisir, qu'on ne puisse jouir qu'en faisant un bruit très scandaleux ? Nos étourdis, nos roués disent qu'il faut briller, et moi je dis qu'il faut jouir et se taire » (*Lettres galantes à Mme de Godeville*, éd. Maurice Lever, Paris, Fayard, 2004, p. 101).
22. Agrippine.
23. Héros de l'*Histoire de Clarisse Harlowe* de Richardson, roman-culte dans l'Europe des Lumières, dans lequel le personnage de Lovelace est considéré comme le prototype du libertin.
24. Région de la Géorgie, au sud-ouest du Caucase.
25. *L'Amant bourru*, comédie en trois actes en vers de Boutet de Monvel, représentée

pour la première fois le 22 novembre 1775 au Grand Théâtre de la Monnaie à Bruxelles, reprise à la Comédie-Française le 14 août 1777. Le *Courrier des Spectacles*, n° 589, daté du 12 vendémiaire an VII, annonce bien pour le soir-même la représentation de ces deux pièces au Théâtre-Français de la République, rue de la Loi.

26. Lettre citée par Renée Quinn, *op. cit.*, p. 40-46. Nous modernisons l'orthographe et la ponctuation.

27. BNF, Musique, Lettres autographes. Reproduite dans : Renée Quinn, *op. cit.*, p. 46-47.

<br>

## CHAPITRE VII

## « Les neuf mois les plus pénibles de ma vie »

<br>

1. Lettre à Delahaye du 3 mars 1792, citée dans Janette C. Gatty, *Beaumarchais sous la Révolution : l'affaire des fusils de Hollande, d'après des documents inédits*, Leyde, E. J. Brill, 1976, p. 57.

2. En 1787, les réformes prématurées et le despotisme philosophique de l'empereur Joseph II avaient fait éclater, dans les Pays-Bas autrichiens, un soulèvement dont deux avocats prirent la tête : l'un démocrate, Vonck, l'autre aristocrate, Van der Noot. Ce mouvement n'eut aucun résultat. Après la mort de Joseph II, qui stoppa les réformes commencées, son frère et successeur Léopold II réduisit les révoltés qui firent leur soumission à la fin de 1790.

3. En hollandais : *Tervueren, Terweren*, ou *Terveer*. Ce port autrefois très actif de l'île de Walcheren, communément appelé Veer, est aujourd'hui une ville séparée de la mer, depuis la construction d'une digue.

4. Nominalement possesseur de la cargaison, au titre de dommages de guerre, Delahaye n'a jamais rien déboursé, ni pour l'achat, ni pour la caution de sortie, ni pour le transport à Veere, tous frais réglés par Osy ; il s'est borné à servir d'intermédiaire entre ce dernier et Beaumarchais.

5. *Beaumarchais à Lecointre, son dénonciateur. Première époque des neuf mois les plus pénibles de ma vie*, dans Beaumarchais, *Œuvres complètes*, éd. Éd. Fournier, p. 508.

6. *Ibid., loc. cit.*

7. Cité par J. Tulard, J.-F. Fayard et A. Fierro, dans *Histoire et dictionnaire de la Révolution française (1789-1799)*, Paris, Robert Laffont, coll. « Bouquins », 1987, p. 92-93.

8. Les assignats avaient valeur de monnaie depuis les décrets du 8 octobre et du 18 novembre 1790, mais se dépréciaient rapidement.

9. Sur ce La Hogue, voir notre t. II, p. 357. Né à Cambrai le 25 janvier 1739, mort à Turville Park (Oxfordshire) le 14 mars 1823, officier dès 1758, Charles François Du Périer, dit Dumouriez participe à la guerre de Sept Ans avant d'entrer dans la diplomatie secrète (1763), où Choiseul le charge de plusieurs missions. Chef de la Garde nationale, acquis aux idées révolutionnaires, lié à Mirabeau, à La Fayette et au duc d'Orléans, membre du club des Jacobins, il est nommé ministre des Affaires étrangères dans le gouvernement girondin le 10 mars 1792 et démissionne le 15 juin. Commandant en chef des armées du Nord, il remporte avec Kellermann, la bataille de Valmy contre les Prussiens, puis celle de Jemappes contre les Autrichiens, et occupe les pays belges. Après la formation de la première coalition, au début de 1793, Dumouriez propose un plan d'offensive qui est adopté, entre aux Provinces-Unies le 16 février 1793, s'empare de Breda le 25 février, mais se fait battre à Neerwinden le 18 mars 1793, puis à Louvain le 21 mars par le

duc de Saxe-Cobourg, avec lequel il entre en relation. Accusé de trahison, Dumouriez livre aux Autrichiens les commissaires envoyés par la Convention pour enquêter sur sa conduite, avant de passer lui-même à l'ennemi. Ses défaites et leurs conséquences contribueront à la chute des Girondins.

10. J. Tulard, J.-F. Fayard et A. Fierro, *op. cit.*, p. 91-92. Officiellement, la guerre était déclarée « au roi de Bohême et de Hongrie », car François II n'avait pas encore été couronné empereur. Par cette formule, l'Assemblée laissait entendre également qu'elle ne souhaitait pas faire la guerre à l'Allemagne, en espérant que celle-ci resterait en dehors du conflit. Or, la Prusse n'allait pas tarder à se joindre à l'Autriche, en vertu d'un traité d'alliance signé le 16 février 1792.

11. Général français (Romans, 1741 – Paris, 1808), collaborateur à l'*Encyclopédie* et auteur d'un projet de constitution pour l'armée française en 1790, Joseph Servan fut nommé ministre de la Guerre dans le cabinet girondin formé en mars 1792 sous la Législative, et proposa la formation d'un camp de 20 000 gardes nationaux sous Paris. Voté par l'Assemblée, ce décret ne fut pas sanctionné par le roi, qui fit renvoyer le ministère girondin (13 juin 1792). Membre de la commission exécutive provisoire, constituée après la journée révolutionnaire du 10 août 1792, Servan de Gerbey commanda l'armée des Pyrénées Occidentales, puis fut interné à la prison de l'Abbaye comme Girondin sous la Terreur.

12. *Deuxième époque*, dans Beaumarchais, *Œuvres complètes*, éd. Éd. Fournier, p. 518-519.

13. On ne saurait passer sous silence le bruit qui courut dans Paris en juin 1792, selon lequel Beaumarchais lui-même aurait été pressenti par Louis XVI comme ministre de l'Intérieur. Camille Desmoulins l'annonce comme un fait accompli le 17 juin au club des Jacobins, en ajoutant que le roi aurait aussi bien pu nommer un émigré de Coblence. Le lendemain, Gorsas écrit dans son *Courrier* : « Avant de porter un coup décisif, le monarque veut encore nous amuser. On dit que le dernier fantôme du ministère qu'il doit nous présenter est digne du maître et des principaux valets. [...] Le département des Affaires étrangères doit être confié à M. Chambonas ; celui de la Guerre à un certain Lajard ; enfin, le ministère de l'Intérieur est promis à qui ?... à Figaro, barbier de Séville et doyen des fripons de Killerine ! ! ! » (*Le Courrier des 83 départements*, 18 juin 1792). S'agit-il d'un canular ? On peut le penser, car l'intéressé n'en souffle mot. Il est cependant vrai qu'un portefeuille ministériel aurait comblé son goût inné pour la politique (*cf.* notre t. I, chap. VII, épigraphe, p. 193).

14. Entré dans les ordres à seize ans, d'abord gardien du couvent des Capucins de Rodez, François Chabot (1756-1794) se fit remarquer pour ses idées avancées, et l'évêque de Rodez lui interdit de prêcher en 1788. Il fut l'un des premiers à adhérer à la Constitution civile du clergé. Devenu vicaire de l'abbé Grégoire à Blois, il est envoyé à l'Assemblée législative. Élu député à la Convention nationale et membre du Comité de sûreté générale, Chabot fit arrêter de nombreux suspects et des modérés, mais en fit libérer tout autant moyennant finances. Porté sur la bonne chère et sur les filles, il se laissait aisément soudoyer. Lors du procès des Girondins, il accabla ces derniers de dénonciations mensongères, espérant ainsi éloigner de lui la suspicion. Compromis dans le scandale de la Compagnie des Indes, il périt sur l'échafaud le 4 avril 1794, en même temps que Danton et Camille Desmoulins.

15. Le 25 novembre 1791, l'Assemblée législative avait institué un Comité de surveillance, chargé de centraliser les informations sur les complots contre la Constitution. Il fut renouvelé après le 10 août 1792, par le conseil de la Commune de Paris. Ce nouveau Comité était chargé de la police politique dans la capitale. D'abord composé de quatre administrateurs (Duplain, Jourdeuil, Panis et Sergent) et de quinze membres, il fut dissous par le Conseil de la Commune. Aussitôt réorganisé, il se composait des quatre administrateurs restés en place, auxquels vinrent s'ajouter sept adjoints : Deforgues, Duffort, Guermeur, Galy,

Leclerc, Lenfant et Marat. Le « Comité de surveillance » comptait ainsi onze membres, dont Marat nommé le 2 septembre, et qui ne siégeait pas à la Commune de Paris. Ce Comité reste le principal auteur des massacres de Septembre.

16. *Le Logographe, Journal national*, n° 249 du mercredi 6 juin 1792. Quatrième année de la Liberté : séance du lundi matin, 4 juin.

17. Beaumarchais, *Œuvres complètes*, éd. Éd. Fournier, p. 519.

18. Allusion au passé de Chabot, qui avait été capucin. Cette réponse de Beaumarchais est publiée dans les *Œuvres complètes* de Beaumarchais, précédées d'une notice de La Harpe, Paris, Furne, 1826, 6 vol., t. VI, p. 407-412.

19. Né à Paris le 5 mai 1746, mort à Thin-le-Moûtier le 18 novembre 1823, Jean-Nicolas Pache était fils du concierge de l'hôtel du duc de Castries (aujourd'hui 72, rue de Varenne). Grâce à ce dernier, il entre au ministère de la Marine où il occupe le poste important de premier secrétaire. Satisfait de lui, Necker le nomme contrôleur de la Maison du roi, poste que Pache quitte rapidement pour rejoindre la Suisse. Il en revient au début de la Révolution et se lie avec Roland qui le fait entrer au ministère de l'Intérieur. Il travaille ensuite sous les ordres de Servan au ministère de la Guerre avant de lui succéder d'octobre 1792 à février 1793. Ministre, il va quitter ses amis Girondins qui l'avaient propulsé dans les hautes sphères du pouvoir, pour s'afficher ouvertement avec les Montagnards, qui le font élire maire de Paris. Très lié avec Chaumette et Hébert, il joue un rôle capital dans les journées des 31 mai et 2 juin 1793 qui aboutissent à l'élimination de ses ex-amis girondins. Robespierre lui épargne l'échafaud et le fait remplacer par Fleuriot-Lescot. Incarcéré à la suite de l'insurrection de Prairial et libéré par l'amnistie générale, Pache va finir sa vie dans les Ardennes.

20. Beaumarchais, *Œuvres complètes*, éd. Éd. Fournier, p. 521.

21. Louis Claude Bigot de Sainte-Croix fut appelé au ministère des Affaires étrangères en juillet 1792. Fidèle au roi, il ne quitta pas le palais des Tuileries pendant la journée du 10 août et accompagna la famille royale à l'Assemblée. Il se réfugia ensuite à Londres, où il publia le récit de ces événements dans son *Histoire de la conspiration du 10 août 1792* (Londres, R. Edwards, 1793).

22. Beaumarchais, *Œuvres complètes*, éd. Éd. Fournier, p. 536.

23. À la hauteur de l'actuel quai des Célestins, non loin de la maison de Beaumarchais.

24. Cette lettre a été gardée onze jours à la poste, nous apprend Beaumarchais ; « elle a été ouverte en vertu de la loi qui regarde comme exécrable le premier qui les violera ; elle a été copiée, imprimée, elle court le monde. En vain voudrais-je la changer ; elle existe, et l'on me dirait que j'ai voulu depuis la rendre meilleure qu'elle n'est. [...] Mon âme y était tout entière : c'est à ma fille que j'écrivais, ma fille en ce moment si malheureuse à mon sujet ! Cette lecture peut n'être pas inutile à l'histoire de la Révolution. » (Beaumarchais, *Œuvres complètes*, éd. Éd. Fournier, Paris, Laplace, Sanchez et Cie, 1884, p. 536).

25. *Binet* : chandelier.

26. Cette attestation d'innocence et de civisme était rédigée dans ces termes : « Nous soussignés, citoyens du faubourg Saint-Antoine, certifions qu'après une visite exacte et scrupuleuse dans la maison et dans le jardin de M. Beaumarchais, nous n'y avons trouvé ni armes, ni rien qui puisse troubler la tranquillité publique. En foi de quoi, nous avons signé le présent certificat. À Paris, ce 11 août 1792. » Suivaient autant de signatures qu'en pouvait contenir le papier. Beaumarchais ne put faire moins que de reconnaître à son tour la bonne conduite de ces inquisiteurs sans mandat, transformés soudain en inspecteurs consciencieux et respectueux du

bien d'autrui : « Et moi, Caron Beaumarchais, en certifiant ce que dessus conforme à l'original, j'atteste, pour l'honneur de la vérité, que rentré dans ma maison, quand cette excessive affluence de citoyens et de citoyennes en a été sortie, malgré la sévère longueur de la recherche, qui a duré près de cinq heures, aidés de maçons et de serruriers qui ont tout sondé, j'atteste, dis-je, que ma propriété a été scrupuleusement respectée, qu'on n'y a rien détourné ni gâté, et qu'elle est demeurée intacte », *Affiche révolutionnaire*, procès-verbal de la visite faite dans la maison de M. Beaumarchais par plus de 30 000 personnes (Supplément à la réimpression du *Journal de Paris*). Document reproduit dans Janette Gatty, *op. cit.*, p. 122.

27. Lettre de Beaumarchais à sa fille Eugénie du 12 août 1792, dans *Œuvres complètes*, éd. Éd. Fournier, p. 680-682.

28. Gudin de La Brenellerie, *op. cit.*, p. 421.

29. On y conduisait généralement tous les suspects et les prisonniers. Mais souvent ceux-ci étaient lynchés en chemin par la foule déchaînée ; c'est ce qui arriva notamment au malheureux Jacques de Flesselles le 14 juillet 1789, ainsi qu'à beaucoup d'autres.

30. Sur Philippe Jean Gudin de La Ferlière, voir notre t. II, p. 185.

31. Lettre de Beaumarchais à sa fille Eugénie du 12 août 1792, dans *Œuvres complètes*, éd. Éd. Fournier, p. 683-684.
   Au lendemain de cette expédition, Beaumarchais adressait au sieur Gomel un compte rendu de ce qui s'était passé chez lui pendant la nuit :

   « Dimanche 12 août.

   « Ô mon ami ! Recevez ces deux mots, les plus vrais de tout ceux que vous recevrez. J'y étais. Cette nuit, votre maison, par ordre de la faction a été fouillée, de la cave au grenier : c'était des armes qu'on cherchait. Et vous aussi, mon cher, vous avez de lâches ennemis. Tout a été ouvert avec des serruriers. La visite a duré quatre heures. Et quand j'ai vu les commissaires et la garde, je les ai invités à rendre leur visite si sévère qu'on les en crût sur leur procès-verbal.
   « Votre maison a été, au reste, respectée. Aucun dégât ; votre fidèle plus mort que vif leur tenait des chandelles. La rue remplie de femmes, et la maison enveloppée. J'aurais voulu vous porter les détails moi-même, mais on ne sort point de la ville.
   « Je vous embrasse.
   « À Monsieur, Monsieur Gomel en sa maison de Wissous, par Bourg-la-Reine. À Wissout. »
   (*Lettres inédites de Beaumarchais, de Mme de Beaumarchais et de leur fille Eugénie, publiées d'après les originaux de la Clements Library par Gilbert Chinard*, Paris, A. Margraff / Baltimore-Maryland, John Hopkins, 1929, p. 64.

32. Gudin de La Brenellerie, *op. cit.*, p. 424-426.

33. *Ibid.*, p. 426-427.

34. Né à Paris le 7 février 1757, mort à Marly-le-Roy le 22 août 1832, Étienne Panis fut avocat avant de se faire élire officier municipal en février 1792. Il sera l'un des chefs de l'émeute du 20 juin et de l'insurrection du 10 août. Membre du comité de surveillance de la Commune, il se rendit complice des massacres de Septembre, en raison de sa passivité consentante. Accusé d'avoir dilapidé l'argent de la municipalité, pratiqué ou toléré des bris de scellés, de fausses déclarations et autres manœuvres frauduleuses, Panis échappe aux poursuites grâce à son élection à la Convention. Il siège de septembre 1793 à janvier 1794 au Comité de sûreté générale et vote la mort du roi. C'est lui qui prévient Danton de l'arrestation qui le menace. Le 8 thermidor, il accuse Robespierre de se comporter en dictateur aux Jacobins, en faisant exclure qui bon lui semble. Après la chute de ce dernier, il prend la défense de son beau-frère Santerre et de Laignelot. Il est lui-

même accusé d'être un des responsables des massacres de Septembre et incarcéré, mais bénéficie de l'amnistie générale à la séparation de la Convention. Panis disparaît de la scène politique et semble avoir connu des difficultés financières. Sous l'Empire, son ex-collègue Fouché lui fera verser une pension sur le budget de la police secrète. Touché par la loi d'expulsion des régicides, il reste à Paris et demeure introuvable jusqu'à ce qu'on l'autorise à rester en France, à la fin de 1818.

35. Ce Colmar fera paraître le 17 avril 1793 un pamphlet de huit pages contre Beaumarchais, devenu « de simple garçon horloger un archimillionnaire, *gaudeant bene nantis* », qu'il accuse de voyager pour empêcher l'arrivée des fusils : « Belle et bonne caravane contre-révolutionnaire ! » (Bibliothèque historique de la Ville de Paris, cote 962 086). *Gaudeant bene nantis* (que se réjouissent les bien nantis) au lieu de *Gaudeant bene natis* (que se réjouissent les bien-nés). *Cf. Le Mariage de Figaro*, acte V, scène XIX.

36. Aujourd'hui, rue de Turenne. On nommait souvent *présidente* une femme qui présidait une société de charité.

37. Louis Auguste Augustin, comte d'Affry (1713-1793), commandant la garde du roi, avait démissionné après Varennes. Arrêté après le 10 Août, il fut reconnu innocent et libéré.
– Thierry, baron de Ville-d'Avray, valet de chambre de Louis XVI, fut massacré en septembre.
– Le comte de Montmorin-Saint-Hérem avait été ministre des Affaires étrangères de 1787 à 1791. Accusé d'avoir fait partie du comité autrichien, il ne put échapper aux massacres de Septembre.
– Le 3 septembre 1792, lorsque le marquis de Sombreuil comparut devant ses juges en compagnie de sa fille, celle-ci se jeta à leurs pieds pour implorer leur pitié. Avec des rires, les bourreaux lui tendirent un verre plein de sang : si elle le buvait, ils épargneraient son père. Le jeune fille l'aurait avalé d'un trait. Authentique ou non, cet acte de dévouement héroïque n'allait pas tarder à entrer dans la légende. Elle sauva leprisonnier des massacres de Septembre, mais celui-ci fut exécuté en juin 1794.
– L'abbé de Boisgelin, cousin du prélat de même nom qui avait émigré, périt au cours des massacres de Septembre.
– Fils légitimé du vaincu de Pondichéry, émigré depuis 1790, le marquis de Lally-Tollendal était rentré à Paris pour tenter de faire évader le roi de France ; ses amis réussirent à le faire libérer.

38. *Quatrième époque*, dans Beaumarchais, *Œuvres complètes*, éd. Éd. Fournier, p. 544-545.

39. Manuel reprochait à Beaumarchais de n'avoir pas payé à l'État cent écus d'arriéré ; sur quoi, Beaumarchais lui répondit qu'en dix-huit mois, il avait déboursé environ cent mille francs « pour le service de la patrie. » (Voir la lettre de Beaumarchais à Pierre Manuel du 16 avril 1792, dans Beaumarchais, *Œuvres complètes*, éd. Éd. Fournier, p. 677-679.)

40. Louis Sébastien Mercier, *Nouveau Paris*, éd. Jean-Claude Bonnet, Paris, Mercure de France, 1994, chap. XVIII, « Massacres de septembre », p. 88-89.

## CHAPITRE VIII

## Errances

1. Né à Noyon en 1763, d'abord ecclésiastique sous le nom de l'abbé Tondu, Pierre Marie Henri Lebrun se défroque puis s'expatrie volontairement. Revenu offrir ses

services à Vergennes, il est expulsé pour des raisons mystérieuses et fonde à Liège le *Journal général et politique de l'Europe*. Ses attaques contre le clergé et la tsarine l'obligent à quitter le pays pour Herf, dans le Limbourg autrichien, où Descorches de Sainte-Croix, beau-frère de Talon, le recrute comme propagandiste. Chassé des États du Brabant, il va se mettre sous la protection de l'empereur à Vienne ; il y est recruté par l'agent diplomatique W. A. Miles, qui écrira plus tard à lord Grenville : « N'ignorant pas l'influence des écrits publics sur l'opinion des populations étrangères, je lui proposai 20 louis d'or par une lettre de change sur Ratisbonne, afin qu'il puisse poursuivre son voyage, et aussi, je l'avoue, afin de l'attacher aux intérêts de mon pays. » Dès lors, Lebrun fut mêlé à toutes sorte d'intrigues diplomatiques, vendant sa plume tour à tour ou simultanément aux différents gouvernements de l'Europe. Miles assure avoir refusé de répondre à ses nouvelles demandes d'argent, mais les deux hommes se retrouvèrent en 1791 au club des Jacobins. L'année suivante, Dumouriez et Brissot le pressent d'entrer dans les bureaux des Affaires étrangères. Il devient ministre le 10 août, grâce à l'influence conjuguée de Brissot, Danton et Miles, principal agent de Pitt à Paris jusqu'à cette époque. (Voir *Grenville's Papers*, III, p. 463-464, *Journal de la République française* du 14 novembre 1792 et *L'Ami du peuple*, septembre 1792 à juin 1793.)

2. *Cinquième Époque*, dans Beaumarchais, *Œuvres complètes*, éd. Éd. Fournier, p. 547.

3. *Ibid.*, p. 547-548.

4. On peut lire l'intégralité de l'attestation dans la *Cinquième Époque, ibid.*, p. 548.

5. *Ibid.*, p. 549. M. de Maulde était ambassadeur de France à La Haye.

6. D'abord rue de l'Université, le ministère se trouvait alors rue d'Artois (actuelle rue Laffitte, dans le IXe arrondissement), où Lessart l'avait installé au début de 1792.

7. *Cinquième Époque*, *op. cit.*, p. 551.

8. *Ibid., loc. cit.*

9. *Ibid.*, p. 552.

10. Ce qu'ignore Beaumarchais, c'est qu'au même moment, le gouvernement français s'efforçait de faire lever l'embargo des fusils : « Au nom de la République française et du Comité des Munitions du Nord, il est ordonné aux citoyens Gillet, lieutenant de vaisseau, et André Rousseau, commissaire aux vivres, de se transporter sur le champ à Tervère pour y réclamer la main levée de soixante mille fusils arrêtés par l'amirauté de Zélande [...]. Anvers, 11 septembre 1792, signé Morton. Vu par nous, lieutenant Général commandant dans le Brabant, Marassé » (cité par Janette C. Gatty, *op. cit.*, p. 157, n. 21). De toute évidence, le gouvernement français tentait de soustraire les armes à Beaumarchais, car on ne mentionne nulle part qu'il en est propriétaire.

11. Cette formule, souvent utilisée à l'époque pour éviter de critiquer un ministre en exercice, désigne indirectement les coupables atermoiements de Lebrun.

12. Beaumarchais, *Œuvres complètes*, éd. Éd. Fournier, p. 557.

13. Arch. nat. F[7] 5617, pièce 9. Cité dans Beaumarchais, *Œuvres complètes*, éd. Éd. Fournier, p. 575, n. 1.

14. Il n'en est aucunement question dans la lettre de Lebrun à de M. Maulde, datée du 20 septembre 1792 : « M. Beaumarchais qui vous remettra ma lettre, se détermine à aller en Hollande pour mettre fin à l'affaire des fusils arrêtés à Tervère. Comme vous êtes parfaitement instruit de tous les incidents qui ont jusqu'ici retardé l'envoi de ces armes à leur vraie destination, je vous prie de vous entendre avec M. Beaumarchais pour nous les procurer le plus promptement possible. Je désire que cet envoi se fasse avec autant de sûreté que d'économie ; je compte beaucoup

sur votre zèle et vos soins pour bien remplir ces deux objets, et je suis persuadé d'avance que M. Beaumarchais voudra bien vous aider dans l'exécution », Arch. Affaires étrangères, C. P. Hollande 584, f° 56-56 v° . Cité par Janette C. Gatty, *op. cit.*, p. 167, n. 20.

À cette époque, M. de Maulde disposait de 700 000 francs pour les achats d'armes, de chevaux, que lui réclamait le gouvernement français. Lebrun suggère d'en tirer les « fonds complémentaires » dont Beaumarchais pourrait avoir besoin, mais ne mentionne pas le cautionnement qu'il semble n'avoir jamais eu l'intention d'envoyer à La Haye (*ibid.*).

15. Phrase rapportée par Eckermann, et gravée sur le monument commémoratif de Valmy.
16. Beaumarchais, *Œuvres complètes*, éd. Éd. Fournier, p. 558.
17. *Ibid.*, p. 559-560.
18. Rapport du maire et des officiers municipaux d'Yvetot à la Convention nationale, 26 septembre 1792, « L'an 4ᵉ de la Liberté. Le 1ᵉʳ de l'Égalité », Arch. nat., DXLIII 1, pièce 4. Cité par Janette C. Gatty, *op. cit.*, p. 171, n. 7. Le présent chapitre, comme le précédent, emprunte une grande part de sa documentation au remarquable ouvrage de Mme Gatty, *L'Affaire des fusils de Hollande*. Celui-ci repose en effet sur une exploration minutieuse des archives privées et publiques relatives à cet épisode de la vie de Beaumarchais.
19. *Ibid.*
20. Dumouriez venait de triompher à Jemmapes (6 novembre 1792).
21. *Sixième Époque*, dans Beaumarchais, *Œuvres complètes*, éd. Éd. Fournier, p. 564.
22. *Ibid.*, p. 564-565.
23. *Décret d'accusation. Extrait du procès-verbal de la Convention nationale du 28 novembre 1792, l'an 1ᵉʳ de la République française, ibid.*, p. 577-578.
24. Arch. Affaires étrangères, C. P. Hollande, 584, f°ˢ 254-255. Cité par Janette C. Gatty, *op. cit.*, p. 186.
25. *Ibid.*
26. Beaumarchais fait allusion à cet avis par lequel « si je voulais avoir plus de détails sur l'infamie qu'on veut me faire en France auprès de la Convention nationale, je les trouverais en Angleterre » (*Sixième Époque*, dans Beaumarchais, *Œuvres complètes*, éd. Éd. Fournier, p. 574).
27. Dépêche de Maulde à Lebrun, 2 décembre 1792, Arch. Affaires étrangères, C. P. Hollande, 584, f°ˢ 265-266 v° . Cité par Janette C. Gatty, *op. cit.*, p. 187.
28. « Une victime de la révolution, à laquelle ses talents ont tellement contribué. On dit que, sur certaines accusations, sa maison et ses papiers sont saisis. Je ne puis le plaindre », *The Manuscripts of B. Fortescue preserved at Dropmore*, Londres, 1894, t. II, p. 346. Cité par Janette C. Gatty, *op. cit.*, p. 187.
29. Beaumarchais, *Œuvres complètes*, éd. Éd. Fournier, p. 574-575.
30. On l'accusait, entre autres faits graves, d'avoir émigré en Angleterre.
31. Nous en avons publié de larges extraits dans notre t. II, chap. IV et V.
32. *Lettre à ma famille*, dans Beaumarchais, *Œuvres complètes*, éd. Éd. Fournier, p. 685.
33. Beaumarchais publiera une version abrégée de cette *Pétition* dans le *Courrier de Londres* du 15 janvier 1793. On peut la lire dans Gunnar et Mavis von Proschwitz, *op. cit.*, t. II, p. 1141-1144. Elle renferme un certain nombre de commentaires complètement inédits. La version intégrale a été publiée dans Beaumarchais, *Œuvres complètes*, éd. Éd. Fournier, p. 501-506, et dans l'éd. Larthomas, Pléiade, p. 931-943.

34. *Pétition de Pierre-Augustin Caron Beaumarchais à la Convention nationale,* in Beaumarchais, *Œuvres complètes,* éd. Éd. Fournier, p. 502, et Pléiade, p. 933.

35. *Ibid.,* p. 503, et Pléiade, p. 936.

36. Notamment la *Gazette de la Cour,* publiée à La Haye, dans laquelle on pouvait lire, à la date du 1er décembre 1792 : « Hier, cent vingt mandats d'arrêt étaient déjà décrétés. Aussi, était-on hier occupé à poser le scellé sur tout dans la maison de Beaumarchais, qui est membre et appartient à la clique des conspirateurs, et a écrit plusieurs lettres à Louis XVI. » Beaumarchais ne cite que le premier paragraphe de cet article; voici le second : « Avant-hier, M. Dubois de Crancé a donné connaissance à l'Assemblée des Jacobins, d'un contrat entre le ci-devant ministre *Lajard* et *Beaumarchais,* le dernier desquels a reçu trois cent mille livres pour armes ou fusils qu'il n'a pas livrés; *et en outre, une gratification de deux cent mille livres,* et quinze pour cent en dédommagement *de la perte sur les assignats.* En attendant, il vendait chaque arme ou fusil à raison de trente livres. » Nous avons le compte rendu de la séance du 21 novembre aux Jacobins (Aulard, *La Société des Jacobins,* Paris, 1892, t. IV, p. 508-509). Le texte de l'intervention de Dubois-Crancé signale la transaction du 18 juillet, le dédit auquel se soumet Beaumarchais, mais non l'important dépôt des titres; et il souligne que ce dernier n'a pas que des avantages sans risques. Il y est toutefois question d'obstacles de la part du gouvernement hollandais.

37. *Pétition de Pierre-Augustin Caron Beaumarchais à la Convention nationale,* dans Beaumarchais, *Œuvres complètes,* éd. Éd. Fournier, p. 504-505, et Pléiade, p. 939.

38. *Ibid.,* p. 506, et Pléiade, p. 942.

39. *Ibid.* et Pléiade, p. 942-943.

40. Située Borough High Street, Southwark, la première prison du Banc du roi fut démolie en 1754, et remplacée par de nouveaux bâtiments, principalement destinés aux débiteurs insolvables et aux auteurs de libelles. John Wilkes y fut incarcéré en 1768 pour ses critiques répétées contre la politique de George III dans *The North Briton* (voir notre t. I, p. 559). Moyennant une redevance élevée, les prisonniers avaient le droit de purger leur peine hors des murs, dans un logement de leur choix, à condition que ce fût à moins de 3 miles à la ronde. *Le Courrier de l'Europe* daté du 12 août 1785 apporte les précisions suivantes sur cette maison d'arrêt décidément atypique : « La prison du *Banc du roi* est comme une petite ville, entourée de murs; elle a ses boutiques, ses cafés, ses magasins même, et il est des prisonniers qui font un très grand commerce de contrebande » (cité par Gunnar et Mavis von Proschwitz, *op. cit.,* t. II, p. 1140). Par une curieuse coïncidence, en janvier 1793, pendant que Beaumarchais y séjournait encore, un petit groupe de cinq conjurés tenta de mettre le feu à la prison du Banc du roi et de libérer les détenus, mais leur entreprise échoua. Jugés le 12 février 1793, les coupables furent condamnés chacun à trois ans de prison.

41. Voir notre t. II, p. 163-165.

42. « Il nous causera toutes sortes d'ennuis. » Cité par Janette C. Gatty, *op. cit.,* p. 195.

43. Gunnar et Mavis von Proschwitz, *op. cit.,* t. II, p. 1138-1139.

44. Lettre à Joseph Garat du 28 décembre 1792, dans Beaumarchais, *Œuvres complètes,* éd. Éd. Fournier. p. 576-577.

45. Lettre de Garat à Beaumarchais, du 3 janvier 1793, *ibid.,* p. 577.

46. C'est le moment de rappeler en quels termes Beaumarchais exprimait sa reconnaissance à l'égard de ce roi si décrié, en un temps où il pouvait encore le faire sans danger : « Le roi seul avait du courage, et moi je travaillais pour sa gloire, en voulant le rendre l'appui d'un peuple fier qui brûlait d'être libre. Car

j'avais une dette immense à remplir envers ce bon roi, qui n'a pas dédaigné de remplir envers moi celle du feu roi son aïeul, lequel m'avait promis, avant sa mort, de me restituer dans mon état de citoyen qu'un lâche tribunal m'avait ravi par un inique arrêt. Oui, le roi Louis XVI, qui fit rendre la liberté à l'Amérique gémissante, qui vous rend la vôtre, Français, m'a fait rendre aussi mon état. Qu'il soit béni par tous les siècles ! [...] » (*Requête à MM. les Représentants de la Commune de Paris*, dans Beaumarchais, *Œuvres complètes*, éd. Éd. Fournier, p. 496).

47. Beaumarchais, « Compte secret rendu au Comité de Salut Public, 25 novembre 1793 vieux style » (Arch. nat., AF II, 219, pl. 1891, pièce 9, p. 2). Référence fournie par Janette C. Gatty (*op. cit.*, p. 201, n. 31), à laquelle nous empruntons ces renseignements.

48. « Décret de la Convention nationale du 10 février 1793, l'an second de la République française », Arch. nat., F⁷ 4633, pièce 311. Référence fournie par Janette C. Gatty (*op. cit.*, p. 202, n. 2).

49. D'abord publiées séparément, les *Époques* seront ensuite reliées en recueil : *Beaumarchais à Lecointre son dénonciateur, ou Compte rendu des neuf mois les plus pénibles de ma vie. Première (-sixième et dernière) Époque* (3 avril-9 déc. 1792.), s.l.n.d. six parties en un vol. in-4°.

50. *Examen du décret d'accusation de P. A. Caron Beaumarchais, sur l'affaire des fusils de Hollande, et Résumé de sa justification. Extraits de sa Sixième Époque, et publiés à part, en faveur de ceux qu'un obstacle quelconque a empêché de lire le long Mémoire en six parties qu'il n'a pas eu le temps de rendre meilleur, plus intéressant, ni plus court, opposés à regret au dénonciateur Lecointre* (Paris, 6 mars 1793), s.l., 1793, 32 pages.

51. *Première Époque*, dans Beaumarchais, *Œuvres complètes*, éd. Éd. Fournier, p. 507.

52. *Cinquième Époque, ibid.*, p. 546.

53. *Sixième Époque, ibid.*, p. 583.

54. *Cinquième Époque, ibid.*, p. 546.

55. *Sixième Époque, ibid.*, p. 583-584.

56. Créé les 5 et 6 avril 1793, le Comité de salut public est composé de neuf membres choisis parmi les Conventionnels. Renouvelable tous les mois, il délibère en secret, surveille et stimule l'action des ministres du Conseil exécutif provisoire, dont il peut suspendre ou accélérer les décisions. Ses compétences en font d'emblée le principal organe politique du pays et l'enjeu des luttes pour le pouvoir.

57. Arch. nat., AF II, 219, pl. 1890, pièce 22 (art. 8). Référence fournie par Janette C. Gatty, *op. cit.*, p. 220, n. 14.

58. Le 3 novembre 1790, Beaumarchais écrivait à Swinton : « Je suis presque sourd, mon ami. L'on m'a dit qu'à Londres, il y a un mécanicien qui fait de petits cornets qu'on met dans les oreilles, lesquels n'embarrassent point, et qui nous font entendre comme des lunettes nous font voir. Ah, quel service vous me rendriez, si vous ou vos amis vous pouviez me trouver cet artiste, et me faire faire une paire d'oreillettes, qui me rendraient à la société ! On pourrait les attacher à une paire de lunettes anglaises, dont les deux branches au lieu de poser sur les tempes, ou derrière la tête, tiendraient les deux yeux et les deux oreilles en jouissance à la fois. Cette petite mécanique serait d'un grand secours à votre ami, qui ne voit et n'entend presque plus » (lettre citée dans : Gunnar et Mavis von Proschwitz, *op. cit.*, t. II, p. 1099-1100).

59. Lettre de Beaumarchais au Comité de salut public, 17 mai 1793 (Arch. nat., AF II, 219, pl. 1890, pièce 18). Citée par Janette C. Gatty, *op. cit.*, p. 215-217.

60. Lettre de Beaumarchais à Lindet, 19 mai 1793 (Arch. nat., AF II, 219, pl. 1890, pièce 21). Citée par Janette C. Gatty, *op. cit.*, p. 218-219.

61. « Dernier travail secret et solutif du Comité de Salut public sur l'affaire des fusils de Hollande, avec le citoyen Caron Beaumarchais, le 19 mai 1793 » (art. 2), Arch. nat. II, 219, pl. 1890, pièce 22. Cité par Janette C. Gatty, *op. cit.*, p. 219.
62. Voir *supra*, chap. VII, p. 236.
63. Barrère a laissé un portrait flatteur de Beaumarchais dans ses *Mémoires* (Paris, Jules Labitte, 1842-1844, 4 vol.), t. IV, p. 36-40.

*CHAPITRE IX*

# Le séquestré d'Altona

1. On peut lire la longue lettre de Beaumarchais à Chevallié contenant tous les détails de l'opération dans Janette C. Gatty, *op. cit.*, p. 238-239.
2. Extrait des registres du Comité de salut public, 25 frimaire an II (15 décembre 1793), signé Carnot, Billaud-Varenne, R. Lindet, Robespierre, B. Barère, Couthon, Arch. nat., F⁷ 4591, pl. 6, pièce 5. Référence fournie par Janette C. Gatty, *op. cit.*, p. 245, n. 29.
3. Arrêté du département de Paris, 28 frimaire an II (18 décembre 1793), Arch. nat., F⁷ 4591, pl. 6, pièce 6. *Ibid.*, p. 245, n. 30.
4. Il s'agit des intérêts des contrats qu'il a déposés en nantissement au mois d'avril 1792 (voir Janette C. Gatty, *op. cit.*, p. 226-227 et 249, n. 8).
5. Lettre d'Eugénie à son père du 21 ventôse an II [11 mars 1794], dans Louis Bonneville de Marsangy, *Madame de Beaumarchais d'après sa correspondance inédite* (Paris, Calmann Lévy, 1890), p. 61.
6. Le Comité de sûreté générale était chargé de l'application de la loi des suspects, votée le 17 septembre 1793.
7. Note datée du 22 ventôse an II [12 mars 1794], signée AMAR, JAGOT, LOUIS (du Bas-Rhin), VOULLAND, LEBAS, dans Marsangy, *op. cit.*, p. 61.
8. *Ibid.*, p. 62.
9. Gudin de La Brenellerie, *op. cit.*, p. 447-448.
10. D'après un certificat de résidence daté du 28 floréal an II (17 mai 1794). Voir Janette C. Gatty, *op. cit.*, p. 266, n. 15.
11. « La Citoyenne de Beaumarchais aux représentants du peuple composant le Comité de sûreté générale de la Convention nationale », 2 germinal an II [22 mars 1794], dans Marsangy, *op. cit.*, p. 64-65.
12. Janette C. Gatty, *op. cit.*, p. 256-257.
13. Arch. nat., F⁷ 4591, pl. 6, pièce 11. Reprod. dans Marsangy, *op. cit.*, p. 67-68, et Janette C. Gatty, *op. cit.*, p. 257.
14. Gudin de La Brenellerie, *op. cit.*, p. 451.
15. Arch. nat., F⁷ 4591, pl. 6, pièce 15. Reprod. dans Marsangy, *op. cit.*, p. 69.
16. Arch. nat., F⁷& 4591, pl. 6, pièce 12. Reprod. dans Marsangy, *op. cit.*, p. 70-71.
17. Devenu propriété nationale en 1790, le couvent des Madelonnettes (6, rue des Fontaines-du-Temple), fut transformé en prison publique en 1793. Peu fréquenté au début, il vit subitement sa population s'accroître avec les arrestations massives provoquées par la « loi des suspects. » On fit aménager des cellules autour des quatre couloirs de 50 pas de long. Mais celles-ci devinrent vite insuffisantes. Prévues pour loger environ 200 personnes, les Madelonnettes en comptaient plus de 280 au mois d'octobre, s'entassant tant bien que mal dans les galetas demeurés libres. Ces lieux dégageaient d'infectes puanteurs, en raison des latrines placées à l'extrémité des couloirs.
18. Il s'agit de l'ancien collège du *Plessis*, à l'emplacement de l'actuel lycée Louis-le-Grand (123, rue Saint-Jacques), fondé en 1317, qui devint en 1650 le collège

de *Plessis-Sorbonne.* Supprimé par la Révolution, il servit de maison d'arrêt sous le nom d'*Égalité.* « Cet ancien collège était devenu, pour ainsi dire, l'entrepôt général de la Conciergerie ; on y versait, dans le temps du triumvirat, une multitude de victimes de tout âge et de tout sexe, que les cachots de la Conciergerie ne pouvaient contenir ; et cependant, on faisait sortir tous les jours de cette dernière prison un grand nombre de victimes pour les envoyer à la boucherie » (*Tableau des prisons de Paris sous le règne de Robespierre*, Paris, chez Michel, s.d. [an III], p. 189). Cette course à travers les prisons de Paris nous est signalée par le rapport des citoyens Courtoy et Bourdon, chargés d'arrêter Mme de Beaumarchais et sa fille, au dos duquel trois inscriptions signées de commissaires-greffiers de prisons attestent que, faute de place, les femmes ont été refusées à Lazare, aux Madelonnettes et à la maison d'arrêt d'Égalité. Voir le catalogue de *Lettres et Manuscrits autographes*, vente du mardi 18 novembre 2003, n° 141, Paris, Hôtel Drouot, expert : Thierry Bodin.

19. Fondé par les Bénédictins anglais, qui avaient fui les persécutions de la reine protestante Élisabeth I<sup>re</sup>, après le schisme qui sépara l'Angleterre de l'Église romaine, ce couvent servit quelque temps de prison à l'époque de la Révolution. Une partie des bâtiments est occupée depuis 1900 par la Schola Cantorum, 269, rue Saint-Jacques.

20. Marsangy, *op. cit.*, p. 70-71.

21. Gudin de La Brenellerie, *op. cit.*, p. 448-449.

22. *Souvenirs de quarante ans, 1789-1830, par Mme la comtesse de Béarn, née Pauline de Tourzel, dame de Madame la Dauphine*, nouvelle édition, augmentée d'annotations historiques mises en ordre par M. le comte de Béarn, son fils, Paris, V. Sarlit, 1868.

23. Cité par Marsangy, *op. cit.*, p. 73.

24. Vers la même époque, Camille Desmoulins, comparant la tyrannie de la Terreur à celle dont parle Tacite, écrivait dans *Le Vieux Cordelier* : « Alors, les propos devinrent des crimes d'État ; de là il n'y eut qu'un pas pour changer en crimes les simples regards, la tristesse, la compassion, les soupirs, le silence même ! »

25. Cité par Marsangy, *op. cit.*, p. 74-76.

26. Archives de la Préfecture de police, 26, 290-292. Acte cité par Marsangy, *op. cit.*, p. 81-82.

27. Lettre autographe de Julie Caron au Comité de sûreté générale, 11 brumaire an III (1<sup>er</sup> novembre 1794), Arch. nat., F<sup>7</sup> 4633. Citée dans Jannette C. Gatty, *op. cit.*, p. 269.

28. Lettre citée dans Marsangy, *op. cit.*, p. 83.

29. Loménie, *op. cit.*, t. II, p. 486-487.

30. *Ibid.*, p. 487.

31. *Ibid.*, p. 488.

32. Acajou d'Amérique d'un grain très fin et très serré.

33. Loménie, *op. cit.*, t. II, p. 488-489.

34. Loménie, *op. cit.*, t. II, p. 489-491.

35. Comme le Comité de salut public n'envisage pas d'intégrer les pays belges à la République, il n'y a aucune raison de les épargner. Tel est le sens des instructions de Carnot aux armées de Belgique : « Nous ne voulons ni soulever le pays, ni fraterniser avec lui. C'est un pays de conquête, qui a bien ses restitutions à nous faire, et duquel il faut se hâter d'extraire toutes les ressources qui pourraient favoriser une nouvelle invasion ennemie. » Un impôt de soixante millions a été aussitôt levé sur les nobles et les gros propriétaires ; et pour garantir son versement, des notables ont été pris en otages. De plus, tout le numéraire des caisses publiques sera remis au payeur général des armées contre leur remboursement en assignats, dont le cours sera forcé. Les commissaires ont été chargés de réquisitions en vivres, chevaux et fourrage : l'armée va vivre sur le pays.

36. Jannette C. Gatty, *op. cit.*, p. 274.

37. Lettre du baron Bielfeld à Frédéric-Guillaume II, 22 septembre 1794. Citée par Jannette C. Gatty, *op. cit.*, p. 275.

38. Lettre de Beaumarchais à Chevallié et Rainetaut, 6 mars 1795. Citée par Jannette C. Gatty, *op. cit.*, p. 275.

39. Lettre du ministre de Prusse Keller à Frédéric-Guillaume II, 2 octobre 1794. Citée par Jannette C. Gatty, *op. cit.*, p. 276.

40. Loménie, *op. cit.*, t. I, p. 15.

41. Jannette C. Gatty, *op. cit.*, p. 278.

42. Beaumarchais, *Œuvres complètes*, éd. Éd. Fournier, p. 685-686.

43. « Il y avait à Hambourg et à Altona un si grand nombre d'émigrés d'opinions différentes que le séjour en était insupportable à ceux qui voulaient vivre sans discussion. Pour fuir ces coteries si funestes, qui faisaient d'une phrase un sujet de dispute, d'un mot un motif d'aigreur, mes parents partirent pour Copenhague » (Georgette Ducrest, *Mémoires sur l'impératrice Joséphine*, éd. Christophe Pincemaille, Paris, Mercure de France, coll. « Le Temps retrouvé », 2004, p. 41).

44. Sur cette question, consulter l'étude d'Olivier Blanc, *Les Espions de la Révolution et de l'Empire*, Paris, Librairie académique Perrin, 1995, chap. 5, « De Bâle à Hambourg ».

45. Emmanuel de Waresquiel, *Talleyrand, le prince immobile*, Paris, Fayard, 2003, p. 200.

46. Jannette C. Gatty, *op. cit.*, p. 291.

47. Attestation délivrée par Lindet, 26 germinal an III (15 avril 1795), Arch. nat., AF II, 219, pl. 1891, pièce 28. Cité par Jannette C. Gatty, *op. cit.*, p. 296-297.

48. Pétition des citoyennes Beaumarchais, 24 germinal an III (13 avril 1795), Arch. nat., AF II, 219, pl. 1890, pièce 9. Voir Jannette C. Gatty, *op. cit.*, p. 297 et 351-352.

49. Jannette C. Gatty, *op. cit.*, p. 297.

50. Lettre de Mme de Beaumarchais à son mari, juin 1795, dans Loménie, *op. cit.*, t. II, p. 493-494.

51. *Figaro de retour à Paris. Comédie en un acte et en vers, représentée pour la première fois sur le théâtre Martin, ci-devant Molière, le 30 floréal, l'an troisième de la République. Par Hyacinthe Dorvo*, Paris, Barba, l'an troisième. Comme beaucoup d'auteurs dramatiques, Dorvo était également comédien; il tenait dans sa pièce le rôle de Dercourt.

52. On se souvient de ce qu'il écrivait trente ans plus tôt dans son *Mémoire sur l'Espagne* : « Si, au sortir d'une éducation cultivée et d'une jeunesse laborieuse, mes parents eussent pu me laisser une entière liberté sur le choix d'un état, mon invincible curiosité, mon goût dominant pour l'étude des hommes et des grands intérêts, mon désir insatiable d'apprendre des choses nouvelles et de combiner de nouveaux rapports m'auraient jeté dans la politique » (voir notre t. I, p. 213).

53. « Jusque dans les ténèbres ».

54. Loménie, *op. cit.*, t. II, p. 495-498.

55. *Lettres inédites de Beaumarchais, de Mme de Beaumarchais et de leur fille Eugénie, publiées d'après les originaux de la Clements Library* [...], *op. cit.*, p. 90-91.

56. Lettre à M. T*** du 18 prairial an V (6 juin 1797), dans Beaumarchais, *Œuvres complètes*, éd. Éd. Fournier, p. 687.

57. Lettre de Robert Lindet au ministre de la Police, 16 nivôse an IV (6 janvier 1796), dans Loménie, *op. cit.*, t. II, p. 481. Cet hommage tardif ne doit pas nous faire oublier que, pendant la Terreur, le même Lindet n'a pas su, ou pas pu, protéger Beaumarchais, ni éviter la prison à sa famille.

58. Lindet ne veut surtout pas reconnaître ici que c'est sur un arrêté du Comité de sûreté générale, et non du Comité de salut public que le département de Paris avait replacé Beaumarchais sur la liste des émigrés. C'est de ce conflit d'autorités que ce dernier eut à souffrir.

59. Lettre de Robert Lindet au ministre de la Police, 24 germinal an IV (13 avril 1796), Loménie, *op. cit.*, p. 479-480.

60. Il s'agit de Matthieu Dumas, beau-frère de Toussaint Delarue. Sous-lieutenant à l'âge de vingt ans, Dumas avait d'abord servi en Amérique en qualité d'aide de camp de Rochambeau. Militaire distingué, il fut ensuite chargé par La Fayette de protéger le retour de la famille royale après Varennes. Député de l'Oise à l'Assemblée législative, il se rangea du côté des Girondins et prit la fuite après le 31 mai 1793. Sous le Directoire, élu député au Conseil des Anciens pour le département de Seine et Oise, il prit activement la défense de Beaumarchais, et réussit à le faire radier de la liste des émigrés.

61. Lettre de Mme de Beaumarchais à Perrégaux, du 14 prairial an IV (2 juin 1796), dans *Lettres inédites de Beaumarchais* [...], Éd. Gilbert Chinard, p. 94-95.

## CHAPITRE X

## « *Tandem quiesco* »

1. Le 1ᵉʳ août 1785, la *Boussole* et l'*Astrolabe*, respectivement commandés par Jean-François de Galaup de La Pérouse et Paul Antoine Fleuriot de Langle, quittaient la rade de Brest pour un voyage de circumnavigation sans retour. Alors que Bougainville avait connu une expédition particulièrement heureuse, celle-ci fut marquée par une succession d'avatars. À Port-aux-Français (ou Baie-des-Français), sur la côte ouest de l'Amérique du Nord, deux chaloupes furent renversées et vingt et un hommes périrent le 13 juillet 1786. Le 11 décembre 1787, aux îles Samoa, Fleuriot de Langle et plusieurs de ses compagnons furent massacrés par les indigènes. Peu après une escale à Botany Bay en Australie, d'où parvinrent en France les dernières nouvelles de l'expédition, les deux bâtiments sombrèrent à Vanikoro (Nouvelles-Hébrides), sans doute vers mars 1788. En 1791, d'Entrecasteaux et Huon de Kermadec furent envoyés à la recherche de La Pérouse, mais en vain. Le premier qui reconnut le site du naufrage fut le britannique Peter Dillon, dont la découverte fut confirmée par Dumont d'Urville un peu plus tard.

2. Lettre de Beaumarchais à Chevallié et Rainetaut, 12 juin 1796, Bibl. de Lille, Ms. 740, fᵒ 60. Citée par Janette C. Gatty, *op. cit.*, p. 316-317.

3. Billets de Beaumarchais à Perrégaux des 14 juin et 1ᵉʳ juillet 1796 (manuscrits de la W. L. Clements Library) cités par Janette C. Gatty, *op. cit.*, p. 318.

4. Lettre à M. T*** du 18 prairial an V (6 juin 1797), dans Beaumarchais, *Œuvres complètes*, éd. Éd. Fournier, p. 687. Délaissée par un premier prétendant, M. Raimond de Verninac, c'est un peu à contre-cœur qu'Eugénie de Beaumarchais se laissa fiancer avec ce « bon jeune homme ». *L'Amateur d'autographes* a publié (16 septembre 1865, nᵒ 90) deux longues et curieuses lettres de Beaumarchais, datées de Hambourg, 2 décembre 1795 et de Paris, 3 prairial an V (22 mai 1797), par lesquelles il éconduisait le jeune Verninac. Celui-ci finira par épouser un peu plus tard Henriette Delacroix, sœur aînée du peintre. Quant au gendre de Beaumarchais, Louis André Toussaint Delarue, né à Paris le 1ᵉʳ novembre 1768, il est mort dans la même ville le 1ᵉʳ juin 1864, à quatre-vingt-quinze ans.

5. Gudin de La Brenellerie, *op. cit.*, p. 465-466.

6. Loménie, *op. cit.*, t. II, p. 506-508.

7. Gudin de La Brenellerie, *op. cit.*, p. 466.
8. *Ibid.*, p. 466-467.
9. Précisons tout de même que Beaumarchais avait sollicité avec empressement ces comédiens-français pour qu'ils consentissent à jouer sa *Mère coupable*. Sa requête ne manque pas d'humour :

« Ce 14 germinal an V [3 avril 1797]

« Mes chers concitoyens, vous qui représentez tant de belles choses et si bien, vous en avez une médiocre sur le chantier de vos études, du faible estoc de votre serviteur.

« Sur cette médiocrité, vous l'avez vu, je n'ai montré nul indiscret empressement pour que *ma mère* obtînt la préférence ; mais de ce que vous avez paru en aimer quelque temps la jouissance exclusive, depuis six mois je la refuse à des galants qui la demandent. D'où il résulte que *ma mère* ne se sent épouser par personne, ce qui déplaît profondément aux femmes.

« Mes bons amis, si l'épousaille traîne autant que les fiançailles, vous m'exposez à la *désobligeance* de continuer à refuser, sans motif apparent, *ma mère* à ceux qui voudraient en tâter ; car ne pouvant leur opposer qu'un hymen équivoque et sans publicité pour eux, comme sans effet pour *ma mère*, personne n'est content de moi.

« Si, dans vos amours clandestines, quelque défaut vous avait lassés d'elle, au moins prononcez le divorce. Et veuve, hélas, sans avoir eu d'époux, dédaignée des plus beaux amants, je la laisserai consoler par quelques amants secondaires, car *ma mère* me dit ingénument que, devenant presque aussi vieille que son fils, elle n'a pas de temps à perdre si je veux qu'on la claque encore. Et moi, noble enfant que je suis, je veux, mes chers amis, tout ce qui peut plaire à *ma mère*. Salut.

« BEAUMARCHAIS. »

(Loménie, *op. cit.*, t. II, p. 510-511).

10. Lettre de Beaumarchais à M. T***, du 18 prairial an V (6 juin 1797), dans Beaumarchais, *Œuvres*, éd. Larthomas, Pléiade, p. 1486.
11. On pouvait notamment y lire ceci : « La manière connue de l'auteur, trop hardie sous le règne du despotisme, respirait d'avance l'amour de la philosophie ; il avait pressenti le règne de la liberté. Cependant, le peu de mots qui auraient pu effaroucher des oreilles nouvellement républicaines, en ont été soigneusement retranchés ; et comme cet ouvrage contient une excellente leçon de mœurs, il ne pouvait être offert au public dans un moment plus favorable que celui où notre gouvernement s'établit sur les bases de la vertu » (Beaumarchais, *ibid.*, p. 1489).
12. Lettre de Beaumarchais à M. T***, 18 prairial an V (6 juin 1797), dans Beaumarchais, *Œuvres complètes*, éd. Éd. Fournier, p. 686-687.
13. Voir notre t. II, p. 209-223.
14. Balthazard François, marquis de Barthélemy (1747-1830) venait d'être élu Directeur (juin 1797) en remplacement de Le Tourneur.
15. Lintilhac, *op. cit.*, p. 123.
16. Talleyrand avait émigré en Amérique où il passa deux années , de 1794 à 1796.
17. Louis Farges, « Beaumarchais et la Révolution. Lettres et documents inédits », dans *La Nouvelle Revue*, 1er décembre 1885, t. XXXVII, p. 569-571.
18. Lintilhac, *op. cit.*, p. 123.
19. La consultation politique de Beaumarchais, sollicitée par les députés américains à Paris, est trop longue pour être citée en son entier. En voici un extrait : « Quoique

je n'aie nulle mission, je vais m'employer de mon mieux à détruire l'obscurité qui ne devrait pas exister sur d'aussi puissants intérêts que ceux que vous traitez en France. – Quel que doive être le succès de votre négociation, c'est un bien triste enfantillage qu'il puisse être incertain encore si vous avez des torts de négligence personnelle envers notre ministre des Relations extérieures, ou si ce ministre éclairé, qui vous estime tous, est lui-même en retard envers vous, ce qu'en honneur je ne crois pas. Les plaintes étant réciproques, un homme de sens peut juger qu'il y a erreur des deux parts, et je croirai avoir bien servi mon pays, et même avoir été utile au vôtre en dissipant l'épais bouillard qui vous empêche d'avancer sans aucun fruit pour les deux républiques, au grand dommage de toutes deux. Salut, respect et attachement », Lintilhac, *op. cit.*, p. 419.

20. Lettre de Beaumarchais à Ramel de Nogaret, 30 germinal an VI (19 avril 1798).
21. Antoine Vincent Arnauld, *Souvenirs d'un sexagénaire*, éd. critique par Raymond Trousson, Paris, Honoré Champion, 2003, p. 700.
22. La Fayette avait été emprisonné par les Russes dans le donjon autrichien d'Olmutz pour avoir exprimé trop librement ses idées sur la liberté et la politique.
23. Loménie, *op. cit.*, t. II, p. 511-512.
24. Lettre reproduite par Gunnar et Mavis von Proschwitz, *op. cit.*, t. II, p. 1189-1190.
25. *Ibid.*, p. 512.
26. Las Cases, *Le Mémorial de Sainte-Hélène*, éd. Marcel Dunan, Paris, Flammarion, 1983, t. II, p. 28.
27. *Ibid.*, t. II, p. 80, et Montholon, *Récits*, t. II, p. 57. On sait, d'autre part, que Napoléon avait fait jouer le *Mariage* deux fois sur ses théâtres privés : le 4 septembre 1806 à Saint-Cloud et le 13 octobre 1810 à Fontainebleau. *Le Barbier de Séville*, de son côté, eut droit à quatre représentations (L.-Henry Lecomte, *Napoléon et le monde dramatique, étude nouvelle d'après des documents inédits : avant le pouvoir, pendant le Consulat, pendant l'Empire, les Cent-Jours. Jugements et anecdotes, conclusions* [...], Paris, H. Daragon, 1912, p. 492-493).
28. La vente après décès dudit mobilier (15 pluviôse an VIII [4 février 1800], 26 et 28 germinal an IX [16 et 18 avril 1801]) produisit 46 236, 45 francs.
29. Lettre citée dans Lintilhac, *op. cit.*, p. 121-122.
30. Lettre de Beaumarchais à Talleyrand du 18 floréal an VII [7 mai 1799], dans Loménie, *op. cit.*, t. II, p. 529-530.
31. Lintilhac, *op. cit.*, p. 128-129.
32. La première tentative de dirigeable fut réalisée au mois de septembre 1784 par les frères Robert. Ils partirent des Tuileries dans un ballon de forme cylindrique terminé par deux calottes sphériques de vingt-six pieds de diamètre, auquel ils avaient adapté un appareil de direction constitué par une combinaison de rames et de gouvernail qui devait, disait-on, faire merveille. Cet appareil, comme bien on pense, ne les empêcha pas d'être entraînés par le vent. D'autres essais moins heureux furent tentés à la même époque. Blanchard s'imagina qu'avec un appareil composé de cinq ballons il arriverait à se diriger dans l'air. Il fit l'expérience à Valenciennes, le 27 mai 1787, et ne réussit qu'à démolir quelques cheminées qu'il accrocha au passage. Après quoi, sans avoir pu résister au vent, il vint aterrir piteusement, à quelques kilomètres de son point de départ. Le problème de la direction des ballons restait à résoudre.
33. Cette brochure devenue fort rare s'intitule *Aérostat dirigeable à volonté* (Maradan, 1789). La description du système de Scott, quoique souvent un peu confuse, est cependant rationnelle à certains points de vue théoriques. Il donne à son navire aérien la forme d'un poisson; l'aérostat est muni de deux poches à air, sortes de vessies natatoires. L'inventeur démontre qu'en comprimant l'air dans la poche d'avant ou d'arrière, on peut incliner l'aéronef dans un sens ou dans l'autre et lui donner ce qu'il appelle une position *ascendante* ou *descendante*, quand sa

pointe est dirigée vers le sol. La nacelle devait être suspendue dans une cavité spéciale, réservée à la partie inférieure de l'aérostat, et cette nacelle pouvait être à volonté exposée à l'air libre ou recouverte de toile. Un gouvernail était placé à l'arrière, et le système devait en outre être muni de rames de propulsion pour accroître le mouvement de direction pendant l'ascension ou l'aterrissage. Quelque intérêt théorique réel que présentât le projet de Scott, il n'y avait pas encore là le principe bien défini de la navigation aérienne. À cette époque, d'ailleurs, les moteurs mécaniques, à vapeur, électriques faisaient défaut, et la force humaine se révélait nettement insuffisante.

34. Lettre de Beaumarchais à François de Neufchâteau, ministre de l'Intérieur, dans Loménie, *op. cit.*, t. II, p. 593-595.

35. Gudin de La Brenellerie, *op. cit.*, p. 460-461.

36. La protestation de Beaumarchais à François de Neufchâteau est datée du 1er brumaire an VII (11 novembre 1798), et publiée dans Beaumarchais, *Œuvres complètes*, éd. Éd. Fournier, p. 690. L'arrêté du Directoire ordonnant le transfert des cendres de Turenne est du 27 germinal an VII (10 avril 1799).

37. Lettre à Collin d'Harleville, du 14 ventôse an VII (4 mars 1799), dans Loménie, *op. cit.*, t. II, p. 588.

38. Gudin de La Brenellerie les a reproduites dans son édition des *Œuvres complètes* de Beaumarchais, Paris, Léopold Collin, 1809, t. VII, p. 131-143.

39. Beaumarchais avait d'abord voulu insérer ces deux lettres dans *L'Historien*. Mais Dupont de Nemours, qui dirigeait ce périodique, s'opposa fermement à leur publication. Sa lettre de refus, du reste fort amicale, contient une pertinente analyse de ce retour à la religion :

« J'ai lu avec beaucoup de plaisir, mon cher philosophe, votre petit article sur Voltaire et sur Jésus-Christ. Il est, comme tout ce que vous faites, fortement pensé et énergiquement écrit ; mais mes lecteurs ne sont pas encore à cette hauteur-là, il faut les y amener par degrés, et se tenir pour content s'ils y arrivent l'année prochaine.

« Les persécutions jacobiniques ont reculé la lumière. Leur intolérance a refait des chrétiens de gens qui n'étaient pas mêmes déistes. Telle est la révolte de la liberté contre toute tyrannie.

« *Tu ne veux pas que je croie à ce qui est absurde, et tu me menaces pour cela du cachot ou de la guillotine ? Eh bien ! je veux dire que je le crois.* Et après l'avoir répété quelquefois par courage, beaucoup de gens se remettent à le croire un peu par habitude.

« Ces demi-chrétiens sont d'ailleurs utiles et respectables, en ce qu'ils sont ennemis de nos bourreaux et alliés naturels de la liberté, de la sûreté, de la propriété.

« Il convient donc que nous les ménagions sur des préjugés qui ne peuvent être durables, et qui cesseront avec la persécution qui les réveille.

« Je vous embrasse bien tendrement, vous remercie de même de l'intérêt que vous avez la bonté de prendre à *l'Historien*, et réclame pour lui votre secours en bornant votre zèle aux octaves moyennes. On nous croit hardis ; nous n'allons pas à moitié du clavier, mais cela viendra.

*Vale et me ama.*

« DUPONT DE NEMOURS. »
(Loménie, *op. cit.*, t. II, p. 517).

40. *Ibid.*, p. 519-520.

41. Le chirurgien La Salle, appelé le jour même pour constater le décès, précise dans son rapport que Beaumarchais « est mort d'une apoplexie sanguine avec éruction de sang, et non autre maladie » (voir : Lintilhac, *op. cit.*, p. 134, n. 5). Certains ont prétendu qu'il s'était suicidé en absorbant une forte dose d'opium, mais

Loménie a fait justice de ces soupçons, et nous renvoyons le lecteur à ses arguments, qui ont conservé à ce jour toute leur valeur (*op. cit.*, t. II, p. 526-530). Ajoutons, pour que la thèse de l'accident cardiaque nous paraît de loin la plus vraisemblable, compte tenu des antécédents de Pierre-Augustin. Depuis 1797, et peut-être avant, il était sujet à de fréquentes syncopes. Il en avait fait l'aveu à sa fille le 5 mai 1797 : « Depuis la nuit du 6 au 7 avril, où j'eus un long anéantissement qui était le second avis que la nature me donnait depuis cinq semaines, mon état est plus tolérable. J'attends des poudres végétales. Et soit que la saison ascendante où nous sommes ranime un peu mes forces, soit que cet éréthisme procède de la fièvre, j'ai pu faire, ma chère enfant, des immenses travaux dont tu recueilleras les fruits par les précautions que j'ai prises. Aie confiance dans ton bon père » (Louis Bonneville de Marsangy, *op. cit.*, p. 115).

42. Gudin de La Brenellerie, *op. cit.*, p. 474.

43. Lady Morgan décrit ainsi son tombeau : « Sous l'ombre d'un saule, dans un endroit marqué par une urne remplie des fleurs dorées de l'immortelle, reposent les cendres de Beaumarchais » (lady Morgan, *La France*, t. II, p. 59). Ce n'était pas tout à fait sa dernière demeure, car ses restes seront transférés au cimetière du Père-Lachaise en 1822, avant la démolition de la maison.

44. Ce discours est reproduit dans la *Gazette nationale* du 2 prairial an VII (21 juin 1799), n° 242.

# Bibliographie

# I. SOURCES MANUSCRITES

## Institut de France

Archives de l'Académie des sciences.

## Archives nationales

- Série O$^1$ (Maison du roi) 843-847 : Comédie-Française, 1668-1790. 3065 B : Représentation du *Mariage de Figaro* à Gennevilliers (6 octobre 1783).
- Série X $^{2B}$ 1338 Minutes du Parlement criminel : Beaumarchais et autres, 1770-1774 (1 carton). Affaire Goëzman : interrogatoires, confrontations, lettres, carnet du portier de Goëzman.
- Série Y Châtelet de Paris : 10941-10942 : Répertoire des minutes faites et reçues par Pierre Thiérion, commissaire au Châtelet (1755-1762); 11089 : Office de Berton et prédécesseurs, Levié, Formel; 11334 : Office de Pierre Chénon; 12436 : Office de Dorival et prédécesseurs.
- Série Z$^{1Q}$ 1 à 98 : Bailliage et capitainerie royale de la varenne du Louvre.
- Série AF II 214-219 (1793-1795) : Comité de salut public : Guerre.
- Série BB30 175 à 178 : Procès Beaumarchais.
- F$^7$ 5617, pièce 9 : Passeport de Beaumarchais; 4633, pièce 311 : Décret de la Convention nationale; 4591 : Comité de salut public.
- Série H$^1$ 1468 : Réclamations de Beaumarchais.

## Bibliothèque nationale de France

### Manuscrits

- F.fr. 6680-6687 : « Mes Loisirs ou Journal d'événements tels qu'ils parviennent à ma connaissance » par le libraire parisien S.P. Hardy (1754-1789).
- F.fr. 13734 : RÉGNAUD, « Histoire des événements arrivés en France depuis le mois de septembre 1770, concernant les parlements et les

changements dans l'admininistration de la justice et dans les lois du royaume ».
– N.a.fr. 4388-4389 : Journal du marquis d'Albertas.
– Fonds Joly de Fleury : 2082

## Archives des Affaires étrangères

– Correspondance politique : Espagne, t. 540, 541, 580.
– Correspondance politique : Angleterre, t. 502, 503, 504, 511, 515, 516, 517, 522, 528, 531.
– Correspondance politique : Hollande, t. 584.

## Bibliothèque historique de la Ville de Paris

Ms. 1312-1321 : « Registre de la Correspondance littéraire et typographique sur la nouvelle édition des *Œuvres complètes* de M. de Voltaire, commencé le 10 juin 1779. »
Ms. 12304 : « Théâtre ».

## Bibliothèque de la Comédie-Française

– Archives Beaumarchais.

## Bibliothèque municipale de Tonnerre
### Correspondance et papiers de famille

Cote R : Négociations entre le chevalier d'Éon et Beaumarchais. *Campagnes du Sr Caron de Beaumarchais* (R. 22)

## Library of Congress (Washington)

– Thomas Jefferson Papers.
– George Washington Papers.

## The Pierpont Morgan Library (New York)

– MA-HEINEMAN Ms. 247 : *Beaumarchais' Letters to Mme de Godeville.* 1777-1779.

## II. SOURCES IMPRIMÉES

*Affiches, annonces et avis divers, ou Journal général de France.*

*Annals of Congress (1789-1824).*

ANTOINE (Michel) et OZANAM (Didier), *Correspondance secrète du comte de Broglie avec Louis XV*, Paris, 1956-1961, 2 vol.

BACHAUMONT (Louis Petit de), *Mémoires secrets pour servir à l'histoire de la République des Lettres en France, depuis 1762 jusqu'à nos jours ou Journal d'un observateur.* Londres, 1777-1787, 36 vol.

BERGASSE (Nicolas), *Mémoire sur une question d'adultère, de séduction et de diffamation, pour le sieur Kornman, contre la dame Kornman, son épouse, le sieur Daudet de Jossan, le sieur Pierre-Augustin Caron de Beaumarchais, et M. Lenoir, conseiller d'État et ancien lieutenant-général de police*, s.l., 1787.

  – *Observations du sieur Bergasse sur l'écrit du sieur de Beaumarchais ayant pour titre* Court Mémoire en attendant l'autre, *dans la cause du sieur Kornmann*, s. l., août 1788.

  – *Mémoire du sieur Bergasse dans la cause du sieur Kornman, contre le sieur de Beaumarchais et le prince de Nassau*, s. l., 1788.

*Bills and Resolutions of The House Of Representatives and the Senate (1823-1873).*

CAMPAN (Mme), *Mémoires de Madame Campan, première femme de chambre de Marie-Antoinette*, Paris, Mercure de France, 1988.

CLAIRAMBAULT-MAUREPAS, *Chansonnier historique du xviiie siècle*, éd. E. Raunié, Paris, Quantin, 1879-1884, 10 vol.

COLLÉ (Charles), *Journal et Mémoires sur les hommes de lettres, les ouvrages dramatiques, et les événements les plus mémorables du règne de Louis XV (1748-1772)*, éd. Honoré Bonhomme, Paris, Firmin Didot, 1868, 3 vol.

*Correspondance littéraire, philosophique et critique* par Grimm, Diderot, Raynal, Meister, etc., éd. M. Tourneux, Paris, 1877-1882, 16 vol.

*Correspondance secrète inédite de Louis XV sur la politique étrangère avec le comte de Broglie, Tercier, etc.*, publiée par E. Boutaric, Paris, Plon, 1866, 2 vol.

*Correspondance secrète entre Marie-Thérèse et le comte de Mercy-Argenteau, avec les lettres de Marie-Thérèse et de Marie-Antoinette*, publiées avec une introduction et des notes par M. le chevalier Alfred d'Arneth et M. A. Geoffroy, Paris, Firmin-Didot, 1874, 3 vol.

*Correspondance secrète inédite sur Louis XVI, Marie-Antoinette, la Cour et la Ville, de 1777 à 1792, publiée d'après les manuscrits de la bibliothèque impériale de Saint-Pétersbourg*, avec une préface et des notes par M. de Lescure, Paris, Plon, 1866, 2 vol.

*Courrier de l'Europe, gazette anglo-française*, Londres [et Boulogne-sur-Mer], 1776-1792, 32 vol.

DIDEROT (Denis), *Correspondance*, éd. Georges Roth et Jean Varloot, Paris, éd. de Minuit, 1955-1970, 16 vol.

– *Œuvres complètes*, éd. Roger Lewinter, Paris, Club Français du livre, 1969-1973, 15 vol.

DU DEFFAND (Marquise), *Lettres à Horace Walpole (1766-1780)*, éd. Mrs. Paget Toynbee. Londres, Methuen & Co., 1912, 3 vol.

GUDIN de LA BRENELLERIE (Paul Philippe), *Histoire de Beaumarchais*. Mémoires inédits publiés sur les manuscrits originaux par Maurice Tourneux. Paris, Plon, 1888.

– *Aux mânes de Louis XV et des grands hommes qui ont vécu sous son règne, ou Essai sur les progrès des arts et de l'esprit humain, sous le règne de Louis XV,* Aux Deux-Ponts, à l'Imprimerie ducale, 1776.

GUSTAVE III, roi de Suède, *Gustave III par ses Lettres*, éd. Gunnar von Proschwitz. Stockholm, Norstedts/Paris, Jean Touzot, 1986.

HARDMAN (John) et PRICE (Munro), éd., *Louis XVI and the comte de Vergennes : Correspondence, 1774-1787*, Oxford, Voltaire Foundation, 1998.

HARDY (Siméon Prosper), *Mes Loisirs, ou Journal d'événements tels qu'ils parviennent à ma connaissance*, texte annoté de l'année 1774, édition critique par Christophe Bosquillon (sous la direction de Daniel Roche), DEA d'Histoire, Université Paris-I, 1993-1994 (texte dactyl.), 2 vol.

– *Mes Loisirs. Journal d'événements tels qu'ils parviennent à ma connaissance (1764-1789)*, publié d'après le manuscrit autographe et inédit de la Bibliothèque nationale, par Maurice Tourneux et Maurice Vitrac, tome premier [seul paru] : 1764-1773, Paris, Alphonse Picard & fils, 1912.

*Histoire de l'Académie des sciences*, 1754, Paris, de l'imprimerie royale, 1754.

HOURET DE LA MARINAIE (Amélie), *Quelques traits d'une grande passion, ou Lettres originales de feue Amélie Ho[uret], comtesse de La M[arinaie], écrites pendant le cours des années 3, 4 et 5 de la République française*, Paris, Desenne et Pigoreau, an X – 1802.

*Impartial (L')*, 14 octobre 1834.

*Inventaire après décès de Beaumarchais (L')*, établissement du texte, préface, introduction et annotations de Donald C. Spinelli, Paris, Honoré Champion, 1997.

*Journal de l'Institut historique*, tome I, p. 73-158 et 212.

*Journals of the Continental Congress (1774-1789)*, Washington, Library of Congress, 1904-1937.

LA FORTELLE (M. de), pseudonyme du chevalier d'Éon, *La Vie militaire, politique et privée de Demoiselle Charles Geneviève Louise Auguste Andrée Thimothée Éon ou d'Éon de Beaumont* [...], Paris, Lambert, Onfroi, Valade, Esprit, et « chez l'auteur », 1779.

*Lettre d'un habitant de la Lune, ou Mémoire en forme de lettre pour feu Caron de Beaumarchais, ancien horloger, musicien, orateur, fournisseur de fusils, pour ses péchés auteur dramatique, et pour sa félicité, aujourd'hui demi-dieu, demeurant ci-devant boulevard Saint-Antoine, actuellement habitant de la Lune, contre M. Mary Lafont, membre de la troisième classe de l'Institut historique. Cause pendant devant le public,* Paris, Delaunay,1834 [1].

*Lettre de M. Morande, auteur et rédacteur du* Courrier de l'Europe, *À M. de Beaumarchais.* Londres, ce 6 juillet 1787.

LÉVIS (Duc de), *Souvenirs-Portraits*, suivi de *Lettres intimes de Monsieur, comte de Provence, au duc de Lévis*, éd. Jacques Dupâquier, Paris, Mercure de France, coll. « Le Temps retrouvé », 1993.

MANUEL (Pierre), *La Bastille dévoilée*, Paris, 1789, 3 vol.

– *La Police de Paris dévoilée*, Paris, Garnery/Strasbourg, Treuttel/Londres, de Boffe, an II [1795], 2 vol.

MARMONTEL (Jean François), *Correspondance*, éd. John Renwick, 1974, 2 vol.

– MERCIER (Louis Sébastien), *Tableau de Paris*, édition établie sous la direction de Jean-Claude Bonnet. Paris, Mercure de France, 1994, 2 vol.

– *Le Nouveau Paris*, édition établie sous la direction de Jean-Claude Bonnet, Paris, Mercure de France, 1994.

*Mercure de France*, septembre 1753.

MÉTRA (Louis François), *Correspondance secrète, politique et littéraire.* Londres, John Adamson, 1787-1790, 18 vol.

MIRABEAU (Honoré Gabriel Riqueti, comte de), *Réponse du Cte de Mirabeau à l'écrivain des administrateurs de la Compagnie des Eaux de Paris*, Bruxelles, 1785.

---

1. L'auteur de ce pamphlet est resté inconnu à Quérard et aux continuateurs de Barbier, ainsi qu'aux rédacteurs du Catalogue Soleinne. Maurice Tourneux signale que son exemplaire portait cet envoi : *À M. Monrose père, Th. Min* (?). D'autre part, l'auteur indique (p. 110) qu'il a fait sa rhétorique en 1809 avec Scribe, au lycée Napoléon. (Notice préliminaire à Gudin de La Brenellerie, *op. cit.*, p. XIV, n. 1).

– *Sur les actions de la Compagnie des Eaux de Paris*, Londres, 1785.

MORANDE (Charles Théveneau de), *Le Gazetier cuirassé, ou Anecdotes scandaleuses de la cour de France*, À cent lieues de la Bastille [Londres], 1771.

OBERKIRCH (Baronne d'), *Mémoires*, éd. Suzanne Burkard, Paris, Mercure de France, coll. « Le Temps retrouvé », 1970.

PIDANSAT DE MAIROBERT, *L'Espion anglais ou Correspondance secrète entre Milord All'Eye et Milord All'Ear. Nouvelle édition, revue, corrigée et considérablement augmentée*, Londres, Adamson, 1784-1785, 10 vol.

*Pièces relatives aux démêlés entre Mademoiselle d'Éon de Beaumont, chevalier de l'ordre royal et militaire de St. Louis & ministre plénipotentiaire de France, &c., &c., &c.* [Paris], 1778.

*Register of Debates (1824-1837)*, Washington, Gales and Seaton, 14 vol.

*Report of the Committee of claims, to whom was refered, on the twenty-fourth december last, the petition of Amelie Eugenie de Beaumarchais, heir and representative of Caron de Beaumarchais, deceased*, City of Washington, A. & G. Way, Printers, 1806.

VOLTAIRE (François Marie Arouet, *dit*), *Correspondance*, éd. Théodore Besterman, Paris, Gallimard, « Bibliothèque de la Pléiade », 13 vol.

III. INSTRUMENTS BIBLIOGRAPHIQUES

BRENNER (Clarence D.), *A Bibliographical List of Plays in the French Language 1700-1789*, Berkeley, California, 1947.

CORDIER (Henri), *Bibliographie des œuvres de Beaumarchais*, Paris, Quantin, 1884, Slatkine reprints, 1967.

CIORANESCU (Alexandre), *Bibliographie de la littérature française du dix-huitième siècle*, Paris, éd. du C.N.R.S., 1969, 3 vol.

MORTON (Brian N.) et SPINELLI (Donald C.), *Beaumarchais : A Bibliography*, Ann Arbor, 1988.

IV. ŒUVRES DE BEAUMARCHAIS – ÉDITIONS UTILISÉES

*Œuvres complètes*, éd. Gudin de La Brenellerie, Paris, Léopold Collin, 1809, 7 vol.

*Œuvres complètes*, précédées d'une notice de La Harpe, Paris, Furne, 1826, 6 vol.

*Œuvres complètes, précédées d'une notice sur sa vie et ses ouvrages*, par Saint-Marc Girardin, Paris, Firmin-Didot, 1845.

*Théâtre complet*, réimpression des éditions princeps avec les variantes des manuscrits originaux publiées pour la première fois par G. d'Heylli et F. de Marescot, Paris, Académie des bibliophiles, 1869-1871, 4 vol.

*Œuvres complètes*, nouvelle édition, augmentée de quatre pièces de théâtre et de documents divers inédits. Avec une introduction par Édouard Fournier, Paris, Laplace, Sanchez et Cie, 1876.

*Œuvres*, édition établie par P. Larthomas, avec la collaboration de Jacqueline Larthomas, Paris, Gallimard, « Bibliothèque de la Pléiade », 1988.

*Notes et Réflexions*, Introduction par Gérard Bauër, Paris, Hachette, 1961.

*Parades*, éd. Larthomas, Paris, SEDES, 1977.

*Le Tartare à la légion*, édition établie, présentée et annotée par Marc Cheynet de Beaupré, Le Castor astral, 1998.

*Théâtre*, édition présentée par Jean-Pierre de Beaumarchais, Paris, Le Livre de Poche/Classiques Garnier, coll. « Classiques modernes », 1999.


V. CORRESPONDANCE DE BEAUMARCHAIS


« Correspondance de Beaumarchais avec la Comédie-Française », dans *Revue rétrospective*, seconde série, VII, 1836, p. 433-467.

FARGES (Louis), « Beaumarchais et la Révolution. Lettres et documents inédits », dans *La Nouvelle Revue*, n° 37, 1885, p. 548-571.

« Lettres de vieillesse », publiées par Louis Thomas, dans *Revue de Belgique* (1905-1906), vol. 44, p. 301-316, et vol. 46, p. 51-54.

« Deux lettres de Beaumarchais. Lettres de l'exil » publiées par Louis Thomas, dans *Mercure de France*, 16 juillet 1907, p. 278-289.

MARSAN (Jules), *Beaumarchais et les affaires d'Amérique. Lettres inédites*, Paris, Éd. Champion, 1919.

*Lettres de jeunesse (1745-1775)*. Publiées par Louis Thomas. Paris, E. de Boccard, 1923.

*Lettres inédites de Beaumarchais, de Mme de Beaumarchais et de leur fille Eugénie, publiées d'après les originaux de la Clements Library par Gilbert Chinard*, Paris, A. Margraff / Baltimore-Maryland, John Hopkins, 1929.

« Une lettre de Beaumarchais et de sa femme (1798) », publiée par Marie-Jeanne Durry, dans *Le Divan*, Paris, 1937, p. 135-142.

*Correspondance*, éd. Brian N. Morton, Paris, Nizet, 1969-1978. Quatre volumes parus (jusqu'en 1778). T. IV : Brian N. Morton et Donald C. Spinelli.

« Beaumarchais et Amélie Houret : une correspondance inédite », présentée par Renée Quinn, dans *Dix-huitième siècle*, n° 7, 1975, p. 35-47.

*For the Good of Mankind : Pierre-Augustin Caron de Beaumarchais, Political Correspondence Relative to the American Revolution,* Compiled, edited and translated by Antoinette Shewmake, University Press of America, 1987.

*Lettres galantes à Madame de Godeville,* présentées et annotées par Maurice Lever, Paris, Fayard, 2004.

## VI. PRINCIPAUX OUVRAGES ET ARTICLES CONSULTÉS

ALDRIDGE (Alfred Owen), *Franklin and his French Contemporaries,* New York, New York University Press, 1957.

*Analyses & Réflexions sur [...], Beaumarchais, Le Mariage de Figaro,* ouvrage collectif, Paris, Ellipse, Édition Marketing, 1985.

ARNAULT (Antoine Vincent), *Souvenirs d'un sexagénaire,* Paris, Dufey, 1833, 4 vol.

ARNETH (Alfred Ritter von), *Beaumarchais und Sonnenfels,* Vienne, Wilhelm Braumüller, 1868.

ARNOULD (E. J.), *La Genèse du* Barbier de Séville, Dublin University Press, Trinity College. Dublin / Paris, Minard, 1965.

AZEAU (Henri), *Complot pour l'Amerique. 1775-1778 : le rêve americain de Beaumarchais.* Paris, R. Laffont,1990.

BAETENS (Jan), *Le Combat du droit d'auteur. Anthologie historique, suivie d'un entretien avec Alain Berenboom. Textes réunis et présentés par Jean Baetens,* Paris, Les Impressions nouvelles, 2001,

BAILLY (Auguste), *Beaumarchais.* Paris, Fayard, 1945.

BAUER (Gérard), *Beaumarchais. Notes et réflexions,* Paris, Hachette, 1961.

BAYET (Jean), *La Société des auteurs et compositeurs dramatiques,* Paris, Arthur Rousseau, 1908.

*Beaumarchais,* exposition de la Bibliothèque nationale, catalogue par Annie Angremy, avec la collab. de Madeleine Barbin, Jacques Suffel, André Veinstein et François Lesur, Préface par Étienne Dennery, Paris, 1966.

BEAUMARCHAIS (Jean-Pierre de), « Un inédit de Beaumarchais, *Le Sacristain* », dans *Revue d'histoire littéraire de la France,* n° 74, 1974, p. 976-999.

– *Beaumarchais, le voltigeur des Lumières,* Paris, Gallimard, coll. « Découvertes », 1996.

– « À l'approche du bicentenaire : Beaumarchais, voltigeur des Lumières », dans *Revue des sciences morales et politiques,* 1999, p. 1-16.

BENOÎT (Marcelle), dir., *Dictionnaire de la musique en France aux XVII<sup>e</sup> et XVIII<sup>e</sup> siècles*, Paris, Fayard, 1992.

BERTHE (Abbé Léon Noël), « Deux amis à la cour de Versailles : une correspondance inédite de Beaumarchais et Dubois de Fosseux », dans *Dix-huitième siècle*, n° 6, 1974, p. 288-297.

BETTELHEIM (Dr Anton), *Beaumarchais. Eine biographie*, Francfort-sur-le-Main, Rütter et Loening, 1886.

BONCOMPAIN (Jacques), *Auteurs et Comédiens au XVIII<sup>e</sup> siècle*, Paris, Librairie académique Perrin, 1976.

BONNASSIES (Jules), *Les Auteurs dramatiques et la Comédie-Française à Paris, aux XVII<sup>e</sup> et XVIII<sup>e</sup> siècles. D'après des documents inédits extraits des Archives du Théâtre-Français*, Paris, Léon Willem-Paul Daffis, 1874.

BONNEVILLE DE MARSANGY (Louis), *Madame de Beaumarchais d'après sa correspondance inédite*, Paris, Calmann Lévy, 1890.

BORGAL (Clément), *Beaumarchais*, Paris, Éditions universitaires, « Classiques du XX<sup>e</sup> siècle », [1972].

BOUSSEL (Patrice), *Beaumarchais, le parisien universel*, Paris, Berger-Levrault, coll. « Illustres inconnus », 1983.

BROGLIE (Duc de), *Le Secret du roi. Correspondance secrète de Louis XV avec ses agents diplomatiques 1752-1774*, Paris, Calmann Lévy, 1878, 2 vol.

BROWN (Gregory S.) et SPINELLI (Donald C.), « The Société des Auteurs Dramatiques, Beaumarchais, and the "Mémoire sur la Préface de *Nadir*" », dans : *Romances Notes*, vol. XXXVII, n° 3, printemps 1997, p. 239-249.

CASTRIES (Duc de), *Figaro, ou la Vie de Beaumarchais*, Paris, 1972 – rééd. sous le titre *Beaumarchais*, Paris, Tallandier, 1985.

COUSIN d'AVALLON, *Vie privée, politique et littéraire de Beaumarchais, suivie d'anecdotes, bons mots, réparties, satires, épigrammes et autres pièces propres à faire connaître le caractère et l'esprit de cet homme célèbre et singulier*, Paris, Michel, an X-1802.

COX (Cynthia), *The Real Figaro. The Extraordinary Career of Caron de Beaumarchais*, New York, Coward-Mc Cann, 1963.

DALSÈME (René), *La Vie de Beaumarchais*, Paris, Gallimard, coll. « Vies des hommes illustres », 1928.

DARNTON (Robert), *La Fin des Lumières. Le mesmérisme et la Révolution*, Paris, Librairie académique Perrin, 1984.

DESCOTES (Maurice), *Les Grands Rôles du théâtre de Beaumarchais*, Paris, Presses universitaires de France, 1974.

DIDIER (Béatrice), *Beaumarchais ou la Passion du drame*, Paris, PUF, 1994.

DONIOL (Henri), *Histoire de la participation de la France à l'établissement des États-Unis d'Amérique*, Paris, 1886-1899, 6 vol.

DONVEZ (J.), *La Politique de Beaumarchais*, Paris, 1981, chez l'auteur (en microfiches – BN. M. 15679).

– « La Reconnaissance des États-Unis par l'Espagne », dans *Revue historique*, octobre-décembre 1957, p. 279-283.

DURAND (John), *New Materials for the History of the American Revolution*. New York, Henry Holt and Company, 1889.

ESTRÉE (Paul d'), « Le nègre de Beaumarchais (1766) », dans *Nouvelle Revue rétrospective*, V, 10 septembre 1896, p. 182-190.

– « Un locataire masqué de l'hôtel de Hollande, Roderigue Hortalez et Cie (1776-1788) », dans *La Cité*, juillet-octobre 1920, p. 81-92.

*Europe*, Revue littéraire mensuelle, avril 1973 (numéro consacré à Beaumarchais).

FAY (Bernard), *Beaumarchais ou les fredaines de Figaro*, Paris, Librairie académique Perrin, 1971.

– *L'Esprit révolutionnaire en France et aux États-Unis, à la fin du xviiiᵉ siècle*, Paris, Champion, 1925.

FEUCHTWANGER (Léon), *Beaumarchais, Benjamin Franklin et la naissance des États-Unis*, traduit de l'allemand par Pierre Sabatier, Préface du duc de Castries, Genève, Slatkine/Paris, Champion, 1977.

FREDET (Jacques), « Maison Caron de Beaumarchais, boulevard et porte Saint-Antoine, bâtie par Lemoyne le Jeune », dans *Paris, formes urbaines et architectures*, *Les Cahiers de l'Ipraus*, n° 1, 1998, p. 67-97.

FREE (Lloyd R.), « Image de l'Amérique chez Caron de Beaumarchais » dans *L'Amérique des Lumières. Partie littéraire du colloque du Bicentenaire de l'Indépendance américaine (1776-1976)*, Paris-Genève, Librairie Droz, 1977, p. 134-140.

FRISCHAUER (Paul), *Beaumarchais. Der Abenteurer im Jahrhundert der Frauen*, Zurich, Bibliothek Zeitgenössischer Werke Verlag, 1935.

FUNCK-BRENTANO (Frantz), « Documents sur Beaumarchais », dans *Nouvelle Revue rétrospective*, V, 10 septembre 1896, p. 160-182.

GAIFFE (Félix), *Le Mariage de Figaro*, Paris, S.F.E.L.T., Éditions Edgar Malfère, 1942.

GAILLARDET (Frédéric), *Mémoires du chevalier d'Éon*, publiés pour la première fois sur les papiers fournis par sa famille, et d'après les matériaux authentiques déposés aux Archives des Affaires étrangères, 2ᵉ éd. Paris, Ladvocat, 1836, 2 vol. rééd. Paris, Grasset, 1935.

GALLET (Michel), *Demeures parisiennes à l'époque de Louis XVI* , Paris, Le Temps, 1964.

GATTY (Janette C.), *Beaumarchais sous la Révolution. L'affaire des fusils de Hollande d'après des documents inédits*, Leyde, E. J. Brill, 1976.

GEOFFROY (A.), « Beaumarchais en Allemagne », dans *Revue critique d'histoire et de littérature*, 2 juillet 1870, p. 13-16

GIUDICI (E.), *Beaumarchais nel suo e nel nostro tempo :* Le Barbier de Séville, Rome, 1964.

GRENDEL (Frédéric), *Beaumarchais ou la Calomnie*, Paris, Flammarion, 1973.

GUICHARD (Léon), « Beaumarchais et Mozart. Note sur la première représentation à Paris des *Noces de Figaro* », dans *Revue d'histoire littéraire de la France*, juillet-septembre 1955, n° 3, p. 341-343.

HALLAYS (André), *Beaumarchais*, Paris, Hachette, coll. « Les Grands Écrivains Français », 1897.

HOWARTH (William D.), *Beaumarchais and the Theatre*. New York, Routledge, 1995.

HUOT (Paul), *Beaumarchais en Allemagne. Révélations tirées des Archives d'Autriche*, Paris, Librairie internationale, 1869.

JOUBIN (A.), « Le Mariage rompu ou le naufrage de Figaro, d'après des lettres inédites de Beaumarchais », dans *Revue des deux mondes*, 1er août 1937, p. 538-561.

KATES (Gary), *Monsieur d'Éon Is a Woman. A Tale of Political Intrigue and Sexual Masquerade*, New York, Basic Books, 1995.

KINOSIAN (Craig Kasper), *Beaumarchais, Mozart and Figaro*, thèse (Ph. D.), University of California, Los Angeles, 1988.

KITE (Elisabeth S.), *Beaumarchais and the War of American Independance*, Boston, The Gorham Press, 1918, 2 vol.

LAFON (Roger), *Beaumarchais, le brillant armateur*, Paris, Société d'éditions géographiques, maritimes et coloniales, 1928.

« Les années d'activité maritime de Beaumarchais », dans *La Mercure de France* 204 (15 mai 1928), p. 75-93.

LARTHOMAS (Pierre), *Beaumarchais : Parades*, Paris, SEDES, 1977.

« Les Manuscrits des œuvres dramatiques de Beaumarchais », dans Béatrice Didier et Jacques Neefs (édit.), *Sade, Rétif, Beaumarchais, Laclos. La Fin de l'Ancien Régime*, Paris, Presses universitaires de Vincennes, 1991, p. 159-165.

LATZARUS (Louis), *Beaumarchais*. Paris, Plon, coll. « Le roman des grandes existences », 1930.

LEBOIS (André), « Beaumarchais et les insurgents d'Amérique », dans

*De l'Armorique à l'Amérique de l'Indépendance. Deuxième partie du colloque du bicentenaire « Indépendance américaine »*, Annales de Bretagne et des pays de l'Ouest, t. 84, année 1977, n° 2, p. 173-182.

LEMAÎTRE (Georges), *Beaumarchais Who Wrote* The Barber of Seville & The Marriage of Figaro, *and Helped Finance the American Revolution*. New-York, Alfred A. Knopf, 1949.

LEVER (Maurice), *Théâtre et Lumières. Les Spectacles de Paris au xviii<sup>e</sup> siècle*, Paris, Fayard, 2001.

LINTILHAC (Eugène), *Beaumarchais et ses œuvres. Précis de sa vie et histoire de son esprit, d'après des documents inédits*, Genève, Slatkine reprints, 1970 [réimp. de l'éd. de Paris, 1887].

LOMÉNIE (Louis de), *Beaumarchais et son temps. Études sur la société en France au xviii<sup>e</sup> siècle, d'après des documents inédits*, Genève, Slatkine reprints, 1970 [réimp. de l'éd. de Paris, 1880], 2 vol.

MANCERON (Anne et Claude), *Beaumarchais, Figaro vivant*, Paris, Dargaud, 1968.

MARÉSCHAL DE BIÈVRE (Comte), « Les Tribulations de M. de Beaumarchais, exploitant forestier », dans *Revue des études historiques*, juillet-septembre, 1933, p. 379-402.

MARY LAFON [Jean-Bernard LAFON], *Cinquante ans de vie littéraire*, Paris, Calmann Lévy, 1882.

MORTON (Brian N.), « Beaumarchais et le prospectus de l'édition de Kehl », dans *Studies on Voltaire and the Eighteenth Century*, 81 [1971], p. 133-147.

PAER (A.), *Centenaire du « Mariage de Figaro » de Caron de Beaumarchais*, Bruxelles, 1884.

PERKINS (James Beck), *France in the American Revolution*, Boston, New York, Houghton Mifflin Company, 1911.

PERRAULT (Gilles), *Le Secret du roi*, Paris, Fayard, 1992-1996, 3 vol.

PETITFRÈRE (Claude), *Le Scandale du « Mariage de Figaro », prélude à la Révolution française*, Bruxelles, Éditions Complexe, 1989.

PINON (Pierre), « La maison de Beaumarchais », dans *Les Canaux de Paris*, Délégation à l'action artistique de la Ville de Paris, Paris, 1994, p. 34-37.

PINSSEAU (Pierre), *L'Étrange Destinée du chevalier d'Éon (1728-1810)*. Paris, Raymond Clavreuil, 1945.

POLLITZER (Marcel), *Beaumarchais, le père de Figaro*, Paris, La Colombe, 1957.

POMEAU (René), *Beaumarchais, l'homme et l'œuvre*, Paris, Hatier-Boivin, coll. « Connaissance des lettres », 1956.

– *Beaumarchais ou la Bizarre Destinée*. Paris, Presses universitaires de France, 1987.

– « Le manuscrit du *Sacristain* », dans Béatrice Didier et Jacques Neefs (édit.), *Sade, Rétif, Beaumarchais, Laclos. La Fin de l'Ancien Régime*, Paris, Presses universitaires de Vincennes, 1991, p. 167-172.

– *Voltaire en son temps*. Paris, Fayard/Voltaire Foundation, 1995, 2 vol.

PROSCHWITZ (Gunnar et Mavis von), *Beaumarchais et « Le Courier de l'Europe »*. *Documents inédits ou peu connus*, Oxford, Voltaire Foundation/Taylor Institution, 1990, 2 vol.

– « *Le Courrier de l'Europe* et la guerre d'Indépendance », dans *Annales de Bretagne*, t. LXXXIV, 1977, n° 11, p. 235-245.

– « La Révolution et la littérature : une lettre inédite de Beaumarchais », dans *Mélanges de langue et de littérature française offerts à Pierre Larthomas*, Paris, Collection de l'École normale supérieure de jeunes filles, n° 26, 1985, p. 407-413.

– « Le comte de Vergennes, Beaumarchais et *Le Courrier de l'Europe* », dans *Revue d'histoire diplomatique*, 1988, p. 351-370.

– « Du nouveau sur Beaumarchais éditeur de Voltaire », dans *Le Siècle de Voltaire : hommage à René Pomeau*, Oxford, 1987, t. II, p. 735-746.

– « Gustave III, Beaumarchais et *Le Mariage de Figaro* », dans *Influences. Relations culturelles entre la France et la Suède*, Göteborg/Paris, 1988, p. 173-198.

– « "Une affaire politico-commerçante" : les manuscrits de Beaumarchais aux Archives du ministère des Affaires étrangères », dans Béatrice Didier et Jacques Neefs (édit.), *Sade, Rétif, Beaumarchais, Laclos. La Fin de l'Ancien Régime*, Paris, Presses universitaires de Vincennes, 1991, p. 135-158.

PROUST (Jacques), « Beaumarchais et Mozart : une mise au point », dans *Studi francesi*, 1972, p. 34-45.

*Révolution des auteurs (La) 1777-1793*, exposition inaugurée le 27 avril 1984 au Théâtre national de l'Odéon, Paris, Société des auteurs et compositeurs dramatiques (SACD), 1984, textes de Claude Santelli, Jacques Boncompain et Jean Matthyssens.

*Revue d'histoire littéraire de la France*, novembre-décembre 1974 (n° 6), septembre-octobre 1984 (n° 5), juillet-août 2000 (n° 4).

RICARD (Antoine), *Une victime de Beaumarchais* [Marin], Paris, Plon, 1885.

RICHARD (Pierre), *La Vie privée de Beaumarchais*, Paris, Hachette, coll. « Les Vies privées », 1951.

ROBINSON (Philip), édit., *Beaumarchais : homme de lettres, homme de société*, Oxford, Berne, Berlin, Bruxelles, Francfort, New York et Vienne, Peter Lang, coll. « French Studies of the Eighteenth and Nineteenth Centuries », 8, 2000.

ROBIQUET (Paul), *Théveneau de Morande. Étude sur le xviiiᵉ siècle*, Paris, Quantin, 1882.

ROUFF (Marcel), « Un opéra politique de Beaumarchais », dans *La Révolution française*, t. 59 (juillet-décembre 1910), p. 212-229 et 333-358.

ROULLEAUX-DUGAGE (Georges), « Beaumarchais musicien », dans *Revue hebdomadaire*, numéro du 11 mars 1911, p. 235-266.

RUAULT (Nicolas), *Gazette d'un Parisien sous la Révolution. Lettres à son frère, 1783-1796*, éd. Anne Vassal et Christiane Rimbaud, Paris, Librairie académique Perrin, 1976.

SEEBACHER (Jacques), « Autour de Figaro : Beaumarchais, la famille de Choiseul et le financier Clavière », dans *Revue d'histoire littéraire de la France*, n° 62, 1962, p. 198-228.

SGARD (sous la direction de Jean), *Dictionnaire des journalistes (1600-1789)*, Oxford, Voltaire Foundation, 1999, 2 vol.

SHÉRER (Jacques), *La Dramaturgie de Beaumarchais*, Paris, Nizet, 1964.

SHEWMAKE (Antoinette), *For the Good of Mankind. Pierre-Augustin Caron de Beaumarchais, Political Correspondence Relative to the American Revolution. Compiled, edited and translated by Antoinette Shewmake*. New York, University of America, 1987.

SPINELLI (Donald) et MORTON (Brian N.), *Beaumarchais and the American Revolution*, Lanham, Lexington books, 2003.

STILLÉ (Charles J.), *Beaumarchais and the Lost Million : A Chapter of the Secret History of the American Revolution*, Philadelphie, 1886.

SUNGOLOWSKY (Joseph), *Beaumarchais*, New York, Twayne Publishers, [1974].

THOMAS (Louis), *Curiosités sur Beaumarchais*, Paris, 1944.

THOMASSET (René), *Beaumarchais écrivain et aventurier*, Paris, Nathan, 1966.

VALLÈS (Ch. de), *Beaumarchais magistrat*. Paris, 1927.

VAN TIEGHEM (Philippe), *Beaumarchais par lui-même*, Paris, Seuil, « Écrivains de toujours », 1960.

VERCRUYSSE (Jérôme), « L'Imprimerie de la Société littéraire et typographique de Kehl en 1782 », dans *Lias*, n° 13, 1986, p. 165-233.

VIER (Jacques), *Le Mariage de Figaro, miroir d'un siècle, portrait d'un homme. Le mouvement dramatique et l'esprit*, Paris, Minard, « Archives des lettres modernes », 6/39, 1957/1961.

VIZITELLY (Ernest Alfred), *The True Story of the Chevalier d'Éon, His Experiences and His Metamorphoses in France, Russia, Germany and England, Told with the Aid of State and Secret Papers*, Londres, Tylston and Edward and A. P. Marsden, 1895.

WATTS (G. B.), « Catherine II, Charles-Joseph Panckoucke, and the Kehl edition of Voltaire's *Œuvres* », dans *Modern Language Quarterly*, 1957, p. 59-62.

– « Panckoucke, Beaumarchais and Voltaire's first complete edition », dans *Tennessee Studies in Literature*, 1959, p. 91-97.

# Index des noms de personnes[1]

1. Les chiffres en italique renvoient aux noms cités dans les notes.

Table des matières

Tome troisième

Dans la tourmente

*Impression réalisée sur CAMERON par*
*BRODARD ET TAUPIN*
*La Flèche*

*pour le compte des Éditions Fayard*
*en octobre 2004*

*Imprimé en France*
Dépôt légal : octobre 2004
N° d'édition : 52027 – N° d'impression : 26228
ISBN : 2-213-62140-3
35-68-2340-4/01